中文社会科学引文索引(CSSCI)来源集刊

新史学

New History

第十八辑

卡罗·金兹堡的论说：微观史、细节、边缘

Carlo Ginzburg on Microhistory, Details, And Margins

主编 陈恒 王刘纯

中原出版传媒集团 大地传媒
大象出版社
·郑州·

图书在版编目(CIP)数据

新史学. 第18辑 / 陈恒, 王刘纯主编.— 郑州 :
大象出版社, 2017. 4
ISBN 978-7-5347-8574-0

Ⅰ. ①新… Ⅱ. ①陈… ②王… Ⅲ. ①史学—文集
Ⅳ. ①K0-53

中国版本图书馆 CIP 数据核字(2017)第 045426 号

新史学 第十八辑

主　编 陈 恒 王刘纯

出 版 人 王刘纯

责任编辑 郑强胜

责任校对 钟 骄

装帧设计 王 敏

出版发行 大象出版社(郑州市开元路 16 号 邮政编码 450044)
发行科 0371-63863551 总编室 0371-65597936

网　址 www.daxiang.cn

印　刷 洛阳和众印刷有限公司

经　销 全国新华书店

开　本 787mm×1092mm 1/16

印　张 23.75

字　数 436 千字

版　次 2017 年 4 月第 1 版 2017 年 4 月第 1 次印刷

定　价 58.00 元

若发现印、装质量问题，影响阅读，请与承印厂联系调换。

印厂地址 洛阳市高新区丰华路三号

邮政编码 471003 电话 0379-64606268

编 委 会

目 录
Contents

评 语

专题研究

史学史与史学理论

评 论

光启讲坛

评 语

卡罗·金兹堡的论说：微观史、细节、边缘

□李 根

20世纪80年代以来，卡罗·金兹堡(Carlo Ginzburg, 1939—)一直被学者们视为"新史学"发展和史学理论更新的阶段性代表人物。其最具国际影响力的作品是我们今天所谓的"微观史学"的典范之作——《奶酪与蛆虫》(*The Cheese and the Worms*, 1976)。当初，金兹堡的微观史尝试明显带有反驳法国"年鉴"学派[1]掀起的计量史潮流的理论指向。不过今天看来，微观史实际上可以被视为"新文化史"或"文化转向"的先声。

在金兹堡看来，上述"标签"式的介绍往往无法厘清学者学术活动的丰富性，无论是对于某种研究路径还是史家的思想样貌。实际上，学界对于微观史的理解和对金兹堡的学术形象的勾勒的确略显简单。"微观史"名号虽响，但"微观"的标签往往误导读者过于简单地将之理解为有限时空下的个体写生，或是"麻雀虽小，五脏六腑俱全"式逻辑的史学实践。此外，也有不少人仅止步于从史学史的视角注意微观史与布罗代尔倡导的"总体史""长时段"理念，以及同期出现的"世界史""全球史"在提法上的对应性反差，却没能完全认识到微观史深刻的理论指涉(《微观史学》《纬度、奴隶与〈圣经〉》)。同样，部分学人对金兹堡的认识也稍显简单，关注仅限于金兹堡的微观史研究，或认为他的全部研究所涉均是其微观史志趣的衍生或变体。

从金兹堡接受的访谈中可以知道，20世纪80年代中期以后，金兹堡已经在有意脱离微观史路径，转向了从宏观视域进行比较研究的尝试(《弗洛伊德、狼-人案例和狼人》《女巫与萨满》)。[2]而实际上，金兹堡自1966年后，始终对

---

① 参见卡罗·金兹堡、卡罗·波尼：《名称和活动——不均衡的交流和史学市场》，载于《新史学》(第12辑)，陈恒、王刘纯主编，大象出版社2014年，第58—65页。

② 参见玛利亚·露西亚·帕拉蕾丝-伯克：《新史学：自白与对话》，彭刚译，北京大学出版社2006年，第245页。

后来由彼得·伯克明确的“图像证史”① 有独到体悟(《你的国家需要你》)。在放眼宏观比较研究的同时,金兹堡也开始参与所谓的史学的“语言学转向”②的讨论,思考文本的相对性和历史学解释的复杂性问题。

进入90年代以后,金兹堡一直对另一套认知理路抱有兴趣,即只有“逆着文本写作的意向进行阅读”(Reading History Against the Grain),才更有可能触及文本作者的真实心声。这种理路建立在两重认识的基础上:一是细节往往会避过有意为之的遮掩或歪曲,反而比显著的、权威的证据更为可靠(《线索》);二是从边缘审视事物的表象和关联,往往会赋予观察者全新的洞见和体认,因为这会使我们避免在认知过程中受到习惯性导向的束缚(《使之陌生》)。此后他开始基于体裁广泛的经典文本的爬梳和串联,不断诠释他所强调的这一认知理路的合理性。

近几十年来,历史学研究越来越多地与“后现代”“碎片化”等带有消极意味的字眼联系在一起,这一方面显示了学者们已普遍认识到历史相对性对史学研究的严重冲击似乎不可避免,另一方面也反映了他们在迟迟找不到走出怀疑论困境的有效途径时流露出的焦虑心态。在万马齐喑的局面下,金兹堡强调的文本分析理路对我们迈出怀疑论的泥淖有导向性意义。简单地说,后现代怀疑论者从语言学的意义上,论证了历史学考证倚重的文本在形式上是修辞性的,且在本质上是诗性的,因此,所有文本都毫无例外地存在着虚构的成分,只是程度各有不同而已。金兹堡的文本分析理路首先承认怀疑论者言之有理,但他认为历史学家不仅有能力识别文本中歪曲和虚构的部分,甚至文本虚构本身也是一种历史,是历史学家考察的对象。这与美国历史学家娜塔莉·泽蒙·戴维斯的《档案中的虚构》一书所反映的观念颇为相近。不过,金兹堡在此思路上做得更细致。他的文章,有的是对后现代怀疑论者进行智识解构,直接批判其错误导向形成的极端性(《只有一个目击者》);有的是对文本背后的声音进行观念阐释,提供了一种观念史的新形式(《距离与视角》《杀死一个中国满清官员》《外部声音》);还有的是探寻史学方法和文学理论中意念相通的启示性策略,分析其合理性和可行性(《宽容与贸易》《我们的话语》)。

从2005年至2014年,金兹堡的1本

---

① 初本辑中的《你的国家需要你》,金兹堡的“图像证史”研究成果有:“From Aby Warburg to E.H. Gombrich:A Problem of Method”,“The High and the Low:The Theme of Forbidden Knowledge in the Sixteenth and Seventeenth Centuries”,“Titian,Ovid,and Sixteenth-Century Codes for Erotic Illustration”,*The Enigma of Piero:Piero della Francesca* 等。他最具创见的文章《线索》中独树一帜的理论思辨也是从关于图像的思考中蜕变而出的。

② 参见卡罗·金兹堡:《证据与可能性:为〈马丁·盖尔归来〉所作的后记》,载于《世界历史评论》(第3辑),上海人民出版社2015年,第18-41页。

专著(《夜间的战斗》)和1本文集(《孤岛不孤》)推出了中文版,另有2篇重要的论文被译成中文发表。[①]在此期间,以其史学思想为主题的学术论文在中国的史学期刊上时有出现,已有不少中国学者认识到了其史学思想的启示性和重要性。不过,在日常的学术交流中可以发现,除了其青年时期写就的《奶酪与蛆虫》一书,国内学者对其学术见地的了解仍相对有限。特别是对其在20世纪90年代后的史学主张的研讨缺乏重视。鉴于此,在金兹堡先生的慷慨授权下,我们将其15篇学术论文译成中文,以金氏特辑的形式推介给中国读者。其中,多数文章是金氏在近25年内发表的,相当程度上体现着其思想成熟阶段的智慧结晶。其中2篇文章是金兹堡在2015年发表的新作,为中国学者提供了更直接的触及西方史学理论前沿的切近视点(《无意间留下的提示:逆着意向阅读历史》《微观史与世界史》)。

我们首先要向金兹堡先生致以最高的敬意,感谢他对本期稿件的版权支持,以及对译者关于多处细节的提问所做的不厌其烦的解答。要感谢清华大学的彭刚教授和复旦大学的周兵教授对翻译工作的支持。他们的研究生在翻译过程中体现了过人的水准和严谨的态度。金氏的文章多有晦涩难懂之处,分工组稿期间,不少人知难而退。但周兵老师的7位研究生从容接手,促成了金氏专辑的最终成型。同学们不畏其难,多方查阅咨询,有时为确保译释精准,要核对几种语言的文本。向他们的治学态度表示敬意!最后,希望此前已对金兹堡学术思想的引介和研究工作做出过努力的中国学者进一步沟通、交流、合作,将金氏更多的启示性作品呈现到读者面前。

此番译介之初,我与其他译者商议,力主在保证语言流畅的前提下,尽量保持对原文表述样貌的遵从,从句子结构,到措辞标点,都是如此。这样做,一是尽可能避免因句式和表意的"中文化"调整无意间改变了原文中的微妙意味;另一个原因,是考虑到当今学术研究的双语趋势,便于那些对应于原文进行深入阅读的读者查找对照。

翻译过程中,总有拿捏不准的地方。我们尽可能从金兹堡先生那里直接求证工作中产生的疑虑,但仍不免有疏忽或误解之处。如有此类不足,敬请学界同人纠正指教。

---

① 参见卡罗·金兹堡、卡罗·波尼:《名称和活动——不均衡的交流和史学市场》,载于《新史学》(第12辑),陈恒、王刘纯主编,大象出版社2014年,第58-65页;卡罗·金兹堡:《证据与可能性:为〈马丁·盖尔归来〉所作的后记》,载于《世界历史评论》(第3辑),上海人民出版社2015年,第18-41页。

专题研究

线索[①]：一种推定性范式的根源[②]

□卡罗·金兹堡

上帝在细节中。

——瓦尔堡(Aby Warburg,1866—1929)

有一种事物(object),它讲述的是事物的失落、损毁、消失,不言及自身。讲述他物,它会包含它们吗?

——约翰斯(Jasper Johns,1930—　)

在本文[③]中,我将试着去呈现一种认识论的模式(或

---

① 本译文所依据的原本是 Carlo Ginzburg,"Spie. Radici di um paradigma indiziario", in *Miti emblemi spie. Morfologia e storia*(Torino:Einaudi,1986),pp. 158-209。本文的英译版参见 Carlo Ginzburg, *Clues, Myths, and the Historical Method*, trans. John and Anne Tedeschi, with a new preface (London and Baltimore: Johns Hopkins University Press,2013),pp. 87-113,184-197。译注中提及的英文版也是指这个版本。为方便中文读者理解和参考,在无歧义的情况下,专有名词和参考文献优先采用英文。——译者注

② "推定性"一词在原文中是"indiziario"。这个形容词的名词形式"indizio",有两种意思:广义上,它指某种痕迹或者状况,人们可以由此恢复过往事物的原貌,或者对未发生之事做出有根据的预测;在法学术语中,它指间接证据(或旁证,英文中的"circumstantial evidence")。"Indizio"不是"evidence","直接证据"(后者在意大利语中另有"prova"一词来表示):它与事实之间的关系是间接的、推断性的,不能直接用来证明罪行的存在与否。金兹堡在本文中同时使用"indizio"的这两种含义。或者不如说,他是将狭义(法学)作为广义的一个特例来看待。无论如何,这个词中"间接""推测性"(而非"直接""确定性")的意涵是一以贯之的。鉴于"indizio"与"prova"有异,并且这种差异是涉及了本文(甚至可以说,是金兹堡的全部史学思想之中)的核心概念,英译版中径直将"indiziario"译为"evidential",甚为不妥。然而在法学中,依据间接证据做出的判断亦有专门术语,即"推定"(presumption)。故而,译者将这个法学术语借用至一般语境,将"paradigma indiziario"译为"推定性范式"。——译者注

③ 这篇文章引发了许多评论[包括卡尔维诺 1980 年 1 月 21 日《共和报》(*La Repubblica*)上发表的],没有必要一一列举。在此我只提以下几篇:*Quaderni storici* 6, no. 2 (1980),pp. 3-18 (written by A. Carandini and M. Vegetti);ibid., no. 12, pp. 3-54 (一些讨论以及我的回应);*Freibeuter*,1980, no. 5. 达莱(Marisa Dalai)提醒了我,关于莫莱里,我应该引用这篇眼光敏锐的文章:J. von Schlosser,"Die Wiener Schule der Kunstgeschichte", in *Mitteilungen des Oesterreichischen Instituts für Geschichtsforschung*, Ergänzungs-Band 13, no. 2 (1934),p. 165ff。

者可以说范式①)是如何于19世纪末悄无声息地出现在人文科学的领域。人们至今还未对这一范式给予足够的重视,尽管在实际中它起着广泛的作用,却从未被明确地理论化。对这一范式的分析或许能够帮助我们摆脱"理性主义"与"非理性主义"之间徒劳无益的对立。

一

1. 1874—1876年,《视觉艺术杂志》(*Zeitschrift für bildende Kunst*)上刊登了一系列关于意大利绘画的文章。这些文章的作者是一位名不见经传的俄国学者——伊万·勒莫列夫(Ivan Lermolieff),将它们译为德文的约翰尼斯·施瓦泽(Johannes Schwarze)同样是一位名不见经传的人。这些文章提出了一种确定古代绘画作者的新方法,在艺术史界引起了强烈的反响和争议。若干年后,这些文章的作者才揭开了自己的双重假面。事实上,他是意大利人乔瓦尼·莫莱里(Giovanni Morelli,1816—1891)(Schwarze是Morelli的近义词,②而Lermolieff是改变字母排列的文字游戏)。时至今日,艺术史家们仍会提到"莫莱里式的方法"③。

让我们先大致看一下,这种方法究竟是什么?莫莱里认为,美术馆中充斥着大量被归在错误作者名下的画作。然而,想要辨认出每幅画的真正作者并不容易:我们面对的画作往往没有署名,甚至被重绘过,要么就是保存状况不佳。在这种情况下,我们必须要将原作与摹本区分开来。

---

① 我是以库恩(T. S. Kuhn)在《科学革命的结构》(*The Structure of Scientific Revolutions*,Chicago,1962)中提出的定义来使用这个术语的,而并未考虑库恩本人随后所做的解释与区分[见《科学革命的结构》第二版(增订版)中的1969年版"后记"(Chicago 1974),pp. 174ff.]。

② "Schwarze"在德语中意为"黑色的",而"Morelli"在意大利语中意为"偏黑色的"。——译者注

③ 关于莫莱里,首先见E. Wind,*Art and Anarchy*,3rd ed.(Evanston,1985),pp. 32ff.,117ff.,以及此处所引的参考书目。莫莱里的传记见M. Ginoulhiac,*Giovanni Morelli. La vita*,*Bergomum*,34,no. 2(1940):51-74。近来,对莫莱里式的方法给予关注的学者有:R. Wollheim,"Giovanni Morelli and the Origins of Scientific Connoisseurship",in *On Art and the Mind:Essays and Lectures*(London,1973),pp. 177-201;H. Zerner,"Giovanni Morelli et la science de l' art",*Revue de l' art*,1978,n. 40-41,pp. 209-215;G. Previtali,"A propos de Morelli",ibid.,n. 42,pp. 27-31。遗憾的是,仍然没有学者对莫莱里做过全面的研究,除艺术史方面的作品之外,也未对他年轻时接受的自然科学教育、他与德国思想界的关系、他与德桑蒂斯(De Sanctis)的友谊、他在政治方面的活动进行分析。关于德桑蒂斯,见莫莱里推荐德桑蒂斯在苏黎世联邦理工学院(Zurich Polytechnic Institute)任意大利文学教席的书信[F. De Sanctis,*Lettere dall' esilio*(1853-1860),ed. B. Croce(Bari,1938),pp. 34-38],以及德桑蒂斯书信集的索引部分[*Epistolario*,4 vols.(Turin,1956-1969)]。关于莫莱里的政治热情,目前可参见斯皮尼(G. Spini)的简短评述[*Risorgimento e protestanti*(Naples,1956),p. 114,261,335]。关于莫莱里的作品在欧洲学术界产生的反响,见莫莱里1882年6月22日于巴塞尔致明格蒂(Marco Minghetti)的书信:"昨晚我拜访了布克哈特老兄(Jakob Burckhardt),他极为热情地招待了我,并且坚持要陪同我度过整个晚上。他是位举止和思想都十分独特的人物,你大概也会喜欢与他相处;而我们的劳拉女士(Donna Laura)一定会特别喜欢他。他对我谈起勒莫列夫的书,似乎对那本书的内容烂熟于心,还提了一大堆关于它的问题——这极大地满足了我的虚荣心。今天早晨我将再次同他会面……"(Bologna,*Biblioteca Comunale dell' Archiginnasio*,*Carte Minghetti*,*XXIII*,54.)

然而，莫莱里说，我们不应该像人们通常所做的那样，根据画作中那些最明显、因而也最容易被模仿的特征：佩鲁吉诺(Perugino，1446/1452—1523)的人物仰望苍穹的眼睛、列奥纳多(Leonardo da Vinci，1452—1519)的人物的微笑，如此这般。相反，人们应该去研究那些最容易被忽视的细节；正因为它们不被注意，受画家所属流派特点的影响便最少：耳垂、指甲、手指与脚趾的形状。以这种方式，莫莱里发现了波提切利(Botticelli，1445—1510)、柯西莫·图拉(Cosmé Tura，1430—1495)所画的耳朵分别是什么模样，并一丝不苟地对诸如此类的特征进行了归类。这些特征在原作中存在，却不见于摹本。使用这种方法，他对欧洲一些大美术馆收藏的许多画作的作者提出了新的见解。这些见解往往都惊世骇俗：德累斯顿画廊收藏的一幅卧姿的维纳斯，过去一直被认为是提香(Tiziano，1488/1490—1576)的一幅已不存世的画作的摹本[由萨索费拉托(Sassoferrato，1609—1685)所绘]；但莫莱里却认为，它是极少数能确保是乔尔乔内(Giorgione，1478—1510)真迹的作品之一。

尽管收获了这些成果，莫莱里的方法依然饱受争议；这或许也是由于莫莱里在提出自己的方法时态度自信到近乎傲慢。很快，这种方法就被认定为机械论、粗糙的实证主义，并因而声名扫地①(另一方面，许多在谈起这种方法时显得不屑一顾的学者，或许自己也在暗中使用着它)。是温德(Edgar Wind，1900—1971)使人们对莫莱里的著作重新产生兴趣。温德将莫莱里的著作看作一个典型的例证，关于现代的人们对待艺术作品的态度——即倾向于品味细节，而非作品的整体。在温德看来，莫莱里年轻时与柏林的浪漫主义者圈子有过接触，或许是从后者那里莫莱里接受了那种对天才的直接挥洒的崇拜，并将其变本加厉。② 这种解释无法使人信服，因为莫莱里所提出的并不是美学层面的问题(后来他也正是为此而受到指

---

① 将莫莱里与“伟大的”卡瓦卡塞尔(Giovanni Battista Cavalcaselle)相对比，隆吉(Roberto Longhi)认为前者“并没有那么伟大，但仍然值得关注”；然而隆吉很快就谈到“唯物主义的……迹象”，使莫莱里的“方法显得自负，从美学上便不堪采用”。[R. Longhi，“Cartella tizianesca”，in *Saggi e ricerche*，1925-1928(Florence，1967)，p. 234]关于这条评论的内涵以及隆吉的其他类似论断，参见 G. Contini，“Longhi prosatore”，in *Altri esercizi* (1942-1971)(Turin，1972)，p. 117。后来也有人又采取过将莫莱里与卡瓦卡塞尔对比，并以此贬抑前者的做法，例如法吉奥罗(M. Fagiolo)，见 G. C. Argan and M. Fagiolo，*Guida alla storia dell'arte*(Florence，1974)，p. 97，101。

② 参见 Wind，*Art and Anarchy*，pp. 40ff。相反，克罗齐(Croce)却认为，这是“对直接、显明的细节的感觉主义”。B. Croce，*La critica e la storia delle arti figurative*，*Questioni di metodo*(Bari，1946)，p. 15。

责),而是初级的、语文学层面的问题。[①]实际上,莫莱里的方法的意义并非像温德所认为的那样,而且也更为丰富。我们将会看到,温德本人距离意识到这些意义仅有一步之遥。

2. "与其他艺术史家的著作相比",温德写道:"莫莱里的著作有一个相当非同寻常之处。他的书中遍布着手指和耳朵的插图,精心记录了那些细微的特征。这些特征揭示了某位艺术家的存在,正如罪犯由于他的指纹而暴露身份……任何被莫莱里研究的美术馆都会立刻变得好似一座犯罪博物馆……"[②]卡斯特诺沃(Enrico Castelnuovo,1839—1915)聪明地更进一步将莫莱里的推定性方法,与同一时代阿瑟·柯南·道尔(Arthur Conan Doyle,1859—1930)笔下的歇洛克·福尔摩斯(Sherlock Holmes)的探案方法进行了比较。[③] 艺术鉴赏家就好比从被大多数人视而不见的线索中,发现罪犯(画家)身份的侦探。众所周知,福尔摩斯善于解读足印、烟灰等痕迹,诸如此类的例子不可胜数。然而,要使人相信卡斯特诺沃的比喻恰如其分,只需看看《硬纸盒奇案》(*The Cardboard Box*,1892):在这个故事里,福尔摩斯完全是"莫莱里式的"。案情始于两只耳朵,它们被切下来并邮寄给了一位无辜的小姐。而这位鉴赏家是这样工作的:

> 福尔摩斯停住了话头。而我[华生]惊奇地看到,他正以极度专注的神情盯视着那位小姐的侧脸。一瞬间,惊奇与满足的神色同时掠过他热切的脸孔,尽管当她转过头来察看他沉默的原因时,他已经又恢复了往常的庄重。[④]

后来,福尔摩斯向华生(也向读者们)解说了他灵光一闪的过程:

> 身为医生,华生,你必定知道人体中没有哪个部位比耳朵更加因人而异。一般来说,每一只耳朵都相当独特,形状各异。关于这个题目,去年的《人类学期刊》(*Anthropological Journal*)上发表过两篇由我撰写的短文。因此,我是以专家的眼光来检视盒子里的两只耳朵的,并仔细地记下了它们的解剖学特征。当我看着柯

---

① 参见 Longhi,*Saggi*,p. 321。"莫莱里对事物性质的感受力是如此之贫乏,或者说,他在这方面的感受力往往是被'鉴赏家'的粗浅行为与蛮横态度所败坏了……"稍后,他又直截了当地将莫莱里称为"来自高尔洛(Gorlaw)的、平庸而为害匪浅的批评家"。[Gorlaw 是 Gorle 在俄语中的转写,后者是贝尔加莫市(Bergamo)附近的一个镇,化名勒莫列夫的莫莱里本人就居住在那里。]

② Wind,*Art and Anarchy*,p. 38.

③ 见 E. Castelnuovo,"Attribution",in *Encyclopaedia universalis*,vol. Ⅱ,1968,p. 782。在更加宽泛的层面上,豪泽尔(A. Hauser)在《艺术史的哲学》一书中,将弗洛伊德侦探式的方法与莫莱里的方法做过比较。见 A. Hauser,*The Philosophy of Art History*(New York,1959),pp. 109-110。

④ A. Conan Doyle,"The Cardboard Box",in *The Complete Sherlock Holmes Short Stories*(London,1976),p. 932.

辛小姐，并且意识到她的耳朵与我方才审视过的那只女性耳朵完全相同时，你能想见我是多么惊讶。这绝对不是巧合。耳郭缩短的方式，上耳垂宽阔的弧线，里面软骨盘旋的形状都相同。从所有重要特征看来，这都是同一只耳朵。当然，我立刻意识到这一结论极其重要。显而易见，被害者是这位小姐的血亲，血缘关系可能还非常近。①

3. 我们稍后便会看到莫莱里与福尔摩斯之间相似性的含义。② 不过在那之前，我们最好先看看温德的另一处宝贵直感：

"应该在人们着力最少的地方寻觅人格。"③对一些批评莫莱里的人来说，这条准则显得很奇怪。但在这一点上，现代心理学家会站在莫莱里这边：我们无意识的细微动作比正式的、深思熟虑的姿态更能够揭示我们的人格。

"我们无意识的细微动作……""现代心理学家"这个大而化之的说法指的不是别人，正是弗洛伊德(Freud，1856—1939)。温德关于莫莱里的论述，使学者们注意到弗洛伊德那篇著名的《米开朗琪罗的摩西》(*The Moses of Michelangelo*，

① Ibid.，pp. 937-938.《硬纸盒奇案》这个故事最初刊登在《惊奇杂志》上[*The Strand Magazine* 5 (1893)，pp. 61-73]。巴林-古尔德(W. S. Baring-Gould)在他所编纂的《福尔摩斯注解》[*The Annotated Sherlock Holmes* (London，1968)，vol. Ⅱ，p. 208]中指出，仅仅几个月后，同一家杂志上刊登了一篇作者不详的文章，关于人类耳朵的不同形状["Ears：A Chapter On"，*The Strand Magazine* 6 (1893)，pp. 338-391，525-527]。巴林-古尔德认为，该文的作者可能就是柯南·道尔本人，后者或许是自行撰写了福尔摩斯发表在《人类学期刊》上的文章(*Anthropological Journal* 是 *Journal of Anthropology* 之误)。然而，这个推论似乎缺乏根据：在关于耳朵的文章之前，《惊奇杂志》上还发表过一篇题为《手》的文章["Hands"，*Strand Magazine* 5 (1893)，pp. 119-123，295-301]，该文的作者署名为贝克尔斯·威尔森(Beckles Willson)。无论如何，《惊奇杂志》上那些描绘不同耳朵形状的页面难免令人想起莫莱里作品中的插图——证明了在当时，这样的主题是十分流行的。

② 尽管如此，我们不能排除这并非单纯巧合的可能性。柯南·道尔的一位叔父亨利·道尔，是画家和艺术评论家。1886年，亨利·道尔成为都柏林的国家美术馆(National Art Gallery)馆长[见 P. Nordon，*Sir Arthur Conan Doyle：L'homme et l'oeuvre* (Paris，1964)，p. 9]。莫莱里曾在1887年同他会面，并在致自己的一位朋友亨利·莱雅德爵士(Sir Henry Layard)的书信中提及此事："关于都柏林的美术馆，您向我提到的那些事情令我非常感兴趣。特别是因为在伦敦时我曾有幸与那位杰出的道尔先生当面会晤，他给我留下了极好的印象……哎，除了像道尔这样的人，我们通常还能找谁来担任欧洲各博物馆的馆长呢？"(British Museum，Add. ms 38965，Layard Papers，vol. XXXV，fol. 120v)。从亨利·道尔这方面来说，由他所编纂的《爱尔兰国家美术馆藏品目录》[*Catalogue of the Works of Art in the National Gallery of Ireland* (Dublin，1890)]可以证明，他熟知莫莱里的方法(这一点对于当今的艺术史家来说显而易见)：在编纂这本目录时，亨利·道尔使用了(例如，见 p. 87)由库格勒撰写，而由莱雅德在1887年于莫莱里的指导下通篇增订的手册。莫莱里的作品首次被译为英文是在1883年[见 *Italienische Malerei der Renaissance im Briefwechsel von Giovanni Morelli und Jean Paul Richter*，1876-1891，ed.，J. and G. Richter (Baden-Baden，1960)的索引部分]。第一篇福尔摩斯故事[《血字的研究》(*A Study in Scarlet*)]的出版是在1887年。柯南·道尔有可能通过他的叔父而直接接触到了莫莱里的方法。然而这种假设也并非必不可少，因为莫莱里的作品并非是我所想要分析的那些思想的唯一载体。

③ Wind，*Art and Anarchy*，p. 38.

1914)中一个长期被人忽视的段落。① 在第二段开头,弗洛伊德写道:

> 很久之前,当我对心理分析还闻所未闻的时候,我得知有一位俄国艺术学家伊万·勒莫列夫,在欧洲的画廊中掀起了一场革命。1874—1876年间,他以德文发表了最初的几篇文章,对将许多画作归于单一作者名下的做法提出质疑,证明如何能够确切地将摹本与原作区分开来,并且指出了那些原本被归于错误作者名下的画作可能的真正作者。为得到这些成果,他却撇开画作的整体印象与主要特征不论,反而强调次要的、无足轻重的细节所具有的特征性意义:像是指甲、耳垂、光环,以及其他通常为人们所忽视的细节的画法。临摹者不会着意去模仿这些细枝末节,而每一个艺术家在这些地方都有他独一无二的画法。后来我发现,那个俄国假名背后的人,是一个名叫莫莱里的意大利医生,这让我觉得很有意思。莫莱里死于1891年,以意大利王国参议员的身份。我认为,他的方法与心理分析医学的技术非常相近。后者同样惯于从人们较少重视或不曾察觉的因素中,从我们思想的残渣、"废料"②之中,探求秘密的、隐蔽的事物。

这篇关于米开朗琪罗的《摩西》(*Moses*)的论文最初是匿名发表的,直到将其收入自己的作品全集时,弗洛伊德才承认了它出自自己笔下。有人认为,莫莱里将自己身为作者的人格隐藏在假名背后的倾向,或许在某种程度上影响了弗洛伊德。关于这一共同点的意义,也有人提出过一些多少可信的推测。③ 能够肯定的是,在匿名的面纱背后,弗洛伊德以一种既直白又有所保留的方式,承认了莫莱里对他的思想产生过重大影响,而这种影响比他接触到心理分析还要早得多("lange bevor ich etwas von der Psychoanalyse hören konnte…")。过去人们认为,只有在关于米开朗琪罗的《摩西》的那篇文章,或者弗洛伊德关于艺术史的文章之中,才存在

① 豪泽尔曾明确地提及这一点(*The Philosophy of Art History*, pp. 109–110)。又见 J. J. Spector, "The Method of Morelli and Its Relation to Freudian Psychoanalysis", *Diogenes*, 1969, no. 66, pp. 63–83; H. Damisch, "La partie et le tout", *Revue d'esthétique* 2 (1970), pp. 168–188; idem., "Le gardien de l'interprétation", *Tel Quel*, 1971, no. 44, pp. 70–96; R. Wollheim, "Freud and the Understanding of Art", in *On Art and the Mind*, pp. 209–210。

② S. Freud, "The Moses of Michelangelo", in Freud, *Collected Papers* (New York, 1959), 4, pp. 270–271. 布雷默(R. Bremer)讨论过弗洛伊德对《摩西》的解释,而没有提及莫莱里。见 Bremer, "Freud and Michelangelo's Moses", *American Imago* 33 (1976), pp. 60–75。我未能读到 K. Victorius, "Der 'Moses des Michelangelo' von Sigmund Freud", in *Entfaltung der Psychoanalyse*, ed. A. Mitscherlich (Stuttgart, 1956), pp. 1–10。

③ S. Kofman, *L'enfance de l'art: Une interprétation de l'esthétique freudienne* (Paris, 1975), p. 19, 27; Damisch, "Le gardien", pp. 70ff.; Wollheim, "Freud and the Understanding of Art", p. 210.

这种影响;[①]这种看法不恰当地低估了这个论断的重要性:“我认为,他的方法与心理分析医学的技术非常相近。”实际上,以上所引的那段话足以证明,乔万尼·莫莱里在心理分析诞生的历史上占有特殊的一席之地。这种联系有文献为证,而不像弗洛伊德的大多数“前例”或“先驱”那样仅凭猜测。正如我们之前所说,弗洛伊德接触莫莱里的作品,是在“前心理分析时期”。因此,我们这里讨论的,是一种直接影响过心理分析学形成的因素,而不仅仅是弗洛伊德在接触到心理分析之后才注意到的一个巧合[像重版的《释梦》(*Traumdeutung*)中提到的,波普尔-林叩斯(J. Popper-Lynkeus,1838—1921)的梦那样]。[②]

4. 在试着去理解弗洛伊德从莫莱里的作品中得到的启发之前,我们最好先确定他读到这些文章的时间点。时间点,或者说这些时间点,因为弗洛伊德提到了两次不同的邂逅:“很久之前,当我对心理分析还闻所未闻的时候,我得知有一位俄国艺术学家伊万·勒莫列夫……”“后来我发现,在那个俄国假名背后的人,是一个名为莫莱里的意大利医生,这让我感到非常有趣……”

对于第一次接触的时间,我们只能大概推测。可以把1895年[弗洛伊德与布勒尔(Breuer,1842—1925)出版《歇斯底里症研究》(*Studies on Hysteria*)]或1896年(弗洛伊德首次使用心理分析这个术语)作为下限。[③] 而上限(terminus post quem)则是1883年。这一年的12月,弗洛伊德在致未婚妻的一封长信中,讲述了他在参观德累斯顿美术馆时“发现绘画”的经历。过去他对绘画并无兴趣,而今他写道:“我已摆脱了自己的粗野,开始欣赏。”[④]很难想象,在那之前弗洛伊德会被一个名不见经传的艺术史家的文章吸引。相反,他极有可能是在写给未婚妻那封关于德累斯顿美术馆的信不久后读到了那些文章,因为莫莱里结集出版的最初几篇作品(1880年出版于莱比锡),就是关于摩纳哥、德累斯顿和柏林的美术馆中意大利大师的作品。[⑤]

弗洛伊德第二次接触莫莱里著作的时间则要确定得多。伊万·勒莫列夫的

① 只有斯派克特(Spector)那篇出色的文章是例外,但斯派克特否认在莫莱里的方法与弗洛伊德的方法之间存在实质性联系。见 Spector,“The Method of Morelli”,pp. 68-69。

② S. Freud,“The Interpretation of Dreams”,in *The Basic Writings of Sigmund Freud*,trans,and ed. with an Introduction by A. A. Brill (New York,1938),p. 339n.

③ M. Robert,*The Psychoanalytic Revolution*:*Sigmund Freud's Life and Achievement*(New York,1966),p. 84.

④ 见 E. H. Gombrich,“Freud's Aesthetics”,*Encounter* 26,no. 1 (1966),p. 30。奇怪的是,在这篇文章中,贡布里希没有提到,弗洛伊德提及了莫莱里。

⑤ I. Lermolieff,*Die Werke italienischer Meister in den Galerien von München*,*Dresden*,*und Berlin*:*Ein kritischer Versuch*,aus dem Russischen übersetzt von Dr. Johannes Schwarze (Leipzig,1880).

真名首次被公之于众,是在1883年出版的英译本(收录了之前提到的那些文章)扉页上;在1891年(即莫莱里去世的年份)之后出版的版本(包括译本)都同时署有本名与笔名。① 弗洛伊德可能读到了这些书中的一本:或许他是在1898年9月,在米兰的一家书店中闲逛时,偶然发现了伊万·勒莫列夫的身份。弗洛伊德的图书馆中(如今保存在伦敦),藏有一本乔万尼·莫莱里(伊万·勒莫列夫)的著作,《论意大利绘画:批判历史学的研究——罗马的博盖塞美术馆与多利亚·潘斐利美术馆》(*Della pittura italiana. Studii storico critici - Le gallerie Borghese e Doria Pamphili in Roma*,米兰,1897)。这本书的扉页上记有购买的日期:米兰,9月14日。② 弗洛伊德唯一一次在米兰逗留是在1898年秋。③ 此外,当时弗洛伊德有理由对莫莱里的书产生进一步的兴趣。那段时间他一直在思考记忆差错(memory lapses)的问题。不久前,在达尔马提亚(Dalmatia),他曾徒劳地试图回想创作了奥尔维耶托(Orvieto)的壁画的艺术家的名字[后来他在《日常生活的精神病理学》(*Psychopathology of Everyday Life*)一书中分析了这个例子]。而莫莱里的那本书中,不仅提到了壁画的真正作者[西诺莱利(Signorelli,1445—1523)],还提及了弗洛伊德曾错误地以为是壁画作者的那些画家[波提切利·波尔特拉菲奥(Boltraffio,1467—1516)]。④

然而,对弗洛伊德——年轻的、还未接触过心理分析的弗洛伊德——来说,莫莱里的著作象征着什么呢?弗洛伊德本人告诉我们:是一种着眼于废弃物和边角料,将它们作为揭露真相的线索的分析方法。以某种方式,那些通常被认为是无足轻重,甚至凡庸、“粗鄙”的细节,提供了解读人类精神最高雅产物的钥匙:“我的敌人们。”莫莱里讥讽地写道(这种讥讽也恰是弗洛伊德所欣赏的):“扬扬自得地认为,我是不懂得领悟艺术作品的精神意义,才会赋予外在手段特殊的重要性,像是手、耳朵,甚至(简直难以启齿)指甲那样令人厌恶的东西。”⑤莫莱里或许也会认同这句弗洛伊德所钟爱、并作为《释梦》一书题记的格言:“若不能使天上诸神屈服,我将撼动地狱。”(Flectere si

---

① G. Morelli (I. Lermolieff), *Italian Masters in German Galleries: A Critical Essay on the Italian Pictures in the Galleries of Munich, Dresden, and Berlin*, L. M. Richter 自德语译出(London, 1883)。

② H. Trosman and R. D. Simmons, "The Freud Library", *Journal of the American Psychoanalytic Association* 21 (1973), p. 672. 感谢波利(Pier Cesare Bori)告知我这一点。

③ E. Jones, *The Life and Works of Sigmund Freud*, 3 vols. (New York, 1962), vol. 1, p. 335.

④ Robert, *The Psychoanalytic Revolution*, p. 180; Morelli (I. Lermolieff), *Della pittura italiana*, pp. 88-89 (on Signorelli) and 159 (on Boltraffio).

⑤ Morelli (I. Lermolieff), *Della pittura italiana*, p.4.

nequeo Superos, Acheronta movebo)[①]此外,对莫莱里而言,这些细枝末节具有揭示性意义。尽管艺术家是被文化传统所束缚着,但在描绘这部分时,他对笔触的控制便松懈下来,流露出了纯粹属于个人的特征。“不知不觉间,这些特征成了漏网之鱼。”[②]在那个时代,提到无意识行为并不稀奇;[③]莫莱里还认为,艺术家个性中最深层的核心,便是那些摆脱了意识控制的部分。

5. 至此,我们对莫莱里、福尔摩斯和弗洛伊德各自所用的方法做了比较。刚才已经讲过,莫莱里和福尔摩斯以及莫莱里和弗洛伊德之间都互有联系。斯蒂芬·马库斯(Steven Marcus, 1928—)讲过,弗洛伊德与福尔摩斯的工作方式存在着奇妙的共同点。[④] 弗洛伊德本人也曾对一个病人[“狼人”(the wolf-man)]表示过他对福尔摩斯的兴趣。而弗洛伊德的一位同事,西奥多·里克(Theodor Reik, 1888—1969)将心理分析与福尔摩斯的方法做过对比。弗洛伊德曾在1913年春,以赞赏的态度对这位同事谈起由莫莱里所创的那种技术。他们三人都能够借由极细微的痕迹,领悟到更加深层、以别的方式无法触及的现实。痕迹——更确切地说,是症状(对于弗洛伊德),是线索(对于福尔摩斯),是绘画中的细节(对于莫莱里)。[⑤]

我们该如何解释这三人之间的相似之处?乍看起来,答案非常简单。弗洛伊德是一位医师,莫莱里有医学学位,柯南·道尔在成为作家之前曾是执业医师。在所有这三人身上,我们都能隐约看到一种医学症状学的模式:这门学科是透过表面的症状,诊断出无法被直接观察到的疾病;而那些表面症状在外行人——例如华

---

① Vergil, *Aeneid 7.312* (Loeb Classical Library). 已经有许多学者以不同的方式解释过弗洛伊德引用维吉尔这行诗句的缘由:见 W. Schoenau, *Sigmund Freuds Prosa: Literarische Elemente seines Stil*(Stuttgart, 1968), pp. 61-73。在我看来,西蒙(E. Simon)的论点是最有说服力的(ibid., p. 72)。他认为,这则题记意味着,现实中隐藏的、不可见的部分,其重要性不亚于那些可见的部分。关于这则题记可能的政治意义——拉萨尔(Lassalle)就曾如此使用过这句诗——见休斯克(C. E. Schorske)这篇极出色的文章:“Politique et parricide dans ‘Linterprètation des rêves’ de Freud”, *Annales: E. S. C.* 28 (1973), pp. 309-328, esp. 325ff。

② Morelli (I. Lermolieff), *Della pittura italiana*, p. 71.

③ 见由里希特(Richter)撰写的莫莱里的讣告(*ibid.*, p. xviii):“(莫莱里所发现的)那些细节线索……是大师习惯性地、近乎下意识地去描绘的……”

④ Steven Marcus, Introduction to A. Conan Doyle, *The Adventures of Sherlock Holmes: A Facsimile of the Stories as They Were First Published in the "Strand Magazine"* (New York, 1976), pp. x-xi. 又见《百分之七溶液》一书附录中的索引:*The Seven Percent Solution; Being a Reprint from the Reminiscences of John H. Watson, M. D., as Edited by Nicholas Meyer*(New York, 1974)。这部关于福尔摩斯和弗洛伊德的小说虽广为流传,却名不副实。

⑤ *The Wolf Man by the Wolf-Man*, ed. M. Gardiner (New York, 1971), p. 146; T. Reik, *Ritual: Psycho-Analytic Studies*(London, 1931). 关于症状与线索之间的区别,见 C. Segre, “La gerarchia dei segni”, in *Psicanalisi e semiotica*, ed. A. Verdiglione (Milan, 1975), p. 33, and T. A. Sebeok, *Contributions to the Doctrine of Signs*(Bloomington, 1976)。

生医生——眼中，则会被看作无关紧要。(顺便一提，福尔摩斯-华生这一对角色，最精明的侦探与愚钝的医生，表现了同一个真实存在的人的两个方面：柯南·道尔青年时代的一位教授，以极为精湛的诊断能力著称。)①但这并不单纯是个人经历上的巧合。19世纪末——更确切地说，在1870—1880年这十年间——一种基于症状学的推定性范式开始在人文科学中流行起来。然而，它的根源却要更加古老得多。

二

1. 在数千年的时间里，人类都曾是猎人。在数不尽的追猎过程中，他学会了如何借助泥地上的足印、折断的树枝、粪便、毛发、缠结的羽毛、残留的气味，重现不见踪影的猎物的形象与动作。他学会了如何嗅闻、记录、解读像是涎沫那样极细微的痕迹，并将它们分门别类。他学会了如何在矮树丛的深处，或是危机四伏的林间空地中，以闪电般迅疾的速度进行复杂的思考。

一代又一代猎人们不断丰富着这座知识的宝库，并将其传承下去。鉴于岩画和手工制品上的绘画均缺乏文字资料的印证，我们可以使用民间故事作为材料。远古时代的猎人们的知识，有时会在这里遗留残迹——尽管是陈旧、变形的残迹。有这样一则东方故事在吉尔吉斯人、鞑靼人、犹太人、土耳其人等民族间广为流传：②三兄弟遇到了一个丢失骆驼的人——或者，在其他版本中，遗失的是一匹马。他们毫不犹豫地描述起了它的特征：白色的，瞎了一只眼，背上有两个皮囊，一个装着酒，另一个装着油。他们看见过它吗？不，他们没见过。于是他们被指控为窃贼，并受到审判。而三兄弟大获全胜：转眼间他们便证明了，如何能够通过细微的线索，重现一只他们从未亲眼看见的动物的外貌。

三兄弟显然通晓某种关于狩猎的知识(尽管他们并未被描述为猎人)。这种知识的特征是，能够从表面上无足轻重的经验性信息，追溯复杂的、无法直接经验的现实。此外，观察者往往会将这些信息组织到一个叙述的序列中去，最简单的形式可能便是“某人曾经从那里走过”。或许叙述的概念本身(不同于魔法、符咒，或者向神灵祈求③)最早便诞生自猎人的社会，从解读痕迹的经验之中。直至今日，猎人解读痕迹的语言——自部分而见整

① W. S. Baring-Gould, “Two Doctors and a Detective: Sir Arthur Conan Doyle, John A. Watson, M. D., and Mr. Sherlock Holmes of Baker Street”, *Introduction to the Annotated Sherlock Holmes*, vol. 1, pp. 7ff. 关于约翰·贝尔(John Bell)，作为福尔摩斯原型的那位医生，又见 A. Conan Doyle, *Memories and Adventures*(London 1924), pp. 25-26, 74-75。

② 见 A. Wesselofsky, “Eine Märchengruppe”, *Archiv für slavische Philologie* 9, 1886, pp. 308-309, 附索引。关于这则传说此后的流传，见本文相关部分的正文。

③ A. Seppilli, *Poesia e magia*(Turin, 1962).

体,由结果而知原因——所使用的修辞法,仍旧与转喻(metonymy)的散文体轴相关联,[①]同时严格地将隐喻(metaphor)排除在外。[②]这一事实或许能够支持我们的假设——这个假设显然无法得到证明。猎人或许是第一个"说故事的人",因为只有他能够从猎物所遗留的沉默的(几不可见的)痕迹中,解读出一系列连贯的事件。

"解读"或"阅读"动物留下的痕迹,这样的说法不过是隐喻。然而,也可以从字面意义上来理解,把它当作是历史进程在语词中的缩影:这条极为漫长的道路通向文字的创制。同样的联系也存在于中国的传统之中。一则神话将文字的创制归功于一位高级官员,借由观察鸟类在河畔留下的爪痕。[③]另一方面,如果我们离开神话与假说的领域,转向有文字记录的历史,我们会惊讶地发现,前述的那种狩猎知识的范式,与美索不达米亚的占卜文书(编纂于公元前3000年之后)中隐含的范式之间,存在着不可否认的相似之处。[④]二者都细致入微地探察最不起眼的东西,以寻觅观察者无法直接经验的事件之蛛丝马迹。一方面,是粪便、足迹、毛发、羽毛;另一方面,是动物内脏、水中的油滴、星象、身体不自主的动作,等等。诚然,与前者不同,后者的序列实际上是无穷尽的。对美索不达米亚的占卜者来说,万事万物(或者近乎如此)都可以成为占卜的对象。但在我们眼中,他们之间最主要的不同是在另一个方面:占卜关注未来,而对猎物线索的解读则面向过去(尽管是刚刚成为"过去"的过去)。然而,二者认识事物的方式非常相似,所牵涉的思想活动——分析、对比、分类——在形式上如出一辙。诚然,这只是形式上的相同,它们的社会背景是全然相异的。特别是有人已注意到,[⑤]文字的创制是如何深远地影响了美索不达米亚的占卜。神灵们被赋予了(在其他至高的特权之外)以蕴含在星象、人体、万事万物之中的文字信息与臣民进行交流的特权,而占卜者的职责便是解读这些信息(这种观念造就了"自然之书"这样一个绵延数千年之久的

① 见雅各布森(R. Jakobson)著名的论文:"Two Aspects of Language and Two Types of Aphasic Disturbances", in *Fundamentals of Language*, by Roman Jakobson and Morris Halle (The Hague and Paris, 1971), pp. 67-96。

② 此处用到的,是雅各布森语言学中"组合轴"(axis of combination)与"选择轴"(axis of selection)的概念。组合轴对应转喻、连接性的关系,选择轴对应隐喻、相似性的关系。故而此处的"转喻的散文体轴"(prosaic axis of metonymy)即为组合轴。——译者注

③ 见 E. Cazade and C. Thomas, "Alfabeto", in *Enciclopedia Einaudi* (Turin, 1977), vol. 1, p. 289;又见 Etiemble, *The Orion Book of the Written Word* (New York, 1961), pp. 23-24. 从广义上来说,见 Walter Benjamin, "Über das mimetische Vermögen", in *Angelus Novus: Ausgewählte Schriften 2* (Frankfort a.M., 1966), pp. 96-99。

④ 在此我参考了博泰欧(J. Bottéro)出色的论文:J. Bottéro, "Symptômes, signes, écritures", in *Divination et rationalité* (Paris, 1974), pp. 70-197。

⑤ Ibid., pp. 154ff.

意象)。占卜被看作是解读书写在现实世界中的神圣文字;楔形文字中的象形特质也印证了这一点:它和占卜一样,是以一物来指示(designate)另一物的。①

足迹同样指示了曾经经过的那只动物。相对于足迹——作为实物而被理解的痕迹——的具体性来说,象形文字已向着抽象思维迈出了不可估量的一步。然而,创制象形文字所需的抽象能力,与表音文字所需要的相比,可谓微不足道。事实上,在楔形文字中,象形的因素与表音的因素一直共存着;正如美索不达米亚的占卜文书中,逐渐增加的先验与概括的成分,并未抹消那种根本性的、从结果推断原因的倾向。② 这一方面解释了在美索不达米亚的占卜用语中,为何羼入了法律术语;另一方面,则解释了在占卜学的文章中,为何会出现有关相面术与医学症状学的段落。③

绕了一个大圈之后,我们回到了症状学(semiology)。而我们发现,它与另外的一些学科(尽管"学科"明显是一个时代错置的术语)相毗邻,这些学科都具有一个特殊的共同点。或许有人会想要把占卜学和相面术这两门假科学,与法学和医学两门科学相类比——而将它们之间的差异归因于它们所处的社会在时间和空间上的巨大距离。但这样的结论是粗浅的。确实存在着某种东西,将古代美索不达米亚这些不同的知识类型联系起来(如果我们把基于迷狂体验的神排除在外的话④):它们都致力于分析个别的,只能通过痕迹、症状、线索来认识事物。美索不达米亚的法学文本本身并不是对律令的汇编,而是对具体案例运用决疑术进行讨论。⑤ 总而言之,我们可以将之称为一种推定的,或者说占卜的范式,依知识形式的不同,关注着过去、现在,或者未来。关注未来的,是严格意义上所说的占卜;关注过去、现在与未来的,是医学症状学(它有诊断与预后的二重性);关注过去的,是法学。然而,在这种推定或占卜

① Ibid., p. 157. 关于在中国文化中书写与占卜术的联系,见 J. Gernet,"La Chine: Aspects et fonctions psychologiques de l'écriture", in *L'écriture et la psychologie des peuples* (Paris, 1963), est. pp. 33-38。

② 这便是皮尔士(Peirce)所称之为"推测的"或者"外展的"的推断,与单纯的归纳相区分:见 C. S. Peirce,"Deduction, Induction, and Hypothesis", in *Chance, Love, and Logic* (New York, 1956), pp. 131-153, and "Abduction and Deduction", in *Philosophical Writings of Peirce*, ed. J. Buchler (New York, 1955), pp. 150-156. 在之前所引的那篇文章中,博泰欧却始终坚持美索不达米亚的占卜术具有"演绎的"特性(他如此称呼,"是因为没有更恰当的说法")。见 Bottéro,"Symptômes", p. 89。然而,博泰欧自己所创立的复杂路径,被这样一个定义不恰当地简单化了,到了对前者造成歪曲的地步(ibid., pp. 168ff.)。这一简单化似乎是由于博泰欧对"科学"的定义太过狭隘、片面所致(p. 190)。博泰欧将占卜学与像医学这样,演绎性极低的学科做过比较(p. 132)。这一比较意义重大,并且事实上削弱了博泰欧对科学的那种定义。上文所提出的,美索不达米亚文明的两种倾向,与楔形文字的混合特性之间的对应,是发展了博泰欧的某些论点(pp. 154-157)。

③ Ibid., pp. 191-192.

④ Ibid., p. 89ff.

⑤ Ibid., p. 172.

的范式背后,我们隐约瞥见了人类思想史中或许是最古老的那个形象:蹲伏在泥地上,仔细观察着猎物足迹的猎人。

2. 到此为止,我们所讲的东西解释了,为何一则由双目斜视诊断颅脑损伤的病例会出现在美索不达米亚的占卜学文献中。[①] 从更普遍的意义上说,这从历史的角度解释了一组学科是如何出现的。这些学科根植于对不同类型的征象的解读,从症状到文字。当这组学科由美索不达米亚文明传播到希腊文明时,它的成分发生了巨大改变:人们建立了新的学科,如历史学和语文学。像医学这样的旧有学科赢得了新的独立地位,相应地,也得到了社会和认识论上的承认。人类的身体、语言和历史首次成了客观研究的对象,这种研究从原则上便排除了神意的干涉。这一决定性的转变是城邦文化的特征。显然,我们至今仍然是它的继承人。而另一个事实却没有这般显而易见:某种范式可能在这样一个转变中起到了首要作用;人们可以将它定义为症状学范式,或者推定性范式。[②] 这在希波克拉底(Hippocrates,约前 460—约前 370)医学中尤为明显,它将自身的方法奠基于症状(symptom, semeion)这一关键性概念之上。只有仔细观察每一种症状,并记录下最微小的细节——希波克拉底派的医师们坚持道——才有可能得到各种疾病的确切“历史”(“histories”),而疾病本身则是不可触知的。他们坚持认为,医学在本质上是推定性的,这很可能是受到毕达哥拉斯派医师阿尔克迈翁(Alcmeon,约前 510—?)的影响,后者将神圣知识之直接性与人的知识之推测性做过比较。[③] 这种否认现实之透明性的论调隐含着对一种推定性范式的支持。这种范式实际上在许多非常不同的领域都发挥着作用。医生、历史学家、政治家、制陶工、木匠、水手、猎人、渔夫、女人,在希腊人看来,这些人不过是使用着推测性知识的广大群体中的一部分。更意味深长的是,这种知识由墨提斯(Metis)这位女神所主宰。她是朱庇特(Jove)的第一任妻子,是以水为媒介的占卜术之化身。这种知识的界限被像是“推论”“推测”(tekmor, tekmairesthai)

---

① Ibid., p. 192.

② 见 H. Diller,“Οψισ Αδηλων Τα Φαιηομενα”, in *Hermes* 67 (1932), pp. 14-42, esp. pp.20ff。梅兰德里(E. Melandri)修正了该文中对类比的方法与症状学方法所做的对比,将后者解释为类比法的一种“在经验中的应用”,见 E. Melandri, *La linea e il circolo*: *Studio logico-filosofico sull' analogia* (Bologna, 1968), pp. 25ff。韦尔南(J.-P. Vernant)断言(“Parole et signes muets”, in *Divination et rationalité*, p. 19):“政治、历史、医学、哲学和科学上的进步,证明与占卜学思维的决裂是正当的。”看起来,韦尔南是将占卜学仅仅等同为神启的那种占卜学。然而,韦尔南自己在第 11 页便提到过一个未解决的问题,即甚至在古希腊时代,就同时并存着两种类型的占卜学:神启的与分析的。在第 24 页,韦尔南隐约流露出他对希波克拉底症状学的负面评价。[相反,参见 Melandri, *La linea*, p. 251。

③ 见维杰蒂(M. Vegetti)为希波克拉底著作集撰写的“导言”[Hippocrates, *Opere* (Turin, 1965), pp. 22-23]。关于阿尔克迈翁的残篇,见 Pitagorici: *Testimonianze e frammenti*, ed. M. Timpanaro Cardini (Florence, 1958), vol. 1, pp. 146ff。

这样的术语所划定。然而，就像之前说过的那样，这种范式却仍然隐而不显——被柏拉图那种声名显赫(社会地位也更高)的知识模式所贬抑。[①]

3. 希波克拉底的文集中包含了某些自辩性的段落[②]，这使我们得知，至少在公元前5世纪，围绕医学知识的不精确性的论战就已经开始了。这场蔓延至今的论战，其主题之所以如此令人争论不休，归根结底是由于医生与病人之间的关系——后者无法掌握前者的知识与权力——这种关系自希波克拉底的时代起就没有太大变化。在2500年的时间里发生改变的，是争论中使用的术语；同样发生了深刻改变的，还有“严密”和“科学”的概念。显而易见，在这个意义上，决定性的转折点是某种科学范式的出现。这种科学范式是在伽利略物理学的基础上发展起来的，到头来却比后者更为持久。即便现代物理学并不能说是“伽利略式的”(虽然它也没有背离伽利略的思想)，对于一般科学来说，伽利略在认识论上的地位(以及象征性地位)仍不可动摇。[③]现在，按伽利略的范式对科学性的标准，我们此前说是“推定性”的那些学科(医学也包括在内)，明显根本就不能算作科学。事实上，这些学科主要是定性的(qualitative)，并以个别(individual)的事件、状况与文献作为研究对象，因为它们是个别的。正因为如此，在得到的结果中，不可避免地有着碰运气的成分：我们只需想想，推测(这个术语本身也是来自占卜学[④])对于医学和语文学是多么重要，对于占卜术就更不必说了。而伽利略

① 关于这一点，见德蒂安与韦尔南所做的大量研究：M. Détienne and J.-P. Vernant, *Cunning Intelligence in Greek Culture and Society*, trans. Janet Lloyd (New York, 1978)。书中提及了墨提斯在占卜学中的属性(pp. 104ff.)；关于以上所列举的那些知识与占卜学的联系，见pp. 145-149(关于水手)以及pp. 270ff.；关于医学，见pp. 297ff.；关于希波克拉底的门徒与修昔底德之间的关系，见Vegetti's introduction to Hipocrates, *Opere*, p. 59(又见Diller, *Hermes* 67, pp. 22-23)。人们也应当从一个相反的角度来研究医学与历史学之间的关系。见莫米利亚诺(A. Momigliano)所记录的，关于“尸体解剖”的研究：A. Momigliano, “Storiografia greca”, *Rivista storica italiana* 87 (1975), p. 45。在这篇文章之后的版本中，我会讨论女性在墨提斯所主导的圈子中的作用(见Détienne and Vernant, *Cunning Intelligence*, p.20, 267)的相关问题。

② Hippocrates, *Opere*, pp. 143-144.

③ 见P. K. Feyerabend, *Probleme des Empirismus* (Braunschweig, 1981) [*I problemi dell' empirismo* (Milan, 1971), pp. 105ff.]; idem, *Against Method* (London and New York, 1978)；以及罗西(P. Rossi)对其进行的批评：P. Rossi, *Immagini della scienza* (Rome, 1977), pp. 149-150。

④ Coniector[即congettura/conjecture等表示“推测”的词在拉丁文中的词源——译者注]意为“预言者”。在此(以及在其他一些地方)我重新讨论了廷帕纳罗(S. Timpanaro)的一些论点。见Timpanaro, *Il lapsus freudiano: Psicanalisi e critica testuale* (Florence, 1974)[英文版见*The Freudian Slip: Psychoanalysis and Textual Criticism* (London, 1976; rpt. Schocken Books, 1985)]。然而，或许可以说，我是从相反的角度来看待这个问题的。简而言之(以简单化的说法)，廷帕纳罗拒斥心理分析，是因为心理分析本质上接近于巫术；而我认为，不仅心理分析，大部分所谓的人文科学，都从某种占卜学类型的认识论中获得了启发(这一点的意义见本文的最后一部分)。廷帕纳罗已经提到，巫术在进行解释时是个体化的，以及医学和语文学这两门学科都具有个体化的特性(Timpanaro, *Il lapsus*, pp. 71-73)。

式科学的特征则全然不同——它或许会以“个别之物不可言喻”(individuum est ineffabile)这句格言作为自身的写照。事实上,使用数学与实验方法,分别意味着对现象进行量化与重复;而个别化的视角从定义上便排除了后者,并仅仅将前者作为辅助工具。这便是为何历史学从未成为一门伽利略式的科学。正是在17世纪,古典学的研究方法被引入了历史学。以间接的方式,这一结合使历史学古老的推定性起源重见天日,而这种起源此前已被掩蔽了数百年之久。尽管与社会科学的关系日渐紧密,它的这一出发点却并未改变。历史学仍然是一门自成一格的社会科学,不可救药地和具体实在相关联。虽然历史学家的研究难免要(或是在明面上,或是暗地里)涉及可比较的现象的序列,但他认知事物的方式,同样还有他的语言,本质上都是个体化的(这里所说的个体可以是一个社会群体,或者是一整个社会)。从这种意义上来说,历史学家就像是使用疾病分类学图表来分析某个病人的某种特定病症的医生。和医学知识一样,历史学知识是间接的,需要依靠推定和猜测。①

但我们之前所做的对比是太过简略了。在推定性学科之中,有一门学科——文献学(philology),更确切地说,文本批评——从某些方面来说,始终是一个非典型的特例。

事实上,语文学的研究对象是借由大刀阔斧地选择相关特征而构建的——而其选择的范围终究要变得越来越狭窄。这一学科内部的演变被两个决定性的历史事件划分开来:文字的创制与印刷的发明。正如有学者已经提到的那样,文本批评于前者之后诞生(即人们开始传抄《荷马史诗》之时),而于后者之后成熟(即最初的、往往错漏百出的经典著作之版本开始被更加可靠的版本取代之时)。② 首先

---

① 关于历史学知识之“或然”性,布洛赫(M. Bloch)在《历史学家的技艺》中已写过令人难忘的篇章。见 M. Bloch, *The Historian's Craft*(New York,1953),pp. 124-133。波米安(K. Pomian)强调过历史学作为间接知识的特性,即它是以痕迹为基础。见 K. Pomian,“L'histoire de la science et l'histoire de l'histoire”,*Annales:E. S. C.* 30 (1975),pp. 935-952。波米安在这篇文章中(pp. 949-950)(尽管是以隐晦的方式)重拾了布洛赫的思路,即由莫尔会修士们(Maurists)所建立的批判方法的重要性(见 *The Historian's Craft*, pp. 80ff.)。波米安的文章极富洞察力,在结尾处,他简短地提及了“历史学”与科学之间的差别,然而他并未提及,许多种类的知识都或多或少地存在着个体化的元素(见“L'histoire”,pp.951-952)。关于医学与历史学知识的联系,见 M. Foucault, *Microfisica del potere:Interventi politici*(Turin,1977),p. 45;从不同视角出发的论述,见 G.-G. Granger, *Pensée formelle et sciences de l'homme*(Paris,1967),pp. 206ff。坚持历史学知识具有个体化的特性,这听上去便有些可疑;因为人们太过频繁地把这种立场,与将同情作为历史学知识的基础,或是将历史学等同于艺术这样的论点挂起钩来。显而易见,我这篇文章的出发点是全然不同的。

② 关于书写的发明所带来的影响,见 J. Goody and I. Watt,“The Consequences of Literacy”,*Comparative Studies in Society* 5 (1962),pp. 304-345;以及古迪(J. Goody)更晚近的研究:J. Goody, *The Domestication of the Savage Mind*(Cambridge,1977)。又见 E. A. Havelock, *Preface to Plato*(Oxford,1963)。关于印刷术发明之后文本批评的历史,见 E. J. Kenney, *The Classical Text:Aspects of Editing in the Age of Printed Books*(Berkeley,1974)。

被认为与文本无关的,是一切与口述和姿态相联系的因素;后来,与文字之实体性相联系的因素也被排除了。这一双重过程的结果,是文本逐渐被非物质化了,慢慢失去了一切可感知的特性:尽管文本的存续必然依赖于某种可被感知的实物,但文本并不被认为是与其载体等同。① 如今这一切看似都不言而喻,而事实却并非如此。只需想想,语调在口头文学中是多么至关重要,以及书法在中国诗词中的地位,我们便会意识到,在之前所说的那种文本概念的形成中,某种文化选择起到了不可估量的作用。这种选择并不一定是由于手工的生产方式被机械所取代。例如,在中国,印刷术的发明并未割裂文学文本与书法之间的联系(稍后我们将会看到,在历史上,人们是如何以完全不同的方式来看待图像这种"文本"的)。

这种将文本看作是高度抽象的概念,解释了为何尽管文本批评在很大程度上仍保有占卜的特性,其自身却蕴含着演变为一门严密科学的潜力。这一演变是在19世纪发生的。② 以一种极端的方式,它只考虑了文本中那些可被复制的特征[先是以手工复制,在古腾堡(Gutenberg,约1398—1368)之后则是以机械]。正是因为这样,尽管其研究对象是个别的事物,③它却最终避免了在人文科学最大的隐患——性质——上面栽跟头。伽利略在以一种同样是大刀阔斧地进行化约的方式为现代自然科学奠基时,谈及了语文学,这一点可谓意味非凡。在中世纪传统中,世界被比作书本;这种比喻是以二者的明晰性为前提的,认为它们都能够以直接的方式被阅读。而伽利略则强调道:"哲学……被写在这册极广大的书本上,而书页始终在我们眼前敞开(我会叫它宇宙)……如果我们不先学会它的语言,以及用于书写它的那种文字,便不可能理解它。"这种语言文字便是"三角形、圆形,以及其他几何图形"④。对于自然哲学家来说,正如对语文学家那样,文本是一种深邃的、无形的实体,需要在可感知的资料之外才能够被重建:"图形、数字和运动,而非气味、味道和声响;除活着的动物

---

① 克罗齐在艺术的"表现"(espressione)与"表露"(estrinsecazione)之间做出了区分。这一区分(尽管是以具有蒙蔽性的方式)把握到了文本概念的纯洁化这样一个历史进程。这个历史进程也正是我在这里想要描绘的。将这一区分扩展到普遍意义上的艺术(克罗齐显然是这样认为)则会使其变得站不住脚。

② 见 S. Timpanaro,*La genesi del metodo Lachmann*(Florence,1963)。在第1页,廷帕纳罗将 recensio(review,评论。——译者注)的出现,作为使一个在19世纪之前都更接近"艺术"而非"科学"[由于它被认为是 emendatio(amendment,改进。——译者注),或猜测性的艺术]的学科具有科学性的要素。

③ 见廷帕纳罗记述的比德兹(J. Bidez)的格言:Timpanaro,*Il lapsus*,p. 72。

④ 见 G. Galilei,*Il Saggiatore*,ed. L. Sosio (Milan,1965),p. 38。从与本文相近的角度,加林(E. Garin)讨论了柯修斯(E. R. Curtius)对伽利略作品中这个段落(以及其他一些段落)的诠释。见 E. Garin,"La nuova scienza e il simbolo del'libro'",in *La cultura filosofica del Rinascimento italiano:Ricerche e documenti*(Florence,1961),pp. 451-465。

之外,我不相信还存在什么名称以外的东西。”①

以这样的言辞,伽利略为自然科学奠定了一种反人类中心主义、反拟人的基调。从那之后,自然科学便再也没有背离过这条道路。在知识的地图上出现了一条裂痕,而这条裂痕注定随着时间的流逝而加深。伽利略式的物理学家在进行本职工作时,对声响充耳不闻,对味道和气味无知无觉;而与他同时代的医生,则倾听胸腔内的杂音、嗅闻粪便、品尝尿液,以冒着风险做出诊断。这二者之间的差距是不能再大了。

4. 锡耶纳人朱里奥·曼奇尼(Giulio Mancini,1559—1630)便是这些医生中的一位,他是教皇乌尔班八世(Urban Ⅷ,1568—1644)的私人医生。我们无法证明曼奇尼与伽利略之间存在私交。然而,这两人很可能是相识的,他们同处在罗马的交际圈内[从教皇的宫廷到林琴学院(Academy of the Lincei)],并且有许多共同的熟人[从费德里科·切西(Federico Cesi,1585—1630)、乔万尼·恰波利(Giovanni Ciampoli,1589—1643)到乔万尼·法贝尔(Giovanni Faber,1574—1629)]。② 尼奇奥·埃利特里奥[Nicio Eritreo,又名吉安·维托里奥·罗西(Gian Vittorio Rossi,1577—1647)]非常生动地描述了曼奇尼的无神论思想,他异常精湛的诊断技术(在此埃利特里奥使用了占卜学的术语),以及他如何一视同仁地向他的病人们索取画作——对于画作他可谓“最为精通”。③ 事实上,曼奇尼曾经编写过一部著作,题为《简论绘画作品作为出身高贵者之消遣与得体言辞之指引》(*Alcune considerationi apparententi alla pittura come di diletto di un gentilhuomo nobile e come introduttione a quello si deve dire*)。这部书长期以手抄本的形式流传,直到大约20年前,才出版了第一个完整的印刷版。④ 如它的标题所示,这部书所面向的读者群并非画家,而是出身高贵的业余爱好者——每年的3月19日,都有越来越多的这类能手(virtuosi)前往在万神殿(Pantheon)

---

① Galilei, *Il Saggiatore*, p. 264,斜体由我所添加。关于这一点,又见 J. A. Martinez, “Galileo on Primary and Secondary Qualities”, *Journal of the History of Behavioral Sciences*, 10 (1974), pp. 160-169。

② 关于切西和恰波利,见下文;关于法贝尔,见 G. Galilei, Opere (Florence, 1935), vol. XIII, p. 207。

③ J. N. Eritreo(G. V. Rossi), *Pinacotheca imaginum illustrium, doctrinae vel ingenii laude, virorum*(Leipzig, 1692), vol. II, pp. 79-82. 和罗西一样,诺代(Naudé)也认为曼奇尼是“一位了不起的、完美无缺的无神论者”。见 R. Pintard, *Le libertinage érudit dans la première moitié du XVIIe siècle*, vol. 1 (Paris, 1943), pp. 261-262。

④ G. Manchini, *Considerazioni sulla pittura*, ed. A. Marucchi, 2 vols. (Rome, 1956-1957). 马洪(D. Mahon)强调过曼奇尼作为“鉴赏家”的重要地位,见 D. Mahon, *Studies in Seicento Art and Theory*(London, 1947), pp. 279ff。又见 J. Hesse, “Note macinane”, *Münchener Jahrbuch der bildenden Kunst*, 3rd ser., 19 (1968), pp. 103-120。这篇文章包含了丰富的信息,但在做论断时太过局限。

举办的古代及现代绘画展。[①] 如果没有这样的艺术品市场，曼奇尼大概无法写成他的《简论》，或许是最新的那个部分——关于“鉴别画作”，[②]即辨别伪作，将原作与复制品区分开来的方法。因此，创立鉴赏学(connoisseurship，一个世纪之后人们才开始使用这个名称)的首次尝试，是出自一位以其迅捷的诊断而著称的医生——面对病人时，只需快速地一瞥，他便能“预见疾病的后续结果”(quem exitum morbus ille esset habiturus, *divinabat*)[③]。在这里，临床诊断的眼光与鉴赏家的眼光之结合，或许并非纯属偶然。

在深究曼奇尼的论点之前，我们必须首先指出，曼奇尼本人、他的《简论》所面向的“出身高贵者”以及我们自己，在考虑这方面问题时都以某种假设为前提。这一假设未经证实，因为它被(错误地)看作是不言自明的：即在一幅拉斐尔的真迹与它的复制品(无论是油画、版画，还是当今的照片)之间，存在着不可抹消的差别。一幅画作从定义上来说，便是一件独一无二之物(unicum)，是不可复制的。[④] 这一假设中明显含有商业意味。它与鉴赏家这一社会角色的出现存在关联。然而，这个前提并不适用于书写文本，这证明了它是源自某种无法预料的文化选择。人们以为图画和文本具有某些永恒的特性，但事实并非如此。我们此前已经看到，书写文本的概念是如何经由历史演变，清除掉一系列被认为是不相关的特征了。而对于图画来说，这样的清除并未(还未)发生。正因为如此，在我们眼中，《疯狂的奥兰多》(*Orlando Furioso*)的手抄本和印刷版都确切地重现了阿里奥斯托(Ariosto，1474—1533)心目中的那个文本；而拉斐尔的肖像画的复制品，则绝不可能。[⑤]

绘画作品与文学文本的复制品在性质上的不同，解释了为何身为鉴赏家的曼

---

① F. Haskell, *Patrons and Painters: A Study in the Relations between Italian Art and Society in the Age of the Baroque*(New York，1971)，p. 126；又见“The Private Patron”一章(pp. 94ff.)。

② Manchini, *Considerazioni*, vol. Ⅰ, pp. 133ff.

③ 见 Eritreo, *Pinacotheca*, pp. 80-81；斜体是我所添加的。在第 82 页，当曼奇尼的另一则诊断(病人正是乌尔班三世)被证明是准确无误时，作者称其为“不是神启，便是预言”(seu vaticinatio, seu praedictio)。

④ 版画的问题与绘画显然是不同的。总而言之，如今人们会看到，存在着一种否认形象艺术作品之独特性的倾向；然而也存在相反的倾向，即强调不可重复性[行为(performance)而非作品本身的不可重复性：人体艺术(body art)、大地艺术(landscape art)]。

⑤ 这自然会让人想到 W. Benjamin, “The Work of Art in the Age of Mechanical Reproduction”, in *Illuminations*(New York，1973)，pp. 217-151。然而，本雅明只论及了形象艺术作品。吉尔松(E. Gilson)将形象艺术作品的独特性——特别是绘画——与文学文本之可被机械复制相对立：E. Gilson, *Peinture et réalité*(Paris，1958)，p. 53，特别是 pp. 95-96[感谢图其(Renato Turci)使我注意到这一点]。然而，对吉尔松来说，这种对立是本质上的，而非历史性的；后者正是我在此想要证明的。——像是德·基里科(De Chirico)那样，“伪造”自己作品的事例，证明现今对艺术作品之绝对独特性的观念，甚至倾向于将艺术家个人生物学上的独特性置之度外。

奇尼不能够使用文本批评的方法，尽管他在原则上将绘画与书写做了类比。① 然而，正是从这种类比出发，他借助别的一些尚处于雏形的学科的方法。

曼奇尼提出的首个问题，是如何确定画作的年代。为了实现这一目标，他断言，人们必须进行"某种训练，以习得与各种各样的画作以及它们的时代相关的知识，正如古物研究者与图书管理员必须熟知各种字体，以此辨明文稿的年代"②。毫无疑问，这里提及的"关于字体的知识"，正是指列奥·阿拉其（Leone Allacci，1586—1669）在同一时期创立的方法。阿拉其是梵蒂冈的图书管理员，他创立这种方法，是为了断定希腊与拉丁手稿的年代——半个世纪之后，这种方法将会被古文书学的创立者马比容（Mabillon，1632—1707）继承并发展。③ 然而，"除那个世纪所共有的性质之外"，曼奇尼继续写道："还存在着属于个体的性质。"正如"我们在笔迹之中能够辨认出书写者本人的个性。"在图画和书写之间所做的类比，起先是在宏观的层面上（"年代""世纪"）被提出的，由此便在微观的、个体性的层面被再次提出。在这个层面上，阿拉其那些作为古文书学雏形的方法并无用武之地。然而，却有一位曼奇尼的同时代人，曾经尝试过从别出心裁的角度来分析个人的笔迹。身为一名医师，曼奇尼援引希波克拉底，提出有可能从灵魂的"运作"（operationi）回溯到其"印象"（impressioni），而灵魂本身的根源，也是存在于个别的身体的特征之中："我确信，基于这样的前提，我们这个时代的一些卓越的天才已经有所著述；他们希望建立一些法则，以通过这个或那个人写字的方式和手迹，认识其智慧与才华。"毫无疑问，博洛尼亚的医师卡米洛·巴尔迪（Camillo Baldi，1550—

---

① 见萨勒诺（L. Salerno）的评论：Mancini，*Considerazioni*，vol. Ⅱ，p. Ⅷ，n. 55。

② Ibid.，vol. Ⅰ，p. 134. 依据文意，我将这条引文最后的"绘画"更正为了"文稿"。

③ 我认为这里所说的人是阿拉其，是出于以下缘由。在之前的一个段落（与此处所引的相似）中，曼奇尼提到了"图书管理员，尤其是梵蒂冈的图书管理员"，能够确定古代文稿的年代，无论是希腊语的还是拉丁语的（ibid.，p. 106）。在1619年11月13日之前（ibid.，p. xxx）完成的简略版，即人们所说的《论绘画》（*Discorso di pittura*）中，这两个段落并不存在。（《论绘画》的原文见 ibid.，pp. 291ff.；关于"辨认绘画"的部分，见 pp. 327-330。）阿拉其被任命为梵蒂冈图书馆的"scriptor"，是在1619年的中段[见 J. Bignami-Odier，*La bibliothèque vaticane de Sixte IV à Pie XI*（Vatican City，1973），p. 129；近期关于阿拉其的研究，列在 pp. 128-131]。又及，那些年间，在罗马除阿拉其之外，没有别人掌握曼奇尼所提到的希腊和拉丁古文书学。关于曼奇尼在古文书学方面的思想的重要性，见 E. Casamassima，"Per una storia delle dottrine paleografiche dall' Umanesimo a Jean Mabillon"，*Studi medievali*，3rd ser.，5（1964），p. 532，n. 9。在此，卡萨玛西马声称，会在后续的文章中给出关于阿拉其与马比容之间联系的进一步文献证据；遗憾的是，那篇文章并未出版。在罗马的瓦利切利亚纳（Valicelliana）图书馆收藏的阿拉其书信中，从未提及他与曼奇尼之间存在联系。无论如何，这二人是在同一个知识界圈子内活动的，正如他们各自与罗西（G. V. Rossi）的友谊所证明的那样（见 Pintard，*Le libertinage*，vol. I，p. 259）。关于阿拉其与马菲奥·巴尔贝利尼（Maffeo Barberini）之间的友好关系（在后者成为教皇之前），见 G. Mercati，*Note per la storia di alcune biblioteche romane nei secoli* Ⅷ（Vatican City，1952），p. 26，n. 1。正如之前所说，曼奇尼是乌尔班八世的私人医生。

1637)便是这些“卓越的天才”中的一位。在巴尔迪的《论如何从一封书信中获知作者的人格与品性》(*Trattato come da una lettera missiva si conoscano la natura e qualità dello scrittore*)中,有一个章节可以被看作是欧洲最早的关于笔迹学的论述,即该书的第六章,题为《人们能够从字体的外形中领悟什么含义》(*Quali siano le significationi che nella figura del carattere si possano prendere*):“字体”在这里指的是“字母的外形与样貌,那些由笔画过纸张所创造的要素”。① 这种仍处于雏形的笔迹学的目标,是从书写的“特性”追溯到心理上的“特性”②(“特性”这个词的双重含义,再一次地指向了远古时代那个统一的学科综合体),以推知书写者本人的性格。然而,尽管曾做出过我们先前提及的赞誉,曼奇尼对上述目标并不感兴趣。他止步于这一新生学科的前提:每个人的笔迹都具有差异,亦即是无法被模仿的。而曼奇尼自己的目标,大概是从画作中提取出那些同样无法被模仿的要素:他想要建立一种方法,以区分真品与伪作,大师的亲笔与摹本或者同一画派的作品。这便是为何他热衷于确定人们是否能够在画作中:

> 看出大师的坦率,尤其是在那些必须以果断的方式完成的部分;这样的部分——特别是头发、胡须、眼睛——无法轻易地被模仿。人物的鬈发模仿起来相当吃力,摹本之中模仿的痕迹也显而易见;但制作摹本的人如果不去模仿这些部分,便无法达到大师的尽善尽美。画作中的这些部分就像是书写时的笔画与修饰,需要大师的直率与果断。同样地,我们需要细心观察大师以无法被模仿的

---

① Mancini, Considerazioni, vol. 1, p. 107; C. Baldi, *Trattato* ...(Carpi, 1622), pp. 17ff. 巴尔迪也写过面相学和占卜学方面的作品,见 *Dizionario biografico degli italiani* [5,(Rome, 1963)], pp. 465-467,由特隆蒂(M. Tronti)撰写的词条的索引部分。这个词条以莫雷利(Moréri)轻蔑的论断结束:“它应该与那些就毫无意义的题目著书立说的人归为一类。”必须注意到,在于1619年11月13日之前完成的《论绘画》中,曼奇尼写道:“……关于笔迹中体现的个人特质,有一位高贵的人物已经做过论述。他撰写的广为流传的小书试图证明这种特质的存在,并解释它之所以存在的原因;也就是说,通过笔迹的样式,他试图找出有关书写者的性情和习惯的规律。一本新奇的好书,但篇幅略微有些过短。”(Mancini, *Considerazioni*, vol. I, pp. 306-307.)这个段落中包含了两个疑点,使人不能够轻易将此处所说的人认作是巴尔迪:a. 巴尔迪的《论如何从一封书信中获知作者的人格与品性》一书在1622年出版于卡尔皮(Carpi)(因此,在1619年,或者略早于1619年的时候,它不可能以一本“广为流传的小书”的形式存在);b. 曼奇尼在《论绘画》中,提到的是“一位高贵的人物”(nobile spirito),而在《简论》中,是“卓越的天才”(belli ingegni)。然而,在看到《论如何从一封书信中获知作者的人格与品性》初版中,由印刷商所附的“告读者”时,这两个疑点一并烟消云散了:“这篇短论的作者,在写它的时候,并未想过要将其公之于众:然而,由于某位人士(他的职业是书记员,许多由他人撰写的文章、书信和作品都以他的名义出版)的缘故,我认为,现在应该公开真相,将声望给予它真正的作者。”显然,曼奇尼是先读到了这个“书记员”(我未能查出他的身份)的“小书”,然后才是巴尔迪的《论如何从一封书信中获知作者的人格与品性》。后者曾以手抄本的形式流传,这个版本与后来的印刷版略微有所不同[在拉文纳(Ravenna)的克拉森塞博物馆(Biblioteca Classense), MS. 142,可以读到这本书,以及巴尔迪的其他作品]。

② 此处的“特性”原文是“carattere”,“character”即前文所说的“文字”“字体”,亦指“性格”。——译者注

> 手笔、果断地一气呵成的那些精妙之处，例如布料的折痕与反光，这些地方的画法，比起事物真实的样貌，更依赖大师的想象与果断。①

正如我们所见，曼奇尼已在许多不同的语境下对书写与绘画进行过比较，但在这个段落中，他从一个史无前例的、全新的角度[只有菲拉莱特(Filarete，约1400—1469)曾简短地提及过这一点，而曼奇尼可能并不知道他的论述。②]重新阐述了这个比较。像“直率”(franchezza)、“笔画”(tratti)、“修饰”(gruppi)这样的术语常见于那个时代有关书写的论著，更加拉近了二者之间的距离。③ 对“迅捷”(velocità)的坚持亦来自于同样的源头：在一个官僚体系日渐发展的时代，文书用草体(chancery cursive)在书记员市场上蔚为流行，靠的并不是字形的优美，而是书写(ductus)的迅捷。④ 总而言之，曼奇尼给予装饰性要素的重视，说明在16世纪末到17世纪初，已有人对意大利流行的一些字体样式的特点进行过深入的思考。⑤对字体“特性”的研究证明，想要辨识出大师的手笔，我们必须优先审视画作的这些部分：a. 以最快的速度被描绘的，b. 易于脱离写实的规则之束缚(头发的缠结、布料，这样的地方“比起事物真实的样貌，更依赖大师的想象与果断”)。我们稍后再来谈论这些论断中所埋藏的宝藏——无论是曼奇尼，还是他的同时代人，都未能将其发掘出来。

5. “文字”(carattere)。在1620年前后，同一个词——以其本义或者比喻义——一方面出现在现代物理学奠基者的作品中，另一方面又出现在古文书学、笔迹学、鉴赏学创始者们的著作之中。诚然，伽利略以头脑之眼⑥所阅读的、自然之书中非实体的“文字”，与阿拉其、巴尔迪或曼奇尼从纸张、羊皮纸、画布、木板这样的实体性材料中解读的“文字”之间，仅仅存在着譬喻性的关系。然而，我们方才做过比较的这些学科使用着相同的术

---

① Mancini, *Considerazioni*, vol. 1, p. 134.

② A. Averlino [Filarete], *Trattato di Architettura*, ed. A. A. Finoli and L. Grassi (Milan, 1972), vol. Ⅰ, p. 28 (总的来说，见pp. 25-28). 这个段落被认为是“莫莱里式”方法的前兆，见 J. Schlosser Magnino, *La letteratura artistica* (Florence, 1977), p. 160。

③ 例如，见 M. Scalzini, *Il secretario* (Venice, 1585), p. 20：“……惯于以这种方式书写的人，很快就会失去人手的迅捷与自然的直率……”又见 G. F. Cresci, *L' idea* (Milan, 1622), p. 84：“……然而，令人难以置信的是这些笔画，他们在其作品中，夸耀地一笔写成带有许多修饰的字体……”

④ 见 Scalzini, *Il secretario*, pp. 77-78：“然而，这些人或许会文雅地说，他们从容地书写，把字写得规整、漂亮；如果他们为君主或领主服务，要求他们(像时常会发生的那样)在4个或5个小时内，写出40或50封长信；如果被召唤到书房，他们会需要多久才能完成这些任务？”(这里的批评是为了反对某些未直言其名的“自夸的大师”，作者指责他们推广某种缓慢、费力的文书写法。)

⑤ E. Casamassima, *Trattati di scrittura del Cinquecento italiano* (Milan, 1966), pp. 75-76.

⑥ “……这本极伟大的书，自然一直将它在那些前额和头脑上长有眼睛的人面前打开。”[E. Raimondi, *Il romanzo senza idillio*: *Saggio sui* “*Promessi Sposi*” (Turin, 1974), pp. 23-24. 摘引并评论了这句话。]

语，这使得它们之间的同质性凸显出来。科学性（按照伽利略的定义）在这些学科中所占的比重，是按这样的顺序急剧递减的：从几何学的普遍“性质”，到字体中“那个世纪所共有的性质”，再到绘画——甚至笔迹——之中“属于个体的性质”。

这种递减的顺序说明了，真正阻碍伽利略的范式得到运用的，是个别性的要素在各个学科中所占的地位（是举足轻重，还是缺乏这一类要素）。个别性的特征愈是重要，便愈不可能获取严密的科学知识。当然，忽略掉个别性特征这一初步决定，本身并不能保证物理学-数学的方法可以得到应用（若无法应用物理学-数学的方法，严格意义上的伽利略范式便无从谈起）：但至少个别性特征是一定要被排除的。

6. 此时，有两条岔路摆在我们面前：要么是为了普遍化而牺牲掉关于个别性要素的那种知识（或多或少地变得更严密，变得更能够以数学语言表述）；要么是试着去建立（哪怕仅仅是摸索）一种不同的范式，这种范式基于关于个体的科学知识（然而这种科学的性质仍未被定义）。第一条道路是自然科学所选择的，很久之后，所谓的人文科学才走上了同样的道路。原因很明显，从对象中抹除个别性特征的倾向，与观察者和对象之间的情感距离直接挂钩。在菲拉莱特的《论建筑》（*Trattato di architettura*）中，有这样一个段落，作者断言：不可能建造两座完全相同的建筑——就好像，尽管从表面上看，“鞑靼人的嘴脸都是一个模子里刻出来的，而埃塞俄比亚人的脸也确实都是黑的；然而，如果你仔细观察他们，便会发现在共同性之中仍然具有差异”——但随后他却承认：“许多动物都彼此相似，像是苍蝇、蚂蚁、蠕虫、青蛙以及很多种鱼类；对于它们来说，无法分辨同一物种中一个和另一个的差别。”①在一名欧洲建筑师眼中，两座（欧洲）建筑之间的差别，即便细微，也是显而易见的；两个鞑靼人或者埃塞俄比亚人的脸孔之间的差别则可以忽略不计；两条蠕虫或者两只蚂蚁之间，甚至不存在任何差别。一名鞑靼建筑师，一个不了解建筑学的埃塞俄比亚人或一只蚂蚁会有不同的看法。个别化的知识总是从人类、从某个种族的角度出发来看待事物的。当然，也可以从个别化的视角来考察动物、矿物或植物，例如在占卜术中那样：②特别是对那些异于常规的样本而言。众所周知，畸胎学是占卜术中的一个重要部分。然而，在17世纪的头几十年，伽利略的范式所产生的影响（尽管是间接地）使人们倾向于认为，对反常现象的研究次于对常规的研究，占卜学次于对自然的普遍

① Averlino [Filarete], *Trattato*, pp. 26-27.

② 见 Bottéo, *Symptômes*, p. 101。矿物、植物在占卜中较少被运用，从某种程度上来说，动物也一样。博泰欧认为，这是由于据说它们“形式贫乏”，而非更加简单地从人类中心论的角度来看待这个问题。

知识。1625年4月,在罗马近郊,降生了一头长了两个脑袋的小牛犊。林琴学院的博物学家们对此很感兴趣。在梵蒂冈贝尔维德尔花园中(Vatican gardens of the Belvedere),学院秘书乔万尼·法贝尔、恰波利(正如我们之前所说,这两位都是伽利略的熟人)、曼奇尼、红衣主教阿格斯蒂诺·维吉奥(Agostino Vegio)以及教皇乌尔班八世,都参与过围绕此事进行的讨论。人们提出的第一个问题,是这头有两个脑袋的牛犊应该被看作一个生物,还是两个?对医生们来说,一个独立个体的标志是头颅;而对亚里士多德主义者们来说,是心脏。① 在这段法贝尔的记述中,或许能感觉到曼奇尼的意见——他是参与讨论的唯一一位医生。因此,尽管热衷于占星术,②曼奇尼却并没有把这头怪物的诞生当作对未来的征兆来分析;相反,他是想要对普遍意义上的个体进行更为准确的定义——这里所说的个体是从属于某个物种,因而便有理由被认为是可重复的。曼奇尼必定是以与平日里检视画作同样细致的眼光,来观察双头小牛的解剖学特征。然而,与他作为鉴赏家的活动的相似之处仅此而已。在某种意义上,曼奇尼这样的人物恰恰代表了占卜学范式(作为诊断学家和鉴赏家的曼奇尼)与普遍化范式(作为解剖学家和博物学家的曼奇尼)之间的结合点。是结合点,但也是差异之处。表面上,法贝尔记录了对小牛犊解剖学特征的精确描述,随附的版画亦对其内部脏器进行了巨细无遗的描绘;③但这并非是为了揭示研究对象作为其本身的"个体的性质",而是要超越个体,寻求某个物种"共有的性质"(这里的性质是指自然性质,而非历史的)。以这种方式,诉诸亚里士多德的自然主义传统得到了延续与完善。视觉,以费德里科·切西的学院④的文章上目光锐利的猞猁(lince)为象征,成了被数学那超感官之眼

① 见 *Rerum medicarum Novae Hispaniae Thesaurus seu plantarum animalium mineralium Mexicanorum Historia ex Francisci Hernandez novi orbis medici primarii relationibus in ipsa Mexicana urbe conscriptis a Nardo Antonio Reccho...collecta ac in ordinem digesta a Ioanne Terrentio Lynceo...notis illustrata*(Rome,1651),pp. 599ff.;这部分是由乔万尼·法贝尔所撰写的,尽管在扉页上没有就此做出说明。关于这卷书的重要性,见 Raimondi,*Il romanzo*,pp. 25ff。

② Mancini,*Considerazioni*,vol. Ⅰ,p. 107. 在此,曼奇尼引用弗朗切斯科·朱蒂诺(Francesco Giuntino)的文章,暗指丢勒(Dürer)的占星学。*Considerazioni*,vol. Ⅱ,p. 60,n. 483 的编者未能确定曼奇尼引用的是朱蒂诺的哪部作品,见 F. Giuntino,*Speculum astrologiae*,Lugduni 1573,p. 269*v*。

③ 见 *Rerum medicarum*,pp. 600-627。正是在乌尔班三世的促成之下,这些带有插图的描述得以出版,见 ibid.,p. 599。关于这个圈子里对风景画的兴趣,见 A. Ottani Cavina,"On the Theme of Landscape,Ⅱ:Elsheimer and Galileo",*Burlington Magazine*,118 (1976),pp. 139-144。

④ 指前文提到的林琴学院。——译者注

所阻隔的学科的特权。①

7. 人文科学(像我们今天所定义的那样),至少从表面上看,是属于后者。从某种意义上说,这更是——起码是由于它们顽固的人类中心主义,像前引菲拉莱特的段落中,相当天真地流露的那样。尽管如此,仍然有人试图将数学方法同样引入对人类事物的研究之中。② 可以想见,最初也是最成功的尝试——由政治经济学家们所做——将人类受其生物学属性影响最深的活动作为研究对象:出生、繁衍、死亡。这种大幅度的缩减成就了一门严密的学问——同时,它对于绝对主义国家(absolute states)所需的军事或财政信息来说是足够了;鉴于其运作的规模,它们的导向完全是定量的。新科学——统计学——的信奉者对事物的性质漠不关心,但这并未将统计学与我们称为推定性的那些学科的圈子彻底割裂。对可能性之计算,如伯努利(Bernoulli,1654—1705)那部经典著作的标题[《猜度术》(*Ars conjectandi*)]所示,是寻求以严密的数学公式来表达一些问题,而这些问题是占卜学以全然不同的方式来面对的。③

然而,人文科学在整体上仍然与性质密不可分。这并非没有引起困窘,特别是对医学来说。尽管实现了某些进步,但它的方法好像仍不牢靠,而结果亦令人怀疑。卡巴尼斯(Cabanis,1757—1808)的《医学的确定性》(*The Certainty of Medicine*),这样一部出版于18世纪末的著作意识到了这种严密性上的欠缺,尽管它坚持认为,医学无论如何都具有独特的科学性。④ 从根本上说,医学之"不确定性"的原因似乎有两条。首先,仅仅将单个的疾病分门别类,归入某种有规律的图式是不够的:在每一个体之中,疾病都呈现出不同的特性。其次,对疾病的知识仍然是间接的、推定性的:从定义上来说,活生生的躯体是不可及的。诚然,人们可以解剖尸体,但是,如何从已被死亡所败坏的尸体之中,得出活着的个体的特性?⑤ 面对这双重的疑难,人们不得不承认,医学方法本身的有效性并不能被证实。总的来说,

---

① 见 Raimondi,"Towards Realism",in *Romanzo*,pp. 3ff。莱蒙蒂的这篇文章极具启发性,尽管像怀特海(Whitehead)那样(pp. 18-19),他倾向于过度削弱这两种范式之间的对立:抽象—数学的范式,与具体—描述的范式。关于经典科学与培根所定义的科学之间的对立,见 T. S. Kuhn,"Tradition mathématique et tradition expérimentale dans le développement de la physique",*Annales:E. S. C.*,30 (1975),pp. 975-998。

② 例如,见"Craig's Rules of Historical Evidence,1699",*History and Theory:Beiheft*,4,1964。

③ 关于这个问题(在此并未展开),见这本重要的著作:I. Hacking,*The Emergence of Probability:A Philosophical Study of Early Ideas about Probability,Induction,and Statistical Inference*(Cambridge,1975). 费里亚尼的综述也非常重要,见 M. Ferriani,"Storia e 'preistoria' del concetto di probabilità nell'età moderna",*Rivista di filosofia*,10 (1978):129-153。

④ P. J. G. Cabanis,*An Essay on the Certainty of Medicine*(Philadelphia,1823).

⑤ 关于这个问题,见 M. Faucault,*The Birth of the Clinic:An Archeology of Medical Perception*(New York,1973);idem,*Microfisica*,pp. 192-193。

医学之所以不可能达到自然科学那种严密性的原因，就在于它无法被量化，除非是将量化作为辅助性手段；医学不可能被量化，是由于不可避免地存在着性质上的、个体性的因素；而个体性的存在，是由于人类的眼睛对人类之间的差别（即便是细微的）比对石头或者树叶之间的差别更为敏感这一事实。在关于医学之“不确定性”的讨论中，未来的人文科学认识论的核心已然成形。

8. 从卡巴尼斯著作的字里行间，隐约流露出一种可以理解的急躁情绪。尽管存在着反对意见——在方法论的层面上，这些反对多少是有理由的——但在社会上看来，医学仍然往往被公认为是一门科学。但在这个时期，并非所有类型的推定性知识都享有这样的声望。某些像鉴赏学这样的推定性知识，出现得较晚，其地位也模棱两可，在受到承认的学科的边缘。而其他与日常生活联系更为紧密的知识则根本就被拒之门外。从蹄子的状况看出一匹马的缺陷，从突然变化的风向看出暴雨将至，从疑虑的面色看出对方的敌意，诸如此类的能力当然不会出现在关于钉马掌术、气象学或者心理学的文章里。无论如何，这些知识都比被整理成文的那些要更加丰富；人们并不是从书本中学习这些知识的，而是通过鲜活的声音、姿态与眼神；这种知识是基于那些无法被形式化，甚至常常无法言表的微妙细节；所有社会阶层的男人和女人，都继承了这些知识所构成的宝贵财富，它有些部分是统一的，有些部分则存在差别。一种细微的共同性把它们联结在一起：它们都是从经验，从经验的实在性之中诞生的。这种实在性正是此类知识的力量之源，同时也是它的界限——使它无法运用抽象这个强大而可怕的工具。①

长期以来，对于这些地方性的、②既无起源又无记忆和历史的知识，书面文化都曾试图以精确的语言来表达它们，这样的表达往往都寡淡而贫乏。我们只需想想，相面学论文中的严格体系，与情人、马商或者玩牌者对人脸那既灵活又严密的洞察力之间的鸿沟。或许只有在医学中，以书面形式编纂的推定性知识才为丰富性保留了一席之地（然而，仍未有人探究过上层医学与民间医学之间关系的历史）。在18世纪，情况发生了改变。资产阶级发动了一场名副其实的文化入侵，将大量原属于工匠与农民的知识（无论是推定性的还是非推定性的）据为己有。他们编纂这些知识，同时也促进了一场宏大的文化适应的进程；这个进程始于（显然，在当时形式与内容不同）反宗教改革。这场入侵的主要标志和工具自然是《百科全书》（*Encyclopédie*）。然而，我们也需要分

① Carlo Ginzburg, *The Cheese and the Worms*: *The Cosmos of a Sixteenth-Century Miller*(1980; repr. Baltimore, 2013), pp. 56-57.

② 在此，我涉及了福柯的某些论点（*Microfisica*, pp. 167-169），不过是从一个略微不同的角度。

析琐细但具有启发性的事件,例如一个不知名的罗马砌砖工人向温克尔曼(Winckelmann,1717—1768)证明(这或许令后者惊奇),在安基奥港(Porto d'Anzio)发现的一尊雕像指间"扁平的小石块"是"细颈瓶的塞子"。①

人们系统性地收集这些"微小的洞见"②(温克尔曼在别处曾这样称呼它们),在18、19世纪之交,为古老的知识赋予了新的形式——从烹饪学到水文学、兽医学。与日俱增的读者们越来越多地通过书本来汲取特定的经验。对于资产阶级来说,小说甚至取代、重塑了成人式——或者说,获取一般经验的途径。③正是要感谢想象文学,推定性范式在这个时期取得了新的、而且是令人意想不到的成功。

9. 在提出推定性范式可能具有古老的狩猎根源之时,我们已经提到过一则关于三个兄弟的东方传说(或者说,小故事):通过解读一系列线索,他们成功地描述了一头从未见过的动物的外形。这个故事首次出现在西方,是在乔万尼·塞尔坎比(Giovanni Sercambi,1347—1424)所编的故事集中。④ 接着,它再次出现在一本内容更加丰富得多的故事集中(并且是其中最重要的一篇)。这本由亚美尼亚人克里斯托弗洛(Cristoforo the Armenian)编纂的故事集,是从波斯语译为意大利语的。它于16世纪中叶在威尼斯出版,题为《塞林蒂波三王子流浪记》(*Peregrinaggio di tre giovani figliuoli del re Serendippo*)。以这本故事集的形式,此书被一再重版及翻译——先是被译为德语,然后,在18世纪,趁着那个时代的"东方热",被译为主要的欧洲语言。⑤ 塞林蒂波王子们的故事是如此流行,以至于贺拉斯·沃尔波尔(Horace Walpole,1717—1797)在1754年造出了"serendipity"这个词,以形容"由于

---

① J. J. Winckelmann, to G. L. Bianconi, April 30, 1763 (from Rome), in *Winckelmann's Briefe*, ed. H. Diepolder and W. Rehm (Berlin, 1954), vol. Ⅱ, pp. 316 and 498n.

② "微小的洞见"(piccoli discernimenti/small insights),语出 Winckelmann, *Briefe*(Berlin, 1952), vol. Ⅰ, p. 391。

③ 这里所指的不仅仅是教育小说(Bildungsroman)。从这个意义上来说,小说是民间故事的真正后裔[见 V. I. Propp, *Le radici storiche dei racconti di fate*(Turin, 1949)]。

④ 见 E. Cerulli, "Una raccolta persiana di novelle tradotte a Venezia nel 1557", *Atti dell'Accademia Nazionale dei Lincei: Memorie della classe di scienze morali*, 8th ser., 18 (1975);关于塞尔坎比,见 ibid., pp. 347ff。切鲁利的文章是关于《流浪记》(*Peregrinaggio*)这则故事的来源与流布;如果我们要考察这则故事的东方起源,以及它如何通过《查第格》(*Zadig*)间接地影响了侦探小说(见下文),这篇文章不可或缺。

⑤ 切鲁利(ibid.)提及了一些译本:德文、法文、英文与荷兰文(这两种都是从法文版转译的),以及丹麦文(从德文转译)。在我未能读到的另一本书中,可能提到了更多译本:*Serendipity and the Three Princes: From the Peregrinaggio of 1557*, ed. T. G. Remer (Norman, Okla., 1965);这本书附有不同版本与译本的列表(pp. 184-190)(见 W. S. Heckscher, "Petites perceptions: An Account of Sortes Warburgianae", *Journal of Medieval and Renaissance Studies*, 4, 1974, p. 131, n. 46)。

机运和聪慧而得出的意外发现”。① 若干年之前，伏尔泰在《查第格》（*Zadig*）的第三章中改编了《流浪记》（他读的是法译本）里的第一个故事。在改编版中，原本的骆驼被换成了一条母狗和一匹马；通过解读地上的痕迹，查第格详细地描述了它们。被认作窃贼并受到审判时，查第格高声道出自己是如何得知这两只他从未见过的动物的外貌，从而为自己洗脱了罪名：

> 在沙地上，我看到一只动物留下的痕迹，而我很容易便知道，那是一条小型犬的足印。在脚爪的痕迹之间，沙地稍微隆起之处留有长而浅的沟；这使我得知，那是一条乳房下垂的母狗，因为它不久前刚刚生过小狗……②

《查第格》中的这个情节包含着侦探小说的萌芽。爱伦·坡（Edgar Allan Poe，1809—1849）、加波里奥（Gaboriau，1832—1873）、柯南·道尔都受到过它的启发——前两位是以直接的方式，而最后一位可能是间接的。③

侦探小说为何如此流行的原因众所周知。我们稍后会谈到其中的某些因素。无论如何，现在我们可以看到，它所植根的那种知识类型极为古老，同时又是现代的。我们已经谈到过它甚至无从记忆的古老性。关于它的现代性，只需引用居维叶（Cuvier，1769—1832）对古生物学这门新生科学的方法与成功的赞颂便足够了：

> 如今，任何人看到分叉的蹄子留下的印迹，都会得出结论，留下这些足迹的是一头反刍动物，而且这个结论就像物理学或者伦理学中的一样可靠。仅凭这个足迹，观察者便能获得有关方才经过的动物的牙齿、颌骨、脊椎骨、每条腿骨、大腿骨、肩胛骨和骨盆的各项信息：这是一种比查第格所依据的那些要更为确切的踪迹。④

这里所说的踪迹或许是更加确切，但也极其相似。查第格的名字已经成为一种象征，以至于1880年，托马斯·赫胥黎（Thomas Huxley，1825—1895）在宣传达尔文的发现的巡回演讲中，将“查第格的方法”定义为一种结合了历史学、考古学、地

---

① Heckscher，“Petites perceptions”，pp. 130-131. 在这里，赫克舍进一步发展了他自己之前提出的观点：“The Genesis of Iconology”，in *Stil und Ueberlieferung in Kunst des Abendlandes*，*Akten des XXI Internationalen Kongresses fur Kunstegschichte in Bonn*，1964（Berlin，1967），vol. Ⅲ，p. 245，n. 11。赫克舍的这两篇文章极富见地与启发性；从与本文有些相似的角度，它们探寻了阿比·瓦尔堡的方法的起源。在本文以后的版本中，我希望能采用赫克舍所指向的莱布尼兹主义的路径。

② Voltaire，“*Zadig*”，in Voltaire’s“*Candide*”，“*Zadig*”，*and Selected Short Stories*”，D. M. Frame（Bloomington，1966），pp. 110-111.

③ 总的来说，见 R. Méssac，*Le“detective novel”et l’influence de la pensée scientifique*（Paris，1929）；这部著作十分出色，但在今天已经有些过时。关于《流浪记》与《查第格》之间的关系，见 pp. 17ff. and pp. 211-112。

④ Ibid.，pp. 34-35，转引自 G. Cuvier，*Recherches sur les ossements fossiles*（Paris，1834），vol. Ⅰ，p. 185。

理学、天体物理学与古生物学的方法，也就是说，对过往之事进行预见的能力。在诸如此类的学科中，历时性的因素无处不在；它们不能不借助推定性或者占卜性的范式（赫胥黎明确地提到了面向过去的占卜①），而放弃伽利略式的范式。当原因不可复制时，除从它们的结果来推断之外别无他法。

三

1. 我们可以将贯穿这项研究的线索比作一块毯子的纱线。现在我们所看到的，是紧密、均匀的纬纱。织就的图案之连贯，经得起人们从不同的方向打量整块毯子。从竖直方向，我们会看到塞林蒂波—查第格—爱伦·坡—加波里奥—柯南·道尔这样一个序列。从水平方向，我们会看到，在18世纪初，杜博思（Dubos，1670—1742）按不可靠性递减的顺序，列举了医学、鉴赏学以及笔迹鉴别。② 甚至可以从对角线方向——从一种历史环境到另外一种：勒考克先生（Monsieur Lecoq）③激动地在一片“被雪覆盖的荒原”上穿行，并把这片留有罪犯踪迹的地面比作“一张巨大的白纸，我们在寻找的那些人不仅在上面写下了他们的行动与步伐，还写下了使他们焦虑不安的内心想法、希求与苦闷”。④ 在勒考克先生背后，我们看到了这些人的影子——相面学论文的作者、从石头和天空中解读神意的巴比伦卜者、新石器时代的猎人。

这块毯子便是我们在不同的语境下称之为狩猎的、占卜的、推定性的或症状学的那种范式。当然，这些形容词并非同义，但它们使用着同一种认识论模式，后者在许多不同的学科中——这些学科往往是由方法或关键术语上的借用而联系在一起的——都有体现。在18—19世纪，随着“人文科学”（humane sciences）的出现，推定性学科的成员发生了深刻的改变：出现了某些注定像颅相学这样迅速陨落的新星，⑤或者像古生物学这样大获成功的学科；但由于其在认识论上和在社会

① 见T. Huxley，“On the Method of Zadig：Retrospective Prophecy as a Function of Science”，in *Science and Culture*（London，1881），pp. 128-148（这篇文章前一年所做的演讲；Méssac，*Le*“*detective novel*”，p. 37，使人们注意到了该文）。在第132页，赫胥黎解释道：“即便是对于严格意义上的‘占卜’来说，预言这种行为的实质，也不在于它是回溯性还是前瞻性的，而是在于它是对直接知识领域之外的东西的领悟；看到观看者无法从自然意义上看见的东西。”又见E. H. Gombrich，“The Evidence of Images”，in *Interpretation*，ed. C. S. Singleton（Baltimore，1969），pp. 35ff。

② 见J.-B. Dubos，*Réflexions critiques sur la poësie et sur la peinture*（Paris，1729），vol. Ⅱ，pp. 362-365（Zerner，“Giovanni Morelli”，p. 215n，引用了这篇文章的一部分）。

③ 加波里奥作品中的侦探。——译者注

④ E. Gabriau，*Monsieur Lecoq*，*I*：*L'enquête*（Paris，1877），p. 44. 在第25页，作者将年轻的勒考克的“新理论”与老警察（Gévrol）“过时的做法”做了对比，后者是“实证主义警察中的翘楚”（p. 20），只停留在事物的表面，因而什么也无法看到。

⑤ 关于颅相学在英格兰民众中的长期流行（而官方科学已经用蔑视的眼光来看待它了），见D. De Giustino，*Conquest of Mind*：*Phrenology and Victorian Social Thought*（London，1975）。

上的声望而大获成功的,还要数医学,所有"人文科学"都或明或暗地试图向它靠拢。然而,是向着医学的哪个部分?我们看到,在19世纪中叶出现了两种选择:一方面是解剖学的模式,另一方面是症状学的。在一个经历了最后的宏大哲学体系——即黑格尔主义——之垮台的时代。马克思也在一个关键段落中,使用了"社会的解剖学"(anatomy of society)①这样的隐喻,流露出对一种系统性知识的渴望。然而,尽管马克思主义获得了极大成功,人文科学终究还是更多地接受了(稍后我们会看到,有一个重要的特例)症状学的推定性范式。在这里,我们再次回到了最初的出发点:莫莱里—弗洛伊德—柯南·道尔。

2. 至此,我们已经讲过了广义上的推定性(以及与其同义的)范式。现在是时候把它拆解开来了。对足迹、天体、粪便(野兽的或者人类的)、痰液、角膜、脉搏、雪地或烟灰的分析是一回事,对笔迹、画作或谈话的分析是另一回事。基础性的分野,是在自然(无生命的或活生生的)与文化之间——这当然比各学科之间较为表层而且易变的分野要更为深刻。如今,莫莱里试图在受到文化制约的符号体系——例如绘画——的内部,寻找像症状(以及大多数线索)那样具有无意识性的迹象。不仅如此,这些无意识的迹象,"微不足道的材料——笔迹学家会称之为信笔涂写(girigogoli)",与"偏爱的词句"类似,后者是"大多数人在讲话和写作时会无意间,或者说不自觉地带入的";在其中,莫莱里辨识出了对于艺术家个性的最确切的线索。② 以某种方式,莫莱里继承(可能是间接地③)并发展了前人朱里奥·曼奇尼很久之前创立的那种方法的原则。这些原则经历了如此漫长的时间才发展成熟,这并非偶然。正是在那些年间,由国家权力越来越严密地对社会施行定性的、毛细血管式的控制的倾向浮出水面,它所使用的那种个体概念同样是基于细微的、无意识的特征。

3. 每个社会都需要在它的成员之间作出区分,但满足这种需要的方式,却依时间和空间而有所不同。④ 首先是名字,

---

① "我的研究结论是……社会的解剖学必须到政治经济学之中去寻觅。"K. Marx,*A Contribution to the Critique of Political Economy*(London,1971),p. 20(这个句子出现在1859年撰写的序言中)。

② 见 Morelli,*Della pittura*,p. 71。根据这个段落,泽纳(Zerner)在他的《乔万尼·莫莱里》一文中坚持认为,莫莱里在三个层面之间做出了区分:a) 画派的普遍特性;b) 通过手、耳朵等部位揭示个人的特性;c)"无意间"带入的习性。实际上,b)和c) 是一致的。莫莱里指出,提香的画作中"男性大拇指的指腹往往太过丰满",而模仿者则会避免这个"错误"[*Le opere dei maestri italiani nelle gallerie di Monaco,Dresda e Berlino*(Bologna,1886),p. 174]。

③ 莫莱里可能是通过巴尔蒂努奇[F. Baldinucci,*Lettera...nella quale risponde ad alcuni quesiti in materia di pittura*(Rome,1681),pp. 7-8]和兰济[L. Lanzi,*Storia pittorica dell' italia*,ed. M. Capucci (Florence,1968)]接触到了我们之前分析过的曼奇尼的作品。就我所知,莫莱里从未引用过曼奇尼的《简论》。

④ *L' identité:Séminaire interdisciplinaire dirigé par Claude Lévi-Strauss*(Paris,1977).

社会越是复杂,名字也就越发显得不足以精确地限定一个人的身份。例如,在希腊—罗马统治时代的埃及,谁要是当着一名公证员的面,娶一个女人或者完成一笔商业贸易,就得在名字旁边附上简短的体貌描述,包括伤疤(如果有的话)或者其他特别的标志。① 但出错或者冒名顶替的可能性仍然很高。相比之下,在合同底部签名的做法就要好得多了。18世纪末,修士兰济(Luigi Lanzi,1732—1810)在他关于鉴赏学方法的著作《意大利绘画史》(*Storia pittorica dell' italia*)中,将个人签名的不可模仿性看作是自然赐予的对"文明社会"(即资产阶级社会)的"保障"。② 当然,签名也是可以伪造的,而不识字者则被排除在了这种控制手段之外。即便有这些弊端,一个又一个世纪过去,欧洲社会却并不觉得需要以更为确切、实用的方法来查明身份——尽管随着大工业的出现和与此相伴的地理、社会流动性增加,以及人口向城市的急剧集中,问题的性质发生了极大改变。在这样的社会里,一个人若想销声匿迹然后改头换面再次出现,就像小孩子的把戏一样容易——不仅仅是在伦敦或巴黎这种大城市。但直到19世纪的最后几十年,各方才开始争先恐后地提出新的身份体系。这种需要产生自那个时代的阶级斗争:国际工人联合会的建立,巴黎公社之后对工人反抗的镇压,以及犯罪这个概念的变化。

资产阶级生产关系的出现引发了一场改变——在英格兰始自1720年,③在欧洲的其他部分,是在大约一个世纪之后,随着《拿破仑法典》的推行而发生的——这场改变与新生的资产阶级财产观念和法律息息相关。这些法律增加了应受惩处的罪行的数目,并加重了刑罚的力度。将阶级斗争作为犯罪的倾向,伴随着一种以长期监禁为基础的监狱系统的建立。④ 但监狱制造罪犯。在法国,累犯的数量从1870年起便开始递增,在19世纪末,其百分比甚至达到了所有受审犯人中的一半。⑤ 这个时期出现的如何辨认累犯的问题,事实上——多少是有意识地——成了某种总体性计划的桥头堡:全面而细致地对社会进行控制。

要辨认出一个累犯,必须证明 a) 某人曾被判刑,以及 b) 此人与刚刚被判刑

---

① A. Caldara, *L' indicazione dei connotati nei documenti papiracei dell' Egitto greco-romano*(Milan,1924).

② Lanzi, *Storia pittorica*, vol. Ⅰ, p. 15.

③ E. P. Thompson, *Whigs and Hunters*: *The Origin of the Black Act*(London,1975).

④ M. Foucault, *Discipline and Punish*: *The Birth of the Prison*(New York,1977).

⑤ M. Perrot, "Délinquance et système pénitentiaire en France au XIXe siècle", *Annales*: *E. S. C.*, 30 (1975), pp. 67-91, esp. 68.

的人是同一个。[1] 第一个问题已经随着警察局档案的建立而解决。第二个问题则更加麻烦。旧时的刑罚——如今已被废除——是以烙印或毁坏肢体的方式,永久性地标记一个罪犯。在米莱蒂(Milady)肩头烙下的百合花,被达达尼昂(D'Artagnan)认出,她是一个曾因自己的罪行而受刑的投毒犯——而另外两个越狱者,爱德蒙·唐泰斯(Edmond Dantés)与冉·阿让(Jean Valjean),则成功地以受人尊敬的假身份重新融入社会(这些例子足以说明,在19世纪人们的想象中,累犯的形象是多么鲜明)。[2] 资产阶级的体面要求一种同样无法抹消,但不像旧时代所打下的那样血腥、羞辱性的记号。

建立大型的罪犯照片档案的想法最先被否决了,因为它无法解决分类的问题。如何从完整的图像中提取出分散的要素?[3] 量化的路径显得更为简单、严密。1879年,巴黎行政区的一名职员,阿尔方斯·贝迪隆(Alphonse Bertillon,1853—1914)开始使用一种人体测量学的方法(后来他在许多文章与备忘录中阐述过这种方法),[4]将细致的人体测量结果记录在个人档案中。当然,数毫米的差错便可能导致错误的判决,但贝迪隆的人体测量学最主要的缺点并不在于此,而是它只能是消极性的。它使人们能够辨别出两个不同的人,却无法确切地保证一系列相同的数据是指向同一个人。[5] 以量化的方式,个体那不可消减的模糊性被扫地出门,但它又从窗户溜了进来。贝迪隆提出:要以"口头肖像"(spoken portrait)作为人体测量学方法的补充。所谓的"口头肖像",是指对各个部位(鼻子、眼睛、耳朵等)分别进行分析性的描述,这些描述的集合体,便重现了某人的形象——并因而可以用于识别。贝迪隆在他的书里

① 见 A. Bertillon, *L'identité des récidivistes et la loi de relégation*(Paris, 1883), p. 24(重印自 *Annales de démographie internationale*); E. Locard, *L'identification des récidivistes*(Paris 1909).《瓦尔德克—卢梭法》(*Waldeck-Rousseau*)规定:对累犯者处以监禁,并驱逐那些被认为是"不可救药"的人。这部法律是在1885年颁布的。见 Perrot, "Délinquance", p. 68。

② 烙印在法国被废除是在1832年。《基督山伯爵》和《三个火枪手》都是1844年出版的,《悲惨世界》是在1869年出版。这个时期的法国文学中,曾被判刑的罪犯形象还有很多,如伏脱冷(Vautrin)。总的来说,见 L. Chevalier, *Laboring Classes and Dangerous Classes in Paris during the First Half of the Nineteenth Century*(London, 1973), esp. chs. 2-5。

③ 见贝迪隆(Bertillon, *L'identité*, p. 10)提出的问题。

④ A. Lacassagne, *Alphonse Bertillon: L'homme, le savant, la pensée philosophique*, and E. Locard, *L'oeuvre de Alphonse Bertillon*(Lyon, 1914), p. 28(重印自 *Archives d'anthropologie criminelle, de médicine légale, et de psychologie normale et pathologique*).

⑤ Locard, *L'oeuvre de Alphonse Bertillon*, p. 11.

展示的耳朵，[1]令我们不由得想起同样是在那几年中发表的，莫莱里文章的插图。这两人之间可能并不存在直接的影响，即便如此，我们也会惊讶于贝迪隆，作为一名笔迹学专家，将伪造者未能成功模仿的细节或"习语"看作是揭露伪品的线索（伪造者顶多是用他们本人所惯用的那些来替代）。[2]

正如我们看到的那样，贝迪隆的方法复杂得令人难以置信。之前已经讲到，人体测量的方法存在问题，而"口头肖像"甚至让事情变得更糟。在描述时，如何区分一只凸起—弯曲的鼻子与一只弯曲—凸起的鼻子？蓝绿色的眼睛应该被划到哪种分类？

在1888年出版的论文中（后来又修改并增订过），高尔顿（Galton，1822—1911）提出了一种辨识身份的方法，这种方法在信息收集与分类上要远为简单得多。[3] 众所周知，它所依据的是指纹。但高尔顿本人诚实地宣称，在理论和实践上都有人比他先行一步。

对指纹的科学分析始自组织学的创始人蒲肯野（Purkyně，1787—1869）于1823年发表的论文——《论对视觉器官与皮肤组织的生理学检查》（*Commentatio de examine physiologico organi visus et systematis cutanei*）。[4] 蒲肯野区分并描述了9种基本的乳突状线条，但同时又坚持，世上不存在两个指纹一模一样的人。他并未想到将这个发现应用于实际的可能性，而是在题为《论对于一般有机体的知识》（*De cognitione organismi individualis in genere*）的一章中，探讨了它的哲学意义。蒲肯野认为，从诊断开始，关于个体的知识在医学实践中便至关重要，症状在不同人身上的表现形式不同，并因而应该以不同的疗法来处理。正因为这样，某些现代学者（他们的名字未被提及）将医学实践定义为"个体化的技艺[artem individualisandi（die Kunst des Individualisirens）]"。[5] 而这门技艺的根基在于个体的生理学。年轻时曾在布拉格学习哲学的蒲肯野，发现了莱布尼兹思想中最深层的主题。个

---

① 见 A. Bertillon，*Identification anthropométrique：Instruction signalétiques*，new ed.（Melun，1893），p. xlviii："然而，耳朵在需要清楚辨识身份时最为有利；当在庄严的法庭上做出指证时，这样的旧照片'可以很好地用于这个目的'……不可能找到两只相似的耳朵……要确证某人的身份，耳郭曲线的一致是必要条件。"除了对于双胞胎们来说。见 idem，*Album*（Melun，1893），plate 6ob（这本书包含了贝迪隆之前的作品）。关于福尔摩斯对贝迪隆的欣赏，见 F. Lacassin，*Mythologie du roman policier*（Paris，1974），vol. Ⅰ，p. 93 。

② Locard，*L' oeuvre de Bertillon*，p. 27. 由于他在笔迹学方面的能力，在德雷福斯事件期间，贝迪隆受托鉴定那张著名的便笺的真伪。由于明确支持德雷福斯有罪，他的职业声誉（传记作者们这样批评说）受到很大损害。见 Lacassagne，*Alphonse Bertillon*，p. 4。

③ 见 F. Galton，*Finger Printes*（London，1892），附有之前出版的作品列表。

④ J. E. Purkyně，*Opera selecta*（Praguě，1948），pp. 29-56.

⑤ Ibid.，pp. 30-32，本段剩余的部分都是来自这个章节。

体——“全然是被决定的(ens omnimodo determinatum)”——具有某种独特性,即便是在那些难以察觉、极微小的特征之中。命运或外在的影响都不足以解释这一点。我们不得不假设,存在着某种内在的规范或模式,在每一物种的范围内,维持了生物的多样性,关于这种“规范”的知识——蒲肯野如此预言——“揭示了个体的性质中暗藏的知识”。相面术的谬误,便在于它以先入为主的偏见和草率的猜想来处理个体之间的差异,这便是为何至今未能有人建立起一门科学的、描述性的相面学。将掌纹留给算命者“无意义的科学”去研究,蒲肯野关注的东西要更加不起眼得多,在指腹的纹路中,他找到了个体性的隐秘标记。

让我们暂且离开欧洲,到亚洲去看一看。与他们的欧洲同行不同(而且完全是独立地),中国和日本的占卜者都对手部皮肤上不那么显眼的纹路感兴趣。特别是孟加拉的那种在书信和文件上按指印的习俗(使用树脂或者墨水),①其背后可能有一系列带有占卜学特性的观念。一个习惯解读木头、岩石、鸟迹或龟甲中书写的神秘信息的人,②必然会很容易将类似表面上留下的脏指印的线条看作是一种文字。1860 年,孟加拉胡格利区(Hooghly)的行政长官威廉·赫歇尔爵士(Sir William Herschel, 1738—1822)注意到了当地人的这种习惯,他相当重视它的用途,并决定将其用于改善英国的管理。(赫歇尔对这个问题的理论向度并不感兴趣,蒲肯野那篇用拉丁语写的论文被埋没了半个世纪之久,赫歇尔对其也一无所知。)实际上,如高尔顿在回顾这段历史时所说,当时在英国殖民地——而不仅仅是在印度——非常需要一种有效的身份辨识手段:当地人不识字、好争吵、诡计多端、撒谎成性,而且在欧洲人眼里,他们彼此都一样。1880 年,赫歇尔在《自然》(*Nature*)上发表了一篇文章,宣称在 17 年的试验后,指纹已经被正式应用于胡格利区,并在 3 年时间内取得了非常理想的成果。③ 帝国的官员将孟加拉人的推定性知识据为己有,并利用这种知识来反制他们。

受赫歇尔的文章启发,高尔顿系统性地重新考虑并深化了整个问题,使他的研究成为可能的是三种极为不同的因素的合流:由一位像蒲肯野这样纯粹的科学家做出的发现;与孟加拉人的日常生活息息相关的、具体的知识;英国女王的忠实臣属,威廉·赫歇尔爵士在政治和行政方面的精明。高尔顿对第一种和最后一种因

① Galton, *Finger Prints*, pp. 24ff.

② L. Vandermeersch, “De la tortue à l' achillée”, in *Divination et rationalité*, pp. 29ff., and J. Gernet, “Petits écarts et grands écarts”, ibid., pp. 52ff.

③ 见 Galton, *Finger Prints*, pp. 27-28(以及 p. 4 的致谢)。在第 26-27 页,高尔顿提到了一个未产生实效的前例:一个旧金山的摄影师认为,他可以凭借指纹来辨别中国移民社群中的个体。

素致以敬意,他还曾试图在指纹中分辨出种族特性,但并未成功。无论如何,他打算继续对某些印第安部落进行研究,希望在他们的指纹中找出“更加接近猴子的模式”①。

除对指纹分析做出决定性贡献之外,如我们之前所说,高尔顿也发现了它的实用意义。在极短时间内,这种新方法就被引入了英国,然后再从英国逐渐推广至全世界(法国是最晚接受这种方法的国家之一)。以这样的形式,每个人类——高尔顿骄傲地如此指出,将一位法国内政部官员对他的竞争者贝迪隆的赞扬用在自己头上——都具有一种可靠而持久的身份和个体性。②

由此,在英国官员眼中,仅仅不久之前还没有区别的一群孟加拉人的“嘴脸”(用菲拉莱特的蔑称所说的话),顿时变成了为某种生物学特征所标明的一系列个体。个体性的概念得到了惊人的拓展,而这事实上是通过它与国家及其官僚和警察组织的关系而实现的。借助指纹,即便是亚洲或欧洲最贫困的村子里的最后一个居民,也变得可以被识别、被控制了。

4. 这种推定性范式被用于对社会进行越来越细致、越来越毛细血管化的控制。但同一种范式,也可以成为消解笼罩在复杂的社会结构——像是成熟的资本主义社会(capitalismo maturo)——之上,越来越浓厚的意识形态迷雾的工具。即便对系统性知识的奢望显得越来越虚无缥缈,我们也并不一定要为此而抛弃整体性的观念。恰恰相反,在人们确认那种能够解释表面现象的深层联系无法被直接认识的同时,这种联系的存在也得到了加强。尽管现实并不透明,但存在着某些特殊地带——线索、征兆——使我们能够解析它。

这种思想构成了推定性或者说症状学范式的核心,并且在许多不同类型的知识中发挥作用;它深深地改变了人文科学。极细微的古文书学特征被当作线索,使我们能够追溯文化的交流与演变——这明显是指莫莱里,他偿清了将近三个世纪之前曼奇尼从阿拉其那里借来的东西。15 世纪佛罗伦萨画家笔下飘扬的衣物、拉伯雷发明的新词、法国与英国国王治愈瘰疬病人的能力,这不过是一些例证,关于微小的线索如何被一次又一次地用于揭示更加普遍的现象:一个社会阶层、一

① Ibid., pp. 17-18.

② Ibid., p. 169. 关于后续的评论,见 Foucault, *Microfisica*, p. 158。

位作家或者整个社会的世界观。① 我们已经看到,像是心理分析这样的学科便是建立在这个假设之上:表面上无足轻重的细节可以揭示深层的、重要的现象。系统性思想的衰落伴随着格言式思想的兴起——从尼采到阿多诺。"格言"(aphorisitic)这个词本身便揭示了某些东西。(它是预兆,是征候,是线索,它并没有脱离范式的范畴。)事实上,《格言》(*Aforismi*)是希波克拉底的一部著名作品的题目。在17世纪,出现了政治格言(Aforismi politici)的汇编。② 从其定义来说,格言文学便是在症状、线索的基础上,试图对一个人或者一个社会做出论断:一个病了的、在危机中(in crisi)的人或者社会。而"危机"("crisi")也是一个医学的、希波克拉底学派的术语。③ 很容易就能证明,我们这个时代最伟大的小说——《追忆似水年华》(*Recherche*)——是依照一种严密的推定性范式创作的。④

5. 然而,一种推定性范式可能是严密的吗? 自从伽利略开始,自然科学便以量化、反人类中心主义为方向,而将人文科学置于一个令人不快的两难境地:或是科学性弱而成果斐然,或是科学性强而成绩平平。只有语言学在20世纪成功地避免了这个难题,并因而成了某种或多或少完善的、其他学科也需要效仿的模式。

但问题在于,这样一种严密性,对于与日常生活经验联系更多的那些知识来说,或许不但不可能达到,也是不可期望的——或者,更确切地说,对于所有那些在相关者眼中,资料的独特性与不可替代性至关重要的情况来说都是这样。有人曾经说过,爱恋便是将一个女人与别的女人(或者一个男人与别的男人)之间的细微差别过度放大。但关于艺术或者马匹

---

① 此处参见 L. Traube,"Geschichte der Paläographie",in *Zur Paläographie und Handschriftenkunde*, ed. P. Lehmann, vol. Ⅰ [Munich, 1965 (photographic reprint of the 1909 ed.)]。与这个段落相关的,还有:A. Campana,"Paleografia oggi. Rapporti, problemi, e prospettive di una 'coraggiosa disciplina'", *Studi urbinati* 41 (1967), n. s. B, *Studi in onore di Arturo Massolo*, vol. Ⅱ, p. 1028; A. Warburg, *Die Erneuerung der heidnischen Antike*(Leipzig & Berlin, 1932),该书中出版最早的文章是在1893年;L. Spitzer, *Die Wortbildung als stilistiches Mittel exemplifiziert an Rabelais*(Halle, 1910);M. Bloch, *The Royal Touch*: *Sacred Monarchy and Scrofula in England and France*(London, 1973)。更多的例证见 G. Agamben,"Aby Warburg e la scienza senza nome", *Settanta*, July-Septmber 1975, p. 15 (该文引用了瓦尔堡和斯皮策的作品,在第10页亦提及了特劳伯)。

② 见 Campanella, *Political Aphorisms*。该书最初是以拉丁文译本的形式,作为 *Realis philosophia* (*De politica in aphorismos digesta*)的一部分出版的。除此之外,还有 G. Canini, *Aforismi politici cavati dall"Historia d' Italia" di M. Francesco Guicciardini* (Venice, 1625);关于该书,见 T. Bozza, *Scrittori politici italiani dal 1550 al 1650*(Rome, 1949), pp. 141-143, 151-152。又见 *Dictionnaire of Littré* 中的"Aphorisme"词条。

③ 虽然它最初是在法学意义上被运用的。关于这个术语的简史,见 R. Koselleck, *Critique and Crisis*: *Enlightenment and the Pathogenesis of Modern Society*(Cambridge, Mass., 1988)。

④ 我将会在这篇文章之后的版本中更深入地探讨这个问题。

的著作来说也是这样。① 在像这样的情况下,推定性范式那灵活的严密性(请原谅我在这里使用了矛盾的修辞)似乎是不可消除的。这些知识倾向于沉默——它们自身的规则使它们不能被形式化,也无法被言说。没有人能够仅仅通过运用已有的规则,便学会做一名鉴赏家或者一名诊断学家。在这种知识里,往往有不可度量的因素参与进来:嗅觉、眼力、直觉。

直到现在为止,我们都谨慎地回避了这个危险的说法。但如果是要将它作为理性的思考过程在瞬息之间的缩影,并且在这个意义上来使用它的话,我们便需要将低级的(low)直觉与高级的(high)直觉区分开来。

古代阿拉伯的相面术是建立在"firāsa"这个概念之上的:这个复杂的概念通常是指,在线索的基础上,以直接的方式,从已知到达未知。② 这个来自苏菲派的术语既被用来指神秘的直觉,又被用来指像塞林蒂波的王子们那样的洞见与智慧。③ 在第二种意义上,"firāsa"无非是指推定性知识所使用的那个器官。④

这种"低级的直觉"植根于感觉(尽管它超越了后者)——因此,它与19、20世纪五花八门的非理性主义那种超感觉的直觉毫无关系。它遍布全世界,没有地理、历史、种族、性别与阶级之分。因此,它与那种少数被选定者带有优越与特权意味的知识非常遥远。它属于这样一些人:被威廉·赫歇尔爵士剥夺了他们的知识的孟加拉人、猎人、水手、女人。它将人类这种动物与其他种类的动物紧密地联系起来。

译者:陈栋,比萨高等师范学校人文学院博士研究生

---

① 见 Stendhal, *Memoirs of an Egotist*, ed., D. Ellis (London, 1975), p. 71:"在我看来,维克多(Victor, Jacquemont)是一个出色的人:正如一名鉴赏家(原谅我用了这个词)看出才四个月大,仍然脚步蹒跚的马驹会是一匹良驹。"司汤达向读者道歉,是因为他使用了 connoisseur 这个源自法语的词在英语中的意思。根据泽纳的说法("Giovanni Morelli," p. 215, n. 4),至今法语中仍然没有一个与 connoisseurship 等同的词。

② 见这本丰富而精辟的著作:Y. Mourad, *La physiognomonie arabe et la "Kītab Al-Firāsa" de Fakhr Al-Dīn Al-Rāzī* (Paris, 1939), pp. 1-2。

③ 见被归在沙斐仪(Al-Shāfiī, 9th century A. D.)名下的一桩奇事(ibid., pp. 60-61)。这件事看起来简直像是来自博尔赫斯的小说。梅萨克(Méssac, *Le "detective novel"*)也准确地指出了"firāsa"与塞林蒂波王子们的事迹之间的联系。

④ 见 Mourad, *La physiognomonie*, p. 29. 这里列出了 Tashköpru Zādeh(1560 A. D.)的论文中包含的多种相面术分类:1. 关于痣的科学;2. 手相术;3. 骨卜术;4. 通过足迹的占卜;5. 关于谱系的科学,通过观察肢体和皮肤;6. 在沙漠中寻路的技术;7. 寻找泉水的技术;8. 发现藏有金属的地点的技术;9. 预言下雨的技术;10. 通过过去与现在之事做预言;11. 通过身体无意间的动作做预言。在 pp. 15ff.,穆哈德提出了一个非常有意思的观点,将阿拉伯的相面学与心理学中的格式塔(Gestalt)学派对个体性的感知的研究做比较。

专题研究

微观史与世界史①

□卡罗·金兹堡

微观史(microhistory),被构建为一种历史学的分析取径,它绝不抵触于世界史(world history),而实际上被视为世界史必不可少的工具。[2]我将试图通过一个案例研究来发展这种观点。不过,对这两个相关的词——"世界史""微观史"进行初步的考察,是必要的。

微观史的潜力

1. 两种相关的现象形成了我们趋向今日世界史的道路:人类种族的极大扩张和自然环境的日渐脆弱。由于世界受到威胁,因此世界史必须要写得如同我们正"处于危亡时刻"[3]那般。不过,从"历史"(history)的双重意义上讲,其本身也正变得越来越脆弱。一方面,生物工程那种令人产生矛盾情绪的潜在可能性开辟的仅仅是想象性的视域,即在不远的将来,它会显著地影响到人类物种及其"行为"(res gestae),也会影响到社会生活的维系方式。另一方面,一种处于全球化的世界在很多层面上挑战着"历史学家的技艺"(historia rerum gestarum)。或多或少地做过粉饰的、带有种族优越论倾向的叙述似乎不受欢迎,而基于一手证据的分析性取径与探问的广度和深度不相匹配。你或许会反对一种解决方法的存在:比较(comparison)。然而,回首

---

① 此文译自 Carlo Ginzburg,"Microhistory and World History",in *The Cambridge World History*, vol. Ⅵ, *The Construction of a Global World*, 1400-1800 *CE*, part 2, *Patterns of Change*, ed. by J. H. Bentley, S. Subrahmanyam, M. E. Wiesner-Hanks, Cambridge 2015, pp. 447-473。——译者注。对 Maria Luisa Catoni 的评论致以衷心感谢。

② L. Putnam,"To Study the Fragments/whole: Microhistory and the Atlantic World", *Journal of Social History* 39 (2006): 615-630; F. de Vivo,"Prospect or Refuge? Microhistory, History on the Large Scale", *Cultural and Social History* 7 (2010): 387-397; F. Trivellato,"Is there a Future for Italian Microhistory in the Age of Global History?", *California Italian Studies* 2 (2011).

③ W. Benjamin,"Ueber den Begriff der Geschichte, vi", in G. Bonola and M. Ranchetti (eds.), *Sul Concetto di Storia* (Turin: Einaudi, 1997), p. 26.

马克·布洛赫(Marc Bloch,1886—1944)1928年提倡比较史学的文章,看起来比较是一种未能实现的假设。① 布洛赫犀利地批判博学派学者,他意识到对于越来越多的东西了解得越来越少将不是人们希望接受的选择。"社会人类学中只有一种方法——而那是不可能的",这是埃文斯-普理查德(Evans - Pritchard,1902—1973)曾经的著名说法。因此,比较史学和微观史都不应该被视为理所当然的概念性工具。

2. 在《人性论》(*A Treatise of Human Nature*,1739)中,苏格兰哲学家大卫·休谟(David Hume,1711—1776)分析了产生于承诺的道德义务,他认为这是"能够想见的最神秘和不可思议的运作方式之一,或许堪与'化体'(transubstantiation),或'圣职'(holy orders)②相比,在此情形下,带有某种意向的语言形式,就完全改变了一种外在客体的本性,甚至改变了人性"。休谟用以下措辞断定了这种貌似牵强附会的分析:"由于那些其他的荒谬学说,仅仅是神职人员们的发明,毫不考虑公众的利益,它们在发展中很少会遭遇新的阻碍;而必须承认,在第一个荒谬的发明之后,它们更加直接地向理性和常识的趋向靠拢。"③由于休谟将神学指斥为一种在一致性上注定缺少了与真实世界的联系的认知模式,因此他可能以一种反转的形式对伽利略———个想要证明他的日常生活中的标准范型(formal models)必须要剥离物质干扰的科学家——在其《两大世界体系的对话》(*Dialogo dei massimi sistemi*)中提出的观点进行回应。④ 同样,为了在承诺的最纯粹形式中对其加以辨别,休谟剥离了矛盾性作用的物质干扰,即承诺产生于"社会利益",他将神学家的"荒谬学说"视为一种标准范型。

休谟将伽利略视为一种范型,当代史学家(特别是微观史研究者)会将休谟作为一种范型。不过,与其说他们指涉神学,不如说他们或许指涉的是一种以世俗视角对神学进行加工的哲学传统。⑤

① M. Bloch,"Pour une histoire comparée des sociétés éuropéennes", in Ch.-E. Perrin (ed.), *Mélanges historiques* (Paris: Sevpen,1963),vol. Ⅰ,pp. 16-40.

② 此处斜体是休谟所加。原文中休谟还为"holy orders"做了带有着重部分的注释:"我只是就圣职被人设想为可以产生不可磨灭的品格(indelible character)而言。在其他方面,圣职只是一种合法的资格。"——译者注

③ D. Hume,*A Treatise of Human Nature*,E. C. Mossner (ed.) (Middlesex:Harmondsworth,1969),iii,v,pp. 576-577. J. L. Austin 在其关于语言的施行维度的讲座开头,谈道:"我还没有对它有什么特别的兴趣。" J. L. Austin,"How to do things with words",in J. O. Urmson and M. Sbisà (eds.),2nd edn. (Cambridge,MA:Harvard University Press,1975),p. 1. Austin 当然很熟悉休谟的思想,参见 p. 29。

④ G. Galilei,*Dialogue Concerning the Two Chief World Systems-Ptolemaic and Copernican*,S.Drake (trans.),A. Einstein (intr.),(Berkeley and Los Angeles,CA:University of California Press,1953),p. 207;G.Galilei,*Dialogo dei massimi sistemi*,L. Sosio (ed.) (Turin:Einaudi,1970),p. 252;L.Congiunti,"Il metodo di Galileo",*Verifiche* 23 (1994):97-124.

⑤ E. De Negri,*La teologia di Lutero:Rivelazione e dialettica*(Florence:La Nuova Italia,1967).

3. 在其早期作品《论意大利人最古老的智慧》(*On the Most Ancient Wisdom of the Italians*,1710)中,意大利哲学家詹巴蒂斯塔·维柯(Giambattista Vico,1668—1744)基于人类的虚构指出,算术和几何堪与上帝的知识相媲美,因为在这里,"创造转化之物即真理"(verum et factum convertuntur)。维柯评论道,作为一种普遍性规则,"真理的标准和规则就是它已制定的标准和规则"。因此,物理学不能被视为真理性知识,因为它们追问的对象不能完整地被人类了解。①

这种观念来自英国哲学家托马斯·霍布斯(Thomas Hobbes,1588—1679),维柯一定是带着矛盾的心情读过其拉丁文著作。② 霍布斯认为,算术和几何在人类构建的成果中堪为严格论证的产物。同样,作为政治和伦理的产物,公正和美德也是知识的产物,因为我们创造了它们。③ 维柯对最后一点的看法不能苟同,这就是他拒斥霍布斯的机械论哲学的原因。我们或许可以想见,维柯在读到霍布斯从其母语英语转译成拉丁文的《利维坦》(*Leviathan*)时的冥思苦想:

> 自然(上帝用之于创造和统治世界的艺术),如同其他事物一样,被人用艺术加以效仿,以致可以创造一种人造的动物……因为号称"国民的整体"或"国家"(拉丁语为Civitas)的这个庞然大物"利维坦"是用艺术创作成的,它只是一个"人造的人"。④

社会作为一种人造物,也是维柯《新科学》(*Scienza nuova*)的核心,不过,由于神意(Divine providence)的干预,有着显著的差异:"因为由于人类的情欲,每个人都专心致志于私人利益,人们宁可像荒野中的兽人(bestioni)一样生活,立法把人们从这里挽救出来,制定出民政秩序,使人们可以在人类社会中生活。"⑤对于神

---

① G. Vico, *De antiquissima Italorum sapientia*, *M. Sanna* (ed.) (Rome: Ed. di Storia e Litteratura, 2005), p. 26. 参见 I. Berlin, "A Note on Vico's Concept of Knowledge", in G. G. Tagliacozzo and H. V. White (eds.), *Giambattista Vico: an International Symposium* (Baltimore, MD: Johns Hopkins University Press, 1969), p. 371。

② 在 M. H. Fisch, *The Autobiography of Giambattista Vico*, M.H. Fisch and T. G. Bergin (trans.) (Ithaca, NY: Cornell University Press, 2nd edn. 1963), p. 211, n. 39 处, M. H. Fisch 驳斥了 F. Nicolini, 认为维柯"必定读过霍布斯的拉丁文著作"。这已得到了 N. Abbagnano 在其为以维柯为主题的书所作的引言中得到论证,参见 N. Abbagnano (ed.), *La scienza nuova e opere scelte* (Turin: Classici UTET, 1952), pp. 14-15。参见 E. Garin, *Dal Rinascimento all' Illuminismo: studi e ricerche*, 2nd revised edn. (Florence: Le Lettere, 1993), pp. 137-155, 141-144。

③ T. Hobbes, *De Homine* (Amsterdam: Apud Ioannem Blaeu, 1668), i, 62. Extra info: x (*Opera philosophica*).

④ T. Hobbes, *Leviathan*, C. B. Macpherson (ed.) (London, Harmondsworth: Penguin, 1968), p. 81. (= *Opera philosophica*, iii, 21).

⑤ G. Vico, *The New Science: Unabridged Translation of the Third Edition* (1744, 附有题为"Practic of New Science"的附录), T. Goddard Bergin and M. H. Fisch (trans.) (Ithaca, NY, and London: Cornell University Press, 1984), p. 62 (= G. Vico, *Princìpi di scienza nuova*, A.Battistini (ed.) (Milan: Oscar Mondadori, 2011), paragraph 131; henceforth *Scienza*).

意的强调，显然是从第一版的《新科学》（1725年）开始的，这很大程度上是由于维柯读到了包胥埃（Bossuet，1627—1704）的《谈谈普遍史》（*Discours sur l' histoire universelle*，1681）的意大利文版（维柯在其《自传》中点出，他不懂法文）。[①] 包胥埃的编年纪在维柯的编年纪中留下了一处难以磨灭的印记——一枚指纹，因为他们都认为创世纪后的2737年是尼尼微城的建造者亚述王尼努斯（Ninus）的时代。[②] 不过，维柯的神没有明显的基督教式的寓意：在《新科学》中没有任何作用。

维柯笔下"兽人"的霍布斯式的喻指已被多次强调过，不过，霍布斯在关键的接合点上引发了人们对兽人，即早期的野蛮人走向文明的这段文字的解释：

> 诸异教民族的初期人们，即正在萌芽期的人类的新生儿，就以这种方式根据他们自己的观念，创造了事物；可是，他们的这种创造和上帝的创造决然不同，因为上帝凭他的最纯粹的智力，能认识事物，而且在认识事物中同时创造了该事物。而初期的人们，由于他们粗野的无知，却凭完全肉体方面的想象，才创造出事物。而且因为它是极为物质化的，他们以惊人的崇高架势创造了事物；这种崇高架势宏大到"凭想象进行创造的那些人"（che fingendo le si criavano）极度地失魂落魄，他们因此被称为"诗人"，在希腊文中就是"创造者们"……人类制度的本质中还有一个永恒的特性，由塔西佗以一句高贵的句子表达出来：惊惧的人们"一旦凭空夸张地想象出什么，他们"马上就信以为真"（fingunt simul creduntque）"。[③]

"Fingendo le si criavano"，拉丁文中的动词fingere，按塔西佗强有力的思路，意思是"铸就"，也有"臆想"的意思，并且因此强调的是诡诈。[④] 在那些原始人类，"poeti"——语言学上讲"创造者"

---

① J. B. Bossuet, *Discours sur l' histoire universelle*（Amsterdam: E. Roger, 1710），p. 17；[*Discorso sopra la storia universale...*, *trasportato dalla lingua francese all' italiana da Selvaggio Canturani*（i.e. Arcangelo Agostini, a Carmelite friar）Venice, 1712]；关于维柯使用的概念"Provvidenza"和包胥埃使用的"Providence"，参见B. Croce, *La filosofia di Giambattista Vico*（Bari: Laterza, 1933），p. 120。

② Bossuet, *Discorso*, p. 21；参见G. Vico, *Scienza*, pp. 84-85[并且维柯在*De universi iuris uno principio...*（1720）中已经提及，维柯该文见于G. Vico, *Opere giuridiche*, P. Cristofolini（ed.）（Florence: Sansoni, 1974），p. 389]；这一契合（而非潜在影响）已在P. Rossi, *Le sterminate antichità*（Florence: La Nuova Italia, 1999），pp. 464-465中被注意到了；同样注意到与尼努斯同一时代（创世纪后的2737年）的，还有J. Usher, *Annales Veteris et Novi Testamenti, a prima mundi origine deducti*（Lutetiae Parisiorum, 1673），p. 24。J. Usher这篇文章有可能是包胥埃的编年纪的来源（我得益于Carmine Ampolo的建议）；维柯对于人类行为的无序性的强调必定从包胥埃那里获得灵感，参见*Discorso*, pp. 459-460。

③ Vico, *The New Science*, p. 117 [= Vico, Scienza, pp. 204-205（par. 376）].

④ 维柯依仗的是Varro, *On the Latin Language*, viii, R. G. Kent（trans.）（London: W. Heinemann; Cambridge, MA: Harvard University Press, 1958），pp. 77-78。

(makers)的例子中,创造性的行为纠杂着自欺欺人。兽人幻想以一种伪神性成为人类,朱庇特(Jove直译"约夫",即罗马天神朱庇特的另一种称呼。考虑朱庇特认识度高,直接译成朱庇特)审视着他们并教会他们谦恭和敬畏,在此之后,他们克制自己没有像野兽一般在光天化日之下交配。① 维柯与霍布斯共享一种理念,即社会是一种欺诈性的构建,这源于敬畏。②

4."可是,沉浸在一片漆黑的长夜之中的最早的古代遗物,距离我们如此遥远,它在那里闪耀着凌驾于所有疑虑之上的永不褪色的真理的光辉:那就是,公民社会的世界确实是由人类创造的,并因此,从我们自己的人类心灵的诸种变体中找到它的原则。"维柯郑重的话语开辟了一条通往新的人类历史的道路。③ 尽管他从霍布斯那里脱离出来,但仍从后者那里获得启示。"认识你自己"(Nosce te ipsum)这句箴言,会在第一版《新科学》中读到,教诲雅典驻民:"谦恭于自我心灵的本性,认识到人人共有的人类理智。"④在《利维坦》开篇,霍布斯对同一句箴言进行了评论:

> "*Nosce teipsum*",认识你自己:……人心的特点,腌臜不堪,混同着虚伪、欺骗、虚构和错误的信念,只有探究他的内心才能明白。还有,尽管从行动上我们有时会发现他们的意图;可在没有与我们自己的行为进行比较的情况下那么做……则是没有章法的解译。⑤

阅读内心(reading hearts):霍布斯通过添加上"腌臜不堪"和"有的放矢的解译"发展了他的隐喻(对惯常的那个隐喻,阅读自然之书,做了加工)。维柯借鉴了霍布斯的字斟句酌的隐喻方式,并更进一步在大跨度的时间和空间内"解译世界史"(questo mondo civile),以"勾勒"(*scribillati*)的方式记下特点,你就必定能凭借包括了古文物研究的广义的"文献学"

---

① Vico,*Scienza*,pp. 206-207,par. 379;另参见 Vico,*Scienza*,pp. 312,par.554。

② A. Funkenstein,*Theology and the Scientific Imagination from the Middle Ages to the Seventeenth Century*(Princeton University Press,1986),p. 280[暗中指向了《论人》(*De homine*),x,被 N. Abbagnano 所引用];不同的理解,参见 S. Landucci,*I filosofi e i selvaggi*(Bari:Laterza,1972),p. 294 and n. 66;关于塔西佗的文字是理解维柯和霍布斯关系的关键,参见 C. Ginzburg,"Fear Reverence Terror:Reading Hobbes Today",Max Weber Lecture Series,European University Institute,S. Domenico di Fiesole,2008,p. 8,n. 22。(由文章 P. Alarcón,"El temor reverencial:un principio político en Hobbes y Vico",*Cuadernos sobre Vico* 23 (2009),24 (2010):91-111 做了延展。)

③ Vico,*The New Science*,p. 96-97 (= Vico,Scienza,p. 541-542). 参见 Berlin,"A Note",p. 370,373。

④ G. Vico,*The First New Science*,L. Pompa (Cambridge University Press,2002);G. Vico,"La scienza nuova prima"(ii,lxvi) in *Opere filosofiche*,P. Cristofolini (ed.) (Florence:Sansoni,1971),pp. 255-256;关于"Nosce te ipsum",参见 Vico's"orazione inaugurale",in *Opere filosofiche*,p. 709。

⑤ Hobbes,*Leviathan*,pp. 82-83.

(philology)学会其语言。[1] 霍布斯将“历史”(histories)视为仅仅是事实的搜集;维柯的“新科学”被回溯性地等同于历史的人类学(historical anthropology)。[2] 对于二者来说,对他们“阅读”的最终检验是通过内在审视、精神实验所施加的;不过,他们各自的目标即便不是相反的,也是不同的。[3] 霍布斯的目标是在自己的心灵中找到从别人的心灵中读到的情感:“然而,当我有步骤地明确了我自己所了解到的东西时,很显然,有了又一种痛苦,唯一须考虑的是,他在自己内心里是否也发现了不一样的东西。因为,这种信念不容许有其他的验证方式。”[4]维柯的目标是一种精神挪用的行为(“我们将进行一种真实的实验,看一看是否在此处构思的东西将会与我们灵魂的内在主旨一致”),它包括避免时代错置(anachronism),避免“我们产生一种趋势,即依我们的现今而想象他们,而不是以非常古老的观念进行想象”。[5] 维柯《新科学》的原则不得不“在我们自己人性心灵的修正”中得以发现。[6]

5. 霍布斯和维柯在思想实验话题上的契合可以很容易得到解释。维柯接触到了霍布斯的《物理的对话,或空气的属性》(*Dialogus physicus*, *sive de natura aëris*, 1661),该书攻击的是波义耳(Robert Boyle,1627—1691)基于气泵的实验,批评其为错的,且从哲学上讲是不知所谓。在其《自传》中,维柯似乎跟随了霍布斯的脚步,拒斥了波义耳及其“物理实验……在人类的哲学这里毫无建树”[7]。

不过,这里出现了另一对契合。在《对话》的赠言中,霍布斯认为“创造性”(ingenium),也就是波义耳的实验,是“技艺”(ars)的附庸,也就是他自己基于运动研究的有自然倾向的哲学理路。[8] 在另一段文字中,他做了相似的反驳,指出气

---

① Vico, *De universi iuris*, in *Opere giuridiche*, p. 387. 在古希腊文中,(Maria Luisa Catoni 提醒我注意到)stoicheia 的意思是“第一要素”,也有“字母表中的字母”的意思。

② 关于霍布斯和“histories”的讨论,参见 S. Shapin and S. Schaffer, *Leviathan and the Air-Pump*: *Hobbes*, *Boyle and the Experimental Life* (Princeton University Press, 1985), p. 102, 108; Berlin, “A Note”, p. 372 中谈到了“anthropological historicism”。

③ A. Funkenstein, “Natural Science and Social Theory: Hobbes, Spinoza, and Vico”, in G. Tagliacozzo (ed.), *Giambattista Vico's Science of Humanity* (Baltimore, MD: Johns Hopkins University Press, 1976), pp. 187-214.

④ Hobbes, *Leviathan*, p. 83; 参见 D. W. Hanson, “The Meaning of ‘Demonstration’ in Hobbes's Science”, *History of Political Thought*, xi (1990), pp. 578-626。

⑤ Vico, *The First New Science*, p. 202.

⑥ Vico, *The First New Science*, p. 96; K. Löwith 认为“modificazioni”并不暗示着多样化[“‘Verum et factum convertuntur’...” in A. Corsano (ed.), *Omaggio a Vico* (Naples: Morano, 1968), pp. 75-76, 可是维柯强调,文献学必定暗示着多样化]。

⑦ Vico, *Vita di Giambattista Vico scritta de se medesimo*, in *Opere filosofiche*, p. 14 (*The Autobiography*, p. 128).

⑧ Shapin and Schaffer, *Leviathan*, p. 347; 参见 Hobbes, *Dialogus*。

泵的制造者是“一个机修工,而不是哲学家”①。与之相应,维柯在《论意大利最古老的智慧》中指出,拉丁文中“创造性”和“自然”是同义词,且在此之后提出一个修辞性问题:“这是由自然造就物理产物,人的创造灵性造就机械产品,以及神乃自然的工匠,人是神的手工制品这些事实所决定的吗?”

这里,维柯的原则“真理即创造的转化之物”(verum et factum convertuntur)被加工为一种变体“真理即虚构的转化之物”(verum et fictum convertuntur)。理论和实践是相关联的:“因此,几何和算术,教会我们一切的东西,是最具实证性的科学;并且它们最好的实践者在意大利语中称为‘创造’(ingegnieri)。”②

6. 维柯在欧洲的声望开始于法国历史学家儒勒·米什莱(Jules Michelet,1798—1874)做删减的《新科学》第三版的译本(1872 年)。几年后(1835 年)又出了包括《自传》《论意大利最古老的智慧》及其他文本的精选读本。③ 用米什莱的话说,维柯声称“文明世界当然只是人类的作品”[le monde social (il mondo civile) est certainement l' ouvrage des hommes]。④ 看起来 1843—1845 年间遭流放而生活于巴黎,胸中满是黑格尔和新黑格尔哲学的德意志青年——卡尔·马克思——不可能忍住不去翻阅一本标题为《历史哲学原理》(*Principes de la philosophie de l' histoire*,1827)的书,尽管他不特别赞同这本书的编者。马克思确实在贝尔焦约索(Belgioioso)的公主克里斯蒂娜·特里乌尔乔(Cristina Trivulzio,1808—1871)的新的、近乎完整的译本——尽管出版时没有她的名字——中读了(或重新读了)维柯,这个译本题为 *La Science nouvelle*(1844 年)。⑤ 在一封给费迪南德·拉萨尔(Ferdinand Lassalle,1825—1864)的信(1862 年)中,马克思转录了他推荐的新译本的首页和几页文字。那时,在他的写字台上,一定有 *La Science*

① Hobbes, *Dialogus*, p. 31.

② Vico, “De antiquissima Italorum sapientia”, in *Opere filosofiche*, p. 83.

③ J. Michelet (trans.), *Principes de la Philosophie de l' Histoire*, *traduits de la Scienza Nuova de J. B. Vico*, *et précédés d' un discours sur le système et la vie de l' auteur* (Paris: J. Renouard, 1827); J. Michelet (trans.) *Mémoires de Vico*, *écrits par lui même*, *suivis de quelques opuscules*, *lettres*, *etc.*: *précédés d' une introduction sur sa vie et ses ouvrages* (Brussels: Société belge de librairie, 1837; 两部著作出版于 J. Michelet, *Oeuvres*, i (Brussels: Melines, Cans et Campagnie, 1840), 它复用了《新科学》的卷首插画, whose frontispiece, echoing Scienza nuova' s, suggested the 以显明作者的自我定位是那不勒斯哲学家。

④ Michelet, *Principes*, p. 76.

⑤ Vico, *La Science nouvelle*: *traduite par l' auteur de l' essai sur la formation du dogme catholique* (Paris: J. Renouard, 1844); 参见 G. Mastroianni, “Marx e la Belgioioso”, *Giornale Critico della Filosofia Italiana* 2 (2012): 406-426。

*nouvelle*的副本放在那。①

不过,马克思是在 1844 年出版时就读到它了吗?或者说,是在他写《关于费尔巴哈的提纲》(*Theses on Feuerbach*, 1845)之前读到的吗?这个问题已经被提出,得到的是否定的回答。② 对费尔巴哈的哲学批判在《提纲》中有所发展,似乎并未暗示他对维柯著作的阅读。不过,根据马克思《资本论》第一卷(1867 年)中的一条著名注脚,这个问题或许会得到重新检验。③ 文本中对约翰·沃亚特(John Wyatt,1700—1766)的纺纱机的提及激起了注释中一串急促、纷乱的推理链条:

1. 纺纱机有可能已出现在意大利。

2. 一种未曾出现的"技术史批判",将会证明 18 世纪的发明不是单一个体所致。

3. 达尔文对"自然技术史"和"作为维持生命的生产工具的动植物有机体"显现了兴趣。一种修辞问题随之而来:"作为一种社会存在的人的生产性有机体的历史,难道不是与所有社会有机组织的物质基础的有机体历史等价齐观吗?"

4. "这种历史很容易编写,因为如维柯所说,人类历史不同于其中的自然历史,我们创造的是前者,而不是后者。"

5. 技术"揭示出人处理自然时的模式……并由此揭示出(人)的社会关系的形成模式,以及从它们中产生精神观念的形成模式"。

6. "甚至每一种没有考虑到物质基础的宗教史,都是未经批判的。"从"生活的现实关系中"推演宗教的真正的"唯物方法"与"自然科学的抽象唯物主义"是相悖的。④

在其年轻时,《德意志的意识形态》(*German Ideology*, 1845)尚未出版时,马克思和恩格斯已经阐明,动物与人的区别在于后者能够"创造维系其生命的方式"。⑤ 如今,在达尔文的《物种起源》(*On the Origin of Species*,1859)影响下,马克思将这种能力扩展到动物和植物的范畴,将它们的器官比作"生产工具"。可是,技术史是如何导向了维柯"人创造历史"的观念?在之前提到的给拉萨尔的信中,马克思从贝尔焦约索的匿名译本中引用了一段评论,评论认为古罗马法系是

---

① F. Lassalle and K. Marx, *Der Briefwechsel zwischen Lassalle und Marx: nebst Briefen von Friedrich Engels und Jenny Marx an Lassalle und von Karl Marx an Grafin Sophie Hatzfeldt*, G. Mayer (ed.) (Stuttgart: Dt. Verl.-Anst., 1922), pp. 386-387; A. Pipa, "Marx's Relation-ship to Vico: A Philological Approach", in G. Tagliacozzo (ed.), *Vico and Marx: Affinitiesand Contrasts* (Atlantic Highlands, NJ: Humanities Press, 1983), pp. 290-325,确信无疑地认为马克思在给拉萨尔的书信中对维柯的赞誉是讽刺性的。

② E. Kamenka, "Vico and Marxism", in G. Tagliacozzo (ed.), *Vico and Marx: Affinities and Contrasts*, pp. 137-143.

③ K. Marx and K. Korsch, *Das Kapital: Kritik der politischen Oekonomie* (Berlin: G. Kiepenheuer, 1932), p. 355, note 4;参见 Korsch 在导言中的评论, pp. 7-8。

④ 参见 S. Moore's and E. Aveling's translation: www.marxists.org/archive/marx/works/1867-c1/(略作改动)。

⑤ K. Marx and F. Engels, *Die deutsche Ideologie*, p. 8.

"完全诗性的(très poétique),因为它将虚假的臆断为事实,并反过来"①。"诗性"(poétique)这个词的含义,以及与制造(factum)和伪造(fictum)的近似性——铸就(fingere)的双重意义——从上述引自维柯《新科学》英文译本的文字中体现出来:"诸异教民族的初期人们……被称为诗人,在希腊文中就是创造者们……惊惧的人们一旦凭空想象出什么,马上就信以为真"(les premiers hommes des nations des Gentils...appellés poètes, mot qui signifie en grec créateurs... effrayés en vain fingunt simul creduntque)。② 制造和伪造(或自欺欺人)都被视为文明化进程中的转折点。

马克思在维柯的《论意大利最古老的智慧》中或许也读到了对技术的褒扬,米什莱翻译如下:"是自然造就物理产物,人的创造灵性造就机械产品吗?以及神乃自然的工匠,人是神的手工制品这些事实所决定的吗?"(Est-ce parce que de même que la nature engendre les choses physiques, de meme l' ingenium humain engendre les choses mécaniques? En sorte que Dieu est l' artisan de la nature, et l' homme le dieu de l' artificiel?)③马克思读维柯的《论意大利最古老的智慧》的可能性看起来有些牵强附会。不过,对于该文本的参考,有可能通过马克思得到调和,从他的女婿保罗·拉法格(Paul Lafargue,1842—1911)的文集中可以看到:"维柯说:'事物只对上帝是有形的,上帝知道一切;对人来说,他们只知道外在的东西,它们有二元维度。'马克思像上帝一样构想事物。"④这段文字,在米什莱的译本中译作:"事物只相对于理解全部事物的神是固定的,表面只是面向理解事物外在的人类的"(l' objet est un solide relativement à Dieu qui comprend toutes choses, une surface pour l' homme qui ne comprend que le dehors)。⑤

那么,马克思什么时候初次读到维柯的这部作品?《资本论》结尾涉及达尔文和维柯的注脚中关于费尔巴哈的四个论题突然出现了:"每一种宗教史……都没有考虑到这种物质基础,是未经批判的,诸如此类。"⑥为什么这份年轻时写的、未经出版的文本在20年后在一种完全不同的语境下再度出版?维柯的名字会将人带回一种更早的思考,一种与马克思思想发展属于同样的编年层面的碎片吗?

① G. Vico, *Scienza*, p. 559, par. 1036.

② G. Vico, *La Science nouvelle*, pp. 102-103 (= *Scienza*, pp. 204-205, par. 376).

③ Michelet (trans.), *Mémoires de Vico*, p. 292.

④ P. Lafargue, "Persönliche Erinnerungen an Karl Marx", in *Mohr und General: Erinnerungen an Marx und Engels* (Berlin: Dietz, 1965), p. 331; Fisch 引用拉法格的文字时,提到了"维柯的知识理论"(Vico, *Autobiography*, p. 107)。

⑤ Michelet (trans.), *De l' antique sagesse de l' Italie*, in *Mémoires de Vico*, p. 237; Vico, *Opere filosofiche*, p. 63.

⑥ 参见 www.marxists.org/archive/marx/works/1845/theses/theses.htm (W. Lough, trans.)。

7. 这些问题或许无法回答，可是它们必须被提出来，因为马克思的注脚对维柯的阐释在19世纪末和20世纪早期起到了基础性的作用。首当其冲的因素是一种作为人造物的社会——尽管这与霍布斯无关（如我们所见，他的著作在这一点上启发了维柯）。保罗·拉法尔关于马克思的经济唯物主义的讲稿，1884年被转交给一个拥护社会主义的听众，在其中，保罗·拉法尔将两个环境（milieux）置于对立状态：宇宙的，或自然的，和人造的，"凭人的技艺制造的"，这些已分别由达尔文和马克思做过分析——马克思暗示是从维柯那里受到的启示。① 10年后，在一番与让·饶勒斯（Jean Jaurès，1858—1914）的交流中，拉法尔强调了维柯和马克思的近似性。② 在世纪之交（fin-de-siècle）浸透着马克思主义的环境下，维柯的作品成了热门话题。在法国期刊《社会变革》（*Le Devenir social*）中，乔治·索雷尔（Georges Sorel，1847—1922）与保罗·拉法尔同为期刊编委会成员之一，他基于米什莱的删减译本发表了一篇关于维柯的文章。③ 再一次，索雷尔从马克思的《资本论》注脚出发，也从拉法尔的自然和人造的环境对立开始。④

是年前（1895年），也是在《社会变革》上，安东尼奥·拉布里奥拉（Antonio Labriola，1843—1904）的一篇文章深深吸引了被囚禁于奥德萨市（Odessa）的年轻的托洛茨基（Trotsky，1879—1940），这篇文章中提供了一条接近维柯的更为深刻的取径。⑤ 拉布里奥拉写道："人，是最卓越的（par excellence）实验性的动物，因此他拥有一部历史，或更确切地说，这就是为什么他创造了自己的历史。"⑥几页之后，拉布里奥拉通过提出一个修辞性问题，揭示了这句晦涩的话的几重含义："那么维柯通过一系列实验，如发现语言、宗教、习惯和法律，自己没有在摩尔根

① P. Lafargue，*Le matérialisme économique de Karl Marx*：*i. L' idéalisme et le matérialisme dans l' histoire*；*ii. Le milieu naturel*：*théorie darwinienne*；*iii. Le milieu artificiel*：*théorie de la lute des classes*（Paris：Henry Oriol，1884）. In Part Ⅰ，p. 5，维柯善意地反驳了包胥埃。

② A.-M.-J.-J. Jaurès and P. Lafargue，*Idéalisme & Matérialisme dans la conception de l' histoire*：*conférence de Jean Jaurès et réponse de Paul Lafargue*（Paris：S.I.，1895），p. 18.

③ G. Sorel，*Étude sur Vico et autres textes*，A.-S. Menasseyre（ed.）（Paris：H. Champion，2007）；G. Pagliano Ungari，"Vico et Sorel"，*Archives de Philosophie* 40（1977）：267-281.

④ 在她的引言（Sorel，*Etude sur Vico*，p. 48，note 73）中，Menasseyre 忽略了拉法尔文本中 Vichian 的弦外之音。

⑤ A. Labriola，"En mémoire du Manifeste du parti communiste"（1895），之后收入 A. Labriola and G. Sorel，*Essais sur la conception matérialiste de l' histoire*（Paris：V. Giard and E. Brière，1897）：一本被托洛茨基读到的书（Ma vie [Paris：Gallimard，1953]，pp. 148，152）；参见 A. Labriola，*Scritti filosofici e politici*，F. Sbarberi（ed.）（Turin：G. Einaudi，1973）；A. Pons，"Da Vico a Labriola"，*Bollettino del Centro di Studi Vichiani* 17（1987）：181-193。

⑥ Labriola，*Scritti*，vol. ii，p. 511；id.，A. Labriola，*Essays on the Materialistic Conception of History*，C. H. Kerr，（trans.）（Chicago：C. H. Kerr and Co.，1904），p. 64，有改动。

(Henry Morgan,1818—1881)之前的一个世纪将整个历史转化为一个人类自我展示的过程吗?"①

拉布里奥拉认为,历史是一个通过实验发现潜在内涵的过程,而历史知识也意味着实验。在两方面[历史和叙事史(historia and historia rerum gestarum)],人类都是在一种人为的、出自他们自己之手的、可供实验的环境中活动的。在此领域中,历史唯物主义和实验性科学汇聚一处:"历史唯物主义……以实践(praxis)为起点:它是一种将人视为工作者的理论,并认为科学本身就是一种工作。以这种方式,我们在事物的创造过程中接近它们,并且我们认识到,事物本身是一种创造,一种产品。"②

不过,拉布里奥拉对马克思的理解结合了他对维柯的理解。理解生活在过去的人的态度是困难的努力:我们需要"从我们自己之中再造",使过去成为可能的条件。这意味着,获得"语言学家的、文献学家的、批评家的、史前史学者"的解释能力——通过一种长期的实践,学者发展出了一种"人造的意识"。③ 这个缓慢的、痛苦的路径既与一种移情式的对过去的认同无关,也同它的再现无关。用一种唯物主义的视线解释历史意味着"凭着历经数世纪的人类生活发展中的方法、起源和复杂性,在我们内心中进行改造"④。

8. 通过维柯理解马克思,通过马克思理解维柯。在其年轻时的书作《马克思的哲学》(*La filosofia di Marx*,1899)中,意大利哲学家乔瓦尼·金蒂利(Giovanni Gentile,1875—1944)为这双重的、彼此交织的取径做了杰出的贡献。金蒂利(迄今为止唯一)翻译的马克思的《关于费尔巴哈的提纲》的译本有一段作为序言的评论,通过透视维柯的"真理即创造的转换之物",我们熟悉我们制造的东西,由此解释了实践理念。⑤ 金蒂利引用拉布里奥拉的话,提到了精神实验——不过随后自己通过以唯心主义的话语解释马克思的实践,与拉布里奥拉保持了距离,认为心态实验(mental experiments)是一种精神行为(spiritual activity)。回过头看,在这种疏离中可以看到金蒂利思想成熟阶段的哲学的前提条件,一种将思考视为纯然行为的唯心主义的激进形式。⑥

金蒂利的作品(列宁视之为非马克思主义阐释者写的最引人关注的作品之一)

① Labriola, *Scritti*, vol. ii, p. 519.(Labriola, *Essays*, p. 76,有改动)

② Labriola, *Scritti*, vol. ii, p. 720.(Labriola, "Discorrendo di socialismo e filosofia", May 28, 1897).

③ Labriola, *Scritti*, vol. ii, p. 756.(Labriola, "Discorrendo di socialismo e filosofia", July 2, 1897).

④ Labriola, *Scritti*, vol. ii, p. 535.(Labriola, *Essays*, p. 99,略有改动)

⑤ G. Gentile, *La filosofia di Marx*(1899) (Florence: Le Lettere, 2003), pp. 71-74.

⑥ G. Gentile, "L' atto del pensare come atto puro", *Annuario della Biblioteca Filosofica di Palermo* (1912): 27-42, 42.

的作用已被反复讨论。[①] 作为金蒂利的亲密朋友和多年伙伴,金蒂利的《马克思的哲学》致意的对象,贝奈戴托·克罗齐的例子,与这里讨论的内容尤为相关。

9. 就在其《历史学的理论和历史》(*Theory and History of Historiography*)的开篇,贝奈戴托·克罗齐提出了"一切历史都是当代史"这个被广泛接受的命题。它的意思似乎显而易见:历史学家从现在出发走近过去,提出与其所生活的时代有关的问题。[②] 不过,这只是克罗齐论说的一个方面。另一方面,更为晦涩的一面,被他阐述如下:

> 而如果我们作严密地思考和谈论,"当时的"(contemporaneous)一词只能用于那种某一行为正在被完成并立即成为历史的历史,作为意识到那一行动的历史……正因如此,如同这种精神的每一种行为,是在时间之外的(没有时间先后之分)并与其相联系的活动"同时"形成的。[③]

这段文字的唯心主义意味(首先发表于1912年)是错不了的。思考过去的行为使过去成了现在——可是这种现在没有历时性意义,因为思考的行为,显然是超时间的。这里,克罗齐正在紧随金蒂利的脚步。1913年,两个思想家之间的理论分歧出现了,且随后,由于金蒂利支持法西斯,一种苦涩的政治仇隙也出现了,他们的友谊走到了尽头。在他们争论的早期阶段,金蒂利提到了克罗齐的论点"一切历史都是当代史"是对他自己思想的附和——尽管他评价道,他的朋友在鉴别"历史和历史学、已知和正在知道、事实和知识,以及由此而来的实践和理论"的时候,克制着迈出决定性的一步。[④] 金蒂利的急躁是不可理解的,他是一个比克罗齐激进得多的思想家。金蒂利哲学的最终结论(也是终极的神学理论),也就是他标签为"纯然行为"的部分,是独创的(autoctisis)。[⑤]

所有这些似乎非常晦涩,并且与历史学家的日常实践没什么关系。可是,这个故事有了一个延续,中心是英国哲学家和

① 金蒂利提到了列宁对其作品在1937年的修订版的赞赏(*La filosofia*, p. 9);关于金蒂利的思想对葛兰西的影响,参见C. Riechers, *Antonio Gramsci: il marxismo in Italia* (Naples: Thélème, 1975); G. Bergami, *Il giovane Gramsci e il marxismo* (1911-1918) (Milan: Feltrinelli economica, 1977); S. Natoli, *Giovanni Gentile filosofo europeo* (Milan: Bollati Boringhieri, 1992), pp. 94-109。

② E. H. Carr, *What is History?* (New York: Vintage Books, 1961)使这个最终会从黑格尔那里获得灵感的观念的接受起到推动作用。

③ B. Croce, *Teoria e storia della storiografia*, 2nd revised edn. (Bari: G. Laterza, 1920), p. 3[= D. Ainslie (trans.), *Theory and History of Historiography* (London: G. C. Harrap, 1921), p. 11,略有改动];此章早一点的版本:"Storia, cronaca e false storie", *Atti della Accademia Pontaniana* 42, ser. 2, 17 (1912): 1-32。

④ 克罗齐和金蒂利的争论可见A. Romanò (ed.), *La cultura italiana del '900 attraverso le riviste* (Turin: Einaudi, 1960), vol. Ⅲ, pp. 595-605(也可参见p. 616)。

⑤ G. Gentile, *The Theory of Mind as Pure Act*, W.W. Carr (trans.) (London: Macmillan and Co., 1922).

考古学家柯林武德(R. G. Collingwood, 1889—1943)以及一个在其思想中起到关键作用的概念:“重演”(re-enactment)。这个概念在近几十年中被广泛讨论。一本针对这个概念而写的书批评其说“众所周知的,他(柯林武德)仅仅是意大利理念中的凡夫俗子”。① 不过,观点中的反对总是遮蔽了柯林武德与意大利唯心主义哲学的集中对话。② 柯林武德的“重演”论深切得益于克罗齐的“某一行为正在被完成并立即成为历史的,作为意识到那一行动的”历史。可是,这是克罗齐的思想,还是金蒂利的思想?如我们所见,这个话题及其暗示被披上了两位哲学家的理论分歧的罩衣。近距离审视柯林武德的思想轨迹,将会发现他在二者间摇摆。③

1921年,柯林武德在克罗齐的二元的和唯心的态度之间识别出一种紧张关系,他大有希望为“到达绝对唯心主义”,通过“一种哲学自杀”,克服“他(克罗齐)的继承者金蒂利和德拉吉罗(De Ruggiero, 1888—1948)所达成的他的想法”。④ 在一系列未出版的讲稿中(1928年),柯林武德向克罗齐表示了敬意,不过随后,在响应金蒂利哲学的言说中提出了他的“重演”论:“作为无论如何都不存在过去的过去,是由不再发生的已发生事件,和已经不再发生的事件,像其的确发生了的样子而构成的。”因此,知道过去事件的唯一方法是“在历史学家的心中对其进行重演”⑤。

10年后(1937年),柯林武德表达了他对金蒂利的文章《超越历史的时代》(*The Transcending of Time in History*)的完

---

① 例如,参见 W. H. Dray, *History as Re-enactment: R. G. Collingwood's Idea of History*(Oxford: Clarendon Press, 1995), pp. 26-27; H. Saari, “Re-enactment: a study in R. G. Collingwood's Philosophy of History”(Åbo: Åbo Akademi, 1984);参见 W. J. van der Dussen, *History as Science: the Philosophy of R.G. Collingwood*(The Hague: Nijhoff, 1981)。

② 在其《自传》中,柯林武德没有提到这个话题:参见 A. Momigliano, “La storia antica in Inghilterra”(1945), in *Sesto contributo*(Rome: Edizioni di storia e letteratura, 1980), vol. ii, p. 761; H. S. Harris 作的序言在 G. Gentile, *Genesis and Structure of Society*(Urbana, IL: University of Illinois Press, 1966), pp. 14-20;但要参见 B. Croce, “In commemorazione di un amico inglese, compagno di pensiero e di fede”(1946), in B. Croce, *Nuove pagine sparse*(Naples: R. Ricciardi, 1948), vol. i, pp. 25-39, p.32。

③ 关于金蒂利的影响,参见 H. S. Harris, “Croce and Gentile in Collingwood's New Leviathan”, in D. Boucher *et al.* (eds.), *Philosophy, History, and Civilization: Interdiscip-linary Perspectives on R. G. Collingwood*(Cardiff: University of Wales Press, 1995), pp. 115-129;关于德拉吉罗(被高估)的影响,参见 J. Connelly, “Art Thou the Man: Croce, Gentile, or de Ruggiero?”, in D. Boucher *et al.* (eds.), *Philosophy, History, and Civilization*, pp. 92-114。

④ R. G. Collingwood, “Croce's Philosophy of History”(1921)[= R. G. Collingwood, *Essays in the Philosophy of History*(Austin, TX: University of Texas Press, 1965), pp. 3-22];参见 A. Greppi Olivetti, *Due saggi su R. G. Collingwood*(Padua: Liviana, 1977)。

⑤ R. G. Collingwood and J. van der Dussen (eds.), *The Idea of History*(Oxford University Press, 1993), p. 429, 444;柯林武德回顾性地将1928年视为他知识生涯的一处分水岭:R. G. Collingwood, *An Autobiography*[Oxford University Press, 1970 (1939)], p. 99, 107, 115。

全赞同,他总结如下:“历史上的时代是超越性的,因为历史学家在发现过去代理人的思想,独自重演这种思想。因此,要知道它不是一种过去的思想,像通过历史学家的时间望远镜从远距离凝视到的那样,而是活在现今的历史学家心灵中的当前思想……这是一种重要的理念,且我相信是一种真实的理念。”①

这种对金蒂利思想的认同并未持续。在其《自传》(1939年)中,柯林武德展现了他的重演论意味着什么。柯林武德提到英国海军司令霍雷肖·纳尔逊(Horatio Nelson,1758—1805)的名言:“在荣耀中我赢得了它们(他的奖章),在荣耀中我佩戴着它们一同阵亡。”他评论道:一次“纳尔逊思想的重演是一种与众不同的重演……某种意义上,有的不是一种思想,是两种不同的思想。区别在哪里?毫无疑问,以我的历史方法研究曾经给我带来如此多的麻烦……这种区别是情境的不同。”②这是柯林武德对这则谜语的解释:“历史知识是一种压缩于当前思想情境中的过去的思想,历史知识通过否定这种过去的思想,将之限定于一种与它们不同的平面领域中。”③

两种不同的思想,两个情境。柯林武德巧妙地将自己与金蒂利划清界限(未知其原因,据推测是出于政治原因),金蒂利写过:“任何思考行为都否定了思考行为,它是一种其中的过去已死掉的现在。因此,它是那两个时刻的联合体。”④不过,柯林武德也与他自己未经出版的1928年的讲稿划清了界限,他在其中认为“重演寓于现在之中的过去(例如,读但丁的诗),是在一种赋予过去新的情境下进行重演。这种情境是对过去本身的否定。”⑤

10. 区别对联合:两种视界的各自意味都是深刻的。将历史酝酿为一种现场化行为与作为探询行为(historia)的历史研究观念不相匹配,并且最终不相适应的正是与这种历史性疏离的观念。⑥ 反之,

---

① R. G. Collingwood, review of “Philosophy and History: Essays Presented to Ernst Cassirer”, *English Historical Review*, 52 (1937): 141-146,特别是 p. 143。这是 R. Klibanksy and H. J. Paton (eds.), *Philosophy and History: Essays Presented to Ernst Cassirer* (Oxford: Clarendon Press, 1936)中的评论。金蒂利的文章暗暗地在攻击克罗齐,参见 C. Ginzburg, *Thread and Traces: True, False, Fictive* (Berkeley, CA: University of California Press, 2012), p. 171, 296, note 23。

② Dray, *History*, p. 53, note 33,将柯林武德的问题视为“危险地接近他自己的讽刺漫画”;可是这个问题被归于“一个身着运动衫的小男孩:这是我父亲的研究坦途”(Dray, *History*, p. 113)。

③ Collingwood, *An Autobiography*, pp. 112-114; J. Connelly, “Art Thou the Man”? p. 106 忽视了这篇文章于1937年对金蒂利文章的评论之间的断裂;关于过去的观念中的民族中心主义暗示“压缩”于当前的情境之中,参见 L. Strauss, “On Collingwood's Philosophy of History”, *The Review of Metaphysics* 5 (1952): 559-586, 563。

④ Gentile, “L'atto del pensare”, p. 33;在金蒂利自取灭亡地效忠于法西斯之前,柯林武德在其自传中暗示性地提到了金蒂利是“一位非常有能力的,和卓然不群的哲学家”(p. 158)。

⑤ Collingwood, *The Idea of History*, p. 447.

⑥ 新词“presentification”首次引介来翻译 Husserl 的新词 Gegenwärtigung。

通过坚持两种情境——分别是关于过去的重演和重演过去——的差异,会揭示柯林武德上述评论的含义:历史事实属于"一种复杂的问与答的构成"①。可是,谁问,谁答?我的观点(抵触于柯林武德)认为,所谓的"重演",是观察者和行为者各自的习语间的不对等对话的结果:实际上就是客位(etic)和主位(emic)的资料之间的不对等,如基尼斯·派克(Kenneth L. Pike,1912—2000)为它们贴上的标签那样。② 从不可避免的时代错置问题(anachronistic questions)开始,观察者(历史学家)或许会成功地从行为者的晦涩习语中抽身出来:不是通过移情,而是通过如维柯所提出的那种广义的文献学。③ 过去的重演,与完全地复活过去相去甚远,它意味着一种有限的,加工了的经验——一种基于两种情境间的,观察者和行为者的情境对话的往复。④ 概而言之:一切历史都是比较史。

历史学家或许依靠着一种算是成功了的思想实验重演了过去(各种过去,不只是过去的思想)。在"实验性考古学"的局面下,这种重演或许会通过过去某些(大多数时候是技术性的)方面的物质性重建加以补充。这种实验应该没有被"历史重演",即那些19世纪大场面表演的当代版本搅混,那些大场面表演的行为者通过从过去而来的拟人化形象,展现了关于复活如战役或日常生活的突发事件之类的过去经验的天真幻想。⑤ 马克·布洛赫(Marc Bloch,1886—1944)重申了迪尔凯姆(Émile Durkheim,1858—1917)提到的,历史现象不能(也不应该)上演两次。因此,他总结道:实验对历史学家是禁用的。可是,思想实验对历史学家和科学家都是可行的。

11. 一条漫长的以联系着维柯读霍布斯、马克思读维柯、金蒂利读马克思、克罗齐读金蒂利、柯林武德读克罗齐(和金蒂利)的复杂的阅读序列为基础的轨迹。在此轨迹中,时断时续,尽管它们的原初核

① Collingwood, *An Autobiography*, p. 29ff., 37;参见 H. S. Harris 为金蒂利作的序, *Genesis*, p. 18。

② C. Ginzburg, "Our Words, and Theirs: A Reflection on the Historian's Craft, Today", in S. Fellman and M. Rahikainen (eds.), *Historical Knowledge: In Quest of Theory, Method, and Evidence* (Cambridge Scholars Publishing, 2012), pp. 97-119.

③ 柯林武德翻译了克罗齐的 *The Philosophy of Giovanni Battista Vico*(1913年),自认是维柯的门徒,参见 T. M. Knox 为《历史的观念》所作的序言, *The Idea of History* (Oxford University Press, 1946), Part viii;据推测,柯林武德不同意此处呈现的关于维柯的理解。

④ 没有接触到柯林武德身后出版的1928年的讲稿的 H. Gadamer,对这一话题给出了一种透彻的(且是轻蔑的)评论[*Truth and Method* (New York: Continuum, 2006), p. 366];参见 B. Mcintyre, "Historicity as Methodology or Hermeneutics: Collingwood's Influence on Skinner and Gadamer", *Journal of the Philosophy of History* 2 (2008): 138-166。

⑤ J. Brewer, "Re-enactment and Neo-Realism", in I. McCalman et al. (eds.), *Historical Reenactment: From Realism to the Affective Turn* (Basingstoke: Palgrave MacMillan, 2010), pp. 79-89;狡猾的版本和天真的版本的近似性,出现于 K. Bowan, "R. G. Collingwood, Historical Reenactment and the Early Music Revival", in I. McCalman et al. (eds.), *Historical Reenactment*, pp. 134-158。

心(维柯解释霍布斯)被边缘化并被遗忘了,但人为的和实验性的主题一次次浮现。① 柯林武德从克罗齐和金蒂利那里齐整地继承的唯心模式可以被延展为两个方向:其一,囊括物质性妨碍物(如金蒂利贴上的标签,impedimenti della materia);其二,集中于问与答的不对等性,以及它们各自的情境。这种延展的结果是双重的:1)一切历史都是比较史;2)一切历史都具有实验性——心灵的或是其他方面的。不过,一些趋向历史的取径比其他取径更具有实验倾向(和比较的倾向)。微观史,基于人为处理的选择性案例,进行近距离的分析,会被视为这种实验性取径的极端例子。②

这条公认曲折的轨迹的目标将使作为回应全球史提出挑战的一种认知性潜在力量的微观史变得显著。前缀"微观"(micro)经常被误导性地指涉其对象的大小(size,要么是其表面意思,要么是其引申义),而不是分析性的取径,其实后者才是作为一项计划的微观史的真正中心。可是说"分析"(analytic)是不充分的,应该加上"人为处理的"(artificial)。你或许在这种情境下想起了爱德华多·格伦迪(Edoardo Grendi,1932—1999)对"正常的例外"(normal exceptional)的着重强调:一个集中于反常现象的个案研究或许是构建一种普遍性的最好策略。③ 同样,在人为处理的条件下,一种基于样本的、在显微镜下实施的实验,或许澄清了一种隐蔽的尺度。一种个案研究的近距离分析或许为更为宏大的(实际上,是全球性的)假设铺平了道路。

一个案例研究

1. 一本作者写为"Mr. De la C. +++"的、题为《东方的印度人与犹太人以及其他古代民族的风俗一致性》(*Conformité des coutumes des Indiens orientaux avec celles des Juifs et des autres peuples de l'antiquité*)的书,出版于1704年的布鲁塞尔。④ 作者的名字以一种部分省略的方式呈现在封皮上,他是"拉克雷屈涅勒先生"("Monsieur de la Créquinière"),据说是一个在印度东南地区的法国飞地本地治里

---

① 在Croce,"Le fonti della gnoseologia vichiana"(1912),in *Saggio sullo Hegel*(Bari:G. Laterza and Figli,1948),pp. 235-262中,霍布斯从未被提到。

② Franco Venturi曾讽刺性地贬低微观史是"加了添加剂的历史";以此为视角,我提议,微观史的人为加工属性应被视为一种优点。

③ C. Ginzburg and C. Poni,"The Name and the Game:Unequal Exchange and the Historiographical Marketplace",in E. Muir and G. Ruggiero (eds.),*Microhistory and the Lost People of Europe*(Baltimore,MD:Johns Hopkins University Press,1991),pp. 2-10;关于反常现象,参见C. Ginzburg,*Thread and Traces*,pp. 221-222。

④ S. Subrahmanyam,"Monsieur Picart and the Gentiles of India",in L. Hunt,M. Jacob and W. Mijnhardt (eds.),*Bernard Picart and the First Global Vision of Religion*(Los Angeles,CA:Getty Research Institute,2010),pp. 197-214,especially pp. 199-201.

(Pondichéry)待过一段时间的军官。① 他的背景无人知晓。因其广博的阅读,他被认为是一位古文物研究者。他的《一致性》很早地进行了一番假设性测试:人种志来自古文物研究的知识,很多年前,意大利历史学家阿纳尔多·莫米利亚诺(Arnaldo Momigliano,1908—1987)论证有力地发展了这种假设性测试。② 在其作品开篇,拉克雷屈涅勒重提他的最初计划:收集关于耕种土地、穿着和饮食的不同方式,不同格言、语言特性和"古代遗迹"。不过,当认识到这种计划,需要对与欧洲人隔绝的非沿海地区的宗教进行探险时,拉克雷屈涅勒改变了他的心意。他决定凭借他的阅历和经验来比较印度人和犹太人的风俗习惯。

在皮埃尔-达尼埃尔·于埃(Pierre-Daniel Huet,1630—1721)的《福音的示范》(*Demonstratio evangelica*,1679)中,阿夫朗什(Avranches)主教凭着广博的学识,认为所有宗教的神话和仪式,可以追溯到《圣经》。拉克雷屈涅勒熟悉于埃的作品,但默默地抛弃了其缘起的路径,提倡(我们今天会这样说)一种他用于风俗比较的形态学视角。③ 在其书的结尾,拉克雷屈涅勒搁置了人种志或古文物研究式的比较,提出了关于两种不同的、实际上是相反的世界的思考:欧洲的和东方的。他将印度人和犹太人都纳入后者,考虑他们间的差异,乃至看到了当代犹太人和《圣经》中的希伯来人之间存在更多不同,毫无关联。

教会史家克劳德·弗勒里(Claude Fleury,1640—1723)在其年轻时,通过《古代与现代之争》(*Querelle des anciens et des modernes*)作为滤镜,或说是导读性书籍,阅读了《荷马史诗》和《圣经》。④ 25 年后,对弗勒里尚未发表的关于《荷马史诗》的笔记一无所知的拉克雷屈涅勒从现代与古代之间对立的方面审视欧洲与东方。拉克雷屈涅勒认为,欧洲风格是由带有宫廷、奢华、对新奇事物有无限追求的烙印的风尚所决定的。东方风格则由一种屈从律法,拒斥各种变化的态度所主导

---

① 在一封日期为"Pondichéry,October 1st"的信中,La Créquinière 在一份由本地治理的第一任总督 François Martin 证实的证词(1634—1706)中提到这些内容(Archives Nationales,Colonies,C² 65,100-101)(非常感谢 Sanjay Subrahmanyam,他给了我这份文献的副本)。

② A. Momigliano,"Ancient History and the Antiquarian"(1950),in *Contributo alla storia degli studi classici* (Rome:Edizione di storia e letteratura,1979),pp. 67-206;A. Momigliano,"Prospettiva 1967 della storia greca"(1967),in *Quarto contributo alla storia degli studi classici e del mondo antico*(Rome:Edizioni di storia e letteratura,1969),pp. 43-58.

③ P. Alphandéry,in *Revue de l'histoire des religions* 47 (1923):294-305.

④ N. Hepp,*Deux amis d'Homère au xviie siècle*(Paris:Klincksieck,1970);C. Fleury,*Ecrits de jeunesse*,N. Hepp and V. Kapp (eds.) (Paris:Champion,2003),pp. 153-81;M. Finkelberg and G. G. Stroumsa,*Homer,the Bible,and Beyond:Literary and Religious Canons in the Ancient World* (Leiden:Brill,2003);G. G. Stroumsa,*A New Science:The Discovery of Religion in the Age of Reason*(Cambridge,MA:Harvard University Press,2010),pp. 49-61.

的——这暗示着拉克雷屈涅勒突然地(且含糊不清的)向“古文物研究者或是苦行之人”发出了声音,对一种接近自然的生活吐露心声。① 拉克雷屈涅勒的矛盾态度或许可视为启蒙运动投射的阴影:欧洲人正是在那个处于殖民化的世界从殖民地人民的立场发声。

在《一致性》一书出版于布鲁塞尔的一年后,它被译成了英语,在让-弗朗索瓦·伯纳德(Jean-François Bernard)编辑并由伯纳德·皮卡尔(Bernard Picart,1673—1733)做注释的《世界各民族的宗教习俗庆典》(*Cérémonies et coutumes religieuses de tous les peuples du monde*,1723)中,《一致性》作为匿名文本的形式出现在有特殊意义的位置。②

2. 拉克雷屈涅勒的《一致性》有一个不幸的结局,它被编入了位于巴黎的国家图书馆(the Bibliothèque Nationale,ms. occidentaux français 9723)。③ 书的首页展现了王室的眷顾,日期为4月9日,1707年,授权“拉克雷屈涅勒阁下”出版一本题为《那些东方的印度人与犹太人以及其他古代民族的服饰一致性》(*Des Indiens orientaux et de la Conformité de leurs Coutumes avec celles des Juifs et des autres Peuples de l'Antiquité*)的书。手写的开篇页解释道:这是由1704年在布鲁塞尔出版的书的“作者”,“根据一个在印度待了若干年的官员”,“修订和增补的,标题略有不同的第二版”。(拉克雷屈涅勒不仅保持匿名,而且某种程度上加强了匿名的效果。)《一致性》第一版的每一页都贴着一大张纸,包括修正和补充的内容,有些时候,附着好几页纸。这些纸来自3个人的处理:抄写员、拉克雷屈涅勒自己以及随页做笔记并在162页上签名的内行读者。在第一版的最后一页后面写着:“遵总理先生之命,我读了一本题为《东方的印度人……》的书。我发现它博学多识,它值得推荐给公众。巴黎,7月28日,1705年留笔。拉盖。”

然而,尽管有王室学监吉勒-伯纳德·拉盖(Gilles-Bernard Raguet,1668—1748)的支持,充分享有王室特权,但第二版,《一致性》的修订版却从未出版。这或许是因为那时拉克雷屈涅勒由于不知名的原因被囚禁于巴士底狱。④

3. 巴黎版的手稿保留了拉盖和拉克雷屈涅勒、监察者和被监察者间的对话。据推测,两个人属于同一体制下的不同层

① La Créquinière, *The Agreement of the Customs of the East Indies with those of the Jews*(London,1705;reprint New York:AMS Press,1999),pp. 136-137.

② J.-F. Bernard and B. Picard, *Cérémonies et coutumes religieuses de tous les peuples du monde*(Amsterdam:Chez J. F. Bernard,1723),Part Ⅰ,Part Ⅱ,pp. 7-50;拉克雷屈涅勒的《一致性》的英译本是不是出自 John Toland 还有争议(非常感谢 Giovanni Tarantino 关于这一点的评论)。

③ 我遵循的是最近的页码,总共251页(正反两面)。

④ 我将在接下来的文字中处理这个主题。

次:东印度公司(the Compagnie des Indes Orientales)。拉盖是公司的精神指引者,拉克雷屈涅勒是基层官员。他们共有一种求知的热情,但曾否谋面,我们不得而知。

拉盖1668年生于那穆尔(Namur),1748年死于巴黎。成为一个神职人员后,他进入了圣叙尔皮斯公司(St Sulpice Company)。弗勒里大主教指派他,连同其他有知识的人负责法国王太子,即后来的路易十四的教育。1705—1721年间,拉盖是欧洲最古老的学术期刊(*Journal des sçavans*)的编委会成员。他翻译了弗兰西斯·培根(Francis Bacon,1561—1626)的《新亚特兰蒂斯》(*New Atlantis*),并扩充了内容且加上了附录。[1] 此外,他还写了(尽管贡献存在争议)一部对话录,介入了当时的一场由马比荣(Mabillon,1632—1707)的《论古文书学》(*De re diplomatica*)引起的,关于从赝品中区分古代图章的另类方法的尚无结果的争论。

此后,作为印度公司的精神引导者,拉盖写了一本题为《路易斯安那边界的葡萄园》(*Du domaine et des limites de la Louisiane*),它未曾出版,强调的是法国抵制英国试图将路易斯安那殖民化的合法性(1724年5月30日,拉盖被委托对路易斯安那进行精神管顾)。拉盖提出的反英国的观点之一是:"要做的不是以宗教和文明原则启发(土著们),我们唯一要给予他们的,他们得用土地和自由进行交换,他们(英国人)正在以闻所未闻的恶习滋长他们的堕落和奴役。"[2]

拉盖毫不犹豫地阐明,殖民扩张的唯一正当理由就是基督教信仰和文明(治理)的传播。土著对于他们自己的土地和身体的"天然权利"在那个他们遭受压迫的时代得到了承认。你会察觉到一种矛盾的心理,相似于拉克雷屈涅勒在被拉盖于20年前审查的《一致性》中展现的心理。

4. 集中于未曾出版过的第二版《一致性》的手写材料体现了拉克雷屈涅勒不仅熟悉拉丁文,还精通希腊文。他博学所及的领域是惊人的。他从希腊和拉丁异教文本转向了教父,包括圣奥古斯丁和亚历山大的克雷芒(Clement of Alexandria,约150—约215),随后转向自己同时代的学者,而不考虑忏悔的阵营——从多明我会的诺埃尔·亚历山大(Dominican friar Noël Alexandre,1639—1724)到加尔文教牧师、阿姆斯特丹的东方语言教授艾蒂安·莫兰(Etienne Morin,1720—1763),再到伟大的英国犹太教徒约翰·斯宾塞(John Spencer,1675—1722),等等。

一个例子将会体现拉克雷屈涅勒的研究方法。在纳入到第二版的关于香水

---

① M. Raguet, *La Nouvelle Atlantide de François Bacon, Chancelier d' Angleterre*(Paris:ChezJean Musier,1702).

② Bibliothèque nationale de France (henceforth BnF), ms. Z-1499 (16): *Du domaine et des limites de la Louisiane*, del' abbé Raguet, pp. 13-14.

的一章中，他提出对“武加大译本”（*Vulgate*）和“七十贤士译本”（*Septuagint*）的《以赛亚书》十八章第2节和第7节进行文本修订。拉克雷屈涅勒（他没有希伯来血统）将“撕掉的”（dilaceratam）替换为“刮掉的”（depilatam），将古代埃及人和今天有伊斯兰信仰的摩尔人的剃头习俗进行比较。[①] 在下一页，拉克雷屈涅勒评论了“七十贤士译本”的《利未记》十九章第27节中的“sisoën”（*krobulon*，一种在头顶的发髻）一词，一方面提及了蒙古和印度头饰，且另一方面引用了马提雅尔（Martial，约38—约104年）、佩特洛尼乌斯（Petronius，前27、66年）、尤文纳尔（Juvenal，公元前2世纪）以及“一个古代注释学者”。[②] 拉克雷屈涅勒也暗示性提到了塞缪尔·博沙尔（Samuel Bochart，1599—1667）的《萨克拉的地理》（*Geographia sacra*），该书对《利未记》十八章第27节的评论一定启发了他自己对《以赛亚书》十八章第2节和第7节的订正。[③] 使这种汇聚不同文本的富于想象力的方式经过一种非常特殊的古文物研究者的经验的打磨，那么一个人就会将他“除了在几内亚，还有在我去过的美洲和亚洲的其他地方”见过的东西制造成一连串的参照物。[④]

5. 所有这些都将引起拉克雷屈涅勒的监察官员的好奇心——特别是，他是不是《来自长老会的让·马比荣先生的作品的古文书学争论史及其分析》（*Histoire des contestations sur la diplomatique, avec l'analyse de cet ouvrage composé par R. P. dom Jean Mabillon*）一书的作者，该书首次于1708年匿名出版于巴黎，随后被认为出自耶稣会士拉勒芒（Lallemant，1588—1635），并最终被认为出自神父拉盖之手。[⑤] 这番对话的参与者之一是一个神父，他很明显是在表达作者的观点。他公开批评对本笃会的饱学之士让·马比荣所写的古文书学的奠基性文本《论古文书学》开启敌视情绪的耶稣会士巴泰勒米·热尔蒙（Barthélemy Germon，1633—1718）：“不幸的是，热尔蒙神父……对古文物研究不是足够熟悉，并且因此他认为不与我们的风俗（moeurs）相一致的东西

---

① BnF，ms. occ. fr. 9723，175v-176r；拉克雷屈涅勒评价了“七十贤士译本”的出入，它在《以赛亚书》第十八章第2节和第7节有两处翻译差异；在 *Traduction oecuménique de la Bible*，new edition（Paris：Cerf，1996），这个词在两段文字中被译成“剃光的”（glabre）。

② BnF，ms. occ. fr. 9723，176r.

③ S. Bochart，*Geographia sacra*（Frankfurt：J. D. Zunneri，1674），pp. 379-391（esp. 381）.

④ BnF，ms. occ. fr. 9723，187v；关于他待在几内亚时的其他想象，参见 c. 111r，186v。

⑤ *Histoire des contestations sur le diplomatique, avec l'analyse de cet ouvrage composé par Jean Mabillon*（Paris：F. Delaulne，1708）（所有的问题都出自这一版）。该书在 B. German，S. J.，*Aurelianensis Disceptationes Diplomaticae*（Vienna：Typis J. nobilis de Kurzbeck，1790）中有了译本，只是拉丁文译本没有认真对待原本的华丽风格。

就是怪异的。”①“风俗的一致”是什么意思？拉克雷屈涅勒的《风俗一致性》的读者或许会这样问。这意味着，正确解释顾问（对话的另一个参与者）的话是有用的：“热尔蒙神父……显然知道风俗（moeurs）依时间和地点的不同而变化……时间的差异展现了我们的前辈在以不同于我们的方式说和写。”②

神父拉盖在其年轻时给马比荣写了一封信，转达了关于一段铭文的解读，这段铭文是“古代的，几乎不为人知的阿劳纳城（Alauna），正在重见天日的过程之中”③，拉盖或许不是《争论史》的作者。《争论史》的作者可能从来没有读过拉克雷屈涅勒的《风俗一致性》。不过，“风俗”（moeurs）这个词的语义学多样性毋庸置疑，且是有启发性的。可以通过同时注意特定时间和地点下的字母拼法的特殊性，和《争论史》中缜密分析，来分析与之不同的民族的风俗。在其《以色列人的风俗》（*Moeurs des Israélites*）中，拉盖的庇护者弗勒里大主教提到了希伯来人、突厥人、印度人和中国人，认为时间和空间上的距离强化了彼此间的距离：

> 如果我们考虑这两种距离，我们不会惊讶于发现3000年前生活于巴勒斯坦的人与我们风俗迥异；反之，我们会为任何相似（风俗）的出现感到惊奇。④

古文物研究的知识（和文献学）催生了人种志——从知识的形式上，也是从文献的形式上。

6. 拉克雷屈涅勒的书的第二版应该可以纳入新的一章，题为《论印度人对于欧洲人的观念及他们依此生活的方式》。一篇由此而来的文字展现了拉克雷屈涅勒的思想所采用的方向：“希腊人和之后的罗马人，尽管他们智慧和文明，但最不平等，且在判断其他民族的时候他们最有眼无珠，他们把其他人视为野蛮人，只是因为他们与自己不一样，以及他们没有展现出同样的富有、奢华、宏大和富丽堂皇。”⑤

拉克雷屈涅勒的姿态，将他自己疏离于欧洲文明的古代根源，为一种普遍的反思铺平了道路：

> 如果有什么东西使我在做出公正判断之前初步地压制我们的偏见，那就是其他民族的生活方式。我们不得不从我们的假设中摆脱出来，某种程度上，我们的假设总是自我感受良好，且极为敌视不同于我们的东

① *Histoire*, p. 153. B. Germon, *De veteribus regum Francorum diplomatibus et arte secernendi antiqua diplomata vera a falsis, disceptatio*（Paris: apud Joannem Anisson, 1706）, pp. 52ff.

② *Histoire*, p. 154.

③ BnF, ms. fr. 17681（vol. iv）, 81r–83r; Alauna is today's Valogne（Normandy）.

④ C. Fleury, *Les Moeurs des Israélites*（Brussels: E. H. Frik, 1712）, pp. 9–10.

⑤ BnF, ms. occ. fr. 9723, 121r; “Grecs et ensuite”这一表述被拉克雷屈涅勒加了下画线。

西。可是对于这个话题我们很少能够形成一种不带感情色彩的判断，并且我们所有人都有这个弱点。

这番评论带来了一种颠倒观点的努力，将观察点——孟德斯鸠的《波斯人信札》(*Lettres persanes*)问世的17年前——置于他者的立场上：

在欧洲随处可见宏大和富丽堂皇；比起在东方国家，它社会关系更强，且同时也更松散；在每一种可能性的领域，我们的人有深刻的了解；艺术从未像今天在欧洲那样令人敬仰。可是，尽管拥有所有这些优点，印度人认为他们优于我们，比我们更聪明；他们看我们就像我们绝对劣于他们一般，并且相信他们看待我们的方式是正确的。①

从希罗多德到蒙田，乃至今天，有一脉悠久的传统，即关注不同民族的风俗多样性。拉克雷屈涅勒倚重这种传统，尽管如他冷冷地指出的，只有几个人能够在文明和礼貌的面纱后，隐藏一种所有人都有的"本质"：情不自禁地对人的利益的追索。印度人也不例外，就像拉布吕耶尔(Jean de La Bruyere，1645—1696)讨论国家时所说的，他们就像大理石一般光滑且坚硬。② 回忆自己的经验时，拉克雷屈涅勒评论了印度人的态度："首先，我们必须说印度人将我们视为世俗的且被污染了的人，并且尽可能控制他们与我们的交流，也只是在符合他们利益的范围内与我们交流……他们不可能对所有动物都吃的人们，尤其是吃牛的人们表示亲切。不可能对喝酒且有时是当众喝酒的人表示亲切。"如此等等。拉克雷屈涅勒带着敬意回忆起他的印度仆人，比起坐享其成，他更喜欢整天都快乐起来。③ 人种志领域的一次令人印象深刻的习作。

7.拉盖有时会不认同手稿的涉及范围："他从哪找到这个的？"拉盖焦虑地写道。他回应了拉克雷屈涅勒的建议，即雅各的梦(《创世纪》第28章18节)只是开始一段旅程之前的广泛存在的古代行为的一个例子罢了。④ 可是，拉克雷屈涅勒关于印度人对于欧洲人态度的思考不被审查制度所接受。视点的颠倒——一种潜在的破坏性的做法——没有挑战到天启。不过，当拉克雷屈涅勒敢于在这个方向上做出姿态时，尽管是以一种曲折的方式，但拉盖的回应不落下风。在对埃及和其他民族间流传的关于割礼的一长串系列的文本的细致考察后，拉克雷屈涅勒写道：

有可能发现更多的理由来证明犹

---

① BnF，ms. occ. fr. 9723，121v.

② BnF，ms. occ. fr. 9723，147r.

③ BnF，ms. occ. fr. 9723，122r.

④ BnF，ms. occ. fr. 9723，18v.

太人将来自天堂的割礼视为一种与其他那些从行为上模仿他们的(手稿中接下来的部分被做了折页)民族相区别的标志,可是在我看来,如果我们承认相反的观点,那么我已呈现的内容会充分地显现出即将出现的危险。因此,我很惊讶后一种情况已经影响到这么多人,包括两位著名的同行。因为那些假设,如果被接受了,对一些猎奇的派别将会产生危险的影响,他们可以得出结论,亚伯拉罕,随后是摩西,通过结合其他宗教形成了他们的祭礼:并且自从他们从非犹太人那里获得了关于公义的主题,他们也可以获得其他东西。自然神论者在不需要其他由我们的神学家所提供的武器的情况下运用了这些观点;实际上,我琢磨着,如果名著《三个骗子》(*De tribus impostoribus*)不是在现实世界中从未存在过的鬼魂,可能作者将不会这样现实地克制这种观点的运用。①

通过提及所谓的不存在的书的不存在的作者(中世纪以来只有无中生有的标题在流传)拉克雷屈涅勒在一种非现实的模式下以假设性话语提出了一种半自然神论者的论点。割礼的传播只是《圣经》的犹太主义影响其他宗教行为的一个例子。这个暗示很明显:天启这一想法是荒谬的。在为第二版所写的,论盲目崇拜及其原因的章节中,拉克雷屈涅勒解释道:在宗教领域中,所有邪恶最初都是好的,"所有被诗人吟唱的谎言都出自真实,源于我们仍表示虔诚的宗教的初始形态"②。

哪个宗教?"我们"是谁?以下是拉克雷屈涅勒的回答:"天堂,大地,星辰运行的规律是上帝存在的见证,但最有力和可信的证据是,人类已成为指引它们,甚至是非其所愿地指向"比他们以前见过的朝生暮死之物"更高和更大的东西的心灵中神秘运动的组成部分"。拉克雷屈涅勒继续讲道:"所有民族和所有世纪全然一致的",应该是去驳斥无神论者及其轻浮的主张,迫使他们"承认一种万事万物都依之存在的至高无上的存在(un Être suprême)"。③"至高无上的存在"这个表述在同一篇文字里重现了两次,很明显它排除了神的启示。

神父拉盖读到这页,并克制着不对之进行评论。没有话语、没有作标记、没有折页。在手稿的结尾,拉盖写道:拉克雷

① BnF,ms. occ. fr. 9723,188v;这两个著名的同行可能是 John Marsham 和 John Spencer。参见 P. Hazard,*La crise de la conscience européenne* (Paris:Boivin,1935),vol.Ⅲ,pp. 34-35;拉克雷屈涅勒度过 Spencer'的 *De legibus Hebraeorum ritualibus*,参见 BnF,ms. occ. fr. 9723,108v。

② BnF,ms. occ. fr. 9723,18v.

③ BnF,ms. occ. fr. 9723, 19r;也参见 Jean-François Bernard 献给 Bernard 和 Picard 的"论文初稿"(Dissertation préliminaire),*Cérémonies et coutumes*;第 1 卷第 2 册包括了部分缩减的拉克雷屈涅勒的《一致性》。

屈涅勒的书是“博学的”,且推荐它出版。

8. 这里的个案分析有双重反常的效果。首先,证据方面:在近代早期的欧洲,审查制度是广泛实施的,而这样一种监察者和被监察者之间被记录下的对话的例子是罕见的。[①] 其次,内容方面:拉克雷屈涅勒以一种先锋形象挺身而出,部分是因为我们对他的背景、活动和社会关系所知如此之少。但你或许可以通过强调这项实验的人为性,而将这种信息的相对缺乏转化为一种优势。巴黎的手稿将使其自身成为一种内部有两股力量对撞的空间,在冲突和互动间变换关系。我们或许会一次又一次地检验我们的解释,并有可能推翻它。

拉盖和拉克雷屈涅勒之间最终出人意料的志同道合证实了前文提出的推测,所表现出的对于启蒙运动的矛盾情绪必定要在启蒙运动的基督教根源的框架中去进行理解。

9. 矛盾情绪,作为一种基督教独有且持久的特点,是基督教与犹太教存在关联的结果。从字面上看,《福音》书的重要部分,是将已实现的预言修订——首先,来自《以赛亚书》的段落——成一段叙事。基督教对希伯来《圣经》的挪用,以及基督教即真以色列(*verus Israel*)的观念,暗示了两个宗教间的历史关系的反转。从中产生的是一种连续性和非连续性、尊重与蔑视、包容与拒斥的汇聚。这种矛盾的态度产生的不仅是阅读《圣经》的两种视角(喻指的和字面的),还有历史视角的构建。基督教徒对异教形象和文本的那种无疑并不十分显著的矛盾心理,显示我们面对的不是一种想象中的“本质”,而是一种持续的历史现象。这些认知工具——距离、视角、不同的阅读策略——被作为欧洲殖民扩张的武器在运用。[②] 一项实验及其潜在含义之间的关系总是不对应的。拉克雷屈涅勒分别趋向于代表殖民者和被殖民者的发声,可以在更广泛的现象中被关注。一个个案或许会有助于一个无限广泛的问题的进一步规划:是什么使得欧洲征服世界成为可能?微观史和世界史、近距离分析和全球视角,绝不是互相排斥的,而是彼此相承。

译者:李根,长春师范大学历史文化学院讲师

---

① A. Raz-Krakotzkin, *The Censor, the Editor, and the Text: The Catholic Church and the Shaping of Jewish Canon in the Sixteenth Century* (Philadelphia, PA: University of Pennsylvania Press, 2005).

② 我在“Ecce: On the Scriptural Roots of Christian Devotional Imagery”, in C. Ginzburg, *Wooden Eyes: Nine Reflections on Distance* (New York: Columbia University Press, 2001), pp. 79-93; “Distance and Perspective: Two Metaphors”, in Ginzburg, *Wooden Eyes*, pp. 139-156; “The Letter Kills: On some Implications of 2 Corinthians” 3:6, *History and Theory* 49 (2010): 71-89。几篇文章中延展了这个主题。

专题研究

微观史学：我所知道的二三事

□卡罗·金兹堡

1. 我第一次从乔瓦尼·莱维(Giovanni Levi,1939—)那里听到“微观史”(microhistory)这个词的时候,大概是1977年或1978年,我并未深究其字面意思就采用了这个以前从未听过的字眼;而且令我感到满意的是以micro-为前缀的词语所代表的含义。我仍记得很清楚,在过去我们提及“微观史”的交谈中,它就像是一个贴在空器皿上的标签,等待人们去填充。①

后来,莱维、席蒙娜·塞罗蒂(Simona Cerutti)和我开始着手为都灵的伊诺蒂(Einaudi)出版社编撰一套微观史学系列丛书。20多卷作品由具有声望的意大利和外国作家完成;几部意大利文作品已被译成其他语言。在一些场合,产生了意大利微观史学派的说法。最近,得益于一些针对术语(terminology)的小规模回溯性调查,我发现这个我们认为内涵空泛的词,②早已被用于承载其他的含义。

2. 据我所知,第一个将微观史学作为一个自定义术语并进行深入挖掘的人是美国学者乔治·斯图亚特(George R. Stewart,1895—1980),时间早在1959年。斯图亚特任加州大学伯克利分校教授多年,他必定是个杰出的人。这位涉猎广泛的博学之士著述宏富,除了各类的小说(我未曾读过),还包括一部内容超前的生态学宣言[《不是你所想的那般丰富》(*Not So Rich as You Think*,1968)];一本以人类自传形式撰写的普遍史概要[《人类:一本自传》(*Man, an Autobiography*,1946)];一部斯图亚特与他人合写的、关于麦卡锡时期他和包括恩斯特·坎托罗维奇(Ernst Kantorowicz,1895—1963)在内的同事抵制加州大学强制要求

---

① 莱维回忆他和朱利奥·伊诺蒂(Giulio Einaudi)还有我对于微观史学系列丛书的第一次讨论是在1974年,1975年或1976年。(“Il piccolo, il grandeeil piccolo: Intervista a Giovanni Levi”, *Meridiana*, September 1990, p.229);但是这是一个有些模糊的记忆。

② 由于ORION的存在而成为可能,加州大学洛杉矶分校的图书馆电子目录即以它为基础。早已经被用于承载其他的含义。

效忠宣誓的年记[《效忠的年代》(*The Year of the Oath*, 1950)]。[①] 斯图亚特最负盛名的著作[《论土地之名》(*Names on the Land*, 1945、1967)和《美国的地名》(*American Place-Names*, 1970)]致力于美国的地名研究。[②] 在一次讲座中,他以罗马诗人贺瑞斯(Quintus Horatius Flaccus,公元前 65—公元前 8)颂诗当中出现的地名作为出发点,主张解释一个文学性文本,必须首先解读该文本包含的背景参照物——地点、植被、气象条件。[③] 斯图亚特对微观细节的热情也促成了这本我在此关注的书:《皮科特的冲锋:关于 1863 年 7 月 3 日葛底斯堡的最后冲锋》(*Pickett's Charge*: *A Microhistory of the Final Charge at Gettysburg*, *July 3*, *1863*, 1959)。在书中,斯图亚特以 300 多页的篇幅详细地分析了美国南北战争的一场决定性战役。标题所指的是一个仅持续了约 20 分钟的事件:由爱德华·皮克特(Edward Pickett)少将率领的邦联军队发起的绝望且失败的袭击。叙述在 15 个小时的狭小时间框架中展开。与文本搭配的地图和图表有诸如"炮击(下午 1 点 10 分至 2 点 55 分)"["The Cannonade (1:10—2:55 p.m.)"]这样的说明。葛底斯堡战役的结果就在几秒之内,于树丛和石墙之间见分晓。[④] 在压缩了的时间和空间标度下,斯图亚特以令人着迷的细节分析了他所定义的"高潮的高潮,我们历史的中心时刻"——且就此而论,也是作为普遍史之部分——的细节。斯图亚特认为,如果乔治·爱德华·皮克特这场失败的"冲锋反过来成功了",那么葛底斯堡战役的结果就是另一番景象了,而且"两个互相竞争的共和国的出现可能会阻止美国扭转两次世界大战的平衡,以及成为一支全球性力量"[⑤]。斯图亚特对微观史的执着或许可引起一个关于克利奥帕特拉鼻子的沉思。

3. 几年之后,一位完全未受斯图亚特影响的墨西哥学者路易斯·冈萨雷斯(Luis González, 1925—2003)把微观史一词嵌入到 1968 年出版于墨西哥城的一本专著的副标题里[《喧闹的村庄:加西亚

---

① 坎托罗维奇虽然没有被命名但很容易找到,他在斯图亚特的著作里出现过:*The Year of the Oath*: *The Fight for Academic Freedom at the University of California*, (Garden City: Doubleday, 1950), p.90。E. H. Kantorowicz, *The Fundamental Issue*: *Documents and Marginal Notes on the University of California Loyalty Oath* (San Francisco: Parker Print Co., 1950), 第 1 页:"这本书并不是写'效忠年代'的历史,乔治·斯图亚特教授已经做了非常出色的研究。"

② Madison S. Beeler, "George R. Stewart, Toponomyst", *Names* 24 (June 1976): 77-85. (这本分册题目为 *Festschrift in Honor of Professor George R. Stewart*)。另见"George R. Stewart on Names and Characters", ibid. 9 (1961): 51-57; John Caldwell, *George R. Stewart*, Boise, ID: Boise State University, 1981。

③ Stewart, "The Regional Approach to Literature", *College English* 9 (1948): 370-375.

④ Stewart, *Pickett's Charge*: *A Microhistory of the Final Attack on Gettysburg*, *July* 3, 1863 (Boston: Houghton Mifflin, 1959; reprinted Dayton, 1983), pp.ix, 211-212.

⑤ Ibid., p.ix.

圣何赛的微观史》(*Pueblo en vilo*:*Microhistoria de San José de Gracia*)]。这本书在长达4个世纪的时间跨度中,考察了一个"被人遗忘的"(forgotten)小镇的变化。但其具有的典型性特征弥补了维度的袖珍。除冈萨雷斯出生并生活在那里的事实之外,还因为选择加西亚圣何塞比选择一千个与之极其相似的其他村庄更为合理。这里,正如冈萨雷斯引用保罗·勒约(Paul Leuilliot,1897—1987)的话所强调的,从质的而非量的角度而言,微观史与地方史是同义的。① 《喧闹的村庄》所享有的成功(被再版并被译为英语和法语)促使作者在两篇文章里将它的方法理论化,《微观史的艺术》(*El arte de la microhistoria*)和《微观史理论》(*Teoria de la microhistoria*),分别收录于两本名为《微观史学的动因》(*Invitación a la microhistoria*,1973)和《微观史学的新动因》(*Nueva invitación a la microhistoria*,1982)的文集当中。在这两篇文章中,冈雷萨斯将微观史与轶事区分开来,并对小历史(petite histoire)产生怀疑,我们可以在其他墨西哥出版物里清楚看到对它们的回应;②他重申了微观史与在英国、法国、美国称为"地方史"(local history)以及尼采定义为"古文物史或者考古学史"(antiquarian or archeological history)的一致性。最后,为了抵消由"微观史"这个术语引发的反对意见,冈萨雷斯建议两种替换叫法:女性历史(matria history),适用于唤起以家庭和村庄为中心的、"小的、羸弱的、女性气质的、感性的母亲世界";阴性历史(*yin* history),这个道家术语令人想到所有"女性化的、保守的、世俗的、亲切的、模糊的和痛苦的"事物。③

4. 在冈萨雷斯自己也声称"微观史"这个词语具有基本的父权色彩之时,他甚至还回忆说它已经出现在费尔南德·布罗代尔(Fernand Braudel,1902—1985)为乔治·古尔维奇(Georges Gurvitch,1894—1965)所编的《论社会学》(*Traité de sociologie*,1958)这本书的介绍里,但是"并没有产生公认的意义"(sin significación concreta reconocida)④。事实上,对布罗代尔而言,微观史有一个精确但消极的含义。它与事件史(histoire événementielle)、"传统史学"(traditional history)是同义的,它们见证了像乐队指挥似的领导

---

① Luis González, *Pueblo en vilo*:*Microhistoria de San José de Gracia*(Mexico:El Colegio de Mexico,1968),p. 2:"La pequenez,pero la pequenez tipica"(对勒利奥的引用在第 16 页);trans. John Upton as *San José de Gracia*:*Mexican Village in Transition* (Austin:University of Texas Press,1974)。

② Luis Aboites,*La revolución mexicana en Espita*,1910-1940:*Microhistoria de la formación del Estado de la revolución*(Centro de Investigaciones y Estudios Superiores en Antropologia Social. Cuadernos de la Casa Chata 62)(Mexico,1982).

③ L. González,"El arte de la microhistoria",in *Invitación a la microhistoria* (Mexico:Sepsetentas,1973),p.12,14.

④ Ibid.,p.13. 导言已被重印,部分冠以标题"Histoire et sociologie",in Braudel' s *écrits sur l' Histoire*(Paris:Flammarion,1969),pp.97-122。[英文版为:F. Braudel, *On History*,trans. Sarah Matthews(Chicago:University of Chicago Press,1980)]。

者支配的“所谓的世界历史”(so-called history of the world)。布罗代尔认为受限于短暂而频繁变化的时间,这种传统史学一方面既不如微观社会学有趣,另一方面也不如计量经济学有趣。

正如我们所知,布罗代尔甚至从他写作《地中海》(*Méditerranée*, 1949)的时候就表明了他对事件史(histoire événementielle)和政治史(political history)的敌意。10年之后,他又一次表现了这种不满意的态度。但是他太睿智,太缺乏耐心,以至于重复他那在其凭权威下被很多人公认的事实,已不能使他自己满意了。布罗代尔突然将此时在他看来是“旧有的种种误解”抛在一边,写道:“小事(不是大事,更不是重大社会事件)以重复、规律、数量繁多的形式存在,且绝不能说这个层次就没有价值或没有学术前途。应该对之进行更深入细致的研究。”①25年之后这个建议才被付诸实践。② 布罗代尔排除了对单一性的学术认同的可能性:普通事件和社会杂闻(fait divers)或许能获得简单的认可,因为它是重复出现的——用冈萨雷斯的话来形容就是“典型的”(typical)。但是微观史学依然遭到责难。③这个词明显以微观经济学(microeconomics)和微观社会学(microsociology)为模型,仍披着技术性的光环,正如它在雷蒙·格诺(Raymond Queneau, 1903—1976)最好的小说《蓝花》(*Les fleurs bleues*)段落中的出场一样。奥格公爵和他的牧师有如下的对话:

“你究竟想知道什么?”

“你如何看待一般的普遍史(universal history in general)以及专门的通史(general history in particular)? 我洗耳恭听。”

“我真的很累了。”牧师说道。

“你等一会就可以休息了。跟我讲讲吧,比如巴塞尔市议会(Council of Basel)是普遍史吗?”

“当然是,它是一般的普遍史。”

“那我的小型加农炮(small cannon)呢?”

“专门的通史。”

“那我女儿们的婚姻呢?”

“算不上‘事件史’,至多是微观史吧!”

---

① Braudel, *On History*, pp. 74–75; *Écrits sur l' Histoire*, pp. 112ff.: “Le fait divers (sinon l' événement, ce socio-drame) est répétition, régularité, multitude et rienne dit, de façon absolue, que son niveau soit sans fertilité, ou valeur, scientifique. Il faudrait y regarder de près.”

② the section entitled“Fait divers, fait d' histoire”, with contributions by Maria Pia Di Bella, Michel Bée, Raff aella Comaschi, Lucette Valensi, and Michelle Perrot, in *Annales: E.S.C.*, 38 (1983): 821–919. 马克·费罗(Marc Ferro)在引言中将对小事件的分析与微观史研究放在一起,认为两者是相似相反却又相互补充的(第825页)。关于这一问题,佩罗在“Fait divers et histoire au XIXe siècle”(第917页)里参考了布罗代尔的话。

③ 直到今天,这个术语仍然不能摆脱讽刺性的意涵,比如,它出现在 Georges Charachidzé, *La Mémoire indo-européenne du Caucase* (Paris: Hachette, 1987), pp. 131–132 (“ce que j' avais voulu appeler, par jeu, micro-histoire...”)。

“是哪种历史?”奥格公爵咆哮地问:“这是什么鬼话,今天到底是什么日子?是圣灵降临节吗?”

“大人,请饶恕我。正如你所见,这是疲倦造成的。”①

奥格公爵可能和1965年格诺的许多读者一样,从未听说过微观史这个词。大概是由于忽视了牧师的精确分类,冈萨雷斯那本《喧嚣的村庄》1977年版法语译本的出版商毫不犹豫地在副标题和文中用普遍史(histoire universelle)替换了微观史(microhistoire),竟有一种意想不到的、喜剧性的效果。②

5. 意大利语中的微观史(microstoria)究竟来源于microhistory、microhistoria、microhistoire中哪一个独立的传统呢?从占据我们思维很长时间的严格意义的术语学上看,答案似乎是明确的:来自法语microhistoire。我最先想到的是,伊塔洛·卡尔维诺(Italo Calvino, 1923—1986)在1967年由伊诺蒂出版的意大利语《蓝花》(*I fiori blu*)的完美译本;其次,我想到了普里莫·莱维(Primo Levi, 1919—1987)的文章里出现了微观史(microstoria),据我所知,这是该词首次以自发的形式以意大利语出现。③ 它处于《周期表》(*The Periodic Table*)结尾部分《碳》(*Carbon*)这一章的开头里:

此时此刻,读者已经意识到这并不是一篇化学论文:我的设想目前为止还没有到这一步——“我的声音是微弱的,但又是现实的(ma voix est

---

① 尽管《蓝花》有一个出色的英文版本存在[R. Queneau, *The Blue Flowers*, trans. Barbara Wright(New York: Athenum, 1967)],现在所参考的仍基于法文原版 *Les fleurs bleues*(Paris: Gallimard, 1965), pp. 84-85:

“Que voulez-vous savoir au juste?”

“Ce que tu penses de l'histoire universelle en général et de l'histoire générale en particulier. J'écoute.”

“Je suis bien fatigué, dit le chapelain.”

“Tu te reposeras plus tard. Dis-mois, ce Concile de Bâle, est-ce de l'histoire universelle?”

“Oui-da. De l'histoire universelle en général.”

“Et mes petits canons?”

“De l'histoire générale en particulier.”

“Et le mariage des mes filles?”

“A peine de l'histoire événementielle. De la microhistoire, tout au plus.”

“De la quoi? hurle le duc d'Auge. Quel diable de langage est-ce là? Serait-ce aujourd'hui ta Pentecôte ?”

“Veuillez m'excuser, messire. C'est, voyez-vous, la fatigue.”

如果我没有误解的话,在 Ruggiero Romano,“Un modèle pour l'histoire”, in Andrée Bergens, ed., *Raymond Queneau*(Paris: éditions de l'Herne, 1975)第288页的布罗代尔式的文章也引用了上述这段话,这类文章属于事件史而非微观史。

② L. Gonzales(sic), *Les barrières de la solitude: Histoire universelle de San José de Gracia, village mexicain*, trans. Anny Meyer (Paris: Plon, 1977).

③ *The Grande dizionario della lingua italiana*, ed. Salvatore Battaglia, 10 vols. (Turin: UTET, 1961-1978), 10:365, 给“microstoria”下的定义是:“特指那些简洁明了的历史,总结性和本质性的叙述”,这个定义显然不能令人满意(参看下面的附言)。

faible, et même un peu profane)。"它也不是一本自传,仅限于在局部和象征的范围内,每篇文章是自传性质的;实际上它在某种意义上是一部历史作品。它是——或者它想是——一部微观史著作,一个关于某行业及其失败、胜利和不幸的历史,比如每个人都想要诉说他什么时候感觉快要结束他的职业生涯,以及那不再长久的技艺。①

在这些平静忧郁的文字里,没有任何迹象表明 12 年之后作者会自杀。"微观史"这个词所表明的规模缩小与其对存在的局限性的承认,以及与个人对这段文字的驾驭能力明确相符合。普里莫·莱维可能在读卡尔维诺译的意大利文版《蓝花》时偶然发现了它。他或许还核对过格诺的原文。考虑到二人间的亲密关系,莱维对卡尔维诺译本的掌握是可以肯定的;而且,他在《周期表》里《碳》章节的最后一页回应了卡尔维诺的《树上的男爵》(*Il barone rampante*)的最后一页。② 几年之后由于格诺的《小型袖珍本天体演化论》(*Petite cosmogonie portative*)被翻译成意大利语,卡尔维诺和莱维凑到了一起。③

微观史在《周期表》中出现不久以后便进入了意大利的历史学应用当中,正如经常会发生的那样,也失去了它原来所包含的消极含义。乔瓦尼·莱维(普里莫的远方表亲)无疑促成了这种含义的转换。④ 微观史学迅速地取代了微观分析(microanalysis),而后者在当时已经被爱德华多·格伦迪(Edoardo Grendi, 1932—1999)使用过,两者或多或少具有相同的含义。⑤

6. 有一个地方仍需要定义,显然,一个词语的历史只部分地决定了它可能的应用范围。理查德·科布(Richard Cobb, 1917—1996)在 1976 年关于雷蒙·

① Primo Levi, *The Periodic Table*, trans. Raymond Rosenthal (New York: Schocken Books, 1984), p. 224.

② Italo Calvino, *Il barone rampante* (Turin: Einaudi, 1957), now available in English as *Th e Baron in the Trees*, trans. Archibald Colquhoun (San Diego: Harcourt, Brace, Jovanovich, 1959). 在他为莱维的书所撰写的导言中,凯撒的案例是相似的,参见 Levi, *Opere*, 3 vols, (Turin: Einaudi, 1987-1990), 1: xvii。对于这一关注,参见 Calvino, *I libri degli altri: Lettere*, 1947-1981, ed. Giovanni Tesio (Turin: Einaudi, 1991), pp. 382-383, 以及 *Il sistema periodico* 修订的用词(语气相差很大)。还可参见 Severino Cesari, *Colloquio con Giulio Einaudi* (Rome: Theoria, 1991), p. 173。

③ Queneau, *Piccola cosmogonia portatile*, trans. Sergio Solmi (Turin: Einaudi, 1982), 紧接着卡尔维诺发表了"Piccola guidaalla Piccola cosmogonia",第 162 页。还可参见 Levi, *L' altrui mestiere* (Turin: Einaudi, 1985), pp. 150-154[trans. R. Rosenthal as Other People' s Trades (New York: Summit Books, 1989)], and the declaration by Carlo Carena in Cesari, Colloquio con Giulio Einaudi, p. 172。

④ 无论如何这是一个对"microhistory 这个词来源问题"的无意识的回应。乔瓦尼·莱维说他只知道这个词被格诺使用过。前面所引的格诺的一段话的最后一部分被用作 Raul Merzario, *Il paese stretto: Strategie matrimoniali nella diocesi di Como nei secoli XVI-XVIII*, (Turin: Einaudi, 1981)。这是微观史系列丛书出版的最早的图书之一。

⑤ Edoardo Grendi, "Micro-analisi e storia sociale", *Quaderni storici* 35 (1977): 506-520.

格诺的“扎哈罗夫讲座”(Zaharoff lecture)上间接地证明了这一点——这是史学主张中一个种类,并不符合迄今为止讨论过的任何一种用法。科布起初对格诺小说里那些胆小、羞怯、偏狭的人物抱以一种讽刺式的同情。格诺为了用地方性突发事件的新闻——小说唯一感兴趣的事——取代了政治事件的吸引力,把他们的话照搬进来;他以扎西(Zasie)对拿破仑的形形色色的咒骂作为自己的口号作为结尾。① 基本上,这是小历史(minor historiography)的一次兴起,与宏大史学和权力史学相对抗(科布在这里并没有使用 microhistory)。这样的解释显然是天真的。无论如何格诺与其小说中的人物不一样。格诺既有对勒阿弗尔(Le Havre)地方生活的热爱,也对大多数随意接触到的知识有着广泛的、百科全书式的热情。他对街谈巷议(faits divers)嘲弄式的好奇心并没有阻止他对历史学的前科学属性(prescientific nature)下一剂猛药;并且,他还精心设计了一个数学模型用以勾勒人类行为的无序过程。② 然而,不论是作为《模范故事》(*Une histoire modèle*)的作者,还是作为亚历山大·柯杰维(Alexandre Kojève,1902—1968)讲授黑格尔《精神现象学》课程上的旁听者和编辑者,格诺并没有出现在那个被科布简化的以致有些扭曲的肖像里。贯穿所有格诺作品当中的,介于叙述者暗送秋波的温暖和科学家超脱观察的冷静之间的张力完全消失了。③

这一点并不奇怪,科布是一个不屑理论问题的经验主义者;毕竟对他而言,使用格诺的例子只是一个借口。④ 不过,以格诺的名义提出的这种小历史具有的症候价值(symptomatic importance),是科布首先要反对的,这是他自身怪癖的根深蒂固的性格使然。除了语气上的明显不同,“Historiography”首字母大写的历史学和扎西说的那句“拿破仑个屁”(Napoléon mon cul)之间的反差使人想起冈萨雷斯勾勒的国家的历史(storia patria)和家庭的历史(storia matria)之间的反差。的确,冈雷萨斯的微观史(microhistoria)关注的是典型的现象,而科布的小历史(petite histoire)关注的则是不可预测和不可重复的各类街谈巷议。不过,这两个例子都说明,选择有限的、特写的视角以表达对宏观和计量模式的不满,计量模式主要由布罗代尔和“年鉴”史家号召,在 20 世纪 50

① Richard Cobb, *Raymond Queneau* (“The Zaharoff Lecture for 1976”) (Oxford: Clarendon, 1976).

② R. Queneau, *Une histoire modèle* (Paris: Gallimard, 1966) (but written in 1942);另见 *Batons, chiff res et lettres*, enlarged ed. (Paris: Gallimard, 1965), pp. 170-172,这是一篇已经出现在 *Front National*, 5 January 1945 的文章。

③ 伊塔洛·卡尔维诺为格诺的 *Segni, cifre e lettere e altri saggi* (Turin: Einaudi, 1981)撰写的序言,尤其是 pp. xix-xx(一个比法语版本更不同、更大篇幅的作品)。

④ Cobb, *A Sense of Place* (London: Duckworth, 1975),关于这个可参见 Grendi,“Lo storico e la didattica incosciente (Replica a una discussione)”, *Quaderni Storici* 46 (1981): 338-346; 339-340。

年代中期到70年代中期期间控制着国际史学基调（科布的不满是直率而富有攻击性的，而冈雷萨斯的态度则圆滑和不易察觉）。[①]

7. 在构成相对多样的意大利微观史家群体中，没有人会承认自己是属于乔治·斯图亚特特写的"事件史"、冈雷萨斯的地方史，还是理查德·科布的小历史。然而，不能否认的一点是，即便意大利的微观史学（从其理论目标开始）皆有不同，但它都源于对上述提及的史学模式的反对。这种史学模式在布罗代尔的支持下显现于20世纪70年代中期，是结构—功能取径的顶峰、独领风骚的史学范式，自希罗多德（Herodotus，约前484—前425）以来2000多年的历程中，这样突出的范式第三次出现。[②] 但在早些年的时候，《布罗代尔纪念文集》（*Mélanges en l'honneur de Fernand Braudel*，1973）出版典礼揭示了恰在那时不被察觉的不安和忧虑的存在。有两篇文章在当时发表——皮埃尔·肖努（Pierre Chaunu，1923—2009）的《系列史的新领域：第三阶段的计量史》（*Un nouveau champ pour l'histoire sérielle：Le quantitatif au troisième niveau*）以及佛朗索瓦·弗雷（François Furet，1927—1997）和雅克·勒高夫（Jacques Le Goff，1924—2014）合写的《历史学和人种学》（*Histoire et ethnologie*）。这两篇文章在20年后看来似乎是令人受益的。在两个例子中，一个新的史学计划正在被引进并且被普遍的历史学反思证明是合理的。[③] 肖努谈到了反殖民战争（只就法国而言）的终结以及（美国和欧洲的）学生反对运动；谈到了梵蒂冈二世以来一个迷失方向的罗马教廷；谈到了大多数发达国家的经济危机以及由此引发的对于进步观念的质疑；还谈到了启蒙观念面对的挑战，他坚持将启蒙理念解释为末世论理想的世俗化转变。弗雷认为全球范围内的去殖民化现象已经将伟大的19世纪史学置于其曼彻斯特自由主义和马克思主义

① 对科学史学的炫耀表示不满的例子可以在冈萨雷斯的研究中找到，他的研究题目与尼采的第二本 *Untimely Meditation* 做了密切回应。González y González，"De la múltiple utilización de la historia"，in Carlos Pereyra，ed.，*Historia? para qué?*（Mexico：Siglo XXI Editores，1990），pp. 55-74。

② Traian Stoianovich，*French Historical Method：The "Annales" Paradigm*（Ithaca，NY：Cornell University Press，1976）. 布罗代尔作序，他称之前两种的范式分别为"榜样式"和"发展式"（第25页），关于微观史作为对"伟大马克思主义和功能主义体系"危机的回应，参见 G. Levi，"On Microhistory"，in Peter Burke，ed.，*New Perspectives on Historical Writing*（University Park：Pennsylvania State University Press，1992），pp.93-113，93-94，以及 Levi's *Inheriting Power：The Story of an Exorcist*，trans. Lydia G. Cochrane（Chicago：University of Chicago Press，1988）。

③ *Mélanges en l'honneur de Fernand Braudel. II. Méthodologie de l'histoire et des sciences humaines*（Toulouse：Privat，1973），pp. 105-125，227-243. 弗雷和勒高夫的文章被分为两部分，并发展出两类"合作编写"的交流，分别是"L'histoire et 'l'homme sauvage'"和"L'historien et l'homme quotidian"在第一篇文章里，弗雷进行了总的概述；在第二部分里，勒高夫提出了一个借用中世纪研究范例的研究计划。即使我在讨论中区分了这两类文本，我仍在想在作者中间达成基本的一致，正如他们两位所写的那样。关于肖努和勒高夫，我们可以读他们的自传，收录在 Pierre Nora，ed.，*Essais d'ego-histoire*（Paris：Gallimard，1987）。

模本中，一种非历史的接触：进步和变化已趋迟缓和停滞。我们可以推想，勒高夫对此言论是接受的。两篇文章的共同之处在于它们均明确反对现代化理论[比如弗雷和勒高夫提到了当时正流行的 W. W. 罗斯托(Walt Whitman Rostow, 1916—2003)的现代化理论]，肖努还反对简单的现代性(modernity tout court)。由这些文章发起的研究计划发生了很大变化。肖努计划分析旧制度(Ancien Régime)下的诸传统社群，认为“拉丁基督教的强大连续性已经不知不觉……被转化为一种西欧的连续性”，而且比南比克瓦拉人(Nambikwaras)和多贡人(Dogons)更具有无限的吸引力——一种轻蔑地将被人种学家[分别是克劳德·列维-斯特劳斯(Claude Lévi-Strauss, 1908—2009)和马塞尔·格里奥列(Marcel Griaule, 1898—1956)]所研究的、来自各大陆的民众从极为不同的智性世界中归拢出来的表述。① 相反，弗雷和勒高夫提出，通过采用一种以明确的反对欧洲中心论(勒高夫的态度尤其明显)的普遍比较的视角，连接起历史学和人种学长期割断的纽带。不过，双方殊途同归：肖努和弗雷都旨在建立一种基于现象分析的“系列史”(serial history)。用弗雷的话说：“它们根据一种重复性作用进行选择和建构。”② 勒高夫支持从人种学家的立场出发拒绝单一事件，也支持他们对“重复的或注定的事件”(events repeated or awaited)的集中关注：埃马纽埃尔·勒华拉杜里(Emmanuel Le Roy Ladurie, 1929—　)对罗芒(Romans)狂欢节的分析研究尽管受到了赞誉，但显然被认为是一个例外。肖努坚持认为在研究了经济和社会以后，使用相似方法处理第三层次，即文明的第三层次的时代已经到了。他十分认可米歇尔·伏维尔(Michel Vovelle, 1933—　)对普罗旺斯《圣约》书的研究。勒高夫强调人种学提议的对普罗大众的关注“自然地引向了被视为在历史发展中‘很少发生变化’的心态史研究”③。两篇文章均以承认布罗代尔范式的正确性而结尾，同时扩大了该范式可应用的范围。

8. 对这种“不约而同的”补充进行评估，不是一件简单的事。任何制度的革新虽然与过去出现了断裂，但总能通过重新确立一个与之前消失的东西拥有确定连续性的途径而取得进步。之后的几年里，恰恰在布罗代尔的作品被翻译为许多种语言(从英语开始)并进入公众视野时，远远跨越了专家界，这种为了方便，已被我称为布罗代尔式的范式正在迅速衰落。在勒华拉杜里声称由布洛赫(Marc Bloch,

---

① Chaunu, “Un nouveau champ pour l' histoire sérielle”, p.109. 在法语里，ethnologue(民族学家)这个词比其同义词 anthropologue(人类学家)被广泛使用。

② Ibid., p.231.

③ Ibid., p.237.

1886—1944）和费弗尔（Lucien Febvre，1878—1956）建立起来的法国历史学派必须接受美国学派的挑战并向计算机转型后，他出版了获得巨大成功的《蒙塔尤》（*Montaillou*）：这项研究以手工工匠的方式展现了一个中世纪村庄，人口数为2000。[①] 甚至弗雷也投身于这些过去他认为根本上抵触于系列史的政治史和观念史主题。[②] 过去被视为边缘的问题会突然出现在学科的中心，反之亦然。《年鉴》的版面（和半个世界的期刊）都被勒高夫在1973年提倡的主题所占据：家庭、人体、两性关系、各年龄群体、党派、各教团（charismatics），对价格波动历史的研究式微了。[③]

在法国，人们用新史学（nouvelle histoire）来描述这种智识氛围上的变化，值得注意的是，这种变化与1945年以来经济长期发展的结束同时出现。[④] 这个词尚待确定，但是这种史学现象的基本特征是明晰的。20世纪七八十年代，被布罗代尔归为边缘地位的心态史研究越来越重要，经常冠以“历史人类学”（historical anthropology）的名目。[⑤] 毫无疑问，勒高夫在1974年强调的观念形态的“模糊性”对这一胜利有所助益。[⑥] 菲利普·阿利埃斯（Philippe Ariès，1914—1984）对这个主题做了生动的描述：“对进步的批评从保守的右翼转向左翼，右翼已不再批评，而左翼，或不如说是界限模糊的左派激进主义，批评粗糙，但却充满活力。我的确相信（这是一种假设），在20世纪60年代面对发展、进步、现代性的新的沉默，以及年轻史学家对前工业社会及其心态的研

① Emmanuel Le Roy Ladurie，“L’historien et l’ordinateur”（1968），in idem，*Le territoire de l’historien*（Paris：Gallimard，1973），p. 14；now in English as“The Historian and the Computer”，in idem，*The Territory of the Historian*，trans. Ben Reynolds and Sian Reynolds（Chicago：University of Chicago Press，1979）；and idem，*Montaillou*，*village occitan de* 1294 *à* 1314（Paris：Gallimard，1975；reprinted 1982）；and in English as Montaillou，the Promised Land of Error（New York：Vintage Books，1979）.

② Furet，“L’histoire et ‘l’homme sauvage’”，p.232.

③ 关于历史学的变化，参见 Jacques Revel，“L’histoire au ras du sol”，introduction to G. Levi，*Le pouvoir au village*：*Histoire d’un exorciste dans le Piémont du septième siècle*，trans. Monique Aymard（Paris：Gallimard，1989），pp. i-xxxiii，更全面的描述见 J. Revel，“Micro-analyse et reconstitution du social”，in *Ministère de la Recherche de la Technologie*：*Colloque*“*Anthropologie contemporaine et anthropologie historique*”，no. 2，pp. 24-37；text prepared for the Marseilles colloquium，24-26 September，1992。

④ *La nouvelle histoire*，ed. Jacques Le Goff，Roger Chartier，and Jacques Revel（Paris：Retz，1978）. See also the introductory essay by Peter Burke to *New Perspectives on Historical Writing*，pp. 1-23.

⑤ Georges Duby，*Le dimanche de Bouvines*，27 *juillet* 1214（Paris：Gallimard，1985），pp.7-8（1st ed.，1973）：“L’histoire ... qu’on devait dire，plus tard et abusive-ment，‘nouvelle’（je dis abusivement，car la plupart des interrogations que nous fûmes si fiers de forger，nos prédécesseurs，avant que ne s’appesantisse la chape du positiv-isme，les avaient formulées dans le second tiers du XIXe siècle）.”在这方面可参考一部十分有益的著作 Charles Rearick，*Beyond Enlightenment*：*Historians and Folklore in Nineteenth-Century France*（Bloomington：Indiana University Press，1974）。

⑥ J. Le Goff，*Les mentalités*：*Une histoire ambigüe*，in J. Le Goff and P. Nora，eds.，*Faire l’histoire*，3 vols.（Paris：Gallimard，1974），3：76-94.

究热情之间有着一种联系。”①

这些话其实表明了阿利埃斯本人的心迹。阿利埃斯年轻的时候曾是夏尔·莫拉斯(Charles Maurras,1868—1952)的追随者,并且是“法兰西行动”(Action Francise)队伍的积极分子。70年代,正如阿利埃斯自我嘲讽的那样,这个“星期天历史学家”(historien du dimanche)逐渐融入“年鉴”史学家的行列;他甚至被选进法国高等社会研究院。② 这件学术界的大事可以被视为一次既不限于法语界,也不限于学术界的更大转型的诸多症候之一。浪漫主题频繁地、不经意地重获关注,立足于左翼的生态现状,与资本主义形成对立之势,是上述重大转型的组成部分。③

阿利埃斯暗指的“新沉默”(new reticence)④可以转变成不同的立场。我们还记得弗雷曾提出用人种学的方法来对抗现代化理论中的民族中心主义抽象物,肖努建议丢弃将启蒙运动和现代化理论联结起来的现代性观念。后者——比意识形态的观点更激进——拒绝将历史学家的研究工具带入讨论当中。前者也试图往这个方向推进,但半途而废。回顾来看,就我个人经验而言,意大利的微观史研究最初认可弗雷的部分诊断意见,却实现了完全不同的预后(prognosis)。

9. 学者们达成一致的原因是他们都反对民族中心主义和被弗雷描述为19世纪以来形成的史学的目的论特征。民族实体的确立,资产阶级的出现,白人的文明使命和经济发展为历史学家提供了一个兼具概念性和叙事性秩序的统一原则,该原则取决于所采用的观点和观察的规模。被认为是沿着系列路线孕育而生的人种志打算与这个传统决裂。在这里,系列史和微观史走上不同的道路——这种分歧同时显现在思想和政治层面。

选择一个仅仅是重复出现的,并且因此可被序列化的认知客体,意味着要在认知范围上付出高昂代价。首先,从历时性的意义而言,正如弗雷本人所认为的那样,古代历史将这种措施排除在外;⑤中世纪历史用起它来十分困难(对于勒高夫提出的许多主题,文献都是碎片化的)。其次,从主题的意义上说,(再次如弗雷所

① P. Ariès,“L' histoire des mentalités”, in Le Goff, Chartier, and Revel, *La nounouvelle histoire*, p. 411.

② P. Ariès and Michel Winock, *Un historien du dimanche* (Paris: Seuil, 1980).

③ Alf Lüdtke, ed., *Alltagsgeschichte: Zur Rekonstruktion historischer Erfahrungen und Lebensweisen* (Frankfurt a. M.: Campus Verlag, 1989); Geoff Eley, “Labor History, Social History, Alltagsgeschichte: Experience, Culture, and the Politics of the Everyday—A New Direction for German Social History?” *Journal of Modern History* 61 (1989): 297-343.

④ Furet, “L' histoire et ‘l' homme sauvage’ ”, p. 230: “Il n' ya rien d' étonnant à ce que, en même temps qu' elle (la grande histoire du XIX siècle) cherche désespérément à sauver son impérialisme comme porteuse de la ‘modernisation’, elle retourne à l' ethnologie comme consciente de ses échecs.”

⑤ Ibid., p. 233.

称）诸如观念史和政治史的研究领域明显地绕过了这种调查类型。不过系列史最严重的局限性恰恰就是通过应该是其基本目标的内容所体现的："个体扮演其经济或社会文化代理人角色的平均化处理。"这种平均化观念具有双重欺骗性。一方面，它扭曲了一个明显的因素，即在任何社会里，有资格参与文献制造的条件与权力状况密切相关，并由此产生内在的不平衡。另一方面，它为利于共时性的和可比较的内容而消除了史料中的特殊性。弗雷带着一丝学者式的骄傲断言道："文献，'事实'（fact）不再作为其本身而存在，而是以维系在文献和'事实'前前后后的关系所形成的序列形式存在；使之变得客观的是它们的相对价值，而不是与一个不可理解的'真实'（real）存在之间的关联。"[①]因此，经过两次过滤的数据与现实之间的联系变得"不可理解"（incomprehensible）便不足为奇。

显然，历史知识涉及文献序列的建构。不明显的，是历史学家对史料中冒出来的不规则现象必须要采取的态度。[②]弗雷认为应该忽视它们，认为从系列史的角度来看 hapax（一份独一无二的文献）是不可用的。但是严格来讲，独一无二的文献并不存在。任何文献记录，即便是最反常的，都可以被安插进一个序列里；不仅如此，如果得到恰当的分析，它还可以阐明更广泛的文献序列。

10. 20 世纪 60 年代早期，我开始研究宗教裁判所的审讯记录，希冀重构法官的态度，以及那些受到巫术指控的男人和女人的历史。我很快意识到这种非民族中心论的研究路径需要与人类学家的著作进行比较，首当其冲的就是克劳德·列维-斯特劳斯。然而，在我这里，这种选择在史学史意义上的、概念上的和叙事上的关涉只是渐渐明确的，它历经数年的过程，从《本南丹蒂》（*I benandanti*，1966）到《夜间的故事》（*Storia notturna*，1989）。[③]在此期间，我写了一本试图重构一位 16 世纪弗留利磨坊主思想和态度的书，书中男主人公受到了裁判所的死刑审判。这本书就是《奶酪与蛆虫》（*Il formaggio e i vermi*，1976）。放弃使用民族中心主义的做法并没有把我引向系列史的道路，而是相反的方向：对一份限定性的文献的详细分析，这份文献关联的是一个实实在在的无名小卒。在导论中我讨论了弗雷发表在《年鉴》里的一篇文章，该文主张前工业社会下层阶级的历史只能从统计的角

---

① Ibid.，p. 232.

② 我在"Clues：Roots of an Evidential Paradigm"，in *Clues，Myths，and the Historical Method*，trans. John Tedeschi and Anne C. Tedeschi（1979）（Baltimore：Johns Hopkins University Press，1989），pp. 96-125 中讨论过这个主题。

③ 现在已经有英文版，*The Night Battles：Witchcraft and Agrarian Cults in the Sixteenth and Seventeenth Centuries*，trans. John Tedeschi and Anne Tedeschi（Baltimore：Johns Hopkins University Press，1983）；*Ecstasies：Deciphering the Witches' Sabbath*，trans. Raymond Rosenthal（New York：Pantheon，1991）。

度进行研究。①

最近,米歇尔·伏维尔认为个人传记和系列研究只能选其一的做法是不现实的,②原则上我同意他的观点。但在实践中,选择一定要明确:这是一个在实践层面,更多的是在智识层面的风险与利润评估的问题。关于《奶酪与蛆虫》,罗杰尔·夏蒂埃(Roger Chartier,1945—)写道:“正是在这种缩微的层面上,也只有在此规模上,我们才会不受缩小版的决定论的影响,一方面理解信念体系、价值体系与表象(representations)之间的联系,另一方面理解社会从属关系。”③即便有人不愿接受这个不妥协的结论,也不得不承认,如果单就分析结果来说,这种实验不仅是合理的,而且是有用的。

通过缩小观察规模的途径,那对另一个学者来说会成为一部可能出现的、关于弗留利新教改革专著中一个注脚的内容,被改造成了一本书。当时促使我做出这个选择的动机并不完全清晰。现在我甚至对自己所想之事产生了怀疑(确实有很多),因为我不愿意让自己投入到那些过去的、经年累月已趋成熟的意图中。逐渐地,我开始发现许多我曾完全没有意识到不知道的事件和关联影响了我曾认为是自己独立做出的决定——本身老套的事实,却总是令人惊讶,因为它克制了我们的孤芳自赏,一厢情愿。我的著作究竟在多大程度上(可通过举一个明显的例子)就归因于20世纪70年代早期意大利的政治气候?有一些,也许有很大影响,但我觉得应该在其他地方探寻这些动机。

为了找到它们,至少是部分的,我将从那些不甚显眼的地方开始。《奶酪与蛆虫》这本书并不局限于重建一个个体事件,它叙述了一个个体事件。弗雷因叙事——且更具体地说,文学性叙事——是“事件史”的表达形式,典型的目的论,因而拒绝它,它的时间“由一系列描述成连续样子的不连续内容构成:叙事(récit)的经典主旨。”④因为弗雷反对这种“文学性”叙事,于是他一个问题接一个问题地对照了系列的民族史研究。他因此挪用了那受众广泛的共识,人们即使在今天仍心照不宣地将一种基于19世纪末现实主义小说的特殊叙事形式与简单的(tout

① 现在有英文版,*The Cheese and the Worms: The Cosmos of a Sixteenth-Century Miller*, trans. John Tedeschi and Anne Tedeschi (Baltimore: Johns Hopkins University Press, 1980), p. xx。在《夜间的战斗》的引言里,我反对那种不加区分的“集体心态”,而是强调个体的特殊信仰的重要性。

② See M. Vovelle, “Histoire sérielle ou ‘case studies’: vrai ou faux dilemme enhistoire des mentalités”, in *Histoire sociale, sensibilités collectives et mentalités. MéMélanges Robert Mandrou* (Paris: Presses Universitaires de France, 1985), pp. 39-49.

③ R. Chartier, “Intellectual History or Sociocultural History? The French Trajectories”, in Dominick La Capra and Steven L. Kaplan, eds., *Modern European Intellectual History: Reappraisals and New Perspectives* (Ithaca, NY: Cornell UniversityPress, 1982), p. 32;这个强调是我做出的。

④ Furet, “L'histoire et ‘l'homme sauvage”, p. 231.

court)历史叙事等同起来。[①] 确实,历史学家—叙述者的无所不知形象已经逐渐确立起来,他们阐明一个事件的微小细节或者促动个人、社会群体或国家行为的隐匿动机。但这只是众多可能性中的一种,正如马塞尔·普鲁斯特(Marcel Proust,1871—1922)、弗吉尼亚·伍尔夫(Virginia Woolf,1882—1941)和罗伯特·穆齐尔(Robert Musil,1880—1942)的读者所了解的那样。[②]

在写作《奶酪与蛆虫》之前,我仔细地思考了研究假设和叙事策略之间的关系。阅读格诺的《风格练习》(*Exercices de style*),强有力地刺激了我付诸实践的欲望。[③] 我打算基于将磨坊主梅诺乔(Menocchio)处死的人所书写的资料,重建他的智识、道德和异想天开的世界。某种意义上,这个看起来不可行的计划可能发展为一种对文献中的断裂之处被转化为表面平滑之状的原因所进行的解释。[④] 从认知的、伦理的和审美的原则上讲,文献内容理所当然,但在我看来却不应该。干扰研究的那些障碍物是文献里不可或缺的要素,因此这必须成为解释的部分;主人公面对检举者或是我的盘问所表现出来的犹豫和沉默一样,也必须成为解释的一部分。[⑤] 这样一来,所有的假设、怀疑和不确定都成了叙述的内容;真相的追索成为展现所获的必然不完整的真相的一部分;这样产生出来的还能被定义为"叙事史"(narrative history)吗?对于一个不甚了解20世纪小说的读者而言,答案显然是肯定的。

11. 而使我趋向这种叙事类型(以及更广泛地促动我投身历史)的动力来自更远的地方:来自《战争与和平》(*War and Peace*),来自托尔斯泰(Tolstoy,1828—1910)的信念,即一个历史现象只有通过重构参与其中的所有人的活动方能被理解。[⑥] 这种想法和使之孕育而生的情感

① 这个未明确说明的含义隐含在Lawrence Stone,"The Revival of Narrative:Reflections on a New History",*Past and Present* 85(1979):3-24,但是这并没有促进后续的讨论。

② 在这里我通过给J. Le Goff,*Pour un autre Moyen Age*,in *Critique*,no. 395 (1980):345-354撰写的评论文章来详细描述一下我的几点观察和思考。

③ 理查德·科布同时也意识到《风格的练习》(*Exercices de style*)所蕴含的方法论意义:"apart from its brilliance both as parody and as conversation totally recaptured,(it) might also be described as an essay on the relative value and interpretation of conflicting or overlapping historical evidence."(《雷蒙·格诺》,第7页)。

④ 我是在一种相对的意义上谈论缺漏(历史证据总是有很多缺漏)。但是新的研究问题却创造了新的缺漏。

⑤ 关于磨坊主的沉默,参看《奶酪与蛆虫》,第110-112页。这些结论性的话语暗指我在*Clues,Myths and the Historical Method*书中的文章"The Inquisitor as Anthropologist",pp. 156-164,220-221。在"Histoire et sciences sociales:Un tournant critique?"*Annales:E.S.C.*,43 (1988):292-293这篇文章中,"分析规模"和"历史叙述"之间的联系被认为是"重大问题",需要巨大的洞察力才能理解。

⑥ Isaiah Berlin,"The Hedgehog and the Fox:An Essay on Tolstoy's View of History",(1953),in Henry Hardy and Aileen Kelly,eds.,*Russian Thinkers*(London:Hogarth Press,1978),pp. 22-81.

(比如民粹主义,对历史学家空洞而传统的历史狂躁的鄙夷)在我第一次读到时就给我留下了不可磨灭的印象。《奶酪与蛆虫》讲述的是这样一个故事:一个磨坊主被一个遥远的人(教皇)宣判死刑,而后者在一分钟前甚至都没听说过他的名字,这本书可以视为托尔斯泰那宏大的、根本无法实现的计划——重构多重关联,包括博罗季诺战役(the battle of Borodino)之前拿破仑的头伤风,军队部署,所有参战者,乃至最下级的士兵——的微小、歪曲的产物。

在托尔斯泰的小说里,私人领域(和平)和公共领域(战争)双线并行并最终交汇;安德烈公爵(Prince André)亲自参与了奥斯特里茨战役(the battle of Austerlitz)。因此托尔斯泰沿着一条由司汤达(Stendhal,1783—1842)卓越开辟的道路前进,司汤达是通过法布利斯·台尔·唐戈(Fabrizio del Dongo)之眼对滑铁卢战役进行了描写。[①] 浪漫化了的人物揭露了历史学家处理一个著名(par excellence)(或被认为如此)的历史事件时令人伤感的力不从心。它是一种看起来与现已消失的过去有关的令人畏惧的学术挑战,战争史以及针对它的批评正是这种样子。[②] 但是将战役作为一个史学主题的反思仍然是有用的,从中间接引发了史家职业的一个根本问题。

12. 在《亚历山大和大流士的伊萨斯河战役》(*The Battle between Alexander and Darius at the River Issus*)这幅画里,画家阿尔布雷希特·阿尔特多费尔(Albrecht Altdorfer,1480—1538)为了呈现这场战役,选择了一个高踞的、远眺的俯瞰视点,类似飞鹰的视角。他凭着如鸟般的敏锐目光,着光辉华丽的色彩于盔甲、服饰、马具之上,旗帜的鲜艳颜色和战士头盔上晃动的白色羽毛,一群骑士举起他们的长矛,像一只巨大的豪猪,然后,渐渐地消失于背景之中。战场后面的山脉、营地、河水和薄雾,拱起的地平线显示出陆地的形状,还有高悬着落日和盈月的广袤天空。人类的肉眼绝不会像阿尔道夫所作之画一样一次性捕捉到一次战役的历史特征

---

① 托尔斯泰认识到了他的感恩之心。*Paul Boyer* (1864—1949) *chez Tolstoi? Entretiens à Iasnaia Poliana* (Paris:Institut d'Études Slaves,1950) (quoted also in Berlin,"The Hedgehog and the Fox",p.56). 另见 Nicola Chiaromonte,*Credere o non credere* (Bologna:Il Mulino,1993。)在这里我十分感谢克劳迪奥·福古给予的帮助。

② Duby,*Le dimanche de Bouvines.*

(真实或假想的)以及与之不相关的宇宙事物。①

Albrecht Altdorfer, *The Battle between Alexander and Darius at the River Issus*(Munich, Alte Pinakothek,1929)

严格来说,一场战役是不可见的,正如在第一次海湾战争时我们从电视播放的画面所看到的那样(不仅仅因为军事审查制度的存在)。只有像阿道尔夫的画一样,用一个抽象的图解或虚拟的景象才能呈现战役的全景图像。看起来将这个结论扩展至任何事件都是合理的,且有更充分的理由扩展至任何一种历史性进程。特写的审视使我们得以捕捉那些从总体视野中溜掉的内容,反之亦然。

在齐格弗里德·克拉考尔(Siegfried Kracauer,1889—1966)生前最后一本书《历史:终结前的最终事》(*History: The Last Things before the Last*)中的"历史宇宙的结构"(The Structure of the Historical Universe)这章里体现了上述矛盾。这本书在作者死后出版,并由保罗·奥斯卡·克里斯特勒(Paul Oskar Kristeller,1905—1999)撰写前言。尽管克里斯特勒自己在这一点上比他的朋友克拉考尔更乐观,他不得不承认"普遍史"和专门史,或者用他的话说,"宏观史和微观史之间的差异表明了一个严重的困境"。② 格诺的《蓝花》创作于1967年;克拉考尔的去世,在一年前。我们可能发现自己在这个例子中面对的是一个不相干的发明。不过,重

① Otto Benesch, *Der Maler Albrecht Altdorfer*(Vienna:Scholl,1939):"Makrokosmos und Mikrokosmos werden eins"(p. 31). 我发现我在谈及勃鲁盖尔景观(Dark Day)和罗伯托·罗西里尼的电影《派萨》(*Paisà*)结束战斗的时候已经讨论过这个主题。分别参见我的*Spurensicherungen:über verborgene Geschichte, Kunst und soziales Gedächtnis*, trans. from the Italian by Karl Friedrich Hauber (Berlin:Verlag Klaus Wagenbach,1983),pp. 14-15;以及"Di tutti i doni che porto a Kaisàre...Leggere il film scrivere la storia",*Storie e Storia* 5 (1983):5-17,关于《派萨》的结尾,参见 Federico Fellini, *Comments on Films*, trans. Joseph Henry, ed. *Giovanni Grazzini* (1983) (Fresno:California State University Press,1988),p.66。弗雷德里克·费里尼曾是罗西里尼的副导演。关于 Altdorfer's *The Battle between Alexander and Darius at the River Issus*,参见 Reinhart Koselleck's *Vergangene Zukunft:Zur Semantik geschichtlicher Zeiten*(Frankfurt a. M.:Suhrkamp,1979)。

② 保罗·奥斯卡·克里斯特勒为齐格弗里德·克拉考尔的*History:The Last Things before the Last* (1969) (Prince ton, NJ:Markus Wiener Publishers,1995)作序,第xiv页。尤其是第5章,"历史宇宙的结构",第104-138页,这是克拉考尔没有完成的部分。

要的不是微观史学这个术语;意义在于这个术语在克拉考尔的思想里逐渐呈现出来的内容。

首先对克拉考尔而言,"微观史学"与专题研究(monographic research)几乎是同义的。不过"微观史学"和电影的特写镜头[《从卡利加里到希特勒》(*From Caligari to Hitler*)和《电影理论》(*Theory of Film*)的作者就是很明显的例子]之间的对比引出了新的元素。克拉考尔认为对一个特定人物的研究可以修改宏观历史描绘的全景视野,比如胡贝特·耶丁(Huppert Jedin,1900—1980)对康斯坦茨和巴塞尔市议会(Councils of Constance and Basel)的刻画。那么,我们是要被迫地以艾比·瓦尔堡(Aby Warburg,1866—1929)的名言"上帝就在细节之中"(God is in the detail)做结论吗?这是"两个伟大历史学家"托尔斯泰和刘易斯·纳米尔(Lewis Namier,1888—1960)所支持的观点(克拉考尔指出这两个人是十分重要的)。不过,尽管克拉考尔对这些立场有同感,但他也认识到某些现象只有通过宏观视角才能加以把握。关于在宏观史与微观史之间进行调和的建议绝不是理所应当的(就如汤因比所错误相信的那样)。然而,需要去追求这种调和。根据克拉考尔的说法,马克·布洛赫在他的《封建社会》(*Feudal Society*)一书中提供了最好的解决之道:微观史和宏观史之间、特写和远镜头之间要不断地反复来回,以便穿过显著的例外和稍纵即逝的个案,不断返身投入到历史进程的全景视野的讨论中。这种方法论上的处理肯定了一种显著的本体论性质:现实根本上是非连续并且是异质的。因此,我们无法得出如下结论:一个恰好达到确定性的范畴可以自动转化为一个更普遍的范畴[克拉考尔称之为"标准法则"(law of levels)]。①

在我看来,克拉考尔身后出版的这些文章是对微观史学最好的介绍,虽然作者并不是一个专业的历史学家。据我所知,它们对这种新的历史编撰趋势的出现还未产生影响。② 当然,也没有影响到我,因为我只是在几年前才带着叹惋的心情知晓它们。但是,当我初次阅读时,它们似乎显得出奇地熟悉,原因有二。其一,很久以前,这些文字通过我与《最低限度的道德》(*Minima moralia*)的决定性相遇的方式,引起了我间接的共鸣,尽管西奥多·阿多诺(Theodor Adorno,1903—1969)崇尚总体观念,且从未动摇,但他在《最低限度的道德》中含蓄地表明了他受惠于格奥尔格·齐美尔(George Simmel,1858—1918)开创的微观研究传统,这一

---

① Ibid.,p. 134.

② 事实上,他们没有得到太多的回应,但是看了马丁·杰伊的深入分析,他证明了"In many ways,historyis one of Kracauer's most compelling and original works,which deserves to be 'redeemed',f one may borrow his own word,from an unmerited oblivion. ["The Extraterritorial Life of Siegfried Kracauer",*Salmagundi*,nos. 31-32(1975-1976):87]。

传统被阿多诺的朋友(且在某种意义上说,是老师)齐格弗里德·克拉考尔继承。[1] 其二,后者对历史的看法,从现实中不相关联的决定性时刻入手,是20世纪从普鲁斯特到电影院文化的重要现象中的一个明确且自觉的发展。毕竟,某些观点尚无定论的事实意味着,实际上如果从同样的前提出发,独立取得相似的结论是有可能的。

13. 要证明思想存在交会,却没有直接联系,通常是困难的。因此,如果我没有误解的话,迄今为止,这组我试图重建的智识谱系中的(远远超出目标范畴的)兴趣,有些是有意识的,有些是无意识的。从远处看,我发现最初的伊诺蒂"微观史小组"的研究只是更普遍趋势的一个小片段,这股趋势总体上几乎没有引起我的注意。"微观史"这个词首次被用在一部对一场战役几近疯狂地进行细节描写的著作的标题中,这或许不是巧合[尽管斯图亚特关于葛底斯堡战役的书的推论似乎使人想起康拉德(Joseph Conrad,1857—1924)而不是托尔斯泰]。更不容轻视的事实是,在数年后,在绝对是独立的情况下,克拉考尔对微观史的看法与托尔斯泰达成一致;我必须承认,我怀着一种混杂着失望的愉悦心情读了他的作品(我的取径终究不是那样的不同寻常方法,毕竟没有这么不同寻常)。

在这里我意识到一个困难。托尔斯泰能传达给读者切身的和可感知的现实确定性,这样一种非凡的能力似乎并不适合整个20世纪的思想观念,而我将后者置于微观史的核心——也就是说,史料中以缺损和歪曲的形式对研究形成的阻碍必须成为解释的一部分。在《战争与和平》中,情况相反。先于叙事篇目的所有事情(从个人回忆录到拿破仑时代的记录)都被同化和融合以允许读者与角色形成亲密的关系,并且直接参与到他们的生活中。[2] 托尔斯泰跨越了一条无法回避的沟壑,它横亘在一个事件(诸如一场战役)破碎且扭曲的痕迹和事件本身中间。不过,这种跨越,即这种与现实的直接接触只有在虚构的领域才能实现。这显然与历史学家绝缘,供其所用的只有事件和文献的碎片。向读者传递信息的史学史壁画,反复用平庸的权宜之计,即对消失

---

① Jay,"The Extraterritorial Life",p. 62,on Minima moralia;p. 63,on Kracauer's diffidence toward the category of"totality";and p.50,on the connection,in Kracauer's thought,between"wholeness and death".参见 Jay,"Adorno and Kracauer:Notes on a Troubled Friendship",*Salmagundi*,no. 40(Winter 1978):42-66;以及 *Marxism and Totality:The Adventures of a Concept from Lukács to Habermas*(Berkeley and Los Angeles:University of California Press,1984),pp. 245-246。年轻的阿多诺在克拉考尔的引导下读了康德的作品。参见 Remo Bodei, introduction, in Theodor W. Adorno, *Il gergo dell'autenticità* [*Jargon der Eigentlichkeit:Zur deutschen Ideologie*](Turin:Bollati Boringhieri,1989),p.vii。我在 *Clues, Myths, and the Historical Method*,p. ix.对《最低限度的道德》报以极大的感谢。在 *Dialettica negativa* 的最后一页里,阿多诺认为"微观分析的观察"具有决定性的意义。

② Viktor Shlovskii(Sklovskij),*Materiali e leggi di trasformazione stilistica:Saggio su 'Guerra e Pace'*, trans. Monica Guerrini(Parma:Pratiche,1978).

了的事实加以想象，心照不宣地回避了历史学职业构成上的局限。微观史学选择了相反的路径，它接受这些局限性，但也探索它们的知识论含义，并将其转变为一种叙述性成分。

意大利评论家雷纳托·塞拉（Renato Serra，1884—1915）在其撰写于1912年并于其身后出版的一篇短小而重要的文章《前往利比亚的兵团》（*Partenza di un gruppo di soldati per la Libia*）中，从一些方面对这种取径赋以期待。① 在给贝奈戴托·克罗齐（Benedetto Croce，1866—1952）的一封信中，塞拉解释他从托尔斯泰在《战争与和平》所呈现出的历史观入手。② 之后，克罗齐在《历史学的理论与实际》（*History：Its Theory and Practice*）的一个章节里批判了托尔斯泰的立场，称其为荒谬和可疑的："在每一时刻，我们都知道我们所须知道的全部历史。"因此，我们所不知道的历史等同于"'物自体'（thing itself）的永恒幻想"。③ 塞拉称他自己是"物自体的奴隶"（a slave to the thing itself），向克罗齐坦言他感觉自己与托尔斯泰十分相近，并补充道："只是我的困难是——或至少看起来是——更加复杂的。"④

实际上，《前往利比亚的兵团》这篇文章循行折返至托尔斯泰的观念（并没有提到他），但却将它们带向完全不同的方向。前线士兵写给家人的粗鲁的信件，为了取悦遥远的大众而写的新闻文章，对一个着急的长官仓促指挥军事行动的描述，对上述这些文献充满迷信崇拜的历史学家们的再加工——所有这些叙述与其或多或少的直触事实的特性无关（塞拉解释说）。塞拉用渐渐急促起来和几近兴奋的语句，为一种思考打下了基调，这种思考的中心是，对"物自体"存在的确信和对以证据包裹的可能性的怀疑之间，有着不可避免的抵触：

> 有一些人真诚地认为一份文献可以展现事实……就好像一份文献能表达不同于它本身的东西……一份文献是一个事实，这场战役是另外的事实（无限的其他事实）。二者不能合二为一……做出行动的人是一个事实。讲故事的人是另一个事实……每份证据提供的只是关于其本身的证词；是其恰在彼时、恰有彼

---

① R. Serra，*Scritti letterari，morali e politici*，ed. Mario Isnenghi（Turin：Einaudi，1974），pp. 278-288. 我在这里将返回之前我在"只有一个目击证人"（"Just One Witness"）里所表达过的观点。

② R. Serra，*Epistolario*，ed. Luigi Ambrosini，Giuseppe De Robertis，and Alfredo Grilli（Florence：Le Monnier，1934），pp. 453-454.

③ B. Croce，*History：Its Theory and Practice*，trans. Douglas Ainslie（1915）（New York：Russell & Russell，1960），p. 55.

④ Serra，letter to Croce，11 Nov. 1912，*Epistolario di Renato Serra*，p. 459. 欧亨尼奥·加林已经注意到塞拉与克罗齐的差异所在，见 Eugenio Garin，"Serra e Croce"，in *Scritti in onore di Renato Serra：Per il cinquantenario della morte*（Florence：Le Monnier，1974），pp. 85-88。

> 因、恰处彼境以及别无他选的证词……所有对历史的危险判断均与真历史有关以及绝对事实的概念。我们必须勇敢面对记忆的问题;不是就其易被遗忘而言,而是就其是记忆而言。事情就存在于它们自身之中。[①]

14. 我在20世纪80年代初就读过塞拉的作品。不过早在20多年前我在阿塞尼奥·弗鲁戈尼(Arsenio Frugoni,1914—1970)于比萨的授课中理解了其书的要旨。在《关于布雷西亚的阿尔纳尔多的12世纪史料》(*Arnaldo da Brescia nelle fonti del secolo XII*,1954)这本书中,他揭示了每一种叙事性材料的特定视角是如何以变换的、不同的观点影响到同一个人物的呈现的。[②] 如今我感觉到弗鲁戈尼是在讽刺实证主义者近乎天真的、拼接的努力,这与塞拉的反实证主义论断如出一辙("每份证据提供的只是关于其本身的证词;是其恰在彼时、恰有彼因、恰处彼境以及别无他选的证词"),而塞拉的观点又试图在其怀疑论暗示方面超越反实证主义。

我并不确定弗鲁戈尼是否了解塞拉的《前往利比亚的兵团》一文。但是伊塔洛·卡尔维诺已经读过或重读了这篇文章,这可以从他最近的文章《一次战斗的记忆》(*Ricordo di una bataglia*,1974)中看出来,一部风格完全不同的作品。[③] 塞拉过去写道:"必须勇敢面对记忆的问题。"卡尔维诺重拾这个问题,虽然他写的战争是时隔30年后回想起来的党派之争的一段小插曲。起初,每一样事物似乎对他来说都是清晰的,触手可及,"我并不是什么事都想不起来,我的记忆仍旧在那里,隐藏在我脑海深处"。但是"并不是"这种消极的表述表明它已经面临困惑,回忆的内容依着记忆重现时,它们也就灰飞烟灭了,"我现在担心只要回忆成形,她就会以错误的、做作的和情绪化的色调出现,就像战争和青年一如既往的样子,并且成为带有那个时代烙印的故事的某个段落,这并不能告诉我们事情的真实面貌,而只能告诉我们看到它们和讲起它们时我们所想到的"。记忆真的能够消除错觉的勾兑以及对逝去岁月本身的歪曲,以获得"事情"("事情本身")吗?卡尔维诺的结论以一种痛苦反讽式的纠结回应了起初伪装出的自信:"迄今为止我写下的所有事情,足以使我相信关于那天早上的事情我几乎都不记得了。"

《一次战斗的记忆》的结束语("对每一样事物的感觉都时隐时现")强调了我们与过去联系的不稳定性。不过,无论如

---

① Serra,*Scritti letterari*, pp. 286-287.

② 见卡罗·金兹堡:《证据与可能性》,陈恒、洪庆明主编:《世界历史评论》(第3辑),2015年8月版。——译者注

③ 卡尔维诺的文章首次在 *Corriere della Sera* 报上登出,时间是1974年4月25日(解放日的周年庆祝日),这篇文章如今被收录于 *La strada di San Giovanni*(Milan:Mondadori,1991),pp. 75-85[trans. Tim Parks as The Road to San Giovanni(New York:Pantheon Books,1993)]。Isnenghi 的伊诺蒂版本于1974年2月16日完成。

何,“几乎都不”意味着过去不是不可触及的。这样的结论主观上于我而言是十分重要的,因为我从卡尔维诺那里学到了很多。同时在客观上,它破除了他(指晚年的卡尔维诺)现在作为一个后现代主义作家的形象。由《一次战斗的记忆》展开的艰辛而又痛苦的自传式沉思提供了一个与时下出现的快乐的怀疑论者形象有所不同的形象。

15. 弗兰克·安克斯密特(F. R. Ankersmit,1945—)是荷兰的一位史学理论研究者,他在最近的一篇文章里表明了如下观点:关注碎片而非更宏大存在的趋势是“后现代主义史学”[①]最典型的表现。为了阐明此观点,安克斯密特使用了一个植物的隐喻(这个比喻实际上可以追溯到刘易斯·纳米尔和托尔斯泰)。[②] 过去,历史学家们专注于树干或树枝,而他们的后现代主义继承者则只对树叶忙个不停——换言之,他们以一种孤立的方式去调查过去的微小碎片,或多或少独立于其作为所属部分的更宏大的背景(树干和树枝)。安克斯密特接受了海登·怀特(Hayden White,1928—)在20世纪70年代阐明的怀疑论,对史学的碎片化趋势表现出巨大的热情。在他看来,碎片化趋势展现了一种揭露(安克斯密特没有被形式上的冲突吓倒)历史学根本上具有后现代属性的反实在论或反基础主义态度:历史学是一种创造相互之间不可比较的叙事的艺术活动。想要了解过去的雄心壮志已不复存在,碎片的重要性正日益显现,这是“其模式可适用于现存的其他文明形式”的途径。作为这种史学趋势的例子,安克斯密特列举了两本法语著作[埃马纽埃尔·勒华拉杜里的《蒙塔尤》和乔治·杜比(Georges Duby,1919—1996)的《布汶的主日》(*Sunday of Bouvines*)],一本美国人娜塔莉·泽曼·戴维斯(Natalie Zemon Davis,1928—)的著作《马丁·盖尔归来》(*The Return of Martin Guerre*)以及一本从未存在的书[被署名为《微观史学》(*Microhistories*)]。

在过去的十几年里,乔瓦尼·莱维和我不断地反驳相对主义者的立场,其中包括安克斯密特所极力支持的、试图将史学

① F. R. Ankersmit,“Historiography and Postmodernism”,*History and Theory* 28 (1989):137-153 (esp. pp.143,149-150). 参见 Perez Zagorin,“Historiography and Postmodernism:Reconsiderations”,ibid. 29 (1990):263-274 对安克斯密特做出的回应;以及安克斯密特的反驳文章“Reply to Professor Zagorin”,pp. 275-296。在这篇文章中,我们可以看出这种典型的表述(诸如米歇尔·奥克肖特、戈尔茨坦和斯坦福之类的结构主义史学理论家):“The past as the complex referent of the historical text as a whole has no role to play in historical debate. From the point of view of historical practice this referential past is epistemically a useless notion...Texts are all we have and we can only compare texts with texts”(p. 281)。

② 纳米尔曾说过:“我研究的是一片片树叶,而汤因比研究的是整个大树,剩下的史学家研究的是树枝部分,我们都认为他们是错的”(转引于克拉考尔《历史》,第110页)。另一方面以赛亚·伯林引用过托尔斯泰的日记,见“The Hedgehog and the Fox”,第30页。对于纳米尔研究“单个树叶”(比如平民院的议员们)的计划,可看他的“The Biography of Ordinary Men”(1928),in *Skyscrapers and Other Essays*(London:Macmillan,1931),pp. 44-53。

降至文本维度,剥夺其认知价值的立场。[①] 这种争论与我上述提及的受益于卡尔维诺及更广泛的19世纪、20世纪小说并不矛盾。20世纪70年代末,将一群意大利的微观史学的研究者聚集起来的实验性态度[被弗朗科·文图里(Franco Venturi,1914—1994)讥讽为“有添加剂的历史”(a history with additives)]基于如下一个确定的认识,即研究过程中必经的所有阶段都是被建构的,而非既定的:诸如客体及其重要性的鉴别;分析类别地详细阐述;证据的标准;将结果传达给读者的结论的体裁和叙事形式。但是,对研究所固有的建构性情况强调与对20世纪80年代、90年代在英美史学界大行其道的怀疑论暗示(或者也可以说后现代主义暗示)的明确反对发生了融合。我认为意大利微观史学的独特性必须在这种认知上的押宝式行为中寻找。[②] 我还想要补充一点,这些年我自己的研究虽然很大一部分投入到一部在取径上绝对是宏观性质的书[《心醉神迷:解读女巫的安息日》(*Ecstasies: Deciphering the Witches' Sabbath*)],但至少在我的意图里,仍沿着双重轨迹前行。

16. 皮耶罗·德拉·弗兰切斯卡(Piero della Francesca,1420—1492)、伽利略(Galileo,1564—1642)、19世纪皮埃蒙特(Piedmontese)的一个织工共同体、16世纪的一个利古里亚(Ligurian)山谷,这些随机提及的例子表明,意大利在微观史学方面的研究,不仅关注地方史之类此前被忽视或被归为所谓的附属领域的主题那样,着眼于那些公认重要的主题。[③] 从操作程序上讲,所有这些考察共有的内容是对语境的强调——恰恰与安克斯密特提倡的碎片化的孤立沉思相对立。然而,虽然选择伽利略不需要任何优先的理由,但我们不得不自问:为什么恰恰是这个社群?为什么恰恰是那个山谷?在这些案

---

① Levi,"I pericoli del geertzismo",*Quaderni Storici*,58 (1985):269-277;and"*On microhistory*". 还可参见《证据与可能性》(第4章)、《叙述与征引》(*Description and Citation*)(第1章);《只有一个目击证人》(第12章)。另见我的几篇文章,"Checking the Evidence:The Judge and the Historian",*Critical Inquiry*,18 (1991):79-92和"The Inquisitor as Anthropologist"(cited in full at n. 55)。

② 彼得·伯克在其《历史写作的新视野》(*New Perspectives on Historical Writing*)的引言部分中强调"新史学"的文化相对主义,第3-4页。

③ Ginzburg,*Indagini su Piero*:*Il Battesimo*,*il ciclo di Arezzo*,*la Flagellazione* (Turin:Einaudi,1981;new ed.,1994)[trans. Martin Ryle and Kate Soper as *The Enigma of Piero della Francesca*:*The Baptism*,*the Arezzo Cycle*,*the Flagellation*(London:Verso,1985)];Pietro Redondi,*Galileo eretico*(Turin:Einaudi,1983)[trans. Raymond Rosenthal as Galileo Heretic(Princeton,NJ:Princeton University Press,1987)];Franco Ramella,*Terra e telai*:*Sistemi di parentela e manifattura nel Biellese dell' Ottocento*(Turin:Einaudi,1984);and Osvaldo Raggio,*Faide e parentele*:*Lo stato genovese visto dalla Fontanabuona*(Turin:Einaudi,1990). Alberto M. Banti ["Storie e microstorie:l'histoire sociale contemporaine en Italie(1972-1989)",*Genèses* 3 (March 1991):134-147:145]强调意大利微观史学的两种趋势,分别以社会结构分析和文化意义分析为研究主题,他认为我的《线索》这篇文章要承担微观史范式最终失败的责任。

例中,直接或间接地涉及比较维度是不可避免的。佛朗哥·拉梅利亚(Franco Ramella)的《陆地与织布机》(*Terra e telai*,1984)和奥斯瓦尔多·拉基奥(Osvaldo Raggio)的《争执与亲缘关系》(*Faide e parentele*,1990)已经向我们表明,对莫索山谷(Val di Mosso)和弗塔纳布纳(Fontanabuona)的深度研究,驱使我们要以不同的方式看待诸如原始工业和现代国家产生的问题。不过,认识到这些结果的丰富性仍然是不够的。正如我们看到的那样,一个研究客体的选择是因为它是典型的(冈萨雷斯)或者因为它是可重复的,并因此能被系列化[布罗代尔,恰当地说,是关于事实的潜水者(fait divers)]。意大利微观史学在一定意义上从一种不同的乃至相反的取径应对比较的问题:从异常的(anomalous)而不是类同的(analogous)取径。首先,它假设比较不可信的文献潜藏着更为丰富的内容,比如爱德华多·格伦迪那著名的贴切妙语"例外的正常"(exceptional normal)。[①] 第二,它证明任何社会结构都是行为互动和大量个体谋划的结果,一种只有从近距离观察才能加以重建的构成物,例如乔瓦尼·莱维的《非物质遗产》(*L'eredità immateriale*)和席蒙娜·塞罗蒂的《城市与企业》(*La Ville et les métiers*)。[②] 重要的是,在这两个例子中,虽然微观维度和更大语境的维度之间的关系多种多样,但都成了叙述过程中的组织性原则。[③] 正如克拉考尔所预见的,微观层面的研究所取得的结果不能自动转化至宏观层面(反之亦然)。这种异质性——我们才刚开始理解它的指涉——既是微观史学最大的困难,也是其最具潜力的得益,同时包含了微观史学的最大困难和最多的潜在好处。[④]

17. 乔瓦尼·莱维最近在谈及微观史学时总结道:"它是一幅自画像,而不是一个群像。"[⑤]我曾经打算这样做,但并未成功。我归属的群体的边界和我自身的边界似乎各自都处于变动和不确定的状态。

---

① Grendi,"Micro-analisi e storia sociale",p. 512.

② 这两本书的副标题分别是 *Carriera di un esorcista nel Piemonte del Seicento* 和 *Naissance d' un langage corporatif* (Turin 17e-18e siècles)。这项研究的思想和政治影响能通过阅读《恢复时间》(*Riprendere tempo*)得以澄清,这是一篇对话性质的文章,出版于1982年,属于微观史学丛书系列,对话人物是维托利奥·佛阿(Vittorio Foa)和彼得罗·马尔切纳罗(Pietro Marcenaro),这两位都不是历史学家。尽管佛阿是政治家和工会主义者,也是一本历史著作 *La Gerusalemme rimandata*:*Domande di oggi agli inglesi del primo Novecento* (Turin:Rosenberg & Sellier,1985)的作者,彼得罗曾是一位工人,现在是一名工会主义者。

③ Revel,"L' histoire au ras du sol",p. xxxii,and"Micro-analyse et reconstitution du social",pp. 34-35.

④ 马丁·杰伊通过引用克拉考尔的话已经强调过这种困难,见"Of Plots,Witnesses and Judgments",in S. Friedlander,ed.,*Probing the Limits of Representation*(Cambridge,MA:Harvard University Press,1992),p.103.格温·普林斯(Gwyn Prins)称"微小规模"为"陷阱",他认为"史学家的解释理论的推动力是无处找寻的"("Oral History",in P. Burke,ed.,*New Perspectives in Historical Writing*,p. 134)。

⑤ Levi,"On Microhistory",p. 111. 将从事这项事业的其他学者的研究包含进来是十分有用的,例如先从埃德尔多·格伦迪开始[但是现在可以参见"Ripensare la microstoria?"*Quaderni storici*,n.s.,vol. 86(1994):539-549]。

令我惊讶的是，不知不觉中我发现正是那些我未曾读过的书，我未曾知晓存在的事件和人物对我产生了重要的影响。如果这样的思想经历是一幅自画像，那么它的模型就是翁贝托·波奇奥尼（Umberto Boccioni，1882—1916）的画作：街道穿过房屋，风景与人脸交错，外部与内部相互融合，而画中的那个我千疮百孔。

附　言

我非常感谢多梅尼科·斯卡帕（Domenico Scarpa）让我注意到"微观史"这个词早在20世纪60年代出现在安德雷亚·赞佐托（Andrea Zanzotto，1921—2011）的著作当中，具体是：

1. 在文集《美人》（*La beltà*，1968）这本书里的《关于解体和"抵抗"原则的修辞学》（*Retorica su：lo sbandamento，il principi"resistenza"*）的第六部分，包括几首写于1961年至1967年的诗歌["大多出自最后4年的诗"：见 *Le poesie e prose scelte*, ed. Stefano Dal Bianco and Gian Mario Villalta（Milan：Mondadori，1999），p. 309]。

2. 在"作者注"（第352页）里，赞佐托写道："这是一条进入那个以'真实'为终点的历史的时间域（templum-tempus）的道路，尽管如此，当前，从特定角度而言，在历史本身的观念可能渐渐消失的阴影笼罩下，这条道路可以在上限时间之外显现。在这个阴影区域内，任何事情都趋向于转变成微观史（一个故事）。时间域一词出自海德格尔（Martin Heidegger，1889—1976），这里对它的使用是灵活的。"

"微观史学"与赞佐托的一段话有相似含义，见《对当今诗歌的几点展望》（*Alcune prospettive sulla poesia oggi*），载《文学之岸》（*L' approdo Letterario*），1966年第35期，第1137页。"科学和技术已经制造了一种障碍，充斥着'真相揭露行为'（发明和发现），足以在相当大的程度上证明加之于我们时代的天启名目的合理性。去神秘化—去神话性的终极揭露活动，最终转而专门针对的正是昨天被理解为'宏观历史'（以超然客观或辩证法为导向）的东西，'宏观历史'也已经自我转型为没入非史实性（ahistoricity）之中的'微观史学'。"

正如我们所见，在这些文章里，赞佐托以一种不同于意大利史学家陆续付诸的含义使用了"微观史"一词。但是斯卡帕注意到，赞佐托早在1962年，在为诗集《最新的诗人：60年代的诗歌》（*I novissimi*）所写的评论文章中，将之对照于桑吉内蒂（Edoardo Sanguineti，1930—2010）的"拱形历史"（archhistory），一种"实际上趋向于以传说、琐事（nugae）、动因（moto）为表现形式"的历史（Le poesie e prose scelte，p.1110）。显然赞佐托在相当长的时间里一直在思考较大的历史转型为虚构的想法，我想知道他或许并不是从格诺那里（《蓝花》，1965年）得知的"微观史"这一词，但这只是一个目前尚不能被证实的假设,正如吉安·马里奥·比利亚尔塔所给我的善意提醒一样。

我十分感谢帕特里克·弗里德森(Patrick Fridenson,1944—)在本文的撰写过程中,热忱地与我进行了讨论。在本文正式定稿以前,佩里·安德森(Perry Anderson,1938—)仔细阅读并提出批评意见,一并对他表示由衷的感谢。

译者:李映雪,复旦大学历史系硕士研究生

专题研究

纬度、奴隶与《圣经》:微观史学的试验

□卡罗·金兹堡

我的微观史取径在很大程度上是受到了埃里希·奥尔巴赫(Eric Auerbach,1892—1957)作品的启发,被纳粹德国流放于伊斯坦布尔的几年是这位杰出的犹太学者颇具创建性的时期。奥尔巴赫的《模仿论》(*Mimesis*)于二战期间在伊斯坦布尔完成,在这部著作的最后他这样写道:“在冲突的影响下,并通过冲突这种方式,经济与文化得以趋同。在地球上,人类实现共同的生活之路依旧漫长,但该目标已变得清晰可见了。”[①]

半个世纪之后,一方面人们还在犹豫,是否应该将发生在眼下的所谓“全球化”称之为“经济趋同的过程”;另一方面,尽管难于把握,但“文化趋同”——奥尔巴赫担忧文化特殊性遭到消弭的情况——却是个不争的事实。在一篇发表于1952年的文章中,奥尔巴赫曾这样评论到,相对于我们不断开阔的眼界,歌德(Johann Wolfgang von Goethe,1749—1832)世界文学(Weltliteratur)的观念越来越不适合了。一位来自单一文化传统背景的语言学家,如何能探究一个由多种语言和文化传统交会而成的世界呢?奥尔巴赫认为应该寻找“Ansatzpunkte”[②],即寻求起点,寻求一些具体细节,从这些细节中,全球化的过程得以通过归纳的方式加以重建。在《模仿论》的结语部分奥尔巴赫这样写道:世界的持续趋同“在人世间公正准确的内外表征中最为明显,而这种表征存在于不同人群的任意生活之中”[③]。

…… ……

2. 前一阵子我在做一个毫无关联的课题时,无意中发

---

① J. Revel, introduction to G. Levi, *Le pouvoir au village. La carrière d' un exorciste dans le Piémont du XVIIIe siècle*, Paris 1989. E. Auerbach, *Mimesis. The Representation of Reality in Western Literature*, trans. by W. R. Trask, Princeton, 1953, p. 552.

② E. Auerbach, “Philology and Weltliteratur”, *The Centennial Review*, 13 (1969), pp. 1-17 (=“Philologie der Weltliteratur”, in *Weltliteratur. Festgabe fur Fritz Strich*, hrsg. von W. Henzen, W. Muschg, E. Staiger, Bern 1952, pp. 39-50).

③ E. Auerbach, *Mimesis*, p. 552.

现一本小册子，题目如下：《关于荷兰东印度公司在其贸易中获取利润的处理办法——卡菲兰和奴易兹兰问题备忘录》(*Mémoire sur le Pais des Cafres, et la Terre de Nuyts, par raport à l' utilité que la Compagnie des Indes Orientales en pourroit retirer pour son Commerce*，下面简称为《第一份备忘录》)，阿姆斯特丹 1718［从其对东印度公司贸易效用的角度，评论卡菲兰(Karfirland)和奴易兹兰(the Land of Nuyts)］。我在加州大学洛杉矶分校研究图书馆(UCLA Research Library)中查阅到的原版影印本，与 1718 年在阿姆斯特丹出版的《卡菲兰和奴易兹兰问题的第二份备忘录》(*Second Mémoire sur le Pais des Cafres, et la Terre de Nuyts*，下面简称为《第二份备忘录》)关系密切。两本小册子的结尾透露了作者的身份：让-皮埃尔·帕瑞(Jean-Pierre Purry, 1675—1736)，之前我从未听说过这个人。但是在翻阅过其两篇文章之后，我马上被吸引住了，稍后我会讨论原因。接着，一个结论尚未可知的研究计划开始了。这篇讲稿在我工作进程中只是一份初步的报告。

3. 让-皮埃尔·帕瑞 1675 年出生于纳沙泰尔(Neuchâtel)的一个加尔文宗家庭。① 他的父亲亨利(如同他的父亲和祖父)是名铁匠，在让-皮埃尔 1 岁时就去世了。

…… ……

1713 年 5 月 26 日，他以一名下士的身份登上了一艘荷兰东印度公司(The Dutch East India Company)的船，而该公司主要为荷兰在东南亚进行经济和政治的扩张服务。由于要领导手下的 70 人，帕瑞可能会些荷兰语。船在开普敦(Capetown)靠岸后，他于 1714 年 2 月 2 日到达巴达维亚(Batavia)。作为一名荷兰东印度公司职员，帕瑞本应在那儿待 4 年。1717 年 12 月 11 日，他离开巴达维亚，当了一名会计。船按照惯例在开普敦靠岸后，他于 7 月 17 日到达荷兰。②

让-皮埃尔·帕瑞的两篇《卡菲兰和奴易兹兰问题的备忘录》(*Mémoires sur le Pais de Cafres et la Terre de Nuyts*)是我写作的起点，这些真实的资料为我的写作提

---

① L.-E. Roulet, "Jean-Pierre Purry et ses projets de colonies en Afrique du Sud et en Australie", *Musée Neuchâtelois*, 1994, pp. 49-63; Id., "Jean-Pierre Purry explorateur (1675-1736)", in *Biographies Neuchâteleoises*, I, sous la direction de M. Schlup, Neuchâtel-Hauterive 1996, pp. 237-242; A. C. Migliazzo, "A Tarnished Legacy Revisited: Jean Pierre Purry and the Settlement of a Southern Frontier, 1718-1736", *South Carolina Historical Magazine*, 92 (1991), pp. 232-252; *Lands of True and Certain Bounty. The Geographical Theories and Colonization Strategies of Jean Pierre Purry*, ed. by A. C. Migliazzo, Selinsgrove-London 2002. 同见 H. Jéquier, J. Henriod, M. de Purry, *La famille Purry*, Neuchâtel 1972。这些研究都没有分析帕瑞提出的殖民化的宗教论据。帕瑞的姓有多种拼法 (Purry, Purry, Puri, Purri)：见 *Recueil de quelques lettres & documents inédits concernant David de Purry et sa famille*, Neuchâtel 1893, p. 11 n.1. 我选用帕瑞(Purry)，以及最常用的让-皮埃尔(Jean-Pierre)。

② 这里我遵照 L.-E. Roulet, "Jean-Pierre Purry", 基于 1993 年 C. C. Macknight 做的一次演讲。非常感谢 Albert de Pury 教授给我发了一份 Macknight 演讲的打印稿。

供了背景。现在让我们仔细研读一下它们。

5.《第一份备忘录》是帕瑞写给荷兰东印度公司的董事会"17人集团"(The Assembly of the Seventeen)的,在其中他试图说服公司领导要么将卡菲兰(今南非),要么将奴易兹兰(今澳大利亚西海岸)开拓为殖民地。1718年9月1日,恰是帕瑞刚回到欧洲,在其《第二份备忘录》中,他回应了反对者提出的意见,为将奴易兹兰殖民化举出了一个有力的例证。①

帕瑞的方案基于一个气候理论,他在《第一份备忘录》中对该理论做了详细的解释。他拒绝接受诸如"温和的""寒冷的"之类的标签,认为不厌其烦地以之称赞位于中温带的法国地区,即北纬42°和北纬51°之间的地带,是极其模糊的,也是荒唐的。他反对说,生长在北纬51°的葡萄终究是酿不出好喝的葡萄酒的,世界上最适宜的气候应该在北纬33°那里。

检验帕瑞理论的验证方法,是个出生在盛产葡萄酒地区的前酒商的测试,但他貌似淡淡的评述却有着复杂的内涵。他列出一份北纬30°到36°国家的名单:北非、叙利亚、迦勒底、干地亚、塞浦路斯、波斯、蒙古、中国中部、日本。然而他解释道,在那些更接近北纬33°的国家或地区,"这些土地远比其他地区肥沃,如同你曾(even)在迦南看到的,加利利省(Galilee)的土地是其中最棒的"②。

"even"(原文为"même")后轻描淡写提及的是对《旧约·十三章》的关键引用,它使帕瑞的观点发生了突然的转折。帕瑞在其《第二份备忘录》中完整引用了《圣经》中的某部分,我们来明确一下这部分引文。

…… ……

8. 帕瑞曾试图劝说荷兰东印度公司向南非或者澳大利亚移民,但相对来说,很少有欧洲人愿意移民到那些地方,这使得他不得不考虑一个不同的替代方案:

> ……当无法招到劳工时,奴隶也可以用来开垦土地。否则要不是奴隶,罗马人也无法耕种他们自己的土地。③

帕瑞为什么用一世俗的先例来为奴隶制辩护,而非遵循其通常的做法,引用《旧约》中的一段文字呢?大概是因为诺亚看到其赤身裸体的汉姆孩子所立下的诅咒,似乎将奴隶制与本来的恶名联系在

① 该地以杰出的印度议员 Pieter Nuyts 的名字命名,他于1627年发现了该地。见 J. E. Heeres, *Het Aandeel der Nederlanders in de Ontdekking van Australie* 1606-1765 = *The Part Borne by the Dutch in the Discovery of Australia* 1606-1765, Leiden-London 1899, p. 51。

② "Surpassent de beaucoup la fertilité des autres, ainsi qu' on peut remarquer même au païs de Canaan, dont la Galilée étoit l' une des meilleures provinces" (J.-P. Purry, *Mémoire*..., I, pp. 17-19).

③ "Quand même on ne trouveroit point de laboureurs, on pourroit en ce cas lòfaire cultiver la terre par des esclaves. Les Romains ne labouroient pas les leurs autrement".

了一起。① 但事实上帕瑞并不这么认为，他反对那种认为奴隶学习能力有限的这种观点。在爪哇，他看到男女奴隶都能当裁缝、木匠和鞋匠。他们在婚礼上演奏乐器，表演舞蹈。这些"都只是习惯以及不断练习的结果，因此我认为奴隶无法学会农业技术的说法纯属无稽之谈"。在这方面，其假想的反对者又提出一个更严峻的问题：

> 在这种情形下，正义和公平的理念将会不容许我们在奴易兹兰建立家园，管理世代几千年就生活在那里的人民，同时也不容许我们将当地人驱逐出他们的领地，因为他们并未伤害过我们。②

9. 这是个既典型突出，又直截了当地反对欧洲进行殖民活动的例子。而帕瑞下面的反驳更加引人注目，他这样回应道，基于两点原因，这里并不存在公平问题。

> 地球永远属于上帝，我们只能使用它，就像是父亲将一盘菜肴放在他的孩子或仆人面前：他不会按照一定的份额分配给每个人，而是要每个人争取到属于他自己的那部分。尽管在分配之前某个人并没有权利比他人分得更多，同时别人也没有允许他拿走这份或者那份。③

…… ……

帕瑞回答了一个隐晦的问题：欧洲征服世界是否合理合法？毫无疑问，提出这样的问题本身就隐含着隔阂。帕瑞从自然法的角度做出的回应，是源于他阅读《圣经》中的章节；虽然有人持反对意见，即他是受约翰·洛克（John Locke，1632—1704）《政府论·下篇》（*Second Treatise of Civil Government*）启示的自然法观念，激发

① R. Blackburn, *The Making of New World Slavery. From the Baroque to the Modern* (1492-1800), London 1998, pp. 64-76（关于诺阿的诅咒，有大量的参考书目）。

② "Ne sont autre chose que des effets de l'habitude et d'une exercice continuel. Ainsi je ne voy pas pourquoi des esclaves ne pourroient pas apprendre la science de l'agriculture" (J.-P. Purry, *Mémoire*..., I, pp. 69-70); "Mais, dira-t-on, quand cela seroit, la justice ni l'equité ne permettent pourtant pas qu'on pût s'aller établir dans la Terre de Nuyts au prejudice de ceux qui y sont déjà de pere en fils, depuis, peut-être, quelque milliers d'années, ni qu'on pût chasser de leur païs des gens qui ne nous ont jamais fait aucun mal". (J.-P. Purry, *Mémoire*..., I, pp. 70-71).

③ "La terre apartient toûjours à Dieu en toute proprieté, et nous n'en avons que l'usufruit, à peuès de même qu'un pere de famille qui fait servir quelque plat à ses enfans ou à ses domestiques, il n'assigne pas a chacun sa portion, mais ce dont chacun se saisit honnêtement est à lui, quoi qu'auparavant il n'y eût pas plus de droit que les autres; et quoi que ceux ci ne lui aient pas donné la permission de prendre tel ou tel morceau".

了帕瑞阅读《圣经》。① 洛克关于人类契约的文章将“一个瑞士人与印第安人在美洲丛林中”联系在一起，“他们在‘自然的国度’(the State of Nature)中完美地共存，彼此尊重对方”的这一内容对帕瑞这个瑞士人来说，绝对产生了某种特殊的共鸣。在上帝面前不存在阶级：人类都赋有使用地球的相同权利。地方性契约在来自那个无法接近和独一无二的上帝的面前，是无效的。无论什么，根植于古代、在上千年传统中的权利诉求，都是无效的。没有财产是永久的，只有现在拥有的才算数。地球就像一餐盛宴，原则上每个人都有权分得一份。但有序的分配并不存在，事实上根本就不存在分配。在宣称拥有某一份财富时，当然上帝的孩子们表现得“公平些”(honnêtement)。但提到“他人的权力”时，并不意味着真是情同手足的关系。“他人的权力”指的是统御万民的法，《圣经》中的“陌生人”一词，不仅是用来描述人类与上帝之间的关系，严格意义上来讲也指人类之间的关系。相对于另一个人来说，每个人都是陌生人。这种普遍的共同情形在帕瑞的全球化视角下，并没有激发出对《出埃及记》23章9节那样的同情：“不可欺压陌生人：因为你们知道在陌生人心中，在埃及这片领土上，你们也是陌生人。”当每个人能够“反过来大体上承认第一个占有者的权益（d'une maniere ou d'autre)”，当每个人都有权沉默地“拿走这份或者那份”，(我们也许能这样总结)自然法就变成了相互掠夺的法。强大的力量成为权利。在这一点上，帕瑞的第二条信念及其道德观为人所知了：

> 野蛮人和乡下人最喜欢懒散的生活……一个人越粗野无知，他工作得也就越少，而富足快乐的生活总是需要打理并且应付各种麻烦的。此外，这些野蛮慵懒的人所在的国家从未人口众多过。因此，有充分的理由相信，不至于伤害奴易兹兰的居民——并且不必然要驱赶他们——建立良好的欧洲殖民地能够给他们带来各种福利和好处，因为他们学到的人文与自然科学知识越多，他们的

① 见 *Mémoire*…,I,p. 71:“Tous les hommes ayant *donc* naturellement le même droit sur les biens du Monde en vertu de l' intention du Createur...”(mine italics). 在帕瑞论证中自然权利所起的核心作用在 *Mémoire* 中再次出现…… 2,52:“Mais je suis très persuade qu' on peut presque se promettre d' avance le succès d' une bonne entreprise, lorsqu' elle n' a rien de contraire au droit naturel, et que le Ciel ne manque jamais d' accompagner de ses benédictions des desseins qui sont fondés sur la Charité envers le prochain, aussi bien que sur l' Amour de Dieu.”关于这一问题请见 A. Pagden, *The Fall of Natural Man*, Cambridge 1982。

生活就越文明……①

我们现在面临着一系列交叉,所谓的不言自明的对立关系:a)文明的生活与野蛮的生活;b)勤勉与怠惰;c)富足与贫乏。建立一个"良好的欧洲殖民地"会将野蛮人从罪恶的懒惰中解救出来,同时为他们提供文明的生活方式。② 欧洲人带来的改变是道德的,惠及所有的人,帕瑞写道:"只要一个人表现温和并认为自己是个可怜的生灵,即便他们粗野无知,依然会是人类社会的一分子,就像我们一样。"③

帕瑞提到,那些像对待动物一样对待美洲印第安人的西班牙人和葡萄牙人是受到鄙视的,因为他们的行径既残忍又野蛮。而他的殖民计划,正相反,带着"不给(当地)居民造成任何痛苦或者不以任何方式虐待当地人的特征。这些好处不会让人感到愧疚,不会在任何方面损害一个人的体面与基督教精神,因而我们公司值得实施这个移民方案"④。

揭下这个遮掩贪婪的面具,抑或是驳斥这种不折不扣谎言式的道德推论是很简单的。帕瑞消除"愧疚感"的努力本身是有意义的。欧洲的殖民活动在这一阶段和某些环境下会产生出邪恶的念头:一种在道德、文明和利益的名义下沉默的怜悯。那个基于自然法,认为每个人在上帝面前都是平等的,且同样有必要走向文明的论点,将长期在各种形式的反奴隶制和反殖民运动中有所贡献。但在那之前,它可以充当为欧洲殖民扩张精心编造的理由。

…… ……

11. 荷兰东印度公司的管理者们审查了帕瑞的计划,并最终于1719年4月17日拒绝了该计划。⑤ 这并不出乎意料:公司在贸易与殖民扩张之间首选的是贸易。

---

① "Les gens sauvages et rustiques aiment la vie faineante par dessus toutes choses, et (...) plus un peuple est simple et grossier moins il est adonné au travail: au lieu qu' une vie d' abondance et de delices demande beaucoup de soins et de peine. Ajoûtons à cela, que les païs qui sont habités par ces sortes de gens sauvages et paresseux ne sont jamaisfort peuplés. Ainsi on a tout lieu de croire, que bien loin de causer du dommage aux habitans de la Terre de Nuyts, ni qu' on fût oblige de les chasser chez eux, au contraire, l' établissement d' une bonne Colonie Européenne leur procureroit toutes sortes de biens et d' avantages, tant pour une vie civilisée que par les arts et les sçiences qu' on leurenseigneroit..."

② L. Febvre, "Civiltà: evoluzione di un termine e d' un gruppo di idee" (1930), *Problemi di metodo storico*, trans. C. Vivanti, Torino 1976, I, pp. 5-45,引用 Furetière' s *Dictionnaire* (1690): "La prédication de l' Evangile a civilisé les peuples barbares les plus sauvages"; E. Benveniste, "Civilisation: histoire du mot", *Hommage à Lucien Febvre. Eventail de l' histoire vivante*, Paris 1953, Ⅰ, pp. 47-54。

③ J.-P. Purry, *Mémoire*..., Ⅰ, 72-73.

④ "Sans aprehender de faire souffrir ses habitans, ni de commettre aucune injustice à leur égard. De tels biens, qui ne donnent jamais aucun remord et qu' on peut acquerir sans donner la moindre atteinte à la qualité d' honnête homme et de Chrétien, sont véritablement dignes de notre Illustre Compagnie..." (I, 73).

⑤ 见 J. E. Heeres, *Het Aandeel*, p. XVI, note 5.

然而令人惊讶的是随后发生的事，不知道什么原因，帕瑞成为法国印度公司（the French India Company）的总管事。① 1720年，他在巴黎卷入了由苏格兰金融家约翰·劳（John Law，1671—1729）及其“金融系统”掀起的金融旋涡中。帕瑞将他在巴达维亚挣到的钱投入其中，开始时也挣到一些。② 据他一个朋友说，帕瑞下定决心追求巨额的投机收益，他讲：“这里每个人张口就是几百万，一旦我有几百万，我就套现。”③密西西比泡沫破灭后，帕瑞失去了一切。

但他既不放弃他的理论，也不放弃他的计划。1724年6月6日，他写信给霍雷肖·沃波尔（Horatio Walpole，1678—1757），要求被引荐给纽卡斯尔公爵（the duke of Newcastle），而沃波尔第二天就立即安排了。④ 在一份同年出版的纪念公爵的册子中，帕瑞提议将几百个瑞士新教徒移民到南卡罗来纳进行殖民扩张。由于他在南半球的计划受阻，帕瑞不得不将他的注意力转到北纬33°。

帕瑞的第一次美洲考察以失败告终，然后穷困潦倒地返回家乡。⑤ 他被家人困在一个离纳沙泰尔不远的山间农场。在那里，帕瑞恭恭敬敬地给他的继兄弟们写了几封信，索要些钱财支付他的小笔开支“信件和烟草”。但他还是提到了其美洲计划。⑥ 数年间，帕瑞一直受困于悲惨的现实与其宏伟的预期之间。之后峰回路转，帕瑞最终得到了官方资助。1731年3月10日，乔治二世（George Ⅱ，1683—1760）签订了一份皇家授权书，授权英国陆军上校让-皮埃尔·帕瑞在南卡罗来纳建立一座城，命名为帕瑞斯堡（Purrysburg）。正如当初帕瑞所提议的那样，这座城的居民是瑞士新教徒。⑦

…… ……

像摩西（Moses）一样（这个比喻他应该会喜欢），让-皮埃尔·帕瑞无法见到工业革命的乐土。1736年8月18日，他

---

① *Memorial presented to His Grace My Lord the Duke of Newcastle*（1724）：Augusta，Georgia 1880（请见新英文译本；忽略1724年于伦敦出版的译本）。

② L. A. Roulet，“Jean-Pierre Purry”…

③ F. Brandt，*Notice* pp. 1-2；F. A. M. Jeanneret et J.-H. Bonhôte，*Biographie neuchâteloise*，Ⅱ，Locle 1863，p. 251：“il réalisa la meilleure partie de son bien et courut à Paris，où il spécula avec tant de succès，qu' il possédait un jour dans son portefeuille des effets au porteur pour plus de six cent mille francs. Jean Chambrier，son ami，plus tard ministre de Prusse à Paris，le conjurant de faire comme lui，et de réaliser au moins deux cent mille francs pour les faire parvenir à sa femme et à ses enfants，Purry lui répondit froidement：“On ne parle ici que de millions，il faut donc aller aux millions，puis nous réaliserons”.

④ V. W. Crane，*The Southern Frontier*，1670-1732，Ann Arbor 1956（1st ed. 1929），p. 284，n. 8. refers to B. M. Add. MSS. 32，739（*Newcastle Papers*，LIV），pp. 39，41f.（Purry to Walpole，June 6，1724；Walpole to Newcastle，June 7，1724）.

⑤ A. Migliazzo，“A Tarnished Legacy”，p. 237ff.

⑥ *Recueil*，pp. 16-17（May 11，1727；see also January 1st，1717，p. 13-14）. On la Cernia，同上，pp. 11-12，n. 3.

⑦ Neuchâtel，Archives de l' Etat，G XII（英文原文的法语翻译）。

在以其名字命名的城中去世。[1] 随后,这座城市也逐渐衰亡,并最终消失了。让-皮埃尔的长子查尔斯(Charles Purry)在1754年的奴隶起义中被杀害。另一个儿子大卫(David Purry)则待在欧洲,变得非常富有。1786年大卫去世时,他将部分通过与巴西进行奴隶贸易赚到的钱,留给了纳沙泰尔的穷人。而镌刻着他名字的雕像,则竖立在城市广场的中央。

…… ……

这是我在赫尔辛基学院进修课程中所作演讲的梗概。这篇论文的不同版本发表在伊斯坦布尔(见“Küresellesmeye Yerel Bir Yaklasim:Cografya,Köleler ve Incil”, in *Tarih Yaziminda yeni Yaklasimlar. Kürellesesme ve Yerellesme*, Istanbul, Tarih Vakfi,2000,pp. 17-39);加州大学洛杉矶分校历史系;布达佩斯中欧大学;费城宾夕法尼亚大学;波士顿大学;奥斯陆大学;圣保罗大学;纽约哥伦比亚大学; Facoltàdi Letttere e Filosofia,Siena; Université Libre, Bruxelles; Nexus Institute,Tilburg; 芝加哥大学。十分感谢卡洛-阿桂若·罗杰斯、帕瑞·安德森、皮尔-塞萨尔·博里、阿尔贝托·噶亚诺、斯特凡诺-利瓦伊-黛拉·托雷以及玛尔塔·佩初斯维奇,他们的意见和建议都直接或间接地帮助了我;同时感谢艾尔伯特·普瑞教授的慷慨相助,也感谢塞缪尔·吉尔伯特的文体建议。

译者:朱俊毅,复旦大学历史系硕士研究生

① H. D. K. Leiding,“Purrysburg:a Swiss-French Settlement of South Carolina,on the Savannah River”,*Transactions of the Huguenot Society of South Carolina*,39 (1934),p. 32 (可能基于 A. H. Hirsch,*Huguenots of Colonial South Carolina*)。

专题研究

弗洛伊德，狼-人案例和狼人

□卡罗·金兹堡

在西格蒙德·弗洛伊德(Sigmund Freud,1856—1939)的临床案例中,最有名的大概就是狼-人案例。此案例尽管写于1914年,直到一战后的1918年,它才得以出版,并以"出自一个幼儿神经症的历史"(From the History of an Infantile Neurosis)[1]为题。这篇论文的关键是一位患者婴幼期所经历的梦境,1914年这位患者27岁,是一个出身于中上阶层家庭的俄罗斯男青年,以下是他的描述:

> 我梦到一个夜晚,我正躺在床上(我的床对着窗户,窗外就是一排胡桃树,而且梦中我知道这是一个冬夜)。突然窗户兀自开了,我惊恐地看到几头白色的狼坐在窗外的大树上。大约有七八只,它们通体白色,看起来更像狐狸或牧羊犬,有着像狐狸那样的大尾巴。当它们在盯着什么的时候,会像狗那样竖起耳朵。这些狼明显是想吃掉我,在强烈的恐惧中,我尖叫着惊醒了。保姆赶到我床前,查看发生了什么事。我花了很长时间才确信那只是一个梦,只是那大开的窗户和踞在树上的白狼是如此的清晰而又栩栩如生。最后我平静了下来,感觉就像自己逃脱了某种危险,之后再次睡着了。
>
> 整个梦境都处在静止状态中,除了那扇打开的窗户,白狼们从左到右地踞在树枝上,纹丝不动。它们直直地盯着我,好像把全部注意力都放到了我身上。——我想,这是我第一个焦虑的梦境。那时候我大概三四岁,最多不超过5岁。从那时起到我十一二岁,我总是害怕在梦中看到可怕的事。[2]

经过长久细致地分析后,弗洛伊德发现,婴幼儿期的梦境实际验证了患者在幼时,甚至在更早阶段(1岁或1.5岁)经历过其父母性交的原始场景。后文中我会再次阐述这个

---

① Sigmund Freud, *Collected Papers*, trans. Alix and James Strachey, The International Psycho-Analytical Library, no. 9 (London, 1950), 3:471-605.

② Ibid., pp. 498-499. 弗洛伊德早已将此梦境写入业已出版的论文"The occurrence in Dreams of Material from Fairy Tales",(同上,4:236-243)。

观点,在此先略而不谈。先讲一段题外话是必要的,因为这能令我从一个有别于弗洛伊德的角度来审视狼-人案例中的特定因素。

在我几年前写的书里,基于约 50 份宗教裁判所的审讯记录,我曾偶然发现弗留里(Friuli)地区在 16 世纪末到 17 世纪初存在着一个奇怪的宗派,研究后发现,其中有男有女,并自称为"本南丹蒂"(benandanti),行善的夜行者(well-farers)或善行者(good-doers)。他们宣称自己出生时有胎膜,因而每年其灵魂会被召唤 4 次,为了作物丰收与巫师、术士战斗,又或者(轮流)加入亡灵游行。根据他们的描述,宗教裁判所的审判官们认为,他们的聚会是对巫师夜间集会的变相模仿:在审判官们对本南丹蒂们施压几十年后,才成功使其供认。事实上,他们并非巫师和术士的敌人,他们自己就是巫师和术士。①

本南丹蒂的信仰——其与审判官们所熟知的典型的残忍巫术天差地别——并不局限于弗留里这一地区。有关亡灵游行的故事在欧洲民俗故事中广为流传,相较而言,为了丰产而进行夜间战斗的故事少有听闻。起初,我仅成功揭示了一则与丰饶仪式相关的审判,是 17 世纪末于利沃尼亚(Livonia)举行的对一个老狼人的审判。受审者名叫蒂斯(Thiess),他告诉法官,一年有 3 次他都要与其他狼人一起"从海上"穿过,为了收成丰饶,于收割时节与巫师和术士们战斗。较之本南丹蒂,两者明显多有相似,②但其相似性又很难说清。我最初的假设,即斯拉夫底层人民的祭祀与弗留里和利沃尼亚地区相同,在 R. 雅各布森(R. Jakobson,1896—1982)和 M. 索夫特(M. Szeftel)的论文中得以证实,但我之前未有注意(这篇文章)。该文揭示了在斯拉夫民俗故事中,诸如变身狼人的能力等的异常力量,被归于出生时有胎膜的人。③ 我在本南丹蒂身上发现了萨满教特征,现在看来它同样出现在欧洲民俗故事的其他形象中,如斯拉夫和波罗的海狼人、匈牙利的塔尔托什(táltos)、达尔马提亚的克尔斯尼基(kersnik)、科西嘉的玛扎里(mazzeri)等。据说这些人物都能够定期(以灵魂状态或是以动物形态)穿行亡者世界。某些独有的特征标示出他们的宿命:出生即有牙齿(塔尔托什),生来有胎膜("本南丹蒂"、克尔斯尼基、狼人),或者在圣诞和主显日相间的 12 天里出生(狼人)。④

---

① C. Ginzburg, *The Night Battles: Witchcraft and Agrarian Cults in the Sixteenth and Seventeenth Centurie* (Baltimore, 1983; 1st Italian ed., 1966).

② Ibid., p. 30.

③ R. Jakobson, M. Szeftel, "The Vseslav Epos", *Memoirs of the American Folklore Society* 42 (1947): 13-86.

④ C. Ginzburg, "Présomptionsur le sabbat", Annales: E.S.C. 39 (1984): 341-354. N.Belmont. 早在一个生来有胎膜象征性表征的研究中,已指出第二、第三个特征与斯拉夫的狼人信仰的相关性, *Les signes de la naissance* (Paris, 1971), pp. 108ff.,而其研究结论与此处结论大相径庭。

让我们回到狼-人案例。我们从弗洛伊德出版的文章中了解到患者是一个俄国人,且出生时带有胎膜,同时他也是在圣诞节出生的。[①] 这些事实与患者婴幼期所做的以狼出现为焦点的梦,具有显著的文化同质性。这一系列巧合确实很难令人信服。如我所言,弗洛伊德未来的患者出身中上阶层家庭,而患者本人与包含狼人信仰民俗圈之间的那位联系者,毫无疑问就是其保姆(the njanja),后者被描述为一个"敬神又迷信的"妇女。[②] 当时还是孩子的患者与老保姆之间的感情十分深厚(当患者做了关于白狼的痛苦噩梦后,正是老保姆安慰了他)。也许正是从她那里,患者知晓了自己生而有胎膜,并因而被赋予了非比寻常(并非是必然消极)的能力。也许正是她给患者讲述了第一个童话故事,在此之后,他才从英国女教师那里听到了被翻译成俄文的格林童话。即便是从患者的分析里显示出的一则由其祖父(谁知道呢,也许是他的保姆)讲给他听的裁缝和狼的寓言,也是俄国民俗故事的一部分,阿法纳西耶夫(Afanasjev,1826—1871)后来把它收录在他著名的故事集里。[③] 这个带有童话色彩的树上 7 头狼的梦,也唤起了最初的梦,而这个梦能够在婴幼期或少年期验证其未来是否会成为本南丹蒂或塔尔托什。举例来说,某个弗留里地区的孩子,出生时脖子上环绕着胎膜,此胎膜被母亲保留下来。多年后的某夜,一个幻影前来拜访,对他说:"你必须跟我走,因为你有一些我具有的特质。"[④]而在塔尔托什的案例里,出现的是一个动物形象,一般来说,是一匹公马或是一头公牛。[⑤]

在"狼人"的噩梦中,我们识别出这个梦境存在一个初始的特征,是由所处的文化环境,更精确来说,是由所处文化环境的某部分诱发产生的。受制于对立的文化压力(保姆、英国家庭女教师、父母及老师们),这个"狼人"的命运与两三个世纪前其可能拥有的命运有所不同。他并未变为狼人,而是成为处在精神错乱边缘的神经病患者。[⑥]

弗洛伊德(巧合的是他自己也生而有胎膜)最终竟然忽略了这些要素,这是可以理解的,因为患者与他自己所处的文化世界大相径庭。当他需要解释来自维也

---

① Freud, *Collected Papers*, 3:506, 580.

② Ibid, p. 536.

③ *Antiche fiabe russe*, raccolte da A. N. Afanasjev, a cura di G. Venturi (Turin, 1955), pp. 95-96. 裁缝与狼的寓言故事并未收录在 Afanasjev 所写的俄罗斯童话故事里[*Russian Fairy Tales* (New York, 1945).-Trans.]。

④ C. Ginzburg, *The Night Battles*, p. 12.

⑤ G. Klaniczay, "Shamanistic Elements in Central European Witchcraft", in *Shamanis in Eurasia*, ed. M. Hoppal (Göttingen, 1984), pp. 404-422.

⑥ *The Wolf-Man by the Wolf-Man*, ed. M, Gardiner (New York, 1971), and H. P. Blum, "The Borderline Childhood of the Wolf-Man", *Freud and His Patients*, ed. M.Kanzer and J. Glenn (New York, 1980), pp. 341-358.

纳患者的梦境时(或更好是解读他自己的梦境时),弗洛伊德可以全盘掌控其每日梦境的内容,且能够揭示表面的及其他的暗示,包括那些潜藏于内心深处的天性、本质。而在狼-人案例中,他并未发现自己本可以在阿法纳西耶夫的寓言故事集［名为"一只蠢狼"("The Impecile Wolf")的故事］里找到答案,来解决患者关于狼数量的提问(为什么狼的数目是六七只?)。[1] 用解释学的观点看,未能认识到生而有胎膜与狼(狼人)之间的相互关联有着更为严重的后果。多年前弗洛伊德曾与奥本海姆(D. E. Oppenheim)合作撰文讨论民俗中的梦,[2]但在此他并未指出狼人之梦中带有民俗元素。于是,梦境背后的文化语境被忽视了,得到的仅是个体经验,是根据分析者演绎出的盟会网络重新构建起来的。

人们可能对此并不认同,认为这不足以取代弗洛伊德的解释。在斯拉夫民俗中,生而有胎膜的文化暗示没有消除,而是已与这个事实在患者心中产生的心理暗示相融合。同理,文化语境的说法不是要驳斥弗洛伊德的解释,而是与之融合:

> 他说,这个世界对他而言藏于一层面纱之后,我们接受的心理分析训练使我们无法假定这些话语可能是无意义的或随机选择的……正是在结束治疗时,患者才记起自己曾被告知生来包覆胎膜,并因此一直坚信自己是个不同寻常的孩子,任何邪恶都不可能降诸其身,直到他被迫意识到自己感染了淋病,身体遭受了巨大伤痛。这个打击对自恋的他而言实在太大了,因而他崩溃了。可以说,这使他重复他之前曾启用的某种机制。他显然将患性病看作被阉割,因而,当他发现自己可能面临被阉割时,他对狼的恐惧爆发了。
>
> 这样说来,胎膜就是那层纱,把他与世界相互隔离。现世的抱怨实际上实现了他渴望回归母体子宫的愿望,同时也意味着他飞离现世的渴望。[3]

初看之下,即使将狼人梦境作普遍性的解释,即理解为对原初场景的解释的进一步细化,我目前所持观点也未对其造成丝毫破坏。

正是"原初场景"(urszene)这个术语把该问题复杂化了。虽然"原初场景"似乎是第一次使用在已出版的文本中,但是早在1897年5月2日弗洛伊德写给弗里斯(Wilhelm Fliess,1858—1928)的信以及随附文件中,这个术语便以复数形式

---

① Freud, *Collected Papers*, 3:501.

② S.Freud and D. E. Oppenheim, *Dreams in Folklore* (New York, 1958). 此文发现于巧合,并在其逝世后初次出版于1953年。

③ Freud, *Collected Papers*, 3:580-581.

(urszenen)出现了。[①] 然而17年后,当这个术语再次出现时,其含义发生了变化。1897年时,“原初场景”并非指父母间性行为,实际上是指成年人(通常是父母)向孩子施行性诱惑的行为。此行为被认为是神经症,特别是癔症的关键病因。诚如我们所知,就算弗洛伊德曾经在1896年的讲座中公开表示支持该理论,但就在次年夏天,当他开始进行自我心理分析时,突然抛弃了这个理论。在那封著名的于1897年9月21日写给弗里斯的信中,弗洛伊德做出了解释,说他对原初场景理论的所有确定性已消失殆尽:患者对其在婴幼期受到性诱惑的描述,现在就他看来,是患者自己纯粹而简单的幻想。这一观点的变化与恋母情结的明确相契合,由此,精神分析学诞生了。[②] 1897年是决定性的一年,因为就在这场颇为戏剧化的危机爆发前,在一系列反思已经造成了意想不到的转折之后,术语原初场景骤然出现,像是为了把诱惑理论引向巅峰。在两封写给弗里斯的信中(分别于1月17日和20日),弗洛伊德言辞激动,吐露了他关于癔症起源的理论,该理论早在几世纪前就被巫术法庭的法官发现并阐述过了。除将巫师比作癔症发作外[沙尔科(Charcot,1825—1893)与其追随者已做过研究],弗洛伊德暗示他自己扮演的角色与法官一致:“为什么(巫师们)在折磨下的供认与患者在心理治疗中的倾诉交流如此相像?”他断言:“现在我明白了审判巫师的法官们的残忍疗法了。”[③]这个双重类比是建立在婴幼期创伤的基础上,将法官与被告联系在一起(暗含着治疗者与患者之间的关系),“审问者一次次用针去刺(被告身体)搜寻魔鬼标记,并且在同样的情形下,受害人(在引诱者的伪装作用下)以离奇小说的形式记起了古老残忍的相似故事。因此,不光是受害者,连同施行者也回忆起他们年少时的经历”。[④]

几个月后,这些痛苦的思考引出了“令人惊讶的事,即所有父亲,包括我的父亲,不得不被指控为变态——癔症发病率达到了意想不到的程度,每一案例发生的条件都精确地一致,而可以肯定的是如此普遍的儿童变态情况是极其不可能的”,摒弃引诱理论正是从此开始。[⑤] 不过,在1897年1月,弗洛伊德仍坚信巫师的供认是可以通过引诱理论进行解释的,因为这些供认是在审判过程中被唤醒的对儿时性方面心理阴影的象征化描述。他订购了《女巫之锤》(*Malleus Maleficarum*),并

① *The Complete Letters of Sigmund Freud to Wilhelm Fliess*, 1887-1904, trans. and ed. J. M. Masson, (Cambridge, Mass., 1985), pp. 238-242.

② 此观点常被提出,如M. Krüll, *Freud and His Father* (New York, 1986).

③ *Letters of Freud to Fliess*, p. 224, 227.

④ Ibid., p. 225.

⑤ Ibid., p. 264(信件日期为1897年9月21日)。

计划对之展开研究。对于这种信仰，他认识到，在变态行为中“可能存在着一种原始的性崇拜残留，它曾是，或许仍是东闪米特人的一支宗教［如摩洛克教（Moloch）、阿施塔特教（Astarte）］”①。当原初场景明确地指涉于个体发生性现象（幼时经历的性方面的心理阴影引起的神经衰弱症）时，对于1897年时的弗洛伊德来说，这个词显然带有群体发生性的意味。个体发生现象被概括为群体发生性现象，对于弗洛伊德，同时对于世纪之交（19世纪与20世纪）的大部分欧洲文化而言，都成为一条不容辩驳的信条。

现在让我们重回狼-人案例 。就像我说的那样，这里所用的“原初场景”是指父母间性交行为而非婴幼儿时的性诱惑。弗洛伊德再三衡量了此场景的真实性，这到底在病人的角度看是真实经历，还是一种回溯性空想？“我知道这是整个心理分析领域最棘手的问题。”弗洛伊德在他的笔记中写道：“没什么比这个问题更令我困扰。从没有其他问题具有如此关键的不确定性，以至于使我不敢公开自己的结论。”1918年，在其作品付印前，弗洛伊德的观点又有变化，他补充道：“此问题的答案实际上并非至关重要。”不过，无须查阅弗洛伊德那篇著名的论文《论否认》（*Negation*，当时还未写成），②来声明这个问题对他的重要意义。接下来的一句话就证实了这一点：“对父母性交的观察、幼年受到的性诱惑以及受到阉割威胁的事情，毫无疑问是一种由遗传而来的行为能力，是由群体谱系间的遗传所得，但也能从个人生活经历中轻易习得。”③弗洛伊德针对荣格（Carl Gustav Jung，1875—1961）草率的群体发生性解释直言不讳（稍后我将回来讨论），因而使得前者出人意料地重新起用婴幼期性引诱理论，即他在1897年已经抛弃的理论。尚在此文本数页之前，弗洛伊德实际上已写到狼-人案例分析的最后阶段：“基于精神分析实践得来的印象而建立的旧的创伤理论，突然再一次走到前沿。”④该阐述与弗洛伊德在同一年，即1914年所做的另一番论述截然相反。在《心理分析运动之历史》（*On the History of the Phycho-Analytic Movement*）一文中，他认为引诱理论成了“一个对新兴科目而言几乎致命的障碍”⑤。

即使从语言学的意义上讲，这种波动都证明莫塞夫·麦森（J. Moussaieff

① Ibid.，p. 227（信件日期为1897年1月24日）在此信与之前的信件，同见J. M. Masson，*The Assault on Truth：Freud's Suppression of the Seduction Theory*（New York，1984），pp. 105ff.。

② 此文现于1925年，见*Collected Papers*，5：181-185. ——译者注

③ Freud，*Collected Papers*，3：577. 此观点亦见P. Brooks有洞见的评论，“Fictions of the Wolf-Man：Freud and Narrative Understanding”，in *Reading for the Plot*（Oxford，1984），pp. 264-285。

④ Freud，*Collected Papers*，3：575.

⑤ Ibid.，1：299.

Masson,1941—)所提出的论点是不充分的,他认为弗洛伊德在1897年对引诱理论的抛弃是决定性的——破坏心理分析对应于事实的声言,造成了严重的后果。① 然而,什么是弗洛伊德知识传记中毋庸置疑的决定性内容,并不是我在这里着意讨论的。我更希望回答这个问题:相隔17年,术语"原初场景"重现的意义是什么?

仅为巧合的可能性可以完全被排除。在狼-人案例中出现的原初场景的含义与弗洛伊德1897年5月2日写给弗里斯信件中的含义有所不同;但是,诚如我们所说,此术语的再现意味着引诱理论的再次兴盛,因为"原初场景"最初正是在此理论中得以阐述。因此,除了弗洛伊德个人写作内因,外因也应被纳入考量。1879年,在研究了巫师的夜间集会后,弗洛伊德提出术语"原初场景"出现时具有发生于种系内部的含义;而1914年在分析了狼-人案例中患者的梦境后,弗洛伊德所用的原初场景,正如我所强调的,其含义带有民俗色彩且与狼人信仰相关。从历史的角度看,以本南丹蒂为中介的狼人和夜间集会有一种联系:都可被认为属于广大的、处于半消亡状态的信仰阶层人物,这种信仰阶层受到了萨满习俗外延形态的影响,在法官与裁判官的施压下,这种萨满形态的习俗与夜间集会的意象相融合。② 然而,弗洛伊德并未发现二者的相关性,他甚至忽视了狼-人案例中梦境的民俗相关性。时隔多年,原初场景这一关键概念的重现到底该如何解释呢?

若视其为弗洛伊德精神分析法术语,答案应是如此:对于创伤性性行为实质的存在,弗洛伊德在1897年(恰是接触到巫师的供词之时)清楚地意识到它,而在1914年(研究狼人梦境案例),他的认识却是模糊的。两篇文稿里,弗洛伊德所用的最初词根都是以ur作为前置词根,因此此词可同时从属于个体发生或种系内部发生两个范畴。这样一来,与夜间集会和狼人相关的民俗信仰,可被视为保留了性创伤的记忆,这种记忆不仅被个体所经历,也被遥远过去的人类所经历。此观点毫无疑问会得到弗洛伊德的赞同。他于1918年在狼人研究中添加了一段内容,以此表达与荣格的分歧,但这种分歧并非关于种系内部遗传是否存在的讨论,而是这种遗传的记忆在分析学策略中处于什么地位。弗洛伊德的意思是,只有在以个体角度解释无果的情况下,诉诸在种系内部解释原初场景的含义才是可行的。弗洛伊德认为种系发生性解释的重要性,还可以通过《图腾与禁忌》(*Totem and Taboo*)中阐明的理论来证实(此理论或称为人类的罗曼史)。在书中他提到,种系

---

① Masson, *The Assault on Truth*, esp. ch. 4. (Cf., however, Krüll, *Freud and His Father*, pp. 68ff. and passim.) Masson书中分析的部分比其结论更令人信服。然而这项严肃的研究(大量未出版文件亦同)被国际心理分析协会错误地描述为文字诽谤。

② Ginzburg, "Présomptionsur le sabbat".

发生性很重要,即便是在狼-人案例中。[①]

无论怎样用弗洛伊德的措辞以简明的形式进行勾勒,然后究其本质,这种解释却令人难以接受,原因有二。首先,(就像荣格的理论建立在集体潜意识之上)它建立在一个完全未经证实的、具有拉马克学说特征的假设之上,也就是说,先辈们的心理和文化经历成为我们的文化储备。诚然,在狼-人案例的分析中,弗洛伊德在创设出"种系经验"的同时,也提出一种遗传机制,使得个体"在相似的情形下"能够再次经历前时段发生的事,如同一个装有各种特殊场景的存储器(与荣格的原型概念相差不大)。[②] 不过,甚至这个预设本身也还是一个未经证实的猜想,其解释力和莫里哀(Molière,1622—1673)笔下的内科医生发明的睡眠原则(virtus dormitiva)并无二致。其次,把夜间集会、狼人以及其他种种相关的信仰归结为性创伤成了一种任意简化。举例来说,罗黑姆(Geza Róheim,1891—1953)把出现塔尔托什(匈牙利民俗故事中的萨满形象,与本南丹蒂非常类似)的梦境解释为性启蒙,这种模糊复杂的原始记录与条理清楚的分析间的差异再明显不过。[③] 因此,这种解释以其他解释相同,在错综复杂的可能中,仅抓住了其中一个方面。

这些显然把我们引向荣格。他与弗洛伊德的决裂就在神话传说的问题上开始的(二人个性差异也是原因之一)。两人第一轮通信在1909年11月,不合与分歧不知不觉地出现了。在荣格给弗洛伊德写第8封信时,后者当时正从象征角度阅读希罗多德(Herodotus,前484—前425)和克洛伊泽尔(Creuzer,1771—1858)的作品,荣格评价道:"神经症理论的种系基础在这里能找到丰富的资源。"3天后,弗洛伊德欣喜地回复道:"真高兴看到你开始研究神话学……希望你能很快认同我的观点:神话学与神经症的核心是相同的。"[④]在表面上分享兴趣的背后,无法挽回的分歧之种子已开始生根。我们可以这样描述他们:对于弗洛伊德来说,神经症理论应包括神话传说;对于荣格来说,则恰恰相反。

荣格表意不明且缺乏严谨,这导致其计划失败,就此而论,此计划本有可能比

① Freud, *Collected Papers*, 3:596. 大体观之,见 A. H. Esman, " The Prima Scene: A Review and a Reconsideration", *Psychoanalytic Study of the Child* 28 (1973):49-81,更为具体见 M. Kanzer, "Further Comments on the Wolf-Man: The Search for a Primal Scene",在 Kanzer 与 Glenn 的书中 *Freud and His Patients*, pp. 358ff., esp. pp. 363-364。关于弗洛伊德的拉马克学说,见 E. Jones, *The Life and Work of Sigmund Freud*, 3 vols. (New York, 1953-1957), *ad indicis*。

② Freud, *Collected Papers*, 3:577-578, 603.

③ G. Róheim, "Hungarian Shamanism", *Psychoanalysis and the Social Sciences* 3 (1951):131-169.

④ *The Freud-Jung Letters: The Correspondence between Sigmund Freud and C. G. Jung*, ed. William McGuire, trans. Ralph Manheim and R. F. C. Hull (Princeton, 1974), p. 260. [此文德文译本是由 R. Schenda, C. Daxelmüller, H. Gerndt, F.-W. Eichhoff, A. Niederer, U. Jeggle, and D. Harmening 共同讨论后所做,发表于 *Zeitschrift für Volkskunde* 82 (1986):189-225。]

弗洛伊德的计划取得更丰硕的成果。荣格的原型概念取自肤浅的直觉(以及肤浅的种族优越感),而他的集体潜意识理论则是对弗洛伊德本已令人无法接受的拉马克主义变本加厉的演绎。在最后的分析里,荣格对神话故事的反应导致他错过了一个极好的机会。

狼-人案例使得神话故事与神经症形成了紧密的联系,尽管弗洛伊德与荣格立场不同,但是二人对此都相当关注。我不会再从狼人的神话传说入手来解释狼-人案例中的神经官能症。然而我们不能忽视患者梦境中蕴含许多古神话元素,同时这些元素也在本南丹蒂、塔尔托什、狼人以及巫师的梦境(狂喜、晕眩或幻觉)中有所体现。不过,这种带有神话色彩的内容也以其他方式吸引着弗洛伊德,最初是在1897年,而后在1914年,后一次连他自己都没有察觉,而现在它也引起了笔者的兴趣。这并不是荣格所说的原型,在这里种系内部遗传并不是问题所在。这种中介性的关联是历史形成的,是可辨别或可以合理推测出的,比如男人、女人、书籍以及记录他们的档案文件。弗留里地区本南丹蒂的母亲们;狼-人案例中患者的保姆;在巴黎Salpêtrière医院里,沙尔科和他的学生试图从对事件主角的描述中揭秘被误解的癔症(反之亦然)。拉蒂萨纳的梅尼基诺(Menichino da Latisana)是一个从事贩卖牲畜的本南丹蒂,他的审判发现于威尼斯国家档案馆(archivio di stato)。我们可以这样简单粗暴地问:是我们创造了神话故事,还是神话故事创造了我们?

我们知道列维-施特劳斯(LéviStrauss,1908—2009)选择了第二种方式来解决此问题,并由此陷入了一堆模棱两可、多少有些荒谬的解释中。总体来说,神话传说的各种个性变体间存在巨大差别,特别是神话传说形成和产生作用的个体性情境之间的巨大差异,这种观点易遭反对。束手旁观地生活在神话里或者尽可能用最广泛和最全面的方法细致地解释它,此二者差异更大。尽管意识到了这些区别,但我们依旧面临着无法全面解读、仅能步步理解的局面。与现在流行的从自我角度出发过度解释的现象相反,“神话创造我们”这一说法极鲜明地指出,我们所设置的分析类别永远是不充分的。

译者:刘寒雨,复旦大学历史系硕士研究生

专题研究

使之陌生：一种文学设置手法的前史①

□卡罗·金兹堡

一

1. 1922年，俄国批评家维克托·什克洛夫斯基（Viktor Shklovsky，1893—1984）在一封给罗曼·雅各布森（Roman Jakobson，1896—1982）的信中，兴高采烈地惊呼："我知道生活是怎样形成的了，并且也知道《唐吉诃德》（*Don Quixote*）和汽车是怎么创造出来的了。"[①]从这句话中可以领略早期俄国形式主义的特色——其理念是将文艺评论视为一种严格的知识形式，并认为艺术是一种装置或设置手法（an assemblage or device）。写这封信时，两个人都是20多岁，二人间的友谊持续得并不太久，但是他们的名字仍与形式主义运动有着剪不断的关联。[②]什克洛夫斯基的《散文理论》（*Theory of Prose*）于此番通信的几年之前出版（1917年），其中包括题为"制造唐吉诃德"（"The Making of Don Quixote"）和"作为手法的艺术"（"Art as Device"）的章节。不久以后，什克洛夫斯基投入到一项关于人类心理学（human psychology）的讨论中：

> 如果我们审视洞察力的普遍规律，我们就会看到，随着它被习以为常，它也就变成自动的了。因此，我们所有的技能和经验最终是在无意识地——常态化地——发挥着作用。如果某人将第一次手握一支钢笔或说一种外语的感觉与上万次进行同样操作的感觉相比较，那么他无疑将同意我们的观点。常态化的过程正可以用来解释散文话语那种破碎词组和稍显不连贯的句子的规律。

---

① 这段话引自 Peter Steiner, *Russian Formalism: A Metapoetics* (Ithaca, N. Y., 1984), p. 45。

② 若干年后，他们的关系变味了。在雅各布森为 *Theorie de la littgrature: Textes: desformalistes russes*, ed. Tsvetan Todorov (Paris, 1965) 这部选集作序时，雅各布森对什克洛夫斯基关于陌生化（estrangement）的"愚蠢"观点嗤之以鼻（p. 8）。Vittorio Strada, *Strumenti critici*, 1 (ottobre 1966): 100 对同一篇文章中更深入的争议性指涉进行了讨论。

什克洛夫斯基继续写道：无意识习惯如此沉重地负于我们身上，以至于“生活化为乌有。操作的无意识化吞没了事物、衣服、家具、我们的妻子以及我们对战争的恐惧”。

在这一点上，一个关于艺术的一般定义被引入论述：

> 因此，为了恢复对我们肢体的感觉，为了使我们能感受到对象的存在，感受到石头的坚硬，人才被赋予了艺术这项工具。那么，艺术的目的是引导我们通过视觉器官而不是认知方式去认识事物。通过对事物进行“使之陌生”（estranging）和“去熟化”（de-familiarizing）处理，并使形式复杂化（complicating form），艺术的设置手法使感知过程漫长且“曲折”（laborious）。艺术上的感知过程本身就是目的并应予以最充分的扩展。艺术是一种体验创造性过程的工具。人工制作本身是完全不重要的。①

什克洛夫斯基认为：艺术是一种恢复我们那已被习惯钝化的感觉的工具，这使我们立即想起，在马塞尔·普鲁斯特（Marcel Proust，1871—1922）作品中，那种不自觉萌生的记忆（involuntary memory）所起到的作用。1917 年，《追忆似水年华》（*À la recherche du temps perdu*）的第一卷《去斯万家那边》（*Du côté de chez Swann*）已经出版。然而，普鲁斯特的名字在什克洛夫斯基《作为手法的艺术》的分析中根本没有被提到。关于 *ostranienie*——“去熟化”或“使之陌生”——的举例，他首先诉诸托尔斯泰（Tolstoy，1828—1910）。什克洛夫斯基指出：在托尔斯泰的短故事《霍尔斯托米尔》（*Kholstomer*）中，随着“故事从一匹马的视角开始讲述”，去熟化过程“不是通过我们的感官，而是通过马的感官”产生了效果。

以下是马眼中的私有权问题：

> 很多人……称我为他们的马，却不骑我，别人骑我。这些人同样也从来不喂我，别人喂我。一次次的，我被给予了很多关爱，但给予者不是那些称我为他们的马的人。不，是马车夫、兽医和各种各样的陌生人给的。可是，随着我的眼界增长，我渐渐开始确信我的（mine）这个概念不仅对于我们马来说是无意义的，对于人类种族也是如此，也就是说，它无异于人宣称自己的所有权的卑劣和野蛮的本能。例如，一个房东说“我的房子”，但从来不住进去，他自己只关心房子的结构和维修。一个商人说“我的店”“我的服装店”，而他自己不穿

---

① Victor Shklovsky, *Theory of Prose*, trans. Benjamin Sher (Elmwood Park, Ill., 1990), 5f.［译者注（此处的“译者”是金兹堡，《使之陌生》这篇文章的英文译者 Martion Ryle 和 Kate Soper，二人在翻译《使之陌生》一文时加了以下这段注。——中译者注）：由于“去熟化”（“defamiliarization”）一词在 Sher 英译本《散文理论》的当前这章中的其他地方也出现了，我们在“使之陌生”（“estranging”）的后面加注了“去熟化”（“de-familiarizing”）。］

任何展示在店里的用好布料做成的衣服。……我现在确信,使我们区别于人类,并使我们有权自称生物阶梯上一个较高等级的理由很简单:人类种族首要的是以言语(words)为导向的,而我们这个物种是以行为(deeds)为导向的。[①]

什克洛夫斯基不仅分析来自托尔斯泰的大量文章,还想出了一种文体完全不同的例子,即带有色情意味的谜语。在一个例子中,《拜里纳》(*Bylina*)中的英雄斯达夫约尔(Stavyor)的妻子化了妆出现在他面前。他不认识她,她给他出了这则谜语:

你不记得,斯达夫约尔,难道你不记得

我们是如何一同学习字母表的了:

我有银质的墨水瓶,而你有金质的笔?

彼时彼刻我浸润你的笔,

是的,彼时彼刻,我好好地浸润了它。

然而,什克洛夫斯基认为,去熟化"是一种不仅限于色情谜语——一种从形式上加以隐晦的言语——的手法,它也是所有谜语的基础:每种谜语"——除了那些基于一种听觉模仿的东西——"叙述起来似乎是不对应的话语定义和阐明其对象"。[②]

这里,什克洛夫斯基正在回应着他早些时候所指出的一般观点,即是说"将(考察对象)从常态化视角的范畴转移出来"的方法从艺术上看是高水平的。[③]

2. 什克洛夫斯基的文章魅力依旧,也保持着外露的年轻气盛。暂且将我稍后要讨论的主要内容放在一边,谈谈一个有意被弃置的历史性视角。以这种方式忽视历史是俄国形式主义者的典型特征,并且这种态度强化了他们这样一种观点,即艺术可以被视为一种"设置手法"。如果艺术是一个集群,我们需要知道它是如何运作,而不是它是如何产生的。无疑,"去熟化"(ostranienie)的观念在20世纪的文学理论中产生了深刻共鸣:布莱希特的"疏离效果"(alienation)就是一个著名的例子。[④] 然而,各种共鸣的成功却影响了什克洛夫斯基的观念得到细致的考察。我们或许应(在明显的实践性动机之外)问一下他为什么要如此重视俄语的文本。我们或许也会问,在作为一种文体的谜语和托尔斯泰对去熟化手法的熟练运用之间有着怎样的联系?最后,最重要的,去熟化会普遍被理解为与艺术实践相当的

① Ibid., p.7.

② Ibid., p.Ⅱ.

③ Ibid., p.Ⅱ.

④ 参见 F.Orlando, *Illuminismo e retorica freudiana* (Turin, 1982), p. 163。该书是 Orlando 的 *Illuminismo barocco e retorica freudiana*(Turin 1979)一书的修订版。

形式,或者,我们应该如什克洛夫斯基所提出的,将之理解为一套同一种特殊的文学传统有关联的程序吗?在寻找这些问题的答案过程中,我将随着思路引导,从一种如果我没弄错的话,是与当今通常采用的极为不同的视角,来考虑"使之陌生"(making it strange)的观念。

3. 我将要步向的路径有点曲折。要从皇帝马可·奥勒留(Marcus Aurelius, 121—180)于2世纪以希腊文书写的沉思文字开始。这些思考有各种名称——《致我自己》(*To Myself*)、《回忆录》(*Memoirs*)、《思考》(*Thoughts*),等等。① 第一本书是自传性质,以一种人名编目的形式进行写作,包括亲属、老师以及朋友,马可·奥勒留感到从道德上和思想上都得益于这些人。其他11本书由一系列零散的文字组成,长短不一,且顺序上显然是随机的。一些文字是马可·奥勒留在率军打仗期间,以一种道德的自我教育的方式,用他深受影响的斯多葛哲学的语汇写成的。该作品不打算公开,这不仅影响了它的形式,如我将要展示的,也影响了它在作者死后的命运。

比起内省(introspection),马可·奥勒留更喜欢自我教育(self-education)。重要的在于他所喜欢的形式。他频频提道"驱除幻想留下的印象",用到了一个斯多葛学派的专业术语——"幻想"(phantasia)。爱比克泰德(Epictetus, 55—135)在思想上深刻影响了马可·奥勒留的奴隶哲学家,他认为想象化呈现的去除和磨灭是追求对事物精确感知的必要步骤,并由此实现美德。② 以下是马可·奥勒留描述的这种前后相继的阶段:

> 驱除幻想留下的印象,克制引导你做一个木偶的冲动。留步于当前的时间,重新组织你和其他人身上发生的事。将事件划分为因果形式的和质料的方面,集中思考你最后的时刻。

这些劝言,每一句话都使人接受一种以熟练驾驭情感为目的的特定的道德手法,情感使我们成了木偶(这是一种马可·奥勒留最喜欢的比喻)。首先,我们必须暂停下来并清点一下内容。那些对我们弥足珍贵的东西必须被拆解成其组成部件。例如,一首歌的和谐美妙的乐章必能分解为"其每一个构成的音符":"自问一下,每一个单独的音符能否俘获你"。

所有事情,除了美德,必定顺应这种处理方式:

> 那么,除了美德及其产生的影响,记住要依靠部分分解的方法,并且通过分析进而藐视它们,也将同样的过程用于整个生命。

然而,将诸事分解为最基本的单位并

① 我这里的讨论得益于 Pierre Hador 关于马可·奥勒留的文章[*Exercices spirituels et philosophie antique*(Paris, 1987)],特别是意大利译本[*Esercizi spirituali e filosofia antica* (Turin, 1988) pp. 119-154]的部分。

② 参见 Hadot, *Esercizi spirituali*, pp. 135-145。

不能尽然,我们必须学会如同远观般地审视它们:

亚细亚和欧罗巴是宇宙的一隅;每片海,不过是宇宙中的点滴;阿索斯山(Mount Athos),仅为宇宙的一粒泥土;每个时间片段,只是永恒的一瞬。所有事物都是微小、易变、会消失的。

如果我们放眼时间的无限,置身个体的多样性来评估它,我们开始理解我们自己的存在根本就无足轻重:

思考……那些很久以前的生命,将在你死后维系的生命,正为野蛮人所维系的生命;有多少人不知道你的名字,多少人不久后会忘了它,而多少现在夸赞你的人或许片刻间就会谴责你;那么,纪念和功名根本就不值一提。

宇宙视角澄明了下面这句引用的警句的含义:"集中思考你最后的时刻。"每一样事物,包括我们的死,都应当被视为普遍的变革和变化过程的一部分:

注意每一样事物的存在,并反思那些已经分解的过程,以及反思经变化和一种灰飞烟灭的方式即将出现的过程,或是按照一般所说的方式,思考生而必死的过程。

追索原动力是以实现对事物的精确感知为目的的斯多葛学派技巧的固有部分:

当然,当你在美味和佳肴前就座,绝佳的计划是,使你的想象(phantasta)联系到这是一条鱼的死尸,一只鸟和一头猪的死尸;并再想象白葡萄酒是葡萄汁,紫袍是在贝类血液里染过的羊毛;而性交方面的事,就是一种体内的摩擦并以抽搐的方式排遣区区一点黏液。无疑,这些是绝好的想象(phantasiai),直击事实真相的要害,并使之透彻,以看清他们究竟为何物。你应毕生以此为实践,并且在事物给人以貌似可人印象的情况下,对之抽丝剥茧,直面它们的一文不值,拂去它们自吹自擂的表白。①

4.对于20世纪的读者,这种超凡的文字必定不可避免地看起来像一种对"使之陌生"技巧的预指。这个词的使用有些伏笔。托尔斯泰深深钦佩马可·奥勒留,而在这位小说家晚年汇编的充满智慧的时历选集中,从这位皇帝的作品里的摘录超过50处。② 此外,托尔斯泰关于律法、野心、战争和爱情的激进态度都深刻地受到马可·奥勒留的各类沉思的影响。托尔斯泰通过马眼或孩子的眼睛审视人类的习惯和制度:成了一种奇怪的、难理解的现象,大体看来对人们没有意义。从他

---

① *The Meditations of Marcus Aurelius*, trans. with a commentary by A. S. L. Farquharson (Oxford, 1944) [在当前译者(指英译者)这里偶有变动]。

② 参见 L. Tolstoy, *Für alle Tage*, ed. E. H. Schmitt and A. Skarvan (Dresden, 1906-1907)。

的审视看去,产生印象的同时也被分解了,用马可·奥勒留的话说,事物"如它们本真的样子"显现自身。

阅读马可·奥勒留,得益于皮埃尔·阿多(Pierre Hadot,1922—2010)的两篇令人记忆深刻的文章,这种阅读为我们看待什克洛夫斯基关于"作为设置手法的艺术"的讨论提供了一个新的维度。此外,它确认了陌生化技巧和谜语技巧之间的类同。例如,我们可以想象,马可·奥勒留自问:"一只羊的毛浸入一种贝类的血,那是什么?"为了赋予它们以人类尊贵的徽记,如象征元老院成员的徽记,我们必须拉开与这个对象的距离,寻找其原因,问一个像谜语式的问题。道德的自我教育尤其要求我们要除去错误的表象,拒绝看起来显然是理所当然的事物,并抵制那些因我们的感知习惯,历经重复而变得老套的习惯性认知。为了看清(see)事物,我们看他们时,首先必须像他们毫无意涵那样,就像他们是一则谜语。

二

1. 谜语基于多种多样的文化——或以所有文化为基础。[①] 有一种可能性,马可·奥勒留从谜语之类的大众文体那里获得灵感,这与我所珍视的观点,即通常建立在有识文化(learned culture)和大众文化(popular culture)之间的循环关系,是相一致的。这种循环性以一种我相信在此之前没有被注明的方式,与马可·奥勒留的思考在其作者死后遭遇的个体命运发生关联。为了明确这一点,我将不得不做一个相当大的迂回,以便展现托尔斯泰是怎样理解马可·奥勒留的。我们将会看到他在这位罗马作家的思想中发现了能够证实其在智识和道德发展早期产生的一种态度的东西,这就是为什么这些思想对他有如此深刻的影响。

马可·奥勒留的思考被知晓是在古代晚期,因为这些沉思在各种有学识的希腊人和拜占庭人的作品中被提及和引用。这份文本传至我们这里差不多只经由两份完整的手稿。其中一版,即初版(editio princeps),就是以之为基础的版本,现今已遗失了。手稿的匮乏毫无疑问反映了马可·奥勒留的作品不同寻常的属性,这些作品写得就像一系列零散的沉思、生动的短句那样,短促而琐碎。[②] 然而,初稿出现的很多年前(1558 年),对于欧洲受过教育的公众来说,马可·奥勒留的生平

① 参见 Antti Aarne, *Vergleichende Rätselforschungen*(Helsinki,1918-1920),ff. 26-28(信简)。关于拉丁文化的谜语,参见 Pauly-Wissowa,*Real-Encyklopädie*,s. v."Rätsel",特别是 pp.116-122(Weissbach)。也参见 A. Jolles,*Einfache Formen*(1930)[参见法国译本 *Formes simples*(Paris,1972),pp. 103-119];以及 S. Levi Della Torre 的有见地的文章"Ermeneutica Vinciana",*Achademia Leonardi da Vinci* 6 (1995),228-231。

② 参见 Joly 在为其精心准备的出版物中所作的序言中的评论[*Pensées de l' empereur Marc-Aurele-Antonin ou leçeon de la vertu que ce Prince philosophique se faisoit a lui-même*,*nouvelle traduction du grec*… (Paris,1770),p. xix]。Joly 的版本是第一次以 ms. Vatican 1950 为基础的版本,这是 Johann Winckelmann 发现的。

和文字以一种虚构的拙劣模仿品的形式为人熟知。这种虚构出自方济会修士安东尼奥·德·格瓦拉(Antonio de Guevara,1481—1545)之手,他是蒙多涅多(Mondoñedo)主教和查理五世的宫廷教士。格瓦拉的作品出版于1529年的巴拉多利德(Valladolid),标题为《关于罗马皇帝马可·奥勒留的小书,附有诸王公的布局》(*Libro del emperador Marco Aurelio con relox de principes*)。在第一版的前言中,格瓦拉声称他从佛罗伦萨带回了一本马可·奥勒留所写的手稿,且他的一些朋友已陆续为他做了翻译。这本格瓦拉声称已经翻译过来的书,无论如何,与马可·奥勒留的沉思文本没有关系,马可·奥勒留的沉思文本首次被印刷出版是在30年以后。格瓦拉将大量的想象勾兑到少量的历史当中,捏造了马可·奥勒留的书信,他和他妻子的对话,如此等等。这种混合获得了巨大的成功。通常以《马可·奥勒留的小金书》(*Golden Book of Marcus Aurelius*)的标题在亚美尼亚地区闻名的这本书(威尼斯,1738),被翻译成很多种语言。1643年,英国文献学家梅里克·卡索邦(Meric Casaubon,1599—1671)在为其自己编写的马可·奥勒留的沉思录作序时,轻蔑地评论道,格瓦拉赝本的成功只有《圣经》享有的盛誉堪与之相比。① 然而,格瓦拉的声誉已经开始迅速下滑。拜尔(Pierre Bayle,1647—1706)《历史批判辞典》(*Dictionnaire historique et critique*)的犀利词条将其描绘成一个伪造者。② 格瓦拉的书只有一部分是注定有生命力的。这是一段假想的由一个来自多瑙河地区的农民米勒努斯(Milenus),向马可·奥勒留和罗马元老院发表的演讲。一个世纪以后,这些文字将会激发拉方丹(La Fontaine,1621—1695)的一首著名诗篇《多瑙河的农民》("Le paysan du Danube")的灵感。从这段演讲中摘录一段,足以表明这是一段对罗马帝国的痛斥:

> 你们对别人的东西如此贪妄,你们统治异国的狂妄如此膨胀,海之深,容不下你们的贪欲;地之广,满足不了你们的野心……对于你们罗马人来说,除了给和平的民族增加麻烦和抢夺别国人民的劳动成果,你们是

---

① *Marci Antonini imperatoris* 的前言,*de se ipso et ad ipsum libri XII*,*Guil. Xylander Augustanus Graece et latine primus edidit, nunc vero (...) notas emendationes adjecit Mericus Casaubonus* (Londini,1643)。

② P. Bayle,*Dictionnaire historique et critique*,3rd ed. (Rotterdam,1720),2:1339-1340。拜尔严词拒斥格瓦拉对西班牙古文物学家 Pedro de Rhua 的批评的怀疑论式的回复;关于这番书信往来,参见 *Biblioteca de autores espafñoles*(Madrid,1872),pp. 229-250,也可参见拜尔的《辞典》中"Rua,Pierre"词条。早在1548年,格瓦拉的书已被 Fausto da Longiano 称为"完全虚假的"。参见 Hugues Vaganay,"Antonio de Guevara et son oeuvre dans la litterature italienne", *La Bibliofilia*,17 (1915-1916):339。伊拉斯谟的追随者对格瓦拉保持沉默,这已被视为无声的抗议,参见 Marcel Bataillon,*Erasmo España*,trans. Antonio Alatorre (Buenos Aires,1950),2:222。

不会对其他人用心的。[1]

对于巴斯克·德·基罗加(Vasco de Quiroga,1478—1565)这样的16世纪读者,我们很清楚地知道,演说的真正标靶是西班牙对新世界的争夺。《马可·奥勒留的小金书》可以被解读为宫廷传教士安东尼奥·德·格瓦拉为抨击西班牙的征服活动及其恐怖,向查理五世皇帝所做的一部长篇布道。这专门针对那组在纳入此书之前就为王室交际圈熟悉的章节,如同题为“多瑙河的农民”的那本毫无关联的书那样。[2] 米勒努斯的演讲给这个高贵的野蛮人神话给予了有力的助推,使之传遍欧洲:

如果你们因为我们没有王公而对我们发号施令,没有元老院而对我们指手画脚,也因为没有军队为我们抵御防范,就说我们注定是奴隶,那么,我的回答是,因为我们没有敌人,所以我们不需要军队;还因为我们每个人都满足于自己的那份际遇,我们无须对元老院管理我们感到自豪,并且由于我们都是平等的,我们不屑于在我们中间产生任何王公,我们的官员是为了推翻暴君和维持人民的和平。如果你说,在我们的土地上,我们既没有共和制,也没有公民秩序,说我们生活得像山中残忍的野兽,你就错了,因为我们既不收留撒谎者,也不允许和平受到干扰,并且不允许人们从异地把颠覆或腐化我们的东西带到我们这里。正因如此,如同我们的服饰是得体的,我们的饮食也如此朴素。[3]

这种田园般的描写,早已被认为多半是从塔西佗的《日耳曼尼亚志》(*Germania*)那里获得的灵感。对罗马帝国主义的罪行的抨击也借鉴了塔西佗的一段著名文字——《阿古利可拉传》(*Agricola*)中一段有力的演讲,其中,古苏格兰首领卡尔加库士(Calgacus)控诉罗马人“造就了一片荒漠,并称之为天下太平”(atque ubi solitudinem faciunt, pacem appellant)。卡尔加库士仅仅是一个名字,然而反过来,米勒努斯这个多瑙河农民,则是一个完全具象的个体。安东尼奥·德·格瓦拉是这样描述的:

这个农民除了嘴唇肥厚,相貌没什么特点,他的眼睛深陷,他的衣衫老旧,他的头发直立,有点秃顶,且穿着豪猪皮的鞋,以及背着山羊皮的

① Antonio de Guevara, *Il terzo libro di Marco Aurelio con l' Horologio de' Principi* (Venice,1571),6v-7v。[英译者注:摘录于格瓦拉作品的内容,总计只有原本的1/10发表于K. N. Colville, ed., *The Diall of Princes*, by Don Antony of Guevara, translated by Sir Thomas North ...(London,1919)。在此研究中,所有有关格瓦拉的文字都是从金兹堡此文的意大利文版翻译过来的]。

② 参见A. de Guevara, *El Villano del Danubio y otros fragmentos*(Princeton,1945),p. xv,附有A. Castro的一篇序言。然而,L. Spitzer猛烈抨击Castro在其*Sobre las ideas de Américo de Castro a propósito de“El Villano del Danubiio” de Antonio de Guevara*(Bogotà,1950)中的阐释。格瓦拉的书在G. Gliozzi的那本重要书作*Adamo e il nuovo mondo*(Florence,1977)中没有被提及。

③ Guevara, *Il terzo libro*, 9r.

> 包，他的腰带是海草做的，他的胡子又长又厚，他的睫毛遮着眼睛，他的胸和他的脖子像熊皮那样多毛，且手里拿着长矛。①

马可·奥勒留（或者说，格瓦拉）评论道："当我看见他进入元老院，我认为他是人形的动物。"可是，他，一个农民，怎敢斥责罗马皇帝的罪责？格瓦拉文本的草案初稿，刻画了乳臭未干的多瑙河农民形象，并且认为这个细节使之显得像一个美洲原驻民。② 然而，他荒谬的、如动物般的形象也指向了不同的根源。他是农民马尔科夫（Marcolphus，Marcolfo，Morolf）的近亲，后者在中世纪的著名文本中大胆地向所罗门高谈阔论：

> 马尔科夫除了身高外是一个其他不显眼的男人：他有一个大脑袋，宽阔的前额发红且布满皱纹；他耳朵上的毛很多，且断断续续延伸到他喉咙那里；他的眼睛有点斜视，嘴唇下垂就像马的嘴唇那样；他的胡子脏兮兮，且搭配着丑陋的像山羊一般的厚厚的头发；他的手短粗，他的脚圆滚滚的，他的鼻子多肉且歪扭扭的，他的嘴唇又大又厚，有些地方有点像驴且他的头发像公山羊的头发。他的鞋子是乡巴佬穿的那种，且他的皮斑斑驳驳，颜色沉淀很深，挂着汗泥。③

一个微小的细节确认了和这两份文本有着密切的关联。格瓦拉的提及，即"豪猪皮的鞋"（西班牙文为"zapatos de un cuero de Puerco espin"），来自他不经意地将拉丁版的《所罗门和马尔科夫的对话》（*Dialogue of Solomon and Marcolphus*）中的两个句子捏合为一。在《所罗门和马尔科夫的对话》中，将他的头发比作豪猪的毛后，就立刻提及了豪猪皮的鞋子："caplillos veluti spinule ericiorum; calciamenta pedum."④格瓦拉对西班牙在"新世界"的政策的隐晦批评，看来是基于一种令人好奇的混合物——基于塔西佗，也基于 12 世纪历史学家提尔的威廉（William of Tyre，

① Ibid.，6r.

② 参见 A. Castro 在为格瓦拉的 *El Villano del Danubio* 所作的序言。

③ 参见 *El dyalogo di Salomon e Marcolpho*（Venice，1502），在 P. Camporesi 编的 G. C. Croce，*Le sottilissime astuzie di Bertoldo. Le piacevoli e ridicolose semplicità di Bertoldino*，（Turin，1978），p. 208 处被再版。

④ 拉丁版文本［参见 W. Benary 编的版本（Heidelberg，1914），pp. 1–2］的内容如下：

Statura itaque Marcolphi erat curta et grossa. Caput habebat grande：frontem latissimum，rubicundum et rugosum；aures pilosas et usque ad medium maxillarum pendentes；oculos grossos et lipposos；et labium subterius quasi caballinum；barbam sordidam et fetosam quasi hirci；manus truncas；digitos breves et grossos；pedes rotundos；nasum spissum et gibbosum；labia magna et grossa；faciem asininam；capillos veluti spinule ericiorum；calciamenta pedum eius rustica erant nimis；et cingebat renes eius dimidius gladius；vaginam quoque mediam habebat crepatam et in summon capite repalatam；capulum de tilia factum erat et cum cornu hircino ornatum.

至于在豪猪和刺猬间发生混淆（拉丁文是"ericius"，意大利文是"riccio"），其他欧洲语言的特点也如意大利语一样，参见 Salvatore Battaglia，*Grande dizionario della lingua italiana* 中的词条"riccio"和"porcospino"，特别是从 Vincenzo Maria di S. Caterina 和 Lazzaro Spallanzani 那里的引用内容。

1130—1186)曾称马尔克斯“逐一解开了所罗门抛给他的谜语,并且说出了他自己的新的谜语”的故事,是“难以置信的大众叙述体”。① 无论是古典传统还是中世纪传统,都会以否定既有权力为目的而被使用。

中世纪的大众化传统以一种出人意料的犀利和睿智将国王描绘成遭到形貌怪异的农民挑战的形象。在《所罗门和马尔科夫的对话》的最著名的改造版,尤利奥·恺撒·克罗齐(Giulio Cesare Croce,1550—1609)的《诡计多端、聪明睿智的贝尔托多》(*Sottilissime astuzie di Bertoldo*)中,阿尔伯努斯(Alboinus)国王骄傲地宣称:“看看有多少王公和贵族拥护我、服从我和捍卫我的荣耀。”贝尔托多毫不犹豫地回答道:“就像大蚂蚁抱着一棵花梨树并啃噬着它的树皮。”②这种动物性的相似表现了一种无视王权权威的趋势——一种巴赫金(Bakhtin,1895—1975)在其关于文艺复兴的大众文化伟大著作中贡献的影响深远的分析。③ 从一个主体的视角看,动物的懵懂揭去了社会关系的隐匿事实,就如什克洛夫斯基所分析的,在托尔斯泰《霍尔斯托米尔的马》的故事中的例子。多瑙河农民,作为一种“人形的动物”,揭露了罗马(以及西班牙)的帝国意识形态,将权力比作劫掠和杀害无辜百姓的强盗。马可·奥勒留(历史上实际存在的马可·奥勒留),世界上最有权力的人,已经鉴于一系列关于轻视兼可耻的自我沉思后寻觅到了相似的结论:

> 一只蜘蛛在捕到飞蝇时会自鸣得意,一个人在逮到一只小兔子时,有的人在网到一条鱼时,有的是逮到野猪,有的是熊,有的是逮到萨马提亚囚徒时,也会自鸣得意。如果你扪心自问,他们难道不是强盗吗?④

2. 当格瓦拉声称已经触及了马可·奥勒留沉思的传统时,他可能没有讲出真相。尽管如此,在他编排的伪造内容中,不容置疑的是,他成功地捕捉到一种关于马可·奥勒留此后未公开的文本中笔触

---

① “Et hic fortasse est quem fabulose popularium narrations Marcolfum vocant, de quo dicitur quod Salomonis solvebat aenigmata et ei respondebat, aequipollenter et iterum solvenda proponens”.(参见 Croce, *Le sottilissime astuzie di Bertoldo*, p. 169)关于那些中世纪故事的前身,参见 R. J. Menner, ed., *The Poetical Dialogues of Solomon and Saturn*(New York, 1941)。

② Croce, *Le sottilissime astuzie di Bertoldo*, p. 10. 关于在 *Bertoldo* 中对 *Contadino del Danubio* 的回应,参见 P. Camporesi, “Mostruosità e sapienza del villano”, in *Agostino Gallo nella cultura del Cinquecento*, ed. M. Pegrari, pp. 193-214, 特别是 pp. 193-197。

③ M. Bakhtin, *Rabelais and His World*, trans. *Hélène Iswolski*(Bloomington, 1984).

④ 将这段文字与奥古斯丁的《上帝之城》(*De civitate dei*)第 4 卷进行比较的内容,见 Aquinas 的 *De regimine principum*(Parmae, 1578), 2.5.112-112v:“Remota iustitia quae sunt ipsa regna, nisi quaedam latrocinia?...Introducit autem ad suum probandum intentum exemplum de quodam pyrata, qui vocabatur Dionides: qui cum fuisset captus ab Alexandro, quaesivit ab eo cur mare haberet infestum? Ipse libera contumacia respondit: Quid tibi, ut orbem terrarum? Sed quia ego exiguo navigio id facio, latro vocor, tu vero, quia magna classe, diceris imperator.”

的模糊回应。我不打算据此宣称格瓦拉可以位列文字去熟化的先驱行列。当多瑙河农民通过宣布“帝国不过就是掠夺”来总结其演说时,一种显而易见的东西就被表明了:它并非通过一种暧昧或误解的前身形态而显现自身。然而,格瓦拉的文本在随后发展为一种文学技巧的去熟化作用并留下了难以磨灭的印记。从该书问世开始,野蛮人、农民、动物,或成群,或单个,提供了一种立足于此便可以旁观者的、陌生化的,并且是以批判方式进行审视的视角。

我只引用几个例子,首先从蒙田(Montaigne,1533—1592)的著名文本开始。毫无疑问,蒙田知道格瓦拉的《马可·奥勒留》,因为这是他父亲最喜爱的书。① 在他的随笔《论食人族》(*On the Cannibals*)中,蒙田是带着对巴西土著的传说难以置信的惊愕写作的,这些巴西土著平静而率性的生活似乎诠释了黄金时代的古典神话。然而,随笔的结论却突然将读者带回了欧洲。这里,蒙田讲了关于三个巴西土著被带到法国的故事。在被问到在那里什么最触动他们时,两个东西被提到。首先,他们震惊于军队(瑞士守卫们)中的成年男子遵守一个孩子(法国国王)的命令而不是选出更合适的首领。其二,在这里蒙田解释了他们用的一种习语,在这种习语中,人们将另一群人称为“对方”(halves)——他们。

> 注意到我们中的有些人骄奢淫逸,中饱私囊,而这些人的对方正在其门前乞讨,因贫穷和饥饿而瘦骨嶙峋:他们感到怪异的是那贫穷的一方会忍受这种不公平,且没有扼住他们的脖子,或将他们的房子放火烧掉。②

巴西土著不明白显而易见的事,看到的是一些通常隐藏于习惯和俗约之下的东西。蒙田对这种无法认同理所当然之事的状况感到很高兴。他准备对每一件与他有关的事进行追问,从我们社会生活的几处到日常存在的最琐碎的细节。巴西土著的惊讶昭示了欧洲社会以政治和经济的不平等为标志,已经与蒙田所谓的“本初的天真”(naifveté originelle)产生了疏离。③ “天生的”(Naïf,nativus):相对于反感人工的东西,蒙田对天然之物的喜爱引导我们触及去熟化观念的核心。理解得少些,率真些,保持呆若木鸡之状。这些可能会引导我们看见更多、考虑到位于更深处的,更接近本质的东西。

3. 在蒙田的发展下,17 世纪的法国伦理学家将这篇文章变形为独立的碎片

---

① 参见 Michel de Montaigne,*Essais*,ed. A. Thibaudet (Paris,1950),p. 379 (II,ii,“De l' yvrongnerie”)。蒙田对格瓦拉的《信简》的评论是否定的;参见第 1 卷,随笔 xlviii 篇。

② Michel de Montaigne,*The Essays of Michel de Montaigne*,ed. and trans M. A. Screech (London,1993),pp. 240f.

③ 对于这个问题的广泛讨论,参见 G. Celati 为 Swift 的 *Gulliver' s Travelsde* 的意大利文版(*I viaggi di Gulliver*)(Milan,1997)所作的序言。

和格言。在拉布吕耶尔(La Bruyère 1645—1696)1689年出版的《品格论》(*Caractères*)中,这些碎片昭示了去熟化雄浑的冲击力正在显现:

> 很多野兽,无论是雄性还是雌性,都遍布于全国,随处可见。它们因被太阳所炙烤,混合着泥土,变得黑乎乎的,呈铅灰色。他们对此无能为力,带着执着不悔的劲头工作:他们,似乎是,清晰地说了些话,且当他们直立起来时他们有人类的脸,并且他们实际上就是人类;他们夜晚退回巢穴,在那里靠黑色的面包、水和根茎过活;他们为了生活,从其他人那里争着做播种、耕犁和收割的工作,因此,他们本不应在他们所种的粮食方面感到短缺。①

这段文字非同一般,既因为它脱离了拉布吕耶尔通常支持的占统治地位的意识形态的内容,也因为它所形成的方式。起初的误解("很多野兽")带来了一种观点,认为它自相矛盾,并有点迷惑性的调子:"他们,似乎是,清晰地说了些话。"随后茅塞顿开,如同谜语被揭开的那一刻:"当他们直立起来时他们有人类的脸,并且他们实际上"——法语原文为 en effet——"就是人类"。

对"实际上"的解释引入了一种事实性的描述("他们夜晚退回巢穴",如此等等),这趋向了一种"他们本不应在他们所种的粮食方面感到短缺"的反讽的观点。该结论中明显的社会和道德公正性在暗暗抨击着伪善,即刚才已经谈到的内容。"他们"有权活着,仅此而已。从未提及"他们"姓甚名谁。

这里所分析的上述例子,那些被比作动物的人们处于人类社会的顶点。这里,有一个类似的比较,只是这个比较是关于人类社会底层的,并且带着贬辱性的暗示。读者或许预料到一种直接的判断:"农民生活得像动物",或"农民生活在一种非人的条件下"。拉布吕耶尔更愿意选择在我们的思路上设置重重障碍:起初是误解,不知所谓的主体,讽刺性的结论。读者被拉入一种认知上的努力,以至将暗示性的结论转化为一种结果。这种效果无比有力,无论是在美感上还是从修辞上来讲。

4. 1765年,伏尔泰正在以很容易认出的笔名"l' abbé Bazin"进行写作,发表了短篇《历史哲学》(*Philosophy of History*)。其中包括一章题为"那些野蛮人"("Des sauvages"),其开篇提到的是一个冗长的修辞性追问:

> 根据"野蛮人"这个词,你能理

① J. de la Bruyére,"De l' Homme",in *Caractères*. 参见 *Oeuvres complétes*,ed. Julien Benda (Paris,1978),333.[英译者注:我们从法文原版翻译而来。近期出的英文版本为 La Bruyére,*Characters*,trans. J. Stewart (Harmondsworth,1970)。]此段文字被译为意大利文,且 G. della Volpe 在 *Rousseau e Marx*(Rome,1962),pp. 163f.处进行了简要的讨论;我对在此讨论的这个主题的兴趣可追溯到很多年以前我初次读到这些篇章的时候。

> 解农民吗？这种人带着他们的女人，连同几个动物生活在小屋里，始终暴露在季节的严酷下，除了他们生活的地方，以及偶尔贩卖产品并购买粗布衣衫的集市，他们哪也不知道；说着一种在市镇根本听不懂的行话；缺少想法，也不善表达；不知道为什么，服从一些有公职的人，他们必须将每年辛劳的一半交给这些人；在某些既定的日子，聚集在一个如车棚一样的建筑中搞他们不能理解的庆典，并听一个穿着与他们不同服装的人，说着与他们无关的话；有时在鼓声响起时离开他们的村舍，并准备出发，使自己在异国被杀死，也杀和他们相似的人，目的是为了得到他们在家里和干活时能挣到的四分之一的钱。

这段杰出的文字显然从我刚刚分析过的拉布吕耶尔的碎片那里获得灵感。在这两个例子中，随着作为一个为人熟悉的对象的令人惊讶的陌生特点渐渐被揭示，这种兜圈子的风格在读者那里制造了一种认知的张力。然而，两个例子也存在一处不同。拉布吕耶尔没有点明他叙述的对象是谁。伏尔泰以一种神来的笔法，以给出一个错误的名称，并继而渐渐揭示这是一个恰当的称谓。伏尔泰是这样回答他自己的修辞性追问的：

> 这种“野蛮人”在欧洲随处可见。让我们搞清楚我们乐于冠之以“野蛮人”一词的加拿大人和卡菲尔人(Kaffir)，大程度上优于我们自己。休伦人(Huron)、阿尔冈琴人(Algonquin)、伊利诺伊人(Illinois)、卡菲尔人和霍屯督人(Hottentot)知道如何为自己创造他们需要的每一样事物，而我们这些农民缺乏那种技艺。美洲人和非洲人是自由的，而我们这些“野蛮人”甚至不知道自由为何物。
>
> 美洲的“野蛮人”(如他们被称为的那样)……懂得荣耀，一个我们欧洲的“野蛮人”未曾耳闻的词。他们有他们热爱和为之捍卫的祖国；他们签订协议；他们勇敢战斗，并总是带着英雄气概演讲。[①]

耶稣会称欧洲地区——其传教事业的剧场——为 Indies(de por acá)：印度群岛。[②] 众所周知，耶稣会对欧洲以外的文化有着显著的思想开放态度。伏尔泰就受过耶稣会的教育。当他判定真正的野蛮人是那些居住在我们大陆上的人时，回应了其师长们的态度，将之推向相悖的阶段。[③] 他以如同其小说《小巨人》(*Micromegas*)中的主人公，那个来自天狼星的巨

---

① Voltaire, *Essai sur les moeurs*, ed. R. Pomeau(Paris, 1963), pp. 22f.

② 参见 A. Prosperi 的重要文章，“‘Otras Indias’：Missionari della Controriforma tra contadini e selvaggi”, in *Scienze, credenze occulte, livelli di cultura*(Florence, 1980), pp. 205-234；并参见同一作者的近著 *Tribunal della coscienza：Inquisitori, confessor, missionary*(Turin, 1996), pp. 551ff。

③ Carlo Ginzburg, *History, Rhetoric, and Proof*(Hanover and London), pp. 71-91.

人的无限高远的眼界,看待欧洲农民的生活。他有意地通过模糊和惊诧的注视,使税收、战争、弥撒变为如此无意义的行为,荒唐且缺乏合理性。

5. 在《散文理论》的“虚构的结构”(“The Structure of Fiction”)一章中,什克洛夫斯基回到了去熟化的理念上,论说了伏尔泰笔下绰号“老实人”(l' Ingénu)的休伦人,又或是夏多布里昂(Chateaubriand)的“野蛮人”中对法国宫廷的描写。① 我在此讨论中所引用的诸文本有着更久远的传统,一个托尔斯泰尤为钦慕的传统。② 托尔斯泰的作品尤其使人想起来自《历史哲学》的“那些野蛮人”一章,伏尔泰起初是打算将《历史哲学》献给俄罗斯皇帝凯瑟琳二世,随后该书内容成为《风俗论》(*Essai sur les moeurs*)的“导论”(“Discours préliminaire”)。③ 当那匹名为霍尔斯托米尔的马以动物的方式看待人类时,我们看起来听到了对于伏尔泰抨击欧洲农民似野人言论的共鸣。什克洛夫斯基对法国文学的普遍性指涉,即认为法国文学为托尔斯泰的去熟化策略提供了先导,这需要作进一步细致的研究。我们必须提到,正是法国的启蒙运动文学,首先影响了伏尔泰。④ 首先,纯粹的形式主义评价不能捕捉到托尔斯泰的来自伏尔泰的受益,即作为一种在所有层面——政治的、社会的、宗教的——取消合理性的手法的去熟化手法。伏尔泰描写农民们“在某些既定的日子,聚集在一个如车棚一样的建筑中搞他们不能理解的庆典,并听一个穿着与他们不同服装的人,说着与他们无关的话”。托尔斯泰在他开始写《复活》(*Resurrection*)中的弥撒时,在一段文字中发展了上述文字的技巧,这段文字被俄罗斯教会作为作者亵渎神明的证据,并将之驱逐出东正教会:

> 仪式开始了。
>
> 内容如下:教士穿着奇怪且既不便于驾驭的金袍,将碟子中的面包分

---

① Shklovsky, *Theory of Prose*, 63. 在他的日记中,年轻的托尔斯泰写道:使用了看起来是从我们刚刚引用过的文字的影响,即“将一个人变成野兽,所需要的就是一套服装,脱离家庭,并敲着大鼓”;R. F. Gustafson 在 *Leo Tolstoy: Resident and Stranger*(Princeton, 1986), p. 347 处引用这句话。

② 一份托尔斯泰晚年(1907 年)的资料简短地介绍了一本由他选稿,其弟子编排的,来自拉布吕耶尔和其他法国伦理学家作品的选集;参见 N. Gareth Jones, ed., *I Cannot Be Silent: Writings on Politics, Art, and Religion*(Bristol, 1989), pp. 200f.(Pier Cesare Bori 使我注意到上述文字)。这里,托尔斯泰将各位伦理学家——其中有他称之为“非凡的”(“extraordinary”)蒙田,称蒙田的作品在一些方面是这种体裁的典范——比作体系性的思想家,展现了托尔斯泰尤为青睐这种写法。

③ 参见 R. Pomeau 在 *Essai sur les moeurs*, 1:15 的编者序中所说:“在其所有作品中,只有《历史哲学》是在那个时代对如此多的不被科学观点认同的内容保持开放态度的作品,这深刻影响了革命分子和浪漫主义者的想象力。”

④ 在其 *Illuminismo e retorica freudiana*(一本我从中受益匪浅的书)中,F. Orlando 已经论证了启蒙运动的去熟化策略与 19 世纪和 20 世纪的去熟化策略有着显著不同(尽管他将 Brecht 作为一个例外),参见 p.163。相反,我在此所勾勒的观点,一方面是主张前启蒙运动和启蒙运动的去熟化策略与托尔斯泰的去熟化策略有着实质的连续性关系,另一方面,后者和普鲁斯特的去熟化策略在实质上没有关联。

隔成小块，并继而将之放入一杯酒中，同时重复着不同的名字和祷告。①

他早年浸润于启蒙传统的经历深刻影响了托尔斯泰后来阅读马可·奥勒留的方式。这种双重影响揭示了为什么托尔斯泰决不仅仅将去熟化作为一种文学技巧。对于他来说，这是一种“直击事实真相的要害，并使之透彻，以看清他们究竟为何物”的方法（如马可·奥勒留所写到的），一种“抽丝剥茧，直面它们的一文不值，拂去它们自吹自擂的表白”的方法。对于马可·奥勒留，同样也是对托尔斯泰来说，看到事物“究竟是什么”意味着使自己摆脱虚假和幻象；意味着，在最终的分析中，接受短暂和死亡。托尔斯泰的女儿亚历山德拉·利沃夫娜（Alexandera Lvovna）讲了一段有启迪意义的逸闻趣事。一天，她对一个经常在她家帮忙的老农妇说她很苦闷。这个老农妇回答道：“如果你读马可·奥勒留，你的悲伤将会消失。”亚历山德拉·利沃夫娜问：“这个马可·奥勒留是谁？为什么我应该读他？”“可以肯定的是，伯爵给了我这本书。”这个老妇人解释道：“书中写我们都不免一死，那么如果死在我们眼前，你的所有悲伤都无足轻重了。只想想死，那么你就会放松心情了。每当一些悲痛困扰我，我就说：‘来吧，孩子们，给我读读马可·奥勒留！’”②

这个故事让托尔斯泰大感兴趣。毫无疑问他确信，农民，由于他们与现代生活及其诡诈保持着相当距离，他们更接近真理。蒙田（另一个托尔斯泰极为钦佩的作家）将他对巴西土著的态度置于相似的立场上。托尔斯泰的大众主义没有丝毫家长式味道，他认为老农妇完美地理解了马可·奥勒留。在这里，他有可能是对的——部分是因为一些马可·奥勒留的沉思从谜语这种大众文学形式中汲取了灵感。

三

1. 此时，这种循环圈或许看起来连贯了。然而，我所提供的这一重构至此并未完成。如我所注明的，什克洛夫斯基的“作为手法的艺术”一章没有提到马塞尔·普鲁斯特。尽管普鲁斯特没有发展出一种相当不同的去熟化理念，但是他清晰地对这个问题进行了分析（尽管是在另一个名号之下），而在《追忆似水年华》中，这一点起到了非常重要且可供论证的关键作用。

主人公受人爱戴的外祖母是该小说时序上的第二部——《在少女们身旁》（*A l' ombre des jeunes flles en fleur*）中最重要的角色之一。每一位普鲁斯特的读者都会记得他对《塞维尼夫人的信》的热情：

---

① L. Tolstoy, *Resurrection*, trans. Louise Maude (Moscow, 1985), p. 176.

② 参见 V. Bulgakov, *Leone Tolstoj nell' ultimo anno della sua vita* (Foligno, 1930), p. 431（也是 Pier Cesare Bori 使我注意到这段文字）。

> 但是我的外祖母……教会我欣赏它们真正的美好……很快,我就被它们深深地吸引住,因为我在巴尔贝克见到一位对我看待事物的方式有深刻影响的叫埃尔斯蒂尔的画家,他与塞维尼夫人同属一个艺术族群。我在巴尔贝克认识到,她像他一样,按照我们感知事物的顺序呈现事物,而不是通过它们的因果来解释它们。但是那个下午,在车厢里,我反复读着那封显现月光的信时——"我无法抗拒这种诱惑,我给自己包裹上所有毫无必要的帽子和夹克,进入小巷,空气如我房间的空气一样温馨;我遇见了上千种光怪陆离之物,白衣和黑衣的修士,亚麻布扔得到处都是,直挺挺地对着树干被安葬的男人,如此等等"——我被在稍晚的时候被我称为《塞维尼夫人的信》的陀思妥耶夫斯基一面的东西(因为她描绘景色不正是与陀氏刻画人物使用相同的方式吗)所吸引。①

塞维尼夫人、埃尔斯蒂尔、陀思妥耶夫斯基,他们有什么共同点?这个问题或明或暗地从《追忆似水年华》的四段不同文字中凸显出来,(如果我没弄错的话)这些段落还没有被单拿出来加以分析。②首先是我刚刚引用的段落,塞维尼夫人因她"按照我们感知事物的顺序(呈现)事物,而不是通过它们的因果来解释它们"而博得赞赏。这立刻使人想起托尔斯泰定义的、什克洛夫斯基在《去斯万家那边》出版几年之后所提出的陌生化(ostranienie)概念:仿佛你第一次见到事物那样去描述它们。③ 然而,更晚近的分析显示,普鲁斯特所做的有点不同。

我试着证明托尔斯泰著作背后的知识传统从观念上可以联系到马可·奥勒留对作为假象解药的真正的因果原则的追问。这样一来,像拉布吕耶尔和伏尔泰分别所做的那样,将农民描写成如动物或野人一般,与看美味佳肴如同(用马可·奥勒留的话说)"一条鱼的死尸,一只鸟和一头猪的死尸"是如此的不同。在此传统中,去熟化是我们赖以克服表面现象并

① Proust, *À la recherche du temps perdu*, ed. P. Clarac and A. Ferré (Paris, 1960), 1:653 f。[英译者注:我们从法文版翻译过来。通用的英文译版是 *Remembrance of Things Past*, translated by C. K. Scott Moncrieff——连同后来 Terence Kilmartin 的修订版——以及 Andreas Mayor(London, Chatto and Windus, 1981)。]普鲁斯特省略了他从《信》中引用的一句话:塞维尼夫人写的是"亚麻布扔得到处都是,黑色的男人,其他的男人直挺挺地被埋葬"。参见 Madame de Sévigné, *Correspondance*, ed. R. Duchêne (Paris, 1974), 2:970 (letter of 12 June 1680)。

② 后来的批评忽视了 Samuel Beckett 在其 *Proust*(London, 1965; first publ. 1931), pp. 85-87 处的透彻评论,参见 J.-L. Backès, "Le Dostoïevski du narrateur", *Cahiers Marcel Proust*, n.s., 6, Études Proustiennes 1 (1973): 95-107; A. Labat, "Proust's Mme de Sévigné", *L'Esprit créateur* 15, nos. 1-2 (Spring-Summer 1975): 271-285; M. Pejovic, *Proust et Dostoïevski: Étude d'une thématique commune*(Paris, 1987)。

③ 参见 Shklovsky, *Theory of Prose*, p. 6。亦参见 R. F. Gustafson 在其 *Leo Tolstoy: Resident and Stranger*(p. 248) 部分关于《战争与和平》中描写涅斯维茨基公爵抵达前线的段落的分析。

达到关于事实的深层理解的一种方法。普鲁斯特似乎通过某些方法到达了观点相反的终端——试图凭借“按照我们感知事物的顺序”呈现事物,和仍未被因果解释污染,保留对表面现象的新鲜感而抵制观念的侵入。托尔斯泰的去熟化概念可以通过拉布吕耶尔关于农民的叙述来阐明,普鲁斯特的去熟化策略是通过塞维尼夫人几年前写的与月光有关的信阐明的。两个例子中,都试图呈现事物如同它们第一次被看到的一样。然而,结果截然不同。第一个例子是社会和道德批判,而第二个例子是一种印象主义的即时性。

这样一种结论似乎得到了我试图解释第二篇文章的支持,在第二段文字中,普鲁斯特给出了关于埃尔斯蒂尔极为细致的描写。埃尔斯蒂尔通常被视为一种理想化的形象,兼具各种正在实践或倾向于印象主义的艺术家们,首先是莫奈(Manet,或许是 Monet),乃至德加(Degas)。[①] 这里,普鲁斯特含蓄地阐明了以上引文所指出的与塞维尼夫人一致的思路:

> 如今,埃尔斯蒂尔在表现事物上追求的不是他熟悉的样子,而是符合在我们初次看它们时起决定作用的原初性视觉、幻觉,这实际上是他强调某些相关的透视规律,在那时更吸引人,因为它看重的是展现它们。一条河流,显现其线条的蜿蜒,或一处海湾,由于悬崖显得更为聚拢,就像在平原和高山间挖出了一个四面封闭的湖。在一个炎热夏日的夜晚所画的巴尔贝克的风景画中,一条入海渠封闭在粉色花岗岩石壁间,似乎不是海水的一部分,海是从更远的地方开始的。大洋的贯通似乎只是通过一些海鸥才表现出来,海鸥盘旋在观者看来像是石头一样的东西上。[②]

显然,这是在造型描述(ekphrasis)——回到古时状态的传统下的一种试验,其中,作家进行了极其精心的尝试制造关于非实物图画,但却振振有词的口头誊写。普鲁斯特的写作也有理论上的暗示,然而,莫里斯·梅洛-庞蒂(Maurice Merleau-Ponty,1908—1961)在很多年后在其关于塞尚(Cézanne,1839—1906)的文章中提出了这一点。[③] 普鲁斯特告诉我们,埃尔斯蒂尔试图展现“并非如其所是的”事

① 参见 J. Monnin-Hornung 尽其所能的阐述,*Proust et la peinture*(Geneva and Lille,1951),pp. 72-101。

② Proust,*À la recherché*,1:838f.

③ 参见 M. Merleau-Ponty,*Sens et non-sens* (Paris,1948),“Le doute de Cézanne”,pp. 27-44,esp. p. 30,“我们生活在人造的物质之间,在工具、房屋、街道、城镇以及大多数我们只是通过人为活动才能看见它们的时间中,在这里,我们或许被俘虏了。我们变得习惯于所有这些都是理所当然的存在且不可撼动。塞尚的画作使这种关于习惯的叙述动摇起来,并揭示了人的风仪凌驾于其上的非人属性的基础。这就是为什么那些形象是奇怪的,就如同以另一个物种的眼光来看待一般。”[英译者注:我们从法文翻译而来。*Sens et non-sens* 的英译本由 Hubert L. Dreyfus 和 Patricia Allen Dreyfus 所译:*Sense and Non-Sense* (Evanston,Ill.,1964)]梅洛-庞蒂在文章中没有提到普鲁斯特。

物,且这个评论与其倾向降低知识重要性,且强调应于预设程式、死板的习惯以及“知识”的活生生经验的重要地位。①

现代城市对感知生活产生了巨大强化作用,而这种现象是对20世纪文学和艺术前卫领域的经验主义的集中体现。②如通常所强调的那样,它也是我们经验的质性进步所导致的。事物执行自动化的过程遭到什克洛夫斯基的谴责,并为他明显是非时间性的关于有去熟化作用的艺术的定义提供了历史情境。比之早几年时,观点相似的普鲁斯特尽管独立地走上这条思路,但已经提出关于新的艺术尝试旨在抵制和对抗表现的预设程式的任务。

普鲁斯特没有将这种尝试看作绘画领域的限定。与其令人一惊的关于“塞维尼夫人的陀思妥耶夫斯基的一面”的指涉后隔了三部小说和上百页文字的地方,普鲁斯特澄清了他的用意。主人公向阿尔贝蒂(Albertine)解释说:

> 塞维尼夫人和埃尔斯蒂尔与陀思妥耶夫斯基一样,不是按照逻辑顺序,即从原因说起,而是首先向我们呈现结果,使我们产生幻觉。陀思妥耶夫斯基就是如此表现他的角色的。他们的行为使我们产生的欺骗效果仿佛埃尔斯蒂尔笔下的海洋悬于天空的效果一般。③

当然,普鲁斯特是另一个以这种方式表现其笔下人物的作家。我们立刻会想到他的非凡的创作之一——夏吕斯男爵(Baron de Charlus)。很长时间来,读者在没有被提供为何夏吕斯颇具风度的情况下,面对着其难以理解的言语和行为。然而,一定程度上,是主人公自己缺乏这种线索:他,就如我们一样,渴望基于他对他的了解来解读夏吕斯——就和所有人一样,夏吕斯是一个神秘的存在。时常被谈到的是,在《追忆似水年华》中称为“我”的角色既是普鲁斯特,也不是普鲁斯特。④有时很明显地看到这两个声音彼此认同,就像在关于“塞维尼夫人的陀思妥耶夫斯基一面”的双重暗示中,首先以讲述者的中立声音发声,继而是与阿尔伯蒂对话的“我”做出一段评论。然而,这种一致是具有迷惑性的。通过使他自己成为一个进入其小说的角色,普鲁斯特提出——不同于堪比全知全能的上帝的19世纪小说家们——同我们一样,他对自己角色的隐匿动机也是全然不知。这是19世纪托尔斯泰去熟化策略同20世纪普鲁

① 参见F. Orlando的极好的文章“Proust,Sainte-Beuve e la ricerca in direzione sbagliata”,此文作为*Contre Sainte-Beuve*的意大利文版[*Contro Sainte-Beuve*(Turin,1974)]的前言发表。

② 参见F. Moretti在*Opere mondo:Saggio sulla forma epica dal“Faust”a“Cent' anni di solitudine”*(Turin,1994)中才华横溢的分析。

③ Proust,*À la recherché*,3:378.

④ L. Spitzer,“Sullo stile di Proust”,in Spitzer,*Marcel Proust e altri saggi di letteratura francese*(Turin,1959),pp. 309f.;B. G. Rogers,*Proust's Narrative Techniques*(Geneva,1965),pp. 160ff.

斯特去熟化策略的不同之处。普鲁斯特的做法,即将某种模糊性加入叙述性声音当中,这会被认为一种对陀思妥耶夫斯基在《群魔》(*The Devils*)中所使用策略的结构性的发展,《群魔》的故事是由一个模糊的、无法完全把握其意义的角色讲述的。的确,斯塔夫罗金(Stavrogin,《群魔》中的主要角色)被表现给读者的方式与夏吕斯被表现的方式高度相似,我们遇到了一系列变成困惑、成为谜语的自相矛盾的片段。

2. 可能有人会问,尽管所有这些都会引起历史学家的兴趣,但对于他们的学术研究来说,为什么要将它们用于捕捉档案证据、法律契约等诸如此类的东西上去?为什么他们要在去熟化和其他这种来自文学理论的概念上花费功夫呢?

要回答这个问题,或许能从选自《重现的时光》(*Le temps retrouvé*)的段落中得到建议,这部小说是《追忆似水年华》的终篇。主人公正在谈论他的朋友,最近死于一战的圣卢家的罗伯特(Robert de Saint-Loup)。他对其友的遗孀吉尔伯特(Gilberte)说道:

> 我相信他开始意识到战争的一个方面,我对她说,战争是有人情味的——我们像经历爱或恨一样经历着它,我们会像讲小说一般讲述它的故事——并由此断定,如果一些人宣扬说战略是一门科学,这对他理解战争绝无助益,因为战争不是战略性的。敌人不知道我们的计划,就像我们不知道自己喜爱的女人梦寐以求的是什么一样。也许我们自己都不知道我们的计划。德国人自己知道他们在1918年3月发起的攻势中,打算取得亚眠吗?我们一无所知。或许他们自己也不知道;也许他们的目标是根据事态发展,根据他们向西部的亚眠推进过程中决定的。如果我们假定战争是科学的,我们仍将不得不反过来像埃尔斯蒂尔画海那样描绘它,并从幻想、信仰出发,渐渐加以修正,就像陀思妥耶夫斯基所讲述的命运。①

再一次,普鲁斯特将埃尔斯蒂尔和陀思妥耶夫斯基联系在一起,也是暗示性地——根据她的"陀思妥耶夫斯基的一面"——指向与塞维尼夫人的联系。然而,普鲁斯特在这里一直考虑的是人类的动机,以及因此产生的一种相对于即时印象和因果性的对立关系的新维度。随着他的注意力从绘画和小说转向分析一个伟大的历史事件的最好方式,普鲁斯特揭示了我们迄今为止在持续调查的内容的认识论意涵。

我们可以充分想象《战争与和平》的作者多么热情地欢迎普鲁斯特尽情表达对军事战略的拒斥,即后来被表达为人类存在可以被预见的荒唐想法,是战争、爱、

① Proust, *À la recherché*, 3:982f.

恨以及艺术可以在既有惯例的基础上获得的意识,是不看事实把握的意义而了解附之其上的规划内容的意识。普鲁斯特通过“天然”(naturel)一词,也是主人公的外祖母特别喜欢的一个词,展现了“托尔斯泰的一面”——一个既有道德暗示又有美学意涵的词。不过他也有“陀思妥耶夫斯基的一面”,与他通过一系列联系和调整表现其笔下人物的方法有关,也与他特有的魅力有关。①

解释最后一点会使我远离当前的路径。我更喜欢结尾附有对自己的行当更为中肯的思考。在我看来,去熟化或许是应对我们认为事实理所当然(包括我们自己在内)的风险的一种有效的解药。这种评价的反实证主义暗示显而易见。然而,在强调去熟化的认知暗示中,我也想尽可能坚定地抵制那种以将小说和历史混为一谈为目标而模糊二者间界限的流行理论,普鲁斯特拒绝这种混淆。当他说战争可能会像小说一般来讲述时,他确实不是要追求历史小说;相反,他想表示,历史学家像小说家(或画家)一样,追求的也是认知目标。我完全同意这种观点。为了廓清我自认为投身其中的历史学计划的轮廓,我归之为一句从普鲁斯特那引用——略作修改——的话:“如果我们认为历史是科学的,那么我们将不得不像埃尔斯蒂尔画海那样刻画它,反之亦然。”

译者:李根,长春师范大学历史文化学院讲师

---

① 参见 Proust, *La prisonniè*, p. 379;以及普鲁斯特发表于 *Le Figaro*, 1 February 1907 的文章“Sentiments filiaux d'un Parricide”[它在普鲁斯特的发表刊物和评论文章的意大利版文集中再版, *Scritti mondani e letterari*, ed. M. Bongiovanni Bertini (Turin, 1986), pp. 205-214]。普鲁斯特对于杀死自己母亲的年轻人 Henri de Blarenberghe 的半遮半掩的认同,在经过审查的文章的最后篇幅中变得尤为明显(p. 694)。在早期文章中,普鲁斯特提到了他关于他的母亲不得不忍受的悲惨遭遇而产生的负罪感。同样,可能在更深的层面上,他的态度更自相矛盾,并且“在蒙舒凡附近”(“auprès de Montjouvain”)的大场景下表达了更多残忍的激动情绪。重要的是后来的结尾带有显著的自传性的语句,它呼应了刚刚提到的“Sentiments filiaux d'un Parricide”中的段落:“对于我们所引起的痛苦遭遇的冷漠……无论我们叫它什么称谓,总之是残忍的可怕且永久的形式罢了”(*À la recherché, Du côtè de chez Swann*, p. 165)。

专题研究

距离与视角：两个隐喻

□卡罗·金兹堡

1994年，纽约大学理论物理学教授阿兰·索卡尔（Alan Sokal，1955— ）的一篇文章，在《社会文本》（*Social Text*）杂志上发表。索卡尔长篇幅参考文献密集的文章题目为《超越界线：走向量子引力的超形式的解释学》。一段时间后，索卡尔披露，这篇文章是对现今流行于哲学家、人类学家、文学批评家以及历史学家（包括科学史家）中激进的相对主义看法的一次极为粗劣的模仿。这个事件引起了广泛的国际反响，最终在《纽约时报》（*New York Times*）和《世界报》（*Le Monde*）的头版宣告结束。在纽约大学教授心理学的保罗·博格西安（Paul Boghossian）向《泰晤士文学增刊》（*Times Literary Supplement*）投了一篇文章（题为《我们应该从索卡尔骗局中学会什么？》），在文章中他用一个例子来说明索卡尔在对后现代相对主义的模仿中想达成的目标。博格西安写道：对于一个后现代主义者来说，考古学家关于最早生活在美洲大陆民族的起源的观点，并不比在祖尼人（Zuñi）之类的美洲土著之间流传的神话更正确。博格西安这样论述：

> 一种观点认为祖尼人和考古学的说法同样正确……这是不可能的，因为它们互相矛盾。一部分人声称或暗示，美洲的第一批人来自亚洲；另一部分人声称或暗示，他们不是来自（亚洲），他们来自……一个秘密的精神世界。但互相否定的两种主张怎么可能都是正确的呢？如果我说地球是平的，而你说地球是圆的，我们两个怎么可能都是对的呢？
>
> 后现代主义者喜欢回应这类观点，他们认为两种观点之所以都正确，是因为它们的正确是相对于某种或其他视角而言的，而且并不存在超脱于视角之外的事实问题。这样，以祖尼人的视角看，美洲第一批住民来自一个神秘的世界；而从西方人的科学视角看，美洲第一批住民来自亚洲。
>
> 因为就某种视角或其他视角看，二者都是正确的，

因此二者都是对的。[①]

应该说,我从一开始就与索卡尔和博格西安一样,对后现代主义者的怀疑立场感到不满。然而,博格西安展现他们观点的方式,在我看来似乎过于简单了。确认事实与视角之间存在联系的论述值得更加严谨地分析,既注意其隐喻的方面,也关注其历史——当然,这种做法在后现代主义出现之前很早就开始了。[②] 我会特别注意三个关键性事件,一个要追溯到古代晚期,另外两个则要追溯到近代。

一

近几十年,对历史、记忆以及忘却这三者之间关系的讨论要比过去密集得多。正如许多人注意到的,出现此现象有几个原因:见证欧洲犹太人灭绝的最后一代成员已近暮年;新旧民族主义者在非洲、亚洲及欧洲出现;对枯燥乏味的科学治史取径的愈加不满;等等。这些都无可否认,也充分证明了比起目前占支配地位的做法,尝试将记忆放在不那么狭窄的历史编纂的视野中才是合理的。然而,记忆和历史编纂并不一定趋同。在这里,我要坚持一种不同甚至相反的主题:记忆之于历史的不可约性(irreducibility)。

优素福·尤素拉米(Yosef Yerushalmi, 1932—2009)在他的《你要记得》(*Zakhor*)一书中,分析了记忆与历史的联系,追问"记忆如何与历史书写联系起来",也注意到"历史编纂作为对历史事件的如实记录,绝不是表达或唤醒犹太人集体记忆的主要媒介"。[③]

犹太人与过去建立重要的联系,一方面是通过先知对历史意义的探究,另一方面(尤素拉米写道)是经由仪式传递的集体记忆。仪式传递的"不是置身事外加以思考的一系列事实,而是人们可凭某种方式置身其中的一系列情境。这点或许最能从犹太人群体记忆的典型活动中获得理解,这一典型活动就是逾越节家宴(Passover Seder)……这是历史剧本的象征性设定,剧本的三大幕构成了被高声诵读的《哈加达》(*Haggandah*),这三幕是:奴役—解放—最终救赎"。

尤素拉米认为,即便不是真的反历史(antihistorical),《圣经》传统和希伯来传统非历史(ahistorical)的态度也是极为明显的,但这"并未阻止犹太人将重要的过去一代代地传递下去,犹太教也并未失掉它与历史的联系,以及它根本的历史取

---

① Paul Boghossian, "What the Sokal Hoax Ought to Teach Us", *Times Literary Supplement*, 13 December 1996, pp. 14f.

② 参见 C. Guillén 的文章"On the Concept of Metaphor and Perspective", in *Literature as System*(Princeton, 1971), pp. 283-371(Christoph Lüthy 好心提醒我注意这篇文章)。

③ Y. H. Yerushalmi, *Zakhor: Jewish History and Jewish Memory*(Seattle and London, 1982), p. 5. T. C. Römer 在他最近的论文中未提及尤素拉米的这本书, "Transformations in Deuteronomistic and Biblical Historiography", *Zeitschrift für die alttestamentliche Wissenschaft*, 109 (1997): 1-11。

向"①。

在这里,"历史"意味着历史本身(res gestae),而不是历史记载(historia rerum gestarum):一种活生生的关于过去的经验,而不是对过去的超然认知。尤素拉米一针见血地写道:在逾越节家宴仪式中,"记忆……不再是仍保有距离感的回忆,而是一种再现(reactualization)"②。

这个结论当然并不仅仅适用于犹太人传统。在任何文化中,集体记忆都通过仪式、祭典以及类似事件的传递,加强了与某种过去的联系,而不涉及将我们与过去分开的明确反思。我们通常认为只有随着历史编纂,即一种旨在记录并保存值得记住的事件信息的体裁出现时,这种反思才成为可能。"历史"一词源自希腊语"historia"并非偶然,意为"探究"(inquiry)。修昔底德(Thucydides,约前460—前400)长期被视作将历史作为科学探究的首个实践者,他对伯罗奔尼撒战争的叙述被看成是中立客观取径的典范。然而,近些时候,注意力已投向了他作为观察者置身于其所述事件中的作用。例如,一篇关于修昔底德历史视角的文章认为,修昔底德那篇预言雅典和斯巴达在遥远未来的某一天都将灭亡的著名段落,是源自这位史家鉴于雅典在公元前404年失败的结果而在其著作的多处采纳的观点。这场失败使修昔底德认识到,没有哪座城邦是不朽的。③

反对古希腊人没有与"视角"相对应的词语,也没有堪比15世纪佛罗伦萨创造并理论化的活动的观点,可能有些迂腐了。④ 我们当然可以用术语"视角"来解释修昔底德含蓄表达的看似客观但实际包含主观认识的叙述段落,即使这些段落与博格西安批评的后现代主义观点几无共同之处。根据后现代主义观点,两种对美洲第一批住民的起源的描述都是正确的,"因为就某种视角或其他视角看,二者都是正确的"。正如我将说明的,这种思考方式的起源可以追溯到一种既不是犹太人也不是希腊人的传统。

让我们回到记忆与仪式,更确切地说,回到二者联系尤其显著的情况。耶稣在受害以前和信徒们吃逾越节的筵席,⑤说:"这是我的身体,为你们舍的;你们也应当如此行,为的是纪念我。"(《路加福音》第22章第19节)正如已经指出的那

---

① Yerushalmi, *Zakhor*, p. 44, p. 26.

② *Zakhor*, p. 44.

③ A. Perry, "Thucydides' Historical Perspective", *Yale Classical Studies* 23 (1972): 47-61, esp. pp. 48f.

④ 在他的著名论文"Die Perspektive als 'symbolische Form'", in *Vorträge der Bibliothek Warburg*, 1924-1925 (Berlin and Leipzig, 1927), pp. 258-330, 艾尔文·潘诺夫斯基(Erwin Panofsky, 1892-1968)认为我们可以在希腊和罗马艺术中辨识出不同于文艺复兴时期的视角的特定形式。[见 E. Panofsky, *Perspective as Symbolic Form*, trans. C. Wood (New York, 1991)]

⑤ 《路加福音》第22章第15节:"耶稣对他们说:'我很愿意在受害以前和你们吃这逾越节的筵席。'"——译者注

样，这些话当然与犹太人传统是一致的。① 然而，当保罗在《哥林多前书》中以稍有变化的形式引用它们时，他从根本上重新阐释它们，将耶稣的身体转而解释为将在很久以后得以定义的基督奥体（corpus mysticum），所有的信徒都被纳入这个神秘的身体。

> 我们所祝福的杯，岂不是同领基督的血吗？我们所擘开的饼，岂不是同领基督的身体吗？我们虽多，仍是一个饼、一个身体，因为我们都是分受这一个饼。（《哥林多前书》第10章第16节以下部分）

"所有"，正如我们在《加拉太书》第3章第28节中读到的，是指每个人。它隐含表达的是每一种族、社群或者性别差异的消失："并不分犹太人、希腊人、自主的、为奴的，或男或女，因为你们在基督耶稣里都成为一了。"②

从这种普世视角看，与过去的联系，特别是与犹太人过去的联系，呈现出了新的形式。圣·奥古斯丁（Saint Augustine，354—430）在《论三位一体》（*De Trinitate*）第14卷第3章11节的一段中笼统地界定了此问题，讨论了人类灵魂中上帝形象的存在：

> 事物……或在其应处之位，或消逝在时间中；虽然已逝去者自身不复存在，只在逝去时留下某些记号；这些被看到或听到的记号，显示曾存在之物和已逝之物。这种记号或者存在于特定的地方，比如死者的坟墓或类似的地方；或者存在于可信之书中，可信之书是重要的历史以及公认的权威；或者存在于那些已经知道它们的人的心中。③

记忆管理着我们脑中的记号，奥古斯丁在《忏悔录》（*Confessions*）第10卷中极

---

① ［英译者注：此处及以下，《圣经》的引文来自《新英文圣经》。在这里，我们加上了短语"为你们舍的；你们也应当如此行，为的是纪念我"（which is given for me；do this as a memorial of me），它们被放在了脚注中］见 G. Tellenbach，"Die historische Dimension der liturgischen Commemoratio im Mittelalter"，in K. Schmid & J. Wallasch，eds.，*Memoria：Der geschichtliche Zeugniswert der liturgischen Gedenkens im Mittelalter*（Munich，1984），pp. 200-214，esp. p. 201f.；作者参考的是 J. Jeremias，*Die Abendsmahlworte Jesu*（Göttingen，1960），pp. 229ff.，239ff.，其中强调了这段话的犹太含义。

② 《加拉太书》第3章第28节。

③ 转引自 J. Pelikan，*The Mystery of Continuity：Time and History，Memory and Eternity in the Thought of Saint Augustine*（Charlottesville，1986），p. 36f.。拉丁文本（*Patrologia Latina*，42：1045）如下：

> Trintas quae imago Dei，jam quarenda in principali mentis parte… Unde quae sciuntur，velut adventitia sunt in animo，sive cognitione historica illata，ut sunt facta et dicta，quae tempore peraguntur et transeunt，vel in natura rerum suis locis et regionibus constituta sunt，sive in ipso homine quae non erant oriuntur，aut aliis docentibus aut cogitationibus propriis…Sunt autem vel in locis suis，vel quae tempore praeterierunt：quamvis quae praeterierunt，non ipsa sint，sed eorum quaedam signa praeteritorum，quibus visis vel auditis cognoscantur fuisse atque transisse. Quae signa vel in locis sita sunt，sicut monumenta mortuorum，et quaecumque similia；vel in litteris fide dignis，sicut est omnis gravis et approbandae auctoritatis historia；vel in animis eorum qui ea jam noverunt.

见 Augstine，*The Trinity*，trans. S. McKenna（Washington，1963），p. 627。同见 *De Trinitate*，15.12.21。

具深刻性地讨论了这种记忆的能力。然而,正如已经指出的,在奥古斯丁的著述中,“记忆”(memoria)有着不同于我们使用它时的含义,“记忆”的含义也没有我们使用它时那么明确。对他来说,“记忆”一般表示殉道者或者是(如在刚刚引用的段落中那样)死者的坟墓,遗物和圣物盒,以及礼拜纪念仪式。① 所有这些记号和含义都与 Ecclesia sanctorum,即圣徒的教会相关,奥古斯丁在《圣经·诗篇阐释》(*Ennarationes in Psalmos*)第 149 章第 2 节中如下定义圣徒的教会:

> 圣徒的教会在被看到之前先是被上帝预示(praesignavit),随后被宣称其可能会被看到。圣徒的教会此前存在于著述中,现在存在于万国中。此前,教会只是被读到;现在它不仅被读到,也被看到。当它只是被读到时,它为人所相信;现在它被看到了,却被抨击了!②

教会曾存在于条文中,现存在于万国中(Ecclesia sanctorum erat antea in codicibus,modo in gentibus)。与奥古斯丁同时代的、阿奎莱亚的尼西塔斯(Nicetas of Aquileia,约 340—414),更明确地强调了《旧约》与《新约》在圣书中可能读到以及在现实中可能经历的之间的连续性:

> 教会除了是所有圣徒的集会,还是什么呢? 自世界之始,是列祖亚伯拉罕(Patriarchs Abraham)、以撒(Isaac)和雅各(Jacob),使徒,殉道者,以及那些曾经、现在和即将存在的人——他们都是一个教会,因信称义,由圣灵(Spirit)标记,他们被纳入一个身体;身体的头就是基督,如它被写到的。③

在奥古斯丁看来,犹太教和基督教的过去通过“预像”(figura)这一概念相联系。④ 在他的专著《论基督教教义》(*De doctrina Christiana*)中,奥古斯丁用这个概念阐释了福音书中难以理解的几个段落。比如,《约翰福音》第 6 章第 53 节中看起来十分怪异的话语:“你们若不吃人子的肉,不喝人子的血,就没有生命在你们里面。”这句话据说是“一种比喻的说法,即示意我们去分担主的受难,并以感恩和蒙

---

① 见 V. Saxer,*Morts martyrs reliques en Afrique chrètienne aux premiers siècles* (Paris,1980),pp. 125-133 (关于纪念碑),197f.(关于礼拜纪念仪式),261f.(关于遗物),298ff.(关于圣物盒)。

② 转引自 Pelikan,*Mystery of Continuity*,pp. 107f. [英译者注:此处的译文来自 *Esposizioni sui Salm*,ed. V. Tarulli (Rome,1977),p. 901;见 *Patrologia Latina*,37:1951]

③ 见 S. Benko,“The Meaning of Sanctorum Communio”,in *Studies in Historical Theology*(London,1964),3:98ff.(译文引自此文)(关于阿奎莱亚的尼西塔斯的 *Explanatio Symboli*)。

④ 见 E. Auerbach,“Figura”,in Auerbach,*Scenes from the Drama of European Literature*(New York,1959),pp. 11-76;R. W. Bernard,“The Rhetoric of God in the Figurative Exegesis of Augustine”,in M. S. Burrows and P. Rorem,eds.,*Biblical Hermeneutics in Historical Perspective*:*Studies in Honor of Karl Fröhlich on His Sixtieth Birthday*(Grand Rapids,Mich.,1991),pp. 88-99(奇怪的是这里未提及奥尔巴赫)。

泽的记忆铭记主的肉体因我们被钉在十字架上并受伤害的事实”。①

然而,在《论基督教教义》的其他地方,奥古斯丁指出,对《圣经》的隐喻性阐释可能过度了。他提醒切勿将我们(即《圣经》的读者)所处时代和地方的习俗纳入《圣经》中:

> 由于人性倾向于根据人的习俗,而不是罪恶所含的恶意来估量罪恶,因此时常会发生这样的事,即一个人被认为该受到斥责,只是由于其行为是他所处的国家或时代向来反对和谴责的;而他的行为被认可和称赞,也只是由于被其所处的国家和时代所允许。如此一来,如果《圣经》教导的是某些与其听众的习俗相背离的事物,或谴责的是与听众习俗一致的事物,人们就会将其视为一种隐喻性表达——(这样说的)前提是《圣经》的话语权威在人们心中根深蒂固。但是,《圣经》要求的只是仁爱。②

这个原则暗示“我们必须谨慎考虑那些合乎地点、情境以及人的事物(quod igitur locis et temporibus et personis conveniat),这样才不会轻率地将它们判定为罪”③。

奥古斯丁观察到,在有些情况下,我们阅读《圣经》必须从字面和隐喻两个层面展开,因为习俗随着时间流逝已经发生变化:

> 早些时候,正直之人代表并预言伪装成地上王国(earthly kingdom)的天上王国(kingdom of heaven)。出于繁衍大量后代的考虑,一夫多妻制那时是不会招致反对的……且对同类相关的任何事情(即在《圣经》中的事情)的理解,不仅要从历史的角度和文字用法的角度进行,也要从它隐喻性和预言性的含义入手(non solum historic as proprie, sed etiam figurate prophtic accertum);并必须总是以仁爱为目的获得阐释,不管是对上帝、我们的邻居,抑或二者兼有。④

我们不得不同时从预言的角度和历

---

① Saint Augustine, *De doctrina Christiana*, 3.16.24; *Christian Instruction*, trans. J. Gavigan, in vol. 4 of Augustine's Writings, 2d ed. (Washington, 1950; reprint, 1966), p. 136.

② *De doctrina Christiana* 3.10.15 (*Christian Instruction*, trans. Gavigan, p. 129f.):

Sed quoniam proclive est humanum genus non ex momentis ipsius libidinis sed potius suae consuetudinis aestimare peccata, fit plerumque ut quisque hominum ea tantum culpanda arbitretur, quae suae regionis et temporis homines vituperare atque damnare consuerunt, et ea tantum probanda atque laudanda, quae consuetudo eorum cum quibus vivit admittit, eoque contingit ut, si quid scriptura vel praeceperit quod abhorret a consuetudine audientium vel quod non abhorret culpaverit, si animum eorum iam verbi vinxit auctoritas, figuratam locutionem putent. Non autem praecipit scriptura nisi caritatem.

③ *De doctrina Christiana* 3.12.19: “Quod igitur locis et temporibus et personis conveniat, diligenter attendendum est, ne temere flagitia reprehendamus” (*Christian Instruction*, trans. Gavigan, p. 133).

④ *De doctrina Christiana* 3.12.20 (*Christian Instruction*, trans. Gavigan, p. 133f.).

史的角度阅读《圣经》，因为上帝已经成就了人类历史。① 奥古斯丁对犹太人献祭所持的态度，确切地说是关于列祖一夫多妻制的态度，受到了根据时间和情境习俗这一需要的启发。罗马元老院议员沃鲁西安努斯（Volusianus，？—253）曾提出一个尖锐的问题：上帝怎会接受基督教徒新的献祭，而反对犹太人旧的献祭？或许上帝改变了主意？奥古斯丁的回复被送到帝国使臣（Imperial Commissioner）弗拉维乌斯·马尔塞林努斯（Flavius Marcellinus，？—413）那里，他重提上帝缔造人类的观点。②

奥古斯丁如下记述：

> 任何人都可以看出这个原则所具有的广泛适用性，如果他相信并成功观察到美与适宜（fitness）之间的差异。可以这么说，这种差异在事物的一般层面深远而广泛。因为，美丽是由于其自身被观赏和赞誉，它的反面是丑陋和不雅。但是适宜，其反面是不适宜，它依赖于其他事物，且在某种意义上无法与之分离；适宜不是因为自身的价值，而是因为与之连接的事物受到赞赏。无疑，“适当的”（suitable）与“不适当的”（unsuitable）是反义词，或者这么考虑。现在让我们运用前面所说的来讨论下面这个问题。上帝指定的献祭在早些时候是适宜的，但于现在并非如此。因此，他规定了另一适合这个时代的献祭，因为关于什么是合乎每个时代的（novit quid cuique tempori accommodate adhibeatur），上帝比人类清楚得多，且上帝作为变动世界的不变的创造者和统治者，他也知道给予什么以及何时给予，添加、拿走、撤回、增加，或者减少，直到实现整个世界的美，其中个体合乎各自的时间，就像涌浪汇入妙不可言的音乐家的颂歌之中，因此上帝真正的崇拜者上升到对上帝形象的永恒凝望，即使是

---

① A. Funkenstein, *Theology and the Scientific Imagination* (Princeton, 1986), pp. 202–289, esp. p. 222.

② 同上，p. 223f.。也许奥古斯丁的回答指的是吗哪（Manna）或者是麦基洗德（Melchisedek）的献身。见 Augustine, *In Johannis Evangelium*, *tractatus* 26, 12 (*Patrologia Latina*, 35: 1612): “Hunc panem significat manna, hunc panem significavit altare Dei. Sacramenta illa fuerunt; in signis diversa sunt, in re quae significantur paria sunt” [这句话被引用于 W. Gessel, *Eucharistische Gemeinschaft bei Augustinus* (Würzburg, 1966), p. 179]。更一般的情况，见 J. Lecuyer, “Le sacrifice selon Saint-Augustin”, in *Augustinus Magister* (Paris, 1954), 2: 905–914; G. de Broglie, “La notion augustinienne de sacrifice ‘invisible’ et ‘vrai’”, *Recherches de science religieuse* 47 (1960): 135–165（不是一篇有说服力的文章）。

在信仰的时间中(也如此)。①

为了理解这极其重要的一段话,我们必须牢记奥古斯丁的处女作《论美与适宜》(*De pulchro et apto*),这篇文章献给了一位生于叙利亚、在希腊受教育的罗马演说家[《忏悔录》(*Confessions*)第4卷第13章第20节]。在《忏悔录》第4卷第15章第4节中,奥古斯丁提到了这篇文章的内容(论文那时就已佚失,且从未找回),以后见之明批评了他在文中采纳的摩尼教(Manichean)的观点。从标题和奥古斯丁的简明提及来看,我们知道这篇论文开始谈论美与适宜或适合的差异("pulchrum"对照"aptum"或"accommodatum")。② 柏拉图(Plato)在他的《大希庇亚斯》(*Greater Hippias*)中讨论了这种差别,这种差别也毫无疑问进入了柏拉图主义的传统中。奥古斯丁对希腊人所知甚少,但他一定间接通过西塞罗(Marcus Tullius Cicero,前106—前43)的著述接触到了这些主题,他年少时曾充满激情地阅读西塞罗的著作。③ 在我们刚刚提到的那段话中,奥古斯丁附和西塞罗在《论演说家》(*De oratore*)中的长论。奥古斯丁首先谦逊地提及柏拉图,但随后转到坚定的反柏拉图立场。④ 西塞罗开篇提到,本来就存

---

① S. Aurelii Augustini…, *Epistulae*, ed. A. Goldbacher (Vindobonae-Lipsiae, 1904), CSEL, 44:3, Letter 138, "Ad Marcellinum", 1.5, p. 130: "Haec quaestio quam late pateat, profecto videt, quisquis pulchri aptique distantiam sparsam quodam modo in universitate rerum valet neque neglegit intueri. Pulchrum enim per se ipsum consideratur atque laudatur, cui turpe ac deforme contrarium est. Aptum vero, cui ex adverso est ineptum, quasi religatum pendet aliunde, nec ex semet ipso sed ex eo cui connectitur, judicatur; nimirum etiam decens atque indecens vel hoc idem est vel perinde habetur. Age nunc ea, quae diximus, refer ad illud, unde agitur. Aptum fuit primis temporibus sacrificium, quod praeceperat Deus, nunc vero non ita est. Aliud enim praecepit, quod huic tempori aptum esset, qui multo magis quam homo novit, quid cuique tempori accommodate adhibeatur, quid quando impertiat, addat, auferat, detrahat, augeat minuatve inmutabilis mutabilium sicut creator ita moderator, donec universi saeculi pulchritudo, cuius particulae sunt, quae suis quibusque temporibus apta sunt, velut magnum carmen cuiusdam ineffabilis modulatoris excurrat atque inde transeant in aeternam contemplationem speciei, qui Deum rite colunt, etiam cum tempus est fidei."这个段落部分被引用于 Funkenstein, *Theology*, p. 223。[英译者注:此处译文引自 Sister Wilfrid Parsons, *Saint Augustine: Letters* (Washington, 1953), 3:38f.]有关奥古斯丁在《驳浮士德》(*Contra Faustum*)中对犹太人献祭所作的隐喻性阐释,见 S. D. Benin, *The Footprints of God: Divine Accommodation in Jewish and Christian Thought* (Albany, 1993), p. 102ff.。

② "Et animadvertebam et videbam in ipsis corporibus aliud esse quasi totum et ideo pulchrum, aliud autem, quod ideo deceret, quoniam apte accommodaretur alicui, sicut pars corporis ad universum suum aut calciamentum ad pedem et similia" (*Confessions* 4.13.20); "et pulchrum, quod per se ipsum, aptum autem, quod ad aliquid accommodatum deceret, definiebam et distinguebam et exemplis corporis adstruebam" (*Confessions* 4.15.4). Benin, *Footprints*, p. 99ff.,注意到这些段落的重要性但并未发展它们的含义。

③ H.-I. Marrou, *Saint-Augustin et la fin de la culture antique* (Paris, 1958), "Retractatio" [1949], pp. 631-637; P. Brown, *Augustine of Hippo* (Berkeley and Los Angeles, 1969), p. 57; A. Solignac's note on Confessions, books 1-7, *Bibliothèque augustinienne*, 2d ser. (Paris, 1963), 13:671-673; T. Katô, "Melodia interior: Sur le traité 'De Pulchro et apto'", *Revue des études augustiniennes* 12 (1966):229-240.

④ M. Testard 拿出有信服力的论据以支持这样一种观点,即《论美与适宜》是受到西塞罗而非直接受到柏拉图的启发,见 *Saint-Augustin et Cicéron* (Paris, 1958), 1:49-66。他从西塞罗那里引用了大量段落,但这些段落不包括我在这里讨论的一段。

在“彼此相异的多种事物,而它们也被认为具有相似性质”①。

这显然无伤大雅的原则首先被运用到艺术(视觉与口头的)中,然后是修辞学,使文学体裁或修辞学体裁的概念转变成某种接近于我们谓之个人风格的事物。② 诗人如埃斯库罗斯(Aeschylus,前525—前458?)、索福克勒斯(Sophocles,前496—前406)、欧里庇得斯(Euripides,前485—前406),每个人都有自身的无可比拟之处,所有的艺术家都以自己独特的方式臻于完美。总而言之,西塞罗说:“我们若着眼每时每地细察所有的演说者,难道不会得出有多少个演说家就有多少种体裁的结论吗?”(3.34)

单一的完美体裁并不存在,西塞罗总结:要由演说家不时地去选择哪一种是合乎特定情境的。

奥古斯丁学者——首先是作为一个学生,后来是作为一位修辞学教授——运用技术性术语如“aptum”和“accommodatum”,这是希腊词语“prepon”的拉丁文翻译。③ 奥古斯丁对基督教神学的发展与阐述受到修辞学的强烈影响。这一点尤其适用于他的神的俯就概念,此概念特定的修辞学起源明显可见于他给罗马元老院议员沃鲁西安努斯的间接回复中。在他关于基督教教徒和犹太教教徒关系的分析中,奥古斯丁利用了一个概念图式(conceptual schema),此图式源于他早年对 pulchrum 和 aptum——什么是普遍的美以及什么是适宜的这二者之间关系的认真思考。西塞罗坚持认为,在视觉和口头艺术的领域中,卓越(excellence)与多样并非互不相容。然而,尽管提及了演说者的“现在与过去”,西塞罗的观点本质上是非历时性(achronic)的。奥古斯丁利用了相同的模式,但是拓展了它的适用范围,使其进入时间维度。大自然,如同人类活动,“会根据时代需要遵循一定节奏发生变化,但这并不会影响变化的节奏”④。在这里奥古斯丁转向历史的时间,将上帝——“变动世界的不变的创造者和统治者”,描绘成如一位“妙不可言的音乐家”。⑤ 西塞罗关于艺术和诗歌本质的思考,促发奥古斯丁赞颂“人类经验的过程之美”(universi saeculi pulchritude),将其比作一首悦耳的歌曲。此隐喻使他得以

---

① Cicero, *De oratore*, Loeb series, trans, H. Rackham.

② 关于整个话题,见上述第六章。

③ 见 M. Pohlenz, “*To prepon*. Ein Beitrag zur Geschichte des griechischen Geistes”, in *Nachrichten von der Gesellschaft der Wissenschaften zu Göttingen aus dem Jahre* 1933, Phil.-Hist. Kl., n. 16, pp. 53-92。奥古斯丁修辞学的重要性被 M. Simonetti 强调,这可见于他给《论基督教教义》意大利译本所作的序言,见 *L' istruzione cristiana*, ed. M. Simonetti (Milan, 1994), pp. xxxiiff.。同见 G. Strauss, *Schriftgebrauch, Schriftauslegung und Schriftbeweis bei Augustin* (Tübingen, 1959)。

④ *The Works of Aurelius Augustinus*, ed. M. Dods (Edinburgh, 1875), pp. 12, 2, 197ff.

⑤ H.-I. Marrou 从不同于此处的视角评论这段话,见 *L' ambivalence du temps de l' histoire chez Saint-Augustin* (Paris, 1950), pp. 82-84。

调和神的永恒与历史的变化,调和犹太教依据自己的时间祭祀的事实,以及取而代之的基督教圣礼的事实。

虽然古代历史学家,从修昔底德到波利比乌斯(Polybius,前200—前118),都强调人类本性是不变的,但他们意识到了制度和风俗会发生变化。这点奥古斯丁也意识到了。在《论基督教教义》(*De doctrina Christiana*)第3卷第12章第19节中,奥古斯丁评论:“从前在古罗马人中身着直达脚踝、长袖的祭袍是件不光彩的事;但现在对于那些出身高贵的人来说,不穿上那种式样的祭袍,反而显得不得体——这绝非陈词滥调,因为这一具有历史性变化的例子,遵循并加强了奥古斯丁为列祖的一夫多妻制辩护这一行为的正当性。[1] 奥古斯丁大致将犹太人的过去视为一个特例,犹太人的过去与基督徒的现在相连,是通过一种预表[2](typological)而非类推(analogical)的关系。[3] 然而,为了表述这个构成比喻性阅读的根基的观点——《旧约》(*Old Testament*)是真实的同时也被取代了——奥古斯丁求助于西塞罗的论点,认为艺术的卓越内在地抗拒比较。

“如果希罗多德(Herodotus,生卒年不详)是历史之父,”尤素拉米提醒我们,

① “Sicut enim talares et manicatas tunicas habere apud Romanos veteres flagitium erat, nunc autem honesto loco natis, cum tunicati sunt, non eas habere flagitium est”(*Christian Instruction*, trans. Gavigan, p. 134).

② 预表是解释《旧约》的一种方法。预表是透过某些人、事、物来预先表示将来要发生的事,《旧约》时代的人、事、物除了本身具有历史性的意义,还隐含着未来的意义,与《新约》时代的人、事、物有前后呼应的联系,前者可看成是后者的预表。例如《旧约》亚伯拉罕把童子以撒献在祭坛上,是预表《新约》神以他的独生子耶稣基督,钉在十字架上为世人赎罪;《旧约》中合神心意的王——大卫预表《新约》的基督;而摩西在旷野举蛇,正预表着耶稣基督在十字架上被钉。参考《预表的解释》,http://cclw.net/other/jhgrpx/2/htm/chapter20.html。——译者注

③ *Tractatus adversus Judaeos*, 3 (*Patrologia Latina*, 42:53):“Ut populous Dei, qui nunc est populous christianus, jam non cogatur observare quae propheticis temporibus observabantur: non quia damnata, sed quia mutata sunt; non ut res ipsae quae significabantur perirent, sed ut rerum signa suis quaeque temporibus convenirent.”

"历史意义之父就是犹太人。"[1]然而，不管是希腊人还是犹太人，都未曾考虑能与我们熟悉的历史的视角这一概念相比较的事物。[2] 只有一位基督徒如奥古斯丁，通过思考基督教教徒和犹太教教徒、《旧约》和《新约》之间的必然关系，经由黑格尔的扬弃(Aufhebung)，得以提出成为我们历史意识的一个关键性因素的观点：对过去的理解必须根据它自身，也要将其视作归根结底是指向我们自身的链条上的一环。[3] 我要提出的是，在此矛盾之中，我们可以看到基督教教徒对犹太教教徒的矛盾心理的世俗化投射。

二

人类经验的过程之美(universi saeculi pulchritudo)，被奥古斯丁比作基于多种声音的和谐旋律。他在《论真宗教》(*De vera religione*)中写道：世纪的连续或许就像一首无人能完整聆听的歌曲。[4] 我们也被提醒注意《忏悔录》所作关于时间的思考中音乐的重要性。"听道而信"(fides ex auditu)：通过这种方式，奥古斯丁得以将人类历史——信仰和聆听的时间，与永恒——上帝不受时间所限的凝望，对照(counterpose)起来。[5]

然而如今，我们不禁要将奥古斯丁的听觉隐喻转化为连通距离与视角的视觉隐喻。产生这种感官变化的原因是显而易见的。印刷术使得图片和书籍极其易得，它在所谓视觉的胜利，或近来所谓"现代性视觉政体"(scopic regime of moder-

---

① Yerushalmi, *Zakhor*, p. 8.

② 在他的"Epilogemena zu Mimesis", *Romanische Forschungen* 65 (1954): 1-18, esp. p. 3, 埃里希·奥尔巴赫(Erich Auerbach, 1892—1957)写道：现代视角主义以及"历史主义"视角只是在过去的一个半世纪才得到充分发展。然而，奥尔巴赫在自己的论文"Figura"中指出，"现代性视野"有着更深远的根源，这里，如在这本书的其他地方，我尝试在奥尔巴赫著作的不同方面之间建立起对话，以它们的作者或许还未接受的方式去挖掘它们的含义。利奥·斯皮策(Leo Spitzer, 1887—1960)在脚注(p. 106, n. 7)中，总结其论文"Linguistics Perspectivism in the *Don Quixote*"，见其 *Lingustic and Literary History*, Princeton, 1948, pp. 41-85, 强调"'视角主义'在基督徒看来是固有的"，根据"普通人能够获得智慧，和智者一样……律法的精神而非书信的精神是可以被任何人理解的"。这相同的观点是奥尔巴赫著述的核心，它由于过度的社会学取向被斯皮策在前面的脚注中批判了。奥尔巴赫和斯皮策都没有观察到基督徒的视角主义(通常伴随着"精神"和"书信"的对立)形成于基督教与犹太教的矛盾之中：这个盲点或许部分是与二者都是被同化的犹太人这一事实相关。我考察了一个类似的案例，与另一位大学者弗里茨·萨克斯尔(Fritz Saxl, 1890—1948)有关，萨克斯尔和斯皮策一样，来自维也纳的一个犹太家庭，见我的论文"Die Venus von Giorgiane: Ikonographische Innovationen und ihre Folgen", *Vortage aus den Warburg-Haus* 2 (1998): 3-88。

③ 这双重观点成为 Guillén 调查研究的起点，见其论文"On the Concept of Metaphor and Perspective"(被引用于上述 n. 2)。他准确地观察到视角隐喻"源自视觉艺术中一种欧洲的、历史条件下的发现"(p. 366)。然而，正如我们将看到的，隐喻清楚地表述了一个形成于不同的感官语言中的概念。

④ *De vera religione* 22.44: "Totum autem ordinem saeculorum sentire nullus hominum potest."

⑤ *Patrologia Latina*, 33: 527: "Atque inde transeant in aeternam contemplationem speciei qui Deum rite colunt, etiam cum tempus est fidei."

nity)中发挥了重要作用。① 然而,我怀疑这样一种模糊分类是否真的能够解释我们对视觉隐喻的偏好。更发人深省的是为潘诺夫斯基(Erwin Panofsky,1892—1968)所强调的,意大利文艺复兴时期产生的直线透视法(linear perspective)与同时出现的对过去的批判态度之间的相似之处。② 诚然,这仅仅表示二者有集合(convergence),尽管只是暗示性的。然而,吉塞拉·博克(Gisela Bock)在一篇颇具洞察力的文章中,指出两个术语(听觉隐喻和视觉隐喻)之间的特定联系——存在于马基雅维利(Niccolò Machiavelli,1469—1527)《君主论》(*The Prince*)的献辞中——别人未曾发现的。③

《君主论》(*The Prince*)1513年至1514年写成,1532年出版,即马基雅维利死后五年。《君主论》出版后获得了声誉、成功,同时也臭名昭著。这本"小书"(opusculo),如它的作者称呼的,最初是献给朱利亚诺·德·美第奇(Giuliano de' Medici,1453—1478)的;马基雅维利死后,它被献给洛伦佐·迪·皮耶罗·德·美第奇(Lorenzo di Piero de' Medici,1492—1519),即乌尔比诺公爵(Duke of Urbino),他也是伟大的洛伦佐(Lorenzo the Magnificent,即Lorenzo de' Medici,1449—1492)的孙子。马基雅维利身后出版的《君主论》在美第奇家族圈(Medici circle)内发行,依然保留着作者给1519年逝世的乌尔比诺公爵的献辞。④《君主论》篇幅短小精悍,主要与马基雅维利的认识相关,即他作为一个出身卑微的普通公民,大胆地提出了君主权力运行的规则。对于可能招致的批评,他这样为自己辩护:

> 我想,一个身居卑位的人,敢于探讨和指点君主的政务,不应当被看作佞妄,因为正如那些绘风景画的人们,为了考察山峦和高地的性质便侧身于平原,而为了考察平原便高踞山顶一样,同理,充分认识人民的性质的人应该是君主,而充分认识君主的性质的人应是人民。⑤

这种观点是具有说服力的,即我们应该看到这段话暗指了列奥纳多·达芬奇

---

① M. Jay,"The Scopic Regime of Modernity",in *Vision and Visuality*,ed. H. Foster (Seattle,1988),pp.3-23;见同一作者的*Downcast Eyes*:*The Denigration of Vision in Twentieth-Century French Thought* (Berkeley,1993)(作为调查报告很有用,但根本上说不太具有启发性)。

② 见当前作者(Carlo Ginzburg)的 *Miti emblemi spie*(Turin,1985),pp. 59ff. [*Clues*,*Myths*,*and the Historical Method*, trans. J. and A. Tedeschi (Baltimore and London,1989)]。

③ G. Bock,"Machiavelli als Geschichtsschreiber",*Quellen und Forschungen aus italienischen Archiven und Bibliotheken*,66 (1986):153-190,esp. pp. 175f.

④ C. Dionisotti,*Machiavelleri*,(Turin,1980),pp. 122f.

⑤ 尼可罗·马基雅维利《君主论》的献辞,译文见 George Bull (Harmondsworth,1961),p. 30。后续对《君主论》的引用都来自此译本。

(Leonardo da Vinci,1452—1519),列奥纳多制作了地图并绘出"风景"。[①] 1502年10月至12月间,马基雅维利在位于伊莫拉(Imola)的罗马尼阿公爵(Duke of Romagna)凯萨·波吉亚(Cesare Borgia,1476?—1507)的朝中担任佛罗伦萨共和国(Republic of Florence)的官方大使。在那里,他很可能碰到了被波吉亚任命为军事工程师的列奥纳多。几个月之后,列奥纳多绘制的伊莫拉地图为马基雅维利描绘风景提供了绝佳依据。

1504年5月,马基雅维利在担任共和国执政委员会(Chancellery of the Republic)秘书的任期内,批准提前给列奥纳多支付报酬。这是绘一幅壁画应付的总报酬,这幅壁画将绘在领主广场(Palazzo della Signoria)的墙上,展示的是安吉里之战(Battle of Anghiari),佛罗伦萨历史中的一个插曲。壁画并未完全绘成,也未留存下来。在列奥纳多的《大西洋手稿》(*Codex Atlanticus*)中,我们发现一篇出自马基雅维利的秘书亚美利哥·韦斯普奇(Agostino Vespucci,1454—1512)之手的对此战争的简短描述。我们或许能推测,但遗憾的是,不可能将这些证据碎片拼成一个连贯的整体。尽管如此,马基雅维利寻求"事情真相"的热情可能增强了,如他轻蔑地评价那些描述理想的、纯粹虚构的共和国的作家们(见《君主论》第15章),即使这种热情并非为列奥纳多对现实超然的分析态度所激发。[②]

马基雅维利在《君主论》第15章中写下一句著名的话:"一个人如果在一切事情上都想以善良自持,那么他侧身于许多不善良的人当中定会遭难。"现实就是它本来的样子,这一悲剧性的认识——时常被解读为犬儒主义——源于对超然的分析的热烈倡导。在这里我们找到了与"绘风景"的人以及暗示性地(通过坚持一个视点)与视角的实践相似的事物。马基雅维利认为不同的视角会产生不同的政治现实的表征(representation)。分别基于君王的立场和民众的立场的表征都同样受到限制:客观性只有当一个人从外部、在一定距离外、处于外围边缘的位置上观察现实才能实现,如马基雅维利在1513年至1514年所处的位置。

可以发现,我们与奥古斯丁的模式相差很远,这不仅仅是因为马基雅维利的认

---

① 见E. Solmi,"Leonardo e Machiavelli"[1912],in *Scritti Vinciani* (Florence,1976),pp. 535-571,esp. p. 569(此处暗示而非明言,《君主论》的献辞可能暗指列奥纳多)。马基雅维利和伽利略(Gelileo,1564—1642)的所谓密切关系,分散了对前者与列奥纳多可能存在关联的注意,尽管G. Sasso同时反对这两种论证思路,见其*Studi sul Machiavelli*(Naples,1967),pp. 318ff.。然而,E. Garin [*Rinascite e rivoluzioni* (Bari,1975),p. 253]提出或正好借此再次思考马基雅维利与列奥纳多曾保持联系的主张,这个提议被Dionisotti (*Machiavellerie*,p. 28,n. 6)注意到。R. Masters在*Machiavelli*,*Leonardo and the Science of Power* (Notre Dame,Ind.,1996))中,满怀热情地着手研究这个问题(尽管他并不了解早些时候的许多成果,包括Solmi和Bock的贡献)。同见卷*Leonardo*:*Il codice Hammer e la mappa di Imola*,ed. C. Pedretti(Bologna,1985)。

② Solmi,"Leonardo e Machiavelli",p. 569;同见C. Luporini,*La mente di Leonardo*(Florence,1953),p. 174,n. 63。

知隐喻是基于视觉而非听觉,更为重要的是,一个基于神的俯就的模式,其中真理(犹太教)指向更高的真理(基督教),与一个基于冲突的纯世俗模式之间的差异。① 政治现实的表征之间的差别,源于事物内在冲突这一本质。如马基雅维利在《君主论》献辞中所写,他对此的认识来自"对现代事务(cose moderne)的长期经验和对古代世界的不断钻研"②。卷入政治斗争、研究罗马历史,都启发马基雅维利得出全新的论点,即"平民和罗马元老院(Roman Senate)的分裂使共和国自由而强大"③,他在《讲话集》(*Discourses*)第1章和第4章中对此进行解释[随后在《佛罗伦萨史》(*Storie Fiorentine*)中进一步发展]。

《君主论》获得了如此大的声望与成功(也成为被谴责与反驳的对象)④,再从其献辞(马基雅维利在其中将自己比作"绘风景的人")的一段话中寻找具体呼应似乎是浪费时间。我们可能会觉得只需要考察"现代性视觉政体"就可以了。然而,不那么仓促的考察最终得到了出乎意料的结果。

1646年,《君主论》出版超过一个世纪。《君主论》成为笛卡儿(René Descartes,1596—1650)和他的学生普法尔茨的伊丽莎白公主(Elizabeth Princess of the Palatinate,1618—1680)通信的中心话题。伊丽莎白阅读并评论《谈谈方法》(*Traite des passions de l' àme*)的草稿后,请教笛卡儿的思想中有关公民生活(la vie civile)——如我们今天所说的政治和社会生活——的内容。⑤ 两个人[笛卡儿在荷兰(Holland),伊丽莎白在柏林(Berlin)]随后约定一起读马基雅维利的《君主论》。1646年8月或9月,笛卡儿寄给伊丽莎白一份对《君主论》的多个段落的详细评论,但未提及书的标题和作者。这种谨慎是可以理解的,因为《君主论》被列入禁书目录中,它被天主教和新教视作是不敬、异端的著作(未提不适合君主)。为了隐瞒他们正就这颇有争议的话题展开通信的事实,伊丽莎白让笛卡儿将信寄给她未成年的妹妹索菲娅(Sofia)。笛卡儿照做了,在信的末尾他谨慎地建议伊丽莎

---

① Leo Strauss 认为,马基雅维利对人类现实所持的"现代的"态度暗示了与古代"古老的"(希腊人和犹太人)传统之间的断裂,见其 *Thoughts on Machiavelli*(Glencoe,Ill.,1958)。Karl Löwith 认为绝对断裂存在于基督教和古代世界的对立之中,见其 *Meaning in History*(Chicago,1949)。或许他们俩都是正确的,也都是错误的,由于他们指出了两个根本的断裂(分别是基督教和"现代"),黑格尔承袭并将它们结合到一起。

② *The Prince*, p. 29.

③ G. Bock, "Civil Discord in Machiavelli's Istorie Fiorentine", in *Machiavelli and Republicanism*, ed. G. Bock, M. Viroli, and Q. Skinner (Cambridge, 1990), pp. 181-201.

④ G. Procacci, *Machiavelli nella cultura europea dell' età moderna* (Bari, 1995).

⑤ R. Descartes, *Correspondence*, in *Oeuvres*, ed. C. Adam and P. Tannery (Paris, 1976), 4:406.

白今后用暗码给他写信。①

我们简短地看看这些细节的相关性。现在,让我们只注意风景描绘的段落,这是笛卡儿引自《君主论》(用法语)并讨论的其中一段。如在其他一些地方那样,在这里他表达了不同意见:

> 现在铅笔所代表的事物可在一定距离外看出;但君主行为的主要动机通常存在于特殊的情境中以至于无法猜想,除非通过这样一个人,即他本身就是君主,或他长期作为他们秘密的分享者。②

如此一来,笛卡儿通过强调君主所处的特殊位置,恢复了被马基雅维利的对称隐喻所否定的社会层级和认知层级。③

笛卡儿和伊丽莎白的往来信件由索菲娅保管,索菲娅后来成为汉诺威选帝侯夫人。几十年后,信件被索菲娅的门徒莱布尼茨(Leibniz,1646—1716)发现,他是笛卡儿手稿和书信的热心搜寻者。④ 莱布尼茨当然很熟悉《君主论》,⑤也一定看到了笛卡儿关于风景描绘段落的评论。这样同时阅读笛卡儿和马基雅维利,构成《单子论》(*Monadology*)中一段著名论述的基础:

> 犹如同一座城市,从不同的侧面看,呈现出的样子相当不同,且从某些角度(perspectivement)看似乎有很多个;同样,由于单纯实体(simple substances)的数量无限,因此似乎存在着许多不同的宇宙(universes),不过根据对每一单子(Monad)的特殊视点,这些宇宙只不过是一个单一宇

① Descartes, *Correspondance*, 4:485-496.

② *Correspondance*, 4:492:"Car le crayon ne represente que les choses qui se voyent de loin; mais les principaux motifs des actions des Princes sont souvent des circonstances si particulières, que, si ce n'est qu'on soit Prince soy-mesme, ou bien qu'on ait esté fort longtemps participant de leurs secrets, on ne les scauroit imaginer."

③ J. J. Goux 可能进一步利用这段话,以支持他颇为仓促的评论,见其"Descartes et la perspective", *L'Esprit Créateur* 25, no. 1 (Spring 1985):10-20。同见 G. Boehm, *Studien zur Perspektivität: Philosophie und Kunst in der frühen Neuzeit* (Heidelberg, 1969), pp. 172-184。

④ 1675 年、1676 年莱布尼茨在巴黎时,抄写并翻译了几份笛卡儿的手稿。见 E. Garin 所作笛卡儿著作[*Opere* (Bari, 1967), 1-xxxv]意大利文版本的序言以及 O. Klopp, ed., *Correspondance de Leibniz avec l'électrice Sophie de Brunswick-Lunebourg*, 3 vols. (Hanover, 1874), 1:158。

⑤ Procacci, *Machiavelli*, p. 264.

宙的不同方面(perspectives)。①

和马基雅维利类似,对莱布尼茨来说,视角隐喻推动了基于多元化视点的认知模式的形成。然而,马基雅维利的模式是基于冲突,莱布尼茨的模式则基于实体无限多样性的和谐共存。这种共存归根结底意味着罪恶不存在。在《神义论》(*Theodicy*)中,莱布尼茨比较了表面上混乱无形的图像——"那些采用某种视角创作出的美丽画作看起来只是混乱,除非它们被修复以符合恰当的视角,或是透过特定的镜子或镜头观看"——与"我们的小世界的明显变形体,小世界被重新聚合到

① G. W. Leibniz, *Monadology*, trans. with an introduction and notes by R. Latta (Oxford, 1898), no. 57, p. 248;见 *Monadologia*, in Leibniz, *Opera philosophica*, ed. J. E. Erdmann (Aalen, 1959), p. 709:"Et comme une même ville regardée de différens côtés paroît tout autre et est comme multipliée perspectivement, il arrive de même, que par la multitude infinie de substances simples, il y a comme autant de différens univers, qui ne sont pourtant que les perspectives d' un seul selon les différens points de vue de chaque Monade."我们正考察的联系构成了重新看待笛卡儿的视角主义和莱布尼茨的视角主义的对比的基础,这点已经被 U. J. Wenzel 指出来(比如),见其"Descartes in die Perspektive des Perspektivismus: Eine Skizze", in *Perspektiven des Perspektivismus: Gedenkschift zum Tode Friedrich Kaulbachs*, ed. V. Gerhardt and N. Herold (Berlin, 1992), pp. 59-73, esp. p. 59。同见 Guillén, "Concept of Metaphor", pp. 318-325(关于莱布尼茨的视觉隐喻)。

大世界的美中:也就是在上帝那里”①。在历史主义的各种说法中,或许有对这些神学主题的呼应。神学家和心理学家约翰·马丁·克拉顿尼乌斯(Johann Martin Chladenius,1710—1759)顺着最初的思路发展了莱布尼茨的观点,恰恰立足于这一知识传统的起点。② 在克拉顿尼乌斯看来,历史资源、作为人类意志的产物以及历史学家的著述,都与特定的“视角”(Sehe-Punckte)密切相关:克拉顿尼乌斯注意到莱布尼茨或许是首个在一般意义上而非严格的视觉意义上使用此种表达的人。③ 然而,当克拉顿尼乌斯不仅认定对任何历史事件的描述必有偏颇,也坚持认为这些描述最终会被协调一致时,说明他阅读莱布尼茨时心中想着马基雅维利:“一个忠诚的话题,一个叛徒和一个外国人,一个朝臣,一个城市居民和一个农民,他们各自对一场叛乱会有不同的理解。”④

克拉顿尼乌斯的看法,对我们来说似乎相当陈腐,但它在过去很长一段时间里绝非如此,他重申了马基雅维利所谓平民对君主的看法以及君主对平民的看法二者是对立的观点。这个例子说明只有从一定距离外才能充分地评估我们所讨论的认知模式:我采用这种说法并不是要玩幼稚的文字游戏,而是出于下面我作出解释的原因。

简单说来,奥古斯丁在5世纪、马基

---

① G. W. Leibniz, *Théodicée*, in *Opera Philosophica*, p. 548:

Dieu, par un art merveilleux, tourne les défauts de ces petits Mondes au plus grand ornament de son grand Monde. C'est comme dans ces inventions de perspective, où certains beaux desseins ne paroissent que confusion, jusqu'à ce qu'on les rapporte à leur vrai point de vue, ou qu'on les regarde par le moyen d'un certain verre ou miroir. C'est en les placant et s'en servant comme il faut, qu'on les fait devenir l'ornement d'un cabinet. Ainsi les déformités apparentes de nos petits Mondes se réunissent en beauté dans le grand, et n'ont rien qui s'oppose à l'unité d'unPrincipe universel infiniment parfait: au contraire, ils augmentent l'admiration de sa sagesse, qui fait servir le mal au plus grand bien.

[英译者注:我们从法语翻译过来。关于删减的英文译本,见 Leibniz, *Theodicy*, ed. D. Allen(Ontario, 1966)] 1712年莱布尼茨在给 des Bosses 的一封信中,将“scenographiae diversae”(不同且取决于旁观者的视角)与“iconographia seu geometrica repr-esentatio”(单一且独特,相当于上帝看事情的视角)对立起来[转引自 A. Funkenstein, *Theology and the Scientific Imagination* (Princeton, 1986), p. 112, n. 9]。

② R. Koselleck, “Standortbindung und Zeitlichkeit: Ein Betrag zur historiographischen Erschliessung der geschichtlichen Welt”, in Koselleck, *Vergangene Zukunft: Zur Semantik geschichtlicher Zeiten* (Frankfurt am Main, 1979), pp. 176-207.

③ J. M. Chladenius, *Einleitung zur richtigen Auslegung: Vernünftiger Reden und Schriften*, with an introduction by L. Geldsetzer (Düsseldorf, 1969), pp.181-189, esp. p. 188。同见 H. Müller, *Johann Martin Chladenius* (1710-1759): *Ein Betrag zur Geschichte der Geisteswissenschaften, besonders der historischen Methodik*(Berlin, 1917); P. H. Reill, *The German Enlightenment and the Rise of Historicism*(Berkeley, 1975), pp. 104-112(关于视觉隐喻,见 p. 110); M. Ermarth, “Hermeneutics and History: The Fork in Hermes' Path Through the Eighteenth Century”, in *Aufklärung und Geschichte: Studien zui deutschen Geschichtswissenschaft im 18. Jahrhundert*, ed. H. E. Boedeker et al. (Göttingen, 1987), pp. 193-221。

④ Chladenius, *Einleitung*, p. 187. Koselleck 也注意到这段话,见 *Vergangene Zukunft*, p. 185。

雅维利在16世纪以及莱布尼茨在17世纪提出的三种模式,可分别以俯就、冲突和多样性为标志。几个例子足以阐明这三者持久的影响力。黑格尔(Hegel,1770—1831)的历史哲学融合了马基雅维利的冲突模式和奥古斯丁俯就模式的世俗版本。[①] 我们很容易发现马克思(Karl Heinrich Marx,1818—1883)改进了马基雅维利的冲突模式,马克思对马基雅维利大加赞赏。[②] 我们几乎不需要提醒自己,视角主义(perspectivism)在尼采(Friedrich Wilhelm Nietzsche,1844—1900)与实证主义客观性的对抗中所发挥的关键性作用。[③] 与距离和视角相联系的隐喻在我们的知识传统中已经发挥并仍在发挥着重要作用。

三

我注意到基督教教徒对犹太教教徒的矛盾心理,并以此结束了本文的第一部分。这种矛盾触及基督教的根基,恰恰从基督教的起点触及。我使用这个与树有关的隐喻,当然是在暗指保罗给罗马人的书信(《罗马书》第11章第16节以下)。犹太人保罗,"外邦人的使徒",他将皈依基督教的外邦人比作一棵野橄榄树,嫁接于好橄榄树(犹太人)之上,好橄榄树的树枝都被砍下来,因为他们"不信",即他们不承认耶稣就是弥赛亚。这样融合了距离与连续性的相同态度,随后在基督教教徒自称是"真以色列人"(verus Israel)时有所体现:这充满争议的自我定义,一方面是针对犹太教教徒,另一方面是针对基督教教徒如2世纪的马吉安,激烈地反对仁慈的上帝耶稣和《旧约》中恶毒的上

---

① 见 Procacci, *Machiavelli*, pp. 370-373,关于黑格尔的 *Über die verfassung Deutschlands* 以及费希特(Johann Gottlieb Fichte,1762—1814)1807年的一篇重要论文"über Machiavelli als Schriftsteller, und Stellen au seiner Schriften"[in *Fichtes Werke*, ed. I. H. Fichte (Berlin, 1971), 11:401-453]。见 pp. 430-433,费希特抄写并评论了《君主论》献辞中关于风景描述的段落。

② B. Kaiser & I. Werchan, eds., *Ex libris Karl Marx und Friedrich Engels*(Berlin, 1967), p. 134, n. 286。在1857年9月25日给恩格斯的一封信中,马克思将马基雅维利的《佛罗伦萨史》称为"杰作"[见 Marx-Engels, *Collected Works* (Moscow: Progress Publishers), 40:187]。这一证据或许可以补充 Procacci(*Machiavelli*)的分析。关于马克思和马基雅维利的著名评论,见 B. Croce, *Materialismo storico ed economia marxista*(1899; reprint, Bari, 1951), p. 161, n. 1。

③ 见 F. Nietzsche, *Die Fröhliche Wissenschaft*, 354 ("Vom Genius der Gattung"), in *Kritische Gesamtausgabe* [KGW], V/2, ed. G. Colli and M. Montinari (Berlin and New York, 1973), pp. 272-275; Nietzsche, *Zur Genealogie der Moral*, 3: 12. KGW, 6/2 (Berlin, 1968), pp. 382f.; "Nachgelassene Fragmente, Anfang 1888 bis Anfang Januar 1889", KGW, 8/3 (Berlin and New York, 1972), pp. 165f.。同见 F. Kaulbach, "Nietzsche und der monadologische Gedanke", *Nietzsche-Studien* 8 (1979): 127-156; V. Gerhardt and N. Herold, eds., *Perspektiven des Perspektivismus: Gedenkschrift zum Tode Friedrich Kaulbachs*(Würzburg, 1992)。

帝。[1] 马吉安的观点从未完全从基督教文化或亚文化中消失,即使它们从未占据过主导地位。马吉安的失败体现在基督教《圣经》中,其中两部圣约(即使是"旧的"仅仅将先导地位让给了"新的")物质上的连续性呈现于单一卷册或抄本(codex)中。[2]

这种失败产生了不可预料的结果。连续性与距离、亲近与敌对,继续描绘着犹太教教徒和基督教教徒的关系,这或许在大的宗教史上是独一无二的。这一切显而易见。不那么明显的是结果,首先是奥古斯丁的观点,他认为犹太人的祭典是真的,同时也被取代了——这个结论对于博学的异教徒,比如作为罗马元老院议员的沃鲁西安努斯来说,可能简单模糊了些,此结论试图回答的是他的问题。

在《上帝之城》(*De civitate Dei*)第12卷第4章第1节中,奥古斯丁同时摒弃了历史循环论以及《传道书》(*Ecclesiastes*)中的格言"日光之下,并无新事"。他宣称,我们知道柏拉图有且仅有一次在雅典(Athens)教书,是由于我们知道耶稣基督因我们的罪恶而死且只死过一次。[3] 坚持道成肉身(Incarnation)的独特性,引发了对人类历史新的认知。当前历史编纂的范式核心就是俯就模式的世俗化版本,其中或许加入了可变量的冲突和多样性。诸如视角、视点等的隐喻,生动地表现了这种对待过去的态度。读者已注意到,我自己尚禁不住要使用这些隐喻:这可作为一点证据,证明在当前的历史编纂话语中隐喻无处不在。然而,它们的世俗的装扮不应该隐藏它们的起源,这起源要追溯到奥古斯丁。我们认知过去的方式渗入了基督教教徒优越于犹太教教徒的态度。换种表达方式,短语"真以色列人",由于它是基督教的自我界定,也仍旧是历史事

---

① 见 Justinus, *Dialogues* 11:3, ed. G. Archambault(Paris, 1909)。关于奥古斯丁著述中的术语"verus"和"verissimus"的理论意涵,见 Lecuyer, "La sacrifice"; de Broglie, "La notion de sacrifice"。M. Simon, *Verus Israel*(Paris, 1983),此书对这整个问题的探讨非常重要(见 p. 93,有一个脚注说明 Justinus 所写的已佚失的反对马吉安的著作)。Justinus 参考《罗马书》第 9 章第 6 节("从以色列生的,不都是以色列人"),并从更一般的意义上指涉考虑到书信(或肉体)与精神、以扫与雅各的对立时,使徒保罗(Pauline)对犹太教教徒和基督教教徒的关系的理解(见《罗马书》第 9 章以下)。

② 从另一个角度看,还有一种情况是,在物质层面将《妥拉》(*Torah*)、预言书和《福音书》放到一起的需要,是使基督教教徒比起不那么好操控的卷轴更偏好抄本的一个因素。这个假设见于 E. Bickerman, "Some Notes on the Transmission of the Septuagint"(1950), in Bickerman, *Studies in Jewish and Christian History*(Leiden, 1976), 1:137-166, esp. pp. 138f.。

③ 见 W. Kamlah, *Christentum und Geschichtlichkeit: Untersuchungen zur Entstehung des Christentums und zu Augustins "Bürgerschaft Gottes"* 2d (rev.) ed., (Stuttgart and Cologne, 1951), p. 17。将此文与这篇值得注意的研究 [*Christentum und Selbstbehauptung: Historische und philosophische Untersuchungen zur Entstehung des Christentums und zu Augustins "Bürgerschaft Gottes"*, (Frankfurt am Main, 1940)] 的第一版相比较,会相当有趣。同见 J. Taubes 的评论,见 F. Overbeck, *Selbstbekenntnisse*(Frankfurt am Main, 1966, p. 152)的一个注释。第二版的后记将注意力吸引到诸多变化上,包括一篇新的序言(我在上述参考的)。有人注意到词语"philosophisch"是受到海德格尔(Martin Heidegger, 1889—1976)(他在 pp. xii-xiii 中被特别感谢)的启发,此词出现在第一版的副标题,但没有出现在第二版,第二版一开始就申明进行的探究将是"历史的"(p. 7)。

实概念的母体(matrix)——在这里我也谨慎地使用一个包罗万象的术语——我们自己。

这个发现让我感觉非常不安,其他人,犹太人或非犹太人,或许也有这种感觉。然而,到最后,观点产生的语境只是部分地决定它们随后将如何被使用。在《论基督教教义》中,奥古斯丁将以色列人的儿子掠夺埃及人的金银珠宝的行为(《出埃及记》第12章第35、36节),作为基督教教徒对于异教徒的文化传承应该持有的态度的典型。众所周知,每一文化的传承都要经历持续性的挪用与再发展。谁会窃取并挪用我们的历史观念,可能会摒弃其寓于视角隐喻中的概念核心呢?

对于这个问题,我没有答案。然而,有一件事是毋庸置疑的,目前已识别出的三个模式中的两个最近都受到了质疑,尽管是在重要程度迥异的社会环境中。每种原教旨主义者都攻击基于俯就的模式;基于冲突的模式也被讨论或曾经讨论过"历史的终结"的人视为滑稽之谈而轻蔑地遭到摒弃。[①] 相比之下,基于多样性的模式变得比以往任何时候都流行,虽然其将由性别、种族起源、宗教等因素决定的每个社群视为说到底是固守一套价值观的囚徒的这一观点存在争议。我们被告知,视角是好的,因为它强调了主观性因素;但它也是坏的,因为它强调了知识上的距离,而不是情感上的亲近(或认同)。[②] 正是这种反智主义(anti-intellectualistic)的风气,促成了我一开始提及的论证思路,依此思路,与活生生的经验紧密相连的记忆,比历史更能建立起与过去至关重要的联系。

要充分讨论这些看法需另写一篇文章,[③]我在这里只作一点评论。原教旨主义者和新怀疑论者虽然有各自不同的、反对的理由,但他们都摒弃或忽视了一点,即什么使得视角成为如此强大的认知隐喻,是主观看法与客观且可检验的事实之间的张力,后者通过现实(在马基雅维利那里)或通过上帝(在莱布尼茨那里)得到保证。如果这张力始终无法消弭,视角的观念将不再是科学家和社会科学家之间的障碍物,而是成为一个公共空间,在那里我们可以交谈、讨论,并发表不同意见。

---

① E. Gellner, *Postmodernism, Reason, and Religion*(London, 1992). F. Fukuyama 的书 *The End of History and the Last Man*(New York, 1992)被讨论并被置于一个广阔的知识语境中,见 P. Anderson, "The Ends of History", in *A Zone of Engagement*(London, 1992), pp. 279-335。

② M. Iverson, "Warburg-neu gelesen", in Baumgart (ed.), *Denkräume zwischen Kunst und Wissenschaft*, ed. S. Baumgart(我在 Karen Michels 的建议中读到)。同时参见 G. Bock, "Der Platz der Frauen in der Geschichte", in *Neue Aufsätze in der Geschichtswissenschaft* (Vienna, 1984), pp. 108-127; D. Haraway, "Situated Knowledge: The Science Question in Feminism and the Privilege of Partial Perspective", *Feminist Studies*, 14 (1988): 575-599, esp. pp. 581 & 583(我在 Nadine Tanio 的建议中读到)。

③ 见我的"Just One Witness", in S. Friedlanger, ed., *Probing the Limits of Representation: Nazism and the "Final solution"*, Cambridge, Mass. 1992, pp. 82-96; *History, Rhetoric, and Proof*, London and Hanover, 1999。

这篇文章是我对1997年6月12日在柏林高等研究院所作的演讲稿稍作修改而成。我要感谢斯蒂芬·格林布拉特(Stephen Greenblatt)提出的批评意见。

译者:夏静,复旦大学历史系硕士研究生

专题研究

女巫与萨满①

□卡罗·金兹堡

我对巫术的研究始于意大利东北部,然后来到中亚草原,这是一条曲折的求索之路,我将尝试追溯这段旅程。

伟大的法国汉学家葛兰言(Marcel Granet, 1884—1940)曾经说过:"方法是前人使用过的路径(La méthode, c'est le chemin après qu'on l'a parcouru)。"②方法这个词确实源于希腊语,尽管葛兰言提出的词源——meta-hodos,在道路之后(after the path)——可能是想象出来的。然而葛兰言的嘲讽有着严肃——事实上是论争性的——一面:在任何学术研究中,对方法的讨论,只有当它是具体研究的后验反映时才有价值,而不是在作为一系列预设出现时(至今这种情况最为常见)。也许,接下来对我研究之初及其随后进展的描述,尽管微不足道,但能在一定程度上证实葛兰言的嘲讽。

当一个研究已经有了结论(即使明显是临时性结论),要描述它的路径总会带来风险:目的论的风险。回首过往,那些不确定和错误已不复存在,或者更确切地说,它们被转变为直接通向目标的步骤:历史学家一开始就知道他想要什么,并为之探索,最后找到了它。但在实际研究中情况却并非如此。正如布鲁诺·拉图尔(Bruno Latour, 1947—)——一位有人类学背景的科学史学家所描述的,实验室中的人生更加令人困惑和凌乱不堪。③

---

① 此文译自卡罗·金兹堡《线索及痕迹》(Carlo Ginzburg, *Threads and Traces*, trans. by Anne C. Tedeschi and John Tedeschi, Berkeley: University of California Press, 2012),第215-227页。

② 这篇文章是1992年出版日文译本《夜间的故事:解释女巫的安息日》(1989)时,在东京演讲的修订版。这句话的来源是乔治·杜梅齐尔(Georges Dumézil, 1898—1986),见雅克·博内(编):《乔治·杜梅齐尔》[Jacques Bonnet, ed., *Georges Dumézil* (Paris: Éditions Pandora, 1981)],第25页。

③ Bruno Latour and Steve Woolgar, *Laboratory Life: The Social Construction of Scientific Facts*, introd. by Jonas Salk (Princet on, NJ: Princet on University Press, 1986).

一

虽然我将要描述的经历本身是属于我个人而非群体的，但它相当困惑、杂乱。这段经历始于一个灵感，一个突然出现在一位比萨大学学生脑海中的研究课题（巫术），从他20几岁直至50多岁都一直存在。我之前并不是很确定自己想当一个历史学家，但是这个题目一出现，便再无疑虑。这是我的课题，我愿意为之工作数年（根本没有想象要多少年）。

我经常自问：为何会有这样出人意料的热忱？回顾过去，这种热忱对我来说看似有坠入爱河的所有特征：突如其来，满腔热情，缺乏认知（至少一开始是这样）。我对巫术的历史一无所知：我的第一步行动，后来在研究其他课题的时候多次重复，就是在《意大利百科全书》上寻找巫术的词条，以获得一点基本信息。这可能是我第一次真正体验到“无知的喜悦”：什么都不知道，但是即将学到某种东西的感觉。我觉得，与那一刻相联结的强烈愉悦感，帮助我避免成为一个只钻研特定领域或局限于某研究领域的专家。我不仅在偶尔面对自己不了解的主题和领域时保持了足够的动力，这种力量还随着时间的推移而越发显著。

一个大学二年级的学生选择一个完全不了解的研究课题，这是很常见的。但是很少有人能注意到，知识的有限性与目标的重要性之间的差距，与一个人一生中所做的全部或几乎全部真正重要的选择是相似的［回首过往我们把这叫做差异性命运（disparity destiny）］。但是，是什么驱使我们选择呢？当时，在对这突然浮现于眼前的研究课题的热情背后，我想我现在可以猜到，那里潜伏着一系列童年的记忆和经历，并与近期的焦虑和偏见混杂在一起。

儿时听到的童话故事对我的选择影响有多大呢？母亲曾经给我读过19世纪末西西里岛作家路易吉·卡普安纳（Luigi Capuana，1839—1915）收集到的寓言。这些寓言中充满了所能想象到的各种魔法和恐怖的事物：一条母龙，嘴里流着“看上去像孩子一样的小羊羔”的血；小家伙们出场时天真无邪，戴着羽毛头巾，但翻过一页，却变身为有着巨大下颌的可怕狼人。我的父母曾在一个名叫阿布鲁齐（Abruzzi）的村庄住了3年，克罗切塔（Crocetta）是村中的一个年轻女孩，她曾给我哥哥和我讲故事［我是在母亲娜塔莉亚·金兹堡（Natalia Ginzburg，1916—1991）写的《阿布鲁齐的冬季》（*Inverno in Abruzzo*）中发现的］，这些故事跟卡普安纳收集到的差异不大。其中一个故事，一个男孩被继母杀了，喂给他的父亲，这时，他从血肉中剥离出的骨头开始吟唱：我可怕的继母，在壶中烹煮我，而我贪嘴的父亲，已满嘴都是我。① 通过这些故事邪恶且

① Natalia Ginzburg, "Inverno in Abruzzo" (1944), in *Le piccole virtù* (Turin: Einaudi, 1962), p. 18.

意义不明的话语,像所有孩子一样,我必须从神秘的成人世界出发来解释现实。

食人和动物变形是《夜间的故事》(*Storia notturna*)的核心。① 对我来说,做出研究巫术的决定,便意味着对女巫的揭露,在很多方面都与我童年时听到的寓言类似。但那时基本没有认识到,做出那个选择的潜在动机,掺杂了其他感情和意识形态的东西。我出生在一个政治上"左"倾的家庭。我的父亲雷昂·金兹堡(Leone Ginzburg,1909—1944)生于敖德萨(Odessa),与其家人一起迁到意大利,1934年他失去了在都灵大学俄国文学系的职位,因为他不愿意宣誓效忠强加在所有学者身上的法西斯政权。他那时25岁。不久之后,他因反法西斯活动被逮捕,并在监狱里度过了两年。1940年当意大利作为德国盟友加入战争,作为一个犹太人和反法西斯者,他被拘禁在皮佐利(Pizzoli)——拉奎拉(L' Aquila)附近、位于阿布鲁齐的一个村庄,家人在那里与他做伴。法西斯政权衰落时他去了罗马,重新开始了政治活动。他在被纳粹逮捕并认出身份后,于1944年死在德国控制下的雷吉纳·科里(Regina Coeli)监狱。弗朗科·文图里(Franco Venturi,1914—1994),都灵的历史学家,在他的书《俄国民粹主义》(*Il populismo russo*)中,提到了我父亲的作品和为人,他在巴黎的反法西斯移居者圈子里与我父亲相识相知,把他作为民粹主义(Narodnik)精神"新而独特的化身"。② 在俄国民粹主义的思想核心,对农民社会所表现的价值观,存在着一种强烈的道德与思想上的亲近感。我在一本战后出版并很快被译为几种语言的著作中发现了一个相似的视角,这本书叫《基督停留在埃博利》(*Cristo si è fermato a Eboli*)。作者卡罗·莱维(Carlo Levi,1902—1975)——一位作家、物理学家、画家,是我父亲的一个朋友,与他一起参加过"正义与自由"(Giustizia e Libertà)组织的反法西斯活动。他也被纳粹政权判处国内流放,来到鲁卡尼亚(Lucania)的一个小村庄。③ 毫无疑问,这些亲密关系使我在青少年时期读了《基督停留在埃博利》后受到深远的影响。虽然莱维所描述的村庄比我幼年待过的那个村庄更加孤立和原始,我仍然不可避免地产生了一种身份认同感。但打动我的不只是这本书写作的环境。莱维从未隐瞒自己在思想和信仰上与南部意大利农民之间的差别,但是他从未表现出优越感。他把一切都看得很严肃,包括他们的咒语和魔法仪式。从《基督停留在埃博利》中,我了解到,思想智力上的超然、情绪上的

---

① *Storia notturna*:*Una decifrazione del sabba*(Turin:Einaudi,1989);trans. Raymond Rosenthali as *Ecstasies*:*Deciphering the Witches' Sabbath*(New York:Pantheon,1991).

② Franco Venturi,*Il populismo russo*(Turin:Einaudi,1952),2:1163.

③ C. Levi,"Ricordo di Leone Ginzburg",in *Le tracce della memoria*,ed. Maria Pagliara(Rome:Donzelli,2002),pp. 101-103.

参与、对理智的热情以及对文化差异的尊重,这些不仅是相容的态度,还可以彼此支撑。从母亲那里我学到了甚至更重要的东西(不限于我的研究),那就是智力与社会、文化地位之间是无关的。

回忆往昔,我认为,童年时听到的寓言带来的持续印象,以及我从家庭环境中汲取的民粹主义,都使我从一开始就倾向于对迫害中的受害者,而非对迫害本身进行研究。从历史编纂的角度看,这从两方面来说都是一个不寻常的选择。20 世纪 50 年代末期,巫术,这个很早以前就进入了人类学研究视野的内容,却仍然被大部分历史学家认为是边缘、奇怪的研究领域[正如英国人基斯·托马斯(Keith Thomas,1933—)带有讽刺意味的评论那样]。[①] 要承认其合理性,充其量是把对巫术迫害的研究作为欧洲中世纪后期和近代早期思想史上的一段脱离正常轨道的插曲。20 世纪 70 年代和 80 年代期间,这实际上变成了一个时髦的历史编纂的潮流,尽管历史学家的兴趣比过去更加复杂,但仍几乎只关注迫害本身以及迫害的文化、社会机制。受害者几乎总是留在暗处。[②]

这些是把我推向这个方向的动机。此刻,我应该再增加一个:这种类型的研究难度。这个过程中出现了一些非常严重的障碍,那时我尤其注意到了其中一个——巫术实践(不是巫术迫害)在相去甚远的时间和地点会呈现出明显相似的形式。我认为,为了重新把巫术介绍到历史学中,有必要把这种明显的非时间特征历史化。显然,在面对认知挑战的意愿中,无可避免地带有年轻人的傲慢,如约瑟夫·康拉德(Joseph Conrad,1857—1924)所讨论的,在模糊边界的临界点上,渴望向他人更是向自身证明我们的能力。

最后是多年后打动我的一个因素,当一个朋友让我注意研究巫术的选择,尤其是研究巫术迫害的受害者,对于一个自身经历过迫害的犹太人来说,并没有那么奇怪。[③] 这简单的言辞让我惊叹不已。我怎么会错过如此明显的事实呢?但数年来我却从未领悟到,可以对犹太人和女巫进行类比,并有可能把自己视为研究对象。现在我倾向于把这看作心理压抑的后果。西格蒙德·弗洛伊德(Sigmund Freud,1856—1939)教导我们,曾经明显却被隐藏的,正是我们不愿意见到的东西。

二

虽然我已经花了很长的篇幅讨论个人境遇,我仍希望抵制这种大家都有的自

① Keith Thomas,"The Relevance of Social Anthropology to the Historical Study of Witchcraft",in Mary Douglas,ed.,*Witchcraft Confessions and Accusations*(London:Tavistock,1970),p. 47.

② 这种状况在后来几十年发生了某种程度上的改变。

③ 这位朋友是保罗·福萨蒂(Paolo Fossati)。

恋诱惑,而把它们看作试管中的实验数据。显然,或者理应显然,一个历史学家的生平——从家庭环境到教育背景,当然还有友谊——与对其作品的理解并非无关。但通常来讲一个人不会超越对这个事实的简单陈述。我希望在既生理又个人的意义上(尽管"临近性"这个术语更为可取),利用传统上我们称之为身份的东西,在现在这个我与以前那个我之间,回顾性地分析这些因素在我的实际研究中所扮演的角色。目前为止我提到的那些因素,促使我从一个特别有利的位置(受害者)选择了一个主题(巫术)。但是从最潜意识(我是犹太人)到最表意识(跨学科的渴望),没有一个因素暗含了特定的研究假设。我开始的想法——巫术在某些情况下可能是原始而初级形式的阶级斗争——在今天仅仅看上去是在尝试向我自己和他人证明,这个缺乏真正史学正当性的研究具有合理性。换句话说,我跨越学科的意愿,并非是没有界限的。

我的假说背后是与埃里克·霍布斯鲍姆(Eric Hobsbawm,1917—2012)的文章的相遇,这些文章收集在他的《原始的叛乱》(*Primitive Rebels*,1959)中,但有一个特别研究的调查,题为"底层阶级的历史"(Per la storia delle classi subaltern),1960年发表于《社会》(*Società*)——一本意大利共产党意识形态的杂志。这个调查的题目附和了安东尼奥·葛兰西(Antonio Gramsci,1891—1937)在他的《狱中札记》中使用的词语。对我以及其他那一代意大利学生来说,阅读葛兰西是有决定性意义的经历。但霍布斯鲍姆提出的葛兰西,是在英国社会人类学棱镜下研读和阐释出来的葛兰西。① 那些年我钻研的人类学的著作其实是别人的:首先是列维-施特劳斯(Claude Lévi-Strauss,1908—2009),30年后他是我《夜间的故事》的主要对话者。

我着手阅读摩德纳(Modena)省国家档案馆(Archivio di Stato)中封藏的庭审问讯记录。在这些文件里,我偶然发现了1519年对一位农妇琪亚拉·西格诺里尼(Chiara Signorini)的审讯,她被控试图用魔法谋杀她的女主人,因为这位主人要把她和她丈夫赶出他们工作的土地。② "历史学家通常能找到他们想找的东西,这是一个让我不安的事实。"研究犹太教和基督教起源的美国学者莫顿·史密斯

① Eric J. Hobsbawm, *Primitive Rebels: Studies in the Archaic Forms of Social Movement in the Nineteenth and Twentieth Centuries* (Manchester, UK: University Press, 1959); idem, "Per lo studio delle classi subalterne", *Società* 16 (1960): 436-449 [我在《奶酪与蛆虫》(*The Cheese and the Worms*, trans. John Tedeschi and Anne Tedeschi, Baltimore: Johns Hopkins University Press, 1980, p. 130)中提到了这篇文章]。

② "Witchcraft and Popular Piety: Notes on a Modenese Trial of 1519" (1961),在我的 *Clues, Myths and the Historical Method*, trans. John Tedeschi and Anne C. Tedeschi (Baltimore: Johns Hopkins University Press, 1989), pp. 1-16, 165-170。

(Morton Smith,1915—1991)写道。[1] 我不确定,当面对这个出乎意料的证据来证明我的假设——巫术是阶级战争的基本工具的时候,我是否也经历了一些尴尬,但无论如何,我的研究立刻转变了方向。

早先,针对这个审讯写文章的时候,我强调,在庭审文件中,也许不仅可以辨识出法官在文本上所做的掩饰,还可以分辨出被告的声音(这点更出人意料),这是一种完全不同文化的表达。[2] 斗争和冲突留在中心地位,但它们被转化到了文化层面上,可以通过文本细读来阐释。一些浪漫主义语言学家的作品——埃里希·奥尔巴赫(Erich Auerbach,1892—1957)、利奥·斯皮策(Lco Spitzer,1887—1960)、詹弗兰科·孔蒂尼(Gianfranco Contini,1912—1990),鼓励我朝着这个方向继续前进。我试图从他们那里学习"慢读"的艺术[这正如罗曼·雅各布森(Roman Jakobson,1896—1982)提醒我们的,叫作文献学(philology)],[3]并把它应用到非文学的文本中。

这些都是后见之明,我当时对此完全无知,我也不想说我是带着明确的想法去审视的。1961 年到 1962 年,我沿着庭审档案的踪迹在意大利四处走动。有些时候我觉得我在浪费时间,感到困惑和失望。我最初的假设,即把巫术理解为阶级斗争的初级形式,已不再令我满意,但我似乎找不到一个更合心意的假设来代替它。我来到威尼斯的国家档案馆,那里收藏着意大利最丰富的审讯合集之一:有 150 多卷(buste)、3000 多个审讯的文件,纵跨 16 世纪中期到 18 世纪末期两个半世纪的时间,这段时间宗教法庭在威尼斯是被抑制的。学者每天可以索求有限数量的卷轴,我记得那时是限量 3 卷。由于我确实不知道自己在搜寻什么,我提交的请求是随机的——例如,第 8、第 15 和第 37 卷——然后我开始迅速翻阅庭审记录。我感觉自己在玩一种威尼斯转盘。这些琐碎的细节加强了我的发现的不可预见性:1591 年在距威尼斯不远的小村庄拉蒂萨纳(Latisana)对一位年轻牧人的诉讼。这位牧人名叫梅尼基诺·德拉诺塔(Menichino della Nota),他向审讯者讲述,他一年有 4 个夜晚会灵魂出窍,和像他一样出生时有胎膜的人们在一起,他们被称作本南丹蒂(Benandanti,那时对我来说是一个全新的、无法理解的词语),在种着玫瑰的广阔的"约瑟芬田野里"跟巫师战斗。如果本南丹蒂获胜,会有大丰收;

---

① Morton Smith, *The Secret Gospel: The Discovery and Interpretation of the Secret Gospel According to Mark* (New York: Harper & Row, 1973), p. 96. 由于失误,我没有在我与阿德里亚诺·普罗斯佩利(Adriano Prosperi, 1939—)合著的 *Giochi di pazienza: Un seminario sul "Beneficio di Cristo"* (Turin: Einaudi, 1975), p. 183,表明这句话的出处。

② "Witchcraft and Popular Piety", p. 16.

③ 见 Roman Jakobson, *Autoritratto di un linguista*, trans. G. Banti and B. Bruno (Bologna: Il Mulino, 1987), p. 138 [雅各布森(Jakobson)的 *Retrospects* 译本(未见)],这里援引的是 L. V. Scerba,但参考资料应该引 Nietzsche,序言引 Aurora。

如果巫师赢了，就会有饥荒。

我记忆犹新，在读了不过三四页的文件后，我变得很激动，不得不中断工作。当我在档案馆外徘徊，抽掉一根又一根香烟后，我突然觉得自己撞大运了。我仍然是这么想的，不过今天这种观察显得并不充分。一份完全预料之外的文件纯因偶然躺在了我的面前，我自问：为什么当时反应那么兴奋呢？那就好像我突然认清了一个此刻之前完全未知的文本——而且跟我看到过的其他宗教裁判所的审讯完全不一样。这恰恰是关键。

作为一个学生我很幸运地参加了詹弗兰科·孔蒂尼的研讨课。有一次，他给我们讲了一桩趣闻。曾有两个浪漫主义语言学家，都是法国人，但在其他方面差异很大。其中一个人有长长的胡子，对语态、语法、句法的不规则怀有热情；当他碰到一个这样的现象，会摸着自己的胡子并愉快地低语："真奇怪。"（C' est bizarre.）另一位语言学家，一个笛卡儿传统的真正代表，头脑清楚，完全秃顶，尝试用任何可能的方法把语言现象带回到规则的道路上去。当他成功的时候他搓着双手，说："真令人心满意足。"（C' est satisfaisant pour l' esprit.）我愿意承认，孔蒂尼所讲的两位语言学家身上异常与类推之间的冲突（这种争论开始于两千多年前亚历山大时代的文法学家们之间），只是一种名称上的冲突。事实上，他们是互补的。但我也得承认，我的念头是效仿那个喜爱不规则的有胡子的语言学家，这是出于一种心理上的倾向，但我认为即使从理智的角度看也是有正当性的。对规范的违背甚至包括了规范本身，因为规范是作为先决条件的；反之则不正确。任何一个研究社会运行的人，如果从整体规范或者虚构的统计数据（例如平均男人或平均女人）开始，不可避免会停留在事物表面。虽然一个孤僻怪人的沉思并不经常引起我的兴趣，但我认为对不规则案例的深入分析会更富有成效。

这便是我最后从事巫术研究的过程。我从一个不寻常的文件开始（对本南丹蒂梅尼基诺·德拉诺塔的问讯），最终重建了一个异常的、地理上外围的现象（对弗留利本南丹蒂的信仰）。这反过来为大范围——整个欧亚大陆——解释女巫安息日(Sabbath)的起源提供了答案。[①]《夜间的故事》,像20年前的《夜间的战斗》(*I benandanti*),就来源于我很多年前在威尼斯的国家档案馆偶然找到的3页纸里。我自问:是什么使我对一个完全预想之外的文件产生如此强烈的反应?我想我可以回答:同样的理由可能会让其他人认为这份文件基本无关(即使没有完全放在一边不予理会)。30年前更是如此,一个在童话故事中出现且用绝对特殊的语言阐述的,一个16世纪的牧人对他迷狂经历的描述,很可能被今天一个严肃的历史学家当作有趣的证据,证明顽固无视教会权威指示之人的愚昧。[②]

我可能根本不会看到本南丹蒂梅尼基诺·德拉诺塔的审讯档案。但有时,我想到这个文件可能就在那儿等着我,整个过往人生都倾向于让我找到它。我相信在这所有荒谬可笑的幻想中有一个真实的内核。正如柏拉图所说,知识即回忆。只有我们已知道、已成为无数经历的一部分的东西,才允许我们去理解新的内容,把它从持续自天而降的大量混杂而随机的信息片段中分离出来。

三

从15世纪初到17世纪中期以后盛行欧洲两个半世纪以上的巫术审判中,我们几乎可以在每个实例中看到强制的、在心理影响和酷刑威胁下突然出现的对话向单方面发展。无论世俗还是教会的法官,都知道自己对被告的期望,为了得到想要的答案,他们使用提示性的问题或者武力逼迫。他们并不总能得到想要的——偶尔,被告坚持宣称自己无罪,或者死于酷刑折磨。诚然,不是所有供认都是法官施加压力的结果:对咒语和魔法的描述旨在得出其为非法的结论,这显然是因为被告来自不同的文化。但是在安息日的例子中——那充斥着狂欢、宴饮以及对魔鬼效忠的夜间集会——被控施展巫术的男女们看起来只是在复制(只略微改动)一种计划,这种计划是鬼神学家(de-

① 见《本南丹蒂》[*I benandanti: Ricerche sulla stregoneria e sui culti agrari tra Cinquecento e Seicento*(Turin: Einaudi, 1966)]的序言。我引用的是英文译本《夜间的战斗:16、17世纪的巫术和农业崇拜》[*The Night Battles: Witchcraft and Agrarian Cults in the Sixteenth and Seventeenth Centuries*, trans. John Tedeschi and Anne Tedeschi (Baltimore: Johns Hopkins University Press, 1983), p. xvii]。我用这样的话描述这种异常:"……这些农民的声音毫无障碍地直接影响了我们,并不是通过寻常那样散碎而间接的证词,透露着一种独特、难免扭曲的心态。"近来,这种观察被认为是简单直白的[Franco Nardon, *Benandanti e inquisitori nel Friuli del Seicento* (Trieste: Edizioni Università di Trieste; Montereale Valcellina: Centro Studi Storici Menocchio, 1999, p. 36, 106;也可见Andrea Del Col的序言,在第6页)]。但是为了批评它而引用这句话的人,忘了引用接下来的内容:"这种描述看似矛盾,这会导致对研究的特殊兴趣。"我解释道:在"以法官审讯为基础的形象"与"被告的真实证词"之间,有一个"差异",这种差异"让我们可以触及一个真正流行的信仰,后来扭曲,随之因知识阶层计划的覆盖而被抹去。(*The Night Battles*, p. xviii)

② 一个显著的例子见基斯·托马斯(Keith Thomas)的《宗教与法术的衰落》[*Religion and the Decline of Magic*(New York: Charles Scribner's Sons, 1971), pp. 163-165];以及E. P. 汤普森(E. P. Tompson)在"Anthropology and the Discipline of Historical Context", *Midland History*, 3 (1972): 41-45中的尖刻评论。

monologist)发展出来的,然后在欧洲大部分地区并最终在美洲的巫术迫害过程中被实施。

本南丹蒂审判中呈现出的图景完全不同。这些诉讼程序(尤其是早期的)被法官与被告之间彻底的交流失败所主导。本南丹蒂讲述(甚至经常没被问起也要主动讲述),他们夜晚时为丰收而战,灵魂出窍,装备着茴香束对抗装备高粱秆的巫师。对审判官来说这全都无法理解,特定术语“本南丹蒂”对他们来说是陌生的,50多年间他们不停地问那是什么意思。就是这种无法交流,把深深隐藏的信仰带到了表面:对于丰收的迷狂崇拜,在16世纪到17世纪东北地区的农民中仍十分活跃,例如当时在威尼斯统治下的弗留利(Friuli)地区。

在最初的迷惑后,审判官试图给自己定向。由于夜里丰收战役的故事让他们想起了安息日,他们试着不依赖酷刑折磨来劝诱本南丹蒂,让其承认自己是巫师。本南丹蒂一开始面对这样的压力极力反抗,但渐渐地他们屈服了。从超过50年的跨度中,我们能在他们披露的内容里逐渐看到,女巫安息日形象缓慢显现。这种仿佛在慢镜头中可以逐步追溯到的变化,让我好奇,是否有类似的现象——把安息日形象强加到一个没有关联的信仰——可以在其他地方被证实。

但是我试图在《夜间的故事》中证实这个假设,仍然没有告诉我们任何东西——有关本南丹蒂所描绘的、伴随着多彩细节的迷狂经历。与那些审判官不同,我没有站在影响本南丹蒂叙述的位置。但我也像审判官一样,试图把我偶然发现的异常事物转变成可以类推的东西,把它加入一个适当的类别中。我发现本南丹蒂与萨满巫师(shamans)之间的相似性可用看似无法抵抗的证据证明。在两个例子中,我们都遇到个体,他们的身体和精神特征,经常与其出生的环境联系在一起,指定他们为十分熟练如何达到迷狂状态的人。在两个例子中,迷狂都伴随着灵魂出窍(经常是以动物形态)。这两个例子中的灵魂,不管是萨满巫师还是本南丹蒂的,都涉及危险活动,而社区的健康或者物质财富是依赖于这些危险活动的。

在《夜间的战斗》(*The Night Battles*)的前言中,我试着解释,自己没有论及本南丹蒂和萨满巫师之间的关系,对这一点我毫不怀疑,以便不降到纯粹的类型学比较层面上去。我提到这样做是在遵循马克·布洛赫(Marc Bloch,1886—1944)的例子,他在他的《国王神迹》(*Rois thaumaturges*)中,明确了两种历史比较方法,一种属于历史上的邻近社会,另一种属于没有文字记录下历史联系的社会的人类学研究。1924年在写作时,布洛赫引用詹姆斯·弗雷泽(J.G. Frazer,1854—1941)作为第二种联系的例子。但是几乎半个世纪后,我无法在相同的条件下处理问题了。列维-施特劳斯的比较被认为是非历史的,或者至少我这么认为。有段时间,在写《夜间的战斗》的时候,我在两种呈现文件的方式之间摇摆不定：第一，历史的；第二，形式结构的。我当时有一种想法，即如果选择第一种方案（我后来这么做了），我将无法令人满意地处理一些从历史学角度看比较棘手的元素，首先就是本南丹蒂和萨满巫师之间的类比。

“历史还是结构”的窘境在20世纪70年代中期突然重新出现，那时我决定面对留在关于本南丹蒂的书中没有解决的问题，但是要比弗留利地区的范围更加广阔。同时，我的立场发生了改变，现在是朝着两个明显相反的方向。一方面，我不再愿意从我的研究中排除可能的非历史联系；另一方面，我不再坚信本南丹蒂和萨满巫师之间的关系完全是类型学的。第一条道路把我带离历史编纂学，第二条道路又把我带回去，却是通过一个任何历史学家都会轻易认定为不合适的问题。

我最后写的这本书《夜间的故事》（*Storia notturna*）［英译本名为《心醉神迷：解读女巫的安息日》（*Ecstasies*：*Deciphering the Witches' Sabbath*）］，是这些相互对立的压力之下的结果。它开始于绝对历史学的部分，这部分建立在阴谋论的基础上，而这正是安息日审判模式的主要支柱。然后是第二部分，是完全根据语态学标准组织起来的。第二部分分析了一些萨满巫师类型的狂热崇拜，这可以用欧洲大部分地区的文件证明。弗留利的本南丹蒂重新在许多崇拜团体的语境下出现，其中有巴尔干半岛的 kresniki、高加索的 burkudzäutä，匈牙利的 táltos，拉普兰德的 noajdi，等等。[1] 含有匈牙利和拉普兰德的内容尤其重要，因为这些地区在语言上属于芬兰-乌戈尔语的范围，这些地区的居民的远古祖先就是或可能是从中亚来的。匈牙利 táltos 和拉普 noajdi 的例子与萨满巫师十分相似。我们可以把它们看作桥梁，连接中亚和弗留利、巴尔干半岛、高加索奥赛梯这些讲印欧语言人的地区。如何解释这种地理上的传播呢？《夜间的故事》第三部分的第一章，提出了一个历史的解决方法，包括一种可能，即萨满巫师信仰和实践是从亚洲传播到欧洲，取道塞西亚。塞西亚人讲伊朗语言，因此属于印欧血统，有可能起源于中亚。基督纪年之前的几个世纪，他们在黑海北边的区域定居，由此开始跟希腊人和凯尔特人接触。但是这一章名为“欧亚大陆的猜想”（Eurasian Conjectures），以强调传播理论的局限性结束。如克劳德·列维-施特劳斯所写，文化传播可以用外部的联系解释，但是只有内部的联系才能解释其持久性。这种异议把“历史还是结构”的两难境地再次推到台前。我思考了相当长一段时间，无法在它们之间做出选择，与我自己（以及我周围）思想动力的减弱有关，而这种动力曾鞭策我用历史学的术语进行解释。在我的脑海中，常常把自己与布里

① 都是当地的神怪。——译者注

丹之驴(Buridan's donkey)作比较(被迫死于饥饿),宣布放弃完成著书,陷入两种从文献角度看都有根据的阐释之间。

不久之前这种两难境地以一种新的方式出现在我面前。阿德里阿诺·索弗里(Adriano Sofri,1942—)提出了另外一种可能性,他将我书中关于安息日的一句话,即是否可尝试展现人类的本性,与我母亲所谓的"自然法则的人本主义"联系在一起。[①] 我自问:相反的理论(25年前我是从这个理论出发的),是否反而可以追溯到我父亲的历史主义?我认为不能把这排除,即使最初指引我研究历史主义的不是克罗齐(Benedetto Croce,1866—1952)的著作(我读的是我父亲藏的副本,我父亲很喜爱它),而是克罗齐不承认的激进版本,是由埃涅斯托·德·马蒂诺(Ernesto De Martino,1908—1965)在《神奇世界》(*Il mondo magico*)中提出的。[②] 我一开始完全没有意识到,这种精神维度的存在,可能从两个方面影响我的工作。首先,我长期以来面临的两难境地可能变得难以解决,就像一个孩子无法选择更爱母亲还是更爱父亲;第二,我也许感到不得不找寻某种解决办法,不仅与必需的文件材料,还与我的心理需求相匹配。

四

有一件事要明确,我当然不认为我研究得出的最后具体答案是由心理决定的。但是我自信,如果要让自己接受,这些答案可能与一种潜意识的心理否认相吻合,这种心理否认可能排斥它们,认为它们荒谬或没有事实依据。正如我所相信的,如果这种否认确实存在,并且不只存在于我的例子中,那么我能以后见之明来理解为什么逃避这一两难境地的决定是可以接受的。《夜间的故事》第三部分的第二章(这本书里最长的一章),试图把两个角度结合在一起——历史的角度和结构或形态的角度——通过分析融入安息日模式信仰的复杂性中的单一元素:魔鬼的残疾。我无法在此简要概括一个极其复杂的论点,这个论点指引我找到一个共同线索,把一些差异巨大的角色——例如俄狄浦斯(Oedipus)和辛德瑞拉(Cinderella)——联系在一起。但即使是这个对《夜间的故事》的仓促叙述,也肯定证明了历史学和形态学在书中并非并列存在(像在后来被抛弃的两卷版《夜间的战斗》中那样),而更多是交织在一起的:争论中的两种交替的声音,最终达成了一

---

① Adriano Sofri, "Il segreto di Natalia", L'Unità (16 November 1992). Cf. Storia notturna, p. xxxvii; Ecstasies, p. 22.

② C. Ginzburg, "Momigliano e De Martino", *Rivista Storica Italiana*, 100 (1988): 400-413.

致。这个选择,反映了15年间持续的内心纠结,让我写出了《夜间的故事》。

译者:李辰优,复旦大学历史系硕士研究生

专题研究

杀死一名中国满清的官员：距离的道德暗示①

□卡罗·金兹堡

1. 延续至我们这里的自然法和历史之间的紧张关系，同那么多的其他观念一样，是从古希腊人那儿传下来的。亚里士多德在其《修辞学》（*Rhetoric*）的著名篇章中这样说过：

> 公正行为和不公正行为参照两种形式的法律和两种形式的人来进行区分。现今有两种法律：特殊的和普遍的。对于特殊的法律来说，我所指的是那些每个人为其设置的法律，它可再分为成文法和不成文法；普遍的法律，我是指以自然为基础［κατὰφ ύσιν］的法律。事实上，存在着一种依自然划分公正与不公正的普遍观念，如同在某种方式的占卜活动中的所有人，他们彼此间甚至既没有交流，也没有协议。这就是索福克勒斯（Sophocles，公元前496—前405年）笔下的安提戈涅（Antigone）意指的内容。她宣称，尽管被禁止，埋葬波吕涅克斯（Polynices）也是公正的行为，因为从自然的意义上说这是公正的："这些法令的存在，不是今天和昨天，而是永远，且没有人知道它由何而来。"②

让我们大体上回忆一下这些文字的语境。亚里士多德正在分析着修辞的不同作用，慎思协商式的、司法辩论式的和言辞华丽式的（也就是用于称赞或责备的雄辩术）。一方面是成文的特殊法，另一方面是不成文的普遍法，两者之间的对立出现在对司法辩论式修辞加以论说的章节。亚里士多德不屑于证明不成文普遍法的存在，他视之为天然存在的，并因而是不言自明的。如同我在注释中欲指明的，我方才"从洛布古典丛书"（"Loeb Classical Library"）的1926年译本中引用的文字——"如同所有人（men）都参与的某种方式的占

① 此文译自 Carlo Ginzburg："Killing a Chinese Mandarin：The Moral Implications of Distance"，*Critical Inquiry*，Vol. 21，No. 1（Autumn，1994），pp. 46-60。——译者注

② Aristotle，*The "Art" of Rhetoric*，trans. John Henry Freese（Cambridge，Mass.，1967），pp. 139-140（1.12.1373b13）；本文此后简写该书为 *R*。各种对于安提戈涅的看法，从亚里士多德到我们当代人，已经为乔治·施泰纳进行了分析，George Steiner，*Antigones*（New York，1984）。

卜……没有人(men)知道"——在今天有一种性别上的细微差别,这种差别在希腊文的原始文本中是没有的。无论是在索福克勒斯的文章中,还是在亚里士多德的笔下,都没有这种细微差别,他们分别将中性词(οὐδεὶς,无名小卒;πάυτες,所有人)用于女性角色,意指安提戈涅,或同样作为典型的女性角色。自然法,如同那些中立的词所强调的,既包括男性,也包括女性。因此,安提戈涅以普遍的声音发声;相反,以克吕翁(Creontes)禁止埋葬波吕涅克斯为声明的成文的(并且,我或许要加上,侧重男性的)法律,用亚里士多德的话说,是"特殊法"(νόμουτὸν μέν ἴδιον)。

亚里士多德似乎在说,"以自然为基础的"(κατὰφύσιν)东西与具体的时间和地点无关。不过,《修辞学》第二卷的一些文字中提出了一种不同的观点。亚里士多德从细节上考察了不同的情感(例如,同情),演说者为了使他的听众信服而使用这些情感:

> 那些值得人们同情的人,如果不是与人们非常亲近,也是人们熟悉的人;人们之所以施以同情,是因为他们如同感到自己面临相似的遭遇……糟糕至极之状不同于惹人怜悯(τὸ γὰρ δεινὸν ἕτερον τοῦ ἐλεειοῦ)之状,因为它会赶走同情,且通常使人产生相反的感觉。进一步讲,眼前发生的糟糕至极的情况惹人怜悯。人们也同情那些年龄、角色、习惯、立场或家境相仿的人,因为所有这种关联使一个人更有可能想到厄运也会落到自己身上。总体而言,我们可以得出结论,凡是人们害怕发生在自己身上的事,一旦发生在别人身上,就会激起他们的同情。不过,惹人怜悯的是那些发生在眼前的遭遇,而那些发生在过去或未来的,前后相隔上万年的事,要么根本不会激起同情,要么只是程度极低的同情,因为人们不期待,也不记得,就此得出的结论是,那些通过姿态、声音、服饰以及总体上戏剧化的动作营造效果的方式,是更惹人同情的。这是因为,这种方式给人以罪恶就发生在眼前的感觉,使之呈现得就像即将发生或是刚刚过去的样子。并且刚刚发生的,或是即将发生的灾难,也由于同样的原因会激起更多怜悯。[*R*, pp. 227-228(2.8.1386a)]

我们在这卷中无意中发现了关于嫉妒的同样的看法:

> 人们嫉妒那些在时间、地点、年龄和声望方面与他们相近的人,所以说,"亲属也会嫉妒";并且那些处于敌对中的人,也属于我们正讨论的相近的人;因为没有人想与生活在一万年前的人,或与将要出生的人,或是已死之人为敌;没有人对生活在赫拉克勒斯的石柱附近的人感到嫉妒;也没有人嫉妒在他看来或在其他人看来远次于或是远胜于自己的人。

[*R*,p. 239,241(2.10.1388a10)]

在亚里士多德看来,《修辞学》第二卷中的分析毫无疑问是以自然为基础的[κατὰφύσιν]。不过,正如我们今天所要说的,他使它们屈从于特殊的历史和地域限制。在柏拉图神话式的叙述中,亚特兰蒂斯王国在梭伦(Solon,前638—前559)前已繁荣了9000年。① 亚里士多德着眼于一种甚至更广阔的未来——"一万年"[μνριοστὸν]——以此通过或是积极的或是消极的方式,提出一种要么是过去的,要么是未来的,遥远到使我们无法同其他人类的情感产生认同的时间。"赫拉克勒斯的石柱"的喻指传达了相似的暗示;与后来亚里士多德的徒弟亚历山大大帝的传奇一致的是,地中海界域的大地和海洋应该住着野蛮人或怪物。

不过,亚里士多德关于同情和嫉妒的历时性和地域性限制的评论并不是指涉现实与传说之间的对立。传说中的人物也会触动强烈的情感,尤其是在表演台上。在其《诗学》(*Poetics*)中,亚里士多德评价悲剧的重点在于"唤起恐惧和同情的事件"(ταύτην φοβερῶν καιελεεινῶν…μιμητικήν)。他是这样阐述的:

> 这种事情是必然发生在友人之间,或敌人之间,或非亲非故的人之间的行为。现在如果是敌人对敌人,无论是行为还是意图,都没有什么好同情的,除非就灾祸真的发生的情况而言。如果非亲非故,同情也不会产生。但是如果是友人之间发生的灾祸,例如兄弟、父子、母子相残——无论是杀害还是打算杀害,或诸如此类的事情,就是我们必然会找到恐惧和同情的事件。②

"Fratelli, coltelli" "Lontano dagli occhi,lontano dal cuor"这两句意大利格言(意思分别是,"兄弟,刀也";"眼不见,心为静")生动地展现了亚里士多德在其《诗学》和《修辞学》中都有所强调的互驳式的暗示。如果格外远会导致漠不关心,极其近就会产生要么同情,要么化解敌意的效果。这种矛盾情绪可以在希腊戏剧舞台上找到有力的证据,它是亚里士多德所生活的社群中日常经验的部分。

2. 我现在将考察2000年后狄德罗所写的一份完全不同的文本:《父亲与他的孩子的谈话;或依法自持的女儿》(*Entretien d'un père avec ses enfants;ou,du danger de se mettre au-dessus des lois*)。③ 狄德罗,以

① Pierre Vidal-Naquet,"LAtlantide et les nations",*La Democratie grecque vue d'ailleurs:Essais d'historiographie ancienne et moderne*(Paris,1990),esp. p. 139.

② Aristotle,*The Poetics*,in Aristotle,Longinus,and Demetrius,*The Poetics*;*On the Sublime*;*On Style*,trans. W. Hamilton Fyfe (1927;London,1960),p. 45 (12.6.1452b10) and p. 51 (14.4.1453b14).

③ 参见 Denis Diderot,"Entretien d'un pere avec ses enfants;ou,du danger de se mettre au-dessus des lois *Oeuvres*,ed. ",Andre Billy (Paris,1951),pp. 729-752;译版为 P. N. Furbank,"Conversation of a Father with His Children;or,the Danger of Setting Oneself above the Law",*This Is Not a Story and Other Stories*(Columbia,Mo.,1991),pp. 126-160。

一种从斯特恩(Laurence Sterne,1713—1768)的《项狄传》(*Tristram Shandy*)中获得灵感的破碎的、突兀的风格,描写了一个冬天的平静夜晚,发生在他父亲的住所的一场谈话。人物轮番登场,围绕着一个固定的主题讲述着逸闻和往事:成文法和道德准则,即亚里士多德所说的"特殊法"与"普遍法"的关系,父亲狄德罗代表成文法,儿子狄德罗代表道德准则,各执一词。① 我们有资格为保护道德的普遍原则而违反法律吗?医生可以拒绝治疗一个受伤的犯人吗?破除那种自私富人为一己私利而剥夺一众穷人的利益的不平等意识在道德上是合理的吗?在1773年修订版的《父亲与他的孩子的谈话》中,狄德罗加上了一段貌似与主题无关的题外话。一个帽商出场并讲了一段关于自己的故事。他照顾患病的妻子18年;妻子死后,分文不剩,他拿走了妻子的嫁妆,而根据法律,这些嫁妆应该转而交给她的亲戚。他做得对还是错?争论随之而来。父亲狄德罗坚持认为这个帽商应该归还这笔他为自己谋得的不义之财。

帽商愤愤地答道:

"不行,先生,我就要走了,我将要去日内瓦。"

"那么你打算将你的悔意抛在一旁喽?"

"我不知道,但我要去日内瓦。"

"去你选好的地方吧,良心必将尾随着你。"

"我们同意。"狄德罗写道,"或许空间和时间的距离弱化了所有的感觉和内疚,甚至是罪行。辗转到中国海岸的杀手不会再看到他丢弃在塞纳河畔带血的尸体,由自身恐惧而来的内疚或许要少于因恐惧他人而产生的懊悔;一个人出于羞愧而做事的主动性不如一经发现将受责难和惩罚来得主动。"②

在《对布甘维尔"旅行"的补充》(*Supplement to Bougainville's "Voyage"*)中,狄德罗决心论辩,性作为一种自然行为,应免于受到各种道德或司法的约束。在《父亲与他的孩子的谈话》中,他对杀死他人的行为表示了相同的看法。狄德罗令人震惊的评论的出发点——"或许空间和时间的距离弱化了所有感觉",似乎是对我上文中引用的亚里士多德《修辞学》内容的书面回应;不过,是亚里士多德将之推向高端。这还不是我们惊讶的。狄德罗在其更早的文章中写道:"亚里士

① William F. Edmiston, *Diderot and the Family: A Conflict of Nature and Law* (Saratoga, Calif., 1985), p. 75.

② Diderot, "Conversation of a Father with His Children", p. 143; "Entretien d'un père avec ses enfants", p. 742: "Le chapelier partit; sa réponse bizarre devint le sujet de l'entretien. On convint que peut-être la distance des lieux et du temps affaiblissait plus ou moins tous les sentiments, toutes les sortes de consciences, même celle du crime. l'assassin, transporté sur le rivage de la Chine, est trop loin pour apercevoir le cadavre qu'il a laissé sanglant sur les bords de la Seine. Le remords naît peut-être moins de l'horreur de soi que de la crainte des autres; moins de la honte de l'action que du blâme et du châtiment qui la suivraient s'il arrivait qu'on la découvrît."

多德是一个通过建立一些普遍原则和赋予他人勾勒其结论和用法的任务步步为营的哲学家。"①我得出的结论,也包括亚里士多德关于因"时空间隔"而缺乏同情的判断,变形为狄德罗关于同样原因而缺乏杀戮悔意的推断。距离,从毫无关联的人变成了一种自我分裂的讨论;这个主题激发了狄德罗两部最具张力的文字:《拉摩的侄儿》(*Rameau's Nephew*)和《表演的悖论》(*The Paradox of Acting*)。

这种内在转移被映射为一种比亚里士多德的地中海世界大得多的地理场域——从法国到中国。可是,为什么是中国?在一个虚拟的道德话题的案例框架中提及中国,这已提出了一种可能性,即狄德罗从一部论诡辩的耶稣会士作品中得到他所举的例子。② 尽管这个假设尚未证实,但很有吸引力。无论故事源头如何,狄德罗将之视为堪比他20年前在《论盲人信简,为那些能看见的人所用》(*Lettre sur les aveugles à l'usage de ceux qui voient*)中所做的道德实验的实验起点:

> 因为盲人唯独除了声音上的抱怨,不会受到任何能引起我们内心同情的外在示范的影响,所以,一般来讲,我猜想他们不能对其同胞感同身受。对于一个盲人来说,一个正在小便的人和一个将要流血至死又不发出声音的人有何不同?当我们远离对象或对象渺小到像盲人看不到的程度时,我们自己难道不会失去同情的感觉吗?由此知道,我们的美德必定是由我们理解事物的方式决定的,也由外在对象影响我们的程度决定!我十分确定,若非害怕惩罚,很多人对于杀死一个远得看起来如燕子般大小的人而产生的不安,要比亲手宰杀一头阉牛还要小。那么即便我们会对一匹受伤的马感到同情,却会不假思索地弄死一只蚂蚁,难道这些做

① Diderot, *De la poesie dramatique*, in *Oeuvres esthetiques*, ed. Paul Verniere (1758; Paris, 1968), p. 206: "Aristote est un philosophe qui marche avec ordre, qui établit des principes generaux, et qui en laisse les conséquences à tirer, et les applications à faire."

② 然而,狄德罗在《一个父亲与他的儿子的谈话》中对于一个"文本"["ce texte epuise"(p. 742; "Conversation of a Father with His Children", p. 143)]的指涉,没必要被认为是指向一份文字文本。参见 Diderot, "Lettre sur les aveugles a l'usage de ceux qui voient"(1749), *Oeuvres*, p. 817; 译本为 Derek Coltman, "Letter on the Blind, for the Use of Those Who See", *Diderot's Selected Writings*, ed. Lester G. Crocker (New York, 1966), p. 15。

法不是受着完全相同的原理的控制吗?①

一方面是法国和中国的地理距离,另一方面是盲人感觉的丧失,二者间有显著的相似。② 在狄德罗看来,人性和同情的缺乏是两种情势的结果,它驳斥了所谓的道德的永恒属性。"哦,夫人!盲人的道德与我们差别多大呀!"狄德罗对《论盲人信简》的收信人皮西厄夫人(Madame de Puisieux,1720—1798)说道。③ 根据狄德罗的说法,品行是特定环境和身体以及历史条件的产物。同样的关键词语,害怕(crainte)和惩罚(châtiment),在20年后再一次出现,用来解释假想的从巴黎到中国的凶手和远距离杀死看似燕子般大小的人的行为都会缺乏同情心的原因。可是,这种相似,经由狄德罗推论的典型方式,即一种令人意外的撮合,引出了新的主题,暗示着一种不同的转换:我们对动物的态度。狄德罗说,对它们的态度也受到我们关于体量和距离的感觉影响。他没有对这个貌似无关痛痒的法则下结论。当然,它们也的确是模棱两可的。我们应该将我们对于一匹遭受痛苦的马的同情给予蚂蚁吗?或者,反过来,我们应该将我们对于蚂蚁的冷漠延伸到马和人类身上吗?

前一个结论确实与狄德罗对于激情和情感的强调更为符合,他以一种明显的自传式口吻写道:对于"与机体孱弱状况有关的情感倾向,随之很容易出现的是情感上的隔阂,对于形象上富有活力、有血有肉的对象,则会使一个人产生同情、恐惧、钦慕、害怕、忐忑、流泪等感受"④。而

① Diderot,"Letter on the Blind,for the Use of Those Who See",p. 17;"Lettre sur les aveugles à l' usage de ceux qui voient",p. 820:

Comme de toutes les démonstrations extérieures qui réveillent en nous la commisération et les idées de la douleur,les aveugles ne sont affectés que par la plainte,je les soupçonne,en général,d' inhumanité. Quelle diffèrence y a-t-il pour un aveugle,entre un homme qui urine et un homme qui,sans se plaindre,verse son sang? Nous-mêmes,ne cessons-nous pas de compatir lorsque la distance ou la petitesse des objets produit le meme effet sur nous que la privation de la vue sur les aveugles? tant nos vertus dépendent de notre manière de sentir et du degré auquel les chose exterieures nous affectent! Aussije ne doute point que,sans la crainte du châtiment,bien des gens n' eussent moins de peine à tuer un homme a une distance oiu il ne les verraient gros que comme une hirondelle,qu' à égorger un boeuf de leurs mains. Si nous avons de la compassion pour un cheval qui souffre,et si nous ècrasons une fourmi sans aucun scrupule,n' est-ce pas le même principe qui nous dètermine?

② 参见文图里富于洞察力的评论,Franco Venturi,*Jeunesse de Diderot*:*De* 1713 *à* 1753,trans. Juliette Bertrand (Paris,1939),pp. 142-67,esp. pp. 163-166。

③ Diderot,"Letter on the Blind,for the Use of Those Who See",p. 17;"Lettre sur les aveugles à l' usage de ceux qui voient",p. 820:"Ah,madame! que la morale des aveugles est différente de la nôtre!"

④ Diderot,*The Paradox of Acting*,trans. by Walter Herries Pollock (New York,1963),p. 43. 参见 Diderot,"Paradoxe sur le comedien"*Oeuvres*,p. 1032:"La sensibilité… cette disposition compagne de la faiblesse des organes,suite de la mobilité du diaphragme,de la vivacité de l' imagination,de la délicatesse des nerfs,qui incline à compatir,à frissonner,à admirer à craindre,à se troubler,à pleurer"等段落。

另一种思路,即将感官范畴投射到我们忽视的昆虫的苦难遭遇上,则被一位18世纪的读者付诸实践。正如伟大的欧洲启蒙运动史学家弗朗科·文图里(Franco Venturi,1914—1994)在其著作《狄德罗的青年时期》(*Jeunesse de Diderot*)中洞见敏锐地指出:《论盲人信简》中体现的反宗教观点对萨德侯爵(the marquis de Sade,1740—1814)产生了显著影响。① 事实上,我认为没有狄德罗的《论盲人信简》,就没有后者的哲学。② 这个萨德,在其《卧室哲学》(*Philosophy in the Bedroom*)中主张谋杀的合法性:

> 人是什么,以及他与其他植物之间,他与地球上所有其他动物之间有何差别?很显然,根本没有。像其他物种一样,他偶然处于这个地球上,他像它们一样出生;和它们一样,他繁殖,走向高点并走下坡路;和它们一样,他衰老且和它们一样,在大自然分配给每个动物的生命段落告终时,消亡于无形,这符合大自然的构建机制。由于这种轨迹并行如此精确,以至于哲学的探索之眼绝对无法感到任何辨别差异的余地,那么杀动物就和杀人的罪恶一样严重,或一样无所谓,并且无论我们制造了何种差别,我们都会发现这种差别来自我们骄傲的偏见,不幸的是,没什么比这更荒唐的……如果大自然拒绝永恒性存在,那么它们的毁灭就是其法则之一……小动物在大动物断气之时立刻产生,并且这些小动物的生命成了大动物休眠的必要作用中简单的一种。鉴于此,你还敢说一个物种比另一个物种更受大自然青睐吗?③

3. 萨德有时被视为极端,却是启蒙运动的逻辑成果,这是反改革派作家夏尔·德普热恩(Charles de Pougens,1755—1833)在出版于1801年的争议性文章中提出的观点。④ 不过,对于复辟的智识和政治拥护者来说,狄德罗当然是比萨德更明显的目标。在夏多布里昂(François-René de Chateaubriand,1768—1848)的欧洲畅销书《基督教真谛》(*The Genius of Christianit*)中,讲的是离开欧洲去中国的凶手换了副模样再次出现的故事。"或许空间和时间的距离弱化了所有的感觉和各种内疚,甚至是罪行。"如果没有关于惩罚的恐惧,狄德罗写的是些不现实的东西。正是这些话激起了夏多布里昂正直

---

① 参见 Venturi,*Jeunesse de Diderot*,pp. 159-160。

② 在评论狄德罗发表的关于一个正在小便的人和一个正在流血的人在盲人那里是一样的看法时,文图里提到了"经常与18世纪的自然观联系起来的典型的残忍行为"(Venturi,*Jeunesse de Diderot*,p. 165)。

③ Marquis de Sade,"*Justine*","*Philosophy in the Bedroom*",*and Other Writings*,trans. and ed. Richard Seaver and Austryn Wainhouse (New York,1965),pp. 329-331.

④ 参见 Michel Delon 在其对萨德的介绍中引用的文字,*Oeuvres*,ed. Delon (Paris,1990),p. xxiv。

的义愤：

> 天地良心！你不存在而只是幻象，同时害怕人们的惩罚，这可能吗？我扪心自问："如果你可以随心所欲地杀死一个中国的同胞，并且在欧洲继承他的财产，凭着超自然力量确保这个事实将绝不会被人知道，你想会实现这个愿望吗？"我徒劳地夸大我的贫穷，我通过假想因我期许这个中国人痛快地断气而起作用的方式，徒劳地为谋杀找理由；那么，如果他是自然死亡，出于某种原因，他的财产将会被国家没收；我徒劳地将自己塑造成陌生人，对疾病和痛苦毫不知情；我徒劳地认为他的死是一种祈福，是他自己期待的，虽然死了却比生更长久；即便有这些完全无意义的托词，但在我的灵魂打盹时，我还是听到了一个声音，如此大声地控诉这假想的卑微想法，以至于我一刻也不能怀疑良心的真实性。①

夏多布里昂显然反感狄德罗关于逃往中国的杀人犯和那些隔空轻易杀人者的文本。通过将之拢在一处，夏多布里昂创造了一个新的故事：被害人是一个中国人，杀人犯是欧洲人，所提到的谋杀动机——经济利益。在这个新的视角下，这个故事出名了，尽管错误地将之归于卢梭（Jean-Jacques Rousseau，1712—1778）名下。这个错误要追溯到巴尔扎克（Honoré de Balzac，1799—1850）。② 在《高老头》（*Le Père Goriot*）中高老头用了一个晚上思考，促成一桩至少是间接地将之卷入一起谋杀的与有钱人家联姻的可能性。随后他在卢森堡公园见了他的朋友皮安训。

---

① Francois-Auguste Chateaubriand, *The Genius of Christianity; or: The Spirit and Beauty of the Christian Religion*, trans. Charles I. White (Baltimore, 1856), pp. 187-188。参见 Chateaubriand, *Genie du christianisme, ou beautes de la religion chretienne*, 2 vols. (Lyon, 1809), 2: 122-123:

O conscience! ne serais-tu qu' un fantôme de l' imagination, ou la peur des châtimens des hommes? Je m' interroge; je me fais cette question: "Si tu pouvais, par un seul désir, tuer un homme àla Chine, et hériter de sa fortune en Europe, avec la conviction surnaturelle qu' on n' en sauraitjamais rien, consentirais-tu à former ce désir?" J' ai beau m' exagérer mon indigence; J' ai beau vouloir atténuer cet homicide, en supposant que, par mon souhait, le Chinois meurt tout-à-coup sans douleur, qu' il n' a point d' héritier, que même à sa mort, ses biens seront perdus pour l' état; J' ai beau me figurer cet étranger comme accablé de maladies et de chagrins, J' ai beau me dire que la mort est un bien pour lui, qu' il l' appelle lui-même, qu' il n' a plus qu' un instant à vivre; malgré mes vains subterfuges, J' entends au fond de mon coeur une voix qui crie si fortement contre la seule pensée d' une telle supposition, que je ne puis douter un instant de la realité de la conscience.

② 巴尔扎克和夏多布里昂之间的关联首先被指出是在 Paul Ronaï, "Tuer le mandarin", *Revue de litterature comparee* 10, no. 3 (1930): 520-523 中。尽管下面这篇文章，Laurence W. Keates, "Mysterious Miraculous Mandarin: Origins, Literary Paternity, Implications in Ethics", *Revue de litterature comparee* 40, no. 4 (1966): 497-525，其副标题提到这个问题，但没有涉及 18 世纪的更早的例子。狄德罗的 2 篇文章与这个主题的后续发展有关的看法遭到反对：António Coimbra Martins, "O mandarim assassinado", *Ensaios Queirosianos*: "*O mandarim assassinado*" "*O incesto d" os maias*, "*imitacdo capital*" (Lisbon, 1967), pp. 27-28; 也可参见 Raymond Trousson, *Balzac, disciple etjuge deJean-Jacques Rousseau* (Geneva, 1983), p. 243, n. 11。

高老头说："我正被一些邪恶的想法折磨着。"并接着说：

你读过卢梭吗？

读过。

你记得他那篇文章吗？他问他的读者如果不用离开巴黎，只是通过意念能谋杀一个老迈的中国满清官员，借此可以变得富有，读者们会怎么做？

记得。

那么，你怎么想的？

哦，我都杀了第33个了。

说正经话。来来，如果真有这样的事，只消你点点头就行，你干不干？

你说的满清官员很老了？呃，好吧，老也罢，少也罢，健康也罢，痨病也罢，天哪……哦，见鬼！我不干。①

4. 清朝官员的寓言参与到高老头角色的发展。巴尔扎克试图展现，在资本主义社会人们很难注意到道德义务，包括最基本的义务。我们关涉其中的关系链条使我们至少要间接地对犯罪负责。几年后，在《莫黛斯特·米尼翁》(*Modeste Mignon*)中，巴尔扎克再一次用到了清朝官员这个点："如在此时"，诗人卡纳利斯说："中国最重要的满清官员即将合眼归西，并使帝国陷入一片哀痛之中，你为此深表哀悼吗？在印度，英国人杀了数千如我们一样优秀的人；那么在此时，如我所言，如果最有魅力的女人在那里被烧死——而你会在早饭时如往常一样喝咖啡吗？"②在一个落后的、被帝国主义残酷主导的世界，道德冷漠已经意味着一种共犯关系。

在对比中，高老头的朋友反对杀死一

---

① Honoré de Balzac, "*Pére Goriot*" *and* "*Eugénie Grandet*", trans. E. K. Brown, Dorothea Walter, and John Watkins (New York, 1950), p. 139。参见 Balzac, *Le Pére Goriot* (Paris, 1961), p. 216：

"Je suis tourmenté par des mauvaises idées." ... "As-tu lu Rousseau?"

"Oui."

"Te souviens-tu de ce passage où il demande à son lecteur ce qu'il ferait au cas où il pourrait s'enrichir en tuant à la Chine par sa seule volonté un vieux mandarin, sans bouger de Paris?"

"Oui."

"Eh bien?"

"Bah! J'ensuis à mon trente-troisième mandarin."

"Ne plaisante pas. Allons, s'il t'était prouvé que la chose est possible et qu'il te suffit d'un signe de tête, le ferais-tu?"

"Est-il bien vieux, le mandarin? Mais, bah! jeune ou vieux, paralytique ou bien portant, ma foi... Diantre! Eh bien, non."

也参见 p. 174。关于错误地归于卢梭账下，参见 Martins, "O mandarim assassinado"。

② Balzac, *Modeste Mignon*, trans. Clara Bell (New York, 1901), p. 20。参见 *Modeste Mignon*, ed. Maurice Regard, *La Comedie humaine*, 12 vols. (Paris, 1976-1981), 1:593："En ce moment, le mandarin le plus utile à la Chine tourne l'oeil en dedans et met l'empire en deuil, cela vous fait-il beaucoup de chagrin? Les Anglais tuent dans l'Inde des milliers de gens qui nous valent, et l'on y brûle, à la minute où je vous parle, la femme la plus ravissante; mais vous n'en avez pas moins dejeuné d'une tasse de café?"这篇文章在 Martins, "O mandarim assassinado", pp. 38-40 处被提及。

个不知名的中国满清官员的想法,可以被视为一种暗示,即认可亚里士多德提出的“一种公正与不公正依自然划分的普遍观念”。可是,广泛的经济体系的出现已经使经济收益的可能性变为现实,包括比亚里士多德最为天马行空的想象还要遥远的距离。这种关联的可能性很久以前就被察觉。“一个西印度商人会告诉你,他不是不关心在牙买加发生过什么。”大卫·休谟(David Hume,1711—1776)在其《人性论》(*Treatise of Human Nature*)中题为“空间与时间的接近和远隔”(“Of Contiguity and Distance in Space and Time”)的那部分评价道。① 如我们所见,休谟对该主题的精妙评论忽视了道德和司法意涵,现今无法对此置之不理。我们应该已经意识到一些人的经济收益可能多少直接地关系到远方人们的苦难,如沦于贫穷、饥饿,乃至死亡。不过,全球经济扩张只是进步带给我们的远距离影响其他人类群体生活的一种方式。在故事流传最广的版本中,这个中国的满清官员可以通过按一个按钮来轻易杀死;比起被归到卢梭名下的那个故事版本,这个细节与现代战争更为一致。② 飞机和导弹已经证明狄德罗的猜想是事实,即杀死一个看起来不比燕子更大的人类要更容易下手。官僚体制的进步向同样的方向发展,开始了仅仅是像处理数字一样处置大群人类的先河,这也是与大群人类保持距离的最高效方法。

扔下一颗可以杀死成千上万人的炸弹有时会激起同情,如飞往广岛的领航员克劳迪·伊特里(Claude Eatherly,1918—1978)的事例所表现出来的。不过,这并不是要求对普通人进行训导,演示人间屠场的残忍细节。即便当这样一种训导足够成功(并且通常是这样),但一些摩擦也将出现,如同克里斯托弗·布拉温宁(Christopher Browning,1944—　)在他的作品《普通人》(*Ordinary Men*)中所展示的,该书呈现了关于一支参与屠杀波兰犹太人的德国后备警察部队的引人深思的、令人深为不安的研究。③ 当被转化为大屠杀刽子手的德国普通市民偶遇其过去相识的犹太人,他们常规的职业立场会对其产生些微的影响。对他们来说,显然更容易将纳粹宣传提供的签字印刷理解为成千上万不知姓名的犹太人。

作为纳粹种族主义立法核心的“我们”和“他们”之间的显著区别,从理论层

① David Hume, *A Treatise of Human Nature*, ed. Ernest G. Mossner (1739-1740; Harmondsworth, 1969), p. 476 (2.3.7);下文简写为 *THN*。这一评价(Perry Anderson 提醒我注意到它)在 Adam Smith, *The Theory of Moral Sentiments*, vol. 1 of *Works*, ed. D. Stewart (Halen, 1963), pp. 229-230 处进一步发展。

② 误以为出自卢梭的错误在 Diderot, *Oeuvres*, p. 1418, n. 7 中再次出现;据说这个误解来自《爱弥儿》(*Émile*),但不能提供确切的话语引用。这种来源说法通过随便留意一下 Etienne Brunet, *Index-Concordance de "Emile ou de l' ducation"*, 2 vols. (Geneva, 1980) 就可以找到反驳。

③ Christopher R. Browning, *Ordinary Men: Reserve Police Battalion (101) and the Final Solution in Poland* (New York, 1992).

面讲，与一种对自然法观念的鲜明抵制态度有关。在这个意义上，出现在二战结束后的对于触犯人性的司法观念的阐述，可以被视为迟来的安提戈涅立场的胜利。“尽管被禁止，但埋葬波吕涅克斯正是自然法意义上的公正。”在亚里士多德看来，这些话暗示着普遍法高于特殊法，推崇人性高于效忠某个特殊群体，远观高于近睹。不过，如亚里士多德自己所论说的，远观(distance)与近睹(closeness)是相对立的概念，而且它们受到时空条件制约。正如我们所见，如果推向极致，远观会造成我们对人类同胞缺乏同情。我们会问，我们如何辨明远观和过分远观的界限？或者换种表述，诸如人类怜悯之情的所谓的自然感情的历史性极限是什么？

“我们发现，在日常生活中。”休谟写道：

> 人们所主要关心的是那些在空间上和时间上与他们相隔并不遥远的对象，他们只享受现在，而将远隔的对象留给机会和命运来照管。你如果向一个人讲他30年以后的状况，他将不理睬你。你要是和他谈明天将发生的事情，他就会注意倾听。家中撞破一面镜子，比千百里外一所房子着了火，更能引起我们的关切。[*THN*, pp. 475–476(2.3.7)]

休谟的貌似有理的观点来自一般看法而非严格的自我中心观点；当我们身在海外，我们自己——而非其他别人的房子，正在着火。这里没有中国满清官员关涉其中。休谟甚至没有提到同情，这在他的心中近似于道德品质。于是，一种限制条件显现如下：

> 尽管空间和时间两方面的远隔虽然在想象上并因而在意志和情感上有重大的效果，可是远隔的效果在空间上比在时间上要小得多。20年的时间比起历史甚至比起某些人记忆所及的时间来，确实只是一段很短的时间间隔，可是我怀疑，3000里之远或者地球上所能有的最大距离，是否能够像在前一种情形下那样显著地弱化我们的观念，消弭我们的情感？

休谟用关注西印度商人的例子支持其论述，他写道：“可是没有人以他们眼前的观点展望后世，甚至于害怕非常遥远的事情。”[*THN*, p. 476(2.3.7)]时空的不对称引发他关于时间更深入差异的讨论：“同样的间隔距离在过去比在未来具有更显著的作用”[the superior effects of the same distance in the past above that in futurity(*THN*, p. 477, 2.3.7)]——更显著，也就是从更多地弱化我们的意念和我们的情感方面而言。① 休谟说，疏远的作用在所谓的意念那里，是“昭然若揭的。因为

---

① 这段文本实际上为“the superior effects of the same distance in futurity above that in the past”，我结合该观点的逻辑要求对文本进行了调整。

我们的任何行为都不能改变过去,所以过去决定不了意念没什么奇怪”[*THN*, p. 477(2.3.7)]。情感反过来值得做更持续的讨论,它以这样的方式结束:“我们就想象将来每时每刻向我们涌来,而过去则每时每刻都在退去。因此,距过去和将来同样的距离,呈现在脑海中的并不是同样的效果,这是因为我们认为与过去的距离不断在加大,而与将来的距离却不断在缩小。幻想预测着事物的进程,并在对象正趋近的状态下考察对象,就如同被认为是在现在的状态下进行考察一样。”[*THN*, p. 478(2.3.7)]

尽管是一些细节的分析,但休谟已经能够阐明问题,用他的话讲:

> 我们已经说明了三个似乎非常引人注目的现象:为什么距离削弱了概念和情感?为什么时间上的距离比空间上的距离有较显著的效果?为什么过去的时间距离比将来的时间距离还是有更强烈的效果?我们现在必须考虑三种现象,这三种现象似乎与上述现象在方式上是相反的:为什么一个非常大的距离增加我们对一个对象的珍视和钦慕?为什么在时间上,这样一种距离比在空间上更会加剧这种好感?为什么一段距离,从过去的时间上讲,比从未来的时间上讲更具好感?[*THN*,p. 479(2.3.8)]

如果我没说错的话,这两种观点在事实上(不是逻辑上)的对立,是休谟甚或从启蒙运动的大范围上说,都不能轻易解决的。一方趋向于将传统的权威和声誉贬斥为纯粹非理性的观点,另一方认为同样的权威和声誉是不可否认的力量。一些透彻的关于时间距离作用和空间距离作用的比较的评论,显示了哲学家休谟与历史学家休谟之间进行的富有成果的对话:“古代的半身像和铭刻比日本桌子更被人重视;且不说希腊人和罗马人,我们就是对于古老的迦勒底人和埃及人,也比对于近代的中国人和波斯人更具敬意,宁肯费更多无益的艰辛搞清前者的历史和年代,而不肯组织一次航行,确实地去了解后者的性格、学术和政府。”[*THN*, p. 480(2.3.8)]

休谟试图解决所提出的矛盾的方式,从其仅作为来自个人心理考虑的意义上说,是令人失望的。休谟所强调的,距离和困难之间,困难和克服险阻后的喜悦之间的关系,不可能凭我们的文明看待距离、过去,以及遥远过去的价值观进行解释。这是一种特定的历史现象,关联特定的历史环境。这些价值观在20世纪彻底地改变了。休谟仍然可以自信地表示“我们的任何行为完全无法改变过去”。现今,我们会补充说这的确是真的,但人的行为会深刻地通过歪曲其轨迹,通过使之埋没,通过彻底地破坏它们,影响有关过去的记忆。

5. 这种从正当道的威慑中营救过去的冲动,从未像《历史哲学论纲》(*Theses on the Philosophy of History*)那样如此犀利地被阐述出来,此文是瓦尔特·本雅明

(Walter Benjamin,1892—1940)在1940年的最初几个月《希特勒-斯大林条约》签订后所写的。“如果敌人赢了,即便死也不会从他们那儿得到安宁。”本雅明就在其悲剧性离世前的几个月如此写道。①在其第二段论说的开篇,本雅明引用了赫尔曼·陆宰(Hermann Lotze,1817—1881)的话。陆宰写道:“人性最引人注意的特点之一就是,在特定局面下贯穿着如此多的自私自利,却不会在处于当前面向未来之时感到嫉妒。”②

在这些话中,我们会听到对亚里士多德《修辞学》中关于情感(更具体地说是,嫉妒)和时空上的距离间的矛盾关系的段落的遥远回响。对后世的嫉妒被陆宰视为“奇妙的现象”,即它

> 会明显确认我们关于存在某种历史统一体的信念,认为这种统一体凌驾于我们好奇之物的统一体之上,在这种统一体中,我们不能仅仅谈论不是过去的过去……预想我们不会在未来迷失的预感,先辈尽管已经从凡间事实的空间逝去,但还没有完全离事实而去,而历史的进步也以一种神秘的方式作用于他们——正是这种信念首先使我们能够像我们所做的那样谈论人性及其历史。③

《拱廊街计划》(*Passagen-Werk*),本雅明伟大的关于19世纪巴黎的未竟作品,其中几处引用了陆宰的《微观世界》(*Microcosmus*)——一本在19世纪末非常流行的而现今却被遗忘的书。陆宰在本雅明那里有着非常重要的地位,而至今几乎无人注意到。④ 本雅明的《历史哲学论纲》的中心主题之一,倡导“逆着历史的纹理爬梳历史”(brush history against the grain),发展了陆宰关于在犹太主义和历史唯物主义的框架之中拯救过去的讨论。本雅明写道:“像我们之前的每一代人那样,我们被赋予了一种微弱的弥赛亚式的力量,一种认领过去的力量。”⑤这些文字写于1940年。根据自那时起所发生的事来看,正相反,人们乐于说,过去两代人已被赋予了一种虽消极,却是强有力的弥赛亚式的力量。经过过去半个世纪,历史终结——不是在最近流行的比喻的意义上,而是在最浅白的文字意义上——已具备了技术上的可能性。人性潜在的自我解构,本身作为历史中的一个转折点,已经

① Walter Benjamin,“Theses on the Philosophy of History”,*Illuminations*,trans. Harry Zohn,ed. Hannah Arendt (1955;New York,1977),p. 255.

② Hermann Lotze,*Microcosmus:An Essay Concerning Man and His Relation to the World*,trans. Elizabeth Hamilton and E. E. Constance Jones,2 vols. in 1 (New York,1886),2:172;译法有修改。

③ Ibid.,2:173-174.

④ 在我看来,本雅明的思想得益于陆宰,只在 Stephane Mośes,*LAnge de l' histoire:Rosenzweig,Benjamin,Scholem*(Paris,1992),p. 166 那里被提到过。

⑤ Benjamin,“Theses on the Philosophy of History”,pp. 257,254.

分别影响和将要影响所有未来和过去的诸代人——包括亚里士多德所写的“那些在过去或未来的,前后相隔上万年的”人——的生活和碎片化的记忆。亚里士多德所说的“普遍法”王国似乎已经相应地扩张开来。不过,我揣测,对远方人类同胞表达同情之意仅仅是一种修辞行为。我们污坏当下、过去以及未来的力量之强大,绝非我们脆弱的道德形象可比。

译者:李根,长春师范大学历史文化学院讲师

专题研究

宽容与贸易：奥尔巴赫读伏尔泰致阿德里亚诺·索弗里①

□卡罗·金兹堡

1. 在伏尔泰(Voltaire,1694—1778)《哲学通信》(*Lettres philosophiques*,1734)的第6封信(此信写作时间稍早)中,我们可以看到如下非常有名的段落:

进伦敦证券交易所,那是比教堂更气派的地方。在那里你可以看到各个国家的代理人为了人类的利益而聚集在一起。在那里,犹太教教徒、伊斯兰教教徒和基督教教徒互相交易,就像是属于同一宗教,破产者才是异教徒;在那里,长老会教徒信任浸礼教教徒,圣公会教徒也接受公谊会教徒的许诺。从这些和平又自由的集会走出来时,有的人去犹太会堂,有的人去喝酒;这一位在大盆中以圣父、圣子、圣灵的名义接受洗礼,那一位让他的儿子接受割礼并用不知所云的希伯来文为他喃喃祈祷,其他人则将帽子戴在头上,去他们自己

1999年我在UCLA与我的学生、欧洲历史与文化学术讨论会的参与者、Pier Cesare Bori、Alberto Gajano、Francesco Orlando和Adriano Sofri讨论了本文的初稿。现在的这一版本受益于他们的评论和David Feldman的批判。我对此表示感谢。——作者

① 阿德里亚诺·索弗里(Adriano Sofri),意大利知识分子、记者和作家,20世纪60年代意大利自治运动"持续斗争"前领导人。他于1988年因唆使谋杀警察Luigi Calabresi的罪名被逮捕并被判处有期徒刑22年,他一直坚持自己的清白并在狱中为多家报纸撰写文章。卡罗·金兹堡曾写过一本有关这一事件的书《法官与历史学家:一宗二十世纪末冤案的附注》(*The Judge and the Historian*:*Marginal Notes on a Late Twentieth-Century Miscarriage of Justice*)。——译者注

的教堂，等待着上帝的启示。所有人都怡然自得。①

埃里希·奥尔巴赫（Erich Auerbach，1892—1957）在其名作《模仿论》（*Mimesis*，1946）中对这段文本有过详细的讨论。他的分析以一句提醒开篇：伏尔泰"对伦敦证券交易所的描述并非真的为了写实"。这不是一个直白的表述，就如同现实主义在奥尔巴赫那里并不浅白一样。②在《模仿论》所研究的现实主义的众多形式中，我们可以发现，在以巴尔扎克（Honoré de Balzac，1799—1850）和司汤达（Stendhal，1783—1842）小说为代表的现代形式里，属于个人的事件和经历与非个人的历史因素交织在一起。③ 其中一个因素就是伏尔泰在关于伦敦证券交易所的文章中提到的国际贸易。然而奥尔巴赫更为强调的是这一描述所具有的刻意变形的特征，也就是通过将各种宗教庆典的细节与它们各自的背景剥离开，而使某些东西显得荒谬而滑稽。奥尔巴赫注意到这是一种典型的宣传技法，即"探照灯技法"（Searchlight device）："尤其是在群情激昂的时期，公众会一次又一次地就范于这种伎俩，而且每个人都可以从最近发生的历史中找到足够多的例子……每当一种特定的生活形式或一个社会群体走向尽头或仅仅失去了青睐，尽管人们依稀感觉到了宣传者们针对于此所制造出的种种不公正，但仍会怀着施虐的喜悦去欢迎它。"④

这种对纳粹的含沙射影很快在后文

---

① Erich Auerbach, *Mimesis*: *The Representation of Reality in Western Literature*, trans. Willard R. Trask (Princeton, NJ: Princeton University Press, 1974), p. 402（略有改动）; Voltaire, *Lettres philosophiques*, in *Mélanges*, ed. J. Van den Heuvel (Paris: Gallimard, 1961), pp. 17 - 18: "Entrez dans la bourse de Londres, cette place plus respectable que bien des cours; vous y voyez rassemblés les députés de toutes les nations pour l' utilité des hommes. Là le juif, le mahométan et le chrétien traitent l' un avec l' autre comme s' ils étaient de la même religion, et ne donnent le nom d' infidèles qu' à ceux qui font banqueroute; là le presbytérien se fie à l' anabaptiste, et l' anglican reçoit la promesse du quaker. Au sortir de ces pacifiques et libres assemblées, les uns vont à la synagogue, les autres vont boire; celui-ci va se faire baptiser dans une grande cuve au nom du Père par le Fils au saint-Esprit; celui-là fait couper le prépuce de son fils et fait marmotter sur l' enfant des paroles hébraïques qu' il n' entend point; ces autres vont dans leur église attendre l' inspiration de Dieu, leur chapeau sur la tête, et tous sont contents."

② Auerbach, *Mimesis*, p. 402; Antoine Compagnon (*Le démon de la théorie* [Paris: Seuil, 1998], p. 103) 声称在《模仿论》中"现实主义这一概念自行发展"。但是在这本书的结尾，奥尔巴赫写道："甚至'现实主义'这一术语都是明确的（p. 556）。"在一种绝对事实的层面上，伏尔泰的描述可能是相当精确的。可以追溯至"1784年8月和9月"（École des Ponts et Chaussée, Ms. 8, *Le Sage*, 1784）的关于伦敦证券交易所的基本构想表明，其细节被分配给各种宗教少数派（"Place des Quakers""Place des Juifs"）。这种分类明显与另一种基于专业和商业的活动相交叉（"Place des Drapiers""Place de la Jamaïque", etc.）。我对 Margaret Jacob 复制这份构想表示感谢。

③ Auerbach, *Mimesis*, chap. 18, "In the Hôtel de la Mole" (on Stendhal, Balzac, Flaubert). 奥尔巴赫从来没有明确地阐明各种类型的现实主义之间的关系，而这种缄默被从一种反理论的角度进行了错误的解读。参见 René Wellek, "Auerbach's Special Realism", *Kenyon Review* I6 (1954): 299-307。

④ Auerbach, *Mimesis*, p. 404.

以尖刻、讽刺的评论猝不及防地出现："戈特弗里德·凯勒（Gottfied Keller，1819—1890）是幸运的，因为他想不出哪个政府的重大变动不会带来更大的自由。"奥尔巴赫后来回顾道："《模仿论》是在1940年的伊斯坦布尔（Istanbul）这样一个特定的时代环境下，由一个意志坚定的人以完全的自觉写成的一本书。"①通过这些文字，奥尔巴赫重申了自己在反思维柯（Giovanni Battista Vico，1668—1744）的《新科学》（*Scienza Nuova*）中得出的重要思考。②

《模仿论》从出版距今已有50多年，奥尔巴赫所讨论的伏尔泰那跃然纸上的声音在今天比以往更有力道。但是要去真正地理解它，我们还需要运用双重的视角——既要考虑伏尔泰也要考虑他的这位最精明的读者③。

2. 伏尔泰关于"不信"（infidèle，这一词这里既指宗教上的不信基督教，又指经济上的不讲信用）这一词的双关，连同他对伦敦证券交易所所做的文学处理，很可能是受到了斯宾诺莎（Baruch de Spinoza，1632—1677）的启发。斯宾诺莎在其《神学政治论》（*Tractatus theologico-politicus*，1670）的最后一章里，对阿姆斯特丹（Amsterdam）的思想和宗教自由给予了以下著名的赞美："就以阿姆斯特丹这座城市为例，它享有伟大的兴旺和所有人的钦慕，收获了自由带来的硕果。在这个繁荣的国度，在这个无比平等的城市，不同背景和不同宗教信仰的人最大限度地和谐共处。在把他们的财产委托给别人之前，他们只想知道对方是富有还是贫穷，是行善还是行恶（*num bona fide*，*an dolo solitus sit agere*）。"④最后一句话，在1678年以三种不同书名匿名出版和传播的法语译本中，以法语紧密地应和着原初的拉丁原文："要看他是一个真诚的人还是习惯欺骗（S'il est homme de bonne foy ou accoûtumé à tromper）。"⑤

在斯宾诺莎的书中，"fides"这一词语

① Auerbach，*Mimesis*，p. 404.，p. 404；"Epilegomena zu Mimesis"，被Aurelio Roncaglia在他给《模仿论》意大利文版的引言中引用（Turin：Einaudi，1964），I：xx；我曾经修改了翻译中一个小小的错误。[译者注：英文版本十分简单："我可能也提到了那本写于战争期间和伊斯坦布尔的书。"（p. 557）]在那本书的版权页人们可以读到"1942年5月至1945年4月间写于伊斯坦布尔"。参见J. M. Ziolkowski给奥尔巴赫的*Literary Language and Its Public in Late Latin Antiquity and in the Middle Ages*（Princeton，NJ：Princeton University Press，1993），p. xxii序言。

② 参见我的*Occhiacci di legno*：*Nove riflessioni sulla distanza*（Milan：Feltrinelli，1998），pp. 171-193。

③ 这里最精明的读者指奥尔巴赫。——译者注

④ B. de Spinoza，*Tractatus theologico-politicus*，chap. 20："Urbs Amstelodamum exemplo sit，quae tanto cum suo incremento，et omnium nationum admiratione hujus libertatis fructus experitur；in hac enim florentissima Republica，et urbe praestantissima omnes cujuscunque nationis et sectae homines summa cum concordia vivunt，et ut alicui bona sua credant，id tantum scire curant，num dives，an pauper sit，et num bona fide，an dolo solitus sit agere"（*Opera*，ed. Carl Gebhardt [Heidelberg：Winter，1925]，3：245-246）.

⑤ [B. de Spinoza]，*Traitté des ceremonies superstitieuses des Juifs tant Anciens que Modernes*，à Amsterdam 1678，p. 527. 我也使用了另一个不同题名的版本：*La clef du sanctuaire par un sçavant homme de notre siècle*（Leiden，1678）。

基于语境拥有不同的含义,既有宗教性的,也有非宗教性的,比如:轻信、偏见、虔诚、忠诚等。① 这种从宗教领域向政治领域含义的过渡在《神学政治论》最后一章体现得尤为明显:"最后,是否我们认为这一事实是合理的,即一个人对国家的忠诚,就像一个人对上帝的虔诚那样,只能通过行动来被认识(Quod si denique ad hoc etiam attendamus, quod fides uniuscujusque erga rempublicam, sicuti erga Deum, ex solis operibus cognosci potest)。"②在这些话中我们可以听到斯宾诺莎最为欣赏的作家之一的回声。在他的《李维史论》(*Discorsi sopra la prima Deca di Tito Livio*)中,马基雅维利(Niccolò Machiavelli, 1469—1527)论证了一个秩序井然的共和国需要一个宗教支点,一个能堪比古罗马宗教那样的公民宗教。③ 但是对于斯宾诺莎而言,在他对阿姆斯特丹及其自由的赞美中,fides——更准确地说,是"bona fides"的司法概念——意味着商业诚信。④ 因此,他似乎是为之后伏尔泰把破产嘲讽为一种背信弃义做了铺垫。这一观念还被转化成美钞上那句庄严的宣言而重现:"我们信仰上帝(In God we trust)。"⑤

通过比较斯宾诺莎对阿姆斯特丹的赞美和伏尔泰对伦敦证券交易所的描述,更证实了一个早已以完全不同的方式被明确提出的假设,即伏尔泰在出版他的《哲学通信》之前,可能了解斯宾诺莎的《神学政治论》。⑥ 不过,这两段文章的基

---

① B. de Spinoza, *Tractatus theologico-politicus*, preface: "Fides jam nihil aliud sit quam credulitas et praejudicia"; chap. 14: "Superest jam, ut tandem ostendam, inter fidem, sive theologiam, et philosophiam, nullum esse commercium"; chap. 20: "Fides ejusque fundamentalia determinanda sunt; quod quidem in hoc capite facere constitui, simulque fidem philosophia separare, quod totius operis praecipuum intentum fuit" (*Opera*, 3: 8, 179, 275-276). 有关于此,参见 Emilia Giancotti Boscherini, *Lexicon Spinozanum* (The Hague: Nijhoff, 1970), pp. 423-427。

② Spinoza, *Opera*, 3: 243.

③ Giuliano Procacci, *Machiavelli nella cultura europea dell' età moderna* (Bari: Laterza, 1995), pp. 275-276.

④ Luigi Lombardi, Dalla "fides" alla "bona fides" (Milan: Giuffré, 1961); *Gérard Freyburger*, *Fides: Étude sémantique et religieuse depuis les origines jusqu' à l' époque augustéenne* (Paris: Les Belles Lettres, 1986). 1584 年, Johannes Molanus 作为鲁汶大学(University of Louvain)的一名教员,出版了一本名为 *Libri quinque de fide haereticis servanda, tres de fide rebellibus servanda* 的著作,参见 Adriano Prosperi, "Fede, giuramento, inquisizione", in Paolo Prodi and Elisabeth Müller-Luckner, eds., Glaube und Eid (Munich: Oldenbourg, 1993), pp. 157-171。

⑤ 感谢 Pier Cesare Bori, 他让我注意到这点。Albert O. Hirschman 在 *The Passion and the Interests* (Princeton, NJ: Princeton University Press, 1997)中令人信服地提出的命题可以被扩展到宗教上。大约在 1833 年, Stendhal 轻蔑地暗指"在年轻的美国,所有的或者几乎所有的热情都可以被简化成对美元的狂热崇拜"。"Chroniques italiennes" in *Romans et nouvelles*, ed. Henri Martineau (Paris: Champion & Slatkine, 1947), p. 544 序言的草稿。

⑥ Paul Vernière, *Spinoza et la pensée française avant la Révolution* (Paris: Presses Universitaires de France, 1954), 2: 498-499. René Pomeau, *La religion de Voltaire*, new ed. (Paris: Nizet, 1969), p. 54n. 82, 宣称在那时伏尔泰只是间接地了解斯宾诺莎的著作。也可参见 Charles Porset, "Notes sur Voltaire et Spinoza", in Olivier Bloch, ed., *Spinoza au XVIIIe siècle* (Paris: Presses Universitaires de France, 1990), pp. 225-240。

调并不相同。对于斯宾诺莎来说，阿姆斯特丹鲜活地证明了思想自由不具有政治危险性，而且事实上，通过商业的繁荣，这种思想自由还有益于大众幸福。而在半个多世纪之后，伏尔泰在《哲学通信》中传递的观念则是，在伦敦，商业的繁荣使得宗教差异变得无关紧要。对于身处理性和宗教伐异政策斗争背景之下的伏尔泰而言，英国是这方面的模范：

> 什么？难道只有在英国？(Quoi, N' est-ce donc qu' en Angleterre?)
>
> 凡人才敢思考？(Quel les mortels osent penser?)

这段诗节选自伏尔泰为演员阿德里安娜·勒库弗勒(Adrienne Lecouvreur, 1692—1730)之死所写的一首诗，它们源自贺拉斯(Horace，前65—前8)的诗篇(书信集，卷I，第2首，第40行，致罗利乌斯)，原文中的“保持明智”(being wise)被伏尔泰改写为“思考”(thinking)。半个世纪之后，康德又同样改写了贺拉斯的这几句话，并运用于对启蒙的定义中：“敢于思考(sapere aude)！”①

3. 为了表现他对宗教差异的漠视，伏尔泰采用了陌生化[estrangement(straniamento)]的文学策略，即把一种熟悉的事物，比如一个物体、一种行为、一个机构转变成奇怪、愚蠢和可笑的事物。维克多·什克洛夫斯基(Viktor Sklovskij, 1893—1984)最早对这种文学策略进行辨认和分析，并注意到启蒙运动者(philosophes)非常频繁地使用这一文学策略。在《哲学通信》中，这种策略随处可见。比如伏尔泰在第一封信中所描写的他与一位不知名的公谊会教徒会面的场景：“他开朗而仁慈的面容所流露出的神情，比那种将一只腿放在另一只腿后，把准备要戴的帽子拿在手上的方式显得更加谦虚礼貌。”②

通过煞费苦心的、刻意突兀的迂回描写，伏尔泰邀请他的读者共享了公谊会教徒对社会习俗的蔑视。之后，这种蔑视很

---

① R. Pomeau 在关于伏尔泰的文章(“Les ‘Lettres philosophiques’: Le projet de Voltaire”, *Studies on Voltaire and the Eighteenth Century*, 179 [1979]: 11-24: 12)中注意到了“‘敢于思考(osent penser)’这一引人瞩目的表达”。贺拉斯对伏尔泰的重要性被 Ira O. Wade 在 *The Intellectual Development of Voltaire*(Princeton, NJ: Princeton University Press, 1969), pp. 15-18 中所强调。关于“敢于思考”(sapere aude)，参见 Franco Venturi 在“Contributi a un dizionario storico, I: Was ist Aufklärung? Sapere aude!” *Rivista Storica Italiana* 71 (1959): 119-128；同上，*Utopia e riforma nell' Illuminismo*(Turin: Einaudi, 1970), pp. 12-18 中的精彩阐释。另见本文作者“The High and the Low: The Theme of Forbidden Knowledge in the Sixteenth and Seventeenth Centuries”，同上，*Clues, Myths and the Historical Method*, trans. John Tedeschi and Anne C. Tedeschi (Baltimore: Johns Hopkins University Press, 1989), pp. 60-76。伏尔泰有一本贺拉斯的书，其版本是由 André Dacier(Amsterdam, 1727)所翻译，其中的文章被恰当地以一种道德的意味而非知识的意味所翻译：“有变得高尚的勇气”(Ayez le courage d' être vertueux)；参见 Venturi, “Contributi a un dizionario storico”, p. 120. The discovery that the distortion of Horace' s words was traceable to Voltaire certainly would have pleased Venturi。

② “Il y avait plus de politesse dans l' air ouvert et humain de son visage qu' il n' y en a dans l' usage de tirer une jambe derrière l' autre et de porter à la main ce qui est fait pour couvrir la tête” (Voltaire, “Lettres philosophiques”, in *Mélanges*, p. 1).

快扩大到了宗教仪式上。“我们是基督徒。”他说,“而且我们努力去成为好的基督徒,但是我们不认为基督教就是往头上撒一点凉盐水。”①

在谈完施洗之后就谈到了战争。同样是基于陌生化的文学手法,这位公谊会教徒描述并谴责了军事征兵制:“我们的上帝让我们去爱我们的敌人,并且要毫无抱怨地忍受,他肯定不希望我们越过大海去屠杀我们的同胞,仅仅是因为那些穿着红色衣服,戴着两尺高帽的刽子手用两根小棍敲打着紧绷的驴皮,发出嘈杂的声音把他们的公民拉进军队。”②

伏尔泰使用的这一文学手法基于一种悠久的传统,向上可以追溯到马可·奥勒留(Marcus Aurelius,121—180)。③ 他在其作《沉思录》(*Meditations*)中谈到了罗马元老院元老所穿的宽带纹样:“这种有着紫色边的衣服只不过是浸透了鱼血的羊毛。”伏尔泰以相似的怀疑眼光来看待社会习俗,将那些人物与事件分解成最基本的成分。在他那里,军人只不过是“穿着红色衣服,戴着两尺高帽子的刽子手”,他们“用两根小棍敲打着紧绷的驴皮,发出嘈杂的声音”,而非通过击鼓发出庄严的轰响。即使是最平淡无奇的姿态也会显得奇怪、难懂和荒谬,仿佛一切都是通过一个外邦人或野蛮人的眼睛所观察到的,或者是通过一个无知的哲学家(就像伏尔泰在后文对自己的定义那样)的眼睛。

不过,伏尔泰心目中的榜样是英国。在一篇他于英国流亡期间(1726—1728)所写的笔记里,他做了一种比较,这种比较涵盖了他在《哲学通信》中第六篇的要点:“英国是所有宗教的集会地,因为皇家交易所是所有外国人的集合地。”在另一篇文章中,伏尔泰以他不纯正的英语对这一观点做了更为详尽的表述:

> 没有宗教信仰自由的地方几乎也没有贸易自由,同样的专制会像它侵害宗教那样去侵害贸易。在共和国和其他自由的国家,一个人在港口看到的宗教可能和船一样多。同一个上帝被犹太教教徒、穆斯林、异教徒、天主教教徒、贵格教教徒、再洗礼派教徒以不同的方式崇拜,他们在各自书写的文本中互相打压,却带着信任与和平在一起自由地交易。就像一群优秀的演员在舞台上完成自己的表演并互相争斗,而台下的时间里

---

① “Nous sommes chrétiennes, et tachons d’être bons chrétiens; mais nous ne pensons pas que le christianisme consiste à jeter de l’eau froide sur la tête, avec un peu de sel” (Voltaire, “Lettres philosophiques”, in *Mélanges*, p. 2).

② “Notre Dieu, qui nous a ordonné d’aimer nos ennemis et de souffrir sans murmure, ne veut pas sans doute que nous passions la mer pour aller égorger nos frères, parce que des meurtriers vêtus de rouge, avec un bonnet haut de deux pieds, enrôlent des citoyens en faisant du bruit avec deux petits bâtons sur une peau d’âne bien tendue” (ibid., p. 4).

③ Ginzburg, *Occhiacci di legno*, pp. 18-20.

则在一起喝酒。[①]

编辑《伏尔泰笔记》(*Voltaire's Notebooks*)的现代编者认为,将《木桶的故事》(*A Tale of a Tub*)这个标题与上面这段话联系在一起,令人摸不着头脑。[②] 实际上,这个题目告诉我们,后来发展成为《哲学通信》中的那种陌生化技巧是如何被使用的。乔纳森·斯威夫特(Jonathan Swift,1667—1745)在他的《木桶的故事》(1704年)里讲述了许多离奇的故事,其中有一个三兄弟为父亲的遗产争吵的故事,这是一个象征着罗马公教、英国国教和新教异见者之间冲突的比喻。尽管斯威夫特尖锐地谴责了天主教教徒和宗教狂热者,他还是公然表示基督徒们的一致要比他们的差异更重要。[③] 伏尔泰在他的笔记中回到了斯威夫特比喻的根源,回到了那个年长的父亲把3枚戒指留给儿子们的故事,但是他把故事的最初指涉扩展为基督徒、犹太教教徒和穆斯林教徒,并把异教徒也涵盖了进去。在《哲学通信》这一最后的版本中,背景不再是港口而是伦敦证券交易所,那些异教徒消失了,自然神论的表现也更为淡化,但斯威夫特对伏尔泰的影响却进一步地加深。《木桶的故事》宣告这位匿名作家的其他作品即将出版,其中之一就是《一个在未知的南方大陆的高尚之人写的英国旅行,从原作翻译而来》(*A Voyage into England, by a Person of Quality in Terra Australis incognita, Translated from the Original*)。这里面的观念后来以相反的形式在《格列佛游记》(*Gulliver's Travels*, 1726)中再次出现。没有《格列佛游记》,伏尔泰就不会成为伏尔泰。[④] 我们可以想象伏尔泰读到格列佛口袋中那份物品清单时的激动,这份清单是小人国的两位小居民记录下来的。在这些物品中我们可以发现如下描述:"一条优良的银链子,下面连接着一个奇妙的机器。我们让他取出链子底端的那部分,它呈球体状,一半是银质的,一半是透明的金属,在透明的那一边我们看见一些奇怪的数字呈圆圈式排布……他把那个机器放在我们耳边,它发出像水磨一样连续不断的响声。我们猜想这要么是一种未知的动物,要么

---

① *Voltaire's Notebooks*, ed. Theodore Besterman (Geneva: Droz, 1968), 1: 51, 65 (*Les œuvres complètes de Voltaire*, vol. 81).

② Ibid., p. 43, n. 2.

③ Jonathan Swift, *A Tale of a Tub*, ed. A. C. Guthkelch and D. N. Smith (Oxford: Clarendon, 1920), p. 139.

④ Ibid., pp. 345-346. 另见 J. Swift, *Journal to Stella*. I. April 14, 1711, ed. H. Williams (Oxford: Clarendon, 1948), pp. 254-255。R. Pomeau 在 *La religion de Voltaire*, new ed. (Paris: Nizet, 1969), pp. 131-132 中错误地断言,直到1756年,伏尔泰只知道斯威夫特是《格列佛游记》(*Gulliver's Travels*)的作者。Pomeau 引用 Wolff 的 *Elementa matheseos universae* 作为《小巨人》(*Micromégas*)的资料来源,而没有提到《格列佛游记》[Voltaire, *Romans et contes* (Paris: Imprimerie Nationale, 1966), p. 125]。但是可参见 Ira O. Wade, *Voltaire's "Micromégas": A Study in the Fusion of Science, Myth, and Art* (Princeton, NJ: Princeton University Press, 1950), p. 28。

就是他崇拜的神……”①

斯威夫特把一样日常生活中的物品转变成了神圣的事物,伏尔泰则把一件神圣的事情转变成了平常的事情:“这个人在大盆里接受洗礼(Celui-ci va se faire baptiser dans une grande cuve)。”从这两个例子中我们可以看见同样地把常见转变成不寻常的策略。陌生人的惊讶破坏了由习俗或崇敬形成的气氛。相反,却没有气氛笼罩伦敦证券交易所中所进行着的商业交易:这其中所进行的活动就显得自然合理。

在《哲学通信》涉及斯威夫特的部分,即《第二十二封信:谈浦柏先生和其他几位著名诗人》(“Vingt-deuxième letter: Sur M. Pope et quelques autres poètes fameux”),并没有提到《格列佛游记》。但是在1756年出版的增订版中,伏尔泰插入了一篇很长的关于《木桶的故事》的文章,确认它来源于3枚戒指的故事和丰特奈尔(Bernard le Bovier de Fontenelle, 1657—1757)。他总结道:“因此,几乎一切都是模仿,《波斯人信札》(*Lettres persanes*)的想法来自《土耳其间谍》(*l' Espion turc*),博亚尔多(Matteo Maria Boiardo, 1441—1494)模仿了普尔奇(Luigi Pulci, 1432—1484),阿里奥斯托(Ludovico Ariosto, 1474—1533)模仿了博亚尔多。最具创造性的思想互相借鉴……对待书,就像对待我们炉台中的火;我们去邻居家获取余烬,回到家中点燃它,再把它传递给其他人,它属于每一个人。”②这是冠冕堂皇的坦白。

4. 奥尔巴赫很可能没有读过什克洛夫斯基关于陌生化手法的文章,③但是什克洛夫斯基的思想经过谢尔盖·特列季亚科夫(Sergej Tret' jakov)的传播,对布莱希特(Bertolt Brecht, 1898—1956)的作品产生了决定性的影响,而奥尔巴赫对布莱希特是非常了解的。布莱希特推崇的与启蒙传统有着深刻联系的“陌生化效果”(Verfremdung-Effekt),让人不禁联想起伏尔泰所使用的“探照灯技法”(searchlight device)。④ 奥尔巴赫只强调这种技巧中的风险而非它的批判性潜质——一种出人意料的偏颇看法。艺术或者文学手法只是工具,能被用于不同甚至相反的目的。一件武器(甚至陌生化也是一种武器),可以用来杀死一个孩子或

---

① J. Swift, *Gulliver's Travels*, ed. Peter Dixon and John Chalker (Harmondsworth: Penguin, 1967), p. 70. 另见 Gianni Celati, “Introduzione ” to J. Swift, I *viaggi di Gulliver*(Milan: Feltrinelli, 1997), p. xix。

② “Ainsi presque tout est imitation. L' idée des *Lettres persanes est prise de celle de l' Espion turc*. Le Boiardo a imité le Pulci, l' Arioste a imité le Boiardo. Les esprits les plus originaux empruntent les uns des autres …Il en est des livres comme du feu dans nos foyers; on va prendre ce feu chez son voisin, on l' allume chez soi, on le communique à d' autres, et il appartient à tous” (Voltaire, *Mélanges*, p. 1394).

③ R. Lachmann, “Die ‘Verfremdung’ und das ‘Neue Sehen’ bei Viktor Sklovskij”, *poetica*, 3(1969): 226–249.

④ Francesco Orlando, *Illuminismo e retorica freudiana*(Turin: Einaudi, 1982), p. 163.

者保护一个孩子免于被杀。但是如果我们从伏尔泰这段文字的陌生化手法的功能入手,就会注意到一些更为复杂的东西,它们更加清楚地阐明了对伦敦证券交易所的描写,也间接阐明了奥尔巴赫是如何来阅读这段文字的。

《哲学通信》的出版(1734 年)与校订和 1738 年的《形而上学论》(*Traité de métaphysique*)的出版处于同期。[①] 在这本并不打算面向公众并在他死后才出版的未完成作品中,伏尔泰深入地探讨了他对英国社会的敌视所产生的消极作用。在书中的引言部分[《对人的怀疑》(*Doubts over man*)],伏尔泰写道:"很少有人对'人是什么'有着全面的认识。在欧洲某个地区的农民眼里,人这种物种不过是有着粗糙皮肤的两足动物,他们说着含糊的话,在地上耕作,不问原因地把一定的赋税交给另一种他们称为国王(king)的动物,他们尽可能地卖出他们的农产品,然后在一年中的特定日期聚到一起,用他们不懂的语言做祷告。"[②]

直到 30 年后伏尔泰才敢在用笔名写作的《历史哲学》(*Philosophie de l'histoire*)中以更加成熟的形式将这段文字出版,之后又将其作为《风俗论》(*Essai sur les mœurs*)的引言再版。[③] 在新版本里,对法国社会的冷峻刻画的确更为冷嘲热讽,尽显伏尔泰本色。反之,在《形而上学论》中,农民的视角一连串地交代出来自国王、年轻的巴黎人、年轻的土耳其人、神父和哲学家的相同的观点。为了突破这种受局限的态度,伏尔泰在他之后写作的《小巨人》(*Micromégas*)中想象了一个来自太空的生物,这种想象让人联想起斯威夫特。[④] 为了找到人类,这位旅行者见到了"猴子、大象、黑人,它们似乎都有些不完美"。基于他的游历,旅行者断言:"人类是一种头上有绒毛的黑色动物,他像猴子一样用两只脚直立行走,和他同体

---

① Voltaire, *Mélanges*, pp. 157ff. For the date of the Traité, 参见 Ira O. Wade, *Studies on Voltaire* (Princeton, NJ: Princeton University Press, 1947), pp. 87-129. 另见 W. H. Barber's edition in Voltaire, *Les œuvres complètes* (Oxford: Voltaire Foundation, 1989), vol. 14。

② "Peu de gens s'avisent d'avoir une notion bien étendue de ce que c'est que l'homme. Les paysans d'une partie de l'Europe n'ont guère d'autre idée de notre espèce que celle d'un animal à deux pieds, ayant une peau bise, articulant quelques paroles, cultivant la terre, payant, sans savoir pourquoi, certains tributs à un'autre animal qu'ils appellent *roi*, vendant leur denrées le plus cher qu'ils peuvent, et s'assemblant certains jours de l'année pour chanter des prières dans une langue qu'ils n'entendent point" (Voltaire, *Mélanges*, p. 157).

③ Voltaire, *La philosophie de l'histoire* (*Les œuvres complètes de Voltaire* 59), ed. J. H. Brumfitt, 2nd enlarged ed. (Geneva: Institut et Musée Voltaire, 1969), p. 109. 关于这篇文章后来的版本,可以参见 Ginzburg, Occhiacci di legno, p. 28。

④ Wade 在 *Voltaire's "Micromégas"*, p. 28, 认为出版的这一文本保留了一个更老的已经遗失的题为 *Voyage du baron de Gangan* (1739) 的版本的痕迹。W. H. Barber 在"The Genesis of Voltaire's 'Micromégas'", *French Studies* II (1957): 1-15 中否认了 Wade 的绝大部分推论,但是同意以下这点,即《小巨人》(*Micromégas*)的最初构想源于伏尔泰在 1730—1740 年间对科学的兴趣。

型的动物相比,他没有它们强壮,但更有思想,用更大的设施承载自己,他也依靠完全相同的必需品,也像其他动物那样出生、生活和死亡。"①

这位来自太空的旅行者的无知一方面使他得出了滑稽可笑的概括,但另一方面,这种为伏尔泰所珍视的矛盾心理让这位旅行者察觉到了一个显著的事实:人是动物。这位旅行者逐渐发现这些人也分属于不同的种类,每一种都有其独立的起源并且在庞大的等级秩序中占据明确的位置,"最后,我看见了优于黑人的人,就像黑人优于猴子,而猴子优于鸵鸟或其他相似的物种"②。

为了强调人类种类的多样性,伏尔泰将之比作不同类型的树。20 年之后,在《风俗论》(第 114 章)中,这种类比被再度使用并且有所发展。在伏尔泰的思考中,黑人依然相当醒目:

> 黑人的黏膜是黑色的,这是他们皮肤呈黑色的原因。他们的体征以这种明显的方式证明:正如在每一种植物物种中那样,在每一种人种中也存在着互相区别的原则。
>
> 根据这种原则,自然将不同水平的资质(génie)划分成依次从属的等级,而且这些民族性很少会发生改变。这就是黑人会成为其他人种奴隶的原因。他们像动物一样被带到非洲海岸,然后其中的大部分被卖到美洲殖民地去伺候少数的欧洲人。③

伏尔泰认为人类的历史是在由各种人种组成的等级制度之下发展起来的——今天我们将"人种"(human species)称为"种族"(races)。尽管种族主义(racism)和种族主义者(racist)的说法在当时并不存在,但是去反问我们自己(就像我们经常做的那样)"伏尔泰是不是一个种族主义者"似乎是十分必要的。④ 不过,我们最好首先从区别广义的

① "Des singes, des éléphants, des nègres, qui semblent tous avoir quelque lueur d'une raison imparfaite...L'homme est un animal noir qui a de la laine sur la tête, marchant sur deux pattes, presque aussi adroit qu'un singe, moins fort que les autres animaux de sa taille, ayant un peu plus d'idées qu'eux, et plus de facilité pour les exprimer; sujet d'ailleurs à toutes les mêmes nécessités, naissant, vivant et mourant tout comme eux" (Voltaire, *Mélanges*, pp. 159-160).

② Ibid., p. 180. 参见 Sergio Landucci, *I filosofi e i selvaggi*, 1580-1780 (Bari: Laterza, 1972), p. 80ff。

③ "La membrane muqueuse des nègres, reconnue noire, et qui est la cause de leur couleur, est une preuve manifeste qu'il y a dans chaque espèce d'hommes, comme dans les plantes, un principe qui les différencie. La nature a subordonné à ce principe ces différents degrés de génie et ces caractères des nations qu'on voit si rarement changer. C'est par là que les nègres sont les esclaves des autres hommes. On les achète sur les côtes d'Afrique comme des bêtes, et les multitudes de ces noirs, transplantés dans nos colonies d'Amérique, servent un très petit nombre d'Européens" [Voltaire, *Essai sur les mœurs*, ed. René Pomeau (Paris: Classiques Garnier, 1963), 2:335].

④ Michele Duchet, *Anthropologie et Histoire au siècle des lumières* (Paris: A. Michel, 1995); Claudine Hunting, "The Philosophes and Black Slavery: 1748-1765", *Journal of the History of Ideas* 39 (1978): 405-418. 另见 Giuliano Gliozzi, "Poli-genismo e razzismo agli albori del secolo dei Lumi", *Rivista di Filosofia* 70 (1979): 1-31。

种族主义和狭义的种族主义开始。前者包括 a. 存在人类种族,b. 人类种族按照等级规模排列。而后者,即狭义的种族主义,除了包括 a 和 b 两点,还包括 c,即在种族之间的等级秩序不能通过教育或者文化而发生改变。在广义的种族主义层面,伏尔泰毫无疑问是一位种族主义者,而在狭义层面,他却从未完全坚持种族主义。不过,每当他谈论到黑人,他都与狭义的种族主义十分接近。他在《历史哲学》中写道:“绝大部分的黑人以及所有的卡菲尔人(Kaffirs)都深陷同样的愚蠢之中。”几年后,即在 1775 年,他又增加了一句:“他们会在那里腐烂很久。”①

5. 伏尔泰对种族尤其是黑人的态度大量反映在《哲学通信》中。② 他的个人情况可能也加剧了这一点。他从年轻时就向一个从事印度贸易的公司投资了大笔钱,而这个公司与奴隶贸易有着紧密联系。③ 正如我们所知,伏尔泰极具经商才能,所以他对这一情况肯定了解。而且,无论如何,有关奴隶的贸易是那一经济体系的重要部分,伏尔泰在短诗《俗世之人》(*Le mondain*)[随后是《捍卫尘世或为奢侈辩护》(*Défense du mondain ou l'apologie du luxe*),1736]中表达了他对这一经济体系的赞美:

> 多余之物,就是必需之备,
>
> 将地球的这一半和另一半重新结合。
>
> 你难道没有看到那些轻盈的船只,
>
> 从特塞尔(Texel)、伦敦(Londres)、波尔多(Bordeaux),
>
> 为了一次友好的交易启程,
>
> 去寻找恒河岸边的滚滚财富,
>
> 虽然穆斯林的征服者离我们很远,
>
> 我们的法国葡萄酒却可以将他们的苏丹灌醉。
>
> Le superflu, chose très nécessaire,
>
> A réuni l'un et l'autre hémisphère.
>
> Voyez-vous pas ces agiles vaisseaux.
>
> Qui du Texel, de Londres, de Bordeaux,
>
> s'en vont chercher, par un heureux échange,
>
> Des nouveaux biens, nés aux

① “La plupart des nègres, tous les Cafres sont plongés dans la même stupidité” (*La philosophie de l'histoire*, p. 96); “Et y croupiront longtemps” (ibid.). 种族主义的嘲讽也可见 *Les lettres d'Amabed* [Voltaire, *Romans et contes*, ed., Fréderic Deloffre and Jacques Van den Heuvel (Paris: Gallimard, 1979), pp. 507-508]。Hunting 在“The Philosophes”, p. 417, n.16 中不那么令人信服地表明这篇文章是试图去嘲讽那时对待黑人的态度。Deloffre 不同意(*Les lettres d'Amabed*)。

② Hunting, “The Philosophes” 否认了这一点。但可参见 Alberto Burgio, “Razzismo e lumi: Su un ‘paradosso’ storico”, *Studi Settecenteschi* 13 (1992-1993): 293-329。

③ 参见 Emeka Abanime 带着些许歉意的文章“Voltaire antiesclavagiste”, *Studies on Voltaire and the Eighteenth Century* 182 (1979): 237-252。

sources du Gange,

Tandis qu'au loin, vainqueurs des musulmans,

Nos vins de France enivrent les sultans.①

这首洛可可风格的诗所具有的轻佻语气反衬出了其内容的沉重,有助于将两个半球结合在一起的货物之一就是那些被当作奴隶贩卖的"黑色动物"。奢侈刺激了这一进程,伯纳德·曼德维尔(Bernard Mandeville, 1670—1733)在其作《蜜蜂的寓言》(*The Fable of the Bees*)中解释了这一点。② 但是他的"私人恶德形成公众利益"这一似是而非的假设只适用于欧洲国家。伏尔泰在《俗世之人》的结论部分中所兴高采烈描绘的人间天堂("人间天堂就是我所在的地方")其实是对世界的系统性劫掠的产物。

6. 这一日后种族主义思想在18世纪的缘起,虽然看着遥远,却毋庸置疑。然而,我不接受奥尔巴赫在伏尔泰和纳粹宣传手段之间构建的联系。当然,我们不能排除这一点,即奥尔巴赫就自身而言可能觉得被伏尔泰关于犹太仪式的尖酸议论所冒犯。在纳粹的迫害中,他被认定为一个犹太人并且背井离乡。③

《模仿论》中所引用的安德鲁·马维尔(Andrew Marvell, 1621—1678)的诗④("如果我们的世界够大,时间够多……"),反讽地指涉了当时所受的历史和地理限制,这种限制引发了《模仿论》的创作。这种反讽还隐含着另一层更辛酸的意味:马维尔试图去说服那位可能会拒绝他的娇羞的情人,如果她愿意,可以"直到犹太人皈依正宗"⑤。但是奥尔巴赫对于伏尔泰的赞美和无法容忍有着更广泛的含义。

在他最初流亡到伊斯坦布尔的时候,奥尔巴赫给他正处于友好时期的朋友瓦尔特·本雅明(Walter Benjamin, 1892—1940)写了一些信。在其中一封写于

① Voltaire, *Mélanges*, p. 203: "The superfluous, which is a very necessary thing, has reunited one hemisphere with the other. Do you not see perhaps those slender ships that from the Texel, from London, from Bordeaux, go forth to seek, by a happy exchange, new products from the banks of the Ganges, while far from us, conquerors of the Muslims, our wines of France inebriate the sultans?"

② André Morize, *L'apologie du luxe au XVIIIème siècle et "Le mondain" de Voltaire* (1909) (Geneva: Slatkine Reprints, 1970); Wade, *Studies on Voltaire*, pp. 22-49; A. Owen Aldridge, "Mandeville and Voltaire", in Irwin Primer, ed., *Mandeville Studies* (The Hague: Nijhoff, 1975), pp. 142-156. Wade 提出伏尔泰直到1735年写作《捍卫尘世》(*La défense du mondain*)时才知道《蜜蜂的寓言》(*The Fable of the Bees*)。然而需要被注意的是Wade自己又表明《俗世之人》(*Le mondain*)受到Jean Francois Melon的*Essai politique sur le commerce*的影响,这一作品反过来又受惠于曼德维尔。

③ 尽管我们仍然缺少一部奥尔巴赫的传记,但是许多有用的信息可以从Hans Ulrich Gumbrecht, "Pathos of the Earthly Progress", in Seth Lerer, ed., *Literary History and the Challenge of Philology* (Stanford, CA: Stanford University Press, 1996), pp. 13-35那里搜集到。

④ 这里是指马维尔(Andrew Marvell)的那首《致他娇羞的女友》(*To His Coy Mistress*)。——译者注

⑤ 这句诗包含在Yosef Hayim Yerushalmi, "Assimilation and Racial Anti-Semitism: The Iberian and the German Models", *The Leo Baeck Memorial Lecture* 26 (1992): 21-22。

1937年1月3日的信中，奥尔巴赫提到了他对土耳其人的第一印象："[凯末尔·阿塔蒂尔克（Mustafa Kemal Atatürk，1881—1938）政治的]结果是一种敌视传统的疯狂的民族主义，它拒绝继承穆斯林的整个文化传统，而以早期的土耳其身份认同来构建一种虚拟关系，是欧洲意义上的技术现代化……其结果是极端的民族主义，同时伴随着对民族历史性的摧毁。这种在德国、意大利甚至俄国（?）[①]等那些国家不能为所有人所见的情况，在这里却非常明显。"

奥尔巴赫在之后又做了这样的预测："有一事实于我而言变得越来越清晰，那就是目前的国际形势不过是天意的狡黠，企图通过曲折和血腥的途径把我们带向肤浅的国际主义和文化上的世界语（Esperanto）。当我在德国和意大利，看见那些在'血液和乡土'标语中的可怕的欺骗性时，我就有这种怀疑，但只有在这里，这种转变的证据才如此确凿。"[②]

民族主义者的独裁（前面提到的"俄国"，尽管后面打了问号，但仍具有这种独裁表现）是历史中的这样一种阶段：它会消除所有的包括国家性在内的特殊性，最后致使形成一种在世界舞台上毫无差异的文明。这种自相矛盾的轨迹启发了奥尔巴赫做出"天意的狡黠"（the cunning of providence）这一表达。其灵感来源于克罗齐（Benedetto Croce，1866—1952）把维柯的"天意"和黑格尔（Georg Wilhelm Friedrich Hegel，1770—1831）的"理性的狡黠"结合在一起的说法。[③] 奥尔巴赫毫不怀疑这一进程将会预示着文化上的巨大损失。在奥尔巴赫于二战结束后写作的文章《语言学与世界文学》（*Phiologie und Weltliteratur*，1952）中，这种担忧再度出现。[④] 冷战将世界划分成看似相互对立但实则极度相似的两大阵营，这种冷战也倾向于制造出一种标准尺度，一种一致性和通过削弱所有个人的和民族传统导致的多样性的丧失。

这种显然存在于奥尔巴赫1937年写给本雅明的信和1952年所写的文章之间的连续性，有助于阐明处于这两个时间段之间的另一文本，即《模仿论》中分析伏尔泰描写伦敦证券交易所的那一章。在那里，奥尔巴赫感知到了被市场的合理定律所控制的文化上同质的社交气氛。尽

① 这一问号为金兹堡所加，作者在下文中对该问号进行了解释。——译者注

② K. Barck，"5 Briefe Erich Auerbachs an Walter Benjamin in Paris"，*Zeitschrift für Germanistik* 9 (1988)：688-694：692. 我十分感谢 Stephen Greenblatt，他使我注意到这些信件。

③ Benedetto Croce，*La filosofia di Giambattista Vico*，2nd rev. ed. (Bari：Laterza，1922)，p. 254. 奥尔巴赫把《新科学》(1925)翻译成德语，以及克罗齐关于维柯(1927)的专题著作，两者都与 Teodor Lücke 进行了合作。

④ E. Auerbach，"Philology and Weltliteratur"，*Centennial Review* 13 (1969)：1-17(它最初作为"Philologie der Weltliteratur"出现在 Walter Henzen，Walter Muschg，and Emil Staiger，eds.，Weltliteratur：Festgabe für Fritz Strich [Bern：Francke，1952]，pp. 39-50)。另见 J. M. Ziolkowski 在引言(p. xxv)中的评论。

管存在巨大差异,但启蒙运动和纳粹主义对于奥尔巴赫而言,都是漫长历史进程中的阶段,即在把那些独特的方面(宗教的或者其他类型)完全取消之前,它们首先会将这些独特方面简化成多种不重要的因素。

马克斯·霍克海默(Max Horkheimer,1895—1973)和西奥多·阿道尔诺(Theodor Adorno,1903—1969)在他们的著作《启蒙辩证法》(*Dialectic of Enlightenment*,1947年,但是写于1944年)中提出了相似的观点。尽管奥尔巴赫在与本雅明通信中的粗略表述与阿道尔诺和霍克海默在他们"哲学片段"中的充分全面的讨论不能相比,但我们仍然不难想象在20世纪40年代初期,处于伊斯坦布尔的流亡者①和圣莫尼卡的流亡者②之间关于启蒙运动矛盾心理的对话。

7. 这种矛盾心理在《启蒙辩证法》的引言中明显地表现出来。两位作者写道:"对启蒙的批判(该书的第一篇文章),是为一种实证的启蒙概念做准备,以便把它从与盲目统治的纠缠中解放出来。"③随着该书内容的推进,通过辩证手段的挤压,实证的启蒙理念展现出它本身是以否定性为基础:"理论的主旨是坏而不是好……它的要素是自由,它的主题是压迫。到了语言滋生道歉的境地,它就已经腐化了……真理只有一种表述:拒绝不公正的思想。"

这两位作者有些无奈地转向了使这种思想具体化的伏尔泰:"你巧舌如簧地、热泪盈眶地、冷嘲热讽地痛斥了专制的丑恶,但对于这一权力带来的好处——你却保持沉默。"④不过,我们知道,这位《风俗论》的作者持有一些与他同时代大多数人相同的态度,尤其是在有关种族的问题上,这种态度只会助长非正义而不是否定它。重复这场欧洲白人男性的杰出运动的历史局限性这种老生常谈的问题,是没有意义的。不过说启蒙运动已死根本就不靠谱。作为启蒙运动的重要标志,伏尔泰的思想传记揭示了霍克海默和阿道尔诺所指出的这种矛盾的价值和复杂性。

8. 1755年里斯本大地震对于伏尔泰而言,是一个阶段性转折,整个城市的毁灭和无数无辜百姓的死亡迫使他去面对罪恶的问题。在震后不久写作的《里斯本灾难诗:对"一切都是好的"这一格言的审问》(*Poème sur le désastre de Lisbonne ou examen de cet axiome: Tout est bien*)中,伏尔泰把整个世界看作恐怖的循环链:

> 动物,人,一切都处在战争状态。
> 必须承认,罪恶笼罩着这片

① 这里指奥尔巴赫。——译者注

② 这里指阿道尔诺和霍克海默。——译者注

③ M. Horkheimer and T. W. Adorno, *Dialectic of Enlightenment: Philosophical Fragments*, ed. Gunzelin Schmid Noerr, trans. Edmund Jephcott (Stanford, CA: Stanford University Press, 2002), p. xviii.

④ Ibid., pp. 180-181.

土地。

它的秘密原理无人知晓。

Éléments, animaux, humain, tout est en guerre.

il le faut avouer, le mal est sur la terre:

Son principe secret ne nous est point connu.

伏尔泰在拜尔(Pierre Bayle,1647—1706)的著作中寻找这一“秘密原理”,拜尔曾对罪恶这一问题进行过深入但无效的思考,即使拜尔也没有得出答案。伏尔泰拒绝接受教皇“一切都是好的”这一格言,也否定了他自己过去的信念:“智者误导我,只有上帝才是正确的(Les sages me trompaient, et Dieu seul a raison)。”

当然,伏尔泰不是一位伟大的诗人,但是他写下的关于里斯本大地震的平庸诗句却表达了对这场悲剧的真正参与,这种参与更多体现在思想上而非情感上。① 在前言(1756年)尤其是后记(Postscriptum)中,伏尔泰更加谨慎地表达了自己:“很不幸,注意到如下的情况始终都是必要的,即一位作者针对他自身的异议不得不与他对异议做出的回应相区别。”②然而,他的心理倾向发生了深刻的变化。他早期作品中的一段话反映了他曾经在多大程度上感到“被背叛”:“至于我们责怪上帝的不公和残酷,我首先要说的是,尽管可以假设一种道德罪恶的存在(这对于我来说似乎是一种幻觉),这种罪恶也是存在于一种不可解释的体系中,这种体系基于一些神秘事物正如一些体系基于上帝那般难以说明。”

残酷和不公,其实纯属人为概念:“对于正义,除了那些我们依照我们主动为共同利益建立的法律炮制的观念,即一种对社会有益的行为,别无其他;但是因为这一概念只涉及人与人之间的关系,它就不能用来类比上帝。在这一意义上,说上帝公正或者不公就像说他是蓝色或者正方形一样荒谬。所以,只因苍蝇被蜘蛛吃掉就责备上帝是毫无意义的……”③

这段话可以在《形而上学论》中读

① H. Mason, “Voltaire's Sermon Against Optimism: The *Poème sur le désastre de Lisbonne*”, in Giles Barber and C. P. Courtney, eds., *Enlightenment Essays in Memory of Robert Shackleton* (Oxford: Voltaire Foundation, 1988), pp. 189-203.

② “Il est toujours malheureusement necessaire d'avertir qu'il faut distinguer les objections que se fait un auteur de ses réponses aux objections” [Voltaire, *Œuvres*, ed. Louis Moland (Paris: Garnier, 1877), 9:469, henceforth cited as “Moland”].

③ “A l'égard des reproches d'injustice et de cruauté qu'on fait à Dieu, je réponds d'abord que supposé qu'il y ait un mal moral (ce qui me paraît une chimère), ce mal moral est tout aussi impossible à expliquer dans le système de la matière que dans celui d'un Dieu ...nous n'avons d'autres idées de la justice que celles que nous nous sommes formées de toute action utile à la société, et conformes aux lois établies par nous, pour le bien commun; or, cette idée n'étant qu'une idée de relation d'homme à homme, elle ne peut avoir aucune analogie avec Dieu. Il est tout aussi absurde de dire de Dieu, en ce sens, que Dieu est juste ou injuste, que de dire que Dieu est bleu ou carré. “Il est donc insensé de reprocher à Dieu que les mouches soient mangées par les araignées” (Voltaire, *Mélanges*, pp. 169-170).

到，伏尔泰写作它时，正值40岁，健康、愉快，完全沉浸在他与沙特莱侯爵夫人（Madame du Chatelet，1706—1749）浪漫的田园牧歌中。罪恶于他而言根本不存在。正如伏尔泰在《里斯本灾难诗》中承认的那样，年迈促成了他思想上的转变。

以不那么悲凉的语调可以形容我的过去，

过去的我吟唱着甜蜜的喜悦、诱人的法律；

以及其他的时刻、其他的风俗：在年迈的指引下，

我尝到了误入歧途之人的脆弱，

我在黑夜中寻找光明，

我知道只能去忍受，不要去抱怨。

Sur un ton moins lugubre on me vit autrefois,

Chanter des doux plaisirs les séduisantes lois;

d'autres temps, d'autres mœurs: instruit par la vieillesse, des humains égarés partageant la faiblesse,

Dans une épaisse nuit cherchant à m'éclairer,

Je ne sais que souffrir, et non pas murmurer. ①

这里伏尔泰暗指两部写于《形而上学论》不久之后的小作品：《俗世之人》（上文已提到过）和它的辩护书《捍卫尘世或为奢侈辩护》。在《捍卫尘世或为奢侈辩护》中，伏尔泰与一位虚构出来的俗世之人的评论家辩论，提醒他正是全球贸易才使他的奢侈享受成为可能。白银就是这种交易的商品之一：

这些精致的白银，被饰以雕花，打上褶，

制成盘子、花瓶、茶碟，

它们从土壤的深处萃取而来，

在那波托西（Potosi），在那新世界的中心。

Cet argent fin, ciselé, godronné,

En plats, en vase, en soucoupe tourné,

Fut arraché dans la terre profonde,

Dans le Potose, au sein d'un Nouveau Monde. ②

而且脱离了小心谨慎，伏尔泰断言："整个世界都在为你劳作（Tout l'univers a travaillé pour vous）。"没有人类代理人出现在这些早期诗篇中。时光流逝，在《风俗论》（第148章）中，伏尔泰更为主观地谈到了秘鲁的矿产，并以一种更痛苦的意味暗指"那些从非洲买来并像动物一样被

① Moland, 9:478, n12.

② Voltaire, *Mélanges*, p. 208.

运至秘鲁的黑人,被谴责为人类奴役",①他们被丢进原已有本地人工作其中的矿井里。

这段话可以被追溯至1756年初的几个月,那时伏尔泰正在写作《风俗论》和《里斯本灾难诗》的最后部分。②《风俗论》(第152章)1761年版本中的增订部分进一步证明了他这一心态的改变。我们可以看见,出现了一种对奴隶及其遭遇更具同情心的态度。③

> 1757年法属圣多明哥的人口总计约3万人,另有10万工作在白糖精炼厂和靛蓝、可可种植园里的黑人和黑白混血奴隶,他们牺牲他们的生命来满足我们祖先闻所未闻的新欲望和新需求。我们到几内亚海岸,到黄金海岸,到象牙海岸去购买这些黑人。30年前,一个人可以花50里弗就可以买到一个漂亮的奴隶,差不多只是一头肥牛价钱的1/5……我们告诉他们,他们是像我们一样的人,上帝也为其献身以血来救赎他们,然后我们让他们做牛做马,却待他们猪狗不如;如果他们试图逃跑,我们就砍断他们的腿;在给他们装了木腿之后,我们又强迫他们用手臂的力量推动糖厂的轴。所有这些发生后,我们仍敢于讨论人权!……这种贸易不会使一个国家富裕;相反,它会摧毁人的生命,导致沉船,而且毫无真正的好处可言;但是既然人们为自己创造了新的必需品,法国就要花重金从国外购买已成为必需品的多余劳动。④

---

① "Des nègres qu'on achetait en Afrique, et qu'on transportait au Perou comme des animaux destinés au service des hommes" (Voltaire, *Essai sur les mœurs*, p. 360).

② 比如可以参见 Voltaire, *Correspondance*, ed. Theodore Besterman (Geneva: Droz, 1971), vol. 17: D 6709, 6738, 6758, 6776。

③ 相似的论点似乎被 R. Arruda 在他未出版的论文"La réaction littéraire de Voltaire et ses contemporains au tremblement de terre de Lisbonne de 1755" (Middlebury College, 1977)中提出来。参见 Frederick A. Spear, in collaboration with Elizabeth Kreager, *Bibliographie analytique des écrits relatifs à Voltaire* 1966-1990 (Oxford: Voltaire Foundation, 1992), p. 294。我使用了 Pomeau 的版本来对《风俗论》进行增添。一般而言,可参见 Henri Duranton, "Les manuscrits et les éditions corrigées de *l'Essai sur les mœurs*", in Louis Hay and Winfried Woesler, eds., *Die Nachlassedition-La publication des manuscrits inédits* (Bern: Lang, 1979), pp. 54-62。

④ "On comptait, en 1757, dans la Saint-Domingue française, environ trente mille personnes, et cent mille esclaves nègres ou mulâtres, qui travaillaient aux sucreries, aux plantations d'indigo, de cacao, et qui abrègent leur vie pour flatter nos appétits nouveaux, en remplissant nos nouveaux besoins, que nos pères ne connaissaient pas. Nous allons acheter ces nègres à la côte de Guinée, à la côte d'Or, à celle d'Ivoire. Il y a trente ans qu'on avait un beau nègre pour cinquante livres; c'est à peu près cinq fois moins qu'un bœuf gras...Nous leurs disons qu'ils sont hommes comme nous, qu'ils sont rachetés du sang d'un Dieu mort pour eux, et ensuite on les fait travailler comme des bêtes de somme: on les nourrit plus mal; s'ils veulent s'enfuir, on leur coupe une jambe, et on leur fait tourner à bras l'arbre des moulins à sucre, lorsqu'on leur a donné une jambe de bois. Après cela nous osons parler du droit des gens! ...Ce commerce n'enrichit point un pays; bien au contraire, il fait périr des hommes, il cause des naufrages; il n'est pas sans doute un vrai bien; mai les hommes s'étant fait des nécessités nouvelles, il empêche que la France n'achète chèrement de l'étranger un superflu devenu nécessaire" (Voltaire, *Essai sur les mœurs*, 2: 379-380).

最后这句话回应着他40年前写的《俗世之人》里的诗句:“多余之物,就是必需之备……”伏尔泰有意引用自己的诗,可能不无讽刺。当他年轻的时候,他曾兴高采烈地拥抱这个如它所呈现的那般的世界;当他逐渐衰老,他最终接受了痛苦和折磨是人类处境的一部分。但是,正如拉罗什富科(La Rochefoucauld,1613—1680)所言:“我们都强大到足以承受别人的痛苦。”①奴隶制就是那些新欲望和新需求的答案。归根结底,伏尔泰似乎暗示了奴隶制是进步所带来的残酷却不可避免的后果。

9. 1755年里斯本大地震还对伏尔泰产生了更为深刻的影响。对必然性(包括罪恶的必然性)的否定使他抛弃了蒲柏(Alexander Pope,1688—1744)在其作《人论》(*Essay on Man*)中所雄辩论证的存在之链(the great chain of being)的观点。②伏尔泰在《里斯本灾难诗》的评论中写道:“在人与动物之间,在人与优越的物质之间,或许存在着巨大的鸿沟。”③但即使是这种微弱的人类中心主义,最后还是坍塌了。

伏尔泰在1760年10月18日给达朗贝尔(Jean le Rond d'Alembert,1717—1783)的信中写道:“我愿意用我晚宴上的49位客人来换得和你一起共进晚餐。”达朗贝尔把在费尔奈的晚宴和伏尔泰曾描写过的伦敦证券交易所相提并论,开玩笑地回复伏尔泰说:耶稣会教徒、冉森教派教徒、天主教教徒、索齐尼派教徒、贵格派教徒以及百科全书派见面拥抱并在一起大笑。④ 但是在这些宴席中,有些参与者不是来吃东西的而是被吃。几年之后(1763年),伏尔泰选择让被吃的参与者们在《阉公鸡和小母鸡的对话》(*Dialogue du chapon et de la poularde*)中说出心声。⑤在这个显然轻松愉快的故事里,一只阉公鸡和一只小母鸡互相倾诉:它们在性别上都是模糊和中性的。世故的阉公鸡告诉天真的小母鸡未来会有什么在等着它们:它们会被杀死、被烹调然后被吃掉。副厨

---

① François de La Rochefoucauld, *Maximes*, ed. Jacques Truchet (Paris: Garnier, 1967), p. 11.

② Arthur O. Lovejoy, *The Great Chain of Being* (Cambridge, MA: Harvard University Press, 1961), pp. 252-253, 365, n.15. 另见 *Dictionnaire philosophique* (1764), ed. Christiane Mervaud (Oxford: Voltaire Foundation, 1994), I: 513-521, 文章“Chaine des êtres crées”。

③ “Il y a probablement une distance immense entre l'homme et la brute, entre l'homme et les substances supérieures” (Moland 9:47).

④ D 9289, D 9329 (Voltaire, *Correspondance*, ed. T. Besterman, vol. 22). 达朗贝尔的回复包含对卢梭的暗讽,可以通过1760年问世的出版物 *Repas de nos philosophes* 和 Charles Palissot 的 *Les philosophes* 表明。

⑤ 无论如何,这一对话也出现在了七星诗社(Pléiade)经常被引用的那部选集里(Voltaire, *Mélanges*)。另见 Christiane Mervaud, *Voltaire à table: Plaisir du corps, plaisir de l'esprit* (Paris: Editions Desjonquères, 1998), pp. 154-156. Hester Hastings, *Man and Beast in French Thought of the Eighteenth Century* (Baltimore: Johns Hopkins University Press, 1936), pp. 257-258, 相当不假思索地将它定义为“幽默的”。

师长来了,阉公鸡和小母鸡互相道别。

动物对话是一种可以追溯至古希腊和古罗马时期的文学体裁。一般来说,这类作品都具有说教目的:通过将动物人格化的语言来对人进行道德训诫。伏尔泰从这一传统出发,却进行了更精心的设计,再次运用了陌生化原理。这种对话模式使他不必设置一个旁观者。他并非一定要选择这样做。在写于1757年并出版于1765年的《戏剧呓语》(*Galimatias dramatique*)中,一个耶稣会教徒,一个冉森派教徒、一个公谊会教徒,一个圣公会教徒、一个路德教教徒、一个清教徒、一个伊斯兰教教徒进行了一场神学讨论,这让人回想起他对伦敦证券交易所的描写。这里,旁观和理性的观察者角色委托给了一位中国人,而他得出了这样的结论:这些欧洲人全都疯了,应该被关进收容院里。① 相比之下,在《阉公鸡和小母鸡的对话》中,这种陌生化则是通过两位主角的对话来实现的。

但是,这里使用"主角"(protagonists)一词其实是错误的。这两只动物是受害者,它们没有行动而只有受罪。② 当小母鸡被阉公鸡询问为什么如此悲伤时,它详细地描述了它所遭受的残酷对待:"一个可恶的用人把我放到她的膝盖上,用一根长针刺进我的直肠,到达我的子宫,然后绕着针搅动它,把它扯出来丢给她的猫吃。"③

享受美味食物的愿望能为这样可怕的残害辩护吗?伏尔泰迫使读者去思考这一问题。这种大多数人都认为十分平常的习惯(食用家禽)突然间变得令人憎恶。这种认识上的分裂为意想不到的情感认同创造了前提。这只控诉人类的阉公鸡注意到有些开明的心灵是禁止食用动物肉的,比如印度的婆罗门(Indian Brahmins)、毕达哥拉斯(Pythagoras)、新柏拉图主义者波菲利(Porphyry,233—305)。波菲利的著作《节制》(*De abstinentia*)译成法文后名叫《条约……节制对动物肉的欲望》(*Traité … touchant l'abstinence de la chair des animaux*,1747),伏尔泰就有这样一本法文译本并标记了其中的很多页。④ 然而,对《阉公鸡和小母鸡的对话》中的精神产生了更为重要与密切影响的,是一个以前被忽视的来源,那就是曼德维尔的《蜜蜂的寓言》。在《蜜蜂的寓言》中以字母"P"为参照标记的评论里,包含了一则启发伏尔泰写作《马赛人和狮子》(*Le Marseillois et le lion*,1768)

---

① Voltaire, *Mélanges*, pp. 323-335.

② E. Auerbach, "Remarques sur le mot 'passion'", *Neuphilologische Mitteilungen* 38 (1937): 218-224;同上,"Passio als Leidenschaft", in *Gesammelte Aufsätze zur romanischen Philologie*(Bern and Munich: Francke, 1967), pp. 161-175.

③ "Une maudite servante m'a prise sur ses genoux, m'a plongé une longue aiguille dans le cul, a saisi ma matrice, l'a roulée autour de l'aiguille, l'a arrachée et l'a donnée à manger à son chat" (Voltaire, *Mélanges*, p. 679).

④ Renato Galliani, "Voltaire, Porphyre, et les animaux", *Studies on Voltaire and the Eighteenth Century* 199 (1981): 125-138.

的寓言。[1] 在讲述这则寓言时，曼德维尔提到人们为使动物的肉更嫩而阉割它们，同时以极富情感的语调描述了一头阉牛被杀的情景："巨大的伤口一经划开，喉咙就裂了开来，有谁能听到那哽咽着鲜血的痛苦哀号而不心生怜悯？"

曼德维尔年轻时曾获得过医学学位并行医数年。在那段时期，他写了一部很短的作品《野蛮的操作》（*De brutorum operationibus*，1690），那时他追随笛卡儿，在书中认为因为动物没有灵魂，所以它们只是机器。而在《蜜蜂的寓言》中，评论"P"部分的结语倒像是他观念的转变："当生灵明显地表现出它所感到的极度痛苦、它所面临的恐惧时，这些证据是如此的令人信服而不可否认，还会有笛卡儿的追随者如此嗜血，出于同情而不去驳斥那个自负的推理者的哲学吗？"[2]

伏尔泰故事中的阉公鸡回应着曼德维尔的观点："事实上，我亲爱的小母鸡，断言我们没有感觉也不会思考岂不是一种侮辱？这种狂妄，使笛卡儿的名字配得上疯人之称，难道它不是荒谬的顶点和野蛮人无用的理由吗？"[3]

《阉公鸡和小母鸡的对话》远非简单的关于素食主义的劝诫，它似乎还在思考把宽容的界限扩展至动物（至少是其中的一些动物）的可能性。[4] 至此，更引人注意的是伏尔泰借小母鸡之口对犹太人进行的攻击。像在其他地方一样，伏尔泰再度不加求证地歪曲《圣经》的意旨（这是他最喜欢的主题之一）来谴责犹太人的吃人行为："这个堕落物种的代表应该互相吞食，那一种族应该从地球上被清除。"[5]

物种（species）、种族（race）等词语的使用暗示着小母鸡和伏尔泰之间的距离，伏尔泰常常把犹太人称作"人"（people）。[6] 尽管作为无辜的受害者，伏尔泰似乎还是带有偏见地讽刺他们。那只阉公鸡把人定义为"和我们一样的两足

---

① Moland 10：140-148.

② B. Mandeville，*The Fable of the Bees*：*or*，*Private Vices*，*Publick Benefits*，ed. F. B. Kaye（Oxford：Clarendon，1924），1：180-181. 这段文章应该被 Wade 关于伏尔泰作品中曼德维尔影响的研究（*Studies on Voltaire*，pp. 12-56）细加检验。有关笛卡儿和动物，可以参见 Hastings，*Man and Beast*；and Leonora Cohen Rosenfield，*From Beast-Machine to Man-Machine*（New York：Oxford University Press，1940）。我对曼德维尔的 *De brutorum operationibus* 没有直接的了解。

③ Voltaire，*Mélanges*，p. 682.

④ Mervaud，*Voltaire à table*，pp. 153-168.

⑤ "Il est juste qu'une espèce si perverse se dévore elle-même，et que la terre soit purgée de cette race"（Voltaire，*Mélanges*，p. 681）.

⑥ Nicholas Hudson，"From Nation to Race：The Origin of Racial Classification in Eighteenth-Century Thought"，*Eighteenth-Century Studies*，29（1996）：247-264.（Daniel Stolzenberg 非常友好地使它进入了我的视野）关于所谓犹太人的食人行为，参见 Voltaire，*Dictionnaire philosophique*，vol. 1，*Anthropophages*，pp. 347-349；vol. 2：*Jephté*，pp. 240-242；还有 B. E. Schwarzbach，"Voltaire et les Juifs：Bilan et plaidoyer"，*Studies on Voltaire and the Eighteenth Century* 358（1998）：27-91：82-83。

动物,但远不如我们,因为他们没有羽毛”。阉公鸡和小母鸡互相交流了它们对那些迫害者们的歧视——那些它们觉得既荒谬又熟悉的东西。在对话的最后,那只因基督徒残忍的供奉习俗而蔑视他们的阉公鸡,在死的时候却说出了像耶稣一样的遗言:“啊!我被抓住了脖子,让我们原谅我们的敌人。”①

当然,这一暗示并没有亵渎神灵的意图。耶稣就可以视为先例,这位受难者在《以赛亚书》中被比作像一只无辜的羊羔被牵到宰杀之地(《以赛亚书》第 53 章第 7 节)。② 对绝大多数人而言,动物的痛苦绝不能与人的痛苦相提并论。然而许多文化却正是借用动物来谴责对无辜人类的屠杀。

10. 1772 年,伏尔泰写了一篇名为《必须下定决心:行动的原则》(*Il faut prendre un parti ou le principe d'action*)的“檄文”(diatribe)。那时他已是 78 岁高龄。他再次回到那些他在漫长生涯中一直执迷于思索的问题:上帝、罪恶和宽容。伏尔泰谈论到那“永恒的存在”(Eternal Being),那些所有生物都要服从的永恒的自然规律。他把这个世界描述为一个互相残杀的场景:“被一种不可抗的力量推动着,所有的动物都互相残杀。没有动物不具有其特定的猎物。为了捕获猎物,没有动物不使用类似于诡计或狂怒一样的伎俩,用这些伎俩,可恶的蜘蛛能够吸引并吞食无知的苍蝇。牧场上的羊群在一小时内吃掉的昆虫数超过了居住在地球上的总人数。”伏尔泰写道,这种残杀是自然计划中的一部分:“只有在自然有了代替它们的替换物之后,这些受害者才死亡。一切都是为了谋杀而再生。”③

这篇文章给当时的读者之一萨德侯爵(Marquis de Sade,1740—1814)留下了难忘的印象。萨德侯爵在他著名的小册子《法国人,假如你们想成为共和党人的话就再加一把力吧》(*Français, encore un effort si vous voulez être républicains*)里,认为谋杀是一种完全正常的行为,因为在自然界到处都充斥着这种行为。④ 伏尔泰得出过不同的结论。他使用那些被情感支配的词语比如受害者(victims)、谋杀(assassination),并通过谴责人类的食肉习惯进一步强调:“有什么比从死尸中持

---

① “Aïe! On me prend par le cou. Pardonnons à nos ennemis”(Voltaire, *Mélanges*, p. 684).

② Ginzburg, *Occhiacci di legno*, pp. 100-117.

③ “Tous les animaux s'égorgent les uns les autres; ils y sont portés par un attrait invincible…il n'est point d'animal qui n'ait sa proie, et qui, pour la saisir, n'emploie l'équivalent de la ruse et de la rage avec laquelle l'exécrable araignée attire et dévore la mouche innocente. Un troupeau de moutons dévore en une heure plus d'insectes, en broutant l'herbe, qu'il n'y a d'hommes sur la terre…Ces victimes n'expirent qu'après que la nature a soigneusement pourvu à en fournir de nouvelles. Tout renaît pour le meurtre”(Moland 28:534).

④ Sade, *La philosophie dans le boudoir*, in Oeuvres, ed. Michel Delon (Paris: Gallimard, 1998), 3:145-153. 我将在别处再回到这一点。

续获得滋养更恶劣的事吗?"①

伏尔泰从动物的痛苦过渡到了人类的痛苦,罪恶确实存在:战争、疾病、地震都证明了它。"一切都是好的"的公理是荒谬的。上帝该为罪恶负责吗?在《必须下定决心》中,这一问题被一个无神论者、一个摩尼教教徒、一个异教徒、一个犹太教教徒、一个土耳其人、一个有神论者和一个市民共同讨论。这些谈话者们表达的观点显示出了伏尔泰对他们的态度。伏尔泰尊敬那位无神论者的谈话,但却是那位有神论者说出了伏尔泰的观点,他解释罪恶源自造物主和创造物之间的距离——并不令人满意的论证,正如伏尔泰自己承认的那样。那位有神论者嘲笑所有的宗教,尤其批判犹太人:"那些卡菲尔人(Kaffirs)、那些霍屯督人(Hottentots)、那些几内亚(Guinea)的黑人远比犹太人更理性更诚实。你们[犹太人]以你们无耻的神话、恶行、野蛮胜过了所有人,你们会为此遭受惩罚,这就是你们的命运。"

那位土耳其人则因他的宽容而被称赞:"最重要的是要继续宽容:上帝,土耳其人和俄国人的,中国人和日本人的,黑皮肤、红皮肤和黄皮肤的人的,整个大自然的父亲,取悦他的正确方法就是宽容。"②

这种从迫害(针对犹太人)到宽容(至少在理论上是针对其他人)的突然转变,揭示了伏尔泰思想深处的不连贯。他的上帝可能一直都对肤色漠不关心,但伏尔泰自己却时常不是这样。总的来说,他不是一个严谨的思想家,但是无法实现启蒙运动的普世原则不仅仅是伏尔泰的问题。启蒙运动常被认为是未完成的事业。在《必须下定决心》的结尾,那位市民期盼宽容,把宽容的界限扩展到了动物界(尽管有些滑稽):"在所有将要发生的谈论中,都要明确禁止把他人称作狗,即使非常愤怒也不可以,除非在那些我们把狗当作人的情况里,比如当它们偷了我们的食物、咬了我们,等等。"③

在《必须下定决心》所描述的那个宽容社会里,甚至都没有提到女性。这种遗漏就像对待奴隶的态度那样,都可以归因于启蒙运动的历史局限性,就这一点而论,这种遗产应该与它作为典范的遗产相

① Moland 28:549.

② "Les Cafres, les Hottentots, les nègres de Guinée, sont des êtres beaucoup plus raisonnables et plus honnêtes que les Juifs… Vous [Juifs] l'avez emporté sur toutes les nations en fables impertinentes, en mauvaise conduite, et en barbarie; vous en portez la peine, tel est votre destin…Continuez surtout à être tolérants: c'est le vrai moyen de plaire à l'Etre des êtres, qui est également le père des Turcs et des Russes, des Chinois et des Japonais, des nègres, des tannés et des jaunes, et de la nature entière"(ibid., p. 551).

③ "Les Cafres, les Hottentots, les nègres de Guinée, sont des êtres beaucoup plus raisonnables et plus honnêtes que les Juifs… Vous [Juifs] l'avez emporté sur toutes les nations en fables impertinentes, en mauvaise conduite, et en barbarie; vous en portez la peine, tel est votre destin…Continuez surtout à être tolérants: c'est le vrai moyen de plaire à l'Etre des êtres, qui est également le père des Turcs et des Russes, des Chinois et des Japonais, des nègres, des tannés et des jaunes, et de la nature entière"(ibid., p. 551).

区别。我们可以问问自己,我们能否察觉到这一遗产?这一领悟又是否令人感到满意?正如我们看到的,奥尔巴赫给了第一个问题“是”而第二问题“否”的回答。

11. 世界贸易中心双子塔遭到恐怖袭击的几天后,纽约证券交易所重新开业,这一事实说明了(阿德里亚诺·索弗里告诉了我这一点)伏尔泰对伦敦证券交易所的讨论非常具有时代性。金融市场的合理性和普遍性一直被用来与原教旨主义的宗教狂热对比——这一做法伏尔泰会非常赞同。

奥尔巴赫显然会做出不同的反应,他习惯于从远处观察远处。在那些发生在我们眼下的血淋淋的事件里,奥尔巴赫会在曲折的旅程中识别出这样一种阶段,即它通过各种巨变把文化上同质的社会加诸整个世界。在他的眼中,不宽容(类似于他曾是受害者的那种事件)和宽容都对实现同一个结果产生了作用,只不过是从相反的方向而已。奥尔巴赫可能也与另一些人有着同样的担忧,这些人从宇宙的视角出发,担心随着时间的推移,生物和文化多样性的减少可能会威胁到人类这一物种的适应能力。物理学家弗里曼·戴森(Freeman Dyson,1923—)在他自传最为激烈的一章《屠杀与克隆》(*Slaughter and Clones*)中明确表达了这种关注。[1] 几十年后,克隆羊多莉(Dolly)“诞生”了。

译者:陈雅雯,复旦大学历史系硕士研究生

---

① *Disturbing the Universe*(New York:Harper & Row,1979),p. 223. 但是也可以参见 Claude Lévi-Strauss (*Le regard éloigné* [Paris:Plon,1983],pp. 11-17,21-48)基于文化间关系的观察结果。

专题研究

你的国家需要你：一项政治图像学研究①

□卡罗·金兹堡

拉斐尔·塞缪尔(Raphael Samuel,1934—1996)在其最后一本著作《记忆的剧场》(*Theatres of Memory*,1994)中写道:

> 史学研究应对图像给予例如手稿或印刷品同等的关注,因为图像作为历史的影子,往往会悄然苏醒,在我们的思想中默然扎根。视觉材料能够展现给我们的,是栩栩如生的人物形象、细致入微的潜在细节和沉默无声的发言。②

我相信塞缪尔的记忆研究已为今天的讲座提供了主题,即图像与爱国主义,塞缪尔亦曾对这个主题的研究着力颇深。我不确定他会同意我的研究方法,因而在结论部分我将再谈谈这一可能性。

* * *

"一位倒霉的将军,却是一位伟大的海报人物。"这是阿斯奎斯女士③(Margot Asquith,1864—1945)对基奇纳勋爵(Lord Kitchener,1850—1916)的经典评价(图1)。④

我将不会在这里对基奇纳勋爵长期的戎马生涯做出任

① Carlo Ginzburg,"Your Country Needs You:A Case Study in Political Iconography",*History Workshop Journal*,No. 52 (Autumn,2001),Oxford University Press,pp. vi+1-22。——译者注

② 本文基于2000年10月我于伦敦所做的拉斐尔·塞缪尔记忆讲座(Raphael Samuel Memorial Lecture)修改而来。十分感谢Samuel Gilbert提供的语言方面的建议。Raphael Samuel,*Theatres of Memory*,*I*:*Past and Present in Contemporary Culture*,London,1994,p.27.

③ 阿斯奎斯女士为时任首相阿斯奎斯爵士的夫人。——译者注

④ Alfred Leete. *A Woodspring Museum Publication* (exhibition catalogue),Woodspring Museum,Weston-super-Mare,1985,p. 11. 另见 E. S. Grew and others,*Field-Marshal Lord Kitchener. His Life and Work for the Empire*,3 vols.,London,1916,particularly vol. 3,p.221. George Turnbull:"[基奇纳]并非是一个真正意义上的人,而是一位海报人物……"根据Sir Arthur Markham的回忆,他也说过这样的话,并加了一句:"他是一位非常出色的海报人物。"

图1 阿尔弗雷德·利特:《基奇纳勋爵:你的国家需要你》,征兵海报,英国,1914年,现藏于帝国战争博物馆,伦敦

何历史评价,今天我所关注的并非现实,而是更为字面意义上的图像,即海报本身作为作品及其一系列复杂过程的发酵,都值得我们更加细致的探究。

1914年6月23日,时任驻埃及军事长官的基奇纳勋爵抵达英格兰。同年6月28日,奥地利大公弗朗茨·斐迪南(Francis Ferdinand,1863—1914)于萨拉热窝(Sarajevo)遇刺,7月28日,奥地利向塞尔维亚宣战。8月3日,即第一次世界大战爆发前夕,《泰晤士报》(*The Times*)发表文章,呼吁时任首相的阿斯奎斯爵士(Lord Asquith,1852—1928)将陆军大臣一职授予正在休假的基奇纳:

> (基奇纳)目前已回国,他若担此重任将获得民众的热烈支持……衷心希望基奇纳能够接受陆军大臣的职位,哪怕只是在战时也好。①

时年64岁的基奇纳勋爵,在当时的确是一位非常受欢迎的人物。媒体的长年渲染,以一种浪漫的甚至几近传奇色彩的笔触,将基奇纳描写成为在恩图曼(Omdurman)战役中一举挫败马赫迪(Mahdist)叛军的英雄,并称其为"戈登的复仇者"。战地记者斯蒂文斯(G. W. Steevens,生卒年不详)报道了基奇纳在喀土穆(Khartoum)的军事活动,并使其闻名于众,同时还强调了这位英雄不近人情的一面。根据斯蒂文斯的描述,基奇纳是"一个把自己当作机器的人",他应该被申请专利,并作为英国出产的机器送到巴黎万国博览会参展,并标明"1号展品,仅供展览,《苏丹机器》"。②

即使是在最为其着想的基奇纳传记中,作者们也毫不掩饰地描述了基奇纳那世人皆知的拒人千里、不苟言笑的形象,

① *The Times*,3 Aug. 1914.

② G. W. Steevens, *With Kitchener to Khartoum*,引用于 H. Begbie, *Kitchener Organizer of Victory*, Boston and New York,1915, p.45。

尽管他们宣称与看起来的样子相比，他本人并不是那么难以接近。① 当时很多政客都对基奇纳抱有诸多成见，尤其是曾在苏丹担任过基奇纳手下的温斯顿·丘吉尔(Winston Churchill，1874—1965)(丘吉尔后来评价："未见其人，已生龃龉")，在他书中关于苏丹战役一节中，丘吉尔写道：

> (基奇纳)将所有人视为机器，无论是向他行礼致敬的列兵，还是被他严加管理的上级军官……总司令那严厉无情的个性在军队中众人皆知，大河之战(the River War)中的节节胜利常伴随着的野蛮行径，比起当地人挑起野蛮冲突的习俗或是德尔维希人(Dervish)好斗而奸诈的天性，都更为无理。②

基奇纳正是这样一位严厉无情的士兵、善于治军的统帅和大英帝国的忠仆，征战于欧洲、澳大利亚和印度。《泰晤士报》1914年8月3日的报道，将他的作为比作古代罗马的执政官：这位常胜军人时刻准备着，在国家危难关头挺身而出。

就在报道当天，基奇纳本欲取道多佛，却未能成行；③次日，当他再次准备启程的最后关头，收到了首相的指令，随即返回伦敦。8月5日，英国在没有任命陆军大臣的情况下宣战，显然事情进展并不顺利。或许对于这个按传统应授予平民的职位，阿斯奎斯爵士不乐意将其拱手让与基奇纳，而基奇纳本人也明显有所迟疑。《泰晤士报》在当天的报道中，再次呼吁对基奇纳的任命，同时对其最大竞争者——大法官霍尔丹(Richard Haldane，1856—1928)——大加攻击。《泰晤士报》的战地记者，曾在苏丹战役中担任基奇纳手下的雷明顿中校(Charlesà Court，Colonel Repington，1858—1925)，在一篇长文中尖锐地将霍尔丹的亲德形象与基奇纳的亲法主张并置相较(雷明顿在年轻的时候，作为志愿兵参加过普法战争)。在反复强调基奇纳的统帅奇才和鼓舞人心的自信后，这位战地记者最后总结道：

> 我们深知基奇纳不属于任何政党，这样的提名建议并无先例；但是特殊时期需要采取特殊手段……陆军部需要，并且是理应需要基奇纳勋爵。④

这些话在几小时后便应验了。8月5日晚上，基奇纳勋爵被任命为陆军大臣。这是自1660年乔治·蒙克(George Monk，1628—1701)以来，现役军人首次

① H.D. Davray，*Lord Kitchener：His Work and Prestige*，English transl. 1917，p.34.

② Davray，*Lord Kitchener*，p. 41.

③ P. Magnus，*Kitchener：Portrait of an Imperialist*，London，1958，p. 277.

④ "Lord Haldane or Lord Kitchener?"，*The Times*，5 Aug. 1914. 又见 D. Sommer，*Haldane of Cloan*，*His Life and Times*，1856-1928，London，1960，pp.307-310。

进入内阁。① 同时拥有《泰晤士报》和《每日邮报》的北岩勋爵(Lord Northcliffe,1865—1922),作为一个意志坚定的主战派,他克服了包括基奇纳勋爵本人在内的所有阻力,成功达到了目的。②

同样是在8月5日,《泰晤士报》发起了一项征兵号召:

你的国王和国家需要你,

你会挺身而出吗?

黑云压境,日复一日,

在此千钧一发之际,帝国濒临史上最惨烈之战,

在此危在旦夕之时,国家召唤全体未婚之青年,

高举旗帜,众志成城,投身入伍。

如果爱国青年人人响应,

英格兰与帝国将会愈加强大,团结一心,

18至30岁的未婚青年,你会响应祖国的号召吗?

请速至最近的募兵处,即刻为国效力吧!

参军入伍,更待何时!③

战时的宣传机器已开始运转,以上号召即为良证,只是基奇纳勋爵的名字和面孔没有出现。征兵号召在第二天再度见报,8月7日刊发了基奇纳勋爵关于"急需额外10万名常备军"的要求:"基奇纳勋爵相信,这份征兵号召能够立刻获得所有心系帝国安危之国人的响应。"④

一再刊发的个人号召取得了非凡的效果,应征入伍的志愿兵曾一度在一天内达到了3.5万人。1914年9月以后,基奇纳的形象出现在征兵海报上,大大加强了号召力度。比起最初的入伍潮尽管有所减弱,但在义务兵役制还未实行的战争最初的18个月内,"基奇纳之军"或"基奇纳之师"(甚至在某些官方文件中也出现了这些字眼)激增至250万人,而在基奇纳的去世讣告发布后,该数字陡增至500万人。⑤

基奇纳勋爵的海报形象与将军形象之间的差异,最终被这一惊人的现象所消解,甚至前者更占上风。在那些无处不在

① 在正式任命发布之前,基奇纳出席了8月5日下午的军事会议:V. W. Germains("A Rifleman"),*The Truth About Kitchener*,London,1925,p.43.

② J. L. Thompson,Northcliffe. *Press Baron in Politics*,1865-1922,London,2000,p. 224:"在某些方面做出的决定,可被视为北岩报业的一场胜利。"Magnus, *Kitchener*,p. 277:"他(基奇纳)对被任命为陆军大臣加入政府一事极其焦虑,并极力拒绝。"

③ *The Times*,5 Aug. 1914.

④ *The Times*,7 Aug. 1914. Eric Field在8月5日写下征兵号召,提到基奇纳修改并插入了最后两句:"基奇纳勋爵需要你"和"天佑吾王"(E. Field, *Adverting:the Forgotten Years*,London,1959,pp.28-29,ill. pp. 134-136)。菲尔德提到了8月11日刊发的征兵号召,但并没有提及8月7日出现的中间版本。

⑤ 5,000,000 *Men*,*Published Solely for the Benefit of the Lord Kitchener National Memorial Fund and the British Red Cross Fund*,London,1916(with a text signed by Arthur Conan Doyle). 关于"基奇纳之师"见于Sir G. Arthur, *Kitchener at la guerre*(1914-1916),Paris,1921,p. 43。更为完整的档案资料见P. Simkins,*Kitchener's Army:the Raising of the New Armies*,1914-1916,Manchester,1988,p. 75,p. 169 and throughout。

的海报里，基奇纳凝视观众的眼睛给时人留下了深刻的印象：

> 它们的颜色如此迷人（一位记者写道），如大海在其最蔚蓝的那一刻般深邃，且它们带着一个看透一切的人的一往无前的气势，注视着这个世界。①

作为基奇纳生命与个性的象征，在其三卷本的官方传记中再次出现了对他眼睛的描写。该传记出版于1916年，正是他乘坐"新汉普郡"号军舰（the Hampshire）触雷遇难后不久：

> 虽然已经详述基奇纳具备众多钢铁般的品格，但他的眼睛由于遭受过多的风沙，早已不再年轻或神采奕奕，甚至两边眼睛还有着稍微——微乎其微——的差异。然而，这目光能够直视到基奇纳勋爵想要看到的所有人。②

一位记者也注意到了同样的细节，并在基奇纳仍然在世的时候，以一种颇为轻蔑的语气写道：

> 恕我直言，基奇纳的眼睛患有随着年龄越大而越发严重的斜视，而与他对视者产生的恐惧感也会越发强烈。这双眼睛碧蓝而犀利，极富判断力。如果没有这种（目光的）不对称，这双眼睛对于面庞来说有些执拗；但正是因为这斜视，才令人不寒而栗。曾经有熟识基奇纳的人，向我描述了第一次看到这双眼睛时的感受："如同被一种恐惧感所攫住，你看着它们想说些什么，四下张望之后试图发声，但又撞到那可怕的眼神，不由再次失语。"③

然而对于基奇纳的仰慕者而言，即使是这在海报上也不易察觉的生理缺陷，也成了他身后传奇的一部分："毫无疑问由于这轻微的斜视，他的注视显得有些奇怪。这使得与他当面谈话的人，即使敢于直面，也无法与他目光对视。斯芬克斯的眼神一定也是如此。"④

* * *

我将会在后文继续讨论基奇纳的注视，现在先来关注海报的影响。现藏于帝国战争博物馆（Imperial War Museum）档案馆的一幅照片显示，一群响应了基奇纳

① H. G. Groser, *Lord Kitchener: The Story of His Life*, London (1901), new updated edition 1914, p. 145 (T. P. O'Connor).

② Grew and others, *Field-Marshal Lord Kitchener*, vol. 1, p. 11.

③ H. Begbie, *Lord Kitchener*, Boston and New York, 1915, p. 99.

④ Davray, *Lord Kitchener*, p. 34.

号召的志愿者们入伍参军(图 2)。一位

图 2 《志愿兵群照》,1914 年,现藏于帝国战争博物馆,Ref. Q 30072

细心的读者发现了这群新兵来自不同的社会阶层:

> 通过这 6 个新兵的帽子,我们可以看出他们至少来自三个阶层:戴着布帽的工人,戴着硬顶草帽的绅士和富人,以及戴着软毡帽的商人和知识分子。①

这个结论似乎无懈可击,但略一深究却能发现问题。既然征兵办位于不同的社区,那么这张照片中显示出混合的社会阶层似乎不太现实,除非这是一张摆拍的照片。② 用塞缪尔的话来说,这个结论明确传递了一个有预谋的潜意识信息,即来自不同阶层的团体一致响应了基奇纳的号召,但我们可能会忽视其中的密码。即便是宣传报道这种不掺虚妄的语言方式同样需要解码。

在一战期间,或一战刚结束的时期,模仿基奇纳海报的各种版本出现在意大利、匈牙利和德国。③ 而基奇纳在美国和苏联的版本中,被分别扮成了山姆大叔(Uncle Sam)和托洛茨基(Trotsky)(图 3、图 4、图 5、图 6、图 7)。④ 这一系列的模仿和修改(以及我们能看到的翻版刻画和拙劣的效仿)证明了基奇纳勋爵海报产生的深刻影响:毫无疑问是有史以来最为成功的。

图 3 A. L.莫赞:《所有人,担负起你们的责任》,保卫前线海报,意大利,1917 年

---

① M. Brown, *The Imperial War Museum Book of the First World War*, London, 1991, p. 42.

② 另一张照片可见 Simkins, *Kitchener's Army*, pp. 79ff。

③ 意大利版海报(A. L. Mauzan, 1917)和德国版海报(J. U. Engelhardt, 1919,用于招募共和军),见 P. Paret and others, *Persuasive Images*, Princeton, 1992, ill. 54, 155。

④ M. Timmers (ed.), *The Power of the Poster*, London 1998, pp. 160ff. 苏联版海报(由 D. Moor 创作于 1920 年,并修订于 1941 年),见 P. Paret and others, *Persuasive Images*, Princeton, 1992, ill. 54, 155。

图 4 《你！懒骨头、失败者、反革命分子，颤抖吧！》，一战期间匈牙利征兵海报

图 6 J. M·弗拉格：《我需要你加入美国军队》，征兵海报，美国，1917 年

图 5 J. U·恩格尔哈特：《你必须参军》，征兵海报，德国，1919 年

图 7 D. 摩尔：《你加入志愿兵了吗？》，红军征兵海报，俄罗斯，1920

究竟有多少人是受到基奇纳海报的影响而志愿参军的，现在我们已不得而知。甚至某些志愿兵自己也无法说明其参军的最终原因，[①]这对于我们这样的后世研究者而言一定难以理解。但我们能断言的是，由这些海报传达出的号令——你的国王和国家需要你，基奇纳需要更多

① 参见 Simkins 书中的大量例证：Simkins, *Kitchener's Army*, pp. 165ff。

的士兵,等等——的确影响到了大量观者。刻画出权威起到了类似于权威的作用。社会能量得以宣泄,一个命令内化到身心,并转化为一个决定,毫不夸张地说,是一个关乎生死的决定。

这种效果通常被认为是理所当然的,这阻止了学者对图像和语言的运作机制作进一步的分析。那么,海报究竟是如何发挥作用的?

* * *

为了回答这个问题,我将借用艾比·瓦尔堡(Aby Warburg,1866—1929)提出的情念模式(Pathosformeln)的概念。① 长期以来,瓦尔堡的遗产,即他的图书馆及相关机构,掩盖了其论著的重要性。在过去的几十年间,瓦尔堡在19世纪末和20世纪初的一些有发展前途的理念,受到了学界越来越多的重视。情念模式的理念即为其中最为重要的成果之一,并由著名学者、瓦尔堡机构前负责人格特鲁德·宾(Gertrud Bing,1892—1964)引介:

> 这是一种同时存在于宗教仪式和图像中的异教徒文化,是关于本初的冲动(情念模式)的最富说服力的表达形式。图像的形式是这种作用机制的辅助记忆符。无论在何处,一旦出现了同源的情念模式,它们就能够被传播、转化,并被再次赋予全新而旺盛的生命力。②

在中世纪,这种"关于本初的冲动的"表达由于宗教原因而被禁止,这使得人们忘却了"这个激起人情绪的示意动作"(按瓦尔堡的说法)。瓦尔堡开始意识到,这种模式作用——激起人情绪的手势——具有双面效应,将产生不同的,甚至是相反的理解。而一些文艺复兴时期的艺术家在重新使用这些模式的时候,偶尔会颠倒它们的古典含义。③

我将从讨论老普林尼(Pliny the Elder,23—79)在《自然史》(*Natural History*)第35卷中的三篇文章开始,来尝试论证瓦尔堡的观点,这些文章讨论了古希腊和古罗马的艺术家。④ 第一篇讨论的是法姆卢斯(Famulus,生卒年不详),一位奥古斯都时期的画家,老普林尼认为(XXXV,120)他是一位"绘画风格朴素严谨,同时不失绚丽色彩的艺术家;他拥有智慧女神弥涅尔瓦(Minerva)般的能力,能够从任

---

① A. Warburg, *The Renewal of Pagan Antiquity*, transl. D. Britt, Los Angeles, 1999.

② Warburg, *Renewal*, p. 82.

③ E. H. Gombrich, *Aby Warburg: An Intellectual Biography*, London, 1970, pp. 320-321(见"激情形式"一章的索引),该书以瓦尔堡的未公开笔记为基础;M. Barasch, "Pathos Formulae: Some Reflections on the Structure of a Concept" (1985), *Imago Hominis. Studies in the Language of Art*, New York, 1994, pp. 119-127。

④ K. Rathe, *Die Ausdrucksfunktionextremverkurzter Figure*, London, 1938(对瓦尔堡机构的研究)p. 52. Rathe引用了L. Volkmann, *Das Bewegungsproblem in der bildendenKunst*, Esslingen a. N., 1911, pp. 21ff(在我查阅的最初版本里,遗失了对老普林尼的引用部分,Esslingen 1908, p. 14)。

何角度将观众尽收眼底(spectant emspectans,quacum queaspiceretur)"①。

第二篇文章(XXXV,92)讨论了著名的古希腊画家阿佩莱斯(Apelles,约前4世纪):

> 他还收取20个塔兰特金币,描绘了亚历山大大帝在艾菲索斯(Ephesus)的阿尔特米斯神殿(Temple of Artemis)前手持霹雳。在这幅画里,他的手指似乎伸到了画外,霹雳仿佛在画前的空中闪现(digitieminerevidentur et fulmen extra tabulamesse);还值得一提的是,整幅画仅用了4种颜色……②

在第三篇文章(XXXV,126)中,老普林尼间接阐述了上一幅作品的含义。阿佩莱斯显著地使用了前缩透视法,借助亚历山大伸出的手指和手持着的霹雳,将他塑造成了宙斯(Zeus),而这种图像套式被另一位古希腊画家帕乌西亚斯(Pausias,约前4世纪)发挥到极致。老普林尼再次谈道:

> 帕乌西亚斯同样创作大型绘画,例如曾见于庞贝柱廊上的题材——献祭的牛。他创造了一种令后人争相模仿却无出其右的绘画方法;为了主要显示牛的长度,他并没有从侧面画牛,而是面向观者的手法来显示形体,进而更全面地反映了牛的体量(adversumeumpinxit, non traversum, et abundeintellegituramplitudo)。③

* * *

在我看来,如果结合讨论以上三篇文章,可以将基奇纳海报成功的原因与一系列连锁反应联系起来。先让我们来听听三位亲历者的观点,他们都说明了在一战期间基奇纳勋爵的海报几乎无处不在。首先是一位《泰晤士报》的记者迈克·麦克唐纳(Michael Mac Donagh),他在1915年1月写道:

> 大部分的围墙、商店橱窗、公交车、电车和货车上都张贴着征兵的海报。纳尔逊纪念柱(Nelson's Pillar)庞大的底座上也不例外。海报的数

① 原文为"Fuit et nupergrabis ac severusidemquefloridustumiduspictor Famulus. Huiusaut Minerva spectantmspectans, quacumqueaspiceretur"(Plinius, *NaruralisHistoria*, transl. H. Rackham, London, 1961, Loeb Classical Library;翻译版后被修订). O. Rossbach在RE, 6, col. 1985指出这暗含了一些无意识的图式(见D. Freedberg, *The Power of Images*, Chicago, 1989, pp. 292-293)。但这似乎不可能。

② 原文为:[Apelles] pinxit et Alexandrum Magnum fulmentenetem in temple Ephesiae Dianaevigintitalentisauri, digitieminerevidentur et fulmen extra tabulamesse; legentesmeminerint Omniaeaquattuorcoloribusfacta..."(Plinius, *Naturalis Historia*, transl. H. Rackham, London, 1961, Loeb Classical Library)

③ 原文为:Pausiasautemfecit et grandestabulas, sicutspectatam in Pompeiporticobonmimmolationem. Eam primus invenit-picturam, quam posteaimitatesunt multi, aequavitnemo. Ante Omnia, cum longitudinembovisostendivellet, adversumeumpinxit, non traversum, et abundeintellegituramplitude."(Plinius, *NaturalisHistoria*, transl. H. Rackham, London, 1961, Loeb Classical Library)

量和种类令人惊叹，到处都能看到基奇纳勋爵壮硕的手指坚定地指着你：我需要你。①

蒙特·阿尔伯特（Mont Abbott）是第二位亲历者，一战期间他是一位来自牛津郡恩斯顿镇（Enstone，Oxfordshire）的年轻农场工人。他回忆道：

在邮局外张贴的海报已然泛白，基奇纳用手指着我说"你的国王和国家需要你"的形象也开始褪色。在农场的最后几年里，我眼中只有富尔韦尔（Fulwell）"罗希的香臀"、独孤的小牛、暴戾的公牛和饥饿的马，基本没有时间关心基奇纳的召唤。但是到了1918年，基奇纳的海报突然再度盛行，从谷仓大门和树干上指着我说："你的国王和国家需要你。"德国人再次攻击着我方精疲力竭的五十五师的小伙子们，使我方在利斯河战役中损失了9万名士兵和1300支枪支。7月时我年满16岁，只希望在我到达前线之前，我军还能撑住——而他们确实做到了。②

第三位亲历者是H. D·戴弗瑞（H. D. Davray），他在基奇纳勋爵死后出版其法语版传记，并被迅速翻译成英文。1916年6月，基奇纳勋爵由于未能为法国前线供应足够的炮弹，北岩勋爵的报纸开始对其大加攻击，戴弗瑞写道：

中央征兵委员会（the Central Recruiting Committee）在伦敦乃至整个大不列颠的所有墙上，都张贴了基奇纳勋爵那庞大的肖像画。无论从哪个角度，那双眼睛都能牢牢注视到每一个观者；而海报另一侧的巨大字样，则是简洁有力的号召：基奇纳需要更多的人！③

蒙特·阿尔伯特从未听过老普林尼，而麦克唐纳和戴弗瑞在评价基奇纳的海报时，也一定没有想到老普林尼的文章。然而，当读到"无论从哪个角度，那双眼睛都能牢牢注视到每一个观者"，我们不禁自问：这究竟是在描述谁的图像，是弥涅尔瓦还是基奇纳勋爵？究竟是谁指着他那壮硕的手指，是基奇纳勋爵还是亚历山大大帝？这些问题概括了我将要在下文厘清的历史发展轨迹。

* * *

先让我离题谈谈一篇著名的文章，为著名的哲学家库萨的尼古拉斯（Nicholas of Cusa，1401—1464）于1453年写成的

---

① 引自C. Haste，*Keep the Home Fires Burning. Propaganda in the First World War*，London，1977，p.55。

② S. Stewart，*Lifting the Latch：a Life on the Land，based on the life of Mont Abbott of EnstoneOxfordshire*，Oxford，1987，pp. 73-74（非常感谢Alun Howkins告知我这条史料）。同时见于F. L. Goldthorpe的未出版回忆录，引自Simkins，Kitchener's Army，p. 172："在每张征兵海报里，基奇纳那指责的手指都直指着我，与此同时，我每天都能听到德国人的暴行和比利时惨遭蹂躏的消息。正是这些因素的共同作用，促使我在11月15日到本地的征兵处，而当时我才17岁。"

③ Davray，*Lord Kitchener*，p. 55（E. H. Gombrich，*Art and Illusion*，London，1962，p. 96）.

《论上帝的目力与形象》一书中的序言。① 库萨的尼古拉斯,以库萨努斯(Cusanus)闻名,为了向读者阐明上帝与世界的联系,他认为他们能够创作的最恰当的绘画作品是无所不视的肖像画。他继而提到,有很多出色的作品说明了这一点,例如在纽伦堡(Nuremberg)的市集广场上的弓箭手雕塑;著名画家罗吉尔(Roger)创作的一幅珍贵的油画,该画目前展出于布鲁塞尔(Brussels)法院的大厅里;尼古拉斯在科布伦茨(Koblenz)的小礼堂里的耶稣画相;布里克森(Brixen)的教堂里手持徽章的天使。② 库萨努斯在其文章手稿中伴之以一小幅耶稣面部肖像,该肖像与维罗妮卡(Veronica)圣帕上印着的耶稣面部图像相似,他解释说:如果将这些画挂在墙上,不论你们从什么角度看他,都会觉得你是他注视的唯一的人。③

库萨努斯在文中提及的画作均已失传,但我们能重构它们的面貌。在这其中,例如上帝的真实图像(vera icon,如维罗妮卡圣帕),就是我们非常熟悉的类型(图8)。

图8 迪里克·鲍茨:《救世主基督》(真实图像),约1464年

---

① Nicholas of Cusa, *Opera*, Parisiis 1514, vol. 1, reprint, Frankurt a. M. 1962, c. XCIX r,见 E. Panofsky,"Faciesilla Rogerimasimipictoris"(note 34).

② 在这里我引用了 E. Panofsky 的译文,见 *Late Classical and Mediaeval Studies in Honor of Albert Mathias Friend* 中"Faciesilla Rogerimaximipicoris"的章节,Princeton, 1955, pp. 392-400;另见 H. Kauffmann,"Ein Selbstportrat Rogers van der Weyden auf den Berner Trajansteppichen", *Repertorium fur Kunstwissenschaft* 39, 1916, pp. 15-30; H. Beenken,"Figuracunctavidentis", *Kunstchronik* iv, 1951, p. 266; A. Neumeyer, *Der Blickausdem Bilde*, Berlin, 1964, p. 40f。

③ Nicholas of Cusa, *Opera* vol. 1, c. XCIX r,原文为拉丁文:"et quisquevestrumxeperietur ex quocunque loco eandeminspexerit, se quasi solum per eamvideri"。

为了清楚表述观看耶稣面部图像时的感受,尼古拉斯使用了与老普林尼相似的说辞,“他拥有智慧女神弥涅尔瓦(Minerva)般的能力,能够从任何角度将观众尽收眼底”(spectantemspectans, quacumqueaspiceretur)。每一位博学并对视觉艺术感兴趣的读者(正如前文提及的),都很熟悉老普林尼的文章。[①] 这不禁让我们考虑到,尼古拉斯提到的“能够无所不见的弓箭手”——这也是一种常见的类型(图 9)——是否参考了老普林

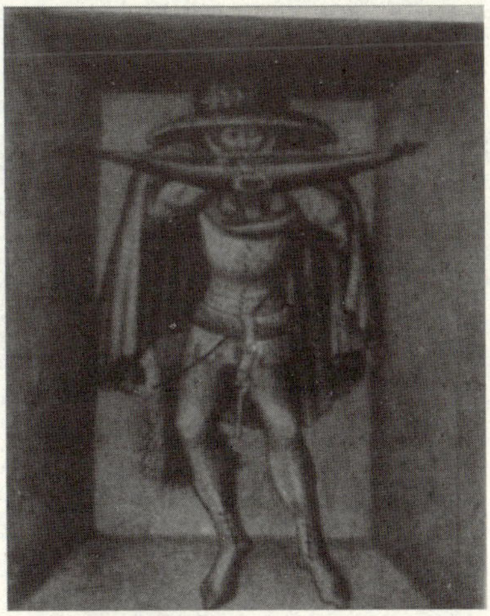

图 9 《持弩的弓箭手》,奥地利,约 1430 年

尼对手持霹雳的亚历山大大帝的描写?[②] 当然我们可以做进一步的推测,纽伦堡的弓箭手和老普林尼的亚历山大大帝之间存在着某种联系。而在我看来,这种关联是可以进行假设的,以一幅尚存于世的著名画作为例:安托内罗・达・梅西那(Antonello da Messina, 1430—1479)的《赐福的耶稣》(*Blessing Christ*,伦敦,国家美术馆)。安托内罗选择了一种神圣的肖像画类型,即所谓的救世主(Salvator Mund),这是一个“注视着位于任何方向的观者”的形象(图 10、图 11)。

图 10 安托内罗・达・梅西那:《祝福耶稣》,约 1465 年

图 11 《全能的主基督,圣凯瑟琳修道院的救世主》,16—17 世纪

① M. Bettini,“TraPlinio e Sant' Agostino:Petrarca e le arti figurative”, *La memoriadell' antico*, ed. S. Settis, vol. 2, Torino, 1984, pp. 221-267.

② Andrea De Marchi 非常慷慨地向我展示了 Saibene 收藏中的一幅画作(可能是 17 至 18 世纪威尼斯画派的作品),画中描绘了一位将弓箭直指观众的弓箭手。

安托内罗最初醉心于同时代的佛兰米斯(Flemish)画家的作品,如佩特鲁斯·克里斯图斯(Petrus Christus,1410—1475)与汉斯·梅姆林(Hans Memling,1430—1495)(图12),追随其进行传统肖

图12 汉斯·梅姆林:《赐福的耶稣》,佛兰德斯,1478年

像画的创作;后来他大胆而创新地采用了前缩透视法,改变了耶稣祝福的手势。现在已经有很多关于安托内罗这极具戏剧性的风格转变(pentimento)的相关研究。在我看来,安托内罗是受到了老普林尼文章中将亚历山大大帝描述为宙斯的启发:"他的手指似乎伸到了画外,霹雳仿佛在画前的空中闪现(digitieminerevidentur et fulmen extra tabulamesse)。"老普林尼的《自然史》于1469年出版拉丁文版本,而最早的意大利文译本,则由法国出版商尼古拉斯·让松(Nicolas Jenson)于1476年在威尼斯出版。[①] 这项浩大的出版工程历经了长期的准备过程,包含了大约一千页的文章。1475年在威尼斯已能见到克里斯托弗罗·兰迪诺(Cristoforo Landino,1424—1498)的译本。当安托内罗从西西里岛(Sicily)回来转变画风时,他一定已

① Plinio,Historianaturale,transl. C. Landino,venetiis,1467,原文为意大利文:"Pare che le ditasienorilevateet el fulgoresiafuoridellatavola..."。

经看到译本了。①

"他的手指似乎伸出了画外(Pare che le ditasienorilevate et el fulgoresiafuoridellatavola)。"这段名言警句(locus classicus)被认为是最早盛赞前缩透视法的名言,例如卢多维科·多尔斯(Ludovico Dolce,1508—1568)在1557年谈论绘画时就引用了这句话。② 老普林尼并没有详细说明如何达到如此出色的效果,他在作品中过于简单的描述,使得那些致力于再创造(或发明)这一失落传统的后人步履维艰,并激励着他们进行着视错觉的创作。前缩透视法成了越来越流行的技法,艺术家们急切地试图通过它来证明自己的出色技法。③ 而其中影响最为深远的莫过于米开朗琪罗(Michelangelo,1475—1564)。在位于西斯廷教堂(Sistine Chapel)的《创造日月》(*Creation of Sun and Moon*)和其他壁画中,米开朗琪罗运用伸出的手指、比画的手臂并大胆使用前缩透视法,来强调空间与叙事的关系(图13)。④ 在上帝傲慢而高贵的手势之外,

图13 米开朗琪罗:《创造日月》,1508—1512年

我们还能观察到画家自己的做法:它显然是一种从新柏拉图主义艺术理念中获得灵感的、以创世纪形式呈现的类比。⑤

在著名风格主义画家蓬托莫(Pontormo,1494—1557)的一幅出色的作品(现藏

① 根据X光成像结果显示,安托内罗在作品角上用视幻觉手法画出的姓名标记(cartellino),要晚于他对耶稣手势的修改,上面写着:"1465年8月,墨西拿的安托内罗画了我"(原文为意大利文:"millesimoquatricentessimosexstage/simoquin to Ⅷ aindi Antone llus / Messaneus me pinxit")。这幅画中的耶稣创作于1465年,但根据15年小纪(由埃及发明的十五年周期财政年轮),应该是1460年或1475年。艺术史家们尝试过很多方式来解答这个年代矛盾。Giovanni Previtali曾肯定地指出1475年更能准确反映安托内罗的风格转变(原文为意大利文:"Da Antonelle da Messina a Jacopo di Antonello. 1. La data del Cristo benedicentedella National Gallery di Londra",*Prospettiva* 20,1980,pp. 27-34)。另见F. SricchiaSantoro,*Antonello e l' Europa*,Milano,1986,p. 106,162。

② L. Dolce,*Dialogodellapittura...intitolato l' Aretino*,Venezia,1557,c. 37 r(引用了Landino的译本).老普林尼的文章还被引用在E. H. Gombrich,*The Heritage of Apelles*,Oxford,1976(Italian transl.,M. L. Bassi,Torino,1986,p. 21)。

③ E. H. Gombrich,"The Leaven of Criticism in Renaissance Art",in *Art*,*Science and Literature in the Renaissance*,ed. C. Singleton,Baltimore,1967,pp. 3-42(再出版见:*The Heritage of Apelles*,Oxford,1976;Italian transl. M. L. Bassi,Torino 1986,pp. 154-177).

④ J. J. Tikkanen复制了米开朗琪罗的《创造日月》,见*Studienuber den Ausdruck in der Kunst*,*I*:*Zwei Gebardemitdem Zeigefinger*,Helnsigfors,1913,p. 77,Abb. 108;on pp. 44-98("Das Zeigenalskunstlerisches Ausdrucksmotiv":这是一项仍处于初步阶段,但极具价值的研究)。

⑤ 关于米开朗琪罗在西斯廷天顶画的十四行诗,可见I. Lavin,"Bernini and the Art of Social Satire",in *Drawings by Gian Lorenzo Bernini*,ed. by I. Lavin,Princeton,1981,pp. 26-64,especially p. 34(但我的结论与Lavin的不同)。

于大英博物馆）中，画家在一个非叙事情境中继承了米开朗琪罗的想法（图 14）。

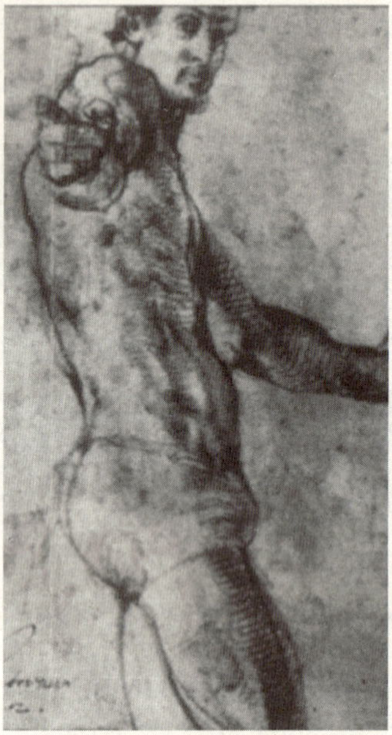

图 14　蓬托莫：《裸体习作》，约 1525 年

在此，画中伸出的手臂，在镜中画家的自画像和观者之间，营造出了一种密切的亲近感。① 而在将近一个世纪之后，卡拉瓦乔（Caravaggio，1571—1610）为了描绘《圣马太蒙召》，模仿了米开朗琪罗在西斯廷描绘上帝创造亚当时所使用的手势（图 15）。②

图 15　卡拉瓦乔：《圣马太蒙召》

我们是否可以将海报上基奇纳伸出的手指与卡拉瓦乔画中耶稣水平的手势作对比，将前者解读为后者世俗的、运用透视法的版本？毕竟这两个版本都体现着某种号召——参军的号召，或宗教的号召。然而，两幅图像的形式安排存在如此大的差异，不由得让人推测两者之间是否存在某些（可能是很多）被忽略的联系。我无法找出这样的联系，暂时只能得出以下结论：基奇纳海报的成型来源于两种互相交织的图像传统，即正面的、无所不见的肖像，以及前缩透视的、伸出的手指的形象。

① J. Cox Rearick, *The Drawings of Pontormo*, New York, 1964, vol. 1, p. 247; vol.2, ill. 241［约 1525 年，风格上接近卡拉瓦乔的《在伊默斯的晚餐》（*Supper at Emmaus*）］。

② I. Lavin, "Caravaggio's Calling of Saint Matthew: The Identity of the Protagonist", in Lavin, *Past-Present. Essays on Historicism in Art from Donatello to Picasso*, Berkeley, Los Angeles, Oxford, 1993, pp. 84-99, especially p. 95.

然而,仅凭这两种图像技法其自身,是无法完全促成基奇纳海报的形成的。它的诞生还根植于一个全然不同的视觉环境,那就是通俗的广告用语(图16)。①

图16 戈弗雷·菲利普斯牌香烟广告,伦敦,约1910年

* * *

这种海报在为戈弗雷·菲利普斯(Godfrey Phillips)牌香烟做广告时被再次采用,并在广告总监H·布里奇沃特(H. Bridgewater)的一本名为《广告,或是广而告之的艺术:广告原理的简单阐释》(*Advertising or the Art of Making Known: A Simple Exposition of the Principles of Adv-ertising*,1910)的著作中得到赞许。②

> (布里奇沃特写道)我开始意识到,商业战争可以被视为古代战争的一种高级形式。为了在现代战争,也就是在商业战争中脱颖而出,你必须具备与过去胜利者相同的品质,即勇气、毅力和等闲视之的才能,最后,也是最重要的——智慧。③

技法同样重要,布里奇沃特强调了其中"透视法的价值":

> 借助恰当的审美和透视法,艺术家可以在小小几平方英寸里,描绘出一大片乡村风景(可能覆盖了成百上千亩地)。④

---

① Tikkanen, *Studien*, p. 44,提到了在广告中存在的伸出的手指(但没有过多讨论)。A. Chastel("L' art du geste a la Renaissance",现再出版于他的 *Le gestedans l' art*, Paris, 2001, p. 39)比较了16世纪早期的一些画作,指出手指是从后方对着观众,并直指镜头,然而现代海报中则是直指观众。但是我们不应忽视这两种手势之间的区别。

② H. Bridgewater, *Advertising or the Art of Making Known: A Simple Exposition of the Principles of Advertising*, London, 1910, p. 15.

③ Bridgewater, *Advertising*, pp. 1-2.

④ Bridgewater, *Advertising*, p. 30.

运用透视缩短画法的手指同样证明了透视法的价值,咄咄逼人的"你"则能够强化需要传递的信息。"在广告中,'你'的风格的运用也得到了广泛关注。"S. R·霍尔(S. R. Hall)在《广告写作》(*Writing an Advertisement*,Boston,1915)中写道:

> 某些作者会以一种模仿向读者演讲的有说服力的形式,博得关注,并取得良好效果。例如"你,读者先生""你需要这个"等。①

在1914年9月5日的《伦敦观点》(*London Opinion*)的封面上,阿尔弗雷德·利特(Alfred Leete,1882—1933)创作的基奇纳勋爵的肖像画上围绕着两条信息:"本报郑重向你承诺1000英镑""50张你的照片只需1先令"。同样是用于直击(商业意义上的),在这里被用来贩卖战争。顺便说一句,在1971年越南战争期间,反战委员会(Committee to Unsell the War)仅仅印发了一张海报,画面上的人物形象和标题与基奇纳勋爵的广告词截然相反:"我想退出。"(图17)②

图17 《我想退出》,海报,美国,1971年,反战委员会印发

* * *

阿尔弗雷德·利特每周为《伦敦观点》创作的封面一般是一位诙谐幽默的人物,即便在处理政治事件时也是如此。③但他为基奇纳创作的严肃的形象却是个例外。1914年11月14日,利特诙谐地画了一幅作品,描绘了一位应当志愿参军却

① S. R. Hall, *Writing an Advertisement*, Boston, 1915, pp. 114-115.

② Timmers (ed.), *Power of the Poster*, pp. 160ff.

③ A. Leete, *Schmidt the Spy and His Messages to Berlin*, London, 1916; Leete, *The Work of a Pictorial Comedian*, London, 1936. (我没能找到这本书,大英图书馆的副本已被销毁)一般可见于 *Alfred Leete. A Woodspring Museum Publication*(展览目录)。

正在看《足球特刊》(*Football Special*)的年轻人,被基奇纳勋爵抓了个正着(图 18)。

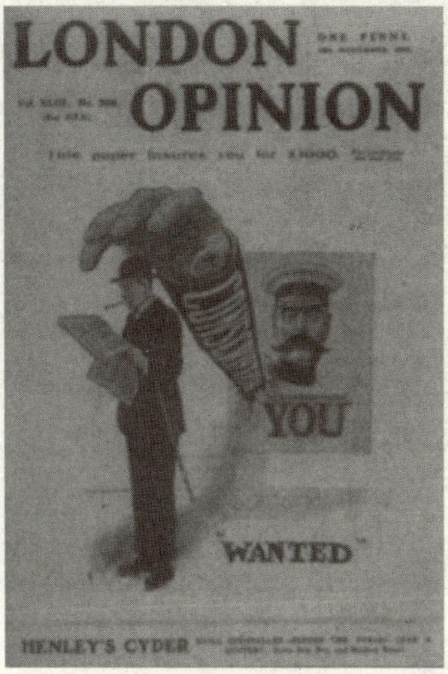

图 18 阿尔弗雷德·利特:《基奇纳勋爵》,《伦敦观点》,1914 年 11 月 14 日

12 月 26 日,利特再次为征兵运动作画,他带着对约翰哈索尔(John Hassall,1868—1948)的《斯凯格内斯如此令人振奋》(*Skegness is so bracing*,1908)的敬意,幽默地对这幅著名的海报进行了加工。①

与此同时,英国议会征兵委员会(Parliament Recruiting Committee)要求利特将他为《伦敦观点》创作的封面改成海报,使基奇纳海报变得家喻户晓。②选择这幅画的原因已被讨论多次。一位作家最近指出,山姆大叔(Uncle Sam)——基奇纳勋爵的美国版本——是"一位具有高度辨识率的权威人物"。③然而是否能够将他等同于权威呢?那坚定的眼神、直指的手指和俯视的视角,势必会使观众产生敬畏之心和等级差距,令其不自觉地服从于他。即便是如同奥斯伯特·西特维尔(Osbert Sitwell,1892—1969)这样久经世故的观察家,在略带讽刺地回忆基奇纳时,最终也不由得陷入了一种宗教的情结——就像他正在回应该海报的古代范型:

> (基奇纳)如同上帝一样坚定地站在那里,或许有些许的老态,自信地静待着他的世俗权力昭示于众……他的注视带着轻微斜视,但似乎有着未卜先知的能力……在我的记忆里,在这基奇纳一手扶持建立的大英帝国,来自帝国不同地区的民众将他塑造成了英格兰的上帝,就像受到

---

① Hassall 的海报可见 Timmers (ed.),*Power of the Poser*,p. 181. 还见于 W. S. Rogers,"The Modern Poster: Its Essentials and Significance",in *London Journal of the Royal Society of Arts*,23 Jan. 1914,pp. 186-192。在这幅诙谐的海报上写着:"Hassall 创作了斯凯格内斯(Skegness)的海报,它的经典标题为'如此振奋',令人过目不忘。"(再出版于 L' afficheanglaise: les annees 90,Paris,1972)

② 原始海报的尺寸为 75cm×50cm。

③ R. Walton,"Four in focus",in Timmers (ed.),*Power of the Poster*,p. 164.

万人崇拜的罗马皇帝一样。在短短几个月内,每一面围墙上都贴有基奇纳的海报,他坚定异常地直指虚空,稍不注意就能看到海报上的标语:“他需要你!”我经常会记起他那方方正正的画像……①

奥斯伯特·西特维尔以上带有帝国主义神秘色彩的叙述,被少数势利谄媚的观察家引用过。而基奇纳海报的影响力并未考虑阶级差异——这是当时的欧洲工人获得的广泛胜利背景下的一个小小注脚。②

图 19 阿尔弗雷德·利特:《东海岸令人如此振奋——征兵启事》,《伦敦观点》,1914 年 12 月 26 日

* * *

不过我们还能从另一种思路来探讨利特选择的这种视觉技法。允许我再次引用老普林尼(XXXV,92)对阿佩莱斯所画的亚历山大大帝的描绘:“他的手指似乎伸到了画外,霹雳仿佛在画前的空中闪现。”在此之前我主要关注的是伸出的手指;我无法确定库萨的尼古拉斯所提及的用箭直指观者的弓箭手是不是对老普林尼认为阿佩莱斯将亚历山大大帝描绘为受到宙斯的影响:他手持的霹雳是权力的象征。在 20 世纪早期,神话中的霹雳变成了一件武器、一把现代的弓箭,即一把手枪(图 20)。

图 20 宝利芬乐器厂打字机广告,德国,约 1908 年

① Osbert Sitwell, *Great Morning*(1948), p. 264.(引用于:Magnus, Kitchener, pp. 276-277)

② 社会主义图像有时会直接或间接地引用基奇纳的海报。见《先驱报》(*Herald*)1915 年 9 月 20 日的卡通(“King and Country do not need you! Desist!”),重版于 J. M. Winter, *Socialism and the Challenge of War: Ideas and Politics in Britain 1912-1918*, London, 1974, plate 9(在第 119 页和第 120 页之间)。另外的例子(M. Andre Delord 好意向我指出)是 Niver 创作的海报,法国社会党在 1936 年的竞选中使用:一个工人比画着威胁的手势并说道:“我们很快会清算(C'estbientotqu'onvaregler les comptes)。”

“站住！不看完不许走！宝利打字机(Polygraph)，德国顶尖制造。”一个黑山(Montenegrin)强盗在1908年的一张打字机海报上如此咆哮，这是一家莱比锡的宝利芬乐器厂(Polyphon Musikwerke)所制作的海报。[1]

海报的目的是吸引观者的注意，并使其停下脚步。当然，这个案例中认同机制并没有起作用。海报中的黑山强盗代表的并不是一个权威人物，而是表达了一种(玩笑式)威胁。菲利普斯牌香烟的海报备受《金融时报》广告总监的赞赏，认为它是一个运用了极具威慑力的插画来吸引注意力的绝佳例证，并通过传达出了令人信服的信息来达到其目的。[2] 但是这两张海报都表现出了一种具有视觉攻击性的特点，在人口拥挤而紧张狂热的都市中，随处可见这样的海报。我想知道是不是一件类似的视觉触动，即使是从一个近乎形而上的层面来看，启发了艾比·瓦尔堡在1890年8月27日这样写道：“假设艺术品有时会有敌意地逼向观者。”[3]5年后，卢米埃尔(Lumière)兄弟向惊恐的电影观众放映了《火车进站》(*Arrival of a Train into the Station of La Ciotat*)。电影中的人物朝着观众跑来成为早期电影里的常见场景。[4] 基奇纳勋爵的海报运用了相同的视觉技法，而海报的观众已然熟知电影及其中老到的视觉把戏，其中就包括电影导演格里菲斯(Griffith)使用的特写镜头。古希腊画家发明的视觉技法，成功适应了20世纪的生活及其需求。然而，正如瓦尔堡在分析意大利文艺复兴时期的艺术时所指出的，有时这种古代模式的含义在演变过程会被颠倒。

我们可以从一幅1944年的德国海报中看到这种可怕的符号倒置，当时正值德

图21 《文尼察》，德国占领乌克兰期间印发的海报，1944年

① 原文为“Halt! Sie Derfennichtehervoruberalsbis Siegelesenhaben, dass die Schrebmaschine Polygraph, eindeutsches, erstklassiges Fabrikatist(L. Volkmann, *Das Bewegungsproblem*, Esslingen, 1908, Abb, 10)”。K. Rathe(*Die Ausdrucksfunktion*, p. 55, note 39)和F. Kampfer(*Propaganda politische Bilderim* 20. *Jahrhundert*, Hamburg, 1997, pp. 78-80)都提到宝利芬乐器厂的海报是文尼察(Vinnytsa)海报的原型。

② Bridgewater, *Advertising*, p. 15.

③ 原文为 Annahme des Kunstwerkesalsetwas in Richtung auf den *Zuschauerfeindilich Bewegtes*(Gombrich, *Aby Warburg*, p. 80)。贡布里希注明，瓦尔堡受一本对其影响颇深的书的影响，提出了这个观点(T. Vignoli, *Mito e scienza*, Milano, 1879)。

④ J. Auerbach, “Chasing Film Narrative: Repetition, Recursion, and the Body in Early Cinema”, *Critical Inquiry*, 26(2000), pp. 798-820.

军占领乌克兰(图21)。[①] 这幅丑陋的纳粹宣传图,展示了因斯大林的灭绝行动造成的一处乱葬岗,煽动人们进行对犹太人和布尔什维克的大屠杀。通过这种我们已经熟知的视觉技法,海报重新表现了这件广为人知的事件——大屠杀,使得观者受到了犹太政委的象征性的侮辱和威胁,从而产生出对其真切的复仇之心。很显然,这是对阿佩莱斯描绘亚历山大大帝的含义倒置,并且可能受到了宝利芬乐器厂海报的启发。权威与合法性的表达在这幅海报里变成了仇恨之靶。

* * *

让我们将注意力再次引回到征兵海报的反响上来。"整个国家,"一位基奇纳的传记作家写道,"很快贴满了将基奇纳描绘为老大哥(Big Brother)的海报,他戴着陆军大臣的帽子,直指手指,双眼仿佛在对观众催眠,胡子竖立着,画面上写着'你的国家需要你'。"[②]

"将基奇纳称为老大哥。"这个出自乔治·奥威尔(George Orwell, 1903—1950)作品里的称呼值得我们一探究竟。奥威尔在《1984》(*Nineteen Eighty-Four*, 1949)的开篇这样写道:

> 有一张彩色的海报钉在墙上……在室内挂着略为嫌大了一些。画面很简单,就是一张很大的面孔,有一米多宽:这是一个大约三十五岁的男人的脸,留着浓密的黑胡须,面部线条粗犷英俊……这一类的画如此刻意,以至于无论你走到哪里,画面中的眼光总是跟着你。下面的文字说明是:老大哥在看着你。[③]

埃里克·布莱尔(Eric Blair)1903年出生于印度,后以乔治·奥威尔作为笔名,1907年随全家回到英格兰。很显然,上文引用的段落源自布莱尔的童年记忆——基奇纳海报在1914年秋天的英格兰的大街小巷随处可见。1914年10月2日,11岁的布莱尔在当地报纸上发表了他的第一首诗,在这首洋溢着爱国热情的诗篇最后,他回应了基奇纳的号召:

> 觉醒吧!英格兰的年轻人,
> 当此国家用人之际。
> 如果你未能投身于千万军队,
> 你就实在是个懦夫。

两年后,布莱尔发表了另外一首名为《基奇纳》(*Kitchener*)的诗,以哀悼陆军大臣的不幸遇难。[④]

① F. Kampfer, *Propaganda politischeBiilder*. 参考I. Kamenetsky, *The Tragedy of Vinnytsa: Materials on Stalin's Policy of Extermination in Ukraine* (1936-1938), Toronto, 1989,我没有找到这本书。

② P. Magnus, *Kitchener: Portrait of an Imperialist*, p. 288.

③ G. Orwell, *Nineteen Eighty-Four*, Harmondsworth, 2000, p. 3.

④ G. Orwell, *A Kind of Compulsion*, 1903-1936: *the Complete Works*, ed. by P. Davidson, vol. 10, London, 1998, p. 20. J. Myers, *Orwell*, *Wintry Conscience of a Generation*, New York, 2000, p. 23. 书中将其第一首诗与基奇纳海报联系起来(但没有联系到《1984》)。

我们无须在此讨论小说中老大哥的角色，无论是他作为海报人物或是电幕中的形象。① 根据前文分析，这段小说的引文与老普林尼的描述“他拥有智慧女神弥涅尔瓦般的能力，能够从任何角度将观众尽收眼底”，有着一种相隔遥远的（但却是显著的）呼应。这究竟是直接还是间接的联系？为了回答这个问题，我们应该考虑到《1984》的另一段描述：

> 伦敦突然到处出现了一幅新的海报，没有文字说明，画的只是一个欧亚国（Eurasian）士兵的庞大身躯，有三四米高，蒙古种的脸毫无表情，穿着大军靴向前迈步行进，腰上一挺轻机枪。你无论从哪个角度看那海报，机枪的枪口总是对准你，由于透视的原理，枪口很大很大。这张海报张贴在每面墙的每个空位上，甚至比老大哥海报的数目还要多。②

引文中欧亚国士兵的形象，与自阿佩莱斯的画作中“表现了亚历山大大帝手持霹雳”之后发展出的一系列图像，有着毋庸置疑的关联。奥威尔有可能熟读了老普林尼的文章。但另一个更有趣的可能性是，奥威尔通过将老大哥——无所不视的权威形象，与欧亚国士兵——咄咄逼人的威胁形象进行了并置，实际上是揭示了隐藏在咄咄逼人的原始图像（即面对观者的人像）背后的两极对立性。但《1984》的读者们知道，对抗欧亚国的战争是一幕戏。如同基奇纳的海报形象掩盖了他作为将军的形象，书中反对电幕的战争比现实生活更为真实。或许并不存在老大哥这样的人物：他只是一个名字、一副面孔、一句口号——就像一幅海报为某个商业品牌打广告一样。《1984》最早出版于1949年，当时它被普遍当作一本冷战读物广泛流传，书中讨论的斯大林主义恐怖似乎不证自明。时隔半个世纪，书中描述的这种依靠电子媒体和精神控制的独裁政治，在不同的却并非完全不可能的现实中轻易出现。

* * *

基奇纳勋爵的海报（图1）带我们回顾了埃里克·布莱尔的童年记忆。我们无须在此强调记忆的历史相关性——这是拉斐尔·塞缪尔着力研究的领域。记忆是历史的素材，致力于拉近职业历史学家与大众之间的距离，特别是对于诸如《历史工作坊》（*History Workshop*）这样的杂志而言。我对此深表赞同。但是历史——作为历史写作的历史——是不是记忆的延伸空间呢？尽管塞缪尔对此已有过长篇雄辩，但我更加赞同莫里斯·哈布瓦赫（Maurice Halbwachs，1877—1945）

---

① 1940年6月14日，奥威尔抱怨道，比起他在西班牙内战时期所看到的，“找不到任何反对法西斯的一般宣传海报，等等”（引自 Timmers (ed.), *The Power of the Poster*, p. 240）。

② Orwell, *Nineteen Eighty-Four*, p. 156.

强调记忆与历史之间存在差异的观点。[①] 在方才的案例研究中,我可能已经对这种差异予以解释。为了能够解释基奇纳勋爵海报传达的潜意识信息,我们需要远距离的视野、时间推移的视角和批判性的距离:这种态度受记忆滋养,但又与记忆互为独立。

译者:栗杨潇,复旦大学历史系硕士研究生

① Samuel, *Theatres of Memory*, pp. ix-x; M. Halbwachs, *Les cadres sociaux de la memoire*, Paris, 1927 (new ed. 1952).

专题研究

无意间留下的提示：逆着意向阅读历史

□卡罗·金兹堡

本文的起点将是一篇来自马克·布洛赫(Marc Bloch,1886—1944)未完成的、身后出版的、关于方法论反思的文字,题为《为历史学而辩或谈历史学家的技艺》(*Apologie pour l' histoire ou Métier d' historien*),英译标题为《历史学家的技艺》(*The Historian' s Craft*)。[2]不过首先要强调,今天所谈的《历史学家的技艺》的文本与已经风靡世界数十年的版本有所不同。

一

1. 由吕西安·费弗尔(Lucien Febvre,1878—1956)编辑的第一版的差错,于1989年被一位年轻的意大利学者马西莫·马斯特罗格雷戈里(Massimo Mastrogregori)指出,他在文字上的细致考察为版本的校正铺平了道路,即由马克·布洛赫的儿子艾蒂安(Etienne)在1993年推出的版本。这个校正的版本已被译成其他语言(尽管没有英文版)。[3]不过,除了该校正版本,我们今天还有一系列中介的文本,打个比方,这些中间性文本使我们得以进入历史学家的工作坊。

数年前,荷兰历史学家玛丽安娜·韦塞尔(Marianne Wessel)在吕西安·费弗尔的文稿中发现了一份马克·布洛赫写的未完成的手稿,是从1939年9月22日在阿尔萨斯的莫尔塞姆(Molsheim)写起的几页文字。此稿是布洛赫在那时超过50次的起草中,第二次起草该书。在《奇怪的战争》(*drôle de guerre*)那令人忍无可忍的岁月里,前线什么

---

① 此文首次出版信息为 Revelaciones Involuntarias. Leer la historia a contrapelo, in C. Ginzburg, Cinco Reflexiones sobre Mare Bloch, intsoduzione di F. Cifuentes Medina, Guatemala, 2015。此中译文稿由金兹堡本人提供给译者的英文版手稿译出。——译者注

② M. Bloch, *Apologie pour l' histoire ou Métier d' historien*, éd. critique par E. Bloch, préface de J. le Goff, Paris 1993; *The Historian' s Craft*, tr. P. Putnam, 附有 P. Burke于1992年写的序言。

③ M. Mastrogregori, "Le manuscrit interrompu: *Métier d' historien de Marc Bloch*", *Annales E.S.C.*, 1989, pp. 147-159.

事都没有发生,布洛赫决定通过某些“针对一个对方法感到好奇的读者的诸多反思”(Réflexions pour le lecteur curieux de méthode)作为导入,写一部“法国的史学”(不是法国的历史,not of France)。在这些酝酿着作为一本终未写完的书的导入部分的文字中,玛丽安娜·韦塞尔辨认出了《历史学家的技艺》生衍的细胞。[①] 因此,她将“反思”部分纳入了其荷兰文版的《历史学家的技艺》中。但说来奇怪,这部分内容在我刚才提到的1993年出版的法文校正版中被略去了。[②] 在那些“反思”中,第一次出现了一个主题,它注定在布洛赫的《历史学家的技艺》的所有更深入的、越来越详尽的版本中反复出现。在关于过去的证据中,布洛赫写道:我们或许可分辨出“两种基本类型”:一种证据“是有意留下的;另一种证据讲出了一些无意间留下的,甚至是相悖于其产生意向的东西”。布洛赫进而道:“第一种证据包括旨在告知或教诲其读者的文字”,如编年史、圣徒传、政治家试图证明其行为因造福后代而具有合理性的回忆录。在第二种证据中,我们会看到商人的账本、教士转录的祷告、踩高跷的住民扔掉的陶器碎片。布洛赫指出,那些证据的异质片段(heterogeneous pieces of evidence)有一个共同点:它们不经意地(unwillingly)贡献了有关过去的——一种特定的过去的认知:

> 那些姿势,关系到一种技艺或家务工作,使我们比很多叙事,如一种经济结构,一种宗教心态,一种物质文明,更好地接近重建的可能性。[③]

“在最近几个世纪”,布洛赫继续说道,历史学研究最显著的进步可能会显现于“在无意间留下的证据那里的越来越重要的作用”。一份商业文件、一个陶片、一个人名或地名可能会被视为等价于最生动的编年史的人类遗迹:“关键在于知道如何从它们中汲取生命力(le tout est de savoir en extraire la vie)”。这里,布洛赫更进一步延展了他起初立足的差异性:我们更乐于追问“一些不同于叙事作品假装要说的……一些东西”。毫无疑问,我们对中世纪编年史或圣西蒙(Saint-Simon,1675—1755)的《回忆录》(*Mémoires*)感兴趣是因为它们所谈及的事件:“但是更多的是为了那些文本,不经意地传递给我们的关于僧侣或公爵以及相应的法国贵族

---

① M. Mastrogregori,“Due scritti inediti di Marc Bloch sulla metodologia storiografica”,*Rivista di storia della storiografia moderna*,1988,2-3,pp. 152-180(特别是 pp. 169-180);M. Wessel,“Réflexions pour le lecteur curieux de méthode. Marc Bloch et l'ébauche originelle du *Métier d'historien*”,*Génèses*,3 (1991),pp. 154-161;另参见 M.Bloch,*L'Histoire*,*La Guerre*,*la Résistance*,éd. A. Becker et E. Bloch,Paris 2006,pp. 505-515。

② M. Bloch,*Pleidoii voor de geschiedenis of geschiedenis als ambacht*,a cura di M. Wessel,Nijmegen 1989,pp. 203-212 .

③ “Mieux que beaucoup de récits ces gestes professionnels ou ménagers nous ont livré de quoi reconstituer une structure économique,une mentalité religieuse,une civilisation matérielle”.

的精神状态的提示。”①

并且在这里，突然间，布洛赫将历史学家比作了侦探：

> 一位有洞察力的侦探，如果他质问自己关于剧本中演员的问题，找不到一种可以令人接受的事实版本；他所寻觅的是一系列使他得以通过智识上的努力而重建真相的要素。同样地，最好的和最诚挚的叙述，在历史学家眼中，首先是一条线索。②

2. 很多年以前，我写了一篇关于线索的文章，其中，我将历史学家比作一位侦探（夏洛克·福尔摩斯），一位艺术鉴赏家［乔瓦尼·莫雷利（Giovanni Morelli，1816—1891）］，也比作心理分析的奠基者（西格蒙德·弗洛伊德，他的文字说他受到莫雷利的启发）。③ 在这篇文章中，我提到了马克·布洛赫的《国王的触摸》（*Les Rois thaumaturges*，英译本为 *The Royal Touch*）。我此前没有提到他“针对一个对方法感到好奇的诸多反思”，因为那个时候，它们尚未出版。④ 不过，我对线索的强调也受益于布洛赫——来自他已出版的作品。今天，我想要发展我在30年前做出的评论，更细致地审视布洛赫眼中有意留下的证据和无意间留下的证据之间的区别，及其所关涉的内容。

在1940年10月开始的，为在斯特拉斯堡大学迁至克莱蒙费朗（Clermont Ferrand）的讲座所准备的一部分笔记中，布洛赫加工，并且有时从文字上引用了他在1939年的“反思”。他的儿子艾蒂安参加了这组讲座，知晓关于前两课的笔记；10月18日，维希政府宣布了禁止犹太教授授课的禁令。这些笔记有一个标题——“一个历史学家为什么研究，以及如何研究”——布洛赫想将之作为《历史学家的技艺》的副标题。⑤ 写一部法国史学的最初计划被置于一旁：在其国家生死存亡之际，出于他的家庭和他本人的原因，布洛赫决心关注历史学家的方法问题。他充分意识到这个主题的政治性暗示：一种超然的反思必须也要作为一种确保焦虑情绪得到控制的尝试。

---

① “Mais plus encore par les révélations que ces textes nous apportent, inconsciemment, sur le bagage mental des moines ou la psychologie d'un duc et pair”.

② M. Wessel, “Réflexions”, pp. 158-159: “Le détective perspicace, s'il s'interroge sur les acteurs du drame, attend de leur réponses moins un exposé acceptable des faits que les éléments qui lui permettront de reconstruire, par un effort personnel d'intelligence, la vérité. Aux yeux de l'historien aussi, la mieux conduite même, et la plus sincère, des depositions a surtout valeur d'indice”.

③ C. Ginzburg, “Spie. Radici di un paradigma indiziario”, in *Crisi della ragione. Nuovi modelli nel rapporto tra sapere e attività umane*, a cura di A. Gargani, Torino, 1979, pp. 59-106.

④ 在其就布洛赫关于线索的文字的评论中，M·韦塞尔提到了我的文章“Spie”：M. Bloch, “Opmerkingen voor de methodologische geinteresseerde lezer”, in *Pleidooi voor de geschiedenis*, p. 208, n. 5。

⑤ M. Bloch, *L'Histoire, La Guerre, la Résistance*, pp. 823-842 (Comment et pourquoi travaille un historien). 关于日期，参见pp. 824-842。

如果我们将《历史学家的技艺》的不同草本进行比较，一些差异就出现了。观点变得越来越详尽周到，尽管它仍顺延了1939年的主要思路。在完善于1943年第一个月的最后的版本中，对有意留下的和无意留下的证据加以区分的重要性做了着力强调：

> 绝大多数的中世纪圣徒的生活都无法告诉我们任何关于那些虔诚的个体的具体事情，他们的生平已被修饰重建了。不过反过来，如果我们追问他们的生活方式或他们被立传的时代的思维习惯——圣徒的传记没打算告诉我们的信息——我们会发现它们极其有价值。我们成功地使自身摆脱了我们对直面性的过去(vis-à-vis the past)的依赖，到目前为止，尽管我们注定只能从其留下的痕迹中知晓过去，但我们胜在知道了比过去想让我们知道的更多的东西。毕竟，这是一场智识对有限事实的伟大胜利(une grande revanche de l'intelligence sur le donné)。[①]

3.多年以前，在我的书作《线络和踪迹：真的，假的，虚构的》(*Threads and Traces*: *True*, *False*, *Fictive*)中，我强调了这段文字的重要性。[②] 不过，需要讲的东西远远超出我的想象。首先，历史研究中，谁为这一转折点负责？在其1939年的"反思"中，以一种带有少许嘲弄的闪烁其词，布洛赫将"言之有据的考证"与"一些谦逊的博学之士"联系起来，"闻名的有丕皮布罗奇(Papenbroech，1628—1714)、马比荣(Mabillon，1632—1707)、博福尔(Beaufort，1703—1795)。他们会惊讶于有人通过集中关注一些形象朦胧的圣人(丕皮布罗奇)，墨洛温国王的乏味契文(马比荣)，李维的长篇大论(博福尔)与之谈论有力的考证——如此多的书呆子教授曾将上述关注视作禁脔——他们恰恰正在发现一种新的认知方式"。[③]

---

① M. Bloch, *L'Histoire*, *La Guerre*, *la Résistance*, p. 893："Parmi les vies des saints du haut Moyen Age, les trois quarts au moins sont incapables de rien nous apprendre de solide sur les pieux personnages dont elles prétendent nour retracer le destin. Interrogeons-les, au contraire, sur les façons de vivre ou de penser particulières aux époques où elles furent écrites, toutes choses que l'hagiographie n'avait pas le moindre désir de nous exposer, nous les trouverons d'un poids inestimable. Dans notre inévitable subordination envers le passé, nous nous sommes donc affranchis du moins en ceci que, condamnés toujours à le connaître esclusivement par ses traces, nous parvenons toutefois à en savoir sur lui beaucoup plus long qu'il n'avait lui-même cru bon de nous faire connaître. C'est, à bien le prendre, une grande revanche de l'intelligence sur le donné."

② C. Ginzburg, *Il filo e le tracce. Vero falso finto*, Milano 2006, pp. 9-10. 那时，我没有想起Marleen Wessel已经在一封所示地点、日期为"阿姆斯特丹，1987年12月9日"的信中指出了这一重要性，我为在很多年后向她表达我的感激之情感到高兴。

③ M. Wessel, "Réflexions", p. 159："des modestes érudits. Ils se nommaient Papenbroech, Mabillon, Beaufort et ils n'eussent pas été, sans doute, les moins étonnés d'apprendre qu'en se penchant sur les vies de saints obscures (Papenbroech) sur les mornes diplômes des rois Mérovingiens (Mabillon) ou sur les *conciones* de Tite-Live (Beaufort), pain quotidien de tant de grimauds d'écoles, ils découvraient, tout simplement, une nouvelle méthode de connaissance."

丕皮布罗奇、马比荣、博福尔,那些名字正出现在《关于战争失败的消息的反思》(*Reflexions on war's false news*,1921)的开篇,布洛赫在这篇文章中以他的参战经历开篇,展现了现在与过去的文化传播的机制。① 很多年前,我指出了那些文字在布洛赫无止境的关于历史方法的思考中所起到的作用。② 当再度到来的世界大战促使他再一次考虑历史学家的技艺问题时,布洛赫将之牢记在心(也付之案牍)。③ 在《历史学家的技艺》的最后一个版本中,博福尔的名字消失了;相反,马比荣被醒目地突出出来。本笃会修士马比荣出版了他的专著《论古文书学》(*De re diplomatica*),以回应丕皮布罗奇的怀疑论态度,后者是耶稣会修士,亲眼见过墨洛温契文。布洛赫写道,这是在1681年,这一年"毫无疑问是人类心灵史上伟大的时刻"。④ 在布洛赫看来,现代史学的诞生大概就是一种基于特定的、无意间留下的证据的细致分析方法的出现,易言之,古文物研究(antiquarianism)。

4. 数十年前,"古文物研究"这个词与阿纳尔多·莫米利亚诺(Arnaldo Momigliano,1908—1987)1950年发表于《瓦尔堡与考陶尔德学院杂志》(*Journal of the Warburg and the Courtauld Institutes*)的伟大文章《古代历史与古物研究》(*Ancient History and the Antiquarian*)有着割离不开的关系。⑤ 1938年,由于法西斯政府的种族主义出台,莫米利亚诺在其30岁时旋即失去了在都灵大学的古代史方向的学术职位,避往英国。1949年1月,他在瓦尔堡研究院提交了上述那篇文章的初稿。该学院是围绕艾比·瓦尔堡(Aby Warburg,1866—1929)的图书馆建立起来的,1933年5月,正逢纳粹政权的肇始,该图书馆从汉堡迁至伦敦。⑥ 莫米利亚诺的渊博学识,没有影响其文章通过强调古代史和古文物研究进行论辩的锋芒。由于大概2个世纪的时间里,古文物研究者被认为是天真的书呆子、小玩笑的嘲讽对象。莫米利亚诺重新揭示了这种研究传统的关涉,使之引起了学者们的注意(如果我没搞错的话,获得的是一种前所未有

① M. Bloch, *L'Histoire, La Guerre, la Résistance*, pp.293-316.

② C. Ginzburg, "A proposito", pp. 310-312. 参见 F. Pitocco, *Crisi della storia, crisi della civiltà europea. Saggio su Marc Bloch e dintorni*, Milano 2012, pp. 6-14。

③ 关于这篇文字的最切近的呼应,参见 M. Bloch, *L'Histoire, La Guerre, la Résistance*, pp. 923-924。

④ M. Bloch, *L'Histoire, La Guerre, la Résistance*, p. 906.

⑤ A. Momigliano, "Ancient History and the Antiquarian", in *Journal of the Warburg and the Courtauld Institutes*, XIII (1950), pp. 285-315,再版于 *Contributo alla storia degli studi claissici* (1955, 1979), pp. 67-106。另参见 *Momigliano and Antiquarianism. Foundations of the Modern Cultural Sciences*, ed. P. N. Miller, Toronto, 2007。在这本集合了这些文章的卷册中,尤其须关注 I. Herklotz, "Momigliano's 'Ancient History and the Antiquarian': a Critical Review", pp. 127-153,并不全然令人信服,但充满了透辟的评论,我将在这里对与其观点相关的看法做一延展。

⑥ *Contributo*, p. 102.

的热切关注)。现代史学,简而言之,也就是莫米利亚诺的论点,就是古文物研究和伏尔泰的那种历史哲学(histoire philosophique)二者汇合的产物。以下是这篇文章的结论:

> 尽管古文物学家不写历史,但他从怀疑论中拯救历史。他对原始文献的偏爱,发现伪造之物的独到之处,搜集和整理证据方面的技巧,以及最重要的,他对于学问的无限热爱,都使古文物学家对历史学家的"伦理诉求"有所贡献。我们珍视让·马比荣的记忆,不仅是因为他的《论古文书学》,还由于他的《论修道院僧侣的学业》(*Traité des Etudes Monastiques*),其中他介绍道:"若要使一个人的心灵从激情中摆脱出来,先要使之接受批判(avoir le coeur dégagé des passions, et sur tout de celle de critiquer)。"①

5. 在莫米利亚诺发表于1950年的文章中,没有提到布洛赫的《历史学家的技艺》,后者出版于作者去世以后,时间是1949年初夏。② 莫米利亚诺所提出的古文物学传统的细致重建和布洛赫对服务于历史研究的古文物学的重要性的强调之间,没有直接的关联。不过,它们之间存在着某种契合,尽管据我所知,这还尚未被讨论过。二者都将古文物学方法作为对那种将古代的历史学家拒斥为完全不可靠的历史怀疑论(pyrrhonisme historique)的回应。③ 不过,1921年之后,在其论战败消息的文章中,布洛赫认为怀疑论与"只凭着肤浅的出版物"的证据有关,"法律史、经济史、宗教史不受影响,历史中最深刻之物也是其中的最可靠之物"④。布洛赫此后关于"无意间留下的证据"的反思是这段评论的延展,这似乎预示了马克·布洛赫与吕西安·费弗尔1929年创立的《经济与社会史年鉴》(*Annales d' histoire économique et sociale*)杂志的计划即将出炉。

莫米利亚诺没有忽视布洛赫(更普遍地讲,是社会史)与古文物学传统的关联。1961—1962年期间他在伯克利分校所做

① *Contributo*, p. 102.

② M. Mastrogregori, *Il manoscritto interrotto*, p. 88.

③ I. Herklotz(他没有提到布洛赫)不认为古文物学和历史怀疑论有关联,也涉及我的一篇文章("Momigliano's 'Ancient History and the Antiquarian'", pp. 236 sgg., pp. 149-150, nota 42)。在此文的扩展版推出时,还没能与Herklotz取得联系,我分析了Francesco Robortello的*De historica facultate*,这是一份足以证实莫米利亚诺所论早在一个世纪以前就有所预见的文本(C. Ginzburg, *Il filo e le tracce*, pp. 23-27;也参见ibid., pp. 88-90关于la Mothe le Vayer和Jean Chapelain的叙述)。P. N. Miller无来由地认为,历史怀疑论和法西斯主义之间的类同来自莫米利亚诺("Momigliano, Antiquarianism", p. 27),这显然是荒谬的。

④ 参见C. Ginzburg, "A proposito della raccolta", pp. 340-341(也涉及布洛赫于1914年对Amiens lycée的学生所作的演讲,在其身后出版于*Annales E. S. C.* 1950):that skepticism "n' atteint guère que des choses fort superficielles; l' histoire juridique, ou économique, ou religieuse n' est pas touchée; ce qu' il y a de plus profond en histoire pourrait être aussi ce qu' il y a de plus sûr"。

的萨瑟讲座(Sather Lectures)的引言中,指出,在19世纪已被视为历史学之父的修昔底德,如今不会被这样看待了:

> 像赫伊津加(Huizinga,1872—1945)的《中世纪的衰落》(*Waning of the Middle Ages*)或马克·布洛赫的《法国农村史》(*Caractères originaux de l'histoire rurale française*),乃至于佩里·米勒(Perry Miller,1905—1963)的《新英格兰精神》(*The New England Mind*)之类的书不能仅仅被作为修昔底德型史学的延展。这些也具有古文物学的先导性成分,我们必须在古文物学和博学研究的领域中探寻这些先导,而不是在修昔底德史学的传统中寻找。①

几十年后这段文字仍未出版,莫米利亚诺的萨瑟讲座在其去世后才在《现代史学的古典基础》(*The Classical Foundations of Modern Historiography*)中出现,时间是1990年。在其自己公布的读本中,莫米利亚诺总是以赞赏的口吻提到布洛赫,有时使用的是一种反讽的含蓄言语。例如,言语指向"我们所尊敬的历史学家——从希罗多德和修昔底德到爱德华·迈尔和马克·布洛赫"。② 不过,莫米利亚诺从未谈及布洛赫和古文物学传统的关系,即使这里有一段评述是如此明显,例如,短小精悍的文章《古代史研究中的游戏规则》(*The rules of the game in the study of ancient history*,1974)。③ 十条戒律呈列出来,这十条不仅针对与古文物学有关的史家,也面向一般的史家。在结论中,莫米利亚诺那通常桀骜不驯的口吻,转为一本正经:

> 历史学家要理解人和制度、观念、信仰、情感,以及对永别之人的需求。历史学家理解这一切,因他们面对着证据,适当地解释,着眼真实情况。历史学家对死人的理解就像他们理解生者一般。若要将证据转化为活的过去,他们从希罗多德、圭恰

---

① A. Momigliano, *The Classical Foundations of Modern Historiography*, with an introduction by R. Di Donato, Berkeley and Los Angeles 1990, p. 1. 这里,莫米利亚诺说的比10多年前提出它时说得更明确了,换言之,古文物学消失了,又以别的形式出现了:"… ora l'idea delle 'antiquitates' è scomparsa perché è scomparsa l'idea corrispondente della storia politica fondata sulle fonti letterarie. Gli storici hanno riconosciuto che gli argomenti tradizionali della ricerca antiquaria possono essere trasformati in capitoli della storia della civiltà, con tutto il necessario apparato erudite."(*Sui fondamenti*, pp. 41-42)以一种不同形态再次出现的古文物学被I. Herklotz("Momigliano's Ancient History and the Antiquarian", pp. 143-144)和P. N. Miller("Momigliano, Antiquarianism", ibid., p. 29,52)二人都忽视掉了。迄今为止,他们在一个关键点上,对莫米利亚诺1950年的文章仍有误解。

② A. Momigliano, "Historicism Revisited"(1974), in *Sesto contributo alla storia degli studi classici e del mondo antico*, Roma 1980, I, p. 24.

③ A. Momigliano, "Le regole del giuoco nello studio della storia antica", in *Sui fondamenti della storia antica*, Torino 1984, pp. 477-486。该版本不包括"致Aldo Ferrabino的亲切回忆,纪念近50年的方法论分歧"的致辞,而是包含在同一文章的一些早期版本中(参见如*Sesto contributo alla storia degli studi classici e del mondo antico*, I, Roma 1980, pp. 13-22)。该致辞再次出现在莫米利亚诺的另一本文集中:*Storia e storiografia antica*, Bologna 1987, pp. 15-24。

迪尼、布克哈特和马克·布洛赫那里求教,要比从历史学方法的手册中学习来得更加容易。①

一旦我们读到最后一句,我们不可避免地就会想到布洛赫所写的不只是关于历史,还关系到历史方法,尽管不是以手册的形式(一种他期待完成的文体形式)。② 不过,在莫米利亚诺为其文章所列的附录性的列表中题为"一些欠周全地选择的关于历史学方法"那一部分——整个列表包括26个标题——布洛赫身后出版的方法论反思没有被提及。可是,在一篇多少与我刚刚提及的那篇文章存在前后相继关系的文章中出现了这种暗示:

> 历史学家在一个人所写的信中感受这个人;在一种制度法令所处的特定环境中去体会这种制度;他们在一个人所居住的房子中了解这个人,在坟墓中了解一个个体所属的群体的信仰。历史学家认为证据是逝去的人留下的痕迹。他们揭示他们所处理的文本和物品的意义,因为他们就像他们将要归属于那些他们实际上本就属于过去的情态一般去理解它们。③

历史学家们"将证据转化为活的过去",莫米利亚诺如是写道。一份商业文件、一块陶器碎片、人名或地名,皆为印记,"关键是知道如何从其中汲取生命力"。布洛赫在其"针对一个对方法感到好奇的读者的反思"中如是写道——一段莫米利亚诺无法理解的话,因为它尚未出版。然而,他一定读了布洛赫的《历史学家的技艺》。莫米利亚诺所列出的信件、法令、房子和坟墓是(布洛赫所谓的)无意间留下的证据。古文物学家教会我们将之作为证据加以分析;历史学家从古文物学家那里学会将证据转化为印记(empreintes)——逝去了的生命的印记。

6. 莫米利亚诺和布洛赫之间在这一点上的契合是明显的,不过,要解释莫米利亚诺为何固执地对布洛赫关注古文物学传统一事闭口不谈,并非易事。可是,这些话题造成的折射效应必须被跟踪关注,这要从布洛赫所提出的有意留下的和无意留下的证据之间的差别开始。更准确地说,是从他关于无意间留下的证据甚至可以从有意留下的文献中鉴别出来的想法。这种想法,以及他所指向的实践(不过二者必须严格地区别开)的背后,有着一条绵长的历史轨迹——比布洛赫

---

① A. Momigliano, "Le regole del giuoco", *Sui fondamenti*, p. 486.

② "la prépondérance du triste manuel" (M. Bloch, *Apologie pour l' histoire*, p. 124). M. Mastrogregori, *Il manoscritto interrotto di Marc Bloch*, Roma 1995, p. 97,关于《为历史学而辩》最终被认为是一种手册的评论。

③ A. Momigliano, "Le regole del giuoco", p. 485. 根据 P. N. Miller 的说法,这段文字克服了 historia 和 antiquitates 之间的疏离("Momigliano, Benjamin and Antiquarianism after the Crisis of Historicism" in *Momigliano and Antiquarianism*, pp. 345-346),不过这一评论并未做延展。

指出的长得多,也曲折得多。

二

1. 我将仅集中谈一谈这条绵长轨迹中的几个片段,我正在进行这项研究。在马基雅维利的朋友兼通信对象,历史学家弗朗西斯科·圭恰迪尼(Francesco Guicciardini,1483—1540)的《格言集》(*Ricordi*,私人的心得随笔,仅在其身后出版)中,作者慨叹所有历史学家都使自己不去"书写在他们所属的时代路人皆知的和视之为理所当然的东西"。例如,他指出罗马史、希腊史之类的,都不提任何与政治和军事制度有关的事,因为每一个属于那个时代的人都对之习以为常。①

古文物学家试图弥补历史学家齐暗的状态,集中和分析异质性证据(heterogenous evidence)的广泛领域:碑文、钱币、文学文本。② 在这一点上,历史学家和古文物学家之间的矛盾在极大程度地被激化。可是,古文物学家试图重新掌握那些因过于浅显而不值一提的现象留下的印记,这种印记不仅在历史学家那些以追索事实为目的的著作中存在,在虚构的作品中也能见到。这种有点似是而非的尝试将我们带回到布洛赫及其"无意间留下的证据"那里。在让·夏普兰(Jean Chapelain,1595—1674)去世50多年后的1728年发表的《论阅读旧的传奇故事》(*De la lecture des vieux romans*)中,有一个作为绝对中心的主题——一场据他说是发生在1647年巴黎的谈话。③

让·夏普兰,那个时代最著名的诗人和批评家,谈到他阅读一本中世纪传奇故事《兰斯洛特》(*Lancelot*)的做法使他的两位朋友惊讶不已。两位友人中的一位,博学的吉勒·梅纳热(Gilles Ménage,1613—1692)问道:一个人如何能拥有如夏普兰那种优质的品位,即在被拒斥古物祭礼的现代派拥趸嗤之以鼻的书中能有所收获?梅纳热带着一种挖苦的口吻说,《兰斯洛特》是又一个荷马或又一个李维吗?

也就是那时,巴黎文坛正充斥着古代与现代间的争论——la "querelle des anciens et des modernes"。梅纳热这位古代派的拥趸惊讶于看到一个现代派的拥趸会欣赏像《兰斯洛特》那样的"惨不忍睹的死尸"(une misérable carcasse)。在回应中,夏普兰提出了一种似是而非的种类:《兰斯洛特》是"在我们现代古物的黑暗中创作出来的"(composé dans les ténèbres de notre Antiquité moderne)。(我

---

① F. Guicciardini, *Ricordi*, critical ed. by R. Spongano, Firenze 1951, n. 143, p. 155, quoted by I. Herklotz, "Momigliano's 'Ancient History and the Antiquarian'", pp. 150-151, note 49.

② 参见 *Iliad*, Ⅶ, 472 sgg. quoted by da Gaio, *Institutiones*, Ⅲ, 141,物物交换形式的证据(参见 ed. J. Reinach, Paris 1950, pp. 118ff.)。Gaius 的文字已被 *Digestum* 引用,参见如 A. D'Alessandro, *Genialium dierum libri sex*, Coloniae 1539, p. 210。

③ 这里,我对我的文章"Parigi 1647: un dialogo sulla finzione e sulla storia"的一部分进行了加工和拓展,文章载于 *Il filo e le trace. Vero falso finto*, Milano 2006, pp. 78-93。

们不得不提醒一下,“中世纪”那时还没被发明出来)夏普兰承认,这是一本“野蛮人”、一个只阅读“自然之书”的人撰写的书。这是一种发明性的叙事(一种“虚构”),如同《荷马史诗》中的事例——尽管荷马“高贵而可敬”而《兰斯洛特》“粗鄙而卑屈”。不过,《兰斯洛特》给我们带来了:

> 一个忠诚的形象,如果他不是真的出现在那个时代的国王和骑士之间,至少基于过去曾繁荣过的相似风俗的遗迹,可以想见它出现的可能性。①

夏普兰熟知亚里士多德的《诗学》(*Poetics*),他间接地引用过它,指出《兰斯洛特》提到了“被认为可以发生的东西”②。不过,他默默地将亚里士多德的“貌似有理”(plausibility)转化为一种历史的、关于具体过去的貌似可靠。③ 这种转换铺平了一条道路,即将中世纪传奇故事欣赏为一种“天真的表象,在某种意义上,也是一种关于那时宫廷流行的风俗的可靠而精确的历史”。继而,梅纳热挑衅性地指出,我们可以将《兰斯洛特》与伟大的古罗马史学家李维相提并论吗?是的,在某种意义上,夏普兰作了回答:

> 堪与李维相比的是对举止和风俗的完美刻画,这是二者都传递出来的,一者是落笔时的那个时代的举止和风俗,另一者是所要写的那个时代的举止和风俗。

我们会说,《兰斯洛特》是一个不想成为李维的李维(a Livy malgré lui)——但也有不同。梅纳热就夏普兰的观点得出了结论:《兰斯洛特》的作者是“他自己时代的历史学家”,尤其因为:

> 他构建了既有编年史的补充部分。编年史仅仅告诉我们一个王公的出生或死亡,它们记录着其政权最重要的事件,而全都仅此而已。反之,根据你的描述,一本像《兰斯洛特》的书,使我们熟悉了这些人,甚至达到向我们展示其灵魂的真正实质的程度。④

2. 关于编年史枯燥乏味的争议性评论不算是陌生的声音。不过,夏普兰评论的建设性一面超出了预期,且更有前途。夏普兰似乎已经决心尝试从《兰斯洛特》

---

① “une relation fidèle, sinon de ce qui arrivait entre les chevaliers et les rois de ce temps-là, au moins de ce qu'on était persuadé qui pouvait arriver, soit par les vestiges de semblables choses, qui avaient accoutumé de se pratiquer aux siècles precedents”.

② Aristotle, *Poetics*, c. 25 (1460 b 10):“因为诗人表现生活,就像画家或任何其他类似创作者所为,他总是必须表现三样事物之一种——要么是事物过去的样子,或是事物现今的样子;要么是它们传说中的和类似于某物的样子;或事情本应是的样子。”

③ Cfr.“Parigi 1647”, p. 82, note 16.

④ “l'on y trouve le supplément des annales qui nous en restent, lesquelles ne nous aprennent que la naissance et la mort des princes, avec les accidents qui y ont signalé leurs règnes, au lieu que ce livre, de la sorte que vous nous le dépeignez, nous familiarise avec eux et nous montre le fond de leur âme”.

之类的中世纪传奇故事中构建一种布洛赫在近三个世纪之后所构想的历史——一种有意留下的证据的片段——寻觅无意间留下的证据的踪迹：

> 一种天真的表象，在某种意义上，也是一种关于那时宫廷流行的风俗的可靠而精确的历史。

回首望去，我们可以说风俗史为社会史、心态史铺平了道路，或说为二者共同铺平了道路。不过，标签终究是无关紧要的。更重要的是一种最大程度上基于证据的历史观念，它不受那些试图制造它的人所污染，并因此而确凿无疑，如布洛赫所评价的："历史中最深刻之物也是其中最可靠之物。"①

3. 正如我们所见，夏普兰在其谈话中相当清醒地阐述了古文物研究者所共有的心照不宣的假设：从古代诗歌（或从中世纪传奇故事）中获取文字段落作为过去的风俗和司法制度的证据。② 大体上，夏普兰会提及荷马的诗篇来表达同样的观点，而不是提及《兰斯洛特》之类朦胧的浪漫故事，这在近来引起了喜好"现代"一派的拥趸的攻击。在这股趋势的影响下，1664 年，克劳德·弗勒里（Claude Fleury，1640—1723），当时巴黎最高法院的律师（后来成为一名教士，并写了一部著名的教会史，得到了伏尔泰的热情赞颂）有可能熟悉那时尚未出版的夏普兰谈话。弗勒里那富有活力的《评荷马》（*Remarks on Homer*）也是在 50 多年后才出版。它们都是在作者身后才问世，先是以匿名文本出现，继而错误地被归于亚历山德·蒲柏（Alexander Pope，1688—1744）的作品。③

弗勒里以指出荷马如今声誉扫地开篇。一些批评贬斥他的风格"简单而混乱"（simple et grossier），以及其诗中的风俗描写"低档且粗俗"（basses et rustiques）。相反，在古希腊，荷马的诗篇"如《圣经》之于我们一般受人敬仰"。④ 这一貌似中立的论说开启了《荷马史诗》和《圣经》之间的一系列比较。其风格相似，荷马诗篇的东方视角的比较与散见于《圣经·雅歌》（*Song of Songs*）和《福音书》的寓言中的东方视角的比较是相似

---

① M. Bloch，"Réflexions d'un historien sur les fausses nouvelles de la guerre"，in Id.，*L'Histoire，La Guerre，la Résistance*，p. 297.

② 参见 Chantereau Le Févre，*Traité des fiefs et de leur origine*，Paris，1662（我的文章"Parigi 1647"，p. 83，note 21 对之作了大量引用）。

③ 参见 N. Hepp，*Deux amis d'Homère au XVIIe siècle，texts inédits de Paul Pellisson et Claude Fleury*，Paris 1970，他出版了手抄本的 *Remarques sur Homère*，为之加上了一篇有益的导言。在其年轻时期，弗勒里得到了夏普兰的对话者之一吉勒·梅纳热所作的 *Dialogue*（1661 年他是夏普兰的秘书，参见 p. 24，note 2）。参见 N. Hepp，*Homère en France au XVIIe siècle*，Paris，1968。另参见 G. G. Stroumsa，"Homeros Hebraios"，也参见我从不同的视角所作的文章 *Provincializing the world：Europeans，Indians，Jews*（1704），*Postcolonial Studies*，vol. 14. 2（2011），pp. 135-150。

④ Hepp，*Deux amis*，pp. 137-138.

的。荷马似乎出生于亚洲——具体是哪里我们并不能准确地知道——且他与所罗门是同时代人。按照《荷马史诗》中所描述的内容,希腊和特洛伊所生活的方式是可以与我们在《圣经》中读到的内容相比较的:牧民之王和农民之王——"尽管希腊人看起来文明程度低了些"①。

弗勒里继续讲,那些嘲笑《荷马史诗》的人,由于他们的王注重炊事,饲养众多家畜,忘记了荷马生活于3000年前。那时,人类的生活简单而自然,且荷马:

> 猜不到在其身后30个世纪的人们会如何生活;并且即使他能猜到,他应该还是会适合自己所属时代的风俗。②

这段文字中的关键词是"适合"(accommodate)。奥古斯丁注解《圣经》的时候提到了accommodatio,认为在这本神圣的书卷中,上帝说着一种人类可理解的语言。③ 尽管在一种假设的语境下,但"适合"这个用于荷马的词("即使他能猜到,他应该还是会适合自己所属时代的风格"),暗示性地提出了一种类比,不可能预见到30个世纪后《圣经》是如何被阅读的。这种暗示性的类比,开启了一处意料之外的论辩,即《荷马史诗》包含着那个时代的读者习以为常,而现今对于《圣经》的读者来说却极为稀罕的风俗和生活方式的暗示。④

同样的评论,在弗勒里的文本结尾处再一次且更为明显地显现:荷马"对于那些只追求字面意义的人来说,是最好的《圣经》阐释者"⑤。

弗勒里暗示着无意间留下的信息可以在《荷马史诗》中找到,在这个意义上,这些无意间留下的信息与《圣经》共享着一个情境。关于夏普兰对《兰斯洛特》的评论须有所拓展——可是向哪个方向拓展?我们应该将《荷马史诗》在某种程度上再一次作为一本如其曾在古希腊时那般的神圣著作吗?或是反过来,将《圣经》作为一种在风格和内容上堪比《荷马史诗》的原始文本来阅读,不会破坏《圣经》作为一本神圣文本的唯一性吗?

4. 弗勒里专注于他的《评荷马》,直到1665年。5年后,一本匿名的著作在阿

---

① "ne pouvoit pas deviner comment vivroient ceux qui naistroient trente siecles aprez lui; et que quand il l'auroit deviné il auroit deu plustost s'accommoder aux moeurs de son temps."

② Hepp, *Deux amis*, pp. 153, 146-147.

③ 关于accommodatio这个概念,参见A. Funkenstein, *Theology and the Scientific Imaginatio from the Middle Ages to the Seventeenth Century*, Princeton 1986, pp. 202-289 (fundamental)。奥古斯丁的文字引用同上, pp. 223-224(我的文章"Distanza e prospettiva: due metafore", in *Occhiacci di legno. Nove riflessioni saulla distanza*, Milano 1998, pp. 171-193,特别是pp. 175-179中对此有所延展)。

④ "ce que les Anciens n'avoient pas besoin d'y aprendre parce qu'il en estoient instruit d'ailleurs, sçavoir une infinité de particularitez de la maniere de vivre de son temps qui sont d'une très grande utilité pour l'intelligence litterale de la Bible."

⑤ Hepp, *Deux amis*, pp. 153, 146-147, 159-60, 163.

姆斯特丹出版，题为《神学政治论》(*Tractatus theologico-politicus*)。他的作者——巴鲁赫·斯宾诺莎(Baruch de Spinoza, 1632—1677)，以最激进的方式拒绝《圣经》的神圣性。很有可能弗勒里读了那本有诽谤意味的作品，可如果他是这样做的，我们就忽略他的做法。[①] 无论如何，在之后的一本出版于 1681 年的著作《以色列人的习俗》(*Les Moeurs des Israëlites*)中，弗勒里在评论《圣经》是一份由上帝点化的文本之后，认为《圣经》不是一本圣书，而是古文物研究的信息库。一章接一章，弗勒里研究了食物、服饰、婚姻、农业、战争、贸易，当然也少不了宗教。他以荷马为事实基础，将《圣经》作为一种东方风格的作品进行语境化阅读，而荷马的名字反复被提到。[②] 弗勒里感到需要以一种明确的、近乎庄重的口吻宣布他对荷马的倚重：

> 现今，我相信荷马之于所有这些内容的确有着极大的权威（我必须这样表达它）。他是先知以利亚的同时代人，生活在近东沿海地区。他讲到的关于古希腊和特洛伊的风俗的每一件事情都与所有《圣经》讲的希伯来以及其他东方人群的风俗，有着令人惊叹的关联，不过希腊晚一些，文明程度低一些。[③]

弗勒里一字一句地引用了他关于荷马所做的笔记。不过为了明确《荷马史诗》和《圣经》的关系——契合一致，他加上了一个模糊的形容词“绝妙的”(merveilleux)。美妙的(wonderful)？不可思议的(miraculous)？这交给读者来做决定了。

5.《以色列人的习俗》的开篇：

> 读者同样被提请退出与我们的国家和时代有关的特定观念，以便看清他们所生活的时代和地域内的那群以色列人；通过与邻近他们的人群进行比较，我们将会进入他们的精神和秩序。[④]

很多年前，我在阿莫斯·方肯斯坦(Amos Funkenstein, 1937—1995)的《中世纪至 17 世纪的神学和自然科学想象》

---

① 克劳德·弗勒里所列的书单在其去世后被卖掉，其中没有提到斯宾诺莎的作品。参见 *Catalogus librorum bibliothecae... D. Claudii Fleury quorum fiet auctio die lunae 7 mensis Augusti*, Parisiis 1724（这是一份尚不能确定的证据）。

② Cl. Fleury, *Les Moeurs*, pp. 29-30, 153-154, 216, 246-247, 273-274, 339-340.

③ Cl. Fleury, *Les Moeurs*, pp. 100-101: “Or l'autorité d'Homere (car il faut le dire une fois) me paroît tres-grande en tout cecy. Il vivoit du temps du prophete Elie vers la côte de l'Asie mineure: et tout ce qu'il décrit des moeurs des Grecs et des Troyens a un rapport merveilleux avec ce que l'écriture nous apprend des moeurs des Hebreux, et des autres orientaux: sinon que les Grecs, comme moins anciens, étaient moins polis” [涉及 Arundel Marbles，参照 J. Selden, “Marmora Arundelliana” (1628), in *Opera omnia tam edita quam inedita*, Ⅱ, London 1726, pp. 1438-1586，尤其是 pp. 1451, 1514].

④ Cl. Fleury, *Les Moeurs des Israëlites*, Bruxelles 1700, p. 8: “quitter les idées particulières de nôtre pais et de nôtre temps, pour regarder les Israëlites dans les circonstances des temps et des lieux où ils vivoient; pour les comparer avec les peuples qui ont été les plus proches d'eux, et pour entrer ainsi dans leur esprit et dans leur maximes.”

(*Theology and the Scientific Imagination from the Middle Ages to the Seventeenth Century*)中偶然读到这段话。上面的文字(弗勒里的名字出现在注脚中)被引入题为"维柯的先驱"(Vico's forerunners)的一段中。①

在一篇杰出的文章中,阿纳尔多·莫米利亚诺评论道:

> 维柯对《旧约》的贡献太多,而对《新约》的贡献太少,以至于没能与他的意大利同胞产生联系。②

实际上,耶稣的名字在《新科学》(*La Scienza nuova*)中几乎没有提到。这部非凡的普遍史旅程,由一个总是对基督教宣称虔诚的人所著。(据我所知,耶稣的缺位没有引起重视,甚至很少有人分析)相反,焦点是维柯在《旧约》关注中起到的作用。可是,这源于哪种阅读呢?莫米利亚诺评论说:"从维柯读的这本书中,我们可能比从包括但丁在内的其他意大利作家所读的那些书中得到更多的收获。"③我们可以将弗勒里的《以色列人的习俗》添加到古文物研究成果那丰富的列表当中吗?如果我没有搞错,维柯从未提到它;他应该无法阅读该书的法文原版,不过他可能读到1712年在威尼斯出版的意大利文译本。④这仅仅是一种假设。无论如何,我们跟随着布洛赫所选定的古文物研究传统的路径——如夏普兰在其谈话中所论说的,可能由弗勒里予以加工的,在虚构的证据中发现真实的元素——似乎与维柯自己为他所发现的"新科学"所做的定义产生了共鸣:

> 百姓的传统必定有着事实上的公共基础,经由这种基础,传说才产生出来,而且由整个民族经过漫长的时期得以保留下来。
>
> 这种科学的一项重大工作是重新揭示这类事实真相的基础——由于岁月的流逝以及语言和习俗的变化,传至我们这里的事实真相已被虚假之物遮蔽起来了。⑤

6. 被虚假之物(falsehood)遮蔽,还是被虚构(fiction)遮蔽?或是两者皆有?19世纪早期,读者在维柯的《新科学》中发

① A. Funkenstein, *Theology and the Scientific Imagination from the Middle Ages to the Seventeenth Century*, Princeton 1986, p. 210.

② A. Momigliano, "Roman 'Bestioni' and Roman 'Eroi' in Vico's *Scienza nuova*" (1966), in *Terzo contributo alla storia degli studi classici e del mondo antico*, I, Roma, 1966, pp. 153-177,特别是 p. 157。

③ Momigliano, "Roman 'Bestioni'", p. 159.

④ Cl. Fleury, *Costumi degli Israeliti e de' Christiani... opera... trasportata dal francese da Selvaggio Canturani*(白袍修士 Arcangelo Agostini 的笔名);参见 G. E. Ferrari 姓氏词条,载于 *Dizionario biografico degli italiani*, I, p. 460。

⑤ G. Vico, *Princìpi di Scienza Nuova*, 1744, a cura di A. Battistini, Milano 2011, p. 134, paragrafi 149-150:"Le tradizioni volgari devono avere avuto pubblici motivi di vero, onde nacquero e si conservarono da intieri popoli per lunghi spazi di tempo. Questo sarà grande lavoro di questa Scienza: di ritruovarne i motivi del vero, il quale, col volger degli anni e col cangiare delle lingue e dei costumi, ci pervenne ricoverto di falso."(for the translation quoted above see *The New Science of Giambattista Vico*, transl. by T. G. Bergin and M. H. Fisch, Baltimore, 1976, pp. 64-65)

现了浪漫主义时代最受欢迎的主题：民族史的开端，摆脱幻觉的事实。在19世纪末，马克思主义读者在《新科学》中读到了历史发展的规律，以及一种意识形态批判的早期例证。

读文本得以追问与现今有关的问题，证明这份文本具有生命力。不过，为了理解维柯所形成的智识语境，应该看一看亚历山德罗·曼佐尼（Alessandro Manzoni，1785—1873）在1822年所写的一篇文字。那时，维柯在意大利得到再度关注，但在欧洲还未名声大噪［在欧洲范围取得盛名是在儒勒·米什莱（Jules Michelet，1798—1874）的极其缜密的法文译本的《新科学》（*La Scienza nuova*）问世之后］。[1] 曼佐尼尚在写他那使之从意大利到整个欧洲都博得声望的历史小说《约婚夫妇》（*The Betrothed*）。[2] 这段我将要引用的文字取自他的《论意大利伦巴第历史上的一些重要时刻》（*Discourse on some points of the history of the Lombards in Italy*），该书作为一部悲剧诗，即一个中世纪主题，《阿德尔齐》（*Adelchi*）的附录出版。曼佐尼想象了一个拥有"洞察力和顽强精神"的天才，将会在编年史、信件、私人契约中追寻"（中世纪时期的）意大利人民的生命遗迹"。他发现：

> 那个时代的作家极少有人不想，或是不会选择他们亲眼见证的最重要的历史性时刻，即那些值得流传给子孙们的事件；他们关注了一些事实；除了制度和习俗，以及人民的普遍状况——那些会成为在我们看来最为有趣的新奇事物——对他们来说是些自然且明显之物，不值一提。

我们对这种失望的感受并不陌生。不过，我们会从曼佐尼接下来说的内容中，找到些补偿：

> 尽管如此，有一种技艺使我们可以捕获某些从作者笔下散逸出的非常重要的提示，这样就能通过一些固有的感知来扩展我们的认知。[3]

曼佐尼谈到，这种捕获从历史学家笔下散逸出的提示的技艺最近在意大利以外的地方已被付诸实践，不过其先驱是意大利人。曼佐尼提到了其中的两个。一个是穆拉多利（Muratori，1672—1750），收集和整理了大量各式文献的伟大博学家；另一个是维柯，穆拉多利的同时代人，他进入更高也更具风险的层面，试图识别人类历史的普遍规律。为此，维柯调查了那些作为：

> 时有偏颇的，或是不确凿的，或不可靠的，但又无论如何见证了一些

---

① *Principes de la Philosophie de l'Histoire*，*traduits de la Scienza Nuova de J. B. Vico*，*et précédés d'un discours sur le système et la vie de l'Auteur*，par Jules Michelet，Paris，1827。此外，参见 *Mémoires de Vico*，*écrits par lui même*，*suivis de quelques opuscules*，*lettres*，*etc.*，*précédés d'une introduction sur sa vie et ses ouvrages par M. Michelet*，Bruxelles，1837。

② 除了第一版草稿（*Fermo e Lucia*），*Promessi sposi* 的两份有着深刻差异的版本分别出版于1827年和1840—1842年。

③ 这篇文章最重要的部分在 O. Niccoli，*Profeti e popolo nell'Italia del Rinascimento*，Bari，1987，p. 11 处被指出。

> 普遍的，又极其重要的现象的见证者，因此，他们值得进一步调查。

维柯不相信他们，且大多时候拒斥他们的观念：

> 但在这些他们看起来记录下的观念中寻找真相的内核：他拒绝他们的结论，但同时他基于那些作者无意间留下的提示，建立起能够推动某些更好的结论的规则。①

7.“无意间留下的提示”（rivelazioni involontarie）：按照曼佐尼的解释，维柯似乎预见到布洛赫所强调的：“文本（中世纪编年史或圣西蒙的《回忆录》）不情愿地传达给我们的……提示”——布洛赫自己在进一步研究有意留下的证据和无意间留下的证据之间的差别，以及现代史学越来越重视后者所写下的。不过，这种近似不必然意味着一种直接的关联。或许布洛赫从未读过《论意大利伦巴第历史上的一些重要时刻》。毋庸置疑的是，维柯和布洛赫都重视马比荣的《论古文书学》和古文物研究传统，尽管在布洛赫那里这是一种重新发现，充满了新的含义（在20世纪，在古文物学家的文本中寻找无意间留下的事实不可避免地暗示着一种向着弗洛伊德的指涉）。② 不过，或许维柯和布洛赫之间这种本身也是无意间产生的契合还暗示着别的东西。维柯在虚假和虚构的证据中寻找事实，却以巨大的热情识别二者的力量（一种在曼佐尼的极具洞见的阅读中看不到的元素）。在其杰作《国王的触摸》中，布洛赫做了相似的事：一方面，他澄清了一个传言，即法王和英王拥有的可以治愈民众所患的淋

---

① A. Manzoni, *Discorso sopra alcuni punti della storia longobardica in Italia*, premessa di D. Mantovani, a cura di I. Becherucci, Milano 2005, pp. 69-71:“I pochi scrittori di quei tempi e dei tempi vicini non hanno voluto nè potuto distinguere in ciò che passava sotto i loro occhi, i punti più essenziali storici, quello che importava d'esser trasmesso alla posterità; notarono alcuni fatti; ma le istituzioni e i costumi, ma lo stato generale delle nazioni, ciò che per noi sarebbe il più nuovo, il più curioso a sapersi, era per essi la cosa più naturale, la più semplice, quella che meno portava il prezzo di essere raccontata. Ma v'è pure un'arte di sorprendere con certezza le rivelazioni più importanti sfuggite allo scrittore che non aveva intenzione di darne una notizia, di estendere con induzioni fondate alcune poche cognizioni positive. Quest'arte, nella quale alcuni stranieri fanno da qualche tempo studj più diligenti, e di cui lasciano a quando a quando monumenti degni di grande osservazione, quest'arte, se non m'inganno, è ai nostri giorni poco esercitata fra noi”; pp. 74-75: “egli riguardò questi scrittori come testimonj in parte pregiudicati, in parte incerti nelle loro idee, in parte smemorati, ma pur sempre testimonj di fatti generali di somma importanza; e come tali si fece ad esaminarli. Incredulo per lo più e spregiatore delle idee che essi danno come un loro giudizio, egli cercò una verità in quelle che essi sembrano trasmettere come venute da più alta origine; e rigettando le loro conclusioni, stabilì dei canoni per cavarne di più fondate dalle loro rivelazioni, per così dire, involontarie”. 参见 A. Manzoni, “Discours sur quelques points de l'histoire des Lombards en Italie”, *Bibliothèque universelle des Sciences, Belles-Lettres et Arts*, rédigée à Genève, 1831, t. Ⅱ, XVI e année, littérature, t. XLVIII, fasc. Ⅱ, pp. 225-252（特别是 p. 247, pp. 248-249, pp. 337-367; t. Ⅲ, pp. 1-29）。雅各布·布克哈特要么读了意大利文原本，要么读了法文译本，他在其《希腊文化史》（*Griechische Kulturgeschichte*）的导言中似乎回应了曼佐尼关于“无意间留下的提示”（révélations involontaires）的评论。Manfred Posani Loewenstein 即将问世的研究将澄清 Burckhardt 的评论的细节。

② G. B. Vico, *Princìpi di una scienza nuova*, paragrafo 485, p. 266.

巴结核病的力量；另一方面，他对传说造成的影响进行了深刻的分析。①

顺着这两条思路（以及它们之间的关系）就相当于逆着意向阅读历史，这是瓦尔特·本雅明（Walter Benjamin，1892—1940）关于历史的论文中所暗示的。在20世纪最黑暗的时刻，《苏德互不侵犯条约》签署后，即二战爆发的前夜，瓦尔特·本雅明像马克·布洛赫在这一刻所做的那样，思考着历史和历史学认知，只是秉持的精神不同。有不同，但不是没有可比性。逆着意向阅读历史是什么意思？如果历史性证据，尤其是无意间留下的历史性证据的产生会扩大根植于生产关系（更为普遍的，是根植于一种特定社会中的权力关系）中的范畴，逆着意向阅读历史，就等同于鉴别证据中被压制排挤的那些痕迹。为了这样做，一方面不得不重建那种使历史学证据得以产生的视角；另一方面，还要重建其影响，这种影响既会是无意间造成的，也会是意识地促成的——尽管长期以来无心插柳的事情比比皆是。可是，这还不够。② 在一个像我们这样的世界，浸满了传说和谎言，学会在不同思路间阅读证据，寻找“无意间留下的提示”，空前重要。它教会我们认识传说和谎言的力量，并揭开它们二者的面具。

译者：李根，长春师范大学历史文化学院讲师

① 在我为布洛赫的《国王的触摸》的意大利文版所作的导言中，我对这个问题做了分析（*I re taumaturghi. Studi sul carattere sovrannaturale attribuito alla potenza dei re particolarmente in Francia e in Inghilterra*，Torino，1973）。

② 当前的文稿是与 Simona Cerutti 正在进行的（于我而言，是极富成果的）争论的组成部分。参见他的文章“Àrebrousse-poil：Dialogue sur la méthode”，in *Critique*，juin-juillet 2011，nn. 769-770，“Sur les traces de Carlo Ginzburg”，pp. 564-575，也参见我的文章“Our Words，and Theirs：A Reflection on the Historian's Craft，Today”，in *Historical Knowledge. In Quest of Theory，Method and Evidence*，ed. by S. Fellman and M. Rahikainen，Cambridge，Cambridge Scholars Publishing，2012，pp. 97-119。

专题研究

我们的话语和他们的话语：关于历史学家之技艺的反思①

□卡罗·金兹堡

这是因为，化学具有巨大优势，即它被用于处理的事实无法根据其属性命名其自身。

——马克·布洛赫（Marc Bloch，1886—1944）

一

在马克·布洛赫去世后，他那本作为方法论思考的著作以《为历史学而辩或谈历史学家的技艺》（*Apologie pour l'histoire ou Métier d'historien*）为题出版，他在书中谈道："令历史学家深感失望的是，人们没能做到在每次改变其习惯时都改变其使用的词汇。"②

这一不同步现象导致了语义上的歧义。让我们列举一个在我们的知识性词汇和情感性词汇中均为基础性词汇的词——"自由"（liberty），它的多重含义长期以来在布洛赫所关注的问题中处于非常中心的位置。近距离观察这些含义，使人注意到布洛赫对历史学家的"绝望"所做的反讽式的着重指涉，直面（vis-à-vis）这些词语的持续性与其含义改变之间的断裂。布洛赫提到"历史学家"，思考的是他自己。但是，他的自我反应有更深远的，也更为复杂的根源。

---

① 文章译自 Carlo Ginzburg，"Our Words，and Theirs：A Reflection on the Historian's Craft，Today"，in *Historical Knowledge：In Quest of Theory，Method and Evidence*，ed. by Susanna Fellman and Marjatta Rahikainen（Cambridge：Cambridge Scholars Publishing，2012），pp. 97-119。——译者注

此讲稿的不同版本曾交给罗马（Università della Sapienza）、贝尔谢巴（Ben-Gurion University）、洛杉矶（Department of History，UCLA）、柏林（Freie Universität）。诚挚地向 Andrea Ginzburg，Christopher Ligota，Perry Anderson，特别是 Simona Cerutti 给予批评意见表示感谢，并感谢 Sam Gilbert 和 Henry Monaco 在文字上的修订。

② Bloch，*The Historian's Craft*，34."Car，au grand déespoir des historiens，les homes n'ont pas coutume，chaque fois qu'ils changent de mœurs，de changer de vocabulaire"，这段原文见 Bloch，"Apologie pour l'histoire"，p. 872。由于 Ciafaloni，"Le domande di Vittorio. Un ricordo di Vittorio Foa"，p. 42，这段话再次引起了我的注意。

二

“历史”,源自希腊语 historìa,它被译成了各种语言,是我们的词汇中另一个在25个世纪中保持原貌但意思却发生改变的词。[①] 在所含有的“描述”(description)和“探究”(inquiry)之意被内科医生、解剖学家、植物学家和古文物研究者使用后,历史几乎专门被用于指涉人类行为的领域——尽管追寻早先的用法可以发现如病人的“病历”(clinical history)之类的表达。其含义所指范围的缩小来自一次转折的附带性影响,这一转折被认为以伽利略的《试金者》(*Assayer*)中的著名文字为标志:

> 哲学被写入这样一本浩瀚之书,它在我们眼前持续地呈现着(我是指宇宙)。但是我们不可能理解它,除非我们率先学会理解书写它的语言并认识书写它的字符。它用数学的语言写就,且它的字符是三角、圆圈,以及其他几何图形。不通过这种方法,我们人类不可能理解其中哪怕一个字……[②]

尽管伽利略与那些致力于通过非数学性的取径研究自然界的科学家有着密切关联,但他宣称自然的语言是——或必将是——数学式的语言。[③] 相反,历史的语言自希罗多德时代开始,就是并且始终是一种人类的语言,实际上是日常生活的语言,即使当它以统计材料和图表为支撑的时候。[④] 而历史学家倚重的证据也多半是以日常生活的语言写成的。

布洛赫兴致勃勃地思考这种连续性以及其影响。在布洛赫身后问世的思考中的另一个部分,我们读到:“历史学接纳的词汇,大部分正是来自其研究的主题。它接纳的词汇已在长期使用中被破坏和变形;此外,词汇从一开始就常常是模糊不清的,就像任何没有经过技术专家严格筹划的表达系统那样。”[⑤]这样,历史学家就面临着两种选择:要么重复其证据中使用的术语,要么使用一个与之不同的术语。布洛赫指出,前一种选择没有前途,有时本就存在歧义的词语的韧性遮蔽了其词义的变化;在其他时候,相似的意思被词语的多样性所掩盖。我们被迫寄希望于另一种有风险的选择,如“工厂制

① Pomata and Siraisi, eds. *Historia: Empiricism and Erudition in Early Modern Europe*.

② Galilei, *Il Saggiatore*, p. 264: “… la fiosofi è scritta in questo grandissimo libro che continuamente ci sta aperto dinanzi agli occhi (io dico l'universo), ma non si può intendere se prima non s'impara a intender la lingua, e conoscere i caratteri ne' quali è scritto. Egli è scritto in lingua matematica, e i caratteri son triangoli, cerchi, ed altre fiure geometriche, senza i quali mezzi è impossibile a intenderne umanamente parola…”我关于此段文字的阐释所作的延展呈现于 Ginzburg, “Spie: radici di un paradigma indiziario”, pp. 172–173 和 Ginzburg, “Clues: Roots of an Evidential Paradigm”, 特别是第107–108页中的内容。

③ Freedberg, *The Eye of the Lynx: Galileo, His Friends, and the Beginnings of Modern Natural History*.

④ Ginzburg, “Spuren einer Paradigmengabelung: Machiavelli, Galilei und die Zensur der Gegenreformation”.

⑤ Bloch, *The Historian's Craft*, p. 158; Bloch, *Apologie pour l'histoire*, p. 959.

度”(factory system)这一词语,看起来成了分析的代替品,因此催生了“时代错置:一种与时间相关的科学中最不容宽恕的罪过”①。布洛赫总结说,只有通过学术的交流最终才会走向人文科学的共同词汇的构建,而发明新的词汇比在公用的词汇中默默加入新的意思更为可取。②

今后,一套严格的词汇或许会使历史学解决其固有的弱点——在史料中占很大比重的日常语言。在布洛赫的文稿中一次又一次出现的、对于人为设定的化学术语的参照说得够多了:他很少如此接近实证主义。可是实证主义的经典文本之一,克劳德·伯尔纳(Claude Bernard,1813—1878)的《实验医学研究导论》(*Introduction à la médecine expérimentale*,1865)——一本布洛赫不以为然地提到过的书——在一段题为“实验性的考证必须着眼于事实,而不是话语”的文字中指出,模糊性也威胁到自然科学的常用话语:

> 当我们创造一个词用以描绘一种现象的特征,我通常就会认同这样一种想法,即我们希望它精确地表达出我们给予它的含义;但随着自然科学在此后的进步,该词的意思会因一些人发生改变,而对于其他人来说,该词在语言上仍与其初始含义保持一致。如此一来,就导致人们使用同样的词语表达完全不同想法的不一致状况出现了。事实上,我们的语言只是近似的,并且甚至在自然科学方面是如此模糊,以至于如果我们忽视现象而注重词语,我们很快就会脱离事实。③

三

不过,从历史学家的视角看,词语——来自证据的词语——与事实之间的关系是怎样的?在布洛赫关于这一问题的回答中,你会察觉到很多错综复杂的因素。首先,会感到这些词语与那些促使它们产生的内容——激情、感觉、想法、需求——相比,是贫乏的。布洛赫通过一个极端的例子说明这种不足:

> 如果我们能得知谦卑的信徒口中的祷词——无论是昨天的上帝还

---

① Bloch, *The Historian's Craft*, p. 173;“... il fomente l'anachronisme: entre tous les péhé, au regard d'une science du temps, le plus impardonnable ...” Bloch, “Apologie pour l'histoire”, p. 969.

② Bloch, *The Historian's Craft*, pp. 176-177; Bloch, “Apologie pour l'histoire”, p. 971.

③ 引文英文版引自 Bernard, *An Introduction to the Study of Experimental Medicine*, 188;法文为 Bernard, *Introduction à l'étude de la médecine expérimentale*, pp. 330-331:“Quand on cré un mot pour caractéiser un phéomène, on s'entend en gééal ù ce moment sur l'idé qu'on veut lui faire exprimer et sur la signifiation exacte qu'on lui donne, mais plus tard, par le progrès de la science, le sens du mot change pour les uns, tandis que pour les autres le mot reste dans le langage avec sa signification primitive. Il en réulte alors une discordance qui, souvent, est telle, que des hommes, en employant le meme mot, expriment des idés très diffentes. Notre langage n'est en efft qu'approximatif, et il est si peu préis, même dans les sciences, que, si l'on perd les phéomènes de vue, pour s'attacher aux mots, on est bien vite en dehors de la rélité.” 布洛赫提及克劳德·伯纳德的《导论》是在“Apologie pour l'histoire”, p. 831, 908。

是今天的上帝——那该多么令人兴奋啊！当然，前提是他们知道如何在祈祷中不加篡改地表达其内心的冲动。

正是最后一个假设中存在着最巨大的障碍，没有什么比一个人的自我表达更困难的了……最常用的术语充其量只是近似的表达。①

这些基于布洛赫的个人研究经验的言语，并非始自怀疑论——恰恰相反。意识到语言的不足，无论是写还是讲，已经为布洛赫提供了一种迂回策略，使其能够逆向于文本的纹理阅读中世纪的材料。你或许可以回想起《国王的触摸》（*Les rois thaumaturges*）的恢宏著作，该书集中关注了那些染上了淋巴结核病的男女，他们长途跋涉，只为得到国王之手的神奇触碰。② 不过，同样的想法也促成了他投身到一种比较史学的打算，正如在《国王的触摸》中的例子那样，比较史学所基于的范畴和时期，不可避免地要与那些有据可查的范畴和时期相距遥远。

四

这些因素在1928年的一篇题为《论欧洲社会的历史比较》（*Pour une histoire comparé des sociéé europénnes*）的文章中显露出来：一次依然被作为参照基点的不可或缺的方法论宣言。③ 在其文章的结论中，布洛赫引发了一种持久的偏见，即将比较史学认定为一种针对类似现象的研究，包括最为肤浅的类似现象。布洛赫认为，比较史学的重点是为了强调其所处理的现象之间的特性差别。为此目的，你不得不抛开所有虚假的相似之处。例如，在中世纪，英国隶农制度（villainage）和法国农奴制度（servage）之间所谓的同等性。是的，一些交集是不可否认的：

农奴（Serf）和隶农（Villain）被法学家和公众舆论视为被剥夺了“自由”的人。因此，在某些拉丁文的记载中，他们被称为受奴役者（servi）……有史以来，从缺乏自由和奴役活动出现开始，学者们就被引向用它们称谓罗马奴隶的方向。

但是根据布洛赫所说，这是一种：

表面的相似，直到缺乏自由这一概念的内容被关注，这个概念在不同的时间和地点已经历了很多变化。④

---

① Bloch, *The Historian's Craft*, pp. 166–167（翻译略有改动）；Bloch, "Apologie pour l'histoire", p. 965："Quel enseignement si-le le dieu fût-il d'hier ou d'aujourd'hui-nous réssissions à atteindre sur les lèvres des humbles leur véitable prière! A supposer, cependant, qu'il aient su, eux-mêmes, traduire, sans le mutiler, les éans de leur coeur. Car là est, en dernier ressort, le grand obstacle. Rien n'est plus diffile à un homme que de s'exprimer soi-même. (...) Les termes les plus usuels ne sont jamais que des approximations."

② Bloch, *Les rois thaumaturges*, pp. 89–157.

③ Bloch, "Pour une histoire comparée des sociétés europénnes".

④ Bloch, "Pour une histoire comparée des sociétés europénnes", p. 28.

总而言之,我们有两个不同的地理学语境——英国和法国,以及两个不同的词语——villain(隶农)和serf(农奴)。中世纪法官和学者通常将它们与形容罗马奴隶的词servi(受奴役者)混为一谈,因为villain、serf和servi都被认为失去了自由。布洛赫基于包括俄裔英国中世纪学者保罗·维诺格拉多夫(Paul Vinogradoff,1854—1925)在内的大量学者推崇的观点,认为这种结论是肤浅的,意思是说,在1300年前后,英国的隶农已经加入了"自由佃农"的行列;在同期的法国,佃农与农奴则有明显的区别。布洛赫循着这些并不一致的历史轨迹,断言道:

> 14世纪时的法国农奴与英国的隶农属于两个完全不同的阶级。将他们进行比较有助益吗?当然,但是这种比较将会以澄清两种十分不同的特点为终点,认为在两个民族的发展过程中有着显著的疏离。①

与同一篇文章中的其他段落一样,在这里,布洛赫使用了诸阶级(classes)一词来定位两种被中世纪法学家混为一谈的不同的社会事实。但是他关于英国法学家认定标准的评论,即认为那些不得不完成沉重农业分派(corvées)的个体拥有一种较卑微的自由,却朝着不同的方向前进。"那些标准,"布洛赫写道,"与原初状态相去甚远。它们仅仅是从欧洲大陆和英伦列岛在中世纪社会中的集体表象层面而言,讲述的则是早得多的、杂乱无章的内容。认为农业劳务本身在某些方面就与自由不相适应的想法源自古代的精神习惯,词组opera servilia(奴役劳务)就是一个例子,蛮人用它来形容这种劳务。"②摒弃了文献记载术语的领域,布洛赫贸然转向一种更为不稳定的、假设性的范围:"集体表象"(collective representations)。这种理念来自迪尔凯姆(Émile Durkheim,1858—1917),他的名字在一处注脚中被特别强调。在上面提到的文章中,布洛赫简略提及了"一种古老的,基本上被遗忘的大众表象的遗留物"③。

几年后,从更长的年代顺序的角度看待的中世纪自由和奴役问题,在布洛赫的另一篇文章中又一次出现。在一些例子中,关涉奴役的法学性术语没有改变,但是它们的含义(布洛赫有所强调)久而久之已发生了不易察觉的变化。它们展现了一系列"明显是无意识的"转化,必须判断它们本来是什么。同样地,语言学家也指出,在某个时期,"labourer"(劳动者)一词承接了拉丁文"arare"一词,即"耕作"的意思。④ 布洛赫写道:依照语言学家所举的例证,历史学家应该避免用他们

---

① Bloch,"Pour une histoire comparée des sociétés européennes",p. 30.

② Bloch,"Pour une histoire comparée des sociétés européennes",p. 31.

③ Bloch,"Pour une histoire comparée des sociétés européennes",p. 30 n. 1,29 n. 2.

④ Bloch,"Liberté et servitude personelles au Moyen âge",特别是第332页。

自己的解释代替过去的解释。①

这是一段有点出乎意料的陈述。在之前的那篇文章中,布洛赫受到拉丁词语"servi"的启发,反对将中世纪的奴役毫无根据地划入古代奴隶制的范畴。尽管如此,你或许会认为重建法学家的视野与强调对其视野进行限定并不是无法兼容的目标。更进一步,布洛赫这篇鼓励历史学家将语言学家作为模范的文章被定名为《中世纪的个人自由与个人奴役,尤其是法国的:献给阶级分析》(*Liberté et servitude personnelles au Moyen âge, particulièrement en France: contribution à l'étude des classes*,1933)。对于布洛赫来说,"阶级"作为一个现代范畴,不足以抹去中世纪法学家提出的范畴,它是在我们的视角下,而不是在中世纪法学家的视角下称谓他们的。这一点在这篇文字的最后段落得以强调:

> 每样东西都将我们引向同样的结论。因为人类制度是一种心理学类型的事实,若非我们觉察到它,阶级其实从未存在。书写奴役的历史意味着首先要在其复杂的发展轨迹中,追索集体观念的历史:自由的剥夺。②

毋庸置疑,布洛赫提出的阶级之心理解释可以在不同的分析范畴内被接受、争论,或拒绝。但他的思考引出了更为广泛的问题:从中世纪文献中获取的观察者范畴与行动者范畴之间是什么关系?另一个问题紧随其后,中世纪法学家是观察者,同时也是行动者。法学家所接触的奴役表象与奴仆所接触的奴役表象之间是什么关系?

五

最后一个问题,布洛赫并未明确提出,但势必要从他自己的研究中显现出来。在这一点上,我必须提些关于自己的题外话。1959 年我 20 岁时,读到了《国王的触摸》,这促使我试着去了解历史学家的技艺。几个月之后,我决定将自己的精力投入到关于巫术审判的研究,关注站在法官面前的男男女女而不是对此类人的迫害活动。在这个方向上推动我的有一些书[安东尼奥·葛兰西的《狱中札记》(Antonio Gramsci's *Prison Notebooks*),卡罗·莱维的《基督停在恩波利》(Carlo Levi's *Christ Stopped at Eboli*),埃尔内斯托·德·马迪诺的《神奇的世界》(Ernesto de Martino's *Il mondo magico*)],还有我对种族迫害的心酸记忆。但是,只有在很多年之后我才开始意识到,在战争期间

---

① Bloch,"Liberté et servitude personelles au Moyen âge",pp. 327-328.

② Bloch,"Liberté et servitude personelles au Moyen âge",p. 355:"Ainsi nous nous trouvons ramenés de toutes parts à la même leçon. Les institutions humaines étant des réalités d'ordre psychologique, une classe n'existe jamais que par l'idée qu'on s'en fait. Ecrire l'histoire de la condition servile, c'est, avant tout, retracer, dans la courbe complexe et changeante de son développement, l'histoire d'une notion collective: celle de la privation de liberté." Cf. Ginzburg,"A proposito della raccolta dei saggi storici di Marc Bloch".

作为一个犹太儿童的经历使我感到与那些被指控为巫师的男男女女有着一致的处境。①

紧随我的导师德里奥·坎蒂莫里(Delio Cantimori,1904—1966)的建议,我开始研究保存在摩德纳国家档案馆的宗教裁判所的审判记录(其中很多都是处理巫术和相关犯罪活动的审判)。继而,我使自己的研究扩大到其他档案馆——一段游移不定的旅程,好似我毫无日程安排一般。在20世纪60年代初,在翻阅威尼斯国家档案馆的宗教裁判所审判记录时,我偶然发现了一份十分反常的文献,我也立刻意识到了这一点,在1595年的几页中,记录了对梅尼基诺·德拉·诺塔(Menichino della Nota)——一个年轻的弗留里(Friuli)牧民的调查。梅尼基诺回答了宗教裁判官的问题,说他是一个"本南丹蒂"(benandante)。这个词的意思我一无所知——对于宗教裁判所的检察官也是如此,他显然在惊愕中聆听着被告的故事。因为梅尼基诺说道,他生来带有胎膜,每年有三次被迫"像烟一样"离开他的身体,与其他本南丹蒂一同出游,"为了虔诚"在约沙法特(Josaphat)草场"同巫师"进行打斗。他断言道:"如果本南丹蒂获胜了,就意味着丰收。"②

很多年以前,我做了一次回顾性的分析,对象是那份纯粹是偶然读到的文献:近50份审判记录中的第一份记录,后来我在乌迪内教会档案馆发现了它。所有记录围绕着"本南丹蒂"这个词,一个由宗教裁判所的检察官调查发现的词;被告的回答充满了非同寻常的细节。审判记录显示,宗教裁判所的检察官不久就认定:本南丹蒂声称其灵魂与女巫师和男巫师战斗,而他们实际上自己就是巫师。这些控告引来了本南丹蒂的愤然否认,他们描述其"职业"(他们自己这样叫的)有时带着自豪,有时称之为模糊不清的、不可抗拒的力量驱使。但是最终,在调查的50年后,这些相信他们是为正义而战的人们接受了审问者为之构建的遭人敌视的形象。这是充斥着暴力的文化碰撞的结果——在此例子中,这大体上是象征性的。检察官的权威,以及咄咄逼人的酷刑和火刑柱的威胁,都证明这一结果是不可避免的。

在一本出版于1966年的英文版译为《夜间的战斗》的书中,我将用本南丹蒂提供的传说,解释为由宗教裁判所的刻板套路所施加的压力而被歪曲了的农民文化的碎片。这个观点以被告人和检察官之间就"本南丹蒂"一词的真正含义发生的激烈争执为基础。这份离奇的弗留里证据对于历史学家如此珍贵,是因为缺乏那些发生在双方间的、以引人注意的不平

① Ginzburg,"Streghe e sciamani".

② Ginzburg, *I benandanti*, pp. 84–87; Ginzburg, *The Night Battles: Witchcraft and Agrarian Cults in the Sixteenth and Seventeenth Centuries*, pp. 74–77.

等对话的方式进行的交流。

经过了多年的间断,我重启了关于巫术审判的研究。那时我认识到,我接近法官的方式,无论是世俗的还是宗教方面的法官,有很多不足。他们的行为有时显著地表现为一种对被告人的信仰和行为刨根问底的认真的意图——当然,是为了消灭这些被告人。文化上的隔阂会对理解、比较、译读造成影响。让我们回想一个极端但却有启发性的例子。在1453年时,布里克森主教(bishop of Brixen)——哲学家库萨的尼古拉斯(Nicholas of Cusa),听到来自附近山区的两个老妇人所讲的传说。在一次布道进行了一段时间之后,他将她们称为"半疯"(semideliras)。她们向一个其称之为"丽凯尔拉"(Richella,来自"ricchezza"一词,意为"丰饶的")的夜间出现的女神宣誓效忠。博学的主教认为丽凯尔拉就是迪阿娜(Diana)、阿本迪亚(Abundia)、莎蒂亚(Satia):在中世纪的百科全书和关于处理大众迷信的教训律法的论文中被提到的名字。① 这种诠释学式的尝试不是例外。名望上逊色些的法官和宗教裁判所检察官所草拟的概要和翻译就像包裹在层层嵌套的中国盒子中,它对现代阐释者来讲是可供利用的,在这个例子中,现代阐释者就是我自己。带着一些窘迫,抛开我从情感上对受害者的考辨,我发现了一种令人不安的,在知识上与施加迫害的人近似的东西:我在一篇题为《如人类学家一般的宗教裁判所检察官》的文章中尝试着进行分析的一种情况。②

六

我无法想象如果我未曾偶然读到布洛赫的作品,我的研究会采取哪个方向——尤其是我在弗留里档案馆中的研究。以后见之明而言,我被诱使将本南丹蒂心醉神迷的梦呓比作布洛赫所揭示的出身卑微的"真正的祈祷者"(true prayers):用难免有限的词语(前一个例子是基于文献的,后一个例子运用的是想象)记录内在的经历。在本南丹蒂的例子中,迎面而来的是以检察官的要求讲述,随后由检察官的公证人所转录的话语:一种必须要加以重视的(尽管是依照法律履行的,却有着)冲突性的语境,这个语境不会使这份史料证据变得无足轻重。

我倾向于相信没有历史学家会错过这样一种惹眼的冲突。在我看来,不那么明显的是意识到我与检察官的近似,我很多年后方意识到这一点。或许只有当我渐渐意识到,隐匿于最初选择背后的深刻根源从一开始就在塑造着我的研究计划时,这种近似才震动了我的意识。

情感上认同受害者,智识上近似检察

① Ginzburg, *Storia notturna. Una decifrazione del sabba*, pp. 70-73, pp. 107-108; Ginzburg, *Ecstasies: Deciphering the Witches' s Sabbath*, pp. 94-96.

② Ginzburg, "The Inquisitor as Anthropologist".

官。依布洛赫描绘的历史研究模式看来，我们离那些看起来贴近实证主义的因素相去甚远。在他关于术语的思考中，冲突只是在行动者的角度显现。例如，他关于如阶级意识之类相对晚些的现象的评论，或是20世纪的工人，或是法国大革命前夕的农民。[①] 但是在作为观察者的历史学家的语言方面，布洛赫希望它尽可能与自然科学的中立且置身事外的语言相一致，冲突却从未被提到。

从我提出的视角看去，一种批判的、置身事外的态度可以是一个目标，却不是一个起点。尽管最终不像布洛赫所希望的，但是路径如出一辙。鉴于历史学家的语言与证据的语言（the language of evidence）之间危险的近似，分析工具的无效状态比从前更使人有紧迫感——特别是在展现了观察者和观察者-行动者之间的近似的情况下（如人类学家一般的检察官，如历史学家一般的检察官）。

七

我关于20世纪60年代和70年代在弗留里档案馆的研究的回溯性反思，部分地受启发于日后偶然读到的基尼斯·派克（Kenneth L. Pike，1912—2000）的作品。派克，美国语言学家、人类学家，也是教士。他强调两种分析层面，即观察者的和行动者的分析层面之间的对立，它们分别被称为客位（etic，来自“phonetic”，即“音素学”）和主位（emic，来自“phonemic”，即“音位学”）。从语言出发，派克建立了一种人类行为结构的统一理论——他最著名作品的题目，以三个部分在1954年至1960年期间首次出版，继而在1967年以修订版和扩展版的形式进行重印。

派克解释道，客位视角以一种相对的视角检查语言和文化，主位视角“在文化上是具体的，适用于某一时间下的语言或文化”。[②] 但是这对静态的、十分令人费解的对立关系，继而被他加工为一种更为有效的动态视角：

> 最初的表象与最终的表象，迄今为止，客位资料提供了进入系统的途径——分析的起点。它们给出了暂时性的结果，暂时性的单元。然而，最终的分析和陈述则是在主位单元中。从总体上分析，内在的客位描述逐渐精练，并最终——原则上是，但可能完全不切合实际——被总体上

① Bloch，*The Historian's Craft*，p. 167；Bloch，“Apologie pour l'histoire”，p. 96.

② 该定义响应了Subrahmanyam，“Monsieur Picart and the Gentiles of India”，特别是第206页，etic，也就是“普世主义者”（universalist），对应于emic，也就是“内在论者”（internalist）。

作为主位的描述所取代。①

大多数对布洛赫细致入微且富于经验的思考有所熟悉的历史学家，会对这些论述感到厌烦，认为它们过于抽象了。事实上，派克没有将自己定位为历史学家，而是语言学家和人类学家。② 很长时间以来，语言学家和人类学家这两个群体一直在着手处理主位和客位之间的层面区别；反之，历史学家除了个别例外，则一直对其视而不见。（我自己开始意识到客位/主位的区分是在20年以前，这也是派克的"伟大作品"问世的20年）③但是，试图使用与历史研究有关的话语，对上述文字进行转述，并非毫无意义。该结果听起来似乎是这样的：

> 历史学家一开始就在使用着带有无法克服的时代错置的词语。研究过程基于新的证据，对最初的问题进行了修改，得到了以行动者的语言阐述的答案，并且与那些在其所在社会中显得独特的范畴产生关联，这些与我们的话语和范畴完全不同。

我对于由客位的视角产生"暂时性结果"所做的转述——"历史学家一开始就在使用着带有无法克服的时代错置的词语"——呼应了布洛赫做出的一番评论。④ 提问而不回答，这种区别已被一些人接受或忽略，他们要么不在乎历史学研究中时代错置的作用，要么已经将时代错置视为可以接受而不予理会。⑤ 人们从客位的问题出发，目标却是获得主位的

① Pike，Kenneth L. *Language in Relation to a Unified Theory of the Structure of Human Behavior*，pp. 37-39. 这段文字的最后一句（包含着不同意见引自 Harris，Marvin. "History and Significance"，pp. 329-350，此文以对克劳德·列维-斯特劳斯（Claude LéviStrauss，1908—2009）的态度予以批评为结尾，后者被贴上"反启蒙主义"的标签，且被认为借鉴了贝克莱（Berkeley，1685—1793）的唯心主义。其四卷本巨著《神话学》（*Mythologiques*，1964—1971）刚问世的列维-斯特劳斯，对区分不予理睬，宣称客位"仅为观察者之主位"。参见 Lévi-Strauss，"Structuralisme et écologie"，pp. 143-166，特别是第161-162页。有用的评价（着实令人诧异的是他没有提到列维-斯特劳斯的文章）在 Jean-Pierre Olivier de Sardan，"Emique"，第151-166页中[非常感谢西蒙娜·塞罗蒂（Simona Cerutti）提醒我注意这篇文章]。

② "我不是一个关注历史的语言学家。"派克在"On the Emics and Etics of Pike and Harris"的第40页写道。

③ Ginzburg，"Saccheggi rituali. Premesse a una ricerca in corso".与之有关的例外是 Simona Cerutti，"Microhistory：Social Relations versus Cultural Models?"

④ Bloch，*The Historian's Craft*，p. 158；"Les documents tendent à imposer leur nomenclature；l'historien，s'il les écoute，écrit sous la dictée d'une époque chaque fois différente. Mais il pense，d'autre part，naturellement selon les catégories de son propre temps …"Bloch，"Apologie pour l'histoire"，pp. 959-960.——作者。法文引文内容为："文献希望确立自己使用的术语，历史学家如果服从文献的话，每书写一个时代的历史都要受这个时代的支配，每个时代都与众不同。但是，从另一方面讲，他自然会根据自己时代的范畴进行思考……"——译者

⑤ 分别参见 Loraux，"Eloge de l'anachronisme en histoire"；Didi-Huberman，*Devant le temps：Histoire de l'art et anachronisme des images*；Rancière，"Le concept d'anachronisme et la vérité de l'historien"，pp.53-68。

答案。①

我们可以将我的暂时性转述与阿尔纳尔多·莫米利亚诺(Arnaldo Momigliano,1908—1987)在很多年前提出的被称为"研究古代历史的活动规则"的戒律(the rules of the decalogue)之一相比较。这个规则适用于任何时期的历史:

> 一旦我们进入历史研究的领域,犹太教、基督教、伊斯兰教、马克思、韦伯、荣格和布罗代尔就教诲我们要使证据适用于具体的问题,他们不去影响证据提供的答案。历史学家的武断会在他硬着头皮去解释史料的同时而消弥。②

在我看来,派克的话,我对之的转述,以及莫米利亚诺的规则没有大的不同。我所能看到的区别与这里讨论的话题无关。依派克所说,应从积极的方面去看待残留的客位元素挥之不去的情况:从语源上讲,作为一种转述行为的固有要素,客位因素与阐释有着同样的意思。我们的问题和由证据得来的答案之间的张弛关系必定保持着动态,尽管这些证据会适当地修改我们最初的问题。③ 如果我们的和他们的话语间的不同被用心地保留下来,就会避免我们落入两种圈套——移情(empathy)和腹语(ventriloquism)。④ 这些的确是相关联的:通过假定行为者具有透明度,我们将他们纳入我们的语言和范畴。这导致了一种隐蔽的曲解,比"经济人"(homo oeconomicus)之类粗疏的时代错置假设危险得多(因为更难于确认)。

拉丁语 interpres 使我们想起,任何阐释都是转述(any interpretation is a translation),反之亦然。转述问题在由派克的观点引发的争论中变得显著。一组回应发表在一本题为《主位和客位:内部的/外部的讨论》(*Emics and Etics:The Insider/Outsider Debate*)的书中,该书基于 1988 年举行于菲尼克斯的一次会议。参与者之一,威拉德·蒯因(Willard Quine,1908—2000),以其关于"原始翻译"(radical translation)的思考而著称的哲学家,在其讲话末尾做出以下阐述:

> 在外在与内在之间,仍然有一种至关重要的不对称性。我们对于科学临时的却负责任的承诺,扩展到我们谈到的异种文化的内容,并没有扩

---

① S·塞罗蒂写道:"主位是一种分析的方法,不是直接的行为情境。"以此批评我的取径(Cerutti,"Microhistory",p. 35)。但是在我看来,主位视角只能通过客位视角为中介来捕捉,迄今为止,起到积极作用的是正处于研究过程中的研究者(塞罗蒂认为是武断的,ibid.,p. 34)。

② Momigliano,"Le regole del gioco nello studio della storia antica",483.

③ 有趣的是,初始问题的修正在克利福德·格尔茨的诠释学循环(the hermenutic circle)的说法中被忽视了。见格尔茨的文章(Clifford Geertz,"'From the Native's Point of View':On the Nature of Anthropological Understanding")。

④ 在写下这些文字之后我才发现,同样的隐喻已被达斯顿和加里森用过了(Daston and Galison,*Objectivity*,257:"to ventriloquize nature",而整个语境也是有关联的)。

展到身处其中的局内人所说的内容。[①]

蒯因所强调的(且派克在其之前已强调的),我们的话语和他们的话语的不对称性,也已经被历史学家体验到了。常言道:“过去是一个陌生的世界。”[②]毕竟,这种由一个人类学家加以阐明和理论化的不对称性并不令人惊讶。像历史学家所遭遇的那样,无论是在语言上,还是在文化上,距离总是将人类学家与所谓的“土著”相疏离,妨碍着前者认定他们已经变成了其一直在着手处理的人物的知己。如我之前指出的,腹语是很多历史学家无能为力的一种职业病。但是很明显,并不是对所有人而言。

一些人曾谈到过一种主位的人类学,如马林诺夫斯基所提出的,专门致力于挽救“土著的视角”(the native's point of view)。[③] 同理,我们可以谈及一种主位的历史学。三个极好的例子足以作为说明,保罗·奥斯卡·克里斯特勒(Paul Oskar Kristeller,1905—1999)和奥古斯托·坎帕纳(Augusto Campana,1906—1995)讨论“人文主义”(humanista)一词起源的文章,以及恩斯特·贡布里希(Ernst Gombrich,1909—2001)将文艺复兴作为一个时代和一场运动加以讨论的不太知名的讲稿。[④] 所有三个尝试都在远离观察者范畴的同时,重建了行动者范畴——前一范畴总是传达远远超出职业历史学家圈子的群体的思维活动。在其文章的最后,坎帕纳评价说,近期(写于1946年)有些人提到“一种新的人文主义,并且这一古老的词语已经浸润了新的理念。未来的语言学家和历史学家将会着手处理它们”。而在次年出版的后记中,坎帕纳使用了更为强势的措辞,他相信克里斯特勒在他独立完成的同样主题的随笔文中已经证明了“文艺复兴时期的人文主义”这一现代概念“……是站不住脚的”。[⑤] 当然,站不住脚是从语言学的角度而言,这并未妨碍我们使用如“文艺复兴”这类范畴(就如坎帕纳自己随后所做的那样)。[⑥] 但我们必须认识到,无论它们多么有用,这种标签仍然是惯例式的。那些努力揭示人文主义、文艺复兴、现代性、20世纪之固有特征的人,说得客气些,是在浪费他们的时间。

八

我建议的,以实验的方式在历史学中

① Quine,“The Phoneme's Long Shadow”,p. 167.

② Lowenthal, *The Past Is a Foreign Country*.

③ Feleppa,“Emic Analysis and the Limits of Cognitive Diversity”,pp. 101ff.

④ Kristeller,“Humanism and Scholasticism in the Italian Renaissance”(另参见 introduction,Ⅺ-Ⅻ);Campana,“The Origin of the Word‘Humanist’”;Dionisotti,“Ancora humanista-umanista”;Gombrich,“The Renaissance:Period or Movement”.

⑤ Campana,“The Origin of the Word‘Humanist’”,pp. 280-281.

⑥ Campana,“The Origin of the Word‘Humanist’”,p. 405.

发现的主位维度,是以更为古老和更为熟悉的词来描述的:文献学(philology)、古文物研究(antiquarianism)。(人类学产生于古文物研究,因此被包括其中)但是,机械地将主位与客位之间的对立关系转为历史学话语将会引起误导。联系起历史学家自己的实践,他们或许会认为主位/客位的二分法有点简单。正如我的弗留里个案的研究所显示的,主位的和客位的维度都是形成冲突的剧场(theatres of conflicts):在检察官和本南丹蒂之间(在先前的例子中),在不同趋向的学者之间(在此后的例子中)。但是,开始意识到主位/客位之间的差别或许会帮助历史学家从一种民族中心主义偏见中解放自己:这个任务在以全球化——一个持续了多个世纪,却只在最近几十年发起真正的狂飙猛进的过程——形式构建的世界里变得更为紧迫。

历史学家必须直面这一挑战,但问题在于怎样面对挑战。围绕文学文本的争论已提供了一个答案。我们可以开始于埃里希·奥尔巴赫(Erich Auerbach, 1892—1957)的《世界文学的文献学》[*Philology of World Literature*(*Weltliteratur*)],一篇1952年问世的著名随笔,今天看来预示了答案的产生。①

一条隐晦的预言。在冷战中期,奥尔巴赫看到了一种文化同质性(cultural homogeneity)趋势正在蔓延,两个集团尽管存在差异,但都受之影响。世界越发趋同,即使是那些在过去作为文化异化代表的民族国家,也已经失去了它们的部分力量。群众文化(mass culture,奥尔巴赫没有使用这个词,但这是他分析的主旨)向全球各地蔓延。世界文学(Weltliteratur)正在显现,它的语境与歌德吟想出来这一词语时的语境完全不同:一种欧洲在其中处于边缘角色的世界文学。面对时间和空间上的大规模扩展,即使是如奥尔巴赫这样涉猎广泛的学者也意识到他的工具有所不足。所以他给了年轻的文学学者一些建议,既有积极的,也有消极的。一方面,他建议他们应该既避免使用像"文艺复兴"或"巴洛克"之类的普遍概念,也避免以单一作者的全部作品为专题论文取径。另一方面,他建议他们关注那些可能作为衔接点(Ansatzpunkte)的具体细节。

奥尔巴赫正在隐约提到促成了其伟大著作《模仿论》(*Mimesis*)的方法。但是,在1952年,这个他提出不到10年的思考,在《模仿论》的结论部分被发展到不同的方向。如果与欧洲文学传统相关联的内容不再能被认为是理所当然的,普适化的问题就会来到前沿,即使是暗中发生的。普适化——从何处开始,又以何为目的呢?

① Auerbach,"Philologie der Weltliteratur". 也参见萨尔瓦尼斯基和恩德里奇的介绍性文章 Salvaneschi and Endrighi,"La letteratura cosmopolita di Erich Auerbach"。

几年前,在一篇题为《关于世界文学的推测》(*Conjectures on World Literature*)的随笔文(说来奇怪的是没有提到奥尔巴赫)中,弗朗科·莫莱蒂(Franco Moretti,1950—)大胆地提出了那些问题。① 面对来自大量比较文学的研究者无人能够驾驭的文本的挑战,莫莱蒂提出了一种激烈的解决办法:二手阅读(second-hand reading)。将比较方法用于文学的学者会通过吸引那些正工作在更有限的视角下,致力于具体民族文学的学者的关注,提出普遍存在的问题。因此,文学的比较研究将不会基于投入式的阅读(close reading),而是以旁观式的阅读(distant reading)为基础。该倡议是根据我开始谈到的马克·布洛赫的文章《论欧洲社会的历史比较》中的观点,以一种有意挑衅的口吻被构设的。将两篇相关的文章进行比较——首先是莫莱蒂的文章,继而是转译的布洛赫的文章——将会是有益的。莫莱蒂的文章如下:

> 在写比较性的社会史方面,马克·布洛赫曾创造了一个"口号",如他自己所说的:"多年的分析为的是一日的概括综合"(years of analysis for a day of synthesis);并且,如果你读布罗代尔和沃勒斯坦,你就立刻会看到布洛赫的意图。就拿沃勒斯坦的文字来说,其"一日的概括综合"占据了篇幅的1/3、1/4,或许是一半;剩下的是引文(《现代世界体系》第1卷的1400年部分)。多年的分析,其他人的分析,沃勒斯坦的文字将这些分析综合为一个体系。②

"还是一句老话,多年的分析为的是一日的概括综合。"布洛赫写道。布洛赫指的是一篇菲斯特尔·德·古朗士(Fustel de Coulanges,1830—1889)在自己出版于1875年的《罗马时期的高卢》(*La Gaule romaine*)的序言中的文字。在注脚中,布洛赫做了精确的引用:"为了一日的概括综合,需要多年的分析。"再没有对此格言发明者的评价比得上布洛赫下面这段论述的重要性:

> 这一格言过于频繁地被引用,却没有得到必要的修正。"分析"对于"概括综合"来说,只有在它从一开始就考虑到后者,并全力为其服务的情况下,才是有用的。③

布洛赫的品评指向了与莫莱蒂的解读相反的方向。④ 不应该像实证主义者所想的那样,为一栋仅存在于建筑师(或比较文学的专家)脑海中的建筑垒砖块,也就是搞专题论文式的研究。证据必须按照顺应于概括综合的程序加以搜集。

---

① Moretti,"Conjectures on World Literature";Arac,"Anglo-Globalism?"此文提出并行阅读莫瑞狄和奥尔巴赫的文章。

② Moretti,"Conjectures on World Literature",pp. 56-57.

③ Bloch,"Pour une histoire comparée des sociétés européennes",p. 38.

④ 布洛赫的文字引自莫瑞狄的一手材料(不包括紧随其后的限定),Moretti,*Il romanzo di formazione*,"Prefazione 1999"。

换句话说，你不得不着手于诸个案(cases)，由个案走向普遍性。但是，由于大多数证据是由先前学者搜集、筛选或整理的，而这些学者是从与我们不同的追问开始的，因此史学史必须被包含于历史学研究当中。我们与原始证据越是疏远，被那些来自中间环节或我们自己作为中介的假设蒙蔽的危险性就越大。换句话说，我们冒着风险去寻找我们要找的东西——别无其他。

布洛赫的文字被曲解，尤为令人惊讶，因为在一篇与《关于世界文学的推测》同时发表的杰出的文章中，莫莱蒂自己提出，对于那些由为数众多的、大量的无法掌控的已出版和被忘却的文本而引发的挑战，应对的唯一方法是从事个案研究：经由一个具体问题来鉴定，对特定文本系列进行一手分析(a first-hand analysis)。第二篇随笔，题为《文学的屠宰场》(*The Slaughterhouse of Literature*，暗指一句黑格尔的格言)，几乎是不经意间触及了一种在柯南·道尔的侦探故事中处于核心位置的文学策略——线索。① 很多年前，我写了一篇题为《线索》的文章，研究了夏洛克·福尔摩斯和其他不同视角下的主题。②

如果我没有搞错，弗朗科·莫莱蒂和我的文章，都暗示了这种被称为纹心结构(mise en abyme)③的手法。由于作为一种主题，线索凭借的是一种以线索为基础的取径，因此，是细节复制了整体(the details replicate the whole)。④ 但是，线索要求一手阅读，对最终的概括综合有责任的人不可能将这个任务委派给负责其他任务的研究者。此外，一种密切的、分析式的阅读适合于数量浩繁的证据。那些熟悉档案研究的人知道，你会一直浏览着数不胜数的文件并且快速地调查无数箱的内容，而后突然停下来，专注于一个足以调查数年的文件。就像是一只小鸡(我希望不会有人因这个类比而感到不快)来回走动，环顾四周，随后陡然间啄起一只在此间隐藏于土里的蠕虫。再一次，我们回到了衔接点(Ansatzpunkte)，如奥尔巴赫认为的，具体视点会为一种具有普遍可能性的精细——换句话说，个案——研究计划提供种子。反常的事例尤其大有可为，因为，如克尔凯郭尔(Kierkegaard，1813—1855)曾指出的，反常现象比常规情况更为丰富，从一种认知视角看，前者的范围

① Moretti，"The Slaughterhouse of Literature".

② Ginzburg，"Spie：radici di un paradigma indiziario"；Ginzburg，"Clues：Roots of an Indiciary Paradigm".

③ mise en abyme 是一个法语概念，源于"纹章学"(heraldry)，字面意思是"置于无底洞中"。起初，这一概念被引申，用以指"对镜现象"，即在两面对置的镜子中看到镜中无限映照对面镜中图景的现象。在文学中，专指"戏中戏"的叙事手法。——译者注

④ Dällenbach，*Le récit spéculaire：essai sur la mise en abyme*.

总是包含了后者的——而不是反过来。①

九

在若干年间,个案已成为越来越受关注的对象,这部分地与持续不断的关于微观史学的争论有关:一个其前缀——micro——意指分析式的注视(the analytic gaze)的词,它反复(但或许从未充分)强调的是微观视域,而不是所谓的或真正的细致调查之下的客体维度(the dimensions of the object)。② 然而,以分析性(并因此是第一手的)研究为基础的微观史学却以普遍性为目标:一个通常被认为理所当然,也是错误地被认为理所当然的词。进一步的反思需要探查其广泛的变体,有的基于不同的出发点(提问或回答),有的基于不同种类的分析(转喻、隐喻),如此等等。③

你可能会提出反对意见,认为在全球化的时代,没有微观史学的位置。我持相反观点。微观史学的国际反响可以很容易地从政治视角来解释。在微观史学产生于意大利后,关于它的第一波兴趣在德国、法国、英国、美国都有所体现。第二波兴趣紧随其后,波及上述国家的周边及次周边地区芬兰、韩国、冰岛。④ 由于仔细调查之下对象的内在联系——证实了一种后见之明——微观史学提供了一次推翻既有等级制度的机会。这完全不同于所谓的"盎格鲁-全球主义"(Anglo-globalism),这些用英文写作的不经意间拱卫了帝国主义特权的比较文学研究,大多是以用英文进行写作的研究为基础,处理的却多是以非英语的语言写作的文学文本。⑤

微观史学颠覆政治和史学方面的等级制度,所凭借的东西根植于遥远的过去。马林诺夫斯基曾经说,它不是与X部落有关的,而是落位于X部落的问题。以相似的精神,马克·布洛赫认为地方史必

---

① 参见 Schmitt,*Politische Theologie:Vier Kapitel zur Lehre von der Souveränität*,p. 33,涉及一个不知姓名的"新教神学家"(Protestan theologian)。非常感谢 Henrique Espada Lima,他使我注意到这个评论的来源,我自己也在不知不觉间意识到了它。

② 最好的介绍,仍然是 Jolles,*Einfache Formen* 中的"Kasus"那一章,另参见 Forrester,"If p,then what? Thinking in cases";Passeron and Revel,eds. *Penser par cas*。

③ Jakobson,"Due aspetti del linguaggio e due tipi di afasia". 我从 *Melandri,La linea e il circolo:Studio logico-filosofico sull' analogia* 中获益良多。

④ 一些参考文献如下:Chasob,ed.,*Mishisa ran muoshinga*;Ginzburg,Ólafsson and Magnússon,*Molar og mygla:Um einsögu og glataðan tíma*;Magnús-son.,"The Singularization of History:Social history and Microhistory within the Postmodern State of Knowledge";Muir and Ruggiero,eds.,*Microhistory and the Lost People of Europe*;Peltonen,"Carlo Ginzburg and the new microhistory";Peltonen,"Clues,Margins,and Monads:The Micro-Macro Link in Historical Research";Revel,ed.,*Jeux d' échelles:Studio logico-filosofico sull' analogia*。

⑤ 该批评在 Arac,"Anglo-Globalism?"被提出。在莫瑞狄的回应中,他没有集中关注这个问题。参见 Moretti,"More Conjectures"(触及了批评者所使用的语言,并未利用翻译文本的二手和三手的途径,而是通过比较视角下的"元-批判"工作来进行的)。

须通过负载着普遍性暗示的问题来解决。依我当前所说,人类学与历史学之间的契合将是显而易见的。在一个如我们这样的世界,这个某些历史学家强调“宗教”一词中的罗马和基督教倾向的民族中心主义维度,反感于米尔恰·伊利亚德(Mircea Eliade, 1907—1986)的宗教人(Homo religiosus)之伪-普遍性(pseudo-universality)的世界,与具体情境有关的个案研究看起来大有前途,同时,它们为新的普遍化,产生的新的问题和新的研究提供空间。[①] 主位的回答生发出客位的问题,反之亦然。

我不想用为微观史学唱赞歌的方式结束我的思考。我对标签不感兴趣,糟糕的微观史学也是糟糕的历史学。没有方法可以保证我们远离我们的局限和错误。在对下一代讲述时,我们必须坦率地承认我们的短处,同时针对所有零散的内容,描画出我们正在尝试做的事。下一代会听取我们的想法,并将做些不同的事情,就像以往发生的那样。里奥纳多(Leonardo)说:“那些没有超过自己老师的学生才是坏学生(Tristo è lo discepolo che non avanza il suo maestro)。”

译者:李根,长春师范大学历史文化学院讲师

① Momigliano,“Questioni di metodologia della storia delle religioni”;Smith, *Relating Religion: Essays in the Study of Religion*.

专题研究

只有一个目击者：屠犹与真实性原则①

□卡罗·金兹堡

献给普里莫·莱维②。

1. 1348年5月16日，普罗旺斯拉布姆(La Baume)村的犹太社区遭到全体屠杀。该事件不过是一个月前黑死病在法国南部第一波发病潮后出现的连环暴力活动中的一部分。人们普遍认为犹太人通过在水井、泉水、河流里下毒的方式传播了这场瘟疫，而针对犹太人的敌意在土伦(Toulon)的复活周期间初次演化为行动。犹太人生活区遭到袭击，男人、女人和孩子遭到屠戮。随后的一周时间里，普罗旺斯的其他城镇——里茨(Riez)、迪涅(Digne)、马诺斯克(Manosque)和福卡尔基耶(Forcalquier)，也发生了类似的暴力事件。在拉布姆仅有一个幸存者，这个人10天前奉珍妮王后(Queen Jeanne)召见去了阿维农(Avignon)。他在一份《摩西五经》誊写本上用几行文字写下了他对此事件撕心裂肺的记忆，这份文本现保存于维也纳的奥地利国家图书馆。在一篇杰出的文章中，约瑟夫·沙茨米勒(Joseph Schatzmiller)将对那段《摩西五经》上的留笔的新解读，与一份从财政登记簿中抽取出的文献相结合，成功地查明了这个幸存者的身份：达亚斯·基诺尼(Dayas Quinoni)。1349年，基诺尼在艾克斯(Aix)生活，在那里他得到了那本《摩西五经》。在那场屠杀后，他是否还曾回到过拉布姆，

---

① 此文较早的版本出现在1990年3月25—29日举办于加州大学洛杉矶分校的“对犹太人的灭绝与表现的限度”主题会议上。上述版本现可见于 *Probing the Limit s of Representation: Nazism and the "Final Solution"*, edited by Saul Friedlander, Cambridge, MA: Harvard University Press, 1992。——作者注

较早版本标题原为“Just One Witness”，意大利文版信息为“Unus testis. Lo sterminio degli ebrei e il principio di realtà”, *Quanderni storici*, 80 (1992) pp. 529-548。本译稿译自1990年版文稿的修订稿：Carlo Ginzburg, “Just One Witness: The Extermination of the Jews and the Principle of Reality”, in *Threads and Traces: True, False, Fictive*, University of California Press, 2012, pp.165-179。——译者注

② Primo Levi, 1919—1987，犹太裔意大利人，化学家、作家，二战期间，参与反法西斯活动被俘，因犹太人身份而被遣往奥斯维辛集中营关押。战争结束后，他以集中营幸存者的细腻笔触写下了那段痛苦的回忆。——译者注

我们无从知晓。①

让我们简短地转向另一个案件,尽管关联不大。对1348年犹太人传播瘟疫的指控照搬了一个一代人之前形成的模板。在1321年的复活周期间,留言突然传遍了法国及周边一些地区(瑞士西部、西班牙北部)。据不同的版本所言,麻风病人,有说是受犹太人指使的麻风病人,还有说是受到由突尼斯和格拉纳达的穆斯林国王授意的犹太人怂恿的麻风病人,策划了一桩毒害基督徒的阴谋。人们显然对穆斯林王无可奈何,可在两年时间里,麻风病人和犹太人成了一系列由暴民、教会和政治势力参与的暴力活动的攻击对象。我已在别处尝试理清这些错综复杂的事件。② 此处,我只想对一段来自14世纪早期的拉丁文编年史中的文字进行分析。这部编年史据称出自南基的威廉(William of Nangis)的继承者之手,此人与他的前任一样,生活在圣丹尼斯修道院(the convent of Saint-Denis),是一位隐姓埋名的修士。

在所谓的阴谋被揭发后,很多犹太人被杀,屠杀大部分发生在法国南部。据这位编年史撰写者说,在维特里-勒-弗朗索瓦(Vitry-e-Francois)附近,约40名犹太人被囚禁于一座塔中。在经过深思熟虑之后,为避免死于基督徒之手,他们决定自行了断。处决由一位德高望重的长者和一个年轻人来执行。随后,长者要求那个青年杀死他。后者不情愿地照办了,但之后他却没有自杀,而是从地上死者的衣袋里搜罗了金银物品。继而,他用床单系成绳索,试着从塔上逃脱了,可绳子不够长,这个青年跌落在地,摔断了一条腿,后来被处死了。③

这个事件不是不可能。然而,它与弗拉维乌斯·约瑟夫(Flavius Josephus,37—100)的《犹太战争》(*The Jewish War*)中的两段文字极为相似。第一段文字(3:8)讲的是40个躲藏在加利利(Galilea)约塔帕塔(Jotapata)附近的一个岩洞的人们,除两个幸存者,即约瑟夫本人及一个同意不杀他的战友之外,其余全部自杀。第二段文字描述了著名的马萨达之围(siege of Masada),逃到要塞中的犹太人垂死反抗,紧随其后的,是一场集体自杀,这里同样有两个幸存者,都是女人(7:8—9)。④ 我们该如何解释约瑟夫的文本与之前提到

---

① J. Schatzmiller, "Les Juifs de Provence pendant la Peste Noire", *Revue des Études Juives* 133 (1974):457-480:469-472.

② *Storia notturna. Una decifrazione del sabba*(Turin:Einaudi,1989),chap.1;*Ecstasies:Deciphering the Witches' Sabbath*,trans. Raymond Rosenthal (New York:Pantheon,1991),chap. 1.

③ Martin Bouquet,*Recueil des historiens des Gaules et de la France*,24 vols. (Paris:Aux dépens des libraires associés,1840),20:629-630.

④ 见 Josephus,The Jewish War,trans. G. A. Wiliamson (Harmondsworth:Penguin Books,1985). 维达尔-纳凯对这两个段落之间的相似之处做了细致的分析,参见 P. Vidal-Naquet,"Flavius Josèphe et Masada",in *Les Juifs*,*la mémoire*,*le présent*(Paris:Maspero,1981),pp.43ff。

的南基的威廉的继承者撰写的编年史中的文字的相似之处？我们应该假定真的存在一种契合，还是反过来，认为是历史编纂学传统主题（在较晚近的版本中还包含了对另一个传统主题——犹太人的贪婪的影射）的表现？

关于约瑟夫对发生在马萨达的事件的重建，已有过一种历史编纂学传统主题的推测。[①]（如果就现存的许多手稿来得出判断的话，可以看出）弗拉维乌斯·约瑟夫的作品，无论是希腊文版的，还是著名的由卡西奥多路斯（Cassiodorus，490—585）主编的拉丁文版，在中世纪都流传甚广，特别是在法国北部和佛兰德斯。[②] 尽管我们知道，弗拉维乌斯·约瑟夫的作品在1050年是柯尔比修道院僧侣（the monastery of Corbie）四月斋期间的指定读物，但他的作品并未被包含在14世纪圣丹尼斯修道院僧侣的必读书目中，而如我们所知，僧侣中包括南基的威廉的继承者。[③] 此外，我们没有直接的证据证明圣丹尼斯修道院的图书馆收藏过约瑟夫的《犹太战争》的手抄本。[④] 不过，这位匿名的编年史撰写者无需费力就可以查阅到这些手抄本，在收藏于巴黎的国家图书馆中的众多手抄本中，有一本来自圣-日耳曼-德-普莱修道院（Saint-Germain-des-Prés）图书馆的（一份12世纪的）抄本。[⑤] 我们可以认定，南基的威廉的继承者应该熟悉弗拉维乌斯·约瑟夫的《犹太战争》（或是作者署名为"Hegesippus"的一个4世纪改编本）。[⑥] 可是，这并不必然意味着维特里-勒-弗朗索瓦附近的集体自杀纯属子虚乌有。对于这个问题，还需做更多的调查，尽管可能不会得出一个确凿的结论。

2. 这些发生在遥远的、基本上已被遗忘的过去的事件所表达的主旨之间有着千丝万缕的联系。当皮埃尔·维达尔-纳凯（Pierre Vidal-Naquet，1930—2006）决定在同一卷集[《犹太人，记忆与当下》（*Les juifs, la mémoire, et le présent*，Paris，1981）]

---

① Vidal-Naquet, "Flavius Josèphe", pp. 53ff.

② 参见 *The Latin Josephus*, ed. F. Blatt（Aarhus：Universitetsforlaget，1958），I，15-16。另参见 Guy N. Deutsch，*Iconographie et illustration de Flavius Josèphe au temps de Jean Fouquet*（Leiden：Brill，1986），p. xi（map）。

③ P. Schmitz, "Les lectures de table à l'abbaye de Saint-Denis à la fin du Moyen Age", *Revue Bénédictine*, 42（1930），163-167；André Wilmart, "Le couvent et la bibliothèque de Cluny vers le milieu de XIe siècle", *Revue Mabillon*, 11（1921），89-124，esp. 93，113.

④ D. Nebbiai-Dalla Guarda，*La bibliothèque de l'abbaye de Saint-Denis en France du IXe au XVIIIe siècle*（Paris：Editions du CNRS，1985），关于一份 Reichenau 送至圣丹尼斯修道院的请求，为了取得一本约瑟夫的 *Antiquitates Judaicae*（p. 61；see also ibid., p. 294）。

⑤ B. N. Lat. 12511；cf. *The Latin Josephus*, p. 50.

⑥ *Hegesippi qui dicuntur historiarum libri V*, ed. Vincentius Ussani（*Corpus Scriptorum Ecclesiasticorum Latinorum*, vol. 66），（Vindobonae [Vienna]：Hölder-Pichler-Tempsky，1932，1960），preface by K. Mras（关于马萨达之围，见5：52-53，407-417）. 巴黎国家图书馆藏有12份"Hegesippus"的手抄本，成书于10世纪和15五世纪之间。参见 Deutsch，*Iconographie*，p. 15。

中再度发表《弗拉维乌斯·约瑟夫与马萨达》(*Flavius Josephus and Masada*)和《纸糊的艾希曼》(*A Paper Eichmann*)这两篇文章时，他强烈地认识到这种关联。后一篇文章细致地讨论了所谓的修正主义学派，该学派声称，从未有过纳粹的种族灭绝性质的集中营。[①] 内容的相似——中世纪的灭绝犹太人活动，20世纪对犹太人的种族灭绝——在我看来，不如根源于两起事件中的理论问题的相似来得重要。我试着解释一下为什么这样讲。

约瑟夫描述的约塔帕塔与马萨达事件的两段文字间的共同之处，除集体自杀之外，还有幸存的两人：第一个事件中是约瑟夫和他的战友，第二个事件中是两个女人。[②] 至少有一个人幸存，是提供一个目击者的逻辑必要条件。可为什么是两个？我认为，犹太与拉丁法学传统共有的，司法中广为人知的拒斥单个证人的态度，解释了选择两个证人的原因。[③] 对于一个成为罗马公民的犹太人，弗拉维乌斯·约瑟夫当然熟悉这两种传统。后来，罗马皇帝君士坦丁将拒斥单个证人的态度变为一条正式的法律，随后被纳入《查士丁尼法典》。[④] 到了中世纪，出现了间接援引《申命记》第19章第15节中说的不可只有一个见证人来指证别人（Non stabit testis unus contra aliquem）的一句话，即一个证人便是没有证人（testis unus，testis nullus）。这句箴言，或直白地，或暗示性地在审判记录和法律文书中反复出现。[⑤]

让我们试着作片刻的想象，如果将这个标准用于历史研究领域，会发生什么？1348年5月发生在拉布姆的事件，1321年夏的某个时候发生在维特里-勒-弗朗索瓦附近的事件，以及公元67年7月在约塔帕塔附近的岩洞中发生的事件，我们对上述每一事件的了解都基于单个的、多少是直接的目击者。这些目击者分别是现藏于维也纳的奥地利国家图书馆的《摩西五经》上留下几行文字的人（被认定为达亚斯·基诺尼）、南基的威廉的继承者，以及弗拉维乌斯·约瑟夫。通情达理的历史学家不会将之斥为根本不可靠的证据。根据常规的历史学实践，每份文献的价值都不得不用比对的方式，也就是说，

---

① 参见英译本：Pierre Vidal-Naquet，“A Paper Eichmann?”*Democracy*，April 1981，pp. 67-95. 注意标题末尾的问号，这在原来的法文版中是没有的。

② 在*Les Juifs*，p. 59，n. 48处，P. 维达尔-纳凯提到玛丽亚·达拉基(Maria Daraki)的解释，她认为前一例中的相似情形应归因于那个指控约瑟夫和他的同伴的妇女。在我看来这种解释没什么说服力。

③ Hendrik Van Vliet，*No Single Testimony*. Studia Theologica Rheno-Traiectina 4（Utreche：Rijkuniversiteit，1958）。维达尔-纳凯从普遍的(或说从逻辑上的)观点出发强调了多于一个证人的优越性，参见*Les Juifs*，p. 51。

④ Van Vliet，*No Single Testimony*，p. 11.

⑤ 例如，见Anne Libois，“À propos des modes de preuves et plus spécialement de la preuve par témoins dans la juridiction de Léau au Xve siècle”，in *Hommage au professeur Paul Bonenfant*（1899-1965）（Brussels：Universa，1965），pp. 532-546，539-542。

通过建立一个至少包含两份文献的序列加以检验。不过,让我们姑且假定,南基的威廉的继承者对维特里-勒-弗朗索瓦附近的集体自杀的描述仅仅是对约瑟夫《犹太战争》的应和。即便所谓的集体自杀并非事实,这段描述本身仍为我们提供一条关于14世纪早期约瑟夫的作品在巴黎大区(Île-de-France)的接受程度(除了对死板的实证主义者来说,这同样是一桩"事实")的宝贵证据。

法学和历史学似乎有着不同的规则和不同的认识论基础,这些规则和基础并不总是一致的。结果是,法学原则不能被原封不动地移植到历史研究中去。① 这条结论似乎会与弗朗索瓦·博杜安(François Baudouin,1520—1573)这种16世纪学者强调二者之间密切关联的看法格格不入。这位法律史学家郑重宣称:"历史研究必须被建立在坚实的法学基础之上,而法理学必须与历史相结合。"② 从一个不同的、与古文物学研究相关的视角,耶稣会士亨利·格里费(Henri Griffet,1698—1771)在其《论可能获取历史真实的各种证据》(*Traité des differentes sortes de preuves qui servent à établir la verité de l'histoire*,1769)中将历史学家比作检验不同目击证据可靠性的法官。③

这样一种类比在今天绝对是过时了。许多历史学家或许对preuves,即格里费标题中的"证据"这一关键词汇感到有点尴尬。然而近来的一些讨论表明,证据、真实以及历史之间的联系是不能够被轻易舍弃的。

3. 我已提到了《纸糊的艾希曼》,皮埃尔·维达尔-纳凯写来驳斥罗伯特·福里松(Robert Faurisson,1929—　)等人提出不曾有纳粹灭绝性的集中营的臭名昭著论点的文章。④ 该文已在一本小册子《记忆的杀手》(*Les assassins de la mémoire*)中再版,维达尔-纳凯将此书献给了他在1944年死于奥斯维辛的母亲。不难想象,促使他投身一场细节讨论的道德与政治动机,除了别的事情,他尤其潜

① 关于这个题目,可见Paul Peeters的相当粗略的评论,"Les aphorismes du droit dans la critique historique"(《历史批评中的法律格言》)Académie Royale de Belgique(比利时皇家学院),*Bulletin de la calsse des lettres*,32(1946),82ff(关于testis unus, testis nullus的部分,参见pp. 95-96)。

② François Baudouin, *De institutione historiae universae et ejus cum jurisprudentia conjunctione, prolegomenon libri II*,引自Donald R. Kelly, *Foundations of Modern Historical Scholarship*(New York:Columbia University Press,1970),p. 116(但是这整本书都很重要)。

③ 我使用的是第2版(2nd,Liège,1770 edition)。在*Historian and Historical Evidence*,(New York:Scribner's,1926)中,阿兰·约翰逊(Allen Johnson)敏锐地强调了这篇短文的重要性。我引用的是1934年的纽约版,p.114。约翰逊将其封为"自Mabillon的*De re diplomatica*之后最重要的方法论著作"。另参见A. Momigliano, *Ancient History and the Antiquarian*, in *Contributo alla storia degli studi calssici* (Rome:Edizioni di storia e letteratura,1979),p. 81。

④ 参见R. Faurisson, *Mémoire en défense. Contre ceux qui m' accusent de falsifier l' histoire. La question des chambres à gaz*, preface by Noam Chomsky (Paris:La Vieille Taupe,1980)。

心于与毒气室有关的证据(证人、技术上的可能性,等等)的严谨分析。此外,维达尔-纳凯在一封写给吕斯·贾尔(Luce Giard)的信中阐明了一些更具理论意义的意指,这封信在一本几年前问世的米歇尔·德塞都(Michel de Certeau,1825—1986)的纪念文集中发表。维达尔-纳凯认为德塞都出版于1975年的论文集《历史的写作》(*l' écriture de l' histoire*)是一本有助于消解历史学家自认清高的傲慢的重要著作,他写道:"继而,我们已开始意识到历史学家是在写作(writes),意识到他是在制造空间与时间,自己又内在地处于一个特定的时空之中。"不过,维达尔-纳凯继续谈到,我们不应舍弃旧有的关于"真实"(reality)的理念,即一个世纪前发起于兰克的"如其所是"的理念。

> 当福里松事件开始的时候(不幸它仍在继续),我变得对这一切有所感悟。毫不奇怪,福里松是德塞都的对立面。前者是个粗陋的唯物主义者,以最切实之真实的名义,将他所处理的每样事物——痛苦、死亡、致死的工具,转化为某种不真实之物。德塞都被这种颠倒乾坤的愚蠢深切地触动了,并就此给我写了一封信……我意识到,有一场关于毒气室的讨论正在进行,每一件事必定都进入话语的阶段(*mon sentiment était qu' il y avait un discours sur les chambres à gaz, que tout devait passer par le dire*);然而在此之外,或说是,在这之前,存在着某些不可化约的,无论如何,我会继续称之为真实的东西。没有这种真实,我们怎能在虚构与历史之间做出区分?①

在美国,区分虚构与历史的问题似乎通常发端于海登·怀特(Hayden White,1928—)的作品,或至少与之有关。很明显,这两位作者的历史学实践存在差异,不过无法否认,在怀特的《元史学》(*Metahistory*,1973)和德塞都的《历史的写作》(*L' écriture de l' histoire*,1975,纳入了一些早先发表过的文章)之间有着某种契合之处。为充分理解海登·怀特的贡献,有必要先简单勾勒出他的思想肖像。②

4. 1959年,怀特在向一个美国读者介绍贝奈戴托·克罗齐(Benedetto Croce,1866—1952)的最紧密追随者之一——卡罗·安东尼(Carlo Antoni,1896—1959)的

① *Michel de Certeau*, ed. Luce Giard (Paris: Centre Georges Pompidou, 1987), pp. 71-72. 从维达尔-纳凯那里我们得知,是双方参与对 François Hartog 的文章的公开讨论引发了这番通信。Hartog 的文章随后以《希罗多德之镜》为题出版(*Le miroir d' Hérodote* [Paris: Gallimard, 1980])。对 Hartog 这篇文章的一些暗示的探讨,可参见我为娜塔莉·戴维斯的《马丁·盖尔归来》的意大利文版所撰写的后记(*Prove e possibilita'*, in *Il ritorno di Martin Guerre*. Turin: Einaudi, 1984, pp. 143-145)。

② 下文所做的探讨基于海登·怀特已出版的作品。他在 UCLA 的会议上提交的论文《历史的情节化与关于真的问题》("Historical Emplotment and the Problem of Truth", in *Probing the Limits of Representation*, ed. Saul Friedlander [Cambridge, MA: Harvard University Press, 1992], pp. 37-53)显示了一种不那么严格(但特别自相矛盾)的怀疑论。

著作《从历史主义到社会学》(*Dallo storicismo alla sociologia*)的英译本时，将克罗齐青年时代的文章《普遍艺术概念下的历史学》(*La storia ridotta sotto il concetto generale dell' arte*，英译版标题为 *History subsumed under a general concept of the arts*)称为一项“革命性的”成就。[①] 这篇于1893年，即当时作者27岁时发表的文章的重要性，在克罗齐本人的思想自传[《自我评论》(*Contributo alla critica di me stesso*，英译版标题为 *Contribution to a Critique of myself*)]中已有所强调，后来柯林武德(R. G. Collingwood, 1889—1943)在作品[《历史的观念》(*The Idea of History*)]中也强调了它的重要性。[②] 毫不奇怪，《元史学》中关于克罗齐的一章中有对《普遍艺术概念下的历史学》的细致讨论。[③] 可是过了16年，怀特对这篇文章的欣赏已经相当淡薄。他宣称仍认同克罗齐文章中某些关键性论述，例如被视为纯粹属于入门的历史学研究和相当于叙事性历史的真历史之间的截然不同。不过他就此做出结论：

> 很难不去将克罗齐在历史感受方面的“革命”视为一种倒退，因为它的作用是使历史学脱离了建构一门关于社会的普遍科学的努力——那时这种努力才刚开始在社会学上有了一些进展。可是，就历史学家对其研究的艺术性一面的看法来说，克罗齐的“革命”甚至有更为危险的暗示。因为，当克罗齐正确地将艺术理解为一条认识世界的途径，而非仅仅是对世界的物性反应或直接经验时，他将艺术作为对现实的如实表现(representation)的看法有效地将作为艺术家的历史学家从最新近的——并且是日趋占据主导地位的——进步中孤立了出来。这一进步致力于表现意识的不同层面，它是由遍布全欧的象征主义者和后印象主义者推动的。[④]

这段话已指明了海登·怀特此后研究中的一些要素。自《元史学》成书以来，他对建设“一门关于社会的普遍科学”越来越不感兴趣，而对“历史学家工作中的艺术性一面”却越发有兴趣——一种接近于克罗齐反实证主义的长期斗争，又引起了克罗齐蔑视社会科学的转变。

---

① Carlo Antoni, *From Historicism to Sociology*, trans. Hayden White (Detroit: Wayne State University Press, 1959), with a preface by White, "On History and Historicism" (pp. xxv–xxvi). Cf. the review by Bruce Mazlish in *History and Theory* 1 (1960): 219–227.

② Benedetto Croce, *Contributo alla critica di me stesso* (Bari: Laterza, 1926), pp.32–33; R. G. Collingwood, *The Idea of History* (Oxford: Oxford University Press, 1956), pp. 91ff. (rev. ed., 1993).

③ Hayden V. White, *Metahistory: The Historical Imagination in Nineteenth-Century Europe* (Baltimore: Johns Hopkins University Press, 1973), pp. 281–288; Benedetto Croce, *Primi saggi* (Bari: Laterza, 1927), pp. 3–41.

④ White, *Metahistory*, p.385.

可是，在《元史学》中，克罗齐已不再具有他在怀特思想发展的早期阶段一度享有的那种决定性影响。毫无疑问，怀特仍对克罗齐有崇高敬意，且继续将克罗齐奉为"这个世纪所有历史哲学家中最具天赋的历史学家"，甚至在全书最后一页，他还热情地称颂了克罗齐所谓的"反讽"态度。[①] 不过，上面引用的整体评价表明他对克罗齐的理论观点存有值得玩味的歧见。

如我们所见，怀特对克罗齐思想怀有不满，其根本动机纠结于克罗齐"将艺术作为对现实的如实表现的看法"——易言之，在于他的"实在论的"(realistic)态度。[②] 在这个语境下，这个词语带有认知上的意义，而不仅仅是美学上的意义，当该词语被用于克罗齐这样的新唯心主义哲学家时，可能听起来有点似是而非。可是，克罗齐的唯心主义属于一种相当独特的类型，对其研究最具洞见的批评所形容他的那个词语，似乎更合适"批判性的实证主义"(critical positivism)。[③] 唯心主义在克罗齐思想中最显著的时期，不得不追溯到乔瓦尼·金蒂利(Giovanni Gentile，1875—1944)对他施加的强烈影响，一条紧密的思想纽带将二人牵连了20年之久。[④] 在添加于《作为纯粹概念的科学的逻辑学》(*Logica come scienza del concetto puro*，英译版标题为 *Logic as the science of pure concept*，1909)之中的一条注释中，克罗齐回顾性地重建了他的思想发展，始于《普遍艺术概念下的历史学》，再到那时他在乔瓦尼·金蒂利的影响下(我那非常亲密的朋友……他的帮助和激励使我的研究生涯获益良多)认识到历史学与哲学的一致性。[⑤] 然而，若干年后，这种一致性当中固有的歧义性(从普遍层面来讲，也是克罗齐与金蒂利之间所谓的理论分歧)便充分暴露出来了。[⑥] 通过将哲学解释为"历史学的方法论"，克罗齐似乎是将前者融入了后者。金蒂利反其道而行之。1936年，他在《征服历史中的时间》(*Il superamento del tempo nella storia*，英译版标题为 *The overcoming of time in*

---

① Ibid., pp. 378, 434.

② Ibid., p. 407.

③ Eugenio Colorni, *L' estetica di Benedetto Croce: Studio critico* (Milan: La Cultura, 1932).

④ 克罗齐与金蒂利的通信从这个角度看来非常具有启发性，参见 Benedetto Croce, *Lettere a Giovanni Gentile*, 1896—1924, ed. Alda Croce, introd. by Gennaro Sasso (Milan: Mondadori, 1981)。

⑤ 参见 Benedetto Croce, *Logica come scienza del concetto puro* (Bari: Laterza, 1971), pp. 193-195。另参见 Giovanni Gentile, *Frammenti di critica letteraria* (Lanciano: Carabba, 1921), pp.379ff。(对克罗齐的 *Il concetto della storia nelle sue relazioni col concetto dell' arte* [1897] 的评论。)在对克罗齐的思想发展至关重要的1897—1900年间，金蒂利对克罗齐的影响可从以下材料来判断：金蒂利的 *Lettere a Benedetto Croce*, ed. Simona Giannantoni (Florence: Sansoni, 1972), vol. 1。另可参见 Giuseppe Galasso 为克罗齐所作的附录，*Teoria e storia della storiografia* (Milan: Adelphi, 1989), pp. 409ff。

⑥ 在此我进一步发挥了 Piero Gobetti 的许多机智的评论(参见"Cattaneo" in Gobetti' s *Scritti storici, letterari e filosofici* [Turin: Einaudi, 1969], p. 199 [最初出版于 *L' Ordine nuovo*, 1922])。

history)中写道:"无事实的观念是空洞的""没有历史性的哲学是最徒劳的抽象之物。可事实只能是自我意识的客观时刻的生命体,在此之外,不存在真正有建设性的思想"。他强调,历史(res gestae)"绝不能是历史学(historia rerum gestarum)的前提条件"。金蒂利极力反对"历史形而上学理论(或历史主义)直接建立在历史写作以历史事实为先决条件的观念之上,这个观念与其他的形而上学观念同样荒谬,并且孕育了更恶劣的后果;因为没有比已经潜藏在你家里的敌人再危险的了"。①

通过把未指名道姓的"历史的形而上学理论"等同于"历史主义"的方式,金蒂利回应了克罗齐那时刚发表的一篇反法西斯主义的檄文《反历史主义》(*Antistoricismo*)。② 金蒂利文章的理论核心回到了他的《作为纯粹行动的精神的普遍理论》(*Teoria generale dello spirito come atto puro*,1918),这是对克罗齐的《历史学的理论与历史》(*Teoria e storia della storiografia*,1915)的回应。③ 不过,到了1924年,这两位老友之间本属哲学范畴的争论已转化为尖锐的政治和个人间的针锋相对。

这一明显的离题是为了澄清以下几点:

a. 只有考虑到海登·怀特生涯早期

---

① Giovanni Gentile,"The Transcending of Time in History",in Raymond Klibansky and H. J. Paton,eds.,*Philosophy and History:Essays Presented to Ernst Cassirer*(Oxford:Oxford University Press,1936),pp. 91-105:95,100. 30年前,Antonio Labriola在一封给克罗齐的信中以令人惊异的相似措辞描述了克罗齐与金蒂利的关系,参见 A. Labriola,*Letter a Benedetto Croce*,1885-1904 (Naples:Nella sede dell'Istituto,1975),p. 376 (2 January 1904):"我不明白为什么金蒂利——他像僧侣那样猛烈抨击这个堕落的世界——没有致力于这桩善行(因为他的家中有着魔鬼),使得尤其是你皈依。"关于金蒂利对克罗齐的影射,见下一条注释。

② G. Gentile,"Il superamento del tempo nella storia",in *Memorie italiane e problemi della filofofia e della vita*(Rome,1936),p. 308:"La metafisica storica (o storicismo)…";该文曾出现在 *Rendiconti della R. Accademia Nazionale dei Lincei*,*classe di scienze morali*,ser. 6,vol. 11 (1935):752-769。括号中的话("或历史主义")未见于数月前出版的英文版("The Transcending of Time in History")(编辑的序言所署的日期是"1936年2月")。此处缺少的语句可能是在克罗齐的文章"Antistoricismo"(1930年在牛津的讲演,但后来才在 *Ultimi saggi* [Bari:Laterza,1935],pp. 246-258发表)出版之后才加上的。金蒂利于1935年11月17日在Accademia dei Lincei发表了他的讲演,在1936年4月2日给出了修订过的校样。克罗齐对收在《哲学与历史》(*Philosophy and History*)中的文章的反应,见《作为思想和行动的历史》(*La storia come pensiero e come azione* [1938] [Bari:Laterza,1943],pp. 319-327,这一部分在斯普里吉[Sylvia Sprigge]翻译的英文版《作为自由的故事的历史》[*History as the Story of Liberty*(New York:Norton,1941)]中缺失了);在第322页我们发现提及金蒂利的带有敌意的句子("一种乌七八糟的神秘化倾向……")。另参见同书中关于"作为从历史中的解放的历史学"的部分("*History*",pp. 43-45;*La storia*,pp. 30-32:"我们是过去的产物,并且浸淫在过去之中而生存,过去从四面八方挤压着我们……")。金蒂利的唯心主义要远为激进并自成一体,他声称过去(同样还有时间)是纯粹抽象的概念,在实在的精神生活之中被征服("The Transcending of Time",pp. 95-97)。在Cesare Garboli,*Scritti servili*(Turin:Einaudi,1989),p. 205处,注意到了此文的重要性。

③ 参见 G. Gentile,*Teoria generale dello spirito come atto puro*(1916),2nd rev. and enlarged ed. (Pisa:Mariotti,1918),pp. 50-52;*The Theory of the Mind as Pure Act*(London:Macmillan,1922)。

阶段受到的意大利新唯心主义哲学的熏陶,才能理解他的思想发展。①

b. 怀特在其出版于1978年的论文集《话语的转义》(*Tropics of Discourse*)中提出的"转义学"(tropological)路径仍旧显示出克罗齐思想的影响。1972年,怀特写道:

> 从他对历史知识的认识论基础的研究转向这样一种立场,即他试图将历史学置于艺术的普遍概念之下。反过来,他的艺术理论被构造成一门"表现的科学和普遍的语言学"[其著作《美学》(*Aesthetics*)的副标题]。在其关于所有理解现实的可能性模式的语言学基础的分析中,他最接近于掌握了普遍性阐释本质上的转义属性。他没能形成这呼之欲出的洞察,最可能的是受到了他自己对任何人文科学体系都存有的那种"反讽的"怀疑所导致的。②

这一始于克罗齐的取径,却随之走向了一个全然相异的方向。当我们读到"转义即是所有话语对它貌似如实描述和客观分析的客体*进行建构*(斜体是原文中有的)的过程"[《话语的转义》(1978)导言中的一段话]的时候,③我们辨认出了前文对克罗齐的"实在论"的批判。

c. 怀特接触到米歇尔·福柯(Michel Foucault,1926—1984)的作品,必定强化了这种主观主义立场。不过,值得注意的是怀特试图借助所谓的意大利新唯心主义哲学的所谓创始人乔万巴蒂斯塔·维柯(Giovanbattista Vico,1688—1744),对福柯进行"解码"。④ 事实上,怀特关于话语创造了它自己的客体的表述,似乎是在附和——尽管存在主要的差异(下文即将讨论到)——混同了克罗齐对于表现和普遍语言学的强调,以及金蒂利那种认为历史学(historia rerum gestarum)创造了它自己的客体,即历史事实(res gestae)的极端主观主义观念。"事实不过是一个语言学上的存在"(Le fait n'a jamais qu'une existence linguistique),巴特(Roland Barthes,1915—1980)的这句话被用作怀特的《形式之内容》(*The Content of the Form*,1987)的封面箴言,此话就属于我刚刚提及的这种对克罗齐和金蒂利的想象结合体。即使怀特在20世纪80年代早期读了巴特(《话语的转义》中尽管几乎

---

① 我并不是认为存在着一种简单的、单线式的因果关系。毋庸置疑,怀特对意大利新唯心主义的反应披上了完整的美国外衣。不过,即便是Perry Anderson在他于UCLA的研讨会上提交的论文(*Probing the Limits of Representation*, p. 65)的结尾所暗指的怀特的实用主义,无疑也是被从克罗齐的作品(特别是他的*Logica*)中辨识出来的实用主义趋势(以Giovanni Vailati为中介)所加强了的。

② 参见H. White,"Interpretation in History"(1972-1973), in *Tropic of Discourse*(Baltimore: Johns Hopkins University Press, 1978), p. 75。

③ Ibid., p. 2.

④ "Foucault Decoded"(1973), in ibid., p. 254.

未提及他)，[①]也仅是强化了一个既有的模版。

5. 在这一重构中，有一个值得追问的因素，也就是金蒂利被赋予的角色。据我所知，怀特从未研究过他的作品，甚或从未提到过他(正如我们下面会看到的，有一个恰与主题有关的例外)。可是，像怀特这种经由卡罗·安东尼而接触到意大利新唯心主义哲学传统的学者，我们尽可以假定他对金蒂利的研究是熟悉的。(另一方面，必须排除从巴特那里直接了解的可能性。巴特在德塞都思想发展中所起到的关键作用，这可以解释后者与海登·怀特之间的部分契合——但只是在一定程度上。)

金蒂利与法西斯主义联系紧密，直至他死于暴力，这至少在意大利以外的地方部分掩盖了他哲学生涯的第一阶段。他对黑格尔唯心主义的追捧来自对马克思的早期哲学著作[《马克思的哲学体系》(*La filosofia di Marx*，1899)]的第一手阅读。[②] 在对马克思《关于费尔巴哈的提纲》(*Theses on Feuerbach*)的分析中，金蒂利通过维柯的著名论断“真理即创造的转化之物”(verum ipsum factum)，或者不如说是通过对他的新唯心主义解释，来阐释马克思主义实践。由此，实践被视为蕴含着主观与客观相一致意味的概念，在此范围内，精神(Spirit，先验的主体)创造了实在。[③] 就连金蒂利生命最后阶段的论断，即历史学创造历史，也不过是这一原则的推论。关于马克思从根本上是一个唯心主义哲学家的描述，对意大利的思想和政治生活产生了深远影响。的确，安东尼奥·葛兰西(Antonio Gramsci，1891—1937)在他的《狱中札记》(*Prison Notebooks*)里使用“实践哲学”(philosophy of praxis)之类的表述，而不是“历史唯物主义”(historical materialism)，这显然是在试图规避法西斯的审查制度。不过，他也是在呼应金蒂利第二篇关于马克思的文章的标题(“实践哲学”，即 La filosofia della praxis)，更为重要的是，他也附和了金蒂利将“实践”作为一个概念加以强调，消除在马克思主义思想中作为要素的唯物主义，几近彻底将之抹杀掉。葛兰西对金蒂利关于马克思的阐释的其他呼应在其早期的唯心主义式马克思主义中可以找到。[④] 有人甚至提出，《狱中札记》中那段广为人知的、认为金蒂利哲学比克罗齐哲学更接近未来主义(Futurism)的文

---

① 巴特只在人名索引中出现了一次；但是在第 24 页注释 2 中，提到了巴特与其他一些在修辞学领域做研究工作的学者，如 Kenneth Burke，Gérard Genette，Umberto Eco 和 Tzvetan Todorov。

② G. Gentile，“La filosofia della praxis”，in *La filosofia di Marx*：*Studi critici*(Pisa：Spoerri，1899)，pp. 51-157；这本书题献给克罗齐。参见 Eugenio Garin 在他所出版的金蒂利的 *Scritti filosofici*，2 vols.(Milan：Garzanti，1991)中内容详尽的导言。

③ Gentile，“La filosofia della praxis”，pp. 62-63.

④ 关于第一个论点，参见 Giancarlo Bergami，*Il giovane Gramsci e il marxismo*(Milan：Feltrinelli，1977)；关于第二个论点，参见 Augusto Del Noce，*Il suicidio della rivoluzion*(Milan：Rusconi，1978)，pp. 121-198(“Gentile e Gramsci”)。

字，意味着对金蒂利的正面评价，难道葛兰西不是在1921年将未来主义视为一次能够应对“新型艺术、哲学、行为、语言”诉求的革命运动吗？① 金蒂利的哲学与未来主义之间类同的紧密关系也被克罗齐从一个自由—保守派的反法西斯主义视角隐晦地提及，他把二者都视为“反历史主义”的反面示例。②

考虑到海登·怀特从左翼立场对金蒂利的作品（或至少是他的一部分作品）进行阅读，在他开始写作《历史的重负》（*The Burden of History*，1966）时——他以现代主义基调呼吁一种新的历史学——我们便能察觉到准金蒂利意味，就不显得那么自相矛盾了。③ 很容易理解这种对自由主义正统和马克思主义正统的攻击所产生的影响（以及它内在的缺陷）。在20世纪60年代末和70年代初，主观主义有着显著的激进色彩（甚至是以一种极端的形式）。可是，如果把欲求（desire）作为一句左翼口号，真实（reality）（包括对“真正的事实”的强调）则看起来绝对是右翼的。这样一种简单化的，更不用说是自我抨击的观点，已经在很大程度上被取代了。在这个意义上，潜在地对于事实的根本脱离的态度在今天当然不仅局限于几股左翼流派。若要对甚至存在于学术界之外的、当今人们对怀疑主义意识形态的超乎寻常的欲求做出解释，就得将这一事实纳入考虑。同时，海登·怀特宣称，他“反对革命，无论是从社会等级中自上而下还是自下而上的”。④ 在一条脚注中他解释说，这一论点来自这样一种事实，即“不少理论家都把我经常被指控带有相对主义观点的想法理解为是意味着一种虚无主义，而这种虚无主义招致了某种尤其不负责任的革命行动主义。在我看来，相对主义在道德上相当于认识论上的怀疑主义；此外，我将相对主义理解为社会宽容的基质，而非一张‘随心所欲’的许可证”。⑤

怀疑论、相对主义、宽容，怀特的思想的表白，貌似与金蒂利的理论视野的距离相去甚远。金蒂利对实证主义历史学家的攻击不含怀疑论的意指，因为他的哲学立场指向的是一种超验的精神，而非多样式的经验主体。⑥ 他从不是一个相对主义者；相反，他极力宣扬一种宗教式的从一而终（commitment），在理论和政治事务

---

① 参见 Salvatore Natoli，*Giovanni Gentile filosofo europeo*（Turin：Bollati Boringhieri，1989），pp. 94ff。（某种程度上是浮浅的）；a propos A. Gramsci，*Quaderni del carcere*，ed. Valentino Gerratana（Turin：Einaudi，1975），3：2038。关于葛兰西对未来主义的观点，参见 *Socialismo e fascismo*：*L' Ordine Nuovo*，1919-1922（Turin：Einaudi，1966），pp. 20-22。

② B. Croce，“Antistoricismo”，in *Ultimi saggi*，pp. 246-258.

③ White，*Tropics*，pp. 27-80.

④ Idem，*The Content of the Form*（Baltimore：Johns Hopkins University Press，1987），p. 63.

⑤ Ibid.，p. 227n12.

⑥ Gentile，“The Transcending of Time”，p. 99.

上都绝不妥协。[①] 并且,他当然没有对宽容加以理论化,如同他支持法西斯主义,包括支持黑衫党(squadrismo),支持它最为暴力的一面——的那副模样。[②] 臭名昭著的表述,即将惩罚小分队的警棍描述为一种相当于布道的"道德力量"——金蒂利在1924年竞选活动中的讲演上的一处评论[③]——与他严格的一元论,属一脉相承。在由精神创造的现实中,不存在事实与价值之间的真正区分。

这些理论分歧并非无关紧要。任何认为金蒂利的取径和怀特的取径有思想一致性的观点都考虑到这些主要的差别。这样,我们才会好奇地去看一看,怀特在他的文章《历史解释的政治》(*The Politics of Historical Interpretation*)中,强调他的历史观和"那种……惯常是与法西斯政权的意识形态联系起来的……历史观"有一些共同之处,而同时他又拒斥法西斯政权的"社会和政治政策"为"不容置疑的可憎"。

6. 这一矛盾如此清晰可见,它将我们引向了暗含于怀特的取径中的道德困境。他说:"我们必须提防一种情绪主义,即由于一种历史观念会联系到法西斯主义意识形态,而使我们简单地将之一笔勾销。必须面对这样的事实,当开始对历史记录进行理解时,没理由说在历史记录本身之中某一种建构其意义的方式比另一种更合适。"[④]没有理由?事实上,在讨论福里松关于灭绝犹太人活动的看法时,怀特毫不犹豫地提出了一个标准,我们必须据此来评判充斥矛盾性的历史解释的正确性。让我们看一看他的论证。

怀特的上述论断是基于:(1)克罗齐

---

① 例如见 G. Gentile,"Caratteri religiosi della presente lotta politica",in *Che cosa è il fascismo*:*Discorsi e polemiche*(Florence:Vallecchi,1924 [actually 1925]),pp. 143-151。

② 例如见题名为"La violenza fascista"的部分,in *Che cosa è il fascismo*(一篇于1925年3月8日在佛罗伦萨发表的演讲),pp. 29-32。

③ "国家和个人……完全是一回事;并且,统治的艺术就是令这二个范畴和谐且一致的艺术,以致最大限度的自由契合于最大限度的公共秩序……因为最大限度的自由总是与最大限度的国家公共力量相应。哪种力量?那些不欢迎这种力量的观念的人热衷在这个领域内作出区分;无论如何,这种力量的观念对于国家是必要的,因此对于自由也一样。他们把道德力量从物质力量中区分出来:把由公投表决以及自由地被接受的法律的力量,与严酷地抑制公民意志的暴力的力量区分开来。多么率直的划分,只要它是真诚地做出的!每一种力量都是道德力量,因为它总是意志的表达;不管如何应用观点——布道或是黑衫手段——它的功效无外乎是最终取得一个人的竭诚支持和说服他同意。"(引自 G. Gentile,*Making the Fascist State*,trans. H. W. Schneider [New York:Oxford University Press,1928],p. 347.)这篇于1924年3月31日在帕勒莫做出的演讲首次发表在*La nuova politica liberale* 2(1924年4月2日)这样的刊物上。当它于一年之后再版时,经历了Matteotti危机及其暴力的结局,已获"警棍哲学家"头衔的金蒂利插入了一条尴尬且傲慢的注释。在这条注释中,他解释道:他意图在其中辨识出道德重要性的力量只有一种,就是属于国家的力量,对它来说,法西斯主义特遣队的警棍是危急时刻的必要工具。参见 Gentile,*Che cosa è il fascismo*,pp. 50-51. 金蒂利的论证并非特别具有原创性。例如,可参见 B. Mussolini,"Forza e consenso",*Gerarchia* (1923) (in *Opera omnia*,ed. Edoardo and Duilio Susmel [Florence:La Fenice,1956],19:195-196)。

④ "The Politics of Historical Interpretation"(1982),in *The Content of the Form*,pp. 74-75.

在《普遍艺术概念下的历史学》中主张的"'实证的'历史研究"与"真历史"即叙事之间的区别(更恰当地说,是截然不同);(2)对这一区别的怀疑论性质的解释,通过多种途径契合于金蒂利的超验主观主义。这两种元素,在怀特回应维达尔-纳凯在"实证历史学的领域内"对福里松关于灭绝犹太活动的"谎言"的驳斥中,都能找到。福里松的主张"在思想上有多混乱,在道德上就有多莽撞";但关于"谎言"的观念,就它关涉如"真实"和"证据"之类的概念而言,明显成为怀特感到尴尬的根由,就像这个相当别扭的句子所表现的:"对于文献不像大屠杀那么充分的历史事件来讲,区分谎言和解释中的错误或误解,可能更加困难。"其实,即便是在大屠杀的例子上,怀特也无法接受维达尔-纳凯的结论。他认为,"在会'深刻地改变大屠杀的真实性'的解释和并不会改变这种真实性的解释之间",存在着巨大的差异。"以色列的解释将事件中的'真实性'完整地保存了下来,然而,修正主义者的解释以这样一种方式重新描述它,使之成为与受害者们所知的大屠杀不同的东西,从而把它的真实性抹去了。"①怀特说,犹太复国主义者对大屠杀的解释,不是非真(contre-vérité)(就像维达尔-纳凯所认为的那样)而是真(truth):"作为一种历史解释,其真实性以有效性的形式,存在于以色列当前各种政治政策的广泛领域之中,从那些阐述事实的人的立场看来,这种真实性的存在对犹太民族的安全,且事实上对他们的生存是至关重要的。"同样,"巴勒斯坦人民要求从政治上有效地回应以色列政策的努力,必然催生了一种相似的有效的意识形态的产生,也催生了一种能够赋予他们的历史迄今缺少的某种意义的解释。"②我们可以下结论说,如果福里松的叙述在任何时候都能被证明是有效的话,怀特就也会认为它是真的。

这一结论是宽容态度的产物吗?如我们所见,怀特认为他的怀疑论和相对主义能够为宽容提供认识论的和道德的基础。③ 可是这个主张在历史上和在逻辑上都是站不住脚的。从历史上说,因为宽容的理论化是被那些有着顽强的思想信念与道德信念的人们进行理论化处理的(伏尔泰宣称的"我将为保卫我的对手的言论自由而战"便是一个典型)。从逻辑上说,因为绝对的怀疑论将与它自身相矛盾,只要它也没有扩展到使宽容作为一条调控原则的话。另外,当道德上和理论上的差异最终没有与真实(truth)联系在一起的时候,便不会有任何可被施以宽容之

---

① Ibid.,p. 77.

② Ibid.,p.80.

③ Ibid.,p. 227,n12.

物存在了。[1] 事实上,怀特那种将真实性和有效性相关联的主张,使我们难免想起的不仅是宽容,还有它的反面——金蒂利将警棍说成一种道德力量的言论。如我们所见,在同一篇文章中,怀特要求我们不带“情绪主义”地考虑他暗作褒奖的历史观与“法西斯政权的意识形态”的关联。他将这一联系称为“惯例性的”。可是,在这种语境下(与海德格尔的名字一起)提到金蒂利的名字似乎完全不是惯例性的。[2]

7. 自20世纪60年代末以来,我们正讨论的怀疑论态度在人文和社会科学领域越来越有影响力。这一广泛传播仅部分地与它们所谓的新奇性相关。对皮埃尔·维达尔-纳凯赞赏性的鼓励是:“从那之后(也就是1975年米歇尔·德塞都的《历史的写作》的问世之后),我们已开始意识到历史学家是在写作,意识到他是在制造空间与时间,自己又内在地处于一个特定的时空之中。”因为维达尔-纳凯清楚地知道,同样的观点(有时导致了怀疑论)曾被着力强调过,如卡尔(E. H. Carr,1892—1982)出版于1961年的一部并不是特别大胆的方法论著作《历史是什么?》(*What Is History*?),也可追溯到更早时候的克罗齐。

从历史的视角去审视这些问题,我们会更好地把握它们的理论蕴含。我会建议以里纳托·塞拉(Renato Serra,1884—1915)的一篇短文作为起点。这篇文章写于1912年,却迟至1927年才发表,其时作者已于1915年英年早逝。文章的标题《开往利比亚的士兵团体》(*Partenza di un gruppo di soldati per la Libia*,英译版标题为 *The departure of a group of soldiers for Libya*)[3]只给出了其内容的含糊理念。开篇以使人想起同时期翁贝托·波丘尼(Umberto Boccioni,1882—1916)的未来派绘画的大胆的实验风格,描绘了一座挤满了被人群簇拥的即将出发的战士的车站。[4] 描绘至此,陡然出现一连串反社会主义的评论,继而是对历史和历史写作的思考,又突然间转向了一段以形而上学的、充满了响应尼采的口吻写下的文字。这篇未完成的文章当然值得我们对其做更长、更深入的分析。它反映了这个人的复杂人格,塞拉除了是那一代人中最优秀的意大利批评家,还是一个有着强烈哲学志趣的博学人士。在与克罗齐的通信中(他与克罗齐私交甚密,但不是其追随

---

① 我要感谢 Stefano Levi Della Torre,他为这里的最后一点提供了一些启示性建议。

② White,*Content of the Form*,p. 74.

③ 参见 R. Serra,*Scritti letterari*,*morali e politici*,ed. Mario Isnenghi (Turin:Einaudi,1974),pp. 278-288。Cesare Garboli (*Falbalas* [Milan:Garzanti,1990],p. 150)已对塞拉的文章做了类似的解释。

④ 例如,参见(但不是唯一的例子)著名的 *Triptych*(*Those who depart*,etc.),藏于大都会艺术博物馆(the Metropolitan Museum of Art)。

者),他解释了我们在此谈论的篇章的缘起。[①] 它是由克罗齐的一篇文章《历史、编年史与伪历史》(*Storia, cronaca e false storie*, 1912)引出的,该文后来以修订过的形式收入了克罗齐的《历史学的理论与历史》(*Teoria e storia della storiografia*)。克罗齐提到过托尔斯泰在《战争与和平》中所强调的,在一个实际事件,如一场战争,同一种历史记述倚重的断裂的、歪曲的回忆之间的断裂。托尔斯泰的观点众所周知,只有收集每一直接或间接地参加过战争的个体(甚至是最卑微的士兵)的记忆,才能克服这一断裂。克罗齐拒斥这种主张及其与怀疑论貌似的关联是荒唐的。"在每一时刻,我们都知道我们所需要知道的全部历史";因此,我们所不知道的历史便等同于"物自体的永恒幽灵"。[②] 在写给克罗齐的信中,塞拉自嘲地称自己是"物自体的奴隶",称他感觉与托尔斯泰更为接近;然而,他补充说:"我的难处在于——或者至少看上去是——复杂得多。"[③]不认同他是不可能的。"有人真诚地相信文献能够表达真实……好像文献能够表达什么与其本身不同的东西……一份文献是一个事实。战争是另一个事实(无数的其他事实)。这二者不能成为一体……行动者是一个事实。讲述故事的人是另一个事实……每一份见证都仅仅是对它本身的见证;是对它当下的时刻、对它自身的起源、对它自身的意图的见证,此外没什么其他东西可以见证了。"[④]

这些不是一个纯理论家的反思。塞拉知道什么是博闻广知。在他犀利的批判中,他没有人为地将历史叙述与叙事赖以构建的材料对立起来。他清楚意识到,任何文献,无论有多么直接,它们与真实之间总是关系紧张、问题严重。但真实("物自体")是存在的。[⑤]

塞拉明确地拒绝简单的实证主义态度。并且,他的思想还有助于我们拒绝一种兼有实证主义(换句话说,基于对文献的字面解读的"实证的历史探询")与相对主义(也就是说,基于形容性的、无法比较的且无法反驳的阐释的"历史叙事")的观点。[⑥] 事实上,此部分之前已讨论过的那种基于一个目击者的叙事,可被看作是驳斥这种一分为二式的实验性案例:对于接触到的证据的另类解读直接影响了作为结果的叙事。可以假定在普遍层面上存在一种相似的,尽管通常并不如此显

① 参见 R. Serra, *Epistolario*, ed. Luigi Ambrosini, Giuseppe De Robertis, and Alfredo Grilli (Florence: Le Monnier, 1953), pp. 454ff。

② B. Croce, *Teoria e storia della storiografia* (Bari: Laterza, 1927), pp. 44-45.

③ Serra, *Epistolario*, p. 459 (1912 年 11 月 11 日)。

④ Serra, *Scritti letterari*, p. 286.

⑤ Ibid., p. 287.

⑥ 参见以前援引的海登·怀特的文字片段。以及"Historical Emplotment", in *Probing the Limits of Representation*。

明的关系。因此,一种针对历史叙事的无限怀疑态度是毫无根据的。

8. 关于奥斯维辛,让-弗朗索瓦·利奥塔(Jean-Francois Lyotard,1924—1998)写道:

假如一场地震不仅毁掉了生命、建筑、物品,还摧毁了用于直接或者间接地观测地震的仪器。不可能对它进行量性观测这一事实,不会抑制幸存者的心灵中产生关于极大的地震强度的观念,反而却会激起这种观念……同奥斯维辛一起,一些新事物在历史上出现了(它只能是一个记号而非事实),那即是事实,是承载了此处和此刻的踪迹的见证,是表明了对事实的感受或多重感受的文献,也是名字,是各种类型的句子的最终可能性,它们的连接形成了事实,所有这些都被尽可能彻底地毁灭了。历史学家要考虑的不仅是损坏的情况,还要考虑错误,难道不是这样的吗?不仅是真实,还要考虑真实之后的东西(meta-reality),即对真实的解构,难道不是吗?……它的名字(奥斯维辛)标出了历史学知识所见的其能力受到责难的限度。①

我并不全然确定最后这句话讲得是否正确。记忆与对记忆的解构是历史中反复出现的元素。普里莫·莱维(Primo Levi,1919—1987)写道:"在我们被从集中营解放之前和以后,把我们的故事讲给'其余的人',以使'其余的人'参与其中的诉求,赋予了我们一种直接而激烈的冲动性格,它达到了与我们的其他基本诉求不相上下的程度。"②如埃米尔·本维尼斯特(Emile Benveniste,1902—1976)所指出的,"证人"的拉丁语词汇中,有一个是superstes——幸存者。③

译者:李根,长春师范大学历史文化学院讲师

① J. F. Lyotard, *The Différend: Phrases in Dispute*, trans. G. Van Den Abbeele (Minneapolis: University of Minnesota Press, 1988), pp. 55-57.

② P. Levi, *Survival in Auschwitz*, trans. Stuart Woolf (New York: Collier Books, 1961), pp.5-6.

③ E. Benveniste, *Indo-European Language and Society* [London: Faber, 1973 (1969)], pp. 522ff。(对 testis 和 superstes 之间区别的讨论在 p. 526)。

专题研究

外部声音：近代早期耶稣会史学中的对话元素①

□卡罗·金兹堡

一

近30年来，历史学和人类学的交融已为这两个领域衍生了许多令人激动的研究成果。近来这两个学科的关系已经常将文学理论这一第三方包含在内。“叙事功能”“作者预设”或“隐含读者”已经与更多其他晦涩的概念一道渐为历史学家和人类学家所熟悉。这种三人组(ménage à trois)颇受肯定，尽管其结果已更为含糊。文本常被视为自足的世界，被视为文学遗产，我们尚无资格探索其与文本之外现实之间的关系。这些怀疑式的结论并未将显而易见的观念考虑在内：对于文本在文学和修辞角度上的深刻理解能够为历史学和人类学过往所共有的参考资料方面的诉求提供更为牢固的基础。

此个案研究将以一长篇段落为中心，该段落出自一本1700年于巴黎出版的书中。该书题为《新近皈依基督教的马里亚纳群岛史暨传播信仰的首批传教士的光荣事迹》(*Histoire des Isles Marianes, nouvellement converties à la Religion chrestienne; et de la mort glorieuse des premiers Missionnaires qui y ont prêché la Foy*)，其作者法国耶稣会士查尔斯·勒·郭弼恩(Charles Le Gobien, 1653—1708)是位非凡之人。作为入华耶稣会士负责人(procureur)，他在1698年出版了名为《支持基督教的中国皇帝的诏令史》(*L'Histoire de l'édit de l'Empereur de la Chine en faveur de la religion Chrétienne*)的著作，该书引发了关于“中国礼仪”(Chinese rites)的著名论战，“中国礼仪”是耶稣会士适应中国社会的大胆体验。在其书的附录中，郭弼恩为耶稣会士对中国礼仪的赞同态度作了一番辩护，这些“中国礼仪”包括“中国人在下面段落中，郭弼恩叙述了1685年马里亚纳群岛原住民

---

① 此文译自 Carlo Ginzburg, “Alien Voices: The Dialogic Element in Early Modern Jesuit Historiogrphy”, in *History, Rhetoric, and Proof. The Menachem Stern Jerusalem Lectures*, London and Hanover 1999, pp. 71-91。——译者注

对孔子和先人的尊崇”。[①] 此外,从 1702 年至 1708 年,郭弼恩编辑了《耶稣会士书翰集》(*Lettres édifiantes et curieuses*)的前八卷,这是一部法国耶稣会士从世界各地发往巴黎的信件汇编,在欧洲影响甚深。[②]

在下面的段落中,郭弼恩叙述了 1685 年马里亚纳群岛原住民尝试推翻西班牙殖民统治失败初期阶段。1565 年,西班牙夺取了位于菲律宾东部的马里亚纳群岛。[③] 5 年后,一个为制作十字架而于林中砍树的西班牙年轻人离奇被杀。马里亚纳群岛主岛关岛都城的居民被逮捕关押,不久即被释放。岛内气氛趋于紧张。一位名叫胡劳(Hurao)的贵族通过华丽的演讲鼓动其治下民众奋起反抗欧洲人,并将他们驱逐出岛。据郭弼恩记载,胡劳的演说如下:

> 这些欧洲人本应待在故土,我们无需他们帮助而幸福。我们拥有群岛所赐,并赖此而生,无需他物。他们所教知识使我们需求日增,欲望日炽。他们抱怨我们不着片缕,倘使衣物为必需品,自然理应提供给我们。我们为何要穿衣?难道它不是无用之物吗?我们为什么要矫饰遮蔽手脚而妨碍它们呢?他们认为我们头脑简单,视我们为蛮夷。但是,我们应该相信他们吗?难道这些还不明显吗?他们假借教育我们和改风易俗之际腐化我们,他们腐化了我们曾经的质朴生活。他们攫取了我们的自由,我们理应视其为重于生命之物。他们想说服我们,他们将使我们幸福,你们某些人如斯盲目以致轻信其辞。然而,自从这些外国人腐化摧毁我们的平和,我们已然经历了种种不幸和疾病。当我们看到这些,我们怎能相信(欧洲人对我们许下的幸福的承诺)呢?他们到达群岛之前,我们可曾听过任何关于这些残忍折磨我们的昆虫的信息?我们可曾听说

---

① C. Le Gobien, *Histoire de l' édit de l' Empereur de la Chine en faveur de la religion Chrétienne, avec un éclaircissement sur les honneurs que les Chinois rendent à Confucius et aux morts* (Paris, 1698)(一个意大利语版随即出版)。关于中国人对基督教传教士的态度,参见 J. Gernet, *Chine et Christianisme*(Paris, 1982)[我采用了意大利文版(Casale Monferrato, 1984),附有普罗斯佩里(A. Prosperi)的介绍]。

② 参见 *Lettres édifiantes et curieuses, écrites des missions étrangères, nouvelle edition, Mémoires d' Amérique*, vol. 6 (Toulouse, 1810), P. xxvii:“Le Père le Gobien est l' Editeur des huit premières tomes; il écrivait avec goût, et avec cette facilité que donne l' étude profonde et réfléchie des grandes modèles, et joignait aux excellentes qualités de son esprit, les vertus les plus rares et les plus précieuses. Le Père Duhalde lui succéda...”参见 A. Rétif, S.J., “Brève histoire des ‘Lettres édifiantes et curieuses’”, *Neue Zeitschrift für Missionswissenschaft-Nouvelle Revue de science missionnaire*, vol. 7 (1951), pp. 37-50。

③ 关于起义时间,参见 F. Garzia, *Istoria della conversione alla nostra santa fede dell' Isole Mariane, dette prima de' Ladroni, nella vita, predicatione, e morte gloriosa per Christo del venerabile p. Diego Luigi di Sanvitores e d' altri suoi compagni della compagnia di Giesù..., scritta nell' idioma castigliano...e tradotta nell' italiano con l' accrescimento di notitie dal padre Ambrosio Ortiz della medesima Compagnia*(Naples, 1686), pp. 569ff. 1683 年西班牙语版已在马德里出版。

老鼠、苍蝇、蚊子等所有这些只为传染疾病给我们的小动物？这正是他们所给予我们的美好礼物，通过他们令人作呕的机器带给我们！他们到来之前，我们可曾听过感冒和金钱？当我们生病了，我们曾有药物；他们带给我们疾病，却无药物。它们的价值只是依附于我们本身的喜爱，我们为什么要被贪婪驱使，不幸福地追求铁制品及相似的尘芥之物，从而陷入巨大的苦难之中呢？

他们谴责我们贫穷、无知和笨拙。但是，如果我们真如他们所说那样贫穷，他们在我们这里寻求什么呢？相信我，如果他们不需要我们，他们绝对不会像他们做的那样将自身暴露于如此多的危险之中，他们也不会想方设法居住于此。他们说教的目的在于说服我们模仿他们的风俗，遵守他们的法律，丧失我们从我们父辈那里继承而来的无价自由。总之，通过塑造一个虚假幸福，一个只有在不复生存的时候才能享有的幸福，从而使我们不幸福。

他们认为我们的历史是寓言和虚构。对于他们教给我们，要求我们作为不可置疑的真理而相信的那些，我们是否有资格抱以同样的怀疑呢？他们利用我们的质朴和守信，他们运用其才智愚弄我们，运用其科学使我们不幸。他们是正确的，我们是无知而盲目的，以致当我们意识到他们的意图是有害的，我们允许他们居住于此是多么错误的时候却为时已晚。不要丧失直面不幸的勇气，他们只是一群人，我们能够轻易摆脱他们。我们缺少他们到处散播恐惧和死亡的杀人武器，但是我们可以以数量战胜他们。我们比我们所想象的更为强大，在很短时间内，我们可以轻松从这些外国人手中解放自己，重获我们质朴的自由。①

郭弼恩继续写到,这些话对当地居民产生了巨大的影响,他们中许多人拿起武器,做好攻击西班牙人的准备。在少数暴力冲突后,起义在数天内被镇压了。

二

胡劳的演说逻辑无从辩驳,他的数篇演说词的其中一篇收录于郭弼恩的《马里亚纳群岛史》中。据考证,70年后,这篇演说启发了狄德罗(Diderot,1713—1784)《布干维尔岛游记补益》(*Supplement au voyage de Bougainville*)中那位老者的演说。② 对于一个20世纪末的读者来说,它听起来像是许多后来对欧洲文化帝国主义接连不断的抨击的预示。同样,20世纪末的读者也会理所当然地

① C. Le Gobien, de la Compagnie de Jésus, *Histoire des Isles Marianes...* (Paris, 1700), pp. 139-146. 该书的两个段落被提及于 S. Landucci, *I filosofi e i selvaggi* (1580—1780) (Bari, 1972) (见索引)。这是 Le Gobien 的文本:"Ces Européans bien fait, leur disoit-il, de demeurer dans leur païs. Nous n'avions pas besoin de leurs secours pour vivre heureux. Contens de ce que nos Isles fournissoient, nous nous en servions sans rien désirer au delà. Les connoissances qu'ils nous ont données, n'ont fait qu'augmenter nos besoins, et qu'irriter nos désirs. Ils trouvent mauvais que nous ne sommes pas vêtus. Si cela eust eté necessaire la nature y auroit pourvû. Pourquoy nous charger d'habits, puisque c'est une chose superfluë, et nous embarrasser les bras et les jambes sous pretexte de nous les couvrir? Ils nous traitent de gens grossiers, et il nous regardent comme des Barbares. Nous devons-nous les en croire? Ne voïons-nous pas que sous pretexte de nous instruire et de cultiver nos moeurs, il les corrompent ; qu'il nous tirent de cette premiere simplicité dans laquelle nous vivions, et qu'il nous ostent enfin nostre liberté, qui nous doit estre plus chere que la vie? Ils veulent nous persuader qu'il nous rendent heureux, et plusieurs d'entre nous sont assez aveugles pour les en croire sur leur parole. Mais pourrions-nous avoir ces sentiments, si nous faisions reflexion que nous ne sommes accablez de miseres et de maladies que depuis ces étrangers sont venus nous désoler et troubler nostre repos? Avant leur arrivée dans ces Isles, scavions-nous ce que c'estoit que toutes ces insectes qui nous persecutent si cruellement? Connoissions-nous les rats, les souris, les mouches, les mosquites, et tous ces autres petits animaux, qui ne sont au monde que pour nous tourmenter? Voilà les beaux presens qu'il nous ont faits, et que leur machines flotantes nous ont aportez! Avant eux sçavions-nous ce que c'estoit que rheumes et que fluxions? Si nous avions quelques maladies, nous avions des remedies pour nous en déliver ; au lieu qu'ils nous apportent leurs maux sans nous apprendre à les guérir. Falloit-il que nostre cupidité et le malheureux desir que nous avions d'avoir de fer et d'autres bagatelles, ausquelles la seule estime que nous en faisons, donne le prix, nous precipitast dans de si grands malheurs?"

"Ils nous reprochent nostre pauvreté, nostre ignorance et nostre peu d'adresse. Mais si nous sommes si pauvres qu'ils le disent, que viennent-ils chercher parmi nous? Croïez-moy, s'ils n'avoient pas besoin de nous, ils ne s'exposeroient pas comme ils font, à tant de perils, et ils ne feroient pas tant d'efforts pour s'établir parmi nous. A quoy aboutit ce qu'ils nous enseignent, qu'à nous faire prendre cette précieuse liberté que nos pères nous ont laissée: en un mot qu'à nous rendre malheureux sous l'esperance d'un chimerique bonheur, dont on ne peut joüir qu'après qu'on n'est plus?"

"Ils traitent nos histoires de fables et de fictions. N'avons-nous pas le mesme droit d'en dire autant de ce qu'ils nous enseignent, et de ce qu'ils nous proposent à croire comme des veritez incontestables? Ils s'abusent de nostre simplicité et de nostre bonne foy. Tout leur art ne va qu'à nous tromper, et toute leur science ne tend qu'à nous rendre malheureux. Si nous sommes ignorans et aveugles, comme ils voudroient nous le faire croire, c'est d'avoir connu trop tard leurs pernicieux desseins, et d'avoir souffert qu'ils se soient établis parmi nous. Ne perdons pas courage à la vûë de nos malheurs. Ils ne sont encore qu'une poignée de gens, nous pouvons aisément nous en défaire. Si nous n'avons pas ces armes meurtrieres, qui portent la terreur et la mort par tout, nous sommes en estat de les accabler par le nombre et par la multitude. Nous sommes plus forts que nous ne pensons, et nous pouvons en peu de temps nous délivrer de ces étrangers, et nous remettre dans nostre première liberté."

② D. Diderot, *Supplement au voyage de Bougainville*, ed. G. Chinard (Paris, 1935), pp. 118-19, n. 2. 奇纳德对引用篇幅表示抱歉,从中删去了一句话。

认为:(1)演说并未重现当时胡劳可能说过的话语;(2)在今天,这样一篇演说包含在历史著作中,即便不是荒唐的,也是完全不合适的。① 但是,我们必须发问,这类情况在1700年是被如何看待的?

16世纪末以来,出现于历史著作中的断定由非欧洲人发表的演说在耶稣会学者间引起了怀疑。在为其《印度自然和道德史》(*Historia natural y moral de las Indias*)②搜集资料的过程中,胡塞·德·阿科斯塔(José de Acosta,1539—1600)从同伴耶稣会士胡安·德·托瓦尔(Juan de Tovar,1546—1626)那里收到一份断定为《墨西哥史》(*Historia mexicana*)的手稿。阿科斯塔致信托瓦尔询问三个问题:这部著作是否可靠?没有文字的印第安人如何能够保存如此之多的不同事件的记忆?最后,"怎么能将历史中出现的演说和言论的来源归结为(正如历史所宣称的那样)古代修辞学家,因为文字的缺失,这些在类型上长而优美的演说似乎不可能被保存下来"?托瓦尔答复说,"被作为修辞学家进行培养"的印第安男孩常常记忆最有名的演说。这个答案听来如此令人信服,以致阿科斯塔将它纳入到《印度自然和道德史》中。③ 前往加拿大的耶稣会传教士们也毫不犹豫地将印第安人所发表的演说与李维(Livy,前59—前17)进行比较。④ 然而,正如亚里士多德在其有关修辞的论述开头所写的那样,与其辩证法类似,修辞"用一种所有人共同认可的方法处理事物,而不受任何特定科学的限制"(1354a)。⑤

数十年后,历史著作中出现的演说开始被在更加理论化的层面加以讨论。1636年,意大利耶稣会士阿戈斯蒂诺·马斯卡迪(Agostino Mascardi,1591—1640)在其发表于罗马的颇有影响的论文《艺术史研究》(*Dell' arte historica*)中写道"整个古典时代的例证,作为今天的典范",证明了演说可以被合理包含于历史著作中。⑥ 但是用以支撑马斯卡迪结论的细节分析显示,希腊和罗马史家对于演说反而态度相异。四十年后,另一位耶稣会士,法国的勒内·拉宾(René Rapin,

① 罗伯特·隆吉(Robert Longhi)的半开玩笑的假想式发生于卡米尼教堂脚手架上马佐里尼和马萨乔之间的对话,就是为数不多的强调这一规则的例外之一。*Fatti di Masolino e di Masaccio' e altri studi sul Quattrocento*,Complete Works,vol. 7,tome I (Florence,1975) p. 15。

② 当时美洲被称为"西印度"。——译者注

③ J. García Icazbalceta,*Don Fray Juan de Zumárraga Primer Obispo y Arzobispo de México*(Mexico City,1881),appendix,pp. 263-267. 托瓦被提及于J. de Acosta,*Historia natural y moral de las Indias* [1590],ed. B. G. Beddall (Valencia,1977),pp. 407ff. (bk. 6,ch. I). 我未能参考E. O' Gorman,"Fray Diego Durán,el padre Juan de Tovar y la Historia natural y moral de las Indias del padre José de Acosta",in J. de Acosta,*Historia natural y moral de las Indias*(Mexico City,1985),pp. ixxvi-xcv。

④ Jean de Brebeuf,*Les relations de ce qui s' est passé au pays des Hurons*,1635—1648,ed. T. Besterman (Geneva,1957),p. 152.

⑤ Aristotle,*The"Art" of Rhetoric*,trans. J. H. Freese,The Loeb Classical Library (Cambridge,Mass.,and London,1972),I. I. I.

⑥ 参见A. Mascardi,*Dell' arte historica trattati cinque*(Rome,1636),pp. 142-151 (treatise 2,ch. 4)。

1621—1687)强调了“我们的大师们之间”的争论,继而建议谨慎舍弃“那些面向军队或战前发表的,充斥冗长无聊的讨论的形式上的演说”。“在最为严谨的历史著作中”,他总结“它们基本无用”,往往为间接引语所取代。① 事实上,争论持续了数十年。② 1700 年,郭弼恩出版《马里亚纳群岛史》的那一年,胡劳的演说已经过时了。

让我们暂且抛开其参考价值的问题,从纯粹的形式层面对它进行分析。胡劳动员的真实内容不如其反映的模式重要,阴谋领导者在关键战役前对其部下讲话。此时,我们也许会被引导探索胡劳背后一个古代典范——喀提林(Catiline,前108—前62),罗马寡头政治的大敌,撒路斯特(Sallust,前86—前35)《喀提林阴谋》(*De coniuratione Catilinae*)中的反面英雄。③

在对立性质方面,郭弼恩所勾勒的胡劳的形象借鉴了撒路斯特设立的模式:“一个聪明人”的形象,他“比蛮族人通常更为机智和能干”;一个“在民众和贵族中享有如斯权威以致被视为先知”的人;他已经成为“耶稣会传教士的死对头”,拒绝耶稣会士桑维托雷斯(Sanvitores,1627—1672)为其准备的礼物,这只不过助长了其“傲慢与无礼”。“他的唯一愿望就是制造混乱,煽动一场反抗西班牙人的起义。”④

17 世纪,撒路斯特变得无比流行。无论是从作为历史构成的叙事,还是从作为历史灵魂的政治训诫方面来讲,1675年撒路斯特作品法语版的一位匿名编辑将他与其门徒塔西佗(Tacitus,55—120)相媲美。⑤ 撒路斯特《喀提林阴谋》的影响力可体现于意大利耶稣会士阿戈斯蒂诺·马斯卡迪所著的《菲耶斯基的阴谋》(*La congiura del Conte Gio. Luigi de Fieschi*),该书后来由红衣主教雷兹(Cardinal de Retz,1613—1679)翻译并重著,同样有着耶稣会教育背景的恺撒·德·圣雷阿尔(César

---

① 参见 R. Rapin, *Les Réflexions sur l'Histoire*(1677), in *Oeuvres*(Amsterdam, 1709), 2: 269-272, especially p. 270。

② 这个问题在 1783 年仍被马布利,一个哲学家而非专业历史学家,认为是值得探究的。这部分内容参见其《历史写作方法》(*De la manière d'écrire l'histoire*),后来易题再版为“L'histoire, le romancier, le poète”, *Poétique* 49 (February 1982): 5-8。

③ 参见 A. La Penna, “Il ritratto ‘paradossale’ da Silla a Petronio”, *Aspetti del pensiero storico latino* (Turin, 1978), pp. 193-221, especially pp. 212-215. 马克思在马基雅维利《佛罗伦萨史》(*Istorie fiorentine*)笔记中注意到,撒路斯特启发了琼皮(Ciompi)领导者的演说。参见 *Ex libris Karl Marx und Friedrich Engels*, ed. B. Kaiser and I. Werchan (Berlin, 1967) p. 134, no. 286,这一点另见 G. Bock, “Machiavelli als Geschichtsschreiber”, *Quellen und Forschungen aus italienischen Archiven und Bibliotheken* 66 (1986): 153-190, especially pp. 175ff。

④ 参见 Le Gobien, *Histoire des Isles Marianes*, pp. 137-138.

⑤ *L'Histoire de la guerre des Romains contre Juggurta roy des Numides, et l'Histoire de la conjuration de Catilina. Ouvrages de Saluste nouvellement traduits en François*(Paris, 1675),引言“On doit considerer deux choses dans une Histoire, la Narration qui en est le corps, et l'Instruction Politique qui en est l'âme.”一份演说列表合宜地位于索引之前。印刷特权可以追溯至 1673 年 8 月 18 日,收件人为某位“A. D. C. A. F.先生”,至今我尚未能辨别其身份。

de Saint-Réal, 1639—1692)所著《西班牙人对威尼斯共和国的阴谋》(*Conjuration des Espagnols contre la Republique de Venise en l' année M. DC. XVIII*)也被翻译重著。[①] 撒路斯特的吸引力部分源于其对演说的引用。喀提林对其部下的训示是如此出名,以致帕多瓦大学修辞学教授保罗·贝尼(Paolo Beni)将其作为演说在历史写作中发挥作用的理论探讨起点。[②]

演说容易嵌于文中,被其拥护者比作与巴洛克教堂装饰一般的修辞点缀。马斯卡迪在介绍其关于菲耶斯基阴谋的著作时,以一种半抱歉的口吻写到,演说也许太过冗长与频繁,但长久看来,它们对作品的成功是有益的。1678 年于伦敦出版的一部综合著作,其冗长的题目为《法国和意大利最杰出智慧演说选集》(*A collection of select discourses out of the most eminent wits of France and Italy. A preface to Monsieur Sarasin's works by Monsieur Pelisson. A dialogue of love. Wallenstein's conspiracy, by Mr. Sarrasin. Alcidalis, a romance, by Mr. Voiture. Fieski's conspiracy, by Signor Mascardi*)。这个历史和浪漫传奇的奇异混合,表明演说在历史著作的作用关乎更大的问题。马斯卡迪敏锐地从史学和法学修辞方面将演说阐释为辨明真相的推测式努力。他坚持认为历史写作中的求真功用危在旦夕。问题回到亚里士多德那里,他曾在《诗篇》(*Poetics*)中将历史与真理联系,将诗歌与逼真相联系。[③] 回顾看来,我们可以发现演说在史学中的消失无外乎表明了全球性的历史和小说界限的重新界定。这意味着:(1)历史小说的出现;(2)风俗史(histoire de moeur)的诞生;(3)古文物研究和历史哲学(histoire philosophique)组合成近代意义上的史学一词。[④] 我们的案例研究仅仅是更为庞大和长久研究的小小插曲。

三

让我们重新回到原初文本:一个阴谋领导者发表的演说。这样的话题对 17 世纪的读者有着巨大的共鸣。圣雷阿尔在其关于 1618 年贝德马尔侯爵(Marquis of

① 参见 A. Mascardi, *La congiura del Conte Gio. Luigi de Fieschi*(Venice, 1629); C. de Saint-Réal, *Conjuration des Espagnols contre la Republique de Venise en l' année M. DC. XVIII*, in *Oeuvres meslées..., nouv. éd. Augmentée de sa critique*(Utrecht, 1693), pp. 215-329. 关于后者,参见 G. Dulong, *L' abbé de Saint-Réal: Etude sur les rapports de l' histoire et du roman au XVIIe siècle*(Paris, 1921), I: 167-217. 一位敏锐的评论家最近认为 Saint-Real's *Dom Carlos* is a "nouvelle d'une extraordinaire densité et dont la faible notoriété est une anomalie de l' histoire du goût"(T. Pavel, *L' art de l' éloignement: Essai sur l' imagination classique* [Paris, 1996], pp. 321-335, especially, p. 321)。

② Pauli Benii Eugubini, *In Sallustii Catilinariam commentarii*(Venice, 1622), pp. 79ff.; 另见同作者的 *De historia libri quatuor*(Venice, 1622). 参见 P. B. Diffley, Paolo Beni (Oxford, 1988)。

③ 参见 A. Mascardi, *Dell' arte historica*, p. 145。

④ 参见 A. Momigliano, "Ancient History and the Antiquarian", *Contributo alla storia degli studi classici* (Rome, 1979), pp. 67-106。

Bedmar,1574—1655)试图推翻威尼斯共和国的著作中开篇写到:"阴谋是所有人类事迹中最伟大的……是所有历史主题中最道德和最具教育性的。"①在欧洲专制年代,阴谋给我们提供了一个可贵的机会来考察其政权和合法性的根基以及敢于挑战专制的个人的悲剧性孤立处境。②

阴谋领导者是一个悲剧英雄,其价值观和理念并不总为史家所理解。此时作为修辞手段的演说辞的潜力显现,马布利(G. Bonnot de Mably,1709—1785)在其《历史写作方法》(*De la manière d' écrire l' histoire*,1783)中评论道:"史家将成功借人物之口说出那些通过自身将产生震撼的东西。"③通过他的英雄——一个反面英雄、一个卑鄙者——史家将引发有悖于其自身信仰和信念的争论。他将发起对合法政权的攻击,提出推翻它的理由。

所有这些都必定要诉诸耶稣会士对戏剧性的洞察力,诉诸他们对政权性质(其中甚至包括弑君)的大胆思索和他们对于文化差异的态度。④ 这一点需要进一步地厘清。

四

在其《陀思妥耶夫斯基诗学问题》(*Problems of Dostoevsky' s Poetics*,1929)中,俄罗斯著名批评家米哈伊尔·巴赫金(Mikhail Bakhtin,1895—1975)区分了独白文本,即多少由一个权威的声音为主导,和对话文本,即设置一个矛盾世界观的冲突而作者本人持中立态度。在巴赫金看来,柏拉图的《对话集》和陀思妥耶夫斯基的小说就是后者明显的例证。没有人会注意到在郭弼恩《马里亚纳群岛史》这种以圣徒视角书写的叙事当中的伴同性声音。然而,通过胡劳的独特口吻表达当地人的观点可以视为制造冲突的直接尝试,在总体独白叙事中加入对话维度。

这里的对话维度似乎直接来源于耶稣会传教士所应用的对于文化差异的鲜明态度。为了传播基督信仰,他们逐渐决定使自己与所有各种风俗相适应,从印度的种姓制度到中国的祖先祭祀。这一传教策略的争论性的边界在《耶稣会士书翰集》中被反复强调。那些"住在印度却像住在法

---

① Saint-Réal, *Conjuration des Espagnols*: " De toutes les entreprises des hommes, il n' en est point de si grandes que les Conjurations...Ces considérations m' ont toûjours fait regarder ces sortes d' entreprises comme les endroits de l' Histoire les plus moraux et les plus instructifs."

② 关于悲剧和专制的一些启发性意见,参见 F. Moretti,"La letteratura europea", in *Storia d' Europa*(Turin,1993),I: 841-846。

③ "L' historien mettra avec succès. Dans la bouche des personnages qu' il fait parler, des choses qui choqueraient dans la sienne"(Bonnot de Mably,"L' histoire, le romancier, le poète,"p. 7).

④ 关于耶稣会戏剧,参见 J. W. O' malley, *The First Jesuits*(Cambridge, Mass.,1993),p. 422, n. 118 提及的参考文献。关于大逆,参见 J. Mariana 的著名文章 *De rege et regis institutione*, libri III (Paris,1611),pp. 51-68; I. 6 ("An tyrannum opprimere est") and I. 7 ("An liceat tyrannum veneno occidere")。

国、英国和荷兰而不能尽己所能地约束自己或者适应印度人的风俗”的人,在当地人看来败坏了欧洲人的声誉。①

避免我们今天所称的“种族偏见”的强烈想法,启发了从亚洲和美洲耶稣会传教士寄来信件中所体现的原初的民族志取径。1720年,郭弼恩后的《耶稣会士书翰集》继任编辑杜赫德神父(Father du Halde,1674—1743)强调了居住于印度的耶稣会传教士优越于“那些因好奇或经商而旅行至此的人”。后者只了解近海区域,前者某种程度上变成了当地人;他们学习当地语言,深入了解当地人的脾性、法律和风俗。② “向犹太人,我就作犹太人,为要得犹太人”,保罗对哥林多人所说的话(《哥林多前书》第9章第19—23节)被郭弼恩的同事神父李明(Father Louis Le Comte,1665—1728)基于宗教和解发展为传教策略的理由:

> 当与蛮族人一起时,一个人必须变得野蛮;当与文明人一起时,必须变得优雅。身居欧洲,一个人必得生活正常,与印度悔罪之人共度简朴生活。在中国衣着整齐,在马杜赖(Madulai)丛林半裸,这样统一且不变的信仰将会更容易地隐射进精神领域。③

不过,“野蛮”(barbarous)之类的词汇曾引发了耶稣会士内心深处的矛盾联想。1715年,神父冯秉正(Father de Mailla,1669—1748)寄信介绍台湾岛。④“至今这片土地”,他写道:“居住着一批野蛮、尚未开化的人(un people barbare et nullement policé);这里马、公羊、山羊乃至猪(这在大陆的中国非常普遍)非常稀少。”但是在评论当地从妇习俗即命令新郎加入新娘的家族时,冯秉正评论道:“他们的婚姻一点也不野蛮(leurs mariages n' ont rien de barbare)。”他解释道,新娘并

① J. B. du Halde 为 *Lettres édifiantes et curieuses*...,X recueil (Paris,1732)所写序言“Quoyque les autres Européans n' ignorassent pas la délicatesse des Indiens sur cet article [of castes],ils n' y ont pas eu plus d' égard que les Portudais ;ils ont vécu aux Indes,comme ils vivent en France,en Angleterre,et en Hollande,sans se contraindre et sans a' accommoder,autant qu' il le pouvoient,aux usages de la Nation.”另见 P. Martin,letter to P. Le Gobien,*Lettres édifiantes et curieuses*...,V recueil (Paris,1708),pp. Iff.,especially pp. 14,17ff.,27-29;关于总体研究,J. W. O' Malley 提出了敏锐的评论,见 *The First Jesuits*,pp. 255-56。关于适应的主张,参见 A. Funkenstein,*Theology and the Scientific Imagination*(Princeton,1986),pp. 202-89;S. D. Benin, *The Footprints of God: Divine Accommodation in Jewish and Christan Thought*(Albany,1993)。关于它与传教活动的关系,参见 J. Thauren,*Die Akkommodation in katholischen Heidenapostolat Eine Missionstheoretische Studie*(Münster in Westphalia,1927);A. Prosperi,“‘Otras Indias’: missionari della Controriforma tra contadini e selvaggi”,in *Scienze,credenze occulte,livelli di cultura*(Florence,1982),pp. 205-234,especially p. 227;D. E. Mungello,*Curious Land:Jesuit Accommodation and the Origins of Sinology*(Stuttgart,1985)。

② *Lettres édifiantes et curieuses*,XIV recueil,introduction,p. xxiv.

③ L. Le Comte,*Nouveaux. Mémoires sur l' etat present de la Chine*(Paris,1697),I:249.参见 I. G. Zuparov,“Aristocratic Analogies and Demotic Descriptions in the Seventeenth Century Madurai Mission”,Representations 41 (Winter 1993): 123-148,一个非凡的个案研究。

④ *Lettres édifiantes et curieuses*,XIV recueil (Paris,1720),p. Iff.

非像在中国那样被卖；经济方面的考虑也不像欧洲那样重要，在台湾无足轻重；父母也并不介入婚姻。冯秉正激动地讲述了从妇制的影响：在台湾女孩被视若珍宝，因为“他们需要女婿养老”。在信中，他还提到一系列反对中国政府的叛乱曾在台湾爆发。台湾省督抚初任时，冯秉正曾表达了自身的忧虑：“他冷淡回复：‘神父，如果他们宁愿保持野蛮，对这些野蛮人来讲就更糟了；我们正试图化其为人；他们抵制我们，那就更不好了。’”这些话引发了耶稣会士的评论：“按照中国世界里某些先进的规则来说，他们当然是野蛮的；然而，我相信，他们比中国著名哲人中的大多数更为接近真正的哲学。”[①]他解释道，他们温顺公允，尊崇秩序和崇尚道德，等等。

“更为接近真正的哲学。”此话很有可能是那位耶稣会著名的门徒伏尔泰（Voltaire，1694—1778）所说。按维尔纳·卡埃基（Werner Kaegi，1901—1979）评论，《风俗论》（*Essai sur les moeurs*）中所强烈体现的世界历史观显然是对耶稣会传教士的感激，我们可以增加一点，也是对郭弼恩半个世纪以前开启事业的感激。[②] 不过，此时正是《耶稣会士书翰集》的思想先驱，而不是其后裔，关照着我们。

五

在其著名随笔《论食人族》（*On Cannibals*，I，31）中，蒙田（Montaigne，1533—1592）考察了野蛮定义的模糊，提出巴西土著有时完全不野蛮，例如他们的诗歌；他们不比文明的欧洲人野蛮，只是因为他们更为接近自然才野蛮残暴。[③] 冯秉正神父关于台湾居民的描述似乎受到蒙田的间接引导，其中中国人取代了欧洲人，而“真正的哲学”取代了自然。这并非巧合。我们作为出发点的郭弼恩的文本体现了蒙田另一篇随笔，即《关于穿衣的习俗》（*Of the Custom of Wearing Clothes*，I 36）的主题：赤裸与着衣、自然与人为之间的冲突。胡劳演说的段落如下：

> 他们抱怨我们不着片缕。倘使衣物为必需品，自然理应提供给我们。我们为何要穿衣？难道它不是无用之物吗？我们为什么要矫饰遮蔽手脚而妨碍它们呢？他们认为我们头脑简单，视我们为蛮夷。但是，我们应该相信他们吗？难道这些还不明显吗？他们假借教育我们和改风易俗之际腐化

① *Lettres édifiantes et curieuses*，XIV recueil，pp. 49-50：“Il me répondit froidement：‘Tant pis，mon Père，pour ces barbares，s’ils veulent rester dans leur barbarie；nous tâchons de les rendre hommes，et ils ne le veulent pas，tant pis pour eux，il y a des inconvenients par tout.’ Quelques barbares cependant qu’ils soient，selon certaines maximes du monde Chinois，je les crois plus près de la vraie Philosophie que le grand nombre des plus celebres ohilosophes de la Chine.”

② 参见 W. Kaegi，“Voltaire e la disgregazione della concezione cristiana della storia”，*Meditazioni storiche*，ed. and trans. D. Cantimori（Bari，1960），pp. 216-238，especially p. 233。

③ 参见我的论文“Montaigne，Cannibals and Grottoes”，*History and Anthropology* 6（1993）：125-155。

我们。他们腐化了我们曾经的质朴生活。他们攫取了我们的自由,我们理应视其为重于生命之物。

我们所听到的正是蒙田所称"那些据说仍享受着自然法的美好自由的民族"发出的声音,耶稣会传教士们即使不是身揣至少也是心怀蒙田随笔离开欧洲。蒙田提供了一个理解新发现土地和民族信息的框架,"虽然贫穷,他们对自身的命运感到幸福和满足(ils sont gais et contens de leur sort)",他在一封信件中写道。这封信由郭弼恩在其《耶稣会士书翰集》第一卷中出版,其中描述了帕劳群岛(离马里亚纳群岛并不远)居民的生活。[①] 在其《马里亚纳群岛史》中,郭弼恩本人将蒙田的论述转变为演说,将着名的"高贵的野蛮"转变为胡劳,一个马里亚纳群岛的贵族,对欧洲文明满怀怨恨。

在修辞转变上,郭弼恩也许参考了另一个罗马史家塔西佗的成功篇章。在与阿格里科拉(Agricola)作战前夕,卡利多尼亚首领卡尔加库斯(Calgacus)发表的演说正是对罗马帝国主义的强烈抨击。[②] 尤斯图斯·利普修斯(Justus Lipsius,1547—1606)在其评论中称赞这是"一次英勇而高贵的演说"(animosa et alta aratio)。[③] 虽然它也许受到撒路斯特的影响,但是它似乎更为接近胡劳而非喀提林的演说。卡尔加库斯宣称他的民族"从未出现奴隶制的征兆,避免目睹暴政的亵渎和污染"。[④] 胡劳对自由的强调("我们质朴的自由""从我们父辈那里继承而来的无价的自由"),看来是致敬塔西佗所称颂的古代布立吞人(Britons)无瑕的自由和蒙田在巴西土著中发现的"自然法的美好自由"。

诸如皮埃尔·维利(Pierre Villey,1879—1933)和弗朗索瓦·德·丹维尔(François de Dainville,1909—1971)之类的权威学者已注意到蒙田的教育(或反教

---

① *Lettres édifiantes et curieuses*, I recueil, pp. 112ff.(一封1697年从马尼拉寄给耶稣会负责人Thyrse Gonzales的信件)。

② 参见R. Syme, *Tacitus*(Oxford, 1958), 2: 529, n. I. 另见P. Perrochat in *Revue des Etudes Latines* 13 (1935): 261-265; Schönfeld, De Taciti Studiis Sallustianis (diss.) (Leipzig, 1884), especially pp. 52-54. Antonio de Guevara受到卡尔加库斯演说的启发,他借一位"多瑙河农民"之口在皇帝Marcus Aurelius面前表达了对罗马帝国主义的控诉。参见A. De Guevara, *El Villano del Danubio y otros fragmentos*, with an introductory essay by A. Castro, Princeton Texts in Literature and the History of Thought, Romance Section, no. 5 (Princeton, 1945)。我向John Elliott表示感谢,正是他向我指出Guevara文本的关联性。Le Gobien也许曾接触过法文版或法文改编版(A. de Guevara, L'horloge des princes avec le tres renommé livre de Marc Aurele [Antwerp, 1592], pp. 413-431),其中包括许多日耳曼人认同的添加成分。

③ 参见*C. Cornelii Taciti Opera quae extant Justus Lipsius postremum recensuit…*, (Antwerp, 1607), pp. 461-462。

④ Tacitus, *Agricola*, ch. 30 (*Dialogus*, *Agricola*, *Germania*, trans. M. Hutton, The Loeb Classical Library [Cambridge, Mass., and London, 1958], pp. 218-219。S. Weil在她的*Quelques réflexions sur les origines de l'hitlérisme*(写于1939年)中提到了卡尔加库斯的演说,参见P. Desideri, Storia di Roma, ed. A. Schiavone (Turin, 1991), vol. 2, tome 2: 595-598。

育)理念与耶稣会教育体系之间的密切关联。① 但是1676年以后,当蒙田随笔被纳入禁书索引后,正如圣雷阿尔《历史的功用》(*De l' usage de l' histoire*)所示,蒙田以间接的形式流行于耶稣会士之间。前面所提有关贝德马尔阴谋的著作,对席勒(Schiller)的《唐·卡洛》(*Dom Carlos*)有所启发的"历史小说"的作者圣雷阿尔今天可以归入历史和小说相关的灰色地带。②《历史的功用》的七篇短篇随笔首次出版于1671年,此后数次再版,最终辑入耶稣会1714年出版的两卷本合集《历史研究方法》(*Methode pour edutier l' histoire*)。③ 诸如勒内·拉宾等人加盟此书想必会赋予圣雷阿尔的非传统文章以可信性,拜尔(Bayle,1647—1706)评价为"充满新颖和明智的想法"。④ 第五篇随笔体现了真正的蒙田精神:"每个人都知道风俗是变化的。"圣雷阿尔所开始的例证是一则逸事:100多年前,巴黎新任地方法官被迫在就职前刮胡子。圣雷阿尔评论说这个风俗似乎"滑稽"甚至是不合理的,包括古希腊人和古罗马人在内的所有文明民族总是将长胡子视为威严、严肃和智慧的象征。圣雷阿尔继续说,从这一滑稽风俗看来,可以发掘出一些相对含义。胡子不能作为威严的自然象征,因为"每一个自然理念必须毫无例外地在时间和空间上是普适的"。⑤ 但是圣雷阿尔不同意自由思想家(esprits forts)所坚信的风俗即一切的观念:

> 他们乐于从新大陆、秘鲁和中国收集最怪异的习惯和做法,因为他们假设人类仅为观念所统治,而自然不起作用。即使在合理性上,那些半野兽般的人的野性十足的理性,足以媲美我们那经由科学和教育的长期积淀打磨的理性,也堪比那些因知晓地

① 除了P. Villey遗作*Motaigne devant la postérité*(Paris,1935),pp. 266-267中的简要评论,另见F. de Dainville,*L' éducation des Jésuites (XVIe-XVIIIe siècles)*,ed. M.-M. Compère (Paris,1978),p. 178,434。后一篇文章改写自Dainville的早年著作*La naissance de l' humannisme moderne*(Geneva,1969 [1940]),p. 102。

② 参见G. Dulong,*L' abbé de Saint-Réal*;A. Mansau,*Saint-Réal et l' humanisme cosmopolite*(Lille,1976)。

③ *Méthode pour étudier l' histoire,qui contient le Traité de l' Usage de l' Histoire,par M. l' abbé de Saint-Réal,un discours sur les Historiens Français par M. de Saint-Evremont,Intructions pour l' histoire,par le P. Rapin de la Compagnie de Jésus,avec un Catalogue des principaux historiens et des Remarques critiques sur la bonté de leurs ouvrages et sur le choix des meilleures Éditions*,ed. Lenglet du Fresnoy (vol. 2,Brussels,1714). 下文所引Saint-Réal作品均来自*Oeuvres meslées*(Utrecht,1693)。

④ 在其非凡的著作中,C. Borghero视Saint-Réal的De l' usage de l' histoire为"修辞学论文",认为Bayle的判断是一种"过度的礼貌",从而将其一带而过,这一点使其作品略有失色(*La certezza e la storia*: *Cartesianesimo,pirronismo e conoscenza storia* [Milan,1983],pp. 297-298)。

⑤ 参见Saint-Réal,*Oeuvres*,p. 64。"car toutes les idées naturelles doivent être universelles dans tous les temps et dans tous les lieux,et ne souffrent point d' exception."

球上每一处文明遗迹而耀眼的理性！①

不同于宣称“诸事物的普遍不确定性”（the general uncertainty of everything）的自由思想家，圣雷阿尔强调理性的作用，心灵启示则闭口不谈。更重要的是，他坚称一个人必须摒弃“个人主义的恶习”，即与众不同的欲望。隐藏的结论已相当明晰，一个人必须使自己适应占据主导地位的风俗——无论是在印度还是法国。圣雷阿尔对见识广泛的自由思想家的激进怀疑论做出的争议性评论不应迷惑我们。正如其《历史的功用》最后一篇文章所示，在某种程度上，他本人就是其中一分子。圣雷阿尔大胆讨论了自由思想家的论题即作为骗局的宗教，他从琐罗亚斯德教和努玛教出发，以法国的路易十一及其对基督信仰的滥用为结局。这样一篇文章出现于“由耶稣会资助”出版的准官方著作中是令人惊讶的，也是具有启发性的。②

六

认为郭弼恩认同胡劳演说中的蒙田式话语，是荒唐的。当地人的反抗对象包括耶稣会士在内的欧洲人。为了追求修辞的影响，郭弼恩将从蒙田那里学到的关于朴素的自由和简单的理念借予胡劳。他并未将演说辞作为一种审慎策略的组成部分来使用，即像马布利在近一个世纪后所提出的：“史家会戴着面具重回自然法的首要准则，将阐释何种情况下自然会使人类社会幸福。”③但是通过胡劳的演说，郭弼恩表达了欧洲文明的内部模糊，还更为间接地表达了他的（或其动员的）关于宗教和社会的深层想法。

在《马里亚纳群岛史》出版前两年出版的《中国皇帝诏令史》中，读者可以发现“中国保持了超过2000多年关于真神的认识，仅在基督降世前500年或600年就变成盲目信仰”。这是首位入华耶稣会

① 参见Saint-Réal, *Oeuvres*, pp. 64-65。“C'est ainsi que raisonnent les esprits forts, et lis triomphent de raporter à ce propos tout ce qu'il y a de plus étrange dans les moeurs et les usages du Nouveau Monde, du Perou, et de la Chine, pour faire voir que l'Opinion est la seule règle des hommes, et que la Nature n'est rien: comme si la raison naissante de ces peuples demi bêtes étoit comparable à la nôtre, consommée par une si longue possession de politesse et de science, et par la connaissance de tout ce qu'il y a jamais eu de civilisé sur la terre.”

② 关于Saint-Réal对路易十一的记述，Estienne Pasquier有所异议，参见后者的*Les recherches de la France*，而耶稣会士François Garasse则表示了强烈的贬斥，参见其*Les recherches des recherches et autres oeuvres de Me Estienne Pasquier pour la defanse de nos Roys, contre les outrages, calomnies, et autres impertinences dudit autheur*(Paris, 1622), pp. 85-86。

③ “L'historien sous un masque emprunté, tantôt romontera jusqu'aux premiers principes du droit naturel, et fera connaître à quelles conditions la nature permet aux sociétés d'être heureuses...,” Bonnot de Mably, “L'historien, le romancier, le poète,” p. 7.

士利玛窦(Matteo Ricci,1552—1610)的观点。[①] 巴黎神学院将这一判决作为谴责"中国礼仪"观点列表中的一条。其中之一来自神父李明的《中国现势新志》(*Nouveaux. Mémoires sur l' etat present de la Chine*),其中有言:"如果犹太人突出的是向神祭献了更富丽雄伟的庙宇,因呈现形式和我主的祈祷而神圣,那么中国在向创世者献祭时,凭着宇宙最古老的庙宇,享有不小的荣耀。"[②]

同样的谕令曾出现于天主教反对宗教改革的前沿,似乎意在贬低救赎论,被罗马耶稣会鼓动用以修建数百教堂的谕令提升了基督前数个世纪中国皇帝修建原始神庙的地位。[③] 面对耶稣会的悖论,巴黎神学院的多明我会修士比预料之中地严厉。[④] 1704 年教皇克莱蒙谴责了耶稣会,40 年后,关于"中国礼仪"的争论告一段落。

七

撒路斯特、塔西佗和蒙田、胡劳演说结构中可辨别的多重线索有助于我们分析郭弼恩的修辞。胡劳转变为郭弼恩的投影,对话实际上转变为一个隐秘的独白——带有相应的辩驳。对于下面这段胡劳演说的片段,有这样一个注脚,对其做了评论:

> 然而,自从这些外国人腐化摧毁我们的平和,我们已然经历了种种不幸和疾病。当我们看到这些,我们怎能相信(欧洲人对我们许下的幸福的承诺)呢?他们到达群岛之前,我们可曾听过任何关于这些残忍折磨我们的昆虫的信息?我们可曾听说老鼠、苍蝇、蚊子等所有这些只为传染疾病给我们的小动物?这正是他们应受所给予我们的美好礼物,通过他们令人作呕的机器带给我们!他们到来之前,我们可曾听过感冒和金钱?

而郭弼恩的脚注如下:

> 我们很难相信在西班牙人来之前,群岛居民从未因疾病和金钱而烦恼,群岛上没有昆虫。然而,这些野

---

① Le Gobien, *L' Histoire de l' édit de l' Empereur de la Chine*, p. 104,一封耶稣会士致中国皇帝信件的脚注。"La Chine a conservé plus de deux mille ans la connoissance du vray Dieu, et elle n' est devenuë idolatre que cinq ou six cents ans avant la naissance de Jesus-Christ."

② *Censure de la sacrée faculté de Théologie de Paris portée contre les propositions extraites des livres intitulés Nouveaux Mémoires sur l' Etat présent de la Chine*, *Histoire de l' Édit de l' Empereur de la Chine*, *Lettre des cérémonies de la Chine*, n. d.; Le Comte, Nouveaux Mémoires, 2: 109(这句话被简化引用于 Voltaire, *Essai sur les moeurs*, ed. R. Pomeau [Paris, 1963], I: 220)。

③ 参见 Le Comte, *Nouveaux Mémoires*, 2: 109;另见第一卷的"致谢"。关于这一问题,参见 D. P. Walker, *The Ancient Theology*(London, 1972), pp. 194-230("The Survival of Ancient Theology in Late Seventeenth-Century France and French Jesuit Missionaries in China")。

④ O' Malley 以内部人的观点在其 *The First Jesuits*, pp. 21-22 中强调了耶稣会的"悖论"(我在写完这篇文章之后才阅读此文)。

蛮人将这些归咎于西班牙人，好像这些是他们应受责备的罪行。[①]

胡劳因欧洲人将瘟疫带给他们的攻击是用郭弼恩所提供的话语表达的，而他的演说的其他内容也是这样。而后者关于这一问题的具有讽刺意味的脚注点明了作者与文本之间的距离。仿佛郭弼恩暂时不能理解其所写的内容。[②]在郭弼恩叙事的流畅修辞背后，我们最后听到了一个不同的、不协调的和情不自禁的声音：外部声音(Alien Voices)，它来自文本之外。

这一内部证据也为一些外部证据所证实。至此，我们有意不去考察郭弼恩叙事的材料。他从未到过马里亚纳群岛。除了弗朗西斯科·加西亚(Francisco García，1924—1999)的《马里亚纳群岛首位耶稣会士桑维托雷斯神父生平与殉难》(*Vida y martirio del venerable padre Diego Luis de Sanvitores, de la compañía de Jesús, primer apóstol de las islas Marianas*)，他主要依靠菲律宾行省耶稣会神父每年的来信。[③]他通过它们搜集当地人叛乱的细节信息，其中包括一个有关"伟大人物胡劳"的段落。胡劳被认为是冲突的主要煽动者之一，后来被释放了。[④]在耶稣会士的信件中并无关于胡劳的更多信息。不过，他们提到当地人相信"老鼠、苍蝇、蚊子和所有各种各样的疾病是由来到群

① 参见 Le Gobien, *Histoire des Isles Marianes*, p. 142, note："On a peine à croire que ces Insulaires ne fussent sujets aux rheumes et aux fluxions, et qu'lis n'eussent pas d'insects dans leurs Isles avant l'arrivée des Espagnols. Mais il est certain que ces Barbares leur en ont fait un crime, et qu'ils le leur ont souvent reproché."(可能因为不相关)奇纳德在引用胡劳演说时默认地跳过郭弼恩文本中的脚注及其对应段落(Diderot, *Supplément*, p. 119, n. 2)。

② 在 *The Night Battles*(London and Baltimore, 1983)中，关于同一文本，我使用相似的方法引发了误解；关于进一步的评论，参见我的"The Inquisitor as Anthropologist", in *Clues, Myths, and the Historical Method*(Baltimore, 1989), pp. 156-164。另外，关于与我此文处理文本相近的一个文本，参见"On the European (Re)discovery of Shamans", *Elementa* I (1993): 26-27。在前文(*Histoire des Isles Marianes*, p.47)中，郭弼恩曾写道："et sur tout la vie libre et unie qu'lis menent sans soin, sans dépendance, sans chagrin, et sans inquiétude, leur donnent une santé qu'on n'a jamais connue en Europe, quelque soin qu'on a apporté, pour se la procurer."

③ 参见 Le Gobien, *Histoire des Isles Marianes*, dedication："C'est sur les mémoires de ces hommes apostoliques, dont la plupart ont eu la bonheur de donner leur vie pour Jésus-Christ, que j'ai écrit l'histoire que je donne au public."我参考了 García 著作的意大利文版(F. Garzia, *Istoria della conversione...*, [*Naples*, 1686])和打字机版本的 Cartas annuas de la provincia de Filipinas de la Compañía de Jesús, 1665 - 1671, Marianas, *Spanish Typescript by Sr. Felicia E. Plaza, M. M. B.*, (*Agaña, Guam*, 1975) (*MARC Working Papers, no.* 14, *Micronesian Area Research Center, University of Guam*, 1979)。原始手稿保存于 *Archivo de la Compañía de Jesús de Toledo, Legajo* 324, 65 *folios*, pp. 523-608；有一抄本藏于 *Micronesian Area Research Center, Spanish Documents Collection*。

④ Cartas annuas de la provincia de Filipinas, p. 56.

岛的船只带来的"[①]。

如前所见,郭弼恩嘲讽了这种想法。今天,生态学家就不如此愉快。据1993年5月17日《洛杉矶时报》报道:"鼠势猖獗……据统计,1841年以来,平均每年老鼠将扩散占据6~7个岛屿。"并且,"据联邦科学家研究,通过贸易、渔猎活动,海洋探测和军事调动,我们已将老鼠扩散至世界上82%的岛屿上"[②]。

透过单一文本的保护层分析作者意图才是最可靠的。由此,透视性地、"置身事外地"(out there)谈论事实,本来是一种实证主义叙事。但是,文本有着漏洞。通过这些漏洞,我们发现,一些意料之外的事物出现了:鼠潮大军正在占领世界,我们文明的另一面。

译者:黄群,东北师范大学世界古典文明史研究所博士研究生

① 4Cartas annuas de la provincia de Filipinas, *p.* 13。"*Persuadíanse que los ratones, moscas, mosquitos y todas sus enfermedades se las habían traído los navíos que pasaban por las islas, dando la prueba desto en los catarros con que suelen quedar todos los años después de pasados los navíos; y es así que como la codicia del hierro les hace estar voceando alrededor de las naos de día y de noche al sol, al sereno y demás inclemencias de la mar, es forzosa vuelvan los mas roncos y con otros males á sus casas.*"另一信件(*p.* 6)提到群岛中"*la plaga de ratones y otras lagartijas y animalillos bien enfadosos*"。这些抱怨并非特例。1640年*Marie Guyart de l'Incarnation*所写信件中记载了一位年老的休伦族掌权女性在一次集会上所作的演说,她谴责耶稣会士通过咒语、祷文和"大块木片"(即步枪,*Marie de l'Incarnation*向她做了相应解释)传播疾病。事实上,在不同国家,当欧洲传教士与当地人接触时(往往充满了致命的后果),这类指控都会随之出现。类比而言,郭弼恩所载胡劳的演说则是基于耶稣会士调解的出现:在*Marie de l'Incarnation*的案例中,神职人员无疑是*Pierre Pijart*神父并出现于休伦族女性的演说中(参见*N. Z. Davis*, Women on the Margins: Three Seventeenth-Century Lives [*Cambridge, mass.*, 1995], *pp.* 111-112, *p.* 284, *n.* 180)。胡劳的演说再版于*C. des Brosses*, Histoire des navigations aux terre australes, *II* (*Paris*, 1756), *pp.* 497-498。文前所附评注如下:"*elle sera certainement du goût d'un célèbre philosophe cynique de nostre siècle*"——暗指*Rousseau*的Discours sur les origines de l'inégalité。

② 参见*A. W. Crosby, Jr.*, *The Columbian Exchange: Biblogical and Cultual Consequences of* 1492 (*Westport, Conn.*, 1972), *p.* 97(关于旧世界黑鼠的扩散)。

史学史与史学理论

貌合神离：微观史学与格尔茨的阐释人类学

□王邵励

摘要：格尔茨认为，阐释人类学所研究的文化世界是一个抽象的意义网络，人类学家的任务就是通过"厚描"这样的阐释性手段来无止境地追问文化符号所蕴藏的"地方性知识"。而微观史学家们的研究实践则表明，他们大体都持有这样的现代性的历史观念：历史学所考察的是过往的真实存在，历史学家可以通过遵循一定的认识规范来认识这种存在并最大限度地由廓清历史图景的细部而渐次达于其宏观。阐释人类学与微观史学在本体论和认识论上的根本分歧，决定了这两个学科流派在研究对象、方法和目的上所分享的表层理论共识的背后，实则隐藏着本质性的差异。

关键词：微观史学；阐释人类学；克利福德·格尔茨；厚描法；地方性知识

20世纪70年代以来，阐释人类学(Interpretive Anthropology)在西方学界异军突起，该学派核心人物美国人类学家克利福德·格尔茨(Clifford Geertz)的学术影响力超越了人类学的学科领地而波及整个人文社会科学领域。[①]在史学界，与阐释人类学同时兴起的微观史学流派，在形成和发展的过程中就批判性地借鉴了格尔茨的理论。深入了解阐释人类学的基本主张，全面分析阐释人类学与微观史学的理论共识与分歧并探讨其同异的表象与本质，有助于更辩证地把握微观史学的特征及其在跨学科理论建构与编撰实践方面的意义。

一、阐释人类学的理论要点

文化人类学的主要研究对象是广义上的人类文化。19世纪末，泰勒所提出的经典的人类学意义上的文化概念，为

① 20世纪70、80年代，在国际性的人类学杂志《美国人类学家》《当代人类学》乃至整个社会科学领域，格尔茨的作品始终保持着非常高的被引用率。参见[日]绫部恒雄编：《文化人类学的十五种理论》，中国社会科学院日本研究所社会文化室译，国际文化出版公司，1988年，第150页。

人类在各生活层面上的一系列行为活动及其创造物的总和。[①] 自那以后的人类学家在潜意识中较普遍地持有一种认识论前提假设，即文化是一种“通则性”的客观存在，认识者可以通过对认识对象的观察与认知来再现这种客观存在。这种认识前提的局限必然随着对文化现象的深入理解而逐步显露出来。事实上，不同的人类学家对相同的文化对象的考察往往会得出彼此相悖的结论。那么，究竟有没有普遍客观的人类学知识？人类学家又如何对待他所研究的文化现象？

阐释人类学是直接针对传统人类学研究的弊端而提出来的。从研究对象方面，格尔茨对“文化”做出了全新的界定。其一，文化具有鲜明的象征意义，它原本就是一个符号学（semiotic）的概念。在他看来，文化的本质既非物质性，也非观念性，更不是二者的简单混合。人类行为皆为符号活动，即一种受到其本身的观念，进而是其所处的特定社会文化背景所支配的有意义的活动。人类学家通常所观察到的作为表象的人类行为符号实则蕴含着丰富的、交织重叠的、深层次的社会内涵。由于文化是一种具有特定意义指向的结构，人类学的目的就是要分类甄别和深入阐释这些陌生的、无规则的、含混不清的结构，以“确定其社会基础和含义”。[②]

其二，文化不是一个抽象的整体，而是具有活生生的个性，用格尔茨的术语来说，就是依托于特定的社会背景而存在的“地方性”。这一点在民族志写作实践中体现得最为明显，人类学家所面对的研究对象就是一个个具体实在的文化体系，它们为特定的人类种群所持有和认同，拥有各自的生成背景以及形成和演化的历史，以具有某种风格特征的符号表象来反映其本质性的存在意义。阐释人类学挖掘文化符号之潜在意义的研究目的，也可以看作是为了获得关于某种文化现象的“地方性知识”。

针对他所认定的“文化”的这些特色，格尔茨设计了文化研究的相应方法。文化的深层次含义并不会以唯一的面目直接呈现在观察者面前。人类学家总是带着个人化的知识结构背景与先天的情感体验去描述他所观察的文化现象，各种主观化描述之间的无原则的争论也就不可避免。事实上，对于某个特定的文化体系有着最深切直觉体会的莫过于该文化的持有者。格尔茨认为，欲真正解读某个文化体系的“意指结构”，就要在研究中重视“文化持有者的内部眼界”，即“在不同的个案中，人类学家应该怎样使用原材料来创设一种与其文化持有者文化状况

---

① E. Tylor, *Primitive Culture*, London: John Murray, 1871, p. 1.

② ［美］克利福德·格尔茨：《深描说：迈向文化的解释理论》，《文化的解释》，韩莉译，译林出版社，1999 年，第 5 页、第 11-12 页。

相吻合的确切的诠释”。[①] 也就是通过把握和借助作为研究对象之“文化持有者”对待其自身文化的本土化经验感受、思维方式和价值取向，来破译其文化密码。

这种“把握”和“借助”绝不是要人类学家原封不动地机械转述当地人的文化感受，“地方性知识”的获得有赖于文化研究者充分发挥主体能动性去寻求与“文化持有者”的积极对话。从这个意义上讲，“地方性知识”是对于文化的“近距离感知”与“远距离观察”的双重认识视野的渗透交融，是一个表述系统与另一个表述系统的概念谈判。[②] 这种新的认识主张的贡献就在于它力图突破认识过程中的“二元对立”而寻求认识主体与客体的双向交流，正如有的评论家所指出的那样：“泛文化解释的翻译举动是一种相对的事情。其中，民族志作者处于不同的范畴与不同的文化概念之间的中介地位，而不同的范畴和概念在民族志叙述的过程中又处于不断的互动状态之中。”[③]

除在认识立场上应该靠近“文化持有者的内部眼界”之外，格尔茨还提倡以“厚描”的手段来阐释人类学的民族志作品的写作实践。“厚描”，即通过对外显的符号化信息的“显微镜”式的细致考察与深入分析，来逐步揭示这些符号所指代的文化实体的深层内涵，最大限度地理解这些文化个案的特殊性存在的意义。“厚描”的目的不是要发现事先期待的该文化实体与其他文化实体的某些共性特征，以便把它归入某种既定的宏观理论模式，而是要发现其特殊之处以丰富和扩展原有的模式，是要“通过对特殊问题的特殊对待，来达成其分析的进步”。[④] 格尔茨充分意识到“地方性知识”的多样性和复杂性，而丰富和深入揭示这种多样性与复杂性便是对人类学知识的最有实效的深化。

二、微观史学与阐释人类学在理论表象上的共识

阐释人类学的理论创建为形成和发展中的微观史学提供了诸多有益的启发，微观史学结合历史学的学科特点于实践中摸索出来的史学思想，在某些方面看似与阐释人类学遥相呼应，二者在最直观的理论表现形态上所共有或相似的特征主要包括以下三点。

第一，微观史学与阐释人类学在研究对象上皆关注过去曾经被主流学术研究

① [美]克利福德·格尔茨：《文化持有者的内部眼界：论人类学理解的本质》，《地方性知识——阐释人类学论文集》，王海龙等译，中央编译出版社，2000年，第73页。

② [美]克利福德·格尔茨：《我们现在的思考方式：现代思想的文化人类学探讨》，《地方性知识——阐释人类学论文集》，第203页、第208页。

③ [美]马尔库斯、费彻尔：《作为文化批评的人类学：一个人文学科的实验时代》，王铭铭、蓝达居译，生活·读书·新知三联书店，1998年，第54页。

④ [美]克利福德·格尔茨：《地方性知识——阐释人类学论文集·“英文版绪言”》，第6页。

所忽视的那些名不见经传的微观事物和现象。格尔茨旗帜鲜明地将“微观性”作为阐释人类学作品的重要特点之一,他号召人类学家要以“极端细小的事情”作为研究的起点。[①] 格尔茨本人先垂范的研究即是这方面的典范,比如,通过爪哇人仪式形态来透视其社会组织的构成,借助对巴厘岛人斗鸡活动的深描来解析其制度与文化内涵。[②] 微观研究对于人类学的发展具有普通意义。“人类学家的发现的重要之处,在于它们复杂的特殊性和它们的境况。正是因为具有这种由在限定情景中长期的、主要是定性的、高度参与性的、几乎过于详尽的田野研究所产生的材料,那些使当代社会科学痛苦不堪的巨型概念……才能得以具有可感觉的实在性,从而有可能不仅现实地和具体地对它们思考,而且更重要的是,能用它们来进行创造性和想象性思考。”[③]

与阐释人类学的研究旨趣相似,微观史学在研究对象上也偏好具有个别性、具体性、典型性和代表性特征的历史事物。19世纪发展成熟起来的传统史学专注于政治、军事、外交领域的宏大事件和精英人物。新史学中的社会科学化倾向亦把长时段的自然地理结构和经济心态结构作为研究重点,这种主张在史学编撰实践上所产生的极端的后果便是出现了“静止的历史”和“无人的历史”,从而偏离了历史学的传统宗旨和当代发展趋势——历史学应当“属于人类、取决于人类、服务于人类,也是表达和说明人类的存在、活动、爱好和行为的一切方面”。[④] 而微观史学则对特定时空范畴内的个别人物、群体或事件情有独钟。以微观史学流派最著名的代表作——卡罗·金兹堡的《奶酪与蛆虫——一个16世纪磨坊主的精神世界》[⑤]为例,故事的主人公麦诺齐奥生活于16世纪意大利北部,是一个地位低下的乡村磨坊主。通过走进这位小人物的内心世界,作者成功刻画出当时社会下层思想文化传播的情形,尤其是来自上层社会的宗教信仰变革对乡村世界和普通民众所产生的实实在在的影响。

金兹堡为微观史学在选取研究对象方面开创的传统被后来的史学家所继续发扬光大,当代史学家彼得·伯克说:“20世纪以来的微观史学作品的主题仍集中于历史上的一个村社或那些被遗忘的小人物。”他还列举了近10年来用英语出版的微观史学的重要著作:阿里安·柯宾的《加内巴里的一个乡村》、戴维德·萨比

---

① [美]克利福德·格尔茨:《深描说:迈向文化的解释理论》,《文化的解释》,第27页。

② [美]克利福德·格尔茨:《仪式的变化与社会的变迁:一个爪哇的实例》《深层游戏:关于巴厘岛斗鸡的记述》,《文化的解释》,第205—230页、第484—534页。

③ [美]克利福德·格尔茨:《深描说:迈向文化的解释理论》,《文化的解释》,第30页。

④ [英]杰弗里·巴勒克拉夫:《当代史学的主要趋势》,杨豫译,上海译文出版社,1987年,21页。

⑤ Carlo Ginzberg, *The Cheese and the Worms: The Cosmos of a Sixteenth-Century Miller*, New York, 1978.

安的《耐卡豪森的财产、生产与家庭：1700—1870》、克里格·哈林的《玛格里特的负担》、玛格里特·金的《孩童之死》等。[①] 仅从题目上看，史学家们所关注的研究对象真是越来越微观具体，这种取向恰好与阐释人类学的旨趣相投，因此有史学家称当代历史学在某些方面有向历史人类学转向的趋势。法国史学家保罗·利科认为这种转向的影响或功能之一便是其"发掘没有历史记载的历史，即由没有发言权、因而不能成为官方史学模特儿的人创造的历史"。[②]

第二，微观史学和阐释人类学在研究手法上都推崇缩小考察视野的规模，对有关研究对象的各种信息进行精细解读和微观分析，以同情和理解之心态去深入研究客体的本质。"厚描法"是格尔茨用来阐释文化现象的有力思想工具。传统的人类学民族志写作大多停留在对研究对象的表层描述上，这种肤浅化的弊端便是无法深入文化的底层结构。格尔茨举例说，一个孩子正常眨眼、有目的地挤眼、假挤眼、模仿挤眼之间在表面上看没有什么区别，这就像人类学家所要研究的文化现象一样，"其中许多结构是相互重叠在一起，或者是相互交织在一起的；这些结构既是陌生的、无规则的，但也不是含混不清的，而民族志学者首先必须努力把握它们，然后加以解释"。[③] 也就是说只有通过"厚描法"——联系孩子眨眼这一行动所展开的背景并对与此相关的信息进行综合的分析，眨眼这一行为的真正含义才能够被发掘出来。另外，对孩子眨眼这一行为之动机和效果的把握也离不开对孩子自身确切处境的体察，只有孩子自己最理解其行为，如同对一种文化体会最深者莫过于该文化的持有者。因此，格尔茨又倡导"我们对其他民族的符号系统的构建必须以行为者为取向"，"这些描述必须以特别指定的一类人对他们经验的解释来表达"。[④]

"厚描法"对历史编纂实践不无启发，微观史学流派的另一代表人物乔瓦尼·莱维认为："除了植根于历史研究以外，微观史学的许多研究特征表明了历史学与人类学——尤其是格尔茨视为撰写民族志作品之有效方法的'厚描法'——之间的紧密联系。"[⑤]的确，微观史学的研究对象不像传统史学所关注的宏大事件那样线索相对明晰、史料比较充沛，微观史学家必须不放过史料中的任何线索和细节，通过对文献的密集阅读来寻找与研究各种相关信息以勾画出历史图景的细微之处，这被彼得·伯克形象地说成是

① Peter Burke, "The Microhistory Debate", in Peter Burke ed., *New Perspectives on Historical Writing*, Polity Press, 2001, p. 115.

② [法]保罗·利科：《法国史学对史学理论的贡献》，王建华译，上海社会科学院出版社，1992 年，第 87 页。

③ [美]克利福德·格尔茨：《深描说：迈向文化的解释理论》，《文化的解释》，第 12 页。

④ [美]克利福德·格尔茨：《深描说：迈向文化的解释理论》，《文化的解释》，第 18 页、第 19 页。

⑤ Giovanni Levi, "On Microhistory", in Peter Burke ed., *New Perspectives on Historical Writing*, Polity Press, 2001, p. 102.

"微观史学家把望远镜换成了显微镜"。① 《猫的大屠杀和法国文化史中的其他事件》②是美国历史学家罗伯特·达恩顿的微观史学力作。1730 年法国巴黎印刷行业的学徒们曾有过一次联合杀猫的集体行动,在一般的历史学家看来,这只不过是一桩仅供茶余饭后消遣的谈资而无法登上严肃历史研究的大雅之堂。但在达恩顿看来,此事却充满深刻的象征意味,其背后则隐藏着深刻的社会文化意义。为此,作者广泛搜集欧洲民俗史与此次杀猫的学徒有关的各方面的材料,像格尔茨深入巴厘岛去体会斗鸡活动的奥秘一样,立足于当时的社会情境,揣摩学徒们的微妙心态与行为动机,而不是以先入为主的批判和偏见来对待这种社会异常现象。通过达恩顿丝丝入扣的分析,将屠猫行为与当时法国民间文化、行会中的紧张关系以及学徒工生存状况等重大社会问题建立了令人信服的联系。

第三,微观史学和阐释人类学在研究目的上均期望通过微观分析而达到某种见微知著、由表及里、以小见大的效果。如前面所述,格尔茨并不满足于以"眨眼"这样的语汇来对文化现象进行"肤浅描写",他反复强调:"一种好的解释总会把我们带入它所解释的事物的本质深处""典型的人类学家的方法是从以极其扩展的方式摸透极端细小的事情这样一种角度出发,最后达到那种更为广泛的解释和更为抽象的分析。"③最能体现格尔茨阐释功力的就是他总能从一般人所习以为常的事物和现象中探询到其中所隐藏的深层次的稳定的文化结构。例如,格尔茨从摩洛哥人用以定位自己和他人名位的称谓用语中体察到了他们所处的网状社会关系。④

微观史学更是肩负着"窥一斑以见全豹"的研究使命,尽管有人不断指责微观史学有碎片化历史的危险,但微观史学家的史学实践表明:他们从来都未曾忽视将微观事物与其所存在的宏观背景联系起来进行考虑,"其研究范式是强调过去历史中的'他者',但又从其所集中关注的地方性研究中得出一般性的结论"。⑤"以小见大"堪称是微观史学的拿手好戏,比如法国史学家勒华拉杜里的《蒙塔尤》,⑥该书是以一个中世纪法国小村庄之风土人情而展开的鸿篇巨制。在一般

① Peter Burke, *History and Social Theory*, New York: Cornell University Press, 1992, p. 38.

② Robert Darnton, *The Great Cat Massacre and Other Episodes in French Cultural History*, Vintage Books, 1984.

③ [美]克利福德·格尔茨:《深描说:迈向文化的解释理论》,《文化的解释》,第 23 页、第 27 页。

④ [美]克利福德·格尔茨:《文化持有者的内部眼界:论人类学理解的本质》,《地方性知识——阐释人类学论文集》,第 83-89 页。

⑤ Norman J. Wilson, *History in Crisis? Recent Directions in Historiography*, Prentice Hall, 1999, p. 73.

⑥ [法]勒华拉杜里:《蒙塔尤》,许明龙、马胜利译,商务印书馆,1997 年。关于该书的书评,参见俞金尧:《微观史研究:以小见大》,《史学理论研究》1999 年第 1 期,第 116-119 页。

人看来，蒙塔尤的村民们所经历的事件也许十分普通，但正是这些小事件汇成了历史发展的洪流，他们的日常起居、生产劳动、婚姻家庭、财产继承、社会往来和思想情感都直接反映出他们各自所处的具体时空环境下的社会状态与历史变动。从这个意义上讲，微观史学所关注的是历史的常态，只不过它是通过对具有代表性的个案的近距离观察和深入解读来更为真实细致地体现这种常态。

三、微观史学与阐释人类学在理论实质上的分歧

对于阐释人类学与微观史学的比较而言，应该注意到的是，二者在研究对象、方法和目的上的共识至多只是在学科方法论层面上的共识，在这些共识的纵深之处则隐含着更为本质性的分歧——本体论和认识论上的分歧。从某种程度上讲，这种表层的共识和深刻的分歧正体现出微观史学的实践者们在积极借鉴阐释性学科的具体方法的同时，也十分谨慎地坚守着历史学作为一门实证性科学的学科底线和悠久传统。

阐释人类学的本体论和认识论观念可由格尔茨的这段纲领性语录集中概括："我以为所谓文化就是这样一些由人自己编织的意义之网，因此，对文化的分析不是一种寻求规律的实验科学，而是一种探求意义的解释科学。我所追求的是析解(explication)，即分析解释表面上神秘莫测的社会表达。"[①]这样看来，格尔茨归根结底是把自己所面对的世界和文化当成了抽象的意义体系和象征符号，而非客观的、历史的存在。这样的符号意义体系恰好构成了可供任意解读阐释而又景深无限的"文本"，对于人类学家来说，"所谓文化分析是(或者应该是)对意义的推测，估价这些推测，而后从较好的推测之中得出解释性结论，而非发现意义的大陆，然后标画出没有实体的景观"。[②] 由于对研究客体之客观存在属性和理性认识过程之否定，阐释的主观性便会被发挥得淋漓尽致，这在一方面确实是有助于把我们对事物的认识"引入深处"，但在另一方面却也不可避免地模糊了事实与虚构的界限，从而滑向虚无主义和极端相对主义的深渊。

史学界对于来自阐释人类学的颠覆性主张早有警觉，美国史学家伊格尔斯回应道："对符号的解释是经验所无法检验的。……格尔茨对文化的解释并没有任何控制机制，结果便是把人类学家的主观性或者说想象力，重新引入了他的题材之中。"至于格尔茨本人，伊格尔斯甚至言辞更为激烈地评论说："他不仅不是一个历史学家，而且他也不懂得什么历史学。"[③]

① [美]克利福德·格尔茨:《深描说:迈向文化的解释理论》,《文化的解释》,第5页。

② [美]克利福德·格尔茨:《深描说:迈向文化的解释理论》,《文化的解释》,第26页。

③ [美]伊格尔斯:《二十世纪的历史学》,何兆武译,辽宁教育出版社,2003年,第144页。

伊格尔斯的言论代表了当今西方史坛相当一部分学者对史学之社会科学化取向的坚定信念。20 世纪 70 年代以来，受整个哲学社会科学界“语言学转向”的影响，历史哲学界也发生了由分析的历史哲学转向语言叙述的历史哲学的深刻变革，以海登·怀特为代表的后现代主义思想家对作为现代史学根基的“宏大历史观”和“客观主义认识论”展开了彻底的批判——所谓连续规则的宏观历史运动根本就不存在，历史认识的生成全赖于作者的语言策略和读者的主观想象，它与文学作品的虚构并无本质不同——这便赋予了历史学以一种十分浓重的主观化和相对性的色彩，而从某种意义上讲，这种认识应该是应和了格尔茨对人类学学科属性的重新定位。

绝大多数微观史学家和伊格尔斯一样，在现代史学面临后现代史学和阐释人类学理论的内外夹攻时采取了积极谨慎的应对策略。莱维在专论微观史学的特点的文章中，一方面承认微观史学家们的认识具有“主观性”，这与其说是由于研究对象复杂而史料缺乏的客观原因所致，不如说是因为史学家们在叙述、推理和阐释的过程中不可避免地渗透了自己的主观意图。但是，这并不等于承认历史认识就是主观发挥，为此，莱维专门指出了微观史学在根源上与马克思主义的关联：“政治上倾向左派和激进的世俗主义，对形而上学极少有兴趣，历史研究不是纯粹的修辞和美学活动。”①这样，莱维就在维护历史知识的客观性方面与阐释人类学划清了界线。与莱维的立场相似，金兹堡也旗帜鲜明地反对虚构和消解历史，他部分地赞同后现代主义者对“宏大叙事”的批判，但他只是致力于以微观分析来提高历史认识的精度，却不曾放弃对历史真实的严肃探索。② 莱维和金兹堡以他们的历史编纂实践表明他们是言行一致的，伊格尔斯对此看得十分明白：意大利微观史学家怀有与马克思主义史学共同的信念，即“相信他们所处理的乃是一项真实的题材。……历史研究必须立足于严谨的方法与经验分析之上”。③ 由此可见，微观史学家实际是和阐释人类学在本体论和认识论观念上持有本质性的分歧。

这种本质性的分歧决定前文所述之微观史学与阐释人类学的三点理论共识只能是貌合神离。

首先，从研究对象上看，阐释人类学与微观史学虽然都注重事物的微观性，但是阐释人类学呈现给我们的是抽象的和间接的微观，而微观史学则让我们领略了具体的和直接的微观。比如，二者都研究“人”——无论是历史中的还是现实中的人，但它们对“人”的理解是不同的。格

① Giovanni Levi, “On Microhistory”, in Peter Burke ed., *New Perspectives on Historical Writing*, p. 109, p. 98.

② 韩震主编：《20 世纪西方历史哲学》，北京师范大学出版社，2003 年，第 277 页。

③ ［美］伊格尔斯：《二十世纪的历史学》，第 125 页、第 124 页。

尔茨所研究的爪哇人是一个抽象的整体，他需要通过这个种群共有的各种行为细节来考察其所在的文化的整体属性；而微观史学家所要了解的是，作为爪哇人的普通一员，那个叫苏西诺或汤加的人的生活状态是怎么样的——他们的劳作、休假、家庭与社会关系、心态和观念。格尔茨把苏西诺或汤加的个性融入了他们所在的种群，他们的生活受到了他们所在种群集团的文化背景的影响，他认为："只能通过别人在构筑其世界和阐释现实时所用的概念和符号去理解他们。"[①]微观史学家则反对这种研究路数，他们要求直接面对历史上的真实个体及其具体感性的生活经验，把人从抽象的概念幻想还原为有血有肉的灵魂和躯体，并把他们从超个人的结构性力量中解放出来，而不是诉求任何的外在的抽象媒介。

抽象的"人"是失去了活生生的个性，抽象的"社会"则被隐去了诸多现实的矛盾和变动而成为"田园牧歌"般美好的超稳定结构，莱维批判性地称之为"静止的、缺乏变动与矛盾的社会"。[②] 我们在格尔茨所厚描的巴厘岛和爪哇社会中大体看到的就是这种景象，其中的任何事物都能在文化的"意义之网"中找到位置，自生自灭，各得其所。而令微观史学家们向往或产生创作冲动的，用金兹堡的话说，则是"社会剧烈变动时期出现的神话般的新景象"。[③] 无论是与金兹堡神交的小磨坊主，还是达恩顿笔下的学徒工，抑或是拉杜里描绘的蒙塔尤村，我们从中看到的都是有如电影画面般清晰的社会变革所引发的个人与地方族群的生存状态的波动，看到了社会的物质生产和精神观念的交互影响，它反映出了阶级压迫、社会不公、人际冲突，乃是历史变动过程中的永恒主题。

其次，在研究方法上，阐释人类学和微观史学虽然都专注于微观分析，但前者的微观分析具有很强的主观性，民族志的写作模式在本质上是"非理性"的描述和刻画；而后者的微观分析则严格依据研究客体的客观属性，微观史作品在采用叙事性描述的同时也不排斥实证性的社会科学手段。将认识者的主观能动性充分开发出来是格尔茨的高见，但由于缺乏明确的可操作性的理性机制的控制，以"文化持有者"的内部眼界对文化世界的阐释很容易导致偏激，游走于主观与客观世界之间的多重"对话"，在具体实践过程中极容易滑向所谓偏离"本文意图"的"过度

① 王海龙：《对阐释人类学的阐释》，格尔茨：《地方性知识·导读一》，第6页。

② Giovanni Levi, "On Microhistory", in Peter Burke ed., *New Perspectives on Historical Writing*, pp. 108–109.

③ Carlo Ginzberg, *The Cheese and the Worms: The Cosmos of a Sixteenth-Century Miller*, pp. 77–78. 国内学者王挺之先生专门以"社会变动中的群体与个人"为题来阐述新微观史学的特点，参见《史学理论研究》2002年第2期，第26–30页。

解释”,①这样阐释人类学就为主观主义的渗透与发挥打开方便之门,也使主体的能动认识活动缺少可以遵循的底线原则与必要的倚赖根基,由此,以“厚描”见长的民族志也很有可能因难以严格区别于文学作品之浪漫化想象而失信于人。有批评者说,阐释人类论者的“一个令人失望之处,就是对待外部世界的严谨态度与对待文本和自己本人的放任纵容态度二者之间那种常见的对立及其两极分化的趋势。”②马克思主义结构分析论者也指出阐释人类学对文化的认识有“先入为主”的嫌疑。③

“为了理解诸文化体系中处在不同时代与地域的个人、团体与社会的差异性,有必要去衡量和规范基本的理性主义的机制。”④看来,出于职业习惯,微观史学家们不愿意以牺牲历史真实性为代价而虚构出细致而具体的历史图景。美国史学家纳塔莉·戴维斯的《马丁·盖尔归来》描绘了一个农民的传奇经历,由于史料所限,作者承认她有时候不得不借助“虚构”和“推理”来完成故事的讲述,但这种虚构“仍受到过去的声音的严格检验”。⑤ 与戴维斯同样重视原始材料的还有列维,在写作《继承权力:一个巫师的故事》⑥时,他不但认真搜集考订了与自己主题有关的当时的教堂文告、行政档案和税收记录,而且还述之于经典的社会史所惯常使用的分析和统计方法。这样的微观分析法实际上颇符合劳伦斯·斯通所倡导的“新叙事史”的风格,将理论分析和叙述描绘结合起来,把各种量的、质的信息转变成关于事件的生动叙述。但即使是描述性的笔法在微观史学中占据一定比例,它在研究范式上还是无法割断与传统史学的密切联系,尤其是列维的作品更是体现出微观史学对社会科学历史学传统的继承而疏远阐释人类学的研究路线。

再次,在研究目的上,阐释人类学和微观史学虽然都致力于以微观研究来由浅入深、以小见大,但它们所求之“深”和“大”却有差别。格尔茨倡导的是对文化符号象征意义的无止境的追问,微观史学家们实质上却怀有重构宏观历史变动真切图景的终极向往。

阐释人类学的研究对象是抽象的意义体系,而非实存的客体,格尔茨于是将

① [意]昂贝多·艾柯:《过度诠释本文》,[英]柯里尼编:《诠释与过度诠释》,王宇根译,生活·读书·新知三联书店,1997年,第53-80页。

② [澳]尼古拉斯·托玛斯:《人类学的认识论》,王寅通译,中国社会科学杂志社编:《人类学的趋势》,社会科学文献出版社,2000年,第65页。

③ [法]布迪厄·华康德:《实践与反思》,李猛、李康译,中央编译出版社,1998年,第11页。

④ Giovanni Levi,“On Microhistory”,in Peter Burke ed.,*New Perspectives on Historical Writing*,p. 108.

⑤ [美]纳塔莉·戴维斯:《马丁·盖尔归来》,刘永华译,北京大学出版社,2009年。

⑥ Giovanni Levi,*Inheriting Power:The Story of an Exorcist*,Chicago,1998.

人类学家的工作描述成是"去从事一种以'也许'的纲领统摄其对事物的总体性研究的学科的艺术"。[①] 既然阐释人类学是一门寻求"或然性"的学科,那么各种阐释论断就是在"本质上可以反驳的"。[②] 尽管人类不可能一劳永逸地占有终极客观真理,但否认了由我们所生活的这个世界的客观性所决定的客观真理的一元性存在,实质上也就否认了人的认识过程是一个越来越接近真理的合理过程。[③] 人类学者相互"反驳"的根据是什么?又怎样辨别不同阐释论断和"厚描"的优劣?难道所谓"一种好的解释"仅仅在于其"总会把我们带入它所解释的事物的本质深处"?这种无尽无休的"深入"和"细化",究竟又要把人类学认识导向何方?追问来追问去,阐释人类学家似乎永远也无法跳出自己编制的那张无所不包的符号之网,并很有可能带着"不可知论"的悬疑将自己的学科淹没于事无巨细的事实描述和支离破碎的个别判断之中。至此,地方性知识也就真的具有如字面上所显示那样的"地方性"的狭隘意义。

在现代性认识论成果之上建立起来的微观史学,也承认由于主观和客观条件的限制而无法重构"大而全"的历史实在,但他们大体上都持有这样的现代性的世界观和认识论:历史是过往的真实存在,人们可以遵循一定的认识手段来认识这种存在,并最大限度地接近真相。正因为信念是如此执着,微观史学家们才对"宏大叙事"的实践者们恨铁不成钢,并切实承担起他们的同行们所未曾很好做过的基础性准备工作,其理想便是通过微观的细部描绘而勾画出更为坚实、完整、清晰、细致、多维的宏观历史图景。也正是因为有了这种信念及由此派生出来的基本的学术规范的制约,微观史学家们的争论和反驳才拥有了评判的机制,他们的反复试错和点滴累计才有可能最终产生结果。正如霍布斯鲍姆在 20 多年前所说:"个人、观念、思想和事件的新史学,可以被看作是对社会—经济结构和趋势之分析模式的补充而非替代。"[④]从这个意义上讲,微观史学家们与只对虚无缥缈的"地方性知识"感兴趣的阐释人类学家们,正可谓是真正的"道"不同而不相为谋。

Abstract: The cultural world meant an abstract meaning web from the view of the interpretive anthropology represented by Clifford Geertz , whose task was asking for the local knowledge from the cultural

① [美]克利福德·格尔茨:《我们现在的思考方式:现代思想的文化人类学探讨》,《地方性知识——阐释人类学论文集》,第 220 页。

② [美]克利福德·格尔茨:《深描说:迈向文化的解释理论》,《文化的解释》,第 37 页。

③ [英]卡尔·波普尔:《客观知识——一个进化论的研究》,上海译文出版社,1987 年。

④ E. J. Hobsbawm, The Revival of Narrative: Some Comments, *Past and Present*, 86(Feb., 1980), pp. 6-7.

symbols endlessly by deep description as an interpretive way. While, generally speaking, the academic practice of the microhistorians demonstrated a modern historiography, history targeted for the existence in the past, following a series of analysis principles, the past could be reconstructed historically by the microcosmic exploration till to the macrocosmic understanding. The essential differences in ontology and epistemology between the interpretive anthropology and microhistory, were hided in the subsurface common points of research objects, methods and aims shared by the two schools.

Keywords: Microhistory, Inerpretive Anthropology, Clifford Geertz, Deep Description, Local Knowledge

作者:王邵励,东北师范大学历史文化学院教授

史学史与史学理论

史料考证·心智考察·情境表现
——卡罗·金兹堡的历史修辞问题辩说

□李　根

摘要:卡罗·金兹堡在历史学的"语言学转向"中的位置稍显特殊。他的研究经常被视为后现代主义的代表,但其本人却坚决反对后现代主义的怀疑论调,并与一些后现代主义史家进行论战。在金兹堡看来,虽然文本中的修辞有时会干扰历史学家的判断,但历史学家也可以利用修辞的特性丰富历史研究和写作。首先,金兹堡认为修辞的使用总是附带着其所处时代的某些特征,可以用于考证史料的真伪。其次,他认为修辞是一种叙述的主观策略,可以借此对文本作者的心智进行考察。最后,他认为历史学著作的表述不利于表现事物的演变过程,提倡用修辞策略突出事物在不同情境下的细微差别和微妙变化。他的论说反驳了后现代主义引发的"修辞即虚构"的认知误导,推动"语言学转向"从解构式的批判转向实践研究,并尝试对历史写作形式进行改良。不过,金兹堡的论说也存在问题。以修辞分析的方式辨别史料真伪的策略对一些表述内容和文本形成时代相同的史料不具有效力。在历史学叙述中引入修辞策略也有可能导致问题的表述失去应有的明晰和顺畅。

关键词:卡罗·金兹堡;修辞;史料考证;历史写作

20世纪70年代以来,后现代主义思潮波及历史学领域。历史学作品中含有的修辞成分成为后现代主义者质疑历史学客观性和真实性的重点。在他们看来,历史学家对于材料的取舍和编排本身就是主观性参与,因而任何历史著作本质上都是修辞行为的产物。[①]意大利历史学家卡罗·金兹堡参与了学界关于历史修辞问题的争论。他的论说主要集中于对历史与修辞关系的重新定位,尤其强调修辞对历史学研究的积极作用。其观点既有助于纠正后现代主义怀疑论引发的一些错误导向,也为历史学研究在新领域的实践提供了有益参照。

---

① [美]汉斯·凯尔纳:《语言和历史描写:曲解故事》,韩震、吴玉军等译,大象出版社,2010年,第29-30页。

一、金兹堡与后现代主义史学

金兹堡与后现代主义史学发生接触开始于20世纪80年代末，主要表现在三个方面。

首先，金兹堡的微观史学著作被一些史学家视为后现代主义史学的典型。在罗兰·巴特、海登·怀特等学者向历史学发起语言学批判的最初十几年间，金兹堡并未参与到相关问题的讨论之中。那时，金兹堡更倾向于人类学式的微观史学研究。他反对法国的一些学者将历史学引向总体史和计量化的主张，提出用人类学的阐释理论发掘社会观念中被遗忘的部分。在《奶酪与蛆虫》中，金兹堡将研究的重点放在重现16世纪意大利弗留利地区的一个普通村民身上，深度阐释了这个隐匿于历史深处的小人物的观念世界。在一些历史学家看来，金兹堡的微观史学研究除了反对趋向结构和计量的社会史，同时也是对现代主义的"宏大叙事"的强烈反驳，因而代表了后现代主义的学术取向。后现代主义者安克斯密特就曾指出："在后现代主义历史观中，目标不再是整合、综合和总体，关注的中心恰恰是那些历史的碎片。"在他看来，金兹堡的微观史著作是代表历史编纂转向后现代主义的成功范例。① 不过，金兹堡却一再否认他与后现代主义的关系。他说："我想，安克斯密特和别的人完全误读了所有这些著作。……人们把我看作是后现代主义史学家，这让我听起来觉得奇怪。"②

其次，金兹堡对再现历史事实的可能性持肯定态度，对来自后现代主义者的语言学批判予以驳斥。1988年，金兹堡获得了美国加利福尼亚大学洛杉矶分校（简称UCLA）意大利文艺复兴研究院的"富兰克林·墨菲教席"身份（Franklin D Murphy Chair of Italian Renaissance Studies），并在此期间开始与海登·怀特等后现代主义者展开论辩。在一场题为"纳粹与'种族灭绝'：探查表述的极限"的研讨会（1990年）上，怀特与金兹堡对于"证史材料与修辞性叙述的关系"问题各持己见。怀特认为："历史的表述具有无法祛除的相对性""事实的讲述与故事一样，是一种语言学存在，属于话语的序列"。因此，即使是"大屠杀"这样触及道德底线的历史事件，其幸存者的回忆仍旧不属于严格意义上的"历史证据"，并进而向历史学家重申语言的修辞成分与历史事实的再现之间的对立关系。③ 金兹堡坚决反对上述看法。他在题为"只有一个目击者"的发言中强调，"对于历史表述无

---

① ［荷兰］弗兰克·安克斯密特：《后现代主义和历史编纂》，载刘北城、陈新编《史学理论读本》，北京大学出版社，2006年，第190页。

② ［英］玛丽亚·露西亚·帕拉蕾丝-伯克著、彭刚译：《新史学：自白与对话》，北京大学出版社，2006年，第256页。

③ Cf., Hayden White, "Historical Employment and the Problem of Truth", in *Probing the Limits of Representation*. Saul Friedlander ed., Harvard University Press, 1992, pp.37-38.

限度的怀疑态度是不切实际的”。他指出:“士兵们笔法拙笨的家书,安抚民心的新闻文章,暴跳如雷的指挥官,字迹潦草的作战指令,历史学家对史料迷信式的顺从”,都显示了叙述对于事实再现的特殊作用。而即便是只有一个目击者,他对于过去现场的回忆仍旧可以传递出重要的细节和信息。① 在《检查证据:法官和历史学家》一文中,金兹堡认为后现代主义者虽然不赞同“史料可以自己说话”的实证主义主张,但二者却犯了相同的预设错误,即他们都鉴于修辞的主观性特征将其等同于对事实的歪曲或虚构。金兹堡并未否认后现代主义者对实证主义主张的批判的合理性,他反对的是将修辞与历史研究决然对立的逻辑。他说:“实证主义者(positivism)将证据视为一扇打开的窗子,以为透过它就可以直取事实。……当代怀疑论者(后现代主义者)却将证据看作一堵墙,从本质上排除了触及事实的可能性。这一极端的反实证主义态度认为所有有关指称的假设都是天真幼稚的,而它本身最终不过是实证主义的另一面。”②

再次,后现代主义者对金兹堡的相关言论产生了一些误解,对于他的批驳也不以为然。在金兹堡看来,怀特对于大屠杀的叙述客观性的质疑受到了意大利法西斯主义历史学家金蒂利的影响。③ 怀特认为这是金兹堡在恶意暗示:“他认为我是一个法西斯主义者。他在很多方面很天真。”④此外,对于金兹堡批评他夸大了修辞性叙述对于历史研究可靠性的干扰程度,怀特更是不以为然:他(金兹堡)认为,“我主张人们可以从一种美学的角度去处理事实。我认为这样做没什么不可以。在我看来,金兹堡虽然认为不应当这样做,但他本人常常就是这么做的”。⑤ 安克斯密特一度将金兹堡视为同道,但当他间接地了解到金兹堡在《检查证据:法官和历史学家》中批评后现代主义者同样犯了实证主义的逻辑错误时,他表现出强烈的不满。⑥ 如上文所言,金兹堡反对过分突出历史学的“诗性”特征,是由于他坚信修辞可以透露出一些真实的历史信息。而安克斯密特却将金兹堡的批驳理解为是在固守某种历史的“终极的、绝对的真理”。他说:“这(金兹堡的言论)要求我们设定证据层与表现层的完全融合,而这等于是最粗糙的经验主义,我极不情

① Cf., Carlo Ginzburg, “Just One witness”, Saul Friedlander ed., *Probing the Limits of Representation*, pp.95-96.

② Carlo Ginzburg: “Checking the Evidence: The Judge and the Historian”, *Critical Inquiry*, Vol.18, No.1, 1991, pp. 83-84.

③ Cf., Carlo Ginzburg, “Just One witness”, Saul Friedlander ed., *Probing the Limits of Representation*, pp.90-92.

④ [波兰]埃娃·多曼斯卡:《邂逅:后现代主义之后的历史哲学》,彭刚译,北京大学出版社,2007年,第19页。

⑤ 韩震、董立河:《历史学研究的语言学转向——西方后现代历史哲学研究》,北京师范大学出版社,2008年,第374页。

⑥ 安克斯密特在John H. Zammito的论文中读到了金兹堡的相关论述,参见John H. Zammito, “Ankersmit's Postmodernist Historiography: The Hyperbole of Opacity”, *History and Theory*, Vol.37, No.3, 1998, pp.330-346.

愿将它归之于任何神志正常的人。”①

金兹堡和后现代主义者都在强调一个事实，即修辞对于历史叙述的影响不可避免。之所以依然引发争论，其原因在于双方对于修辞之于历史研究的作用的性质评定。金兹堡认为后现代主义在历史学的理论自省中，仅看到了修辞作为主观性行为的消极影响，却没有认识到其记录细节事实的特性；而后现代主义者则误以为金兹堡的批评是站在实证主义者的角度发出的。

二、金兹堡关于历史学修辞合理性的阐述

金兹堡在谈到历史的文学特性时曾表示：“我的野心是既受实证主义者，也受后现代主义者的攻击，被实证主义者视为后现代主义者，而反过来又被后现代主义者视为实证主义者。”②他反对武断地将修辞置于历史研究的对立面。在他关于历史修辞的论说中，金兹堡从史料考证、心智考察和历史写作的改良途径三个方面强调修辞对历史学的积极作用。

第一，金兹堡认为修辞的客观方面是史料考证的重要凭据。他试图证明，虽然修辞是一种主观活动，但也有客观方面。在他看来，修辞的目的是使听者信服，因而无论掺杂了多少虚构的成分，终究要保持与客观事实的某种关联。他赞同亚里士多德对修辞的解释。亚氏的《修辞学》认为，修辞表述实际上由“证明性的说服”（atechnic 或 non-artistic）和“技术性的说服”（entechnic 或 artistic）两种成分组成。证明性的说服是以出示实物佐证的方式获取听者的认可；技术性的说服则指“无理辩三分”的情况，即说者凭借口才的雄辩使听者信服的技巧。亚氏指出：“想要达到‘说服’的效果，后者须以前者的使用为基础。”③金兹堡借此表示，“证明性的说服”向听者提供的实物证据受其所处的时代背景制约，必定带有特定的时代风格，这就决定了讲述者的语境归属。在他看来，“风格作为一个与精神和物质活动均保持联系的概念，可以充分表现出社会史和文化史的阶段性”。④ 正因如此，金兹堡认为：辨别历史修辞中的“证明性说服”成分是否与其所处文化语境相一致，是判断文本真伪的有效途径。一份文本如果表述如实，讲述中提到的种种实物

① ［荷兰］弗兰克·安克斯密特：《历史表现》，周建漳译，北京大学出版社，2011 年，第 51-52 页。

② 玛丽亚·露西亚·帕拉蕾丝-伯克：《新史学：自白与对话》。

③ Cf., Carlo Ginzburg, “Aristotle and History, Once More”, in Carlo Ginzburg, *History, Rhetoric, and Proof*, University Press of New England, 1999, pp.38-50. 亚里士多德对修辞问题的相关论述，另参见 Aristotle: *On Rhetoric: A Theory of Civic Discourse.* (*Second Edition*). trans. Ceorge A. Kennedy, Oxford University Press, 2007, pp.38-39. 中文版见亚理斯多德著、罗年生译：《修辞学》，生活·读书·新知三联书店，1991 年，第 24-25 页。

④ Carlo Ginzburg, “Style: Inclusion and Exclusion”, in Carlo Ginzburg: *Wooden Eyes: Nine Reflections on Distance*, Columbia University Press, 1998, p.122.

会与自然与时代情境相符;而如果表述是虚构的,就必然会出现一些不属于当下情境的细节或内容,即“时代错置”(anachronism)。[①] 在金兹堡眼中,洛伦佐·瓦拉(Lorenzo Valla)针对《君士坦丁赠予》的证伪就是利用修辞考证文本的成功范例:“在这一点上,瓦拉将注意力转向拉丁文明和修辞的使用动机,对一些片段进行研究,这种方式十分有效。”[②]

第二,金兹堡善于通过修辞揭示文本作者的主观动机,为心智史(intellectual history)实践开辟道路。如上文所言,有关过去的信息往往是以修辞性表述的形式得以保存的,因此记述的内容难免掺杂着作者的主观因素。这必然对试图参照历史文本再现历史事实的后世史家的工作造成不利影响。不过,金兹堡却认为修辞中的主观因素为后世历史学家考察文本作者所处时代的价值观念和心智领域提供了丰富的材料。他指出:“文本的文学性和修辞性内容提供的信息比历史学和人类学所期待的指示性材料更为坚实。”[③]换句话说,历史学家可以通过分析历史文本中的修辞,更多地关注文本作者的写作意图与时代文化之间的内在联系。在《他者的声音》一文中,金兹堡分析了17世纪耶稣会士郭弼恩(Charles Le Gobien)在撰史时使用的修辞,展现出宗教人士在面对文化冲突的问题时所表现的复杂心理活动。郭弼恩的《马里亚纳群岛史》记载了一段关岛土著胡劳(Huro)动员族人反抗殖民者的长篇演讲。这位土著领袖谴责欧洲人用瘟疫、武力和文化破坏属于岛民的安静生活、历史传统和文化习俗,并号召岛民为自由而战。在金兹堡看来,胡劳的雄辩并非事实,而是郭弼恩的修辞手法。作者在古代史籍中对叛乱的描写植入了多元主义观念。这有些矛盾:郭弼恩既想突出土著领袖胡劳的进步思想,却又使之以撒路斯提乌斯笔下的喀提林、塔西佗笔下的卡尔加库那样的叛乱者形象出现。金兹堡认为:“这间接地反映了郭弼恩对于欧洲文明的宗教思想和社会思想出现了摇摆。”他继而通过史料考察证实了郭弼恩复杂心态的存在。他发现,17世纪的耶稣传教会士都在作品中或直接或间接地像蒙田一样表达对非基督教文化的尊重。郭弼恩本人就对先于基督教文化存在的中华帝国的宗教体系表示过敬仰。但在胡劳演讲的注释部分,郭弼恩却又批评这位土著领袖的话歪曲了事实。金兹堡指出:“文本是有裂缝的。透过这些裂缝,一些意想不到的东西

---

① Cf., Carlo Ginzburg, “Lorenzo Valla on the ‘*Donation of Constantine*’”, in *History, Rhetoric, and Proof*, pp.64-65.

② Cf., Carlo Ginzburg, “Lorenzo Valla on the ‘*Donation of Constantine*’”, in *History, Rhetoric, and Proof*, pp.54-66.

③ Carlo Ginzburg, “Alien Voices: The Dialogic Element in Early Modern Jesuit Historiography”, in *History, Rhetoric, and Proof*, p.71.

得以显现……”[1]此外，他认为对修辞主观性的考察也可以从非历史性文本入手。他的论文集《没有真正的孤岛：以世界视角四论英国文学》就选取了一些英国文学作品作为研究对象。例如，他通过分析托马斯·莫尔用反讽式修辞写作《乌托邦》的深刻用意，诠释了文艺复兴时期英国文艺界借古典戏剧的艺术手法表达平等观念的细致过程。他还以伊丽莎白一世时期英国文坛的“韵文之争”作为话题，再现了当时英国统治集团既试图借助古典文化取得欧洲文化的话语权，又担心古典文化的泛滥会使英国重蹈罗马帝国覆辙的复杂情绪。金兹堡断言：“长期以来，服饰、技艺、艺术和语言仅被视作考古学家的关注对象而与历史学家无关。……但考古学家的研究最终都将转化为社会史和心态史。”[2]

第三，金兹堡提出应在历史写作中使用视角切换和场景切换等修辞手法，通过增加情境之下的现场感表现历史流变中不易察觉的特性。金兹堡批评历史学家为了克服主观性因素的干扰，在历史表述上过于强调言简意赅。他说：“我发现当前的历史叙述方式过于简单，它总是注重最终的文字性结论，却不在乎那些使之成为可能的环节。”他强调：“我们的注意力应该从最后的结果转向预备性阶段。”[3]在金兹堡看来，结论式的历史叙述最大的弊端就是使历史知识的认知失去陌生感和参照。因为一旦历史现象的描述归于概念性结论，知识接受者（包括历史学家本人和读者）就会将其视为一种一如既往的稳定性存在，从而忽视其未曾昭示的潜在特性。因此，金兹堡建议引入文艺理论中的“陌生化”手法加剧历史特性的反差，用以凸显那些不易察觉的历史流变或特性。“陌生化”概念由俄国文艺理论家什克洛夫斯基提出，是指通过观察视角的切换，展示我们误以为自己已经了解而实际上却仍旧陌生的层面，从而获得对世界或人生的新认识。什克洛夫斯基认为，艺术之所以能够给人以强烈的感官刺激，不在于它对事物特征漫无边际的夸张，而是由于它掌握了揭示陌生之处的技巧。[4]这引发了金兹堡关于历史表现手法的反思。在《使其陌生》一文中，金兹堡指出：“所有人都会遇到将身旁的事物视为理所当然的危险，而在我看来，陌生化或许是一种有效的解决办法。”[5]他列举了用陌生化手法阐发深刻反思的实例，如古罗马

① Carlo Ginzburg, “Alien Voices: The Dialogic Element in Early Modern Jesuit Historiography”, in *History, Rhetoric, and Proof*, p.84.

② Carlo Ginzburg, *No Island Is an Island: Four Glances at English Literature in a World Perspective*. Trans. John Tedeschi. New York: Columbia University Press, 2000, pp.36-37.

③ Carlo Ginzburg, “Reflections on a Blank”, in *History, Rhetoric, and Proof*, p.101.

④ 什克洛夫斯基。

⑤ Carlo Ginzburg, “Making It Strange: The Prehistory of a Literary Device”, in *Wooden Eyes: Nine Reflections on Distance*, p.22.

皇帝马可·奥利略对人生的哲学反思，蒙田和伏尔泰曾从“野蛮人”的立场对欧洲文明进行反思，伏尔泰在小说《霍尔斯托密尔》（*Kholstomer*）中以马氏的口吻讽刺了人性的虚伪。金兹堡认为，陌生化策略的使用比之引导式的说教更具启示性，因为陌生化“会使读者进入一种认知上的挣扎状态，会使（叙述的内容）从暗示性的结论转而成为一种奖励（reward）。无论是在艺术层面还是在修辞层面，这种效果都具有极强的表现能力”。① 此外，金兹堡提议在叙述时通过鲜明的场景切换手法昭示普适性概念在不同时空下的微妙变化。在《关于空白的思考》一文中，他通过福楼拜的小说和影视艺术的“蒙太奇”，说明这种手法的特殊作用。福楼拜有意在他的小说《情感教育》中通过不连贯的场景切换，营造强烈的感官反差，以此展现人生的变幻无常。影视艺术中的“蒙太奇”手法与之类似，当若干个平淡无奇的生活场景经过导演的剪辑一瞬间涌现于观众眼前时，观众对时间嬗变的感悟远比结论性的概述丰富得多。在金兹堡眼中，有策略地使用艺术修辞可以破除叙述的固定性，他说：“非固定性的叙述可以提供一种诠释可能性的机制，这种叙述（对于结论式表述）经常是调整性的，有时甚至与结论相抵触。”②在论文集《木头眼睛——关于距离的九种思考》中，金兹堡将上述两种表现手法应用于一些常见词汇的文化考察。他发现，“距离”“神话”“象征”等常用语汇的含义在历史的不同时期和不同的语境下有很大歧义，例如，“神话”一词自古以来就被广泛使用，但当金兹堡像放映幻灯片一样把从古典时代到现今的20余位思想家对“神话”的解释呈现在一处时，读者就会意识到，“神话”概念在公共利益、宗教信仰、政治宣传以及艺术创作等语境下的使用总是被赋予不同的含义。③ 金兹堡还通过对不同语言版本的《圣经》进行词义辨析，发现这部影响深远的宗教经典的转译工作经常出现用词的歧义现象，从而使原典的一些核心内容被策略性地修改了。例如，希伯来原本中的“joneq”（仆人）一词在希腊文版的《旧约》（*Septuagint*，即“七十二贤士版”）中被译为“paidion”。“paidion”在指“仆人”的同时也有“男孩”的意思，这个细微的歧义使耶稣的身份从“上帝的仆人”被神化为“上帝的儿子”。④

三、金兹堡修辞论说的意义和局限

金兹堡对历史修辞问题的认识一部分来自学术先哲们关于各种基础概念的

① Carlo Ginzburg, “Making It Strange: The Prehistory of a Literary Device”, in *Wooden Eyes: Nine Reflections on Distance*, p.14.

② Carlo Ginzburg, “Reflections on a Blank”, in *History, Rhetoric, and Proof*, p.101.

③ Cf., Carlo Ginzburg, “Myth: Distance and Deceit”, in *Wooden Eyes: Nine Reflections on Distance*, pp.25-61.

④ Cf., Carlo Ginzburg, “Ecce: On the Scriptural Roots of Christian Devotional Imagery”, in *Wooden Eyes: Nine Reflections on Distance*, pp.82-83.

经典解释，另一部分是他对当代学术新成果的借鉴和创造性运用。他的论说有助于历史学研究者在所谓的“语言学转向”中更全面地看待历史修辞的利与弊，但其某些创见也容易引起新的争议，在转入实践的过程中也可能面临阻力。以下将从三个方面对金兹堡的修辞论说的积极意义和局限做出总结与反思。

首先，金兹堡阐明修辞的客观方面，澄清历史与修辞的内在联系，驳斥了语言学批判以来出现的过于强调修辞消极作用的片面言论，但他提出的利用修辞考证文本的策略在具体研究中仍有可能流于主观。后现代主义怀疑论者的语言学批判揭示出语言修辞对历史认知的建构性作用，深化了历史学家对历史认识主观方面的理解，将史学的理论自省带入叙事主义历史哲学的新阶段。不过，单纯强调修辞对历史客观性的干扰，势必在认识论上走向历史学的对立面。虽然未曾有哪位后现代主义者明确否认过去的实在意义，[①]但其用文学理论分析历史文本的做法的确从逻辑上将历史学的性质导向虚无。金兹堡对修辞主、客观方面的明确区分，既肯定了后现代主义怀疑论者对修辞的合理论述，又确认了历史研究和历史叙述在客观性上的密切关联，论证了历史学知识以叙述形式存在的合理性。特别是他提出利用修辞中可能出现的“时代错置”判别文本真伪的策略，突出了修辞的客观方面对于历史研究的积极作用。不过，这种策略可能遇到两种限制。一是“时代错置”仅在文本作者描述与其时空相隔较远的对象时才有可能出现或被察觉，而对于特定语境内的短时段记述，这种策略明显没有发挥的空间。例如，今天的历史学家在解释 16 世纪的信仰问题时很容易出现“时代错置”的错误，对于拉伯雷是否为无神论者，就曾引起了吕西安·费弗尔关于解释过去的深刻反思。[②]但是，事件亲历者对事实进行记述或回忆时出现“时代错置”的概率就微乎其微。即便讲述者歪曲了事件经过的某些内容，研究者也不容易在“谎言”中发现“时代错置”。在这种情况下，主观性对于事实还原的干扰仍旧很大，而通过修辞辨其真伪的策略则不足以解决问题。二是“时代错置”的辨识要求历史学家能够对讲述者在“证明性说服”中出示的证据进行准确的时代认领。一种观念何时出现，一种工具何时开始使用，一个概念在某个时代究竟以何种含义被使用，都要求历史学家在进行判断“时代错置”之前就有明确的认定。这种认定更多的是通过各类历史文本的彼此核对实现的，而一旦这些文本在面临不同的问题上互为前提，辨识“时代错置”的依据也必然遭到质疑。曼德尔鲍姆就曾提到过这种相对主义困

① Keith Jenkins, *On"What is History": From Carr and Elton to Rorty and White*, Routledge, 1995, p.29.

② 吕西安·费弗尔著:《16 世纪的不信教问题:拉伯雷的宗教》,赖国栋译,上海三联书店,2011 年。

境。他谈道："为了'理解'布克哈特关于文艺复兴的言论,我们必须把他的论述与他自己的那个时代的状况联系起来。可是,为了理解这种状况,我们又必须求助于另一个历史学家……归根到底,这就表明不可能对历史陈述做出理解。"①由此看来,虽然金兹堡重申了历史叙事的客观性和合理性,但在如何排除修辞的主观性方面,他并未找到普遍有效的解决方法。

其次,金兹堡将修辞分析用于心智史的研究,促动修辞在历史研究中的作用从批判解构转向了历史阐释,也为心智史研究设定了可靠的立足点。在怀特的《元史学:十九世纪欧洲的历史想象》问世后,后现代主义者的工作在很长一段时间里缺乏建设性。他们除了从理论上论证历史学的诗性前提,就是对前世史家著作中那种对秩序和连贯性的追求进行拷问。②语言学批判进一步深化了历史学的自省,但却不能为史学实践提供更为合理的指向。理论与实践上的只破不立限制了后现代主义史学研究的进一步发展,也使修辞分析失去了一定现实意义。相比之下,金兹堡试图发掘修辞在历史研究方面的潜力,将文本中的篡改、虚构等修辞性行为视为一种心智领域的历史活动加以研究。以怀特为代表的后现代主义者侧重于揭示历史文本使用了何种文学写作模式(如喜剧的、悲剧的),而金兹堡则更在意对文本作者曲解事实的心智动机做出历史性的解释(出于宗教、性别观念,或是社会地位)。在此逻辑导引下,历史文本的叙述是否真实并不是研究展开的必要条件,曲解事实的行为本身就是历史学家从文化和观念视角考察历史的可靠参照。修辞分析的特性迎合了史学界在意识研究领域的新诉求。20世纪70年代以来,一些历史学家在人类意识活动的研究方面越发重视对于心智活动的考察。心智研究与不同于那种以写作"伟大思想""时代精神"的进化史为主要形式的"思想史"或"观念史"(在德国也被称为"精神史"),它也不像法国的"心态史"研究那样以社会学理论为指导,将人类的意识活动理解为社会物质基础的上层反应物。心智史关注的不是任何一种概念化的思想本身,而是概念的动态产生以及它与外部的广泛联系。③ 它致力于重述那些不

---

① [美]莫里斯·曼德尔鲍姆:《历史知识问题:对相对主义的答案》,涂纪亮译,北京大学出版社,2012年,第53页。

② [美]海登·怀特的《元史学:十九世纪欧洲的历史想象》(1973年)、怀特的学生汉斯·凯尔纳的《语言和历史描写:曲解故事》(1989年)、基思·詹金斯的《论"历史是什么?":从卡尔和埃尔顿到罗蒂和怀特》(1995年)等一系列阐发后现代主义历史观的典型著作,都以解构前世或当代史家的历史作品及强调历史的文学本质为研究的主题,而在解构和批判主题之外,后现代主义的史学实践作品却鲜有耳闻。林·亨特、希拉里·普特南等历史学家对后现代主义的语言学批判"解构而不重构"的做法十分不满。参见林·亨特等著,刘北城、薛绚译《历史的真相》,上海人民出版社,2011年,第198-199页。

③ 参见列奥纳德·克里格尔:《心智史的独立》,载伊格尔斯编、陈海宏等译《历史研究国际手册——当代史学研究和理论》,华夏出版社,1989年,第143页。

明确的,但却真实发生过的信念和意识。随着人类学理论对历史研究的影响日益加深,金兹堡等心智史研究者越来越关注“情境”(context)对于意识观念活动的限定性作用。在他们看来,思想史和心态史都流于某种“规约主义”(reductionism),即过于关注社会意识的显著表现或总体趋势,忽略了人在特定情境下会对社会主流观念或主导思想进行能动修改的情况。① 由此,深入具体情境,发现并解释那些体制之外的心智活动,成为专注于意识研究的历史学家的新目标。在此之中,修辞作为心智活动的生成物,可以最直接地将研究者带回某个特定的时代背景和文化语境。昆汀·斯金纳等“剑桥学派”学者对此曾做过集中讨论,②而斯金纳本人也曾利用修辞对霍布斯的政治思想进行了重新阐释;③娜塔莉·戴维斯通过司法档案中的赦免申请书中惯用的修辞申辩模式,对16世纪的家庭伦理观念进行了细致解读。④ 随着修辞在心智史实践中的作用日益凸显,后现代主义者的新晋代表人物安克斯密特也参与该领域的讨论。他将语言本身视为可供考察的历史实在物,称之为“历史表现”,并强调“叙事主义更应该与(历史)解释联系在一起”。⑤ 由此可见,金兹堡将语言学批判导向心智史研究的理路顺应了西方史学在意识研究领域的新趋势,有助于史学实践领域的进一步扩展和深化。

最后,金兹堡对结论式历史叙述的批评鞭辟入里,但他提倡的现场化表述很有可能在重视启示的同时忽视了表达的明晰。金兹堡设想将“陌生化”和“蒙太奇”手法引入历史写作,是晚近历史学家试图在编纂环节上突破理性主义历史模式的表现。理性主义的历史观以科学/实证主义和线性进化史观为认知的基本逻辑,即认为历史学可以通过科学理性的审查对未曾阐明的过去实施“去魅”,⑥并最终勾勒出一维的、由低级到高级的社会文化进程。⑦ 这种历史观要求历史学家在记录

---

① Cf., Roger Chartier, “Intellectual History or Sociocultural History?”, in *Modern European Intellectual History*, Dominick LaCapra & Steven L. Kaplan ed. Dornell University Press, 1982, p.29-30.

② Quentin Skinner, Stefan Collini, Michael Biddss, J. G. A. Pocock, “What is Intellectual History”, *History Today*, 1985, Vol. 35, pp.46-54.

③ [英]昆汀·斯金纳:《霍布斯哲学思想中的理性和修辞》,王加丰等译,华东师范大学出版社,2005年。

④ 娜塔莉·戴维斯:《档案中的虚构——法国司法档案中的赦罪故事及故事的叙述者》,杨逸鸿译,台北:麦田出版社,2001年。

⑤ 彭刚:《叙事的转向:当代西方史学理论的考察》,北京大学出版社,2009年,第56-57页。

⑥ “去魅”(disenchantment)是马克斯·韦伯最早使用的概念,以此表达对科学理性的推崇,他说:“从原则上说,再也没有什么神秘莫测、无法计算的力量在起作用,人们可以通过计算掌握一切,而这就意味着为世界去魅。……技术和计算在发挥着这样的功效,而这比任何其他事情更明确地意味着理智化。”Cf., John Dreijmanis ed., *Max Weber's Writings on Academic and Political Vocations*. trans. Gordon C. Wells, Algora Publishing, 2008, p.35. 科学主义成为实证主义史学的哲学基础。

⑦ [澳]C. 贝汉·麦卡拉:《历史的逻辑》,张秀琴译,北京师范大学出版社,2008年,第174-179页。

和排列历史事实之外,还要对事实做出多层面的严谨的分析(如政治的、经济的、社会的、思想文化的等多种原因)和公正的评判(如是否符合历史发展的规律),并由此产生了一系列所谓的“揭示事实本质”的结论式表述。结论式表述带有很强的迷惑性,它被打上了“科学解释”的标签,使知识的接受者误以为已经熟识了历史现象的本质和规律,而实际上它却不可避免地以牺牲历史的“非理性”成分为代价,充其量只是一种规约式的“去魅”。金兹堡的写作策略正是针对上述弊端提出的,他用转换视角的方式克服规约式“去魅”引起的“熟视无睹”,恢复读者对历史文化现象的“陌生感”,并通过不同情境的并置代替前后相继的线性表述,在强烈的反差中呈现历史现象的意义转变。他的“陌生化”尝试与安克斯密特的历史叙述策略相契合。在安氏看来,文学式的表述可以展示出世界和人生的陌生层面;而历史学的进步,就在于对同一历史课题提出越来越多的叙事性解释,从更多的视角来考察已知过往的相关部分。① 从金兹堡的微观史学作品到后来那些时空跨度更大的历史文化考察,他一直有意识地通过生动场景的营造昭示历史中被忽视或误解的方面。然而,场景化表述必须在刻意切断事件的因果连续性的条件下才会产生作用,研究也往往需要从零散的生活细节或话语片段入手,思路的推进更多地是以名称或外在形态等表面的相关性为维系。在这种情况下,一些未曾被留意的新问题得以展现,但在材料有限的情况下,新现象的揭示也有可能意味着探究的终止。以《奶酪与蛆虫》为例,金兹堡通过庭审场景的再现,还原了一个出人意料的事实:一个生活在中世纪偏远山村的小人物的世界观、宗教观竟然与同时代的启蒙思想家,甚至与现代人的想法有诸多相似之处。对此,金兹堡试图从传播论、人性的共同心智结构等角度解释这种情况出现的原因,话题还触及了大众文化与精英文化、口头文化与纸本文化、基督教文化与佛教文化等一系列文化形态的异同比较。可是,各种解释都在缺少史料印证的情况下止步于推断。② 彼得·伯克在评价金兹堡的作品时就表示:“书中的内容总能发人深省,但论点并不始终一贯。”③ 金兹堡在UCLA的同事佩里·安德森进一步指出:“金兹堡的叙述展现了他作为作家的才华……他讲故事具有张力,如散文般轻描淡写、含蓄隽永……叙述以陈列简短的、缺少中间衔接的若干段落的方式进行。”但在安德森看来,金兹堡这种

① 彭刚:《叙事的转向:当代西方史学理论的考察》,北京大学出版社,2009年,第55页。

② Cf. Carlo Ginzburg, *The Cheese and the Worms—A Cosmos of Sixteen-Century Miller*, trans. John and Anne Tedeschi. The Johns Hopkins University Press. 1992.

③ [英]彼得·伯克:《什么是文化史》,蔡玉辉译,北京大学出版社,2009年,第52页。

舞台或银幕式的场景化策略无法从逻辑上提供叙述内容的来龙去脉，只能过于频繁地依靠“意会”的作用，削弱了历史写作的可理解性。① 参与了语言学批判的美国学者拉卡普拉曾经设想“找到某种既能表达范畴重叠的复杂性，又不用放弃分析性区别，避免滑入彻底的含混和混乱中的某种书写历史的方法”。但立刻意识到，“痴迷于话语僵局和执着于异常和碰巧事物是危险的”。② 由此可见，金兹堡在历史写作方面虽然迈出了实践性一步，但距离新形式的合理化却仍有距离。当然，金兹堡的作品在表情达意方面存在局限，并不意味着所有试图在历史写作中显著地使用修辞技法的策略完全行不通，历史学家对此仍需保持认识上的开放性。

结　语

与后现代主义的语言学批判相比，金兹堡关于历史修辞的论说是西方史学步入新阶段的表征之一。仅从“解构而不重构”这一点上看，后现代主义思潮所引发的史学理论之争未能将历史研究带入更为合理的学术新境，它更像是针对19世纪末“历史学科学化”运动片面追捧客观性的一次激烈反动。在此期间，狄尔泰提出的历史主观性问题，至语言学批判阶段已经基本被阐明。未被阐明的问题是，在主观性无可相比的情况下，以客观真实为操守的历史学家怎样以令人信服的方式继续讲述过去？只有对这一问题做出最终的解答，历史学的关于主观性和客观性的困惑才能真正解决，历史学才足以坚实地踏入下一个发展环节。金兹堡是围观后现代争论的人群中最早对此问题做出回应的人之一，他论说中的合理成分，代表了史学新阶段的开始。

Abstract: Carlo Ginzburg has his original views on the relation between history and rhetoric. He objects postmodernism historians explain historical narrative as rhetorical fiction, but he also emphasizes that historians should attach importance to close connection. He regards rhetoric as an expression with evidence. Therefore it is in accord with historical research logic. Ginzburg puts forward an textual criticism strategy that one can use contextualization of rhetoric to identify the truth of source. Moreover, basing on construction mode of rhetoric and analysis on semantic change, he has worked on intellectual history and conceptual history. Ginzburg's argumentation and practice counterattack powerfully postmodern skepticism, open up an new line that expanding his-

① Perry Anderson, "Nocturnal Enguiry: Carlo Ginzburg", in Perry Anderson: *A Zone of Engagement*. Verso Press, 1992, p. 221.

② Dominick LaCapra, *History & Criticism*, Cornell University Press, 1985, p.141

torical territory with rhetorical interpretation.

Keyword: Carlo Ginzburg, Rhetoric, Historiography, Proof

作者:李根,长春师范大学历史文化学院讲师

评 论

第23届国际拜占庭学大会在贝尔格莱德举行

□李 强

摘要:国际拜占庭学大会是拜占庭学研究的最高级别盛会。于塞尔维亚召开的第23届大会作为新世纪以来的第四次会议,众多新特点凸显。新老学者更替,年轻学者成为拜占庭学研究的重要学术力量。“辅助学科”的重视、网络科技的应用以及跨学科研究的开展,促进拜占庭学研究向具体化、深入化和全球化方向挺进。虽然西方学界的拜占庭学研究出现困境,但是东方的拜占庭学研究正呈现出勃勃生机。

关键词:国际拜占庭学;新世纪;全球化;东方

2016年8月22—27日,由国际拜占庭学会组织、塞尔维亚拜占庭学会承办,并由塞尔维亚科学和艺术学院、贝尔格莱德大学参与协办的第23届国际拜占庭学大会于塞尔维亚共和国首都贝尔格莱德市隆重举行。作为东道主国,塞尔维亚总统尼科利奇在开幕式之前,于总统府举行招待酒会,欢迎来自世界各地的参会学者。这是一次真正的国际学术盛会,共聚集了来自世界各地49个国家和地区的1300余位学者,是新世纪以来参会人数最多的一次大会。来自东北师范大学世界古典文明史研究所的徐家玲教授和李强博士也应邀参加并发言。

国际拜占庭学大会是五年一度的拜占庭学界最高级别的会议,由团体会员共同选出的“理事会”决定每届大会的主办方。申请主办会议的成员国要提出自己的竞标原则,经大会理事会理事投票表决后,才可能获得办会资格。鉴于其规模和申请的难度,该会议堪称是拜占庭学术会议中的“奥林匹克”。塞尔维亚举办这次大会,是在2011年于保加利亚首都索菲亚举办的第22届国际拜占庭学大会上,由理事会理事经过慎重考虑投票表决的结果。作为昔日拜占庭帝国领土的一部分,塞尔维亚不但拥有丰富的拜占庭历史文化遗产,而且拥有一大批著名的拜占庭学者。该国科学和艺术学院下设的拜占庭学研究所由著名国际拜占庭学家乔治·奥斯特洛戈尔斯基于1948年创建,自那时起该研究所就一直是国际拜占庭学研究重镇。历史上，塞尔维亚曾成功地举办了第2届(1927年)和第12届(1961年)国际拜占庭学大会，拥有丰富的组织和举办国际拜占庭学大会的经验。

精心设计的主题——“变动的世界”

本届大会的主题是“拜占庭——变动的世界”，其主旨在于将持续一千余年的拜占庭帝国作为一个有机的生命体来考察，并深层次地理解帝国的意识形态、学识以及文化对欧洲从古代晚期、中世纪直到今天的影响和贡献。与此主题相对应的是，主办方提出本届大会将给予年轻学者更多机会，以分享他们对未来拜占庭学研究的创见和项目。

大会的全部类型会议，包括圆桌会议、自由论坛、大会发言和专题讨论，无不直接以“变动”为题，如圆桌会议“拜占庭帝国内部历史中作为一种变动方式的法律”“4—15世纪的拜占庭外交关系：持久性与/或变化”“拜占庭：不断变化中的一种叙述”“流放：尼西亚帝国中的延续和变化”，以及自由论坛“变动中的拜占庭：13世纪的艺术考古和社会”和“拜占庭的战争与和平：中期和晚期拜占庭帝国时期的变化与转折点(7—15世纪)”。除此以外，在其他会议中也出现了众多以变化为题的论文，都直接反映了大会的主题。

本届大会主题“变动”一词除了体现在论文中，还体现在对研究者的关照中。新老学者的更替也是一种变化，由于年龄的关系和新陈代谢的自然规律，多年来活跃在历届大会上的老一辈学者专家，数量渐少，如多年来经常出席拜占庭大会的牛津大学老一代学术带头人团队，今年只有伊丽莎白·杰弗里和迈克尔·杰弗里，余者多为此一领域的新秀。本届大会主持者强调，年轻学者的成长是一门学科发展的动力和未来，因此，制定了众多举措来支持年轻学者的成长。一方面，大会接受了大量的硕博研究生以及刚刚踏出校门的年轻学者的论文，让他们直接参与到各议题的讨论之中，与知名学者对话；另一方面，大会为年轻人特设了海报展览环节，来自各国不同大学的研究生以及青年学者将他们的研究成果以海报的形式直观、生动地展示给参会学者，与此同时针对参会者的提问做出问答，实现了研究者和读者的双向互动。

配合默契——丰富多彩的会外活动

本届大会共由三个单元组成：会议、展览、音乐会和电影放映。重点仍然是会议本身，首先，在6天的时间里，参会学者依据自己的学术特长、研究兴趣与所关注的热点问题，自由亦分散地参与全体会议、圆桌会议、专题会议和自由讨论会议等170余场不同类型的讨论。其次，大会主办方精心准备了8场有关塞尔维亚的拜占庭历史文化遗产以及塞尔维亚艺术和文化的展览，包括“12—17世纪的拜占庭手稿世界”“拜占庭的建筑给予现代塞尔维亚建筑师的灵感”“复兴的佩莢大主教区境内的塞尔维亚圣像画(1557—1690)”“20世纪上半叶和新千年的塞尔维亚艺术家作品中的中世纪声音、反应和韵律”“视觉之路穿行阿索斯山”“圣山阿索斯”“人民生活和修道院的兴旺:民族志博物馆的图片证据”“第2届和第12届国际拜占庭学大会图片展”等。

大会期间举办拜占庭学研究书目的书展,是历届世界大会的传统节目。这次会议上,有25家著名出版社和研究机构(剑桥大学出版社、荷兰博睿出版社、美国顿巴登橡树园研究中心、澳大利亚拜占庭学研究会等)在进步画廊展览了其经典的以及最新的拜占庭学史料和研究著作。他们为参会学者带来了优质图书,也提供了极有吸引力的优惠措施:凡是参会学者,都可以以8折优惠订购参展出版社目录上所列图书,并且免费邮寄。

在会议和展览之后,大会为参会学者们安排了一场由专业音乐家带来的塞尔维亚圣乐音乐会,展示了塞尔维亚圣乐的优美以及音乐家们的专业水准。此外,会议期间,在南斯拉夫电影文献中心,每晚9点会定时播放有关中世纪塞尔维亚修道院以及塞尔维亚历史的电影,更加直观地向参会学者展示其历史与文化。

新千年、新特点——拜占庭学研究发展的新契机

首先,是以前所认定的“辅助学科”研究有了新的发展契机。文本解读的传统史学研究方式和方法可以发现和揭示历史,但是考古学、铭文学、钱币学、印章学、圣徒传记史学等辅助学科则能从不同的角度提供补充,来完善历史研究,因此近些年上述辅助学科越来越受到重视,在本届大会上体现尤为明显。大会第一次全体会议就被命名为“圣徒传记研究的黄金时代”,此外还有两场以“圣徒传记”为题的自由讨论会议。来自奥地利大学的拜占庭学教授安德里亚斯·卢比教授组织了一场以铭文为专题的圆桌会议,有9位在不同领域学有所长的新老学者成为这场圆桌会议的主题发言者。印章学的讨论分别出现在巴黎索邦大学拜占庭学教授让-克劳德·舍奈等组织的圆桌会议“关于研究拜占庭历史所使用的印章数据的评估”和希腊约阿尼纳大学拜占庭学者赫利斯托斯·斯塔夫拉格斯组织的自由讨论会议“印章学”上,参与发言讨论的学者多达19位。考古学和钱币学也都出现了多场专场讨论会,对新的考古和钱币信息予以公布。

其次,数码科技用于人文研究的新发展。来自希腊亚里士多德大学的学者索菲亚·考察瓦西在最后一场全体会议的发言中提到,网络革命极其重要,在过去的数年里,它已经持续地、根本性地改变了拜占庭学研究的一些基本事实和环境。在发言中,她总结了网络给拜占庭学研究带来的巨大利益和变化,如旧版本文本和专著的电子化以及新电子期刊和专著的开放化,使得拜占庭学资源的利用更加广泛和便捷;检索网站的出现使得信息的查

询更加迅速和方便;数据库的出现则使得信息获取更加全面。与此同时,她将与上述问题相关的网络资源以脚注的形式提供出来,具有重要价值。应该说,在拜占庭学领域,引入网络和数据库作为从事学术研究的重要辅助手段,早在第 21 届大会上就已经得到了讨论。在本届大会上有关网络史学和数据库建设更是成为学者讨论的重要内容。来自奥地利大学拜占庭学研究中心,由克劳迪娅·拉普教授领衔的学术团队在多场讨论中展示了他们通过数据库和网络软件分析来构建历史的研究方法,其团队成员之一约翰内斯·卡佩勒利用电子地图和电子曲线图分析了前近代历史上的拜占庭与东西方的物质和文化交流状况,直观、清晰地反映出当时的历史状况。来自挪威科技大学的拜占庭学教授斯塔芬·瓦尔格伦组织了一场以"数字人文与拜占庭研究"的专题讨论会议。在该会议上,来自德国、奥地利、英国的学者分别就拜占庭学学术资源网络共享、拜占庭印章数据库的使用、在线宗教圣徒数据库、在线拜占庭学研究网络的构建等问题展开了热烈的讨论。

再次,知识整合、跨学科研究的新理念。本届大会参与的学者非常广泛,除了拜占庭学学者,还有来自建筑、艺术、宗教、哲学、文学等不同领域的其他学者,这体现了拜占庭学研究的综合性和跨学科性。与此同时,大会上既有历史文献学、语言学、宗教学、考古学、建筑学、教堂艺术等传统的研究专题,又有拜占庭数字史学、拜占庭性别史学、拜占庭环境史学、全球史与拜占庭学研究等新兴的研究方向和视角的专题,这体现了拜占庭学研究在注重传统研究方向的同时,对新研究领域和方向的关注。

"东方"学者的参与,拜占庭学研究的未来走向

在大会闭幕式前的最后一场全体会议上,来自希腊、瑞士、美国、澳大利亚和中国的学者,分别对新千年以来各国乃至国际拜占庭学研究的发展历程和未来的研究趋势做了概述。拜占庭学研究已经成为一门门类齐全、研究深入的世界性学科,其学者分布在世界各地,研究内容包含人类生活的各个方面。与此同时,全球化的进程以及网络和数字化史学的推动,使得拜占庭学研究走向全面发展。虽然在欧洲和澳大利亚等地由于资金困难等问题,拜占庭学研究热度有所减退,但是,在东方,尤其是在中国,拜占庭学研究正在兴起。

东北师范大学古典所徐家玲教授和李强博士的发言,引起了参会人员的特别关注。徐家玲教授在最后一天的会议上,向与会成员介绍了中国拜占庭学发展的历程、中国拜占庭学者的分布及他们的研究主题及热点、2000 年以后中国拜占庭学研究的成果、中国学者与国际拜占庭学者的合作以及对未来的展望等。使国际拜占庭学者在看到中国经济崛起的同时,也欣喜地看到了中国学术研究的快速发

展。她强调,中国拜占庭研究之所以能在30年间有如此喜人的成就,是与中国政府多年来积极支持学术发展、长期有效地赞助"走出去,请进来"的开放性学术发展思路有着直接的关系。她还向曾经帮助且正在帮助中国拜占庭学科发展的欧洲、美洲、大洋洲学者们表示了诚挚的感谢。在她的发言之后,向会议主持者要求与中国学者对话的纸条不断送上主席台。由于马上要组织闭幕大会,讨论没有继续深入下去。会后,来自英国、希腊、加拿大、俄罗斯、意大利、奥地利、西班牙以及土耳其等国的学者向她表示,愿意同中国的大学及学者合作,共同推动拜占庭学的发展。

奥地利大学拜占庭研究中心的克劳迪娅·拉普教授在总结发言中说,目前的拜占庭学研究在研究领域和地域上都得到了极大的发展。新生代的年轻学者们不但对旧史料提出了新的疑问,而且积极发掘和利用新的史料。在新的千年里,拜占庭学研究面对着新技术带来的无限可能,以及研究地域的全球化。但是在新的研究趋势和新研究手段出现的同时,我们不应忽视我们已经拥有的良好的基础性研究方法和技能,尤其是作为我们学科根基的语言能力,同时,促进国际合作研究将是拜占庭学未来的一条发展之路。

在闭幕式上,新任国际拜占庭学会主席、美国普林斯顿大学拜占庭学教授约翰·哈尔顿发表了就职演说。他表示,虽然目前拜占庭学研究存在一些困境,但是也有新的希望,他有信心在接下来的5年里,推动国际拜占庭学获得进一步发展。哈尔顿教授多年来在拜占庭的军事、社会、思想等领域取得卓越成就,近年来他的研究体现了国际学术发展的新趋势,如他正在从事的拜占庭环境史研究正是当前学术界的前沿。早在10年前他的研究便已经引起我国学者的关注,我国现在也有一些青年交流学者在他门下学习。最后大会决定,第24届国际拜占庭学大会将于2021年在土耳其的伊斯坦布尔举办。这里曾经是拜占庭帝国的首都君士坦丁堡。这也是自国际拜占庭学研究会成立之后,第一次将会址落户伊斯坦布尔。

International Byzantine Studies Stepping towards Globalization

The 23rd International Congress of Byzantine Studies was held in Belgrade

Abstract: The International Congress of Byzantine Studies is of the highest level for Byzantine studies. The 23rd congress held in Belgrade, as the fourth one in the new millennium, demonstrates new features. The young generation is instead of the old generation, and the youth becomes the main researchers in Byzantine studies. The emphasis on "auxiliary disciplines", the application of internet technology, and the adoption of interdisciplinary studies promote Byzantine studies towards the direction of specific and in-depth studies, globalization. Although the Byzantine studies in the West meet with difficulties, the Byzantine studies in the East is uprising.

Keywords: International Byzantine Studies, New Millennium, Globalization, East

作者:李强,东北师范大学世界古典文明史研究所

光启讲坛

『克罗齐命题』的当代回响：中美两国美国史研究的趋向

——光启读书会第二期

□光启国际学者中心

上半场主持人开篇

陈恒：上个月，光启读书会正式启动，今天迎来了第二期。我们今天讨论的话题是李剑鸣教授《"克罗齐命题"的当代回响：中美两国美国史研究的趋向》一书所引起的话题："一切真历史都是当代史"。克罗齐的这句话与英国历史学家柯林伍德（R. G. Collingwood）的"一切历史都是思想史"遥相呼应。前者表达的是历史学家的被动性，在一定意义上，研究历史都是为了回答现实世界所提出的问题，但历史学家所给出的答案都是由其生活的社会环境决定的，个人难以超越时代。后者表达的是历史学家的能动性，任何历史事实背后都隐藏着鲜活的思想，历史学家必须有想象力才能认识历史。在一切人类经验遗存之中，引起研究者兴趣的那一部分遗存，才是历史学的真正研究对象。在引起研究者的兴趣、成为研究对象之前，这些遗存严格来说还不是"历史"，而是跟其他自然物一样，属于自然界的一部分。通过这样一种读书会的形式，研究世界史的同人聚在一起，大家从不同的学科背景讨论这一话题，意义非凡。就我个人的读后感而言，如果把美国的宗教、语言、文学、艺术等人文学科都考虑在内的话，美国的学术史是如此庞大，对现代世界的意义也是重要的。如果每个人都从这个角度去挖掘的话，我想大家对当代社会的理解可能就将更加深刻。这是我的一点感受。

上半场作者介绍新书

李剑鸣：历史知识确是活在当下，并以各种各样的方式介入当前生活

我今天坐在这里，既很感动，也很惶恐。感动的是，各位在酷热的天气里来参加这个活动，虽然这几天上海都是蓝天白云，但毕竟有些热。我内心除了感谢，也觉得受之有愧。当然，从另一个角度来说，我们大家相聚在一起，交流学习，也是一件非常快乐的事。我希望通过这个机会，能多听大家的高见，多向大家取经，使自己有所提高。我还感到惶恐，是因为书里所收都是旧作，并没有多少新意。大家可能觉得这本书还不错，这主要是北京大学出版社和陈甜的功劳。他们把书做得很精美，版式、字体和纸张都选得非常好，编校也极为细致，给人的观感甚好。尤其是陈恒看了以后，很是赞叹，便提议借这个由头，找几位同人好友小聚，聊一聊欧美史学的新进展。没想到陈恒做事就是大手笔，一下子来了这么多人，成了一个相当有规模的会议。非常感谢陈恒张罗这个事儿，也很敬佩他的强大的感召力。

刚才说了，这本书的文章都是“旧作”，虽然写作和发表的年代不一样，但把它们串在一起看，却有一个相对明确的主题。这个主题就是，历史学家在看待过去、思考历史的时候，当前生活对他理解过去、阐释过去究竟有什么作用和意义？这些文章或多或少、或隐或显，都涉及这方面的问题，于是，我就把它们编在一起，成了一本书的规模。岳秀坤在北京大学出版社工作时，一直要我编一本文集。我把上面的想法告诉了他，他当即表示首肯。今天秀坤有事不能来参加，但我还是要向他表示真挚的谢意。没有他的首倡，也就没有这本书。

书里文章共同关注的问题，实际上就是现实关怀与历史写作的关系。历史学家生活在具体的时代，在有意或无意之间会受到现实的熏染；现实对他的影响有时是显性的，有时是隐性的；他的教育、交游、职业、地位，都会给他的思想打上烙印，时代的精神也对他有无形的塑造。总之，他是活生生的活在现在的人。一个活在当前的人去思考过去，难免会以今人之见来揣度前人。我们常说，不能以小人之心度君子之腹，但实际上每个人都在以一己之心度他人之腹。人在面对面的时候，要做到相互理解也很困难，一个现在的人面对过去，很自然会用现在的眼光、知识、角度、价值取向，甚至是政治上的好恶去看问题。但是，历史学几千年来的发展，特别是19世纪专业史学形成以来，专业的技艺、规范和伦理，要求历史学家尽可能避免因现实而扭曲对过去的理解，在解读历史资料时不要把现在的偏见带进去，不可模糊现在和过去之间的界限。于是，在现实的影响和历史研究的专业要求之间，就形成了很大的张力。

在这种情况下，历史学家如何处理现在和过去的关系，如何平衡现实关怀和历史写作的张力，对于保障历史写作的专业品质，就显得格外重要。由古及今，历代史家采用过许多办法来处理这方面的问题，从古代的“直笔”和“曲笔”，到客观主义史学的历史学家消灭自我，再到强调现实介入的正当性，这中间的变化是非常明显的。从理论上说，在历史研究的不同阶段，现实的介入，或者说研究者的现实关怀，在其中所起的作用是不一样的。在形成问题意识的阶段，当前生活和现实关怀的影响应当说是有正当性的，可能是一种有益的助力，帮助研究者更好地定位，在过去和现在之间找到一个适当的切入点,发现有意义的问题。但是,在研究和写作的环节,也就是构建历史解释的环节,现实关怀,当前生活所带来的各种各样的痕迹,就都值得警惕了。因为这些东西有可能会诱导研究者朝着某个方向去思考,为了某种需要来选择证据,构建证据链,诠释证据的含义,甚至按照某个先定的观念来阐释故事的意义。这样就会导致为了当前的目的而操纵过去,这就违背了专业史学最基本的规范。所以,当前生活和现实关怀在历史研究中的作用是一个挺复杂的问题,历史学家必须掌握适度的平衡。

在这本书里,上面的这些想法渗透在每篇文章所具体讨论的问题当中。比如说,第一篇文章考察20世纪美国史学的整体趋向,其中谈到,一方面美国史学看上去很热闹,花样翻新,流派迭出,很多新的史学趋向都是美国学者最先亮出旗号,或者最先占领制高点;但是另一方面,我们又会看到一个奇怪的现象,就是在20世纪世界史学史上,能够站得住脚、能让专门领域以外的读者作为经典来读的书,很少是由美国学者写出来的。我们今天所知道的美国历史学家所写的经典著作,大多集中在全球史、法国史和英国史等领域,研究美国史的经典著作反而很少。为什么会出现这样大的反差呢?通过梳理20世纪美国史学的基本线索,发现美国史家趋新求变的热情非常高,一种学说、一本书,刚出来时遇到的主要是批评,接着就成了明日黄花。最近译林出版社刚推出的戈登·伍德的《美利坚合众国的缔造》,在美国最初出版的时候,书评虽然很多,但说好话的少,大部分都是批评性的,说他的书里存在这样那样的问题。很多批评都带有意识形态的背景,也反映了学术路径的分歧。从总体上说,美国史家都有很强烈的现实关切,他们要用自己的专业知识、技能和成果,直接影响当前的社会运动,用查尔斯·比尔德的话说,就是要用文明的历史介入文明的进程。我们如果细心阅读美国历史学家的著作,比如戈登·伍德的书、埃里克·方纳的书,都可以从中体会到他们当时所处时代的激烈的意识形态分歧和争论。

总之,历史知识确实是活在当下的,而且也确实在以各种各样的方式介入当前生活。一个研究史学史的人,站在旁边观察以往史家"做活"的方式,考察史学的趋向,对这个问题要保持一种清醒的意识,或者说要有某种态度。我个人比较喜欢柯林伍德的话,他说,历史学家总会有偏见和偏向,但好的历史学家会意识到自己难免有偏见、有偏向,因而要尽量克制自己的偏见和偏向,不能任由它们在研究中到处泛滥。历史学家对待现在的影响,对待自己的现实关怀,也应当抱这种态度。这样就会多一张过滤网,多一道屏障,减少当前生活和现实关怀可能导致的对过去的扭曲性影响。

这就是我在书中所表达的主要想法,其实也是特别的粗浅,"卑之无甚高论",

请各位多多批评和指教。

新书编辑发言

陈甜:致力"纵"和"横",堪称学术史写作范本

各位老师好!我是北京大学出版社的历史编辑陈甜,也是李剑鸣老师大作《"克罗齐命题"的当代回响:中美两国美国史研究的趋向》的责编。谢谢陈恒老师的精心组织,谢谢李剑鸣老师为我们贡献的好书。我很幸运,能够担任这本书的责编,细读李老师的思想和文字,对我而言也是一次难得的学习体验。

本书是关于美国史研究趋向的文章结集。我的感受是,书中的文章自始至终带着一种学术史和思想史的关怀,在分析某个流派、某位史家、某种史学潮流之时,并不局限于陈述其方法论上的过人之处,而是兼顾其历史渊源和时代背景,致力于在"纵"和"横"两个维度进行定位,从而使这些文章均深具历史的厚重感和纵深感。就此而论,本书堪称学术史写作的范本。

出版这本高品质的学术精品,是我们北京大学出版社的荣幸,这里请容我做一则广告,我们北京大学出版社一向以传播知识、积累文化、繁荣学术、服务社会为办社宗旨,以博识雅行、学知天下为自我期许。希望在座的老师们能一如既往地支持我们的工作,有书稿请与我们联系,谢谢!

上半场嘉宾发言

俞金尧:现实关怀复活历史

我本来想先听听各位的高见,因为我不是搞美国史的,在座的有很多是研究美国史的专家,主持人让我先说,那我就抛砖了。

陈甜给我寄来这本书后,我很快就开始看了,看完以后,实际上不是说看完,而是我一边看,一边就有感触。这本书是一本关于美国一个多世纪以来的史学史的,以及理解中国学者研究美国历史的学术史的书,我从来没有这么完整地了解过美国史学国内外的研究状况,确实是收获特别地大。

搞历史研究,有两种境界,第一种就是搞具体历史问题的研究,这个是我们每一位专业内的人都得做的事情。选一个题目、做一项研究,甚至选定一个方向,人人都得这么做,这是分内事,要不然我们没有办法养家糊口。

但是,历史研究还有另一个层次,把研究上升到理论和哲学的高度,就是说在具体的研究过程中,能够从理论、方法论的视角,材料的选用等方面,从史学理论的高度来认识自己所搞的这个专业,这是另外一种境界。

通过读这本书,我觉得李剑鸣同志把美国史做到了这样一个层次上去了。因为工作关系,我以前在《史学理论研究》杂志也做过一些编辑工作,在史学理论和方法上比较留意,有了一些兴趣和感悟。我觉得,历史研究只有做到了这个层面上,才会对专业内的一些基本问题有思考,而这不是每一个史学工作者都能做得到的。

李剑鸣同志在这里面提出来一个问题,即历史研究与现实关怀、主观和客观的关系问题。这是一个老问题,这个问题在20世纪、19世纪,甚至更早的时候就已有人提出来了,这个题目尽管很老,但是常新。我们现在经常在谈后现代史学,其实也是在谈历史研究中的客观和主观的关系问题。这个问题,在不同的时代、不同的理论体系里面,可以有不同的表述方法,不断有新的理论对这些问题进行探讨。但是,史学的这个核心问题从来就没有改变过。

在历史研究过程中,我们谁都不会否认,一定要保持一种客观的立场,即使做不到,也尽量客观。但是,在从事我们专业的时候,我们从选题、寻找研究的切入点,到怎么去找资料,到最后得出结论,在整个过程当中,我们的主观意识、现实的情怀就已经渗透到里面去了,不管你愿意不愿意。所以,历史与现实、主观与客观的关系很难准确地把握。

李教授说,我们做历史研究,肯定会带有现实的关怀,但是,一旦进入这个专业的领域,我们就要有职业道德,要接受专业标准的审查。这为处理好历史与现实、客观和主观的关系问题找到了一种很好的方法。

我们很难做到真正的客观,但是又时刻提醒自己要保持客观,我觉得历史学的魅力就在这儿,你知道这个事情做不到,可是我还想去做到它,这个就是史学的魅力所在。一代又一代搞历史专业的人,对于专业内的一些基本问题,哪怕是古老的问题,不断提出,又不断去解答,就是因为史学有这个魅力。

大体说来,李剑鸣教授的这本书使我们又一次地去思考历史学当中的基本问题,尽管我们在座的每个人在读书过程中也会读出不同的意义,但是,我觉得,这本书中能够引起我们大家对历史与现实、主观与客观关系的思考,正是它的价值所在。

陈新:美国史学共识经典不多或是美国史学对历史与当下关系理解的聪明之处

这本书我是前两天才拿到,之前有几篇李老师的文章都是在微信上读的。对我来说,读这本书感触最深的,是李老师对美国史学的研究,不论是对美国本土史家的美国史研究,还是对国内美国史家的研究,都有深刻分析。

我们都知道李老师在美国史研究领域是一位大家,他前前后后写过这么多的综述、评论文章,可见他的基本功和根基有多扎实。刚刚有老师提到这些文章可以作为学生写作学术综述的范本,当然,学生不可能在史识上一下达到这么一个高度,但是从学术的严谨性上来讲,从作为一个优秀的历史学家漫漫长路上起步阶段的意志培养来讲,我觉得李老师的这些成就给我们很重要的一个启示。

李老师在后记里面谈到,有的文字他自己觉得从现在看不行,这是我们每个人都会有的感觉。

这本书里面谈到的克罗齐命题的一个回响,我想不管是在美国还是在中国,20世纪的史学理论发展对克罗齐命题的认识也越来越深刻,而说到客观性,现在还做不到,但是还在追求,实际上这给我们内心也造成了两难。这个两难怎么处理,作为史学家一定要有自己的看法,有的人写史可能主动介入现实。主动介入现实或许会导致他的文本在某一个时期流传,但是一旦离开了他处理的那个社会问题的那个"当下",他的文本马上就不行了,这个是很正常的。

我从阅读李老师文章中得到一个想法。例如,为什么美国史学家有这么少的经典流传?李老师曾在书里面谈到的一千多份问卷,只有一个史学家的一本著作最多有42票的投票。这也说明美国史学家太多是在通过自己的历史写作回应"当下"的社会问题,跨越时间的经典也就难以留存。

关于克罗齐的这个命题,我觉得还有一个问题需要思考一下。也就是我们在做学术史的时候,看到了很多史学家对现实和历史关系的触碰,他所做的描述,以及他的介入或者回避。由此我就在想,尤其是看到李老师写中国史家对美国史进行研究的时候,我们对我们自己当下的社会问题往往是回避的。其实这本身对于我们作为一个普通的研究者,不管研究美国史也好,或者中国史也好,对中国的现实问题的态度与克罗齐命题是违背的。

所以在这里面,也可以看到我们国内史学家的问题,而这个问题也很难突破,这个涉及跟美国相比的一种学术言论的问题,这似乎很难处理。中国人的生活、政治、学术这些关系怎么去处理,我们自己和研究对象的关系是怎样的,我觉得这是一个难点,这个难点可能需要我们自己在未来不断地去探索。

我读这本书的时间不长,也就这两天,能说的不多,就这些。

沈坚:认识到自我和身份可能是另外一种求真

非常高兴有机会与大家分享一下阅读李剑鸣教授近著《"克罗齐命题"的当代回响:中美两国美国史研究的趋向》的体会。我拿到这本书读了以后,对李剑鸣表示非常地佩服,因为我个人跟他有很多相似的地方。我研究法国史,他研究美国史,关心的问题相似。他文章里面的一些问题,如美国20世纪的史学发展,我自己同样梳理过法国史学的发展趋势,文章2000年发表在《史学理论研究》上。政治史的复兴也是其中的一个论题,特别是书中关于美国大革命历史叙事的文章,剑鸣希望我能够写出一篇关于法国大革命历史叙事的姐妹篇,结果失约,欠了他一篇文章。记得2011年正值纪念辛亥革命一百周年,国内关于革命的讨论热烈,他希望我写一篇跟他类似的关于法国革命的叙事,文章基本草就,但不敢示人,最终放弃了。要写出新意来,工作量太大,你必须对法国人书写法国大革命有全面梳理后,进行重新解读,而不是简单地把法国人的观点笼统地写一遍,这个没有意义。李剑鸣教授是经过自己消化处理以后写的,这个还是有差距的。同样,他梳理中国美国史研究的状况,我也梳理过中国法国史研究的状况。

其实中国法国史的研究状况,我们也在不断地梳理,我的老师、华东师大的陈崇武教授就梳理过。有一年为了海峡两岸交流,要求中国法国史研究会能向台湾学者介绍一下大陆法国史的研究状况,我也写了一篇,但是始终没有达到李剑鸣教授的高度,所以我由衷地感到佩服。

该书的编写本身也是历史的一部分,也是当代史,一旦出版,它本身也成了一个可解读的历史文本。

李剑鸣在书中说其中的文章大多是旧作,旧作的发表是要有勇气的。如果我把2000年写的法国史学的文章拿过来再发表的话,经过十多年的重新认识,旧作肯定是有问题的。但是好在李剑鸣教授推陈出新,给予这些旧作以新的立意,就是用合适的共同命题把这些旧文汇总。这样,这个集子里面尽管是旧作,但是赋予了一种新的生命和视野。

我觉得,李剑鸣把这些文章归于"克罗齐的命题"名下,体现了他在史学领域上的理论高度,整个文集里的文章大致都可以归到史学理论和史学史里面,像美国的史学发展、20世纪美国的政治史发展、关于美国大革命的历史叙事以及几个重要的美国史专家(贝林、戈登·武德、方纳)等对美国历史的研究分析,也都是关于史学方法论方面的。关于中国美国史的研究,体现了李剑鸣对史学领域的深刻思考,实际上也反映了我们中国世界史学界对这个问题的认识。

就史学理论方面的重视程度而言,如果比较一下中国史和世界史的学者,一定是世界史学者更关注和更重视。刚才陈新老师讲目前中国一些世界史学者的研究可能有点偏离现状,我说完全偏离现状是不可能的,比如世界史老师关心史学理论就是一种现实关怀,一定有他背后的含义,这个含义就在于我们中的许多人觉得中国的史学研究太需要新的方法论的滋养和理论指导。我介绍法国历史研究的新方法和新视野,不是希望中国世界史的人如法国人那样去研究法国史,更多的是希望让中国史的同行们来重视这些方法和看问题的视角,对理论的重视成为中国世界史学者的一种特性。

我觉得李剑鸣教授的文章也反映了我们新史学的一种视野。以前我们强调历史的客观性、科学性,但是新史学的发展越来越重视对主观的一种解读,主观的解读不是完全抛弃了客观的东西,对主观的解读是另外一种求真。以前你觉得历史学家像自然科学那样,自己置身事外,把历史作为一个客观观测的对象来研究。

但如今,我们知道,历史学者也是历史的一部分、一分子,参与其中。我们重新重视主体和主观的研究,了解我们自己的身份和特性(Identity)。比方关注我们人类是谁,中国人是谁,法国人是谁,回到自己本体的重新认识,这是新史学非常重要的一个方面。

比如他里面讲到美国史的变化、美国大革命史的叙事变化,这里面就反映出时代和主体的变化。为什么美国人重视种族史和性别史的研究,这些也都体现了美国的身份。我认为,李剑鸣教授在本书中表现出他本人对新史学某些方法的赞同,我们在座也有不少同行认同这些方法和思路,这个对我们也是有启发的。也就是说,很有可能中国新一代的史学家,也正在吸收着这样一种思路,这种思路对我们来说,我觉得是有启示的。所谓传统的与新的研究方法和视野到底有什么不同?举个例子,我经常讲封建这个概念,旧的一种研究思路,这个封建的概念在欧洲中世纪是什么样的,到了我们中国又成了怎样的了,说中国的封建概念错了,应该回到欧洲本意上去。但是新史学的研究不是这样的,新史学不是要去纠正中国对这个概念的错误理解,而是要探求为什么到了我们中国会对封建概念做出如此解读。也就是说,封建在西方本来指的是政治不集中化的表现,到了中国为什么封建跟专制联系在一起,还扩展到各种旧风俗和习惯,比如包办婚姻、男女不平等等等。这样的一种解读,就会发现我们中国是一个非常实用的民族,不在意一个概念的精确,而在意实际需要,在意政治斗争的需要。封建是坏的,所有坏的东西都可以装入封建的筐子里面,必须把它打倒,然后封建跟旧的东西都连在一起。由此,让我们看到了我们民族性的某一方面,认识到自我和身份,这可能是另外一种求真,另外一种研究思路。

所以,李剑鸣的书给了我们很多的思考。我就谈这些感受,一个是我对李剑鸣书的感受,我对于李剑鸣的一种敬佩;另外一个就是解读,克罗齐命题本来就是这样,克罗齐自己说,他带有现实关怀,他自己在书里面就这样说,一旦我把我的书写好,或者写了几个 pages,那我为什么要写这几个 pages 呢,这些 pages 本身就成了一个历史文本,本身也是可以值得再去解读的一个东西。谢谢各位。

王立新:要现实关怀,但不要现时主义

很高兴参加今天的讨论会。剑鸣教授这本书中的很多论文我都读过,其中个别论文我们还在一起讨论过。以前阅读时是把这些论文作为史学史论文来看待的,阅读的目的是从中了解美国史学的演进,特别是材料、题材、问题、方法和解释等方面的变化。这次汇编成书,书名《"克罗齐命题"的当代回响:中美两国美国史研究的趋向》,起到了画龙点睛的作用,把一部美国史学史论文集变成一本以美国和中国的美国史研究为题材、讨论历史研究与现实关怀之间复杂关系的专著，不仅拓展和深化了各篇论文的价值，而且使全书具有历史哲学层面的义涵。这些论文将美国史学的变化置于整个人文与社会科学学术潮流的变化中加以讨论，并特别关注现实政治和权力关系对美国史学的影响，既有对美国史学整体潮流的把握和梳理，又有对单个杰出历史学家史学思想的深入研究，文字精练、材料丰富、分析深刻、评论允当，达到史学史写作的理想境界。

根据剑鸣教授的研究，美国史学的变化深受现实政治和历史学家现实关怀的影响。现实对美国史研究的介入无疑有其积极意义，它带来美国史学的空前繁荣，导致美国史学流派并立、新见迭出，历史解释不断被更新。在美国历史上的几乎所有重大问题，都出现了从正统解释、修正解释、后修正解释到新综合解释的演变过程。通过对美国历史不断重新书写，过去被忽视群体的经历得以呈现，被淹没的声音开始被倾听，女性、底层民众、边缘群体和少数族裔对美国历史的贡献得到承认。这样的历史书写不仅赋予美国史学旺盛的生命力，而且也符合民主政治和史学正义的要求。在这一过程中，史学著作吸引了越来越多的读者，历史学家也获得较高荣誉，一些历史学家甚至主动通过历史书写介入权利政治和身份政治，积极参与公民文化的构建，产生巨大的社会与政治影响力。通过对现实的参与和塑造，历史学作为知识门类存在的正当性也得到广泛承认。

但是，美国历史学家过度的现实关怀(present-mindedness)也带来一系列的问题。一是研究者放弃了中立立场和对客观性的追求，试图操纵过去以满足现在的需要，利用历史书写来争取群体利益和促进政治议程，导致历史研究中实用主义和功利主义泛滥，历史书写沦为身份政治和政党政治的工具，这样的研究越多，离历史的真相越远。二是历史学家趋新求变，历史解释更新过快，不同流派此消彼长，令人眼花缭乱、目不暇接，给人留下历史知识高度不确定的印象，这无疑削弱了历史知识的可信度，也损害了历史学在人类知识体系中的声望。三是导致美国史学的碎片化，各个群体争相通过历史写作来凸显本群体对美国历史的贡献，贬低其他群体的作用，无视群体和族裔经验与美国历史整体之间的关系，使构建统一、平衡的美利坚国家历史叙事变得越来越困难。

应该说，在历史研究与现实关怀的关系问题上，美国的史学实践既积累了丰富的经验，也留下了深刻的教训。这涉及历史研究的核心问题：如何处理过去与现在、历史与现实之间的关系？

爱德华·卡尔认为："我们只有通过现在这双眼睛才能看到过去，才能理解过去。""历史是历史学家跟他的事实之间相互作用的连续不断的过程，是现在跟过去之间的永无止境的问答交流。"按照这一说法，现实在历史研究和历史解释中处于不可或缺的核心地位，没有"现在"这双眼睛,我们在幽暗深邃的历史隧道中就什么都看不到。换言之,没有现实关怀,历史学家就无法考察和书写历史,也就没有历史学。一方面,现实关怀会损害历史学家的中立立场和客观性,因此可能妨碍对历史真相的追求,甚至导致对历史的扭曲;另一方面,现实关怀是激发历史学家从事历史研究的内在原动力,是历史学家与生俱来、无法摆脱的。从这个意义上说,现实关怀实际上是历史学家的"原罪"。

杜威认为历史研究在五个方面受到现实的影响:一是材料。材料会受到时代的限制,历史学家不可能得到关于研究对象的所有材料,而只能利用历史学家所处时代可以找到的材料。二是历史学家用来解释过去的组织性概念(organizing concept)。历史学家通常使用其所处时代通行和可理解的概念来书写历史,时代变化了,概念也会发生变化。三是判断历史现象重要性和意义的标准。历史学家往往根据其所处的时代的标准而不是根据真实发生的过去或历史记录中的标准来判断哪些因素和事件重要。四是选题。历史学家提出何种问题、选择哪些问题进行研究,都取决于其所处时代的关怀和兴趣,当然也包括历史学家本人的个性和偏好,而这种兴趣和偏好则受到时代思想和价值观的影响。五是对因果关系或历史关联性的理解。历史学家往往根据自己所经历的事件来判断因果关系和对历史进行解释。正因为时代的变化会导致历史解释的变化,因此,历史的书写没有止境,没有所谓的终极历史。用柯林伍德的话说,所有的历史学都是对其研究主题直至此刻所取得进步的阶段性报告。

正因为现实对历史研究的巨大影响,历史学家应该关注和了解现实,对现实进行适当的介入。历史学家不是文物收藏家,他(她)应该有一种渴望理解当前生活的愿望,这是历史学家最主要的素质,因为有关当今的知识可以直接或间接地帮助我们了解过去。如马克·布洛赫所言:"对现实的曲解必定源于对历史的无知,而对现实一无所知的人,要了解历史也必定是徒劳无功的。""一位数学家的伟大,并不因为他对现实世界懵然无知而有所减色;但是,一个学者若对周围的人、物或发生的事情漠不关心的话……那么应该称他为古董迷……(他自己)还是不要自称历史学家吧。"

克罗齐指出:"一切真历史都是当代史。"这个命题反过来也会有效的,没有当代关怀的历史不是真历史,充其量是古文物研究或编年史。一个杰出的历史学家也必定是渴望理解当代生活并对其有精深观察的人,纯粹的好古主义(antiquarianism)是不能创造出伟大的历史著作的。

但是,把现实不加节制地投射在历史研究中,完全根据现实的需要书写历史,也是十分有害的。这种倾向可以概括为历史研究中的"现时主义"(presentism)。这种现时主义以现实需要剪裁历史,甚至不惜隐瞒和歪曲史料为现实政治和权力关系服务，把人类过去视为可以任意从中拣选材料来为己所用的口袋，放弃甚至嘲笑对客观性的追求和历史真相(truth)的探究。带来的结果就是历史真相不复存在，史学研究沦为政治的工具。英国著名作家、记者、女权主义者丽贝卡·韦斯特(Rebecca West)曾言："当政治从大门进去的时候，真相就从窗户飞走了。"这一说法虽然有些绝对，但也形象地道出了现实政治和权力关系过度进入史学研究对史学求真使命的损害。那么，如何不让现实关怀成为寻求历史真相的障碍，让政治与真相和谐共存？那就是避免让现实关怀滑向现时主义，用"历史主义"(historicism)抑制现时主义。

一是要尊重史实。历史学家要让自己的著作依靠证据和逻辑说话，做到言必有据，无征不信。当史实与我们的期望和信念相矛盾的时候，也要尊重史实，不可改变和有意漏掉史实以服务于某种意识形态，特别是掌权者的意识形态。当有证据表明自己的解释是错误的时候，历史学家要有勇气修正自己的解释，而不是修正证据。这是历史学家最基本的史德(integrity)。

二是要让现实关怀停留在选题阶段。一旦开始构思和收集材料，就应该有意识地阻止现实需要对研究者的影响，严格按照史学研究规范和科学的方法来构建自己的解释。

三是要避免时代倒错。不要用今天的观念和标准来评价历史上的人物和事件，更不能把今天需要的意义和价值附加在研究对象身上。

四是要学会"了解之同情"。与研究对象"心通意会"，即"历史移情"(historical empathy)的能力是历史学家需要具备的基本素质。研究者要将自己移入到研究对象的历史情境中，包括思想和情感两个方面，让自己像历史人物那样思考，同时体会历史人物在当时情境中的情感和心理。培育史家"历史移情"的能力是避免现时主义的有效途径。

五是要致力于描述和解释而不是评判(evaluation)，在不得不评判时则保持谦卑。不要自以为比前人高明，对历史人物任意加以评审，而要与历史人物平等地对话。

六是要摒弃历史目的论和历史决定论。这是历史解释中现时主义的变种，目的是让历史为现实服务，论证现实权力关系的正当性与合法性。

现实关怀和尊重历史是良史的两大构成要素。如何在现实关怀与尊重历史之间保持一种良性的张力，是历史学家面临的重要任务。历史学家既要避免陷入好古主义，把自己变成古董迷；又要防止现时主义，把自己变成政论家。而在当前的中国，主要是要防止后者。

彭刚：学者的自我期许是成就高品质学术成果的前提

在我的印象中，文学批评和史料考证，批评和考证在英文里都是同一个词

“criticism”，这两者都分为外部批评和内部批评、内部考证和外部考证。立新是美国史专家，他刚才所说的是内部批评，我是外行，所以能做的是外部批评。其实我一直特别羡慕李剑鸣老师，因为他有好几种不同的文体，可以有好几种不同的写作类型。比如我非常有幸读过他写的小说，那在我看来，是我读过的当代中国最好的小说之一。我还专门向他确证过，的确不像是一个教授写的。可是他以教授、学者的身份来写作的学术性的文字，也还是可以区分为不同的性质。他的一些著作，包括他近年的一些论文，比如说讨论美国早期的政治文化，比如早期美国政治中的民主观念，我想他可能针对的是相对比较小的、专业性极强的读者群，可是在专业性极强的著作之外，也有一些预期读者面更广的，比如他的那本读者众多的《历史学家的修养和技艺》。

这本《“克罗齐命题”的当代回响：中美两国美国史研究的趋向》，一方面当然是美国史的研究者所关心的，因为它所设计的论题主要是中美两国的美国史研究领域的话题；但是另一方面今天我们这么多的人以这本书为主题聚集在这里，我们绝大部分人不是搞美国史的，我们也关心这本书，因为这本书所讨论的很多问题，超出了单纯美国史的范畴，是我们所共同关心的，这是一个有趣的现象。

这本书出版之前，里面的一些文章我也看过了，有的是专门向剑鸣老师讨来看的。我看书的习惯，尤其是看自己熟悉的师友的著作，都是先看前言、后记。这本书后记里面的好几句话让我印象深刻。大家应该都注意到了。剑鸣老师在那里说，整理这些文字时，痛感自己孤陋寡闻，为自己当初的肤浅感到震惊，甚至不相信眼前的有些无聊的文字居然是自己写出来的。虽然我知道他持身谨严，这几句话让我觉得还是非常震动。他再次让我深深地感受到，一个优秀的学者对自身的期许和要求，可以“严苛”到这个地步！

跟李剑鸣老师认识这么些年了，他离开北京之后，我们还是有机会经常通话、见面。每次跟他见面，除了被他抱怨不能陪喝酒，还可以享受很多交流的乐趣，每次在这样交流的乐趣之外，他还经常带给我很多收获。

说到他带给我的收获，让我想起有一年我和清华大学数学系的一位同事，我们深夜在哈佛校园里面游荡。走到一座楼下，他指着楼顶上的一间办公室，说那是丘成桐的办公室，丘先生肯定还在那里工作。他说：人家比你聪明，人家还比你勤奋，人家才有那样的成就，太不意外了。我见到李剑鸣老师时，经常也会有这样的感觉，人家比你聪明，人家还比你勤奋，一方面让你感觉到沮丧，另一方面也提醒你，还是应该不断地进步。

他对自己的工作始终有很高的期许，始终能够有一个高标准，从他人的眼光来看待自己，我对此真是敬佩。我们都了解，李剑鸣老师成名很早，各种学术头衔早就齐备，在学术领域内外的影响力也非常大。坦白地说,我熟悉的很多学者,一旦功成名就,就已经原地踏步。但是李剑鸣老师总在想着下一篇论文,总在想着他的下一本著作。昨天在我们短暂的交流中,就已经谈到,他的下一部"至今为止最重要的"著作进行到什么地步了,这是让我由衷感佩的地方。

刚才好几位老师在发言中都提到,这本书有一个特点,他讨论的多是理论性的问题。我想,这也是这本书吸引了超出美国史研究领域之外的同行们兴趣的重要原因。在我看来,任何一个领域的一个出色的研究者,必定都是对本领域的理论问题高度敏感的。一个出色的科学家,他本身一定是一定程度上的科学哲学家,他的研究必定让他不断地反思自己研究活动的性质;一个出色的史学家,一个出色的史学研究者,他必定也是一定程度上的史学理论家,他必定在不断地反思自己研究的前提、方法论、研究局限、自己研究有可能达到的结论,以及自己研究当中的不确定性。

一个出色的史学家,他必定还是一定程度上的史学史家。

这本书的标题,关键词就是"克罗齐命题"。克罗齐命题之外,柯林伍德命题也是我们都熟悉的,说的是"一切历史都是思想史"。柯林伍德还有另外一个命题,"一切历史都是史学史"。这后一个命题,不管在他那儿有多么复杂的内涵,我想也可以从这么一个角度来理解,那就是,一切优秀的历史学家、一切出色的历史学著作,必定是把自己的研究置于相关研究的史学史谱系当中来定位、来考察。就好像一个围棋高手,他总是面临从来没有人碰到过的新的棋局,但是他脑袋里面总是装着很多从前的绝顶高手所碰到过的棋局、所打过的棋谱;一个哲学家他会思考和别人不同的问题,但是他的脑袋里面总是装着过去出色的哲学家所考虑的问题。实际上,一个文学家也是不断地在跟过去的文学家对话。

这本书里面有很多对于美国史学史的考察,我特别感兴趣,从前专门跟剑鸣讨要,他讨论的这些东西我都认真看过。史学史在咱们这儿也是一个学科分支了,可是就我自己的印象而言,我读过的最精彩的史学史的著作和论文,有很多不是专业的史学史专家写出来的,而是出色的史学研究者就自己研究领域的史学史现象产生了兴趣,有所评论,有所发挥,有所讨论。他是站在不同的视角,有更深切和更亲切的体会,能够从研究的实践出发更内在地来讨论问题。这本书也是如此。

我们的确会听到"史学危机"这样的说法,我记得有一次也被人问到这个问题,有人问我你觉得存在着史学危机吗?我当时随口而说,我说没什么危机,你看我还靠当历史学教授吃饭,吃得还不错,没什么危机。但回过头我就说,如果这样一个领域丧失了继续吸收优秀智力资源的能力的话,它就会碰到巨大的危机了。所幸的是在今天的会场上,我们还能看到年轻的面孔,还能够了解到有不少优秀的年轻人想从事这个学科。他们让我们有理由期待,在后来人的身上,我们这样一个领域能够达到更高的水平。他们能够像剑鸣老师一样,成为在这个领域最顶尖的学者。他能够接着国际同行讲,还能够对着他们讲,还能够有足够的自信,做出自己值得对方尊重的成绩。

很多年以前,中国研究古希腊哲学的前辈陈康,曾经说过这样的话:中国的古希腊哲学研究要达到最高的水准,要使西方的古希腊哲学的研究者,以不通中文为憾事。这句话说得多有抱负!而且以陈康先生本人所达到的成就来说,他说这个话绝不荒谬,他本人的成就的确得到西方同行的高度尊重。我想我们今天世界史研究的整体水准并不那么高,但是我们整个学科对自己也可以有这样的一个期许。为了"仅得其中",也要"取法乎上"。所以,我想这本书对我们还是应该有这样一个激励作用。

另外,如剑鸣老师书中所说,刚才好几位老师也提到,的确有这么一个现象:20世纪的西方各国的史学,像法国、英国,名家和经典辈出。而美国史学界,除在全球史和西欧史的一些研究领域之外,反而是在本国史研究中留下成为经典著作的非常之少,也是非常值得注意的问题,这与这一领域中过于求变趋新的风气有关。学术创新是学术研究的要求,现代学术体制很大程度上又有点强迫创新的特点。昨天我们先期到的几个人一块喝茶聊天,说道:目前成为学术热点的一些论题,对特定领域的学术传统和既有学术成果没有充分了解和尊重,不大考虑这样一个传统里面你必须掌握的基本材料,你必须掌握的已有的研究成果。你可以不受顾忌,不受家法的约束,会比较容易"创新",但是也比较容易被挑出各种各样的破绽,然后无法站得住脚。所以一方面要创新,另一方面也要守正,要有所本,不能够为创新而创新。

一切的历史都有其当下性,不可能真正有人从月亮上来看人类历史。你永远不可能和过往的人、和别的时代站在同一个点上,你的所见必然会带有自己的视角。的确,现实关怀,是历史学家无法弃绝的,我想我们不必为了非得带上自己的视角这件事而焦虑,反倒是可以为怎么样尽可能来充分意识到并节制自己的视角而焦虑。

现实的政治关怀得不到节制,对美国史学的发展,对它创造出有长久价值的成果造成了损害,这是很多老师提到的。我想这个事的确也可能从不同的角度来考虑,一方面现实关怀需要受到节制,历史学不能够为现实利益考量所左右。但是另外一方面,没有现实的关怀,没有对现实生活的体验,我们也无法真切地理解历史。我们可以设想一个走路只会撞树的人,在对人对事上很傻很天真的人,他可以成为一个杰出的数学家,我们无法想象一个对现实世界是如何运转都不知道的人,他能够成为一个成功的历史学家。

所以对现实的关怀,对现实生活的了

解本身也是投射我们的眼光来了解过去的一个必备条件。所以说到这儿,我又想到刚才向荣老师的发言。向荣老师以托尼为例子,这么一个曾经的大家,后来又有很长时间受到贬斥,然后突然又仿佛焕发出了无穷的魅力。这也是历史学和别的学科不一样的地方。比如说,一个科学家基本上不会再去看牛顿、达尔文、狄拉克,不会再去看科学史上的重要的著作,那不构成他们训练的一部分,只有专门的科学史和技术史的专家才会去看那些东西。在科学史上,你可以说爱因斯坦比牛顿进步了,他把牛顿变成了自己的一个特例。可是文学史呢？人们好像还可以以同等欣赏的眼光来看荷马、莎士比亚、歌德、托尔斯泰,来看待不同时代的文学家们。史学史还真又是不太一样,比如向荣老师刚才就提到,托尼的很多论证实际上已经被更新了,可是为什么人们还看他的书？我们今天为什么还需要去看过往历史学家的史学名著？这非常奇怪。你是看他的材料吗？我现在看到的比他更多更可靠。我是看他的论点吗？他的许多论点已经过时了,已经被决定性地更新了。向荣老师说,现在的历史学家好像缺少了像托尼这样的人来体会、掌握、统治、把握一个时代的能力。我想这是一个比较模糊的说法,但是这也是一个非常有意思的说法,这反倒是值得我们讨论的一个说法。其实这就是一个很重要的史学理论问题,我到现在为止还没有看到比较好的解决方式。

这本书里理论思维的含量,学术前沿的把握,治学方法的思考,刚才好几位老师都提到剑鸣老师文字的通畅、生动和克制。的确,一个出色的研究者,一本出色的学术著作,能够给人带来的启发是多层面、多方位的。

黄洋:要保持历史学者的良知

很高兴参加这样一个十分具有意义的读书会,同时作为复旦大学历史系行政负责人,我也感到很惭愧。按理说剑鸣教授是敝系教师,他出版了一部大作,本应由敝系主动组织这样一次读书会。因此陈恒院长提出来办这个读书会后,我觉得自己挺失职的,心里有些不是滋味。但转念一想,尽管这部书值得我们阅读和玩味,也尽管剑鸣教授的学养和学识是有口皆碑的,但如果是由敝系组织的话,仍会有偏爱和宣传之嫌,也不是很妥当。反过来,敝系教授出版的书得到学界如此热情的回应,以至于同仁们觉得有必要组织一次专门的读书会进行讨论,乃是我们的荣幸和骄傲。这样一想,我心里也就释然了。并且要特别感谢陈恒院长组织这场读书会,给我们一个机会交流思想和看法。

剑鸣教授的学养和学识,我一直是打心里钦佩的。他关于美国革命史的一些论文,我大多读过,但收入这本书的讨论美国史学的文章,之前却没有读过。假期拿到这本书,认认真真读了其中的大部分,受到很多启发。下面仅举一二例和大家交流。

本书收录的文章大多和美国革命史研究有关。我本人对雅典政治史有一些兴趣,以前和剑鸣教授的交流中即已受益匪浅。这次读他的这本大作,又有收获。举一个小例子。美国学者约书亚·欧伯尔(Josiah Ober)是当代最有影响的雅典民主政治研究者之一,现任斯坦福大学古典学和政治学双料讲席教授。他在1993年发表过一篇讨论克里斯提尼改革的著名论文,标题是《公元前508—前507年的雅典革命:暴力、权威和民主政治的起源》。他提出所谓克里斯提尼改革,实则是一场"暴力的、没有领袖的"革命,是业已具有政治自觉的人民(demos)集体斗争的结果。我当时非常纳闷,他的想法源于何处?后来我发表过一篇论文,针对他的观点提出不同意见,当然那篇文章写得不是太好。但我在商榷之前,试图弄清他的思想的来源。当时我提出他的想法有两个来源,一个是近代的资产阶级民主革命,另外一个我觉得他是受了马克思主义的影响,因为人民的力量和"人民革命"是马克思主义重视和强调的一个历史概念。

但是这里面有一个问题没有解决。之前他在1989年出版过一本影响很大的书,标题是《民主雅典的大众与精英》,其中他明确宣称自己是反对马克思主义对雅典民主政治的解释的。我对他的批评是,一些西方学者明明受到马克思主义思想的影响,却因为意识形态的压力而不敢公开承认。读了剑鸣教授的这本书,我才发现,自己的推测可能是错误的。因为实际上影响到约书亚·欧伯尔解释的,很可能是20世纪后半期美国史学界对美国革命的重新解释,即强调普通民众在革命中发挥的主导作用,而轻视领袖的作用。我想通过这个小小的例子说明,虽然我来自不同的研究领域,但剑鸣教授的大作不仅能给人以启发,甚至有可能帮助我们更正自己研究中的错误。

所以我想说,我们不同的人会从中得到不同的启发。但是我觉得更大的意义,是我们没有充分讨论到的,有可能是这本书对学生的帮助。可以想见,一个刚刚入门的美国史学生读了这本书,就美国史研究的状况,包括问题的来源、范式的转换等,能够有一个总体的了解。对于学生的研究而言,本书是非常有帮助的。

我本人最怕写两种文章,一种是书评,我一般不写书评,因为我总是觉得自己易于误读和误解他人的意思,尤其是外国学者的书。另外一种就是一个学科领域综合性的研究述评,我觉得难度非常大,要比较全面地阅读和准确地理解大量的研究成果,弄清不同学者、学术流派相互之间的关系,现实和学术的关联,师承流派,等等。我个人其实读书比较少,知识面很有限,所以我一般不敢写这样的文章。我也反对学生发表书评,因为通常要对某一个问题有精深的研究及对研究状况有全面的了解和准确把握,才能写好书评。这不是一般学生所能做好的。作为研究过程中的一个准备环节，撰写书评当然是有帮助的。但发表则是另外一回事。像剑鸣教授这样，在美国史研究领域深耕20多年，同时阅读面之广，少有人能及。他无疑是最有资格撰写这类书评和研究述评的。

接下来我想呼应一下本书的主题，剑鸣在引言专门讨论过了，刚才他也讲到过，而且大家也都提到，这就是克罗齐的名言，中文通常说成是"一切历史都是当代史"。这句话也许是引用最为广泛的一句话，从本科生到博士生，再到一些著名历史学家，动辄就援引这句格言。但绝大部分人，包括一些著名学者，在引用这句话的时候都是不假思索的，甚至是断章取义、歪曲它的意思。实际上克罗齐强调的是，我们对历史研究的兴趣，是对现实问题的关注和思考所激发的，因为"只有对现实生活的兴趣才能激发我们探讨过去的事实"。因此，凡现实关注激起我们研究的历史问题，都是"真历史"，也就是"当代史"。然而他并未暗示，由于我们对历史的兴趣是现实关注所激起的，我们就可以根据现实的需要随意解释历史。因此，克罗齐的历史观和实用主义的历史观是有区别的，不能将它等同于胡适所讲的"历史是任人打扮的小姑娘"。另一方面，我们还要注意到，《历史学的理论与实践》并非一部独立的史学理论著作，而是克罗齐《精神哲学》的一部分，它强调精神是历史的唯一来源，而那些外在的东西如历史叙事和历史文件不过是精神的工具而已。因此，我们也不能毫无保留地接受克罗齐的看法。

为了避免将克罗齐的论断误解为实用主义历史学，我觉得我们还是要旗帜鲜明地反对实用主义史学，并且应该在这一问题上达成共识。虽然说我们对某些历史问题感兴趣，是由于现实关注所激发的，但一旦现实问题激发了我们研究历史问题，我们对历史问题的研究，就不能完全为现实关怀所左右了。如果不用客观这个词，我觉得也仍然要把握一个基本的原则，就是以全面的史实为基础，尽最大可能公正、准确和深刻地去理解历史。如果说历史能较好的为现实服务，那也是建立在我们公正、准确和深刻地理解和解释历史这个基础上的。这既是历史研究的规范要求，也是历史学者的良知所在。如果没有这个基础，随意歪曲历史来为现实服务，那就是帮倒忙，甚至祸国殃民，就丧失了历史学者的良知，其他领域的学者也一样。我觉得在理解历史和现实的关系问题上，现在我们中国人的认识非常模糊。很高兴剑鸣教授在引言里比较精辟地论述了历史研究和现实关怀之间的微妙关系。我只是想补充一点，或者说得更直白一些，那就是要保持历史学家的良心和良知。这是我想要说的意思。

牛可：历史学与公共生活，以及历史学与我们对外部世界的认知

李老师通知要我参加这个会，几天来颇浮想联翩，感觉书中内容可以勾连不少问题。本来和立新老师一样，打算乘火车时写一个稿子，在会上读一读，因为我口才很差。但天气太热，旅途前半程出汗，后半程偷懒，也就没写成。我就想到哪儿说到哪儿，可能讲不好，请多包涵。

说两个和李老师的书有关的问题，都是大问题，大而失当的问题。收到会议通知后我把写过的一个小东西呈给李老师看，其中涉及历史学和公共生活的关系，李老师回信说有点共鸣。那么我想说的第一个问题就是李老师书中涉及的历史学和公共生活的关系问题。

我们中国人觉得自己有悠久历史，非常重视历史并善于运用历史，以为自己有丰富的历史资源，还有深厚、充沛的历史思考、历史思维。外国人比如基辛格也常这样说。实际上是这样吗？我觉得，这个说法我们得考究一下。在我们的传统历史观念中，在我们的现代历史学中，历史认识论、历史思考和历史反思能力，还有追索历史正义的能力，真的很充沛、很发达吗？历史思维、历史知识在我们的思想能力、认识能力中的贡献真的很大吗？就拿李老师这本书当中涉及的美国的情况来看，我觉得美国历史学家对历史学认识论，对历史和现实的关系，对历史学在公众生活中的作用、地位等，提出的很多问题和很多想法，正是我们的传统历史观念和现代的历史学中所缺乏的。有人说应该避免直接的、简单化的对比，但是对于认识问题而言，最初的一步往往就是做简单、直接的对比，对比之下可以发现我们所缺乏的东西。比如说中国的历史观念当中，关于历史的意义、作用，经常是这些耳熟能详的话，“以史为鉴”、以史为师（所谓“前事不忘，后事之师”），历史主要被用以提供“经验教训”，从历史事迹当中抽取一个道理、一个“经验教训”，是一种类似寓言的功能。但是，这种历史认识论缺乏事物的“历时性”维度，对历史和现实的关系关注不足，思考也比较薄弱。而历史认识最重要的价值应该在于，事物存在于历时性的维度上，历史和现实之间是有根本的连续性的，历史是现实的根源和依据；历史学是认识现实的一种方法，所谓“history as a way of thinking the present”。而只有具有这种品质和能力的历史学，才可能在公共思想、公共生活中有比较坚实的位置。

立新老师刚才提到“presentism”这个词。我感觉，从美国人对这个词的使用看，以及从它的本意——就是“现世（现时）主义”，我把它翻译成“当下关切”。其实这个词不应该是个贬义词，也并不必然是历史学要避免的东西。“当下关切”并不必然导致“辉格史学”和我们曾经的那种“影射史学”。要克服、要避免的是不正当的、受制于意识形态或者政治权力的“presentism”。从现在出发去认识历史，在历史学中把现在和过去联系起来，是历史认识论当中的应有之义，也是历史学在公共生活当中的作用的根本所在。美国的历史学，总体上应该说没有回避这个职责和功能；而历史学家当中也总有人持续不断地对历史学和公共生活的关系做出回应和认真的思考。这个方面,美国的历史学是有丰厚的思想资源和研究上的范例的,其中有很多正是我们所欠缺和需要的。比如说美国历史学会主席历年来的演讲,以我自己的观察,其实很大的篇幅,大概能有超过半数以上的篇幅,实际上就是直接针对或者涉及历史与公共生活的关系这个问题的。

我翻译过的一本书,一开头就提到牛津古典学家 Jaspper Griffin(对这个人我一无所知),他对历史认识的动机、历史学的兴趣源泉提供了一种最简单的区分,一种是纯粹的好古之情,一种是出于理解当代的愿望。我总的感觉,美国的历史学始终保持着理解现实的兴趣和能力,承担着这样一种基本的认识论功能。它的强大,它在美国智识生活中的坚实地位,跟它对现实的关切,跟它介入当代思想的能力是密切相关的。当然诺奇克所说的“客观性”——那个“高贵的梦想”——与现实关切(美国人经常说的“advocacy”)之间,也始终存在着张力。从早期兰克史学引入美国,“科学的历史学”旗号下职业化、专业化史学确立,到后来客观性信念一次次并且从不同方面受到冲击、受到削弱,这样一个基本的张力一直存在。我总的感觉,这是一种比较健康的张力,有长期的合理性。这个张力的过程当中有很多问题,我觉得有比较重要的学术史、思想史意义的。有的问题和环节我也不太明白,觉得很值得研究。直到今天,像托马斯·本德这些人还在批评、反思过度专业化的、“碎片化的”历史学在公共生活中的地位的弱化,探索在新的条件下历史学回应公共问题、现实问题的途径和方式。他们的所思所虑,我们可能并不很容易就能透彻理解。

其中一个学术史问题,比如说美国历史的社会科学化问题,这在美国是一个非常自觉的过程,在20世纪20—30年代,特别是在哥伦比亚大学,已经开始成为一种很明确的动向甚至是学术“运动”了,此后也持续不断。后来史华慈说,对其他学科的了解和吸收对历史学家而言,是一种必需的“通识教育”(general education),是一种必需的修养,他是在这个高度、深度上说这事的。历史学的社会科学化到底有什么内涵、什么影响,它和“科学的历史学”之间是什么关系,在我们这儿可能认识不足,也好像容易有误解。我有一个观感:在美国,历史学的社会科学化,恰恰是克服早期兰克史学当中的那种“naive positivism”,那种“科学”范式的一个手段、一个阶段。鲁滨逊、贝克尔、比尔德这些人主张学科增容和跨学科,同时他们都是借历史的社会科学化来反对早期兰克史学那种对历史学的狭隘专业界定方式的,也都是反对“科学史学”对确定性、精确性的过度追求的。而且,这些人也都是强调和弘扬历史学的公共职能、当下关切的。也就是说,在美国史学史的这个阶段、这个环节,当下关切也就是“公共关切”,与“社会科学化”也就是跨学科诉求之间,是有深刻的互为因果的关系的,或者至少是一种"有选择的亲和性"的关系。这个关系,大概是美国历史学的基本动力机制之一。简单对比一下,我们这里大概没有这种动力,或者至少没有特别明显、有力地呈现出来。

"当下关切"当中有很多问题。其中一个是立新兄刚才讲的那个观点,是韦伯最早提过的,那就是:我们选择研究问题的时候可以代入某种关切、情怀、态度或者主张,但是进入研究状态之后,就必须避免那些东西。我觉得,韦伯说这个话的时候,是一种刚开始对实证主义、科学主义做反思的阶段,这个说法还是显得太乐观,也太"positivistic"了。其实做不到,也不必做到。我猜,即使对被认为很成功的、在实证方面很可靠的历史学家的作品,要是考察一下他们的工作程序,再做一下文本分析,都可能发现在研究和表述的阶段当中,关切、态度那些"主观性"的东西还留在那里,并没有消失。我是觉得,"客观性"作为研究者的自我告诫和目标是可以的,作为研究的一种标准、一种规则可能难以把握和操作,不切实际;用更细致、具体的工作规则比较好。

第二个问题,是历史学对我们对外部世界的认知提供什么样的贡献的问题。我们在座的都是世界史学者,正是承担对中国人对外部世界的认知的责任的人。历史学,除对本民族的认识之外,对其他民族、其他国家的认识能够提供什么,进而为公共智慧提供什么样的国际观,提供什么样的世界观?还有,一个民族看待他者的方式是怎样的,对待外部世界有什么样的知识兴趣和抱负,而历史学又在这当中起什么作用?这些问题,我们也可以在中国和美国的史学史之间参照着看。大致而言,无论是就美国的精英文化还是专业化的历史学而言,美国人对外部世界的兴趣和知识抱负,可能是很特别也很突出的。李老师在这里,就在上海师范大学做过一个演讲,讲美国国父一代的世界主义,处理了一个很重要的问题,就是美国的"cosmopolitanism"的问题。我看了记录稿,对我也很有启发。美国历史上的世界主义和国际主义是怎么演变的?有哪些面向?知识界,包括历史学界,对美国的世界主义和国际主义提供了什么样的知识基础?这都是很有意思也很重要的问题。美国的历史学职业化之前和职业化初期也大体是"national history"主导,也就是美国史独大的局面。但是在二战后的地区研究运动的直接影响下,在历史学内大力扩张外国史,如今形成的格局是这样的:美国大学的历史学系,特别是精英大学的历史学系,外国史的教席比例经常占到百分之六七十,甚至更高。而且,随着地区研究运动,文化相对主义、多元文化主义这些价值和理念,也越来越多地注入美国的历史学和公共思想生活中。

专业化初期阶段的历史学,也就是兰克式的历史学,可能有自发地鼓励本国研究而抑制外国研究的效应。二战前的美国是这样,现代中国胡适、傅斯年的历史学专业化模式也是这样。那一代历史学家,在帮助中国人建立国际视野、认清自己的世界历史命运方面,不能说做得很成功。梁启超等人本来已经显露出来的那种很强的认识外部世界的意愿,那种在他身上体现出来的对文化、社会历史和制度的比较深远的眼光,到了傅斯年式的专业化史学阶段反而大大降低了。这么说,也许有点苛责前人?我看了董正华老师主持的留美学人的口述史项目,其中周一良先生的一篇文章很有意思,应该也很有代表性。周先生说到美国和美国史,说美国史200年有什么好学的、好研究的?至少可以说,那个时候的中国史学,对外国的知识抱负和文化理解的意愿大概真的不是很强。胡适、傅斯年等在北京大学排挤了朱希祖、陶希圣那一派,其中可能有的一个意义就在于:早期的比较幼稚的实证主义支配下的科学史观,它的学科眼界和专业规范本能地排斥、挤压对外国史的研究。新中国成立后,国家在政府主导下建立了以"外国""世界""国际"打头的对外研究系统,其中包括世界史,在有些大学形成了世界史、中国史大体各占一半的格局。但到了新的"专业化"阶段,又出现了世界史相对萎缩的情况,比如我们系从前是世界史对中国史各半,今天成了三分天下世界史其一。这当中固然有学术专业化运动"合理"的一面。但从另一方面看,当中国人极需要了解外国的时候,当我们的世界知识和国际观最需要历史认识和文化理解的纵深的时候,我们这方面的意愿却不那么强,目标也不那么明晰。应该说这不是个小事。

前两天我看了一篇人类学家朋友的文章,当时忍不住在微信上批评了他一下。他说我们中国人是最尊重和善于理解外国文化和文明的,西方则没有这种意愿和能力。他举出的证据是,对西方国家的译名,我们当初都给了它好的词儿,"英""德""美"什么的。我说第一这是全部的事实吗?那些用过的带口字旁、反犬旁的字儿呢?第二,不论别的,就在人类学里,你只要想想 Franz Boas、Melville Herskovits、Robert Redfield 那些人,还能说他们没有跨文化理解的意愿和能力吗?我想说的是,要跨文化理解,怕是先要摆脱个人和群体都有的一个本能,就是把"我的""我们的",想成、说成是"对的""好的""优秀的",或者至少是"合理的"的那种思维定式。我们这个时代的"文化自觉",怎么能只建立在这样的基础之上呢?但是,对他者、对自我认知中的作用,又往往不能一上来就做得到。这也需要知识和修养。外国史、美国史、美国的史学史,正是在这个方面,在我们的"文化自觉"上大有用处。

李宏图:历史学者应该创造与介入公共生活

读了剑鸣教授这本书之后,我有很多收获和启发。从书名《"克罗齐命题"的当代回响:中美两国美国史研究的趋向》就可以看出,他在用心思考历史学和当代社会的一种关系。就此而言,这不仅意味着历史学家如何去写历史,还要在历史书写中为当下我们这个社会的制度性建设,或者我们思想观念的建设能够提供什么样的优质资源。这两个问题是一体的,一个是要把自己著作写好,为社会提供一个学术成果,同时又要在社会自身的发展中确立起自己的思想观念,从而又会在学术研究中得到体现。当然这个问题中间的一些要素是很复杂的,历史学家怎么来写,怎么来选题材,看起来这是和个人联系在一起的,但在一定意义上来说,又和社会密切相连。因此,历史与现实、主观与客观、思想与学术相互缠绕在一起。

目前,中国社会正在发生急剧的社会转型,在这一时刻,难免会出现一些奇谈怪论,并且在社会上还能够蛊惑人心,起到作用。因此,面对这一现实与现象,历史学者应该参与讨论,不仅如此,从更大的视角来看,历史学者应该主动创造社会的公共话题,以及参与社会的公共讨论,对此我觉得我们还有很大的空间来做。所以从这个意义上来讲,历史学在当代的发展进程当中还没有起到应有的作用,历史学太封闭在自己的圈子里,没有很好地起到引领的作用。在此,我想到了美国历史学家林·亨特的话:"如果社会更像是一种文化产物而非一种自然实体的话,那么解释它的起源和过程必须在历史研究而非在自然研究中去寻找。"可以肯定,历史是人文学科中最新的学科,它假定社会并非是自然世界的一部分,它是人们的工作、劳动和创造性的产物。因而,理解它的任何过程必须始终指向研究它的起源,它与时间、空间的特定社会性文本和不断转换的情节之间的关系。但历史的话语并不是使现代社会科学走向更"科学化",而仅仅使它们更"历史性",也就是说更"观念化",并在某种程度上使它们——就像历史研究似乎成为的——更"经验化"。由此,可以看出历史学在对社会的解释与构建方面起着多么大的作用。

在此问题上,我们应该破除将历史学看作有着直接现实意义的实用主义,认为历史学要以史为鉴,从历史中找到解决今日所遇到的各种问题或者困境的方法。其实历史学家对过去的研究不是为了要解决当代的重要问题,而是将历史当成直接解决我们目前自身问题的重要资源,具有现实主义的功用,例如剑桥学派的昆廷·斯金纳就说:"试图从思想史中找到解决我们眼下问题的途径,不仅是一种方法论谬误,而且在某种程度上是一种道德错误。"而从过去了解什么是必然的,什么是我们自己具体的安排的随机性后果,则是获得自知之明的重要途径之一。思想史家能够帮助人们理解久远的价值观念如何凸现在我们今天的生活方式中和我们今天思考这些价值观念的方式,反思在相异的可能状态下不同的时间中我们所做出的一系列选择。这种理解能够有助于我们从对这些价值观念的主导性解释的控制下解放出来,并有助于对它们的重新理解。因此,在斯金纳看来,我们并不是直接从历史中汲取解决我们目前实践中的问题。我们只是要让大家知道在那个历史当下为什么人们会做出那样的选择,那样的选择是博弈的产物,恰恰展现了历史的复杂,能够给我们启发,这样才可能对我们当下起到帮助,而不是说当下遇到的问题,我们赶快从历史上找一个,这样一个简单的类比,这都不是历史学家所要提供的产品。因此在这个层面上来讲,我们不是需要建立一个历史学家提供为社会有用的产品,恰恰是我把学术做好了,我们就可以提供丰富的产品来解答,对社会有帮助。所以我自己读剑鸣的这本书,觉得他就是在做学术的工作,如果每个人都把自己本职工作做好了,就会为这个社会做出一些贡献。

在破除实用主义这一学术与社会的简单的关联性之后,历史学家当然还是要去思考如何创造社会的公共话题以及参加公共讨论,这样才能更好地用历史学这一丰富的资源和历史学特有的学理来构建起一个公共空间和文明社会。例如现在中学教育由于种种原因导致中学生接受的很多历史知识都不是准确的,其历史观也有问题,建立在这一基础之上的他们世界观的形塑就是有问题的,以此为基础的未来社会也必将不会是一个正常的社会。所以在这个意义上来讲,我觉得历史学家除要提供自己的学术成果之外,还是需要发出点声音,在学术自身发展的逻辑和社会关怀的责任感之间找到一种相结合的路径。在这一点上,我觉得应该学习欧洲的学者,或者说我们要身兼学者和知识分子的双重使命,成为学者型知识分子,而不是让那些"'知识分子'+学术"的人大行其道。

下半场嘉宾发言

顾云深:历史学家的人文情怀和学术责任

从阅读的偏好来看,我个人比较喜欢读历史学家的回忆录、传记,以及他们对治学治史的个人体会与思考。今年暑假,读了好几本历史学家的相关著述,有托尼·朱特的《思虑 20 世纪》、威廉·麦克尼尔的回忆录《追求真理》、入江昭的《我与历史有个约会》,李剑鸣教授的《"克罗齐命题"的当代回响:中美两国美国史研究的趋向》也是其中的一本。

剑鸣教授的这部著作,可以说是他十几年来对于美国史学研究领域观察、思考和研究的一个累积,最早的文章写于 1998 年,晚近的几篇写于 2013 年,这些文章大体上可以分成三个部分,其中五篇讨论和研究当代美国史学思想、流派和发展趋势,三篇剖析有代表性的当代美国历史学家及其著述、理论与方法,另外四篇是梳理归纳近三十年来中国历史学界对于美国史研究的发展脉络、演进和趋势。这些文章看似各有主题,发表也有先后,但是,一旦把它们汇集成书,便可以显现出它内在的逻辑结构,即当代中美两国的美国史研究学界是如何回应"克罗齐命题"

的。回应所谓的"克罗齐命题",其实就是要把握好现实关怀和历史书写之间的关系,不能简单地理解克罗齐所提出的"一切历史都是当代史"(原话应是"一切真历史都是当代史")。英国历史学家爱德华·卡尔曾说:"历史是历史学家跟他的事实之间相互作用的连续不断的过程,是现在跟过去之间的永无止境的问答交流"。读了剑鸣教授的文章,可以加深理解在现实关怀与历史研究之间如何把握好度十分重要,两者之间的张力,就如剑鸣所说的:"过去只有凭借它对于当前的意义才能复活,历史只有活在现实中才能保持生命力。从这个意义上说,在当前和过去之间,在现实和历史之间,确实难以画出截然分明的界线。两者之间这种复杂纠结的关系,既给历史学家造成巨大的困惑,也为史学赢得生存空间带来许多机遇。"从这个层面上说,"克罗齐命题"的要旨即在于当下和过去、现实关怀和历史书写的关系。如何把握好这个度,无疑是摆在中国历史学家们面前的一个艰巨的任务。

这部著作的重头文章之一是《意识形态与美国革命的历史叙事》,这是一篇长达70页的长论文,不仅清晰地勾勒出美国革命史写作中从"辉格主义范式"到新美国革命史学形成的发展演变轨迹,而且着重考察了在革命史知识产生的"政治情景"中,意识形态所发挥的重大作用,诚如剑鸣教授所指出的:"实际上,革命同时也是一种重大的意识形态事件。一方面,革命者通常利用边缘性或外源性的思想资源,精心构造一套系统的政治话语,对革命发挥动员、辩护、阐释和巩固的作用。另一方面,在通行的观念中,革命总是与'开端'相连,因而可能会被后世'神圣化';而在这一'神圣化'的过程中,革命话语通常会经过整理、过滤和重新组合,进而转化为带有'神话'性质的意识形态元素,对于'后革命时代'的政治文化发挥持久的塑造性影响。""任何革命史的写作不论作者的动机如何,总是难以摆脱与意识形态的复杂纠葛,革命史领域也就成了一个意识形态的战场。"无论精英革命还是平民革命,或是"自下而上"到边缘群体,美国革命史的重构历经了社会革命、人民革命、激进主义、民主革命和双重革命等几个阶段,直到当今以平民主义、多元文化主义和女性主义构成了新美国革命史学的意识形态特征。虽说,意识形态这个词在美国学界一直是带有贬义的,早在20世纪50年代如丹尼尔·贝尔这样的学者就已经声称意识形态的终结,但是,事实上我们可以看到,美国其实是世界上最讲究、也最在乎意识形态的国家,无论是它的外交政策、文化政策,还是教育理念,甚至包括好莱坞的电影,其意识形态是深深地根植于其中的。就像埃里克·方纳所说:"最好的美国历史仍然不仅仅是事实的汇集,也不是政治上得到认可的、不容争辩的'事实'的罗列,而是对我国社会本质的一种不断前进的集体自我发现模式。"通过对美国革命史书写的历史考察，剑鸣教授向我们深刻地揭示了这一点。其实这样的现象，在法国革命史、中国革命史的书写过程中又何尝不是如此呢？也许，这也从另外一个侧面反映出现实关怀与历史书写之间必要的张力吧。当然，剑鸣教授作为一名治学严谨的历史学家，其阅读了关于美国革命史的大量著述和文献（全文引用的文献著述超过 90 种），经过认真的梳理和辨析，对这一问题做出了全面而又独特的剖析和阐释。对于其他领域的历史研究者来说，无疑具有重要的启示作用和借鉴意义。

从某种程度上来说，《"克罗齐命题"的当代回响：中美两国美国史研究的趋向》一书，也是一部精彩的史学史著作。近三十年来，西方史学史研究在中国学界有了长足的发展，单卷本和多卷本的西方史学史出版了很多种，其中尤以复旦大学张广智教授主编的六卷本《西方史学通史》为代表，对西方一些著名史学家进行个案研究的著作、论文（包括博士学位论文）也有不少。但是，总体而言，如国别的史学史、专题研究领域的史学史则相对薄弱和缺乏，这样的著述需要从事这一国别研究和具体领域研究的专家来写，需要有眼光、有深度和有见地，对作者的要求高，难度大，它不是一般意义上的史学著作编撰史，而是真正的专题研究，需要提炼出史学思想、史学流派和史学方法发展变化的理路。在梳理与辨析的过程中，特别需要分析和批判的精神，要为读者进行准确的辨析，从而起到导引的作用。如《20 世纪美国史学的基本走向》《美国政治史的衰落和复兴》等即为范例。这样的研究论文对于美国史研究工作者，尤其对于广大研究生来讲，是一种非常好的导引。在一个信息爆炸的时代，能看到的文献书籍是"海量"的，光每年的出版物就数以千计。如何进行选择？何为有价值的著述？一流史学家关注的学术前沿是什么？如何在阅读的过程中提高自己的学术品位？确实需要像剑鸣教授那样不断地进行思考、分析、批判并加以呈现和揭示出来。这是顶尖学者的学术责任，美国著名历史学家埃里克·方纳就非常重视对美国史学发展趋势的把握，他在 1990 年和 2011 年先后主编了《新美国历史》（*New American History*）与《当今美国历史》（*American History Now*）两部著作。在中国历史学界，做研究也确实需要像剑鸣教授那样，不断地进行思考、分析、批判并加以呈现和揭示出来，这就是《"克罗齐命题"的当代回响：中美两国美国史研究的趋向》之学术价值和理论意义。中国的世界史研究需要更上一个新台阶，需要术有专攻的学者们为后学们多做这样有深度的学术梳理和有见地的学术引导。

总而言之，历史学毕竟是一门人文学科，其研究的主体对象是人，是人在特定时间和空间维度上所展开的活动和创造。在本书中剑鸣教授也特别关注历史学的人文要素，提出要警惕当下历史学过分强调社会科学化之后而出现的"碎片化"的倾向，一叶障目或只见树木不见森林的现象不少，在历史书写中缺少人文精神和人文关怀，这都是值得反思的问题。

原祖杰：史学工作者的立场与追求

因为刚刚拿到书，我还没来得及仔细拜读剑鸣教授的大作。但因为其中的大部分文章都曾读过，所以比较容易理解各篇文章的主旨大意。这些文章从不同角度回应了"克罗齐命题"问题。其中两篇文章，《意识形态与美国革命的历史叙事》和《在现实关怀与学术追求之间》，则分别阐释了意识形态对美国的美国革命史学和中国的美国史学的影响。前者被剑鸣教授总结为"辉格主义范式"，包括爱国主义、民族主义、自由主义、种族意识和精英取向。后者则是通过对20世纪80年代以来美国史研究成果的扫描看出中国学者美国史研究的选题在很大程度上受到改革开放以来中国现代化进程中所关注问题的影响。在这种影响下，中国的美国史研究有得有失，得者如我们对美国经济发展、政府改革、城市化进程、西部开发、多元文化以及教育和外交等方面问题的关注，推动了我们在这些领域产生了很多优秀的成果；失者如有些研究"以通行的政治观念作为分析的参照，沿用长期以来形成的意识形态话语展开论说，其论点往往超越具体的历史时空和语境，对于历史现象的复杂性采取了一种相对简单化的处理，在材料的取舍和解释上往往服从于先定的意图，导致论说和事实彼此游离乃至乖违"。这些评判对于我们中国的美国史研究有着十分必要的指导意义。

结合剑鸣教授在其他著作中发表的观点和所做的研究，我在这里谈几点体会：第一个问题是历史学家的立场问题。做历史研究应不应该有自己的立场？预设立场肯定会影响公正判断，但不持任何立场、没有情感认同是不是就适合从事历史研究呢？这让我想起多年前在一次聚会上，一位同学向我的导师问及这一问题，导师的回答是，一个缺少情感认同的人可能也缺少敏感度、缺少驱动去发现和探索有价值的历史问题，其所从事的研究就可能缺少问题意识。

按理说，我们在进入历史探究之前就设定立场，或者说我们开始就从现实关怀出发，难免会引起我们对史料和史实评判上失之偏颇。这一点我比较同意王立新教授刚才的发言，将现实关怀看作是一种原罪。按理说，写历史就应该呈现出当时的原汁原味的、不受污染和影响的历史。但我们又知道这是做不到的，因此，应该勇于承认现实关怀对历史研究的影响，承认这个原罪的存在。但原罪毕竟是罪，现实关怀不应该成为我们走向历史相对主义、将历史看作是一个可以"任意打扮的小姑娘"的借口，更不应该仅从意识形态需要出发随意阉割历史，主观臆造历史。没有坚实、完整的史料支撑的历史建构终归是要倒塌的。因此就引出下一个话题，历史学家如果不可避免地持有某种立场，应该持有什么样的立场。

李剑鸣在他的《历史学家的修养和技

艺》一书中写道:“历史学家站在什么立场来处理自己的研究题材,对于形成问题、运用史料和提出解释,都有直接的关系。从理论上说,生活在今天的历史学家不是历史中的任何一方,自然不必为过去辩护;他所研究的是过去的人和事,因而也不能充当现在的代言人。治史的宗旨在于获得过去的真实可信的知识,而各色各样的偏见、或隐或现的派性和有意无意的私心,都会对此产生妨碍。因此,历史学家在研究中必须保持一种特殊的立场,要力求独立和中性,要站在第三者的位置,站在过去和现在的交汇点上来看待历史。”我个人理解,历史研究还是要尽量追求客观、公正的立场,使用科学的方法和翔实可靠的史料。承认与现实社会相关的价值取向对历史研究的影响,就是要在历史写作中努力克服这样的影响,在历史阅读中努力摒弃这样的影响,而不是为曲解或者轻视历史寻找借口。历史研究的宗旨是以科学的方法追求历史真相。现实观照不应该妨碍我们追求真实的历史;客观、理性的价值取向应该在历史研究中被尊为圭臬。

我要谈的第二个问题是如何认识人们常说的“同情之理解,理解之同情”?或者说,“同情之理解”是不是历史学者应有的立场,研究历史人物、事件能否摆脱先入为主的心理倾向?上午几位老师谈到了这个问题,我在想,我们怎么抱着同情的态度去理解历史事物,有的时候我觉得我们容易进入一个误区,我们研究什么喜欢什么,研究一件事物喜欢一件事物,研究一个人喜欢一个人。我们给一个历史人物做传记很容易出现这样的问题,即便是给希特勒做传记,你理解了他的生活,理解了他的爱好,理解了他作为人而表现的人性的一面,就很容易同情,因此就提出一个问题:研究者会不会因此而影响对人物的整体评判?你会因为希特勒的绘画才能或者对爱情的执着,会因为戈林的艺术修养和艺术品位,会因为戈培尔的音乐才能而对这些杀人恶魔因理解而同情吗?这个问题涉及历史学家如何坚守自己的立场,秉持客观公正的判断。

我们做一项研究,对某一具体的历史事件和人物,认识越多越容易同情,这固然会增加我们认识历史的深度,但也可能会诱导我们误入歧途。在这个方面,为历史人物作传的学者更应该警惕。当年读研究生时,有两个同学针对刘祚昌先生的杰斐逊研究产生争论,原因是一个同学以杰斐逊的政治对手、同为美国开国元勋的汉密尔顿为硕士学位论文选题,他读了刘先生有关杰斐逊研究的著作后颇为不服,认为其美化杰斐逊,贬抑汉密尔顿。这种想法在当时的确带有反潮流的精神,因为在 20 世纪 80 年代居于主流的美国史教科书或者研究成果中,汉密尔顿经常被作为反面人物,因为他视人民为群氓,在制定美国建国之初的财政政策时站在富人一边。相反,杰斐逊在刚刚开启了民主化进程的中国则被奉为圣贤,刘先生笔下的杰斐逊主要是其正面形象。因此引起研究汉密尔顿的同学的不满,该同学流露出对刘先生的不恭又激起那位刘先生学生的维护,以致两同学大打出手。由此可见"理解之同情"足以让两个政治对手的研究者势同水火,我们对其消极的一面还是应该有足够认识。

郭长刚:跨民族国家视角的治史尝试

首先感谢陈恒教授提供了这么好的一个读书机会,他的号召力很大,组织了一系列读书会、学术研讨会。通过参加这些研讨会,有时甚至只是浏览这些读书会或研讨会的主题,就被动地学到很多知识,了解到很多动态。年轻时候是在老师、家长的压力下被动地学习,现在疲于生计,为稻粱谋,归自己支配的时间越来越少,又在师朋的督促之下被动地读书。人生颇有被动活着的无奈。

也感谢陈甜老师从北京给我邮寄剑鸣教授的书。我自己不习美国史,不敢奢谈读后感,但剑鸣的文章很久之前还是读了不少的,有几篇就收录到了今天的这本书中。刚到上海大学教书时,限于世界史人手短缺,竟从古代史一直教到近现代史。古代中世纪史是我的专业,可聊以应付,近现代史直接就是门外汉了,为了不致太误人子弟,曾恶补了不少近现代史的内容,其中就包括剑鸣教授有关美国史的一些宏论。

都说一百个读者就有一百个哈姆雷特,我今天就借本书的副标题望文生义一下。"中美两国美国史研究的趋向",我觉得可为历史研究提供一个很好的视角,甚至说可以进一步发展为一种史学研究的新范式。同样一部美国历史,在美国史学家那里是怎么被建构的,在中国史学家那里又是怎么被叙述的,两相比较,一定会非常有意思!这不同于一般的比较史学,也不应该是一种现在正被许多人提倡的"全球史"(我总认为"全球史"到目前为止还是理念的成分多一些,很难写出一部真正摆脱了民族国家观念或者文明价值观理念的"超民族国家"或"超文明类型"的全球史),而更是一种"跨民族国家"(不是"超民族国家")的治史进路。

自从近代史学发展起来,伴随民族国家的建构和民族国家意识的强化,历史学几无例外都变成了民族国家的历史,都被内置了丰厚的民族主义或意识形态内涵。"世界历史"的概念提出来,本是为了超越"民族国家"的历史,但终究没能突破民族主义,没能突破意识形态,以致"世界历史"仍然是各民族国家历史的杂乱拼盘,现在只好再提出"全球史"的概念,去继续之前"世界历史"这一概念未能实现或未能达成的人类整体历史的蓝图。

在当下这个全球化的时代,历史学家不再能够各自安逸地、"安全"地躲在自己的"民族国家"角落里构建自己的历史,或者用所谓的"世界史""文明史"为自己的民族国家历史做注脚了,全球化的资讯交流会让这种"狭隘的"史观暴露于各类文化背景的读者面前,接受不同读者的审视和批判。因此,今后无论是世界史还是国别史,为不至贻笑天下,都不得不关照到来自不同国度和文化的读者的阅读需求。这种“跨民族国家”“跨文化”的关照,最终或许有助于形成一种真正“世界史”或“全球史”的东西,真正能够呼应人类文明的整体,或者是未来全球公民社会的普遍关怀等。

所以,我认为剑鸣教授的这部书对我们未来的史学研究,能够提供一个非常好的进路。

张忠祥:发展中国家的史学如何在传统与现代之间保持平衡?

非常感谢陈恒教授的邀请,使我有机会读了这么好的一本书,同时聆听了各位专家、学者的高见,收获确实比较大。因为我不是学美国史的,我不是学史学理论的,所以,我今天是作为一个外行来这里学习的。历史研究,包括世界史研究客观上存在中心和边缘之分,毫无疑问,美国史、法国史、英国史,还有史学理论等都处于世界史研究的中心地位。非洲史是世界史的新兴学科,处于边缘地位。我觉得边缘要有所进步的话,确实需要向中心靠拢、向中心学习。我是学非洲史的,读了这本好书,听了各位的高见,觉得收获确实比较大。

剑鸣教授这本书——《“克罗齐命题”的当代回响:中美两国美国史研究的趋向》确实是一本值得精读的好书,我认为这是一本高水平的20世纪美国史学史的书,我不知道这样概括是否正确。书中既有对美国20世纪史学发展脉络的总体把握,又有对主要领域如美国政治史和美国革命史等研究状况的梳理,以及个案研究,如《伯纳德·贝林的史学及其启示》《戈登·伍德与美国早期政治史研究》等,还有中国学者对美国历史的研究。剑鸣教授不仅对美国历史研究专深,同时对史学理论很有研究,该书深入地探讨了历史与现实、科学与思想、整体与微观等重大理论问题。

我自己也在做一点非洲史学的研究工作,自2014年以来,主持国家社科基金重点项目——“20世纪非洲史学与史学家研究”,这是一个非常大的题目。这个题目这么大,怎么做?怎么写?读了剑鸣教授这本书以后,就有了一点豁然开朗的感觉,自己做这个题目就更加有信心了,所以非常感谢这场读书会。

另外,读了剑鸣教授这本书以后,结合我自己的研究,有了一个想法,或者是一个困惑,那就是:发展中国家的史学如何在传统与现代之间保持平衡?

这两年我也在关注非洲20世纪史学的发展脉络,它主要有四个学派:殖民主义学派、民族主义学派、马克思主义学派和后现代主义学派。殖民主义学派强调非洲的历史是欧洲人在非洲活动的历史,他们否认非洲人自己具有历史。民族主义学派发轫于20世纪50年代,到20世纪60、70年代有了大发展,阿贾伊、阿杜·博亨、奥戈特、迪奥普等构成了非洲民族主义流派的主要代表人物。20世纪

70、80年代又兴起了马克思主义学派,这一学派认为后殖民地时期的非洲国家仍然是新殖民地,因为他们仍然被之前的殖民者所控制,依附论是其代表。20世纪80年代以来,后现代史学对非洲史学影响也是非常大的,新文化史和新社会史在非洲的影响日益盛行。这一状况已经引起非洲一些历史学家的担忧,他们觉得自己的传统基本上没有了,都受到西方的影响,非洲原来史学当中的一些传统怎样发挥,怎样保存?包括非洲口述史也是很有影响的。正如《非洲史学实践——非洲史学史》一书的作者,尼日利亚历史学家阿拉戈阿(Ebiegberi Joe Alagoa)所言:"到了20世纪的最后十年,非洲史学家完全浸没在了西方传统之中。"他提出要创造出"焕然一新的非洲史学",他说:"如果非洲史学传统选择模仿西方或任何其他传统,那它就不可能转变成一种新的非洲史学,只有在口述传统本身稳固的基础上进行创新才能实现。"(张忠祥、郑晓霞等译:《非洲史学实践——非洲史学史》,上海社会科学出版社,2016年)

在发展中国家,包括非洲国家,史学如何在传统和现代之间保持平衡,这一点怎么做?是完全吸纳西方的理论,还是顽固地坚持传统?我想都不是很好的解决办法,还是应该在传统和现实之间保持一个很好的平衡,这也是我们中国历史学者需要考虑的课题。我想在传统和现实、继承和发展这些问题上,剑鸣教授已经在这本书里进行了很好的实践和探索,树立了一个很好的榜样,值得我们学习。因为本人水平有限,就简单讲几句,谢谢大家!

蔡萌:学科自觉意识与政治史的兴衰

谢谢彭刚老师。李老师的书一出版我是第一时间就买了一本。虽然里面的若干篇文章以前都读过,但这次在很短时间内集中精力又看了一遍,还是觉得很有收获。这些文章是值得反复、定期拿出来读的,每次读都会觉得对我当下工作特别有指导意义。

感触很深,主要有两点:第一,每次读完后,都会帮助我树立一种学科自觉意识。这个问题李老师在文章里面提到过很多次。历史学是什么,以及它不是什么?具体到我的专业——美国政治史来说,政治史是什么,不是什么?政治史过去怎么样,现在怎么样?政治史它又面临哪些挑战和机会,以及政治史如何向其他的学科取法,以及在这个过程当中它又有哪些自己的特性是不能丢掉的?只有彻底想通这些问题,我觉得才能够对自己手头工作有更多的了解。我正在做的这个工作,它的性质是什么,我正在做的是什么,以及接下来应该往哪些方向努力?正在做的工作有什么不足?李老师文章里面好几篇是针对美国政治史学兴衰的。对我个人来说特别对症下药,所以每次看李老师文章都会让我对这些问题有新的思考。我记得李老师在文章当中经常谈到,在平时的交流当中,跟学生之间的交流当中他也经常提到:在写论文的时候,一定要多长一双眼睛,这双眼睛是史学史、史学理论之眼。也就是说,做具体的历史研究,一定要有意识,要知道你这个文章是在跟谁对话,不能自说自话。要参与对话当中,要有一种自觉的方法论意识。这些东西常常在自己的研究当中会被遮蔽掉和忘记。所以定期把文章拿出来看一下,也是对自己的提醒,不能忘记。所以这是我第一个感触。

第二,因为我做的是美国政治史,李老师文章里面有很长篇幅是在谈美国政治史兴衰,我对此也是非常有感触。因为在当今史学领域百花齐放的年代,政治史已经没有以前那种一统天下的地位,跟全球史或者是跟环境史相比,它似乎没有那么时髦;跟文化史相比,它似乎没有那么生动有趣;跟城市史相比,它又似乎没那么紧贴社会。所以对比起来有时候会觉得做政治史底气不足,缺乏自信。所以从这个角度来说,更有必要定期把李老师的书拿出来看看,因为看完之后会恢复一定程度的自信。李老师在这本书里引用过勒高夫一句话,政治史可能现在不再是历史学脊梁,但是成为了历史学一个内核。这句话很有意思也很有启发意义。由此我想到了我的一个同学。她的博士论文写的是澳大利亚的干旱叙事,是一个典型的环境史题材。很有意思的是,她用的却是政治史的研究路径和方法,讨论的是澳大利亚的干旱叙事是如何被白人殖民者建构起来,又是如何服务于澳大利亚白人殖民者维护自己优势权利地位的。所以这虽然是一个环境史题材,但是其实它讨论的是权力的问题,而权力是政治史的一个最核心的问题。所以,这其实就是用政治史的路径和方法去研究环境史的题材。所以就印证了李老师引用的这句话:政治史虽然现在不再是一统天下的局面,但是它以另外一种方式,渗透到了其他各个史学领域和门类当中,以另外一种方式发挥着作用,就像是细胞,或者是像 DNA。从这种角度来说,政治史只要拓宽眼界,积极向其他学科汲取资源,完全是很有生机、大有可为的领域。所以对我个人来说,过一段时间就要把李老师的东西拿出来看一下,是特别有必要、有意义的一件事。谢谢大家。

梁民愫:意识形态立场与美国革命、自由的历史叙事

各位专家学者和朋友们,大家下午好!很高兴参加“光启读书会(第二期)”活动。

《“克罗齐命题”的当代回响:中美两国美国史研究的趋向》是一部极有学术深度和观点创见的专题研究性及史学批评性或史学评论性的学术著作。李剑鸣教授结合意大利学者克罗齐的史学命题,在本书中系统阐释美国史研究中的美国历史与美国史学。这是一部非常值得推荐和供人细读的学术著作或专题论集,本书的标题能够很好地覆盖其主要内容。正如李剑鸣教授在这本著作中指出的那样:“克罗齐命题:一切真历史都是当代史”

所包含的思想,触及历史知识的形成与当前生活的紧密联系。在美国史学研究的实践与中国史学界针对美国史的历史实际及历史研究中,这种联系主要体现为"现实关怀"和"历史写作"之间的张力。

实际上"一切真历史都是当代史"是克罗齐在《历史学的理论和历史》中提出的关注历史哲学或史学理论的一个著名命题。一般意义上理解,这个命题包含三层意思:一是历史认识总是历史认识者当下的思想活动;二是历史研究的动机来自于现时生活的当下需要;三是客观的历史主要是按当代人的兴趣和价值取向进行理解、重构和叙述。正如人们所知,这个命题及其影响既含有明显历史相对主义取向,但也具有其存在的合理因素,它直指一个史学事实:历史认识的起点和史学研究的归宿,可以归结为研究者及其所处时代的现实需要或现实关怀。命题的含义集中于两个方面:一方面,不仅历史思想是当前的,所谓的真实历史也只存在于当前,思考世界就是在精神上重构世界的历史,人们在认识或研究或思想"过去"的对象时,实质是把过去纳入历史认识者当前的精神思考之中;"没有当前的精神,就没有过去的历史"。另一方面,进入历史认识者视野的过去事实或历史活动,不是僵死的过去,而是表现为研究者当前的精神活动,它和历史认识者的精神创造与思维过程具有高度一致性。

我主要从以下四个方面谈自己读这本著作的体会:第一,这部著作的论述主题及主要内容。第二,这部著作的资料依据及作者对资料的处理方式与态度。第三,在写作风格和行文特征上,这本著作的内容也体现了作者具有明确的历史问题意识,文章思想性和可读性都很强,而且通俗易懂的文字表达也彰显了史学的审美情趣。第四、美国革命和美国革命史研究中的意识形态视角,直接影响与制约了美国史学界的主题研究及其研究成果的表达形式,彰显了其显性和隐性的意识形态话语体系属性。

一、总体印象:《"克罗齐命题"的当代回响:中美两国美国史研究的趋向》论述主题及主要内容。

首先,《"克罗齐命题"的当代回响:中美两国美国史研究的趋向》的出版当然具有特定的国际学术背景,它是以广阔的学术语境和中美史学界的学术成就作铺垫。它涉及丰富的学术论题,学术信息量也是非常之大,文体上以大多发表过的专题论文为基础,补充以总揽全局的引言,最终以独具特色的主题和观点鲜明的著作出版,体现了著作者那种一以贯之的写作风格。这本著作涉及的当然是作者精心挑选出来的主题,由北京大学出版社陈甜女士负责和认真编辑出来的,具有不可忽视的学术价值。本书大致可以分成三个主题相关的部分:

第一部分涉及美国史学的总体趋势和研究路径:"引言;1. 20世纪美国史学的基本走向;2. 美国政治史的衰落与复兴。"第二部分围绕美国史学界相关主题讨论,也是最令人感兴趣的部分:“3. 种族问题与美国史学;4. 意识形态与美国革命的历史叙事;5. 美国革命史研究的新动向;6. 伯纳德·贝林的史学及其启示;7. 戈登·伍德与美国早期政治史研究;8. 埃里克·方纳笔下的美国自由。”第三部分主要是针对中国史学界关于美国史研究的基本历程及代表性成果的分析:“9. 在现实关怀与学术追求之间;10.改革开放以来中国的美国史研究;11. 中国的美国早期史研究;12. 探索中国美国史研究的路径。”

应该说,本书是作为个体史家的中国学人对美国史学特别是早期美国史学较为全面的专题研究和学术评论,是李剑鸣教授长期研究美国历史的知识结晶,是中国美国史研究的重要成果。这本书可以为国内学者或广大读者试图全面系统与深入了解美国早期历史的进程及其政治、经济和文化乃至军事等历史因素或历史事实层面的发展演变的基本脉络问题,提供一种很好的文本知识体系和共同的理论思考依据或理论反思前提。与此同时,我们也可以看到中美乃至中外学者有关美国史研究的思想碰撞与观念交流的学术水准与关注程度。这本著作的文采文风,平实有趣,历史问题意识突出,历史学家的史学思想及历史意识与当代现实紧密相关,确实能够很好地引领专业学者,甚至大众读者快捷地领略美国历史的演变轨迹,体察美国史学及史学思想的精神特征,甚至带领公众史学爱好者迅速进入美国史学家的思想殿堂。在某种程度上,本书是美国史研究的典范之作,对学者和读者来说,都具有深刻的启发意义,令人获益良多。

通读这 12 篇中美两国美国史研究的专题论文,可以发现,它们明显地体现了两个方面的研究路径,表现在历史书写主体多元化特征及历史书写内容方面:一是美国史学界的“美国早期史的历史书写”、史学思潮、代表性史家及其政治倾向。依照流行的史学观念来看,有种说法是,“历史书写实际上都不过是一种话语实践,历史文本说到底是由话语建构的”。然而,美国早期以来的历史到底是如何被书写的,美国历史学家所建构的话语体系是否真实地反映了美国历史的大致的本来面目,在李剑鸣教授这本著作的相关论述中,都有所揭示。实际上,这种美式书写历史的风格,不仅仅是一种学术研究的实践方式,更是一种关涉美国社会或美国政治的意识形态话语体系。正如作者所言,按照后现代主义的理解,“现实关怀对历史研究的介入不仅难以避免,而且具有充分的‘合法性’”。而美国史学“每一代史家都深受现实政治的熏染”,“美国史学的这种‘泛政治化’趋向,使得过去与当前的关系变得更加紧张,有时不免使史学讨论轻易地转化为政治争端”。二是中国美国史学界的学术研究及其政治倾向。不可否认的是,中国的美国早期史研究,包括战后以来的美国史研究,从一开始就是在美国史学界相关研究的基础上,从理论、概念和方法论的角度,进行了全面介绍与努力创新。有些史学前辈结合具体的研究领域,进行了许多有益的探索与实践,然而,由于受到研究条件的限制,许多史学著作不可避免具有天然的政治倾向性。由此,作者断言:“在中国史学界,了解和研究美国史长期不是一种纯粹的学术行为,而与各个时期的现实政治紧密交织在一起。”

应该说,围绕着众多学者关注度非常高的专门术语、历史概念和相关领域,中美学术界展开了系统的研究,诸如“美国早期政治”“美国政治精英”“美国革命”“美国民主”“美国自由”等反映美国历史客观发展过程的历史论题;或比如“集体历史记忆”“政治立场与现实关怀”“进步主义学派及进步主义史学思潮”“一致论学派及新保守主义史学思潮”“新左派及新左派史学思潮”“种族问题与美国史学”“意识形态与美国革命的历史叙事”等史学命题。全书实际上高度关注了中美两国美国史学界从事美国史研究与思想对话的学术发展轨迹及话语体系分析。

二、这本著作的资料依据与著作对史料的处理方式及态度。

对于这样一本好书,虽然我的阅读与理解未必完全理解了著作的精神,但是我确实从中获益匪浅,其中颇具指导性的教益在于作者对待史料的处理方式和态度。我们发现,著作的写作大量地真正运用了第一手美国史研究的原始资料,作者也非常注重引用其他学者的研究结果来支持自己的论点,特别提醒研究者需要重视第二手资料在学术史回顾中进行分析运用和学术评论,而且恰当地使用了二手资料。应该说,在史学实践中,许多二手资料的恰当使用其实丝毫不损害学术著作的学术价值。

这充分说明,本书与其他美国史研究的同类著作之间是一种真正的继承与超越的关系。实际上,本书不仅充满着对美国史学领域中的专题问题研究的学术成果的应有尊重与深入发挥,许多地方作者也表达了对存在商榷的美国史学研究问题的中肯批评。深究起来,这本著作之所以能够做到这点,当然是依赖于作者强大的学术问题发现能力,得力于著作者对于美国历史或西方史学的广泛理解与专业概念的驾轻就熟与掌握程度。

可以看到,著作相关专题中的结论,都是依据资料分析与论证,逻辑推演而来的。比如,在《中国的美国早期史研究》一文的第三部分内容中,李剑鸣教授明确地指出中国的美国史研究起步较晚,不可避免地存在着研究视野的局限和观点方面的欠缺的现状,其中原因是不言而喻的,但同时认为,资料问题和对待原始一手资料甚至二手资料的态度与处理方式,始终是制约早期美国史研究的基本因素。一方面,早期美国史研究近年来在史料收集与运用状况得到改善的同时,也依然暴露了“研究者缺乏足够的问题意识、缺乏对史料准确的理解和贴切运用的态度、中英互译的理解能力与表达水平的程度”等问题。另一方面,早期美国史研究者未能具备足够的重视第二手文献的态度,是妨碍中国的美国史学术进步的重要因素。在作者看来,二手资料实际上就是前人的系列研究成果,它起码具备以下三个方面的功用:“其一,有益于确切地把握研究现状,指明进一步探索方向,避免重复研究;其二,避免割裂学术研究的继承与创新之间的联系,理清学术史线索;其三,在前人研究成果基础上,有利于避免史实或史料的误读、误用和滥用,也必须有助于揭示历史的真相。”由此看来,收集与整理二手文献,分析既有的研究成果,是真正了解相关的学术脉络与研究状态的关键所在。

三、从写作风格和行文特征来看,这本著作的内容体现了作者具有明确的历史问题意识,文章思想性和可读性都很强,而且通俗易懂的文字表达也彰显了史学的审美情趣。

其实,历史学家具有娴熟的写作技巧有助于问题表述的清晰表达和逻辑展开,专业史家在著作中,如果能够熟练地使用写作技艺,就能够扩大学术研究的读者群,体现学术论文的影响力。比如在《美国革命史研究的新动向》这篇学术会议侧记或报道文章中,作者别具一格的写作风格就得到了很好的体现。你会发现,有些地方作者甚至使用了颇具文学色彩的笔调,来增加一篇会议侧记文章的吸引力。这说明,学院派史家或专业史家能够起到公共史学家的历史知识普及作用,专业史家拥有的专业性加上良好的写作手法,也能够使读者走出对专业论文的枯燥感和迷惑感,同时又不损害学术论文的科学价值和学术研究的严谨规范。

四、美国革命与美国自由史研究中的意识形态视角:直接影响与导致了美国史学界的主题研究及其研究成果的表达形式,彰显了其显性和隐性的意识形态话语体系属性。

美国革命是一个美国早期历史发展过程中的重大历史事件,美国革命史则是一个引人注目、关注度极高的史学命题。关于美国革命史研究的著述,仅中美史学界就可以说汗牛充栋,举不胜举。虽然中国世界史领域,特别是中国的美国史学界对美国革命史研究历经数载,著作成果也不断涌现,但是有些历史认识还有待于进一步提升,许多既有学术研究的途径与方法、思想也是可以不断更新的。从美国历史的认识与历史书写的角度说,作为任何一位美国革命史研究的历史学家,无论从什么角度和运用怎样的眼光,显然都会试图系统分析美国过去发生的这起重大历史事件的发生背景、革命产生的原因和演变的过程,由此解释美国革命本身对美国后来历史造成的影响。

由此看来,本文的写作意图非常明显,著作者试图将美国革命事件置于广阔的历史背景与学术史体系之中,深入挖掘美国革命的意识形态因素及其作用,由此体现了思想史写作的最大特征。本文集中讨论了美国革命的历史叙事问题,其实是从历史编纂学和历史叙事的角度,讨论美国革命史是如何被书写的，多年来，学者之间的研究成果又是如何被理解和怎样被超越的。特别关注了美国史学界有关“美国革命史”和“革命时期的美国史”两个不同史学命题的叙事方法和叙事角度，它似乎想得出一个结论就是，美国革命史是某些研究这个问题的美国历史学家通过借用一定的分析理论，有意识地建构出来的历史叙事。因此，任何革命，包括美国革命，既是一场称为政治事件、社会事件或军事事件的客观进程，也是一种重大意识形态事件的观念交锋。

在美国革命过程中，“建国精英”的政治特权和政治诉求，普通民众和边缘群体在革命时期的诉求和活动，两者之间确实是存在着关于革命的目标、手段和方向等方面重大矛盾的。本质上，这就是美国革命不同利益集团之间的冲突与妥协，这种“冲突与妥协”造成的差异及其表征，注定了美国革命的不彻底性和“多重性”。同时，伴随着革命的发展进程，美国南北方的黑人等边缘群体的反革命行为或非革命情绪逐渐高涨，也影响了历史发展的本来走向。总体上，美国革命是一场多元因素组成的、政治军事力量（甚至包括印第安人的种族革命在内的力量）共同推动的历史事件，结果导致英国貌似强大的殖民统治权力在北美大陆的终结。也正如美国学者艾伦·C.古尔佐在《林肯传：救赎者总统》中所说，美国革命是一场反对羁绊与束缚的抗争。

从历史认识者的角度来看，时间、空间和历史中的人，是认识任何历史现象、历史事件和历史过程的重要三维要素。本书不同于传统的革命史观和民族主义史观的史学考察，许多地方它着重从历史书写的目的性或治史方式、史学观念的差异的角度，以意识形态立场分析作为史学研究或历史学领域的出发点，针对美国史学界对历史进行所谓政治性或权威性解释，反观与探讨关于革命的历史叙事中占支配性地位的史学观念及其效应，指出历史学研究主体是如何倡导服务国家政治及其统治者或利益集团的政治意识形态立场及历史价值取向。

概括起来，美国革命史与美国自由史研究，体现了两种类型的意识形态话语体系，一是显性的意识形态话语体系，二是隐性的意识形态话语体系。

我们往往比较容易或非常关注的是那些显在或显性的意识形态话语体系及史学思潮，这大体上指称史学形态的意识形态立场或史学观念的属性倾向，如马克思主义史学和非马克思主义史学、资产阶级史学和无产阶级史学、唯物主义史学和唯心主义史学思潮的分野。

然而，李剑鸣教授著作所涉及的革命和自由的美国历史叙事，更具体而细微，更加注意到了美国史学研究中的隐性意识形态话语体系及其“合法性”表达。正如研究者所看到的那样，20 世纪 80 年代后，随着当代美国史学研究的“文化转向”之后，受到人类学“深描”理念影响的新史学研究方法或叙事方法的出现，美国史学观念在发生变化的同时，史学研究思潮中呈现了一股历史相对主义取向，既强化了新领域和新知识更新的可能性，也激发出史学界对历史话语权的争夺，表现了一定的意识形态话语特征。

在李剑鸣教授的著作中，我们可以发现，在传统的政治史和革命史领域，研究者注重主流精英历史的创造性作用与革命参与者的历史作用，而忽视下层民众或边缘群体在革命中的地位与作用。实际上，意识形态、美国革命与美国历史叙事向来是关系紧密的话题，从历史叙事的角度看，精英分子拥有革命话语权，而其他身份者则处于历史发展过程中的从属地位，在革命史的历史叙事中，丧失了话语权，处于历史的“失语”状态。

曾几何时，在美国史研究中，隐性的意识形态话语体系及史学思潮遭受到批评，其重要表现之一，就是突出地批判或质疑历史学家的政治立场、历史的政治意蕴和史学的意识形态倾向。在史学实践中，以民族国家为中心的历史叙事和历史视角的史学理论及思想观念则广受质疑，诸如基于史学家主体意识形态立场的精英主义、种族主义、美国例外论、欧洲中心主义等史学观念受到挑战及排斥，而能够反映史学研究主体的感情结构、意识结构和哲学立场的基层社会和底层群体的历史叙事得到一定的重视，成为日后美国史学研究的重要趋向。

由此似乎可以发现或得到这样的结论，作者的研究证明了这样一个史学事实，如果美国革命的相关研究成果能够昭示革命参与者不同人群的行动能力与历史特征的话，那么历史学家关于美国的历史叙事的不同方式则明显地传达了作为历史叙述者的道德价值取向与政治文化立场即意识形态视角。

最后，还应该提及著作所涉及的意识形态视角与美国自由的演进历史问题。

从政治史的角度看，“人权、宪政、自由”是北美殖民地自独立建国以来就确立的美国社会演进的三项目标与基本准则，“人权”是天赋平等的权利诉求，“宪政”是政治变革的手段保障，“自由”是社会变革的理想目标。

中外学术史的历程和研究成果证明，“自由”这个主要属于政治学研究的核心概念、词汇及其含义，犹如“文明”这个主要属于文化学研究的核心概念和范畴那样，同样引起了无数历史学家、社会学家、政治学家等人文社会科学家的广泛关注。涉及美利坚民族国家的创建历史和政治制度的发展史，从历史的角度来看，美国早期以来的政治史研究的题中之意，就是对“美国自由”的演变历史给予了高度关注和深入研究，也就是说，自由的观念及其不断变化的历史，成为在美国社会生活和政治革命中最受人关注和渴望获取的一种历史存在。

应该说，从“观念史的形成与研究角度看”，无论是对从属不同学科领域的人文社会科学家那样的专家型历史研究主体来说，还是对具有不同“专业背景和阅读兴趣”的大众读者那样的历史认识主体而言,对于美国自由的历史及含义,理解和解释都已经产生了很大的差异。而其中的根本原因,源自美国式自由本身的思想渊源与历史条件,换言之,历史上形成和塑造的美国自由本身,是复杂的、多元的、阶段的和发展的观念构建历程。

正如李剑鸣教授在《埃里克·方纳笔下的美国自由》一文所分析的那样,按照埃里克·方纳《美国自由的故事》或“方纳版”美国自由的故事描述,美国自由的故事经历了多次阶段性演变,它始终在“过去、现在和将来”的时空维度中,被描绘成美国主流意识形态话语或同政治民主相伴相随的有关“自由”的一种历史意识建构和政治权利诉求。“方纳版”美国自由的意识形态维度及其本质内涵,体现在两个方面:其一,方纳在叙述美国自由的观念在美国生活中不断演化的历史时,自身作为历史认识主体的情感结构和意识形态立场,毫无保留地呈现出来。其二,“方纳理解或讲述的美国自由”的故事,只是呈现了半个“美国自由的故事”,由此意识形态与政治立场难以弥合,建国精英们或政治上层人物所理解的自由,与边缘群体或下层民众所需要的自由之间的关系,显得那么格格不入,在历史发展的过程中,最终是难以达到协同一致性或真正的和谐状态。

刘义勇:浅谈历史学的创新与自主性

各位老师下午好,非常荣幸能有这样一次机会,能够在这里发表一些关于这本书阅读之后的感想和体会。

说实话作为一个晚辈评论前辈学者的文章,觉得还是压力很大。虽然从头到尾这本书我读了一遍,但是这本书我觉得至少读两遍可能才有资格发表评论。如果有讲得不到位或者不恰当的地方,请各位老师见谅。

这本书从头到尾看下来,给我一个突出印象,就是李老师作为美国史学界领军人物,关注的不仅是自己的研究课题,而且他对整个美国史发展的方向和未来前景,也是有一些深思熟虑的见解和主张。现在《“克罗齐命题”的当代回响:中美两国美国史研究的趋同》这本书,以及过去的《历史学家的修养与技艺》,贯穿了李老师的在这方面的抱负和责任感。

读完这本书后,我觉得现在我们做研究的时候,需要树立规范意识。这个规范有两种,一种是外在的,一种是内在的。外在的是关于我们文章的注释、文章的格式,还有学术史梳理等。

研究内在规范,就是比如选题的价值和意义,以及写作的方法与技艺等。现在我国的美国史研究非常活跃,但是质量上跟国外还是有很大差距。我觉得要想在这方面有所突破,必须树立一个内在规范。怎样规范我们的史学研究,提高我们的美国史研究的质量?我想起了《红楼梦》里香菱学诗的故事,她的诗格律上是没有问题的,但是怎样把诗写好,不落入俗套,这就非常难,需要方家的指点,需要李老师这样的名家来为我们树立榜样，让后学者少走弯路。

回到关于“克罗齐命题”的问题上，我觉得关于“克罗齐命题”有两种说法，一种说法是一切历史都是当代史，另外一种说法叫一切真历史都是当代史。这两种说法是有差别的，一切历史都是当代史可能更多是带有哲学的色彩。就是说我们不管出于什么样的目的写历史，只要是写下来历史，历史就是当代史，包含我们个人的思想观点、我们的立场、我们的知识结构；等等。

一切真历史就是当代史，涉及规范的问题，就是克罗齐给我们历史写作者提了一个要求和标准。这句话的意思是我们写历史的时候，不仅仅是出于对古代事物的偏爱，同时还要使我们所写的历史真正地成为活着的东西，呼应时代的需求和脉搏。

所以我觉得克罗齐讲这一番话，应该是有他的语境。在克罗齐生活的时代，我感觉可能欧洲的学习风气更多的是偏向于对古代事物的爱好与迷恋，或者是迷失在细节当中，因此会导致历史研究死气沉沉，不接地气。所以克罗齐提出这样一个命题，意在批评当时的史学风气，帮助当时的历史学走出陷阱。如果克罗齐生活在今天，不要说在中国，即使是在美国，如李老师书中所说，也是普遍存在着政治和意识形态的干预，导致史学成为政治工具，失去其自主性的现象，克罗齐还会不会讲这个话，会不会另有其他的说法？我觉得是未知数。况且，克罗齐的这句话也可以从另一个角度理解：一切真历史都是当代史，但一切当代史却未必是真历史。这本书的标题叫作《“克罗齐命题”的当代回响：中美两国美国史研究的趋同》，而不是“‘克罗齐命题’的实践”，也可以说明书中对这个命题是持有较为谨慎的态度的，意在提醒我们既需要用现实问题来启发和促进我们的学术研究，也要时时警醒它对学术的过分干预。

书中给我印象深刻的就是历史学的创新性与自主性的问题。在李老师书里面有一篇文章讲到政治史的衰落与复兴，我就联想到我的本行外交史。外交史和政治史一样，肩负着从衰落到复兴的任务。在过去，历史可以说是政治史加上外交史，现在政治史则成了一个较为冷门的题材。怎样复兴我们的外交史研究，让外交史研究有活力？我认为需要多借鉴其他学科的研究方法和研究思路。就像李老师讲的，美国政治史研究的大家戈登·伍德，虽然他研究的在当时来看已经是一个较为陈旧的领域，几乎很难创新，但他受到了格尔茨等人的影响，借鉴了人类学和其他学科的方法，竟写出一本极为精彩的传世之作，这不能不引起我们的深思。所以我认为史学研究需要创新，但是创新没有必要改行，没有必要因为自己所关注的是一个冷门课题而妄自菲薄，更不必见异思迁。同政治史一样，在外交史的研究已经看似题无剩义的情况下，我们可以引进新的方法与理论来让其焕发生机。毕竟社会科学和人文科学在很多方面是相通的,我们也能很便利地对其他学科进行借鉴吸收。我觉得这是外交史和政治史研究能够恢复自信的一个必要条件。我主要就谈这些,谢谢各位老师。

刘子奎:美国史研究谱系与中国学者的任务和使命

谈几点感想。首先,本书观点和立论非常执中,这也体现在本书所有的论述中。既让读者深刻领会作者在书中所阐发的美国史研究的演变和趋势,也指出在这种演变和趋势之外仍存在以传统范式进行研究的成果。作者指出,现实关怀对于历史书写的影响是不可避免的。但是如果仅仅强调现实关怀对于历史书写不可避免的影响性,必然影响历史研究求真的一面。所以作者在书中警告,在现实关怀对历史发挥极大影响的时候,应该高度警惕现实对历史书写的影响,主张在历史书写的史料解读和问题解答阶段,现实关怀必须接受学术准则的审查和历史主义的阻击。这样,作者就在现实关怀与历史书写之间画了一道红线。

其次,本书切入点比较好。众所周知,"克罗齐命题"本身是一个思辨色彩非常浓的主题,但是作者在书中不是讨论思辨色彩浓厚的"克罗齐命题"本身,而是以"克罗齐命题"所强调的现实关怀为切入点,着眼于分析、探讨中美两国美国史研究中现实关怀对历史写作的影响、趋向以及何以产生这种影响。

最后,本书的立论建立在大量的阅读和分析基础上。在阅读这本书的过程中,发现李老师论证过程当中查阅了大量英文文献,特别关注《美国历史评论》上的研究文章和美国著名史学家的研究著述。本书体现了李老师对资料的强大的运用、梳理、归纳和分析能力。由于本书建立在对资料的充分收集、归纳和分析的基础上,所以其结论客观而公允。

整体而言,本书对 20 世纪以来中美两国的美国史研究做了一个非常好的回顾。全书娓娓道来,在平实的叙述当中,使读者能够对于 100 多年来美国史学流派、史学研究范式和史学理论等的演变有非常全面的认识和掌握。这实际上相当于借给读者一双史学史和史学领域的眼睛。

100 多年以来,美国的美国史学者涌现了各种理论、流派和研究范式。正是在这些不断推陈出新的理论、流派和研究范式指导下,美国史学家进行了大量的卓有成效的指向未来的研究。在一定程度上,美国史学家在不同时代所提出的史学主张和史学实践是回应美国各时代美国政治、经济和社会现实的结果。"他山之石,可以攻玉",如何因应和学习美国史学家在美国史研究中所提出的众多史学主张、理念和史学实践是中国的美国史学者不可回避的任务和使命。

王健:史学研究纠结的三对关系

非常感谢,这个会议是我自己主动要

求来参加的。原来陈恒没有叫我,他把消息发到了朋友圈,我看了,对这个题目很感兴趣,就争取来参加。我的专业原来也是世界史,我读的是世界史硕士,1992 年以后上海社科院的世界史被归并了,所以自己很长一段时间研究的是国际关系。2012 年回到历史所,随着改革深入,上海社科院还是要恢复世界史的。所以另一个想法就是过来见见上海、全国各地世界史大家,寻求支持。

对这个问题我没有过多发言权,但是我仔细看了李老师的书,特别是第一章——“20 世纪美国史学基本走向”,我还做了一点小小的笔记。我们以前说,史学是为现实服务的,好像这些是我们自己认同的东西,而西方学术界似乎比较超然,比较中立,跟现实离得比较远。我看美国历史的发展,与我们改革开放以后史学的发展,还是蛮像的。所以,不仅仅在中国,在美国史学界乃至世界史学界大概都会纠结于三对关系。

第一,现实关怀与史学独立性之间的关系。实际上这个问题,特别是现在建立全国智库以后,就更加强调史学怎样为现实服务的问题。这个问题,在中国古代史里面就有,春秋战国的“史官”就是国家一个重要的参谋,史官是很重要的。实际上在中国的传统里面,史学家一直有经世致用、服务社会的功能,而且还很强大。但是到了“文革”时候,搞得过头了,影射史学完全歪曲历史。现在又回到这个问题,即史学如何为现实服务,李老师这本书里面提供了美国情况。实际上美国史学界也讲过,历史最大问题就是解释和发现时代变化。当然美国的经世致用实际上也有极端问题,新左派也歪曲历史。

实际上,现实关怀和历史合理性是一直存在的,这个问题正是命题里面所讲的,“一切真历史都是当代史”。但我们有时候在讲述时可能漏掉了一个“真”字,变成了“一切历史是当代史”。很多研究历史的人,除自己的一些个人兴趣之外,怎样选择题目,实际上跟现实、跟个人的人生体验、对现实关切也是有关的。选题可以从现实关怀出发,但进入史学研究环节,还是要严格按照史学固有的训练和要求。以前有句话,哲学不仅仅解释世界,还要改变世界。历史不要有这么大雄心,我们可以解释世界就已经很好了。所以这是第一个问题。

第二,科学性和思想性之间的关系。实际上在 20 世纪 70 年代,有很长一段时间,各个学科都经历过一个科学时代。那时候特别讲究科学,认为一切没有数学公式的科学都是假科学。现在这一弊端最突出的表现是在经济学方面,所有经济研究都是回归分析。但实际上,我们看早期很多大经济学家,很少有数理分析的。包括科斯、亚当·斯密,哪有那么多数学公式,而现在想发表成果就必须要有数学公式。但回归分析里面很多的数据调研也并不完全是真实的。有两种倾向,一种是用数学模型去说明大家不通过数学模型就已经知道的东西;另外一种是为了说明问题改变了很多东西;甚至篡改数据,所以并不是很科学。

我自己感觉历史作为人文学科还是要有思想性。刚才一个老师就讲到,史学要有故事性。太史公就说过:"我欲载之空言,不如见之于行事之深切著明也。"也就是说,历史不只是堆积史实,还要明道,要把道理讲清楚;要讲清道理,与其用深奥的哲学语言,不如把它讲成老百姓都可以知道的故事。通过故事来引导,我觉得好的历史书,思想性也是很重要的。特别在现代大数据或者数字史学的时代,特别要强调史学的思想性。还有,要提高专业分析能力。也许是我在史学界第一个提出所谓"读片"能力。大量的、海量的史料,不像以前那么难搜集,你要提高的是读片能力。你到医院里面,所有的 CT 数字出来,就好比现在我们通过上网,所有的史料都可以看到,但是不同医生居然读出来的东西可以完全相反,所以说不是你有了史料以后,你就能够成为一个好的史学家。占有史料多,还要有分析能力,这个分析能力除了专业分析,也跟个人体验、经历有关。如果没有经历过很多事情,例如研究政治史,不懂政治运作,不明白里面的操作,就看史料,也是做不好的。再举一个例子,我们现在搞当代史,发现很多史料只有结果没有讨论过程,需要你仔细分析,你一定要了解具体政治运作以后才有可能分析。所以我觉得历史学家没有深刻的个人体验也是做不好的。

第三,整体史和微观史之间的关系。这个讲了很多,我看了这本书以后有个感觉,现在所谓微观史学,不仅仅是对以往宏观史学的反动,也是对科学主义的反思。科学主义历史表达越来越数字化,没有思想,枯燥乏味。现在微观意识或者讲碎片化是有它自己的贡献的,因为原来我们所谓的宏大叙事许多并没有什么史料支撑。但在现在的条件下,也应该重新走向一个整体,否则研究是一段一段的,没有整体感,没有历史的背景,看不出小事背后的历史背景。同时,研究出来的成果对整个历史的走向又不能提供什么认识,这个微观史的贡献就不是太大。好的作品还是应该以小见大。

我自己读李老师的书,没有想到美国的史学史与中国史学史那么相似,我原来以为差别比较大。我刚才讲的三对关系——现实关怀与史学独立性、科学性与思想性以及整体史与微观史,可能也是这么多年来史学研究不断纠结的几个问题,需要我们进一步思考。

李任之:一部能够继续引发回响的著作

首先,我想特别感谢陈恒老师允许我参加这次会议,以及彭刚老师给予我发言的机会。刚才听了各位老师的点评,我真的受益良多。对于李剑鸣老师这本书的优点和贡献,各位老师都从不同的角度给予了充分的评价。于我而言,读了这本书之后最大的直观感受是,其中许多说法与结论虽然看似非常平实,然而细读之下却发现暗藏玄机,能够激发读者对相关问题展开进一步的思考与讨论。

我特别感兴趣的首先是所谓客观性问题,这也是"克罗齐命题"的题中应有之意。前面许多老师都提到,意识形态、主观的现实关怀可谓是历史学家永远无法摆脱的枷锁——事实上如果历史书写可以纯客观,史学史似乎就没有研究的必要了,因为它会沦为一种技术性的研究简报而已。但是另一方面,我觉得李老师也暗示了,如果历史学家深陷其中,对于历史学而言也是一个很大的危害——用书中的话来说,它打开了"潘多拉的魔盒"。以美国革命史为例,随着美国社会的多样化、平民化,各种少数族裔群体开始书写、挖掘自己祖先的历史。一方面,这当然拓宽了研究的范围和视角,善莫大焉;然而另一方面,如果过分强调本群体在历史上的作用、在革命中扮演的角色,或者他们在历史上对压迫的反抗,是不是也会带来一些相应的问题?正如书中提到的,可能造成的一个后果是把美国革命史和革命时期的美国史混为一谈。已故的英国思想史大家约翰·布罗(John Burrow)曾经调侃,似乎马克思主义历史学家对于任何非马克思主义的历史著作都可以提出这样的反驳:你为什么没有考虑工人阶级的视角,没有考虑工人的作用?我想,是不是类似的话也可以放到某些研究边缘群体的历史学家身上?更重要的是,这种做法给史学理论带来了一些更为棘手的问题。我不禁想到的是彼得·诺维克(Peter Novick)那本著名的《那高贵的梦想》,其中一章的标题就是"Every Group its Own Historian"——呼应的自然是卡尔·贝克尔的那篇著名演说。首先,如果每一个群体的历史只能由本群体书写,如果出于意识形态的不同,各个群体所书写的历史之间是不可公约的,那么是不是意味着我们真的只能接受沃尔什在半个世纪前提出的"配景"意义上的客观性?也就是说,每个群体内部可以进行比较,然而比如女性主义的历史学和马克思主义历史学著作之间,就真的无法做出高下、优劣的评判?其次,本群体的意识形态与客观性之间如果发生冲突,那么该如何取舍?这其实涉及一个学术伦理问题。比如诺维克的书中提到一个例子,我记得大致是说一个公司被指控歧视女性,对女性求职者提供的工作比例非常低,于是这个公司请到一位历史学家为他们辩护。这位历史学家在法庭上引用了许多女性主义的研究成果来试图证明,女性对于工作的兴趣与价值取向本就不同于男性,并且最后为这家公司打赢了官司。然而后来,这位女性主义历史学家在她们的圈子中受到了排挤。最后,正如李老师在书中提的,如果过分强调意识形态、不加节制地挪用当下的概念来解释历史,会不会造成时代倒错?

第二个引发我兴趣的话题是思想史研究的路径问题。李老师在书中花了很多篇幅介绍贝林与戈登·伍德的政治史与思想史研究,并且非常清晰地勾勒出他们研究范式的异同。更为重要的是，这两位历史学家的研究都涉及这样一个问题，那就是观念与行动之间的关系。如果按照刘易斯·纳米尔（Lewis Namier）的说法，所有的政治学说、政治理论不过是海面上的浪花，是政客为了掩盖自己行为背后的动机的粉饰之词，那么思想史也就失去任何的研究价值了。而如果像以赛亚·柏林（Isaiah Berlin）那样，认为观念可以在相当程度上改变历史的进程，似乎又过于强调观念的力量。在李老师看来，贝林与戈登·伍德的研究的一大贡献，就在于强调怎样解释观念和历史进程之间、思想和行动之间的关系——思想并不直接触发行动，然而离开思想和观念我们也无法理解政治家的行为。另外，虽然贝林和戈登·伍德都强调"语境"，他们与剑桥学派的研究路数还是非常不同的。关于这点，李老师在书中也做了非常清楚的辨析。虽然剑桥学派的研究也以"语境主义"闻名，然而无论是斯金纳的"linguistic convention"还是波考克的"language"的概念，强调的都是重建思想家们的"语言的""知识的"语境，这和贝林、戈登·伍德对于社会语境、文化语境的偏重是不一样的。在我看来，两个门派的不同与他们所受的训练有关，与他们的学术抱负有关，也与英美两国的学术风气不同有关。贝林与戈登·伍德除是思想史家之外，同时也是政治史研究者，而约翰·邓恩和斯金纳则在近年来更加向政治理论家的方向靠拢。贝林与戈登·伍德受到文化人类学以及心理学的影响很大，而20世纪五六十年代剑桥的学术氛围则被后期维特根斯坦与奥斯汀语言哲学所笼罩。这两种路径无所谓优劣，然而我非常赞同李老师的看法，那就是相对于剑桥学派，贝林和戈登·伍德似乎还是更完善地解释了观念和行动、思想史和政治史之间的关系。按照达恩顿的说法，思想史在20世纪70年代已渐衰落，然而二十多年之后，格拉夫顿却在21世纪初回望这一学科在20世纪的发展时不无欣喜地发现，思想史并没有销声匿迹，反而又重获生机。我想，这与思想史研究路径的多样性有着莫大的关系，虽然经典思想史的写作不再流行，但依然有着像拉卡普拉（Lacapra）与卡尔·肖尔斯克（Carl Shorske）这样强调从"内在里路"理解思想的研究者。而另一方面，无论是剑桥学派还是贝林、戈登·伍德，他们对于"语境"的强调都成功地将思想史研究引入了一个全新的平台。

最后，我想援引休·特雷弗-罗珀（Hugh Trevor-Roper）在1957年就任牛津大学钦定现代史讲席教授时所做的演讲中提到的一句话，那就是"值得被推崇的历史学不但是写给专家的，也必须是面向外行的——虽然这是在绝不降低学术标准的前提下"。一方面，李老师的书可以引发研究美国史的专家们就具体问题展开深层的讨论，另一方面也给我这样的对无论是美国历史还是美国史学都知之甚少的门外汉以启蒙与启发，在这个意义上,李老师的这本书的确是具有高度学术价值的,也是像我这样的后学需要效仿的。

宋立宏:外国史研究的“本土化”与读者群

我对美国历史和美国史学是门外汉。读这本论文集之前,只看过其中谈论美国种族史学一文,因为它曾收入《隔岸观景》一书,此书于我别有意义。我虽然是历史学出身,但一直在哲学宗教学系任教。平日看学生的习作与论文,在体会其思接千载的用心之余,有时会生凌空蹈虚之感,觉得如果能有点历史感或许更佳。有学生问何为历史感,这时我就会推荐《隔岸观景》中“论语境论”和“历史语义学”两文,它们为窥得门径提供了方便法门,而书末《学史碎思录》一文,吉光片羽,是治学心得的结晶。所以,能参加陈恒教授组织的李剑鸣教授的新书读书会,有此机会加深对李教授治学方法的认识,我感到非常荣幸。以下就谈谈我这个门外汉的一点粗浅体会。

《“克罗齐命题”的当代回响:中美两国美国史研究的趋向》辑录了李剑鸣教授自1998年以来谈论中美两国美国史研究的论文。这12篇论文在写作时间上虽然跨了十多年,但合而观之却不显散漫。有两个主题是贯穿全书的。

首要的,自然是现实关怀与学术追求之间的张力问题。这是任何从事史学研究的人,都要时时面对和反思的。人文学眼下有智库化的倾向,这个问题更加突出。我国的美国史研究,正如书中指出的,长期以来有过度“现实化”的倾向,以致学术和政治之间的界限趋于模糊。这恐怕也是我国绝大多数外国问题研究的共同趋向。但读完此书,给我印象深刻的是,美国史学传统中实用主义取向竟也如此深厚,同样反映出现实关怀和学术追求之间剪不断、理还乱的关系。能否在这对张力之间实现某种微妙的平衡?商务印书馆刚刚出了《罗马革命》一书的中译本,这是公认的20世纪罗马史研究影响最大的著作。作者塞姆研究了罗马从共和向帝制的转变,聚焦了奥古斯都的权力是如何形成的。此书1938年写完,1939年二战爆发以后在牛津出版。不少评论者注意到,此书所呈现的奥古斯都的夺权与墨索里尼的政变之间有对应关系。但塞姆穷尽了当时能够找到的一切史料,在方法上又把德语学界的那套族谱学(prosopography)运用得炉火纯青,经得起当时最严格的学术检验。虽然二战后一些铭文材料的出土让学界开始挑战他的思路,但其经典地位至今无法撼动。这个例子也许说明,在经典学术著作那里,现实关怀与学术品质之间的理想状态,或许是若即若离、似有若无。一味强调现实关怀,不如直接写政策报告,更能立竿见影;而没了这个关怀,就断了时代的呼吸和脉动,所能获得的最佳结果,恐怕只是把研究对象体面地再度埋葬。套用李剑鸣教授所引一篇文章的内容:“如何在现实关怀与学术追求之间达成平衡,这从未是科学;趋向这种平衡的努力,总是磨炼技艺;当灵光闪现,偶尔实现了这种平衡,写出来的就是艺术。”

整本书中始终关注的另一个主题,是怎样克服社会史、文化史等新史学所引起的高度专业化、碎片化弊端。一个时代有一个时代的学术,学者的“预流”和趋新是势所必然。怎样在保持学术品质、反映学术潮流的同时,又能让中文读者感到有意义并愿意读,这也是这些论文时时关切的。关注弱势群体的草根化史学早已汹涌澎湃、势不可当,但读完这本论文集,我发现李剑鸣教授十多年来始终关注的,仍然是政治史,当然,这是一种经过了平民主义史观挑战的政治史。书中唯一一篇关于种族问题的文章,其着眼点仍放在种族史学所引起的意识形态上的分歧对凝聚共识的“美国认同”造成的冲击这类泛政治化的大问题上。面对外国百花齐放的研究对象和研究方法,我们如何选择,才能做出既跟得上时代潮流,又能对受众有意义的研究?李剑鸣教授在这本书里给出了他自己的答案。这对于我们如何选题,无疑是深有启发和值得玩味的。

刚才彭刚教授提到李剑鸣教授学术研究之余还写小说。这解释了我在阅读此书时的一个印象:他的学术写作讲究文字表达。风格是史学作品的生命力所在。塞姆就是一位高度自觉的文体家,写一手塔西佗风格的英文。他研究塔西佗巨著的最后一句话,也是他锤炼写作技艺的夫子自道:“Men and dynasties pass, but style abides。”(人与朝代如朝露,但风格千古)言之无文,行而不远。但这常常是普通到被无视的真理。

作为美国史的门外汉,我读这本书更关注的,是如何在中国做外国问题研究,如何通过研究与外国同行对话,如何在自己的研究中体现一种中国视角。李剑鸣教授在这方面是“别有用心”的。他坦承自己研究美国政治史的兴衰,是想“为观察和思考中国政治史的状况及走向提供一种参照”。这种关怀在书中另一句话中表达得更加充分:“我们的外国史研究,必须是中国史学的组成部分,而不是研究对象国史学的补充。”这句全书唯一标了黑体的话,凝结了他对外国史研究“本土化”的思考。

“本土化”是中国人研究外国无法回避的问题。这里我想谈谈我们在讨论这个问题的时候似乎不太关注的一个角度:我们在中国用汉语写作,这个消费对象应该是谁。不妨琵琶反弹下,去看看外国的中国学研究。比如史景迁,他的著作中文版的销量我猜比英文原版还多。但他肯定不会把自己的研究、写作定位为对中国史学的补充,他心里有他特定的读者对象。我曾经注意到一种说法,即他的粉丝主要是读《纽约客》的那种人:中产阶级,受过良好教育,定期国际旅游。毋庸赘言,这样一种阶层正在中国兴起,而《三联生活周刊》庶几就是他们的《纽约客》。如今世界史已升为一级学科,具备相应的社会影响力似乎应当提上日程了。而微博、微信这类新媒体的出现,已经在深刻改变人们交往和阅读的模式。一言以蔽之,扩大外国问题研究社会影响力的社会条件差不多已具备了。但要看到,这在带来机遇的同时,也迎来了挑战。本书指出,美国史学由于过度追求社会科学化,历史学家的写作味同嚼蜡,以致“新闻记者取代历史学家成为受欢迎的历史作品的作者”。以我的观察,这在中国出现也不是不可能的,甚或已经出现。

因此,我在这里想提的是:学术作品的消费对象能否在形成中国特色的、本土化的外国问题研究中起到作用?能起到什么样的作用?我感到这是在探讨“本土化”问题时值得考虑的一个角度。李剑鸣教授的文字犀利而隽永,特别能引发我往这方面想。

沐涛:历史与现实——剪不断,理还乱

谢谢主持人和上海师范大学的邀请,更感谢李剑鸣教授的文集《“克罗齐命题”的当代回响:中美两国美国史研究的趋向》一书的出版给我们带来了一次讨论的机会。前面许多老师都谈了对这本书的感受,会议到现在似乎时间也不多了,那我就谈谈自己的几点感受吧。在收到本书后,我仔细拜读了一下,受益匪浅。这一点可能比大家感悟更深。我既不是研究美国史的,也不是史学理论专业的,但通过此书,我对美国和中国学者对美国史的研究状况有了系统的了解,从史学理论的角度对“克罗齐命题”也有了更深的理解。

拿到书后,打开包装,首先是对书名感到一震,书名起得很好。它借用意大利学者克罗齐的名言“一切真历史都是当代史”,体现了编辑和作者对历史的感悟和出版的用心。文集出版有多种形式,一个好的标题不仅夺人眼球,也能体现出编者的用意。透过这本文集,可以看出李剑鸣教授近二十年的美国史研究心得、严谨的治史态度和宏大的阅读面。

阅读正文,我立即被李剑鸣教授在引言中的文字所折服。史学理论和学术史是比较枯燥的,但是他用精湛的文笔,从史学与现实的关系入笔,谈了他对“克罗齐命题”的看法,继而综述了美国史学的发展变化,让我读下去。前几年,我应《西亚非洲》杂志之邀,撰写了一篇近三十年来中国非洲史的研究状况。在那几个月里,我案头堆满了各种参考资料,深感工作量的巨大和撰写学术史的不易。李老师收入在这本文集中的 12 篇论文,每一篇都参阅了大量中外文文献,信息量很大,到底参考了多少种文献我没有统计,但顾老师统计了,他刚才说有 90 多篇,是非常不容易的,令我敬佩。因此,收入这本书的论文不仅仅对美国史学习者而言是一本很好的参考书,也是其他专业的博士生和硕士生撰写学术史论文时非常好的范文。在此,我建议北京大学出版社除了现有的精装本,最好也有平装本,再把价格降一些,以便同学们购买阅读。

剑鸣教授在引言中抛出了克罗齐“一切真历史都是当代史”的命题,并就此展开了他对历史与现实关系的认识。这篇引言及后记写得都非常好,既有内容深度,文字也很煽情。读后不禁令人深思学史、研史的目的何在?一开始看到克罗齐这个命题的时候,也是有一点误解,但是,听了刚才黄洋老师和沈坚老师的解释,我们对这个命题就很好理解了。“历史是什么?”英国历史学家卡尔在他的著作《历史是什么》中早就说过:“历史就是与现实不断的对话。”在20世纪二三十年代,我国世界史的先驱何炳松先生在1922年译鲁滨逊的《新史学》时明确阐明:“研究历史的人,应该知道人类是很古的,人类是进步的。历史的目的在于明白现在的状况,改良现在的社会,当以将来为球门,不当以过去为标准。‘古今一辙’的观念同‘盲从古人’的习惯统应该打破的,因为古今的状况,断不是相同的。”陈翰笙更是身体力行,将历史研究与中国的命运相结合,开展田野调查。但是,我认为历史研究对现实的关怀是应当的,又不能完全依附于现实。历史的选题和研究兴趣应当是多元的。在当下,历史与现实可能还是适当保持一段距离比较好。

如果说18、19世纪的世界史研究是西欧学者起引领作用的话,从剑鸣这本书中,我们不难看出20世纪后美国学者在许多领域是引领世界史发展方向的,包括我们现在讲的环境史、福利史、医疗史、公众史等。在20世纪以前,如果把历史学在西方看成贵族历史的话,到20世纪经过美国的发展以后,更多是大众的历史,代表大众的一种声音,历史与人民的生活关联度越来越高。进入21世纪后,美国史学界又有了新的动向,随着计算机、互联网的发展,大众对历史高度参与,现在数字历史已受到很大关注。在2003年,美国历史学界开始讨论数字历史的问题。“交互”“公众参与”“技术创新”是数字历史的特色和优势,将数字历史视作一种与计算机技术、网络技术等相结合的研究历史的新方法,某种意义上而言,它也代表了一种开放的学术生产和传播状态。利用计算机技术、网络技术等对历史记录进行制作、定义、查询和注释等,可以鼓励读者参与历史调查并形成自己的观点,透过那些被忽视的信息和线索进一步挖掘历史。这也可以看成是公共史学的新发展。对数字历史我是门外汉,但要警惕它的庸俗化趋向,不能忽视历史终究是一门科学。总之,我认为美国的历史研究尽管历史比较短,但是发展很快,在历史研究方向上有一定引领作用。剑鸣这本书正是我们了解这个趋势的一把很好的钥匙。

章益国:主体性与客观性的平衡,靠一个“道公学私”的学术共同体的制约

我不是研究美国史的,甚至不是研究世界史的。“孔子至于为《春秋》,笔则笔,削则削,子夏之徒不能赞一辞。”对这本书的美国史部分我就是处于“不能赞一辞”的地位。李老师更早的一本书《历史学家的修养和技艺》,其中第三章有一节跟本书的话题关系密切,早上来会场的地铁上我复习了一下。李老师在今天这本书的导言开头部分提出了“克罗齐命题”,导言的末尾部分提了“辉格式写作”,如果以这两个命题为一个椭圆的两个圆心,大概可以画出今天大家讨论的大致范围。

关于这个问题,有两个简要的回答。一是迈克尔·波兰尼提出的“个人知识”,一般人认为知识当然是公共的,像默顿提出科学知识的标准:普遍的、公有的、无私利等,可波兰尼在“知识”前面加一个“个人”,故意造出一个矛盾词;另外一个是章学诚的命题:“道公学私”——我觉得这和“个人知识”是差不多的意思。我们今天讨论史家主体性和客观性、史家与时代问题,用这两个命题是可以涵盖下来的。刚才的讨论中,大家比较倾向于史家对自己激情的克制,在个人写作过程当中要时刻警醒,保证主观性的介入不要过分。这其实是很难的,“天与人参,其端甚微”。我觉得这个解释还是有一定局限的,这里还有一个维度:学术共同体的作用。一个有能力、有意愿充分“协商”的学术共同体,就能确保“道公学私”的实现。波兰尼也讲过,科学家要有激情,但这个激情不是个人情绪,而是有公共性的维度,他叫“理性的激情”,这和章学诚讲“气平情正”类似。

E. H. 卡尔讲,历史是现在与过去之间永无休止的对话。这个定义现在对我们来说已经是常识了。但仅仅讲到这一层还不够,后来詹金斯写《论历史是什么》,讲到罗蒂的时候说,我们读罗蒂,就是进入一个卡尔未曾了解过的智识世界。这话说得很不客气!罗蒂的思路,是卡尔想未所想。罗蒂的思路主要是把客观性定义为互为主观性,或者说客观性系于“主体间性”,“道公”基于“学私”。史家个体尽管放任自己的天性、主体性,学术社群对史家个体自然另有制约。所以,研究不同学术共同体的特征就很重要。像默顿有一个比较,他非常聪明地挑了一个有意思指标,就是不同学科核心刊物的拒稿率,这个数值代表了该学科共识程度形成的难易度。我们可以假设,在学术相对清明的环境下,我投出稿件的举动表明论文已经通过了我的自我审查,自信该论文已经有发表的价值,有资格参与学术交流;而编辑及评审人对该稿件的拒用,则说明大家还不认为这算创见,这样拒稿率就呈现三个人对学术成果何高何低标准的差异。一个学科稿件拒用率越低,说明三个人对“怎样才算值得发表的学术成果”共识程度越高。默顿比较下来:人文学科方面的稿件拒用率最高,而史学的平均拒用率占了鳌头。接下来是社会科学与行为科学,紧接着是数学和统计学。物理学、化学和生物学的稿件拒用率最低,说明他们的学科共识程度很高。历史学对“什么是好作品”的共识程度是最低的。

刚刚有老师说,学者容易喜欢上自己的研究对象,越喜欢才写得越好,所以要警惕喜欢过度。其实还有另外一面,有一些是越恨写得越好,《邂逅》里彼得·伯克说他的一个老师就是这样的。这里其实有一个区别,就是"原因"不等于"理由"——对此叔本华在一本薄薄的书《充足理由率的四重根》里清晰地做过区别。历史人物干任何事都是有原因的,但不是说他干任何事情都有理由。如希特勒屠犹,希特勒这样做是当然有原因的,但并不是说这样做有理由。

我们今天谈时代与史家的关系,余英时很多年前有一个同题演讲,王汎森最近也有一个,主要是以史学二陈为例,如他讲时代能启发史家的选题等,和李老师讲的都有异曲同工之妙。《人间词话》里讲:主观之诗人不必多阅世,如李后主;客观之诗人则需要多阅世,如《红楼梦》。我觉得这可以借鉴,得出一个对"时代和史家"关系的解释模式:某些史学治学和成学的路径不需要关心现实,不必多阅世,另外一些治学路径则需要多阅世。要保持多样的治学方式,允许大家有不同的研究策略。一个有协商意愿和协商能力的共同体,对一个个体史家限制是很重要的,从这个角度来讲,完全不必要太担心发扬了一个史家的主观性,就会滑向相对主义,因为整体还是有学术纪律和学术共同体在的。这样,研究某一个时代学术共同体的集体偏好就很有趣。

最后说一点,当前中国史学史的写作中,"辉格式"的写法过于流行了。我们常常见到把中国古代杰出史家写成写作者能理解的常识性水平。我不明白古人说出像"史学要经世"或"史学要求真"等现在大二学生都能说出的"正确观点",就能成为杰出史家。如果说"以今度古"几乎是不可避免的,那么"今"的水平就决定了其所见的"古"的水平。所以史学史写作中,作者史学理论的水平,决定了这本书的高度。如果把李老师这本书当作美国史学史来看,那么书背后的史学理论修养非常丰厚,这是这本书很好看的一个原因。

周兵:作为美国史学分支的公共史学

首先非常感谢陈恒教授的组织和邀请,非常荣幸能参加此次会议的研讨。跟其他老师一样,我也是非常认真地阅读了李剑鸣老师的这本书,并且深受启发。作为最后一名发言者,之前各位老师都已经谈了许多,涉及本书以及李老师在美国史与史学史领域的见地和成就,因此我在此就不再一一重复了,而试图从另一角度来谈谈我读了《"克罗齐命题"的当代回响:中美两国美国史研究的趋向》一书后的感想。

作为李剑鸣老师在复旦的同事,能最直接和深切地感受到李老师来到复旦大学以后,对复旦大学世界史学科的重要推动,将整个的学术研究水平带上了一个新的层次。如之前各位所言,李老师不仅是国内美国史研究领域的领军人物，而且其最近的三本著作——《历史学家的修养与技艺》《隔岸观景》和《"克罗齐命题"的当代回响：中美两国美国史研究的趋向》涉足了史学理论和史学史的领域，令像我这样专业从事西方史学史的研究者深受鼓舞，这对我们的史学史学科带来了极大的促进作用，也给我们专业从事史学史教学和研究的人带来很大的压力。传统的西方史学史研究，通常注重从时间脉络上探寻西方史学的流变和演进，从空间范围上关注欧美各国史学的整体面貌；因而在一定程度上，对于具体国别、时段的历史写作和史学理论进行微观而具体的分析，则显得不够深入。李剑鸣教授从美国史研究者的角度，梳理学术脉络，评价和针砭国内外美国史学的特点和问题，有力地推动了史学史研究在具体研究中向纵深的深入。

作为史学史的研究者，我想从李老师专长的领域——美国早期史、美国政治史中举两个案例，来说明史学史与美国史之间的互动关系。

我本人最近研究的关注方向是历史学在未来的发展趋势及其前景。卡尔在20世纪60年代提出的重要命题是："历史学是什么？"21世纪初历史学家们在四十年后重评卡尔著作时，又提出："如今历史学是什么？"安东尼·格拉夫顿在剑桥做屈维廉讲座时，也借此讲到了"历史学过去是什么？"的问题。借用他们的命题，我主要想探讨的是："历史学未来将是什么？"试图结合近年来数字人文、数字史学的蓬勃发展，反思未来史学的走向。在可以展望的未来，专业化、职业化的历史学正面临越来越多来自外界的挑战，如何给予正确和积极的应对将是我们今天对于未来历史学的一项责任。

如我们今天讨论所形成的共识，历史学不仅关注过去，也关怀现实，同时它也是面向未来的。回顾历史学的职业化和学科化进程，从19世纪初其作为近代学科的确立，迄今不过两百年的时间。这两百年中，历史学虽然确立了职业化的地位，那来自非专业领域的挑战却从未停止过，直至20世纪80、90年代，公共史学作为两者的合流正式得到职业历史学家的承认。在美国史学中，公共史学尤其发展迅猛，成果显著，专业史家也并不排斥公共史学的实践和成果，例如美国历史学会即对公共史学极为重视。剑鸣老师在本书中，对整个美国史学的学术史做了细致的梳理，且对政治史等分析尤为深刻，仍多集中在专业史家层面，虽对诸如历史传记、历史纪录片等公共史学有所涉及，但并未作展开。

在李剑鸣老师所从事的美国早期政治史领域，有一旧一新两个非常有影响的公共史学实践成果，非常具有典型性，且同职业历史学有着紧密的联系。第一个是位于弗吉尼亚的殖民地威廉斯堡。威廉斯堡曾是殖民地时期弗吉尼亚的首府，毗邻独立战争重要的遗址约克镇。美国建国以后，州府改迁至里士满，威廉斯堡逐渐衰败，但也因此保留下了大量殖民地时期的遗址和建筑。20 世纪 20 年代，在洛克菲勒家族的资金支持下，威廉斯堡以恢复 18 世纪历史风貌为目的开始了修缮重建工作，并建成一个以美国独立战争前后为背景的历史主题公园。整个园区内，保留、修复并重建了大量历史建筑，大力资助殖民地时期的历史研究、考古勘测和遗址修复。通过文物与实物陈列、场景再现、仿古表演等形式，为参观者提供了一个浸入式的历史实景体验。作为一项公共历史实践的项目，殖民地威廉斯堡有着迪斯尼乐园式精致高效的管理和运作，有考古学细致持久的态度和坚持，有历史学深刻坚韧的执着与专研，非常有效地将营利性的文化产业经营管理同知识普及、公民教育和专业研究结合在一起。如我们所知在美国早期史研究中占有重要一席之地的威廉玛丽学院，除其本身是美国第二古老的大学、是托马斯·杰弗逊的母校之外，还同其位于威廉斯堡有着重要的关系。殖民地威廉斯堡作为一个历史主题公园式的旅游产品和公共史学项目，在建成后近九十年间，对美国的学校历史教育，对一代代的年轻学生产生过极为深远的影响。

第二个案例是最近出现的一个例子，是去年开始在纽约百老汇上演并且红透半边天的音乐剧《汉密尔顿》。这部以一位美国建国先父、传统的白人精英为主角的音乐剧，改编自一部严谨的历史传记作品，但却一改传统历史正剧的演绎模式，用“嘻哈”说唱音乐的风格，大量启用有色人种演员，全剧除扮演乔治三世的一名白人演员之外，诸如华盛顿、杰弗逊、麦迪逊、汉密尔顿等一系列主要角色均由黑人或拉丁裔演员扮演，情节中加入了以汉密尔顿夫人为代表的不少女性形象，担任主演的三位女演员分别有非洲裔、亚裔和拉丁裔的背景。这部堪比美国版“建国大业”的音乐歌舞剧以全新的音乐风格和历史表现，自上演后便在全美掀起了一股“汉密尔顿热”，不仅演出门票洛阳纸贵、一票难求，并且摘取了一系列音乐剧的创作和表演奖项，更在历史学界内外引起了激烈的讨论。许多看过演出、听过音乐的观众和听众最为直接的冲动和感受，便是“想要重新学习和了解美国建国的历史”。一项商业性的艺术表演，能够成为一项公共历史学的实践，有效地将学术性的历史观念和研究成果转化为普通观众喜闻乐见的形式，不仅传递了历史知识和历史意识，更可能带动和引发更加深入的历史研究和广泛的历史兴趣。

由以上一旧一新两个公共史学案例，可以看到，在美国史学传统中，除了有自 19 世纪末受德国史学影响建立起来的职业化、专业化的历史学科，并且有着鲜明的研究风格和代际兴替，在理论和实践中均取得了突出的成果，同时重视专业史学与公共史学的联系和互动，也是美国史学不可忽视的一大特点。由以上的经验，我们认为，历史学作为一门具有过去、现时和未来多重面向的学科，在其未来的发展中，应该在专业史学与公共史学两者之间做到兼顾和平衡,在学院派史家与业余史家之间建立良好的互动关系,以推进人类对过去的理解、对现实的关怀和对未来的憧憬,或许这在某种意义上也是"克罗齐命题"的一项题中之意。

作者回应

李剑鸣:专业规范、专业技艺和专业伦理有助于维护历史学的尊严

刚才在听大家讨论的时候,我一直在想一个问题,就是我们在谈美国的事情时,往往容易忘记一个前提性的事实,就是美国是世界历史上一个最古老、连续性最强的现代民主国家。美国史学的走向和发展,包括公共史学的兴起,都是跟民主制度紧密联系在一起的,都是民主社会才会有的事情。美国的历史资料有突出的开放性,使用很便利,这是历史学家自主努力造成的,有些还是他们不断抗争的结果。美国史学为什么有那么多的学派,大家都争相标新立异,推陈出新,这是因为在一个民主的社会,没有什么不可挑战的权威,也很少有不可触碰的禁区,推动学术的只有创新的冲动,每个人都要讲不一样的东西。从表面上看,美国史学可能跟中国史学有相似的地方,但深层的东西是大不相同的。

祖杰发言时谈到了历史学家的立场,表示不赞成历史相对主义,反对后现代主义的史学观念,担心这会使得谁都可以拿历史说事儿,想怎么说都行,难免降低历史的可信度,也损害历史学的声誉。这种担心当然是有道理的。不过,与其用提倡"客观性"的办法来遏制这种倾向,不如强调专业主义的作用。历史学的专业规范、专业技艺和专业伦理,可以识别和防止任意扭曲历史的做法。比如说,历史学家说话要做到"言必有据""无征不信";只要严格讲求证据,考辨证据,恰当诠释证据,并且这一切都要经得起别人的查考,那就不可能信口开河了。还有,根据史家的专业伦理,伪造证据,抽样作证,舍弃不利的证据,随意诠释证据,都是严重的违规行为。所以,专业规范、专业技艺和专业伦理,是有助于维护历史学的尊严的。一些业余写史、讲史的人,觉得历史很好弄,那是出于对史学专业主义的无知。至于"客观性",我觉得太哲学化了,言人人殊,而且也容易被权力所绑架,谁的话语权大,谁就能以"客观性"自命,这样反而会败坏史学。

刚才周兵谈到了美国的公共史学,或者说史学对公共生活的意义,我觉得这是一个很有价值的题目,只是我个人做不了这样的题目。我想找学生来做,选一个比较具体的题材,讨论美国专业史学和公共生活的关系,把它做成史学的社会政治史研究。周兵的发言还使我想起了另一件事,早些年,约翰·亚当斯的电视连续剧很是火了一阵,也引起了很大争论,里面包含着不同的价值观、不同的政治取向的分歧。周兵谈到的歌剧《汉密尔顿》,似乎是美国多元文化的一个标本。用少数族裔演员来演美国革命时期经典的白人精英，这本身就是一种历史的反讽。刚才说了，美国是一个民主国家，文化多样性也经过了长期的考验，不同群体的抗争，不同思想的辩论，对美国建国史的不同解读，都是公共政治的题中应有之义。

最后，我还要再次表达谢意。今天在这里坐了一天，听大家侃侃而谈，各位的眼界、学识和智慧，使我受益良多。我也收到了很多的赞美，我把这看成是友谊的见证。我更看重大家“借题发挥”的东西，这给我带来很多的启发、很多的触动，让我吸收了很多的养分。陈恒出的这个点子真是好极了，让这么多朋友欢聚一堂，使我成了最大的受益者。大家谈论的话题是我所熟悉的，但大家讲的看法又给我带来陌生感，得到很多的激励和启发。特别感谢大家，除了感谢，还是感谢。当然，还要再一次感谢陈恒。

关于光启读书会

缘起

以徐光启（1562—1633）为代表的一代学人，回溯“汉学”、追求“西学”，其精神理念乃中国近代思想的重要源头。正是他们立足中华文化，承续学术传统，致力中西交流，展开文明互鉴，在江南地区开创出思想文化的新局面，也遥遥开启了上海作为近现代东西交流、学术出版的中心地位。秉持徐光启的精神遗产，继承和发扬其经世致用、开放交流的学术理念，我们特创设“光启读书会”，立足本土、借鉴国外，挖掘历史、把握当代，共同研读学术著作和人文经典，让智慧之光启迪未来。

书籍简介

所谓“克罗齐命题”，即意大利学者贝奈戴托·克罗齐的名言“一切真历史都是当代史”所包含的思想，触及历史知识的形成与当前生活的紧密联系。在实际的历史研究中，这种联系主要体现为“现实关怀”和“历史写作”之间的张力。本书以中国和美国近期的美国史研究趋向为中心，探讨历史学家所处的社会和时代如何引导乃至塑造其历史写作，而历史学家又如何以自己的专业方式回应社会和时代提出的问题。书中各篇文章论及社会政治、意识形态、学术思潮和史家群体的变化在美国史研究中所产生的影响，并评析伯纳德·贝林、戈登·伍德、埃里克·方纳和杨生茂等学者的治史路径和史学主张，以此对“克罗齐命题”做出某种回应：现实关怀可以合理地引领史家的研究兴趣，有助于从广漠幽暗的过去世界中发现有意义的问题；然而一旦进入解读史料和构建历史解释的环节，现实关怀就必须接受学术准则的审查，并受到历史主义的阻击。

作者简介

李剑鸣，湖南常德人，曾执教于湘潭大学、南开大学和北京大学，现为复旦大学历史学系教授。著有《文化的边疆：美国印第安人与白人文化关系史论》《美国的奠基时代 1585—1775》和《历史学家的修养和技艺》等。

嘉宾

鲍静静(商务印书馆)

蔡　萌(上海师范大学)

陈　恒(上海师范大学)

陈　甜(北京大学出版社)

陈　新(浙江大学)

顾云深(复旦大学)

郭长刚(上海大学)

洪庆明(上海师范大学)

黄　洋(复旦大学)

李宏图(复旦大学)

李剑鸣(复旦大学)

梁民愫(上海师范大学)

刘义勇(上海师范大学)

刘子奎(上海师范大学)

沐　涛(华东师范大学)

牛　可(北京大学)

彭　刚(清华大学)

沈　坚(浙江大学)

宋立宏(南京大学)

王立新(北京大学)

向　荣(复旦大学)

裔昭印(上海师范大学)

俞金尧(中国社会科学院)

原祖杰(四川大学)

张勇安(上海大学)

张忠祥(上海师范大学)

章益国(上海财经大学)

周　兵(复旦大学)

主持人

彭刚、陈恒

时间

2016年8月12日星期五全天

议程

陈　恒

08:30—09:00　介绍新书

09:00—11:30　与会嘉宾研讨与评价

彭　刚

14:00—16:30　与会嘉宾研讨与评价

16:30—17:00　现场其他人员互动

地点

上海市桂林路100号上海师范大学东部文苑楼708室

举办单位

上海师范大学光启国际学者中心

北京大学出版社

媒体支持

《文汇报》单颖文

征稿

人文科学在20世纪发生了巨大变化,尤其是最近几十年来,这种变化更为显著,波及发达国家与发展中国家。这就要求我们必须加强与国际学术界的对话和交流,与一流学者、学术机构和学术杂志直接联系、对话和合作。

我们在这方面做了初步尝试,取得了《历史与理论》(*History and Theory*,美国)、《观念史杂志》(*Journal of the History of Ideas*,美国)、《世界史杂志》(*Journal of World History*,美国)、《评论》(*Review*,美国)的中文翻译许可。我们希望通过《新史学》把这些著名的杂志陆续介绍到国内。当然,随着交流的进一步深入,我们的合作也会进一步深化、扩展,也希望让我们的本土学术走向国际。

来稿注意事项:标点符号用法要求符合国家质量监督检验检疫总局和国家标准化管理委员会2011年发布的《标点符号用法》;数字用法要严格遵循国家质量监督检验检疫总局和国家标准化管理委员会2011年发布的《出版物上数字用法》;文章要有中英文内容摘要、关键词;翻译文章要有原文,以备核对,要有文章翻译的授权许可。

具体要求:

1.论文必须是首发,理论上有创新,注重资料的搜集,不应在网上发表过。作者在可能的情况下,可为每篇文章配10幅左右的高清晰插图。

2.文章中出现的外文专门名词(人名、地名、专有名词等),除常见的以外,一律译出并附外文原文,用“(　)”标明;人名、地名、专有名词等术语的翻译一定要符合传统习惯,标准主要依据《辞海》《中国大百科全书》等常见工具书。

3.题目翻译成英文;300字左右的中文摘要;3—4个关键词。

4.翻译文章原来的注释一律采用尾注,译者注则采用脚注的形式。尾注按顺序依次为1、2、3、4……要连续编号;脚注则以①②……的形式;每页重新编号。

5.原创文章采用脚注,置于每页下端;文中注释使用圈码,上标;所有由词组、语句构成的中文、外文引文内容,都需要标明出处,即作者(或编者):《书名》,(译文还要在这个位置注明译者),出版城市:出版者,出版年,页码。例如:

5.1 中文著作引述范例:

①何兆武:《中国思想发展史》,北京:外文出版社,2003 年,第 55 页。

中文引文相同时,如下:

②同上,第 66 页。

③康德(作者):《历史理性批判文集》,何兆武译,北京(出版城市):商务印书馆(出版社),1996 年(出版年),第 43 页。

5.2 中文论文引用时注明:作者:《论文名》,《刊物名》发表年、期,页码。如:

④陈节:《论存在与时间》,《哲学研究》1987 年第 43 期,第 40 页。

5.3 外文著作全部不译成中文,书名使用斜体;外文字之间、字与标点符号之间不能连排,空一格,一定要符合外文排版规范:

⑤ Jane Dempsey Douglass, *Women Freedom and Calvin*, Philadelphia: Westminster Press, 1985, p.445.

5.4 外文期刊论文引用,刊物名使用斜体,文章名加引号,不用斜体:

⑥Sheryl O' Donnell, "Mr. Locke and the Ladies: The Indelible Words on the Tabula Rasa", *Studies in Eighteenth Century Culture*, 8(1979):151-164.

或者处理如下:

⑦Moi, T., *Appropriating Bourdieu: Feminist Theory and Pierre Bourdieu's Sociology of Culture*, in D. Robbins, ed., *Pierre Bourdieu*, Vol.Ⅳ, London: Sage Publications, 2000, p.315.

外文引文如果与上面相同,注释如下:

⑧Ibid., p.155.

6.有一些著作采取正文夹注方式,则依照原样保留原注解方式。例如:

他从法律秩序中消除了约翰·奥斯丁(John Austin)的命令理论的含义;这种理论到那时为止一直很有影响(Michelman, 1988),但今天它的影响很小。

7.如遇注释中原作者加上其解说或讨论,此部分需全部译出。如:

Cf. my "A Sociological View of the Secularization of Theology", *Journal for the Scientific Study of Religion*, Spring 1967, for a more detailed analysis of this constellation.

顺序译出即

参见我的"A Sociological View of the Secularization of Theology", *Journal for the Scientific Study of Religion*, Spring 1967,其中对这类问题做了较详细的分析。

竭诚欢迎各界人士赐稿,文章的内容和风格不做统一要求,不以行文长短论优劣,而以学术内涵为准绳。所有来稿一律匿名评审,不论是否刊用,均尽快予以答复。文稿发表后即付稿酬与样刊。

通信地址:上海市徐汇区桂林路100号上海师范大学东部文苑楼710室,《新史学》编辑部收,邮编:200234。

E-mail:ch68@ shnu.edu.cn

经过若干年积累,本刊在学术界产生了一定的影响,被中国社会科学研究评价中心正式列入“中文社会科学引文索引(2012—2013年)来源集刊目录”(CSSCI)。这是对我们过去工作的充分肯定,也是对我们未来工作的更高要求。恳请学术同人一如既往地支持本刊工作,进一步帮助提升办刊质量。